개혁주의 형성사

개혁주의 형성사

발행	2023년 5월 4일

지은이	윤종훈
발행인	윤상문
디자인	박진경, 표소영
발행처	킹덤북스
등록	제2009-29호(2009년 10월 19일)
주소	경기도 용인시 기흥구 동백동 622-2
문의	전화 031-275-0196 팩스 031-275-0296

ISBN 979-11-5886-276-3 03230

Copyright ⓒ 2023 윤종훈
이 책은 저작권법에 따라 보호받는 저작물이므로 무단전재와 복제를 금지하며,
이 책의 내용의 전부 또는 일부를 이용하려면 반드시 저작권자와 킹덤북스의
서면 동의를 받아야 합니다.

※ 잘못된 책은 구입한 곳에서 교환하여 드립니다.
※ 책 가격은 표지 뒷면에 있습니다.

킹덤북스
Kingdom Books

킹덤북스(Kingdom Books)는 문서 사역을 통해 하나님의 나라를 확장하고,
한국 교회와 세계 교회를 섬기고자 설립된 출판사입니다.

개혁주의 형성사
Reformed Church History

윤종훈 지음

킹덤북스
KINGDOM BOOKS

머리말

그리스도는 십자가 사건을 통해 자기 몸을 내어주시고 그 피의 현장에 자신의 몸된 교회를 세우셨다. 예수는 건축자들이 버린 돌로서 모퉁이의 머릿돌이 되어 오늘날 교회의 머리가 되셨다(행 4:11). 사도 시대 이후 속사도, 변증가 및 교부 시대를 거치면서 그리스도의 교회는 주님의 백성들이 활동하는 무대가 되었으며, 구원이 선포되고 죽은 영혼이 살아나며 새 생명이 태동케되는 놀라운 이적과 기사의 원천이 되었다. 특히 계시된 하나님의 말씀인 성경을 통해 교회의 정체성과 위상을 정립하게 되었다.

그러나 초대 교회의 여정을 거치는 동안 다양한 교부들의 신학을 통해 성경적 해석이 왜곡되고 곡해되는 결과를 가져오게 되었으며, 헬라의 철학과 로마의 문화가 한데 어우러져 신학과 철학의 혼합으로 인한 신학의 철학화 작업이 진행되었다. 물론, 초대 교회는 속사도들과 변증가들 그리고 교부들을 통해 당시 위기로 등장하였던 대내외적인 문제들, 즉, 외적으로는 로마 치하의 대박해를 어떻게 극복하고 대처할 것인가를 제공해주었고, 내적으로는 다양한 이단들의 홍기로 인한 성도들의 신앙적 혼란함을 해결하기 위해 노력하였다. 그러나 대박해기가 끝나가고 로마에 기독교가 정착되는 과정 속에서 교부들의 신학은 매우 사변화되었고, 철학화되었으며, 성경에서 벗어난 신학의 다양화 현상을 경험하게 되었다. 이러한 정황 속에서 등장한 총대주교 제도는 로마 주교를 중심으로 재정비 작업이 진행됨으로써 로마 가톨릭의 물꼬를 여는 결과를 초래하였다. 그 결과, 교부들 가운데 철학적 사유 신학을 추구하였던 신학 사상을 근거로 로마 가톨릭은 공교회의 영역을 넘어서 새로운 종교적 단체를 구성하였으며, 기독교 공동체를 벗어난 또 다른 교황중심제의 종교 제도를 창출하였다.

중세로 접어든 기독교 공교회는 로마 가톨릭이라는 새로운 종교 아래 약 1,000년 동안 초대 교회에서 벗어난 교회 형태를 구축하였다. 가톨릭은 교황을 중심으로 교황 무오성, 마리아 무흠 승천설, 성모 마리아 숭배 및 성인 숭배, 성상 숭배, 성유물 숭배 등 기존의 전통적인 기독교 공교회와 무관한 공동체를 형성하게 되었다. 로마 가톨릭은 일원화된 정치 체제 아래 마녀사냥 등 다양한 사법적 기관들을 통하여 기존의 기독교를 제거함으로써, 약 1,000년 동안 교회 공동체는 지구상에서 발견할 수 없게 되었다. 물론, 이 기간에 로마 가톨릭의 성경적 문제점을 제기하였던 피터 왈도 Peter Waldo, 1140-1205, 파두아의 마르실리우스 Marsilius of Padua, 1275-1342, 잔두노의 존 John of Janduno, 1285-1323, 영국의 샛별로 불리운 존 위클리프 John Wycliffe, 1320-1384, 보헤미아의 프라하 대학교의 총장이었던 요하네스 후스 Johannes Huss, 1369-1415 등 개혁의 외침을 부르짖었던 그리스도 교회의 증인들도 있었지만, 전반적으로 중세 천년은 기독교가 전무한 상태에서 로마 가톨릭 종교가 전 유럽을 덮고 있었다.

그러나 존 위클리프와 요하누스 후스의 화형에서 시작된 종교개혁의 열쇠는 전 유럽의 기독교 공동체의 문을 다시 열어 제치는 결과를 창출하였다. 마르틴 루터가 1517년 독일 비텐베르크 교회 정문에 95개조의 반박문을 제시함으로써 시작된 종교개혁 운동은 Peter Gay가 잘 지적한 바처럼, "나무는 잘 말라 있었고, 부싯돌도 준비되어 있었다. 다만 필요한 것은 그것에 불붙일 사람이었다"라고 평가할 정도로 개혁을 위한 만반의 준비가 된 상태였다. 드디어 루터를 통해 약 천년 동안 역사의 수면 아래 잠겨있던 기독교 교회는 회복의 모습을 가져오게 되었고, 다시금 기독교 공교회가 새롭게 살아 숨쉬는 역사의 회복의 사건이 발생하게 되었다. 종교개혁을 기점으로 새롭게 시작된 교회의 역사는 루터를 중심으로 형성된 루터파와 칼빈을 중심으로 형성된 개혁파로 나뉘어서 개신교 공동체를 수립하였고, 이는 종교개혁가들 중 특히 칼빈의 신학적 사상이 청교도 운동을 통해 영국 본토에 새롭게 수정 및 목회론적 적용 작업을 거쳐 개혁주의 신학으로 거듭나게 되었다. 이러한 신학은 정통주의Orthodoxy Theology와 경건주의Pietism라는 근세 교회의 신학적 양대 산맥으로 등장하게 되었고 이를 중심으로 성경적인 교회의 역사가 전 세계를 뒤덮는 엄청난 결과를 가져오게 되었다.

필자는 약 20년 전에 총신대학교 칼빈주의개혁주의 전담 교수로 최초로 채용되어서 현재에 이르기까지 학부 전체 학과의 공통 교양 필수 과목인 "개혁주의와 신앙 윤리"이전에는 칼빈주의와 신앙, 칼빈주의와 문화를 강의해왔다. 이 과목은 총신대학교의 건교 및 건학 이념이자 정체성을 함양하는 내용으로서, 학생들의 신앙관과 인생관 및 세계관을 성경에 근거하여 세워주는 매우 소중한 과목이었다. 필자는 강단에서 이 과목으로 학우들을 만나면서 항상 느꼈던 아쉬움과 유감은 학우들에게 이 과목에 가장 적합한 교과서를 제공해주지 못하고 있다는 점이었다. 그래서 학우들에게 몇 번에 걸쳐 이 과목에 꼭 필요한 교과서를 출간하여 제공해주겠다고 약속했지만, 다른 책 출판으로 인하여 이 약속을 번번히 어기게 되었다. 참으로 부끄럽고 송구스런 마음을 감출 수가 없다.

이러한 정황 속에서, 필자는 용기를 내어 "개혁주의 형성사"라는 제하의 작품을 출간하게 되었다. 이 작품은 오랫동안 학우들과 고민하며 토론하며 함께 보내었던 시간들과 열정들이 담긴 결과물이다. 그러나 책을 출간함에 앞서 필자로서의 선한 욕심과 아쉬운 점이 너무 많이 남는다. 필자의 의도는 더 많은 내용을 소개하고 다루고 싶지만, 지면상의 한계와 너무나 많은 자료들은 학우들에게 또 다른 부담과 압박으로 다가설 수 있다는 생각도 하지 않을 수 없기 때문이다.

오늘날 수많은 신학적 사조가 난무하는 현실 속에서 가장 성경적이고 객관적이며 전통적인 신학 체계인 개혁주의 신학에 대한 오해와 왜곡된 이해가 혼재해 있는 것이 사실이다. 마치, 개혁주의 및 칼빈주의는 존 칼빈의 신학 사상의 총체 또는 칼빈주의자들의 신학적 요체로 종종 오해되기도 한다. 그러나 칼빈주의의 사상 체계 및 개혁주의 신학의 정체성은 이미 신구약 성경에서 시작되며, 초대 교회 교부의 완성자인 어거스틴Augustinus의 신학 사상에 근간을 두고 있다. 또 중세의 위대한 개혁가들의 신학 사상과 이들의 외침 및 루터와 츠빙글리, 칼빈을 중심으로 발전된 신학 체계를 통해 확립된 개혁주의 신학은 청교도 운동을 통해 영국 땅에서 아름다운 신학의 완성을 이루게 되었고, 그동안 신학적 체계를 새롭게 구축하기 위해 피땀 흘리며 작업하였던 초기 종교개혁가들의 신학적 유산 및 신학 체계가 청교도들의 목회론적 접근 및 적용을 통해서 교회에 접목됨으로써 성경적 신학 체계가 교회 안에 들어와 성도들이 향유하고 누릴 수 있는 삶의 신학 및 신앙으로 승화되었던 것이다.

   필자가 바라기는, 오늘날 신복음주의, 자유주의, 포스트모더니즘, 종교 다원주의, W.C.C. 등 복음 이외의 다른 구원의 길을 모색하고 해결책을 구사하고 있는 왜곡된 신학 사상이 한국 교회를 위시하여 전 세계 거룩한 공교회Catholic를 침해하고 무너뜨리고자 혈안이 되어있는 정황 속에서, 삶의 본질과 정체성을 성경에 입각하여 "건강한 교회 공동체"를 세워갔던 "개혁주의 신학과 신앙"을 다시금 새롭게 정립하고 이를 구체적으로 적용함으로써, 주님의 몸 된 교회의 회복을 실현해가야 할 시대적 사명이 우리 모두에게 부여되어 있다는 점을 모든 교회 및 성도들이 절실하게 느끼고 지켜가길 소원하는 바이다.

                                                 2023. 4. 9.
                            부활의 참된 기쁨을 소망하며
                                    저자 윤종훈 배상

목차

머리말   4

|제1부| 개혁주의 서론   11

제1장 · 개혁주의 이해 및 정의   12
  1. 개혁주의(칼빈주의) 정체성   12
  2. 개혁주의 정의   23
  3. 칼빈과 개혁주의   25

제2장 · 개혁주의 기본 원리 및 중심 사상   29
  1. 기본 원리   29
  2. 개혁주의 중심 사상   34

제3장 · 개혁주의와 다양한 신학 사조 비교   57
  1. 근본주의(Fundamentalism)와 개혁주의   57
  2. 복음주의와 개혁주의   60
  3. 신복음주의와 개혁주의   69
  4. 장로교회와 개혁주의   73

|제2부| 개혁주의 역사적 발전 과정   113

제1장 · 초대 교회 시대 –개혁주의 정초기   114
  1. 어거스틴(Aurelius Augustinus, 354-430) - 개혁주의 신학의 아버지   115

제2장 · 중세 교회 시대- 개혁주의 박해기   143
  1. 교황 지상주의   145
  2. 중세 개혁주의자들   168

제3장 • 종교개혁 시대- 개혁주의 확립기   205
   1. 마르틴 루터(1483-1546)의 생애 및 종교개혁의 과정   205
   2. 루터의 신학 사상   226
   3. 울리히 츠빙글리(Ulrich Zwingli, 1484-1531)의 생애 및 종교 개혁의 과정   250
   4. 츠빙글리 신학 사상 연구   271
   5. 존 칼빈(John Calvin, 1509-1564)- 개혁주의 신학의 건축가   284
   6. 칼빈의 신학 사상   316

제4장 • 근대 시대- 개혁주의 완성기   434
   1. 스위스 개혁주의   435
   2. 프랑스 개혁주의   437
   3. 독일 개혁주의   445
   4. 네덜란드 개혁주의   448
   5. 잉글랜드와 웨일즈의 개혁주의   452
   6. 스코틀랜드의 개혁주의   483

|제3부| 개혁주의 핵심 사상- 칼빈주의 5대 강령   495

제1장 • 5대 강령 이전에 형성된 역사적 배경   496
   1. 펠라기우스와 어거스틴 논쟁(Pelagius Verss Augustine Debates)   496
   2. 반펠라기안주의(Semi-Pelagianism):
      알미니안주의(Arminianism)의 선두 주자   503
   3. 알미니안주의의 출현 과정 및 양자의 비교 대조   507

제2장 • 알미니안주의와 칼빈주의 대조 비교   510
   1. 예정론: 조건적 선택과 무조건적 선택   510
   2. 속죄론: 보편속죄와 제한속죄   524
   3. 인죄론: 부분적 타락과 전적 타락   533
   4. 구원론: 항력적 은혜와 불가항력적 은혜   541
   5. 구원론: 성도의 영원한 타락과 성도의 견인   547
   6. 칼빈주의와 알미니안주의에 대한 총결론   558

참고문헌   563

제 1 부

개혁주의 서론

개혁주의 이해 및 정의

Calvinism
출처: https://www.youtube.com/watch?v=KZARuVXiH8k

1. 개혁주의칼빈주의 정체성

현대 한국 교회를 대다수를 차지하고 있는 장로교를 비롯한 매우 보수적인 교단의 신학적 형태를 "개혁주의" 또는 "칼빈주의"[1]라고 지

---

[1] 정성구 교수는 칼빈주의라는 용어가 개혁교회에 사용하게 된 것은 마치 초대 교회 당시 "그리스도인"이라는 용어가 조롱과 조소에 찬 의미로 활용된 것과 비슷한 배경을 가지고 있다고 주장하였다. 카이퍼는 칼빈주의라는 용어는 로마 가톨릭이 헝가리 개혁교회를 처참하게 살육하고 핍박하면서 비공식 명칭으로 사용하였다고 강조하였다. 그는 당대의 반동종교개혁(Counter-Reformation) 운동의 여파로 헝가리의 개혁교회들이 많은 핍박과 처절한 살육을 당하게 되었는데, 특히 Rudolf 황제(1576-1608)를 위시하여 Transylvania 왕자와 Istvan Bathori 등의 인물들을 통해 반역자로 처형당하고 처참하게 살육당하게 되었다고 주장하였다. A. Kuyper, *Het Calvinisme, Zes, Stone-Lezingen* in October 1898 Te Princeton (N-J) Gehouden (Amsterdam: Boekhadel Hoveker and Wormser, 1890), 4. incited in 정성구, 『칼빈주의 사상대계』 (총신대학출판부, 1995), 20. 카이퍼는 당대 칼빈주의자라는 용어가 분파 및 분열을 책동하는 의미로 로마 가톨릭 특히 헝가리와 프랑스에서 사용되었으며 비난조로 활용되었다고 주장하였다. 아브라함 카이퍼, 김기찬 역, 『칼빈주의 강연』 (서울: 크리스챤 다이제스트, 1996), 21. 본 필자는 개혁주의와 칼빈주의를 상호 교호적인 관점에서 혼용해서 활용할 것이다.

칭하고 있다. 장로교를 중심으로 하여 특수침례교Particular Baptists 교단들은 자신들의 신학적 정체성을 칼빈주의 또는 개혁주의라는 모토를 제시해왔다. 그러나 개혁주의라는 용어보다는 칼빈주의라는 용어를 더욱 친근하게 활용해왔다. 장로교 교단 중 합동 교단과 고신 교단은 줄곧 칼빈주의라는 용어를 더 선호하였다. 이처럼 칼빈주의라는 용어가 활성화된 원인은 개혁주의 신학이 스위스 제네바에서 자리잡게 되었고, 존 칼빈의 제네바 운동을 통해 형성되었다는 주장에 근거하고 있기 때문이다. 이처럼 개혁주의와 칼빈주의의 용어는 상호 교호적으로 사용되는 동의어이며 같은 의미를 지니고 있다. 단지, 개혁주의라는 용어는 개혁파 교단의 대외적인 신학적 정체성을 표현할 때 활용되고 있으며, 칼빈주의는 개혁주의 신학을 모토로 세워진 개혁파 교단들의 신학적 사상 및 성격 그리고 신학 체계를 제시할 때 사용되는 용어이다.

오늘날 장로교주의를 제창하는 보수 교단에 속한 일부 목회자들이 자신의 신학 사상을 개혁주의 또는 칼빈주의라고 자칭하면서도 스스로 사회적인 많은 문제를 일으키고 불신자들로부터 많은 지탄과 우려의 목소리를 자아내고 있는 실정이다. 목회자들과 신학자들이 자신의 정체성을 개혁주의자 또는 칼빈주의자라고 목소리를 높이면서 하나님의 전신갑주로 무장한 듯한 자만감과 자신감에 도취되어 온갖 비리와 부정부패를 일삼는 이 시대의 현실을 목도하면서 "무늬만 존재하는 개혁주의의 실종"이 가져다주는 엄청난 부작용을 우리는 현장 속에서 너무나 자주 발견하게 된다. 교단과 교회 내에서 발생하는 이러한 현상의 근본적인 원인은 개혁주의 신학의 본질과 정체성을 제대로 인식하지 못하고 마치 개혁주의가 도덕율법폐기론Antinomianism 그리고 값싼 은총론Cheap Grace의 대명사인 양 착각한 오해에서 비롯되었기 때문이다.

그럼, 개혁주의의 또 다른 동일 용어인 칼빈주의라는 의미는 무엇일까? 이 용어의 문자적 의미는 칼빈이라는 이름을 이념화Ideology해서 만든 새로운 신학 사상 또는 신학 체계를 의미한다. 칼빈주의는 지구상에 등장하였던 위대한 신학자들 가운데 존 칼빈의 신학 사상의 총체를 의미할까? 아니면 칼빈의 후대들이 칼빈의 신학을 추구하는 형태의 신학을 의미하는 것일까? 사실, 오늘날 수많은 교회는 칼빈주의 또는 개혁주의라는 용어에 대한 명확한 이해와 정체성을 제대로 인식하지 못하고 사용하고 있는 것이 현실이다. 마치 칼빈주의는 칼빈의 신학을 집대성한 총체적인 신학을 의미하는 것으로 오해하고 있다. 그럼, 칼빈주의는 칼빈의 신학 자체만을 의미하는지에 대하여 살펴보기로 하자.

1) 학자들의 견해

B.B. Warfield는 *Calvinism*칼빈주의이라는 작품 속에서 다음과 같이 주장하였다:

> 칼빈주의는 지금까지 두세 가지 의미로 적용되는 한 매우 애매한 용어이다…. 때로는 존 칼빈의 가르침을 의미하기도 하고, 때로는 보다 넓은 의미로는 역사적으로 루터파 교단들로부터 구별되는 프로테스탄트의 개혁파 교단으로 알려진 구성원에 의해 고백되는 교리 체계를 말하

기도 한다. 그러나 아주 보편적으로는 칼빈주의적 교단이라고 불렸는데, 그 이유는 종교개혁 시대에 아마도 가장 영향력을 보여준, 자신들의 신앙을 가장 최고의 과학적인 해설을 하였던 존 칼빈에 의해 형성되었기 때문이다. 때로는 좀 더 넓게 본다면, 칼빈주의는 존 칼빈의 주요한 사고 영역에 영향 아래 신학적, 윤리적, 철학적, 사회적, 정치적인 온전한 체계로서 후기 종교개혁 시대에 개신교 지역에 우위를 점유하였다…. 그러나 다른 한편, 개혁 교단은 항상 그를 개혁파 교리 체계를 창안한 사람(Creator)으로 이해하기보다는 그것을 주로 해설한 사람(Exponent)으로 간주한다.[2]

리이드R.C. Reed는 자신의 작품집인 *The Gospel as Taught by Calvin*칼빈주의 뿌리와 열매에서 칼빈주의와 칼빈의 관계를 다음과 같이 주장하였다:

칼빈주의는 물론 존 칼빈에서 출원했으나, 우리가 칼빈이라고 하는 이름에 집착한다면 큰 오류를 범하고 말 것이다. 칼빈은 단지 루터나 그의 제자인 멜랑히톤, 츠빙글리가 시도했던 일을 했을 뿐이다. 그는 교회를 개혁하고 교황 제도를 타파하기 위해 은혜의 교리를 전파하고 가르쳤다. 당시 모든 (종교) 개혁자들은 교황 제도를 정경(Canon)으로 인정하였던 대교부인 어거스틴의 '은혜의 교리'를 주장하였을 뿐이다. 당시

---

2   B.B. Warfield, *Calvinism*, *The New Schaff-herzog Encyclopedia of Religious Knowledge*, editor in chief. Samuel Macauley Jackson (New York and London: Funk and Wagnalls Company, 1908), vol.2. Basilica-Chambers, 359.

개혁주의 신학은 거대한 어거스틴주의(Augustinianism)"에 비해 보잘 것 없는 풋나기였다.[3]

리이드는 개혁주의라는 신학 체계가 칼빈이라는 이름을 통해서 시작되었기 때문에 칼빈의 신학 사상이 핵심이라는 점을 인정하였다. 그러나 그는 칼빈의 신학이 본인 스스로 창작한 작품의 결과물이 아니라, 고대 고부였던 이레니우스Irenaeus와 어거스틴Augustinus[4] 등 당대 개혁주의적 성향을 가진 인물들을 비롯하여 중세의 로마 가톨릭의 왜곡된 신학 사상에 반기를 들고 진정한 성경중심적인 교회와 예배 및 신학 사상을 주창하였던 피터 왈도Peter Waldo와 존 위클리프John Wycliffe 그리고 보헤미아의 요하누스 후스Johanus Huss, 그리고 종교개혁 당대 칼빈 이전에 개혁 운동을 펼쳤던 마르틴 루터와 그의 제자이자 동역자였던 필립 멜랑히톤 그리고 취리히 개혁가였던 츠빙글리와 하인리히 불링거Heinrich Bullinger 및 스트라스부르그에서 활동하였던 마틴 부처Martin Bucer의 신학적 배경 속에서 확립된 신학 사상이었음을 지적한 것이다.

멜빈 데이비스Mervyn Davies는 자신의 작품인 *Foundation of American Freedom*칼빈주의 사상과 자유 사상에서 리이드와 견해와 유사하게 묘사하였다:

---

3 R.C. 리이드, 칼빈주의 뿌리와 열매, 홍병창 역, (서울: 교회교육연구원, 1985), 15-16.
4 리이드는 바울에서 칼빈에 이르기까지 어거스틴보다 더 위대한 신학자는 존재하지 않았음을 주장하면서 칼빈은 위대한 어거스틴의 작품들을 엄선하여서 귀중한 보배를 세상에 남겨 놓았다고 평가하였다. R.C. Reed, *The Gospel as Taught by Calvin*, 16.

칼빈주의와 칼빈주의 운동이 오로지 칼빈 자신과 완전히 동일시하여 칼빈에서만 유래되었다고 생각하는 오류를 조심해야 한다. 아무리 한 사람의 이름이 위대하다 할지라도, 어떤 위대한 사상적 운동이 단지 그 하나의 이름에만 관련되는 경우란 없는 것이다. 사실 양 대륙의 많은 국가들에게 영향을 끼쳤던 위대한 국제적 칼빈주의 운동은 단지 한 사람의 사상과 신앙, 개성의 투영이라고 보기에는 너무도 복잡한 운동이었다.[5]

데이비스는 일반인들 특히 평신도들이 개혁주의에 대한 왜곡된 견해를 유지하는 원인은 다름 아닌 개혁주의가 마치 완성되고 고정된 교리 체계라고 착각하기 때문이며, 이 운동이 결코 변화하거나 발전할 수 없는 정통적 Orthodox인 신학 체계라고 간주하기 때문임을 지적하였다.[6] 따라서 개혁주의는 개인 신학의 총체가 아닌 성경적 진리를 추구하며 새롭고도 진취적으로 그리고 발전적인 관점에서 날마다 갱신되어야 할 신학 사상인 것이다.

데이비스는 칼빈주의의 본질과 원천을 다음과 같이 묘사하였다.

칼빈주의의 본질, 칼빈주의 힘의 원천은, 많은 의견 차이의 여지가 있는 교리적 기준과 공식에 놓여있지 않고 삶 전체에 대한 포괄적인 견해, 하나님에 대한 사상, 특히 하나님의 주권, 그리고 하나님과 동료 인

---

5 멜빈 데이비스, 『칼빈주의 사상과 자유 사상』, 한국칼빈주의 연구원 편역, (서울: 기독교문화협회, 1986), 24.
6 멜빈 데이비스, 『칼빈주의 사상과 자유 사상』, 27.

간과의 관련을 맺고 있는 인간에 대한 사상에 놓여있다.[7]

이처럼 리이드와 데이비스의 견해와 맥을 같이하여 에드윈 팔마는 다음과 같이 칼빈주의와 칼빈의 관계를 소개하였다:

> 이러한 오해는 칼빈은 단지 성경을 해석했을 뿐이었다는 사실을 모르고 있기 때문이다. 칼빈은 콜럼버스가 미국을 발견한 것이나 뉴톤이 중력의 법칙을 발견한 것 이상으로 새로운 어떤 교훈을 추구하려 하지 않았다. 콜럼버스나 뉴톤은 이미 오래 전부터 존재하고 있던 것을 발견했을 뿐이었던 것처럼, 칼빈도 오래 전부터 성경에 포함되어 있던 진리들을 발견해 냈을 뿐이다. 또 칼빈은 성경의 진리를 찾은 최초의 인물도 아니요 최후의 인물도 아니다. 다른 많은 사람들도 성경 진리를 발견해냈다. 어거스틴(Augustine)에서 곤쉘크(Gottschalk)를 거쳐 스펄존(Spurgeon)에 이르기까지, 루터파(Lutherans)에서 침례교를 거쳐 도미닉 교단(Dominicans)에 이르기까지, 화란에서 스코틀랜드를 거쳐 블란서에 이르기까지의 많은 사람들이 그러했고, 개개인에서 협회를 거쳐 교회의 신조들에 이르기까지, 평신도에서 찬송가 작가들을 거쳐 신학자들에 이르기까지 많은 사람들이 그러했다. 칼빈주의란 명칭이 사용되는 것은 칼빈이 최초 또는 유일한 교사였기 때문이 아니라 중세의 오랜 침묵 시대 이후로 그가 이 진리들의 가장 뛰어나고 조직적인 해설자였기

7　멜빈 데이비스, 『칼빈주의 사상과 자유 사상』, 29.

때문이었다.[8]

상기한 학자의 견해를 종합해볼 때, 개혁주의는 결코 칼빈 고유의 신학적 유산 또는 산물이라기보다는 오히려 초대 교회 교부를 위시하여 중세 및 종교개혁 당대에 활동하였던 위대한 신학자들과 목회자들의 시대적 유산들을 종합하여 체계화시킨 신학의 총체라고 볼 수 있는 것이다.

카이퍼는 역사 속에서 칼빈주의라는 용어가 다양한 용법으로 사용되었다고 설명하였다. 먼저, 칼빈주의는 분파적 개념으로서, 헝가리와 프랑스의 로마 가톨릭에 대한 비난과 조소적 개념으로 분리주의자라는 오명적 의미로 사용되었으며, 또한 고백적 용법으로서, 칼빈주의의 신앙고백서 내용 중 예정론을 거부하거나 거부하는 자들로부터 마치 "교리적 편협성의 희생자" 또는 "도덕적 생활의 참된 진지성을 위태롭게 하는 자"라는 차원에서 사용되었다.[9] 또한 교단적 명칭으로서, 영국의 스펄전의 칼빈주의적 침례교Calvinistic Baptist와 조지 휫필드의 칼빈주의적 감리교Calvinistic Methodist라는 교단적 의미로 활용되었으며, 학문적 차원에서 역사적, 철학적, 정치적 의미로서의 칼빈주의 용어가 활용되었다고 주장하였다.[10]

---

8 에드윈 팔마, 『칼빈주의 5대 교리』, 박일민 역 (서울: 성광문화사, 1982), 8-9.
9 아브라함 카이퍼, 『칼빈주의 강연』, 21.
10 아브라함 카이퍼, 『칼빈주의 강연』, 22.

2) 개혁주의와 종교개혁

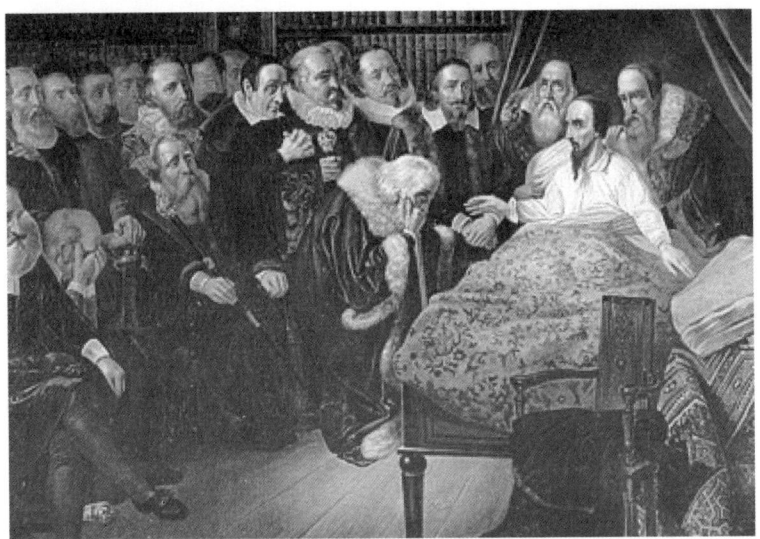

Geneva: Protestant in mind but not in body
출처: https://www.swissinfo.ch/eng/geneva--protestant-in-mind-but-not-in-body/42438

　유럽의 종교개혁은 중세 말의 존 위클리프와 요하누스 후스 등에 의해 시작되었고, 루터와 츠빙글리, 그리고 칼빈을 통해서 종교개혁의 신학적 유산인 개혁주의 신학이 확립되었다. 그럼, 이들이 강조하였던 신학 사상은 무엇이었을까? 무엇보다도 종교개혁가들은 교회의 회복 운동 즉, 초대 교회 예배로의 회귀를 부르짖었으며, 중세부터 시작된 교황 제도Popists의 문제점을 지적함과 동시에 이러한 모습은 성경적 원리에서 벗어난 신학적 괴리 현상의 결과임을 입증하였다. 이들은 당대 로마 가톨릭이 교회의 진리의 보고인 성경보다는 교회의 전통Tradition, 교회 예전Riturgy, 의식Ritual, 인간의 선행, 덕행, 공덕 신앙을 강조하고, 교황의 교서를 통해 성경을 재해석하려는 시도에 제동을 걸었다. 개혁자들은 진정한 성경적 신학은 교황의 교서에 근거한 해석학적 신학이 아니라 "오직 은혜Sola gracia"의 신학임을 강조하였다.

개혁자들은 중세 가톨릭시즘 즉 성경의 권위에서 벗어난 인간중심, 형식 위주의 신학을 타파하고, 성경적인 예배 형태와 초대 교부들을 중심으로 한 어거스틴 신학을 새롭게 정립하고자 노력하였던 자들이었다. 이들은 어거스틴이 당대 로마의 보편교회의 타락과 왜곡된 모습을 정화시키려고 시도했던 어거스틴주의Augustinianism를 유럽교회에 적용함으로 칼빈주의 즉, 개혁주의의 초석을 놓은 자들이었다. 이러한 개혁가들 가운데 존 칼빈은 가장 성경에 근거한 개혁주의 신학 사상을 형성하고 확립하였던 사상가이자 저술가였다. 칼빈은 앞선 개혁가들의 신학 사상과 저술 작품들을 통해 개혁주의 신학의 건축가로 활동하였다. 1517년 독일 비텐베르크에서 종교개혁의 포문을 열었던 루터는 중세 천년의 로마 가톨릭의 교회 전통의 단절을 선언하였는데, 그가 선포한 "만인대제사장설, 로마 가톨릭의 주장과 교리의 파괴, 가톨릭 권위와 교회법에 대한 대담한 거부, 그리스도인의 진정한 자유" 등의 그의 신학 사상은 칼빈의 개혁주의 신학 형성에 지대한 영향을 주었다.[11] 또한 칼빈이 제네바 사역을 시작하기 17년 전 1519년 취리히Zurich에서 개혁 운동을 펼쳤던 츠빙글리는 '예배의 간소화Simplicity of Worship, 악기를 쓰는 음악, 성상, 의전과 같은 외적 보조물 제거'를 선언하고 이를 실천에 옮겼는데, 이러

---

11 멜빈 데이비스, 『칼빈주의 사상과 자유 사상』, 25.

한 그의 사상은 칼빈과 영국의 청교도 운동에 큰 영향을 미치게 되었다.[12] 또한 츠빙글리의 제자인 블링거Heinrich Bullinger of Zurich와 스트라스부르그의 부처Martin Bucer of Strassburg의 개혁 활동은 칼빈의 정치 사상과 영국의 청교도들의 장로교주의와 개혁 사상을 형성하는데 지대한 공헌을 하였다.[13]

3) 개혁주의는 칼빈 한 사람의 사상의 총체가 아니다.

개혁주의는 종교개혁자 존 칼빈의 신학을 총체적으로 요약하고 그의 신학을 답습한 신학 체계가 아니다. 개혁주의의 요체이자 장로교주의의 초석이 된 '웨스트민스터 신앙고백서'Westminster Confession of Faith에는 칼빈이라는 이름이 언급되어 있지 않으며 칼빈의 글을 찾아 볼 수 없다.[14] 만일 개혁주의를 칼빈 한 사람의 신학 사상으로 제한시키게 된다면, 개혁주의는 매우 협소한 신학에 머무르게 되는 결과를 낳게 될 것이다. 그 이유는 칼빈은 비록 기독교강요와 다양한 주석류를 저술했지만, 그가 완성한 주석을 살펴보면 구약은 39권 중 24권을 저술하였고, 신약은 요2서, 요3서, 요한계시록을 완성하지 못하였다. 따라서 개혁주의가 칼빈 신학의 총체라고 정의한다면, 후대 개혁주의자들은 구약 전체에 대한 포괄적인 이해와 설명 및 주석이 불가능하게 될 것이며, 신약에 대해서도 상당한 내용을 언급하지 못하게

---

12   멜빈 데이비스, 『칼빈주의 사상과 자유 사상』, 25.
13   멜빈 데이비스, 『칼빈주의 사상과 자유 사상』, 26.
14   R.C. 리이드, 『칼빈주의 뿌리와 열매』, 18.

될 것이다. 하나님 말씀인 성경은 온 우주 만물의 기원과 삶의 원천을 제공하고 있으며, 인생의 목적과 삶의 철학과 세계관, 인생관 및 가치관 등 생활 전반에 걸친 다양한 삶의 원칙과 방법론을 제시해주고 있는 무궁무진한 진리의 자원이 풍요로운 보고이다. 그러나 칼빈이 발견한 성경적 원리나 준칙은 이러한 진리의 바다의 빙산의 일각에 불과한 것이다.

2. 개혁주의 정의

헨리 미터는 칼빈주의 정의를 다음과 같이 묘사하였다:

> 칼빈주의란 칼빈이나 칼빈주의자들에 의해 주장된 의견들의 집합체나 사상의 총화가 아니고, 성경을 하나의 기본원리의 공동 토대로 하고 있는 유기적인 총체이다... 칼빈의 신학적 교의들은 종교개혁에 이바지한 다른 위대한 지도자들의 교의와 함께 어거스틴 교의의 부흥이고, 그의 교의는 그보다 몇 세기 전 사도 바울 교리의 재건이었다고 말할 수 있다. 이 교의들을 조직적으로 설명하고 또한 특수하게 적용하여 현대를 위해 제시한 사람이 바로 칼빈이다. 이때부터 이 사상 체계를 칼빈주의라 부른다.[15]

---

[15] 헨리 미터, 박윤선, 김진홍 역, 『칼빈주의 기본 사상』, (개혁주의신행협회, 2000), 21-22. I. H. Landwehr(란드베어)는 칼빈주의는 "칼빈의 사역으로 말미암아 영향을 받은 하나의 힘이다. 즉 칼빈주의는 삶의 모든 영역 즉 신학적인 방면, 사회적인 방면, 예술적인 방면, 정치적인 방면에 삶의 체계를 심어주었다"고 평가하였다. Johan Herman. Landwehr, Calvinisme, in F.w. Crosheide, Christelijke Encyclopaedie Voor Het Nederlandsche Volk, Vol. I. (Kampen: KOK, 1930), 412

H. Henry Meeter(1886-1963) on the books of Nature and Scripture in the Calvinistic worldview
출처: https://deovivendiperchristum.wordpress.com/tag/h-henry-meeter/

이처럼 개혁주의는 성령의 감동으로 성경 말씀을 기록한 모세, 다윗, 이사야, 에스겔, 예수, 요한, 베드로, 그리고 바울을 통해 전수된 진리의 총체[16]에 대하여 고대 고부들의 신학 작업 특히 어거스틴의 '신적 은혜의 신학'The Theology of Divine Grace을 통해 수립하고 [17], 중세의 위대한 개혁 운동가들의 활동을 통해 전수되었으며 종교개혁가들의 헌신과 노력, 특히 존 칼빈의 신학의 체계화 작업을 통해 확립된 신학 및 사상 체계와, 후기종교개혁가들 특히 영국 청교도 운동의 주역들 가운데 존 오웬의 신학 사상과 삶의 체계, 근현대 교회에 등장하였던 위대한 성경적 신학 사상가들, 튤레틴, 조나단 에드워즈, 바빙크, 핫지, 워필드, 카이퍼 등을 통해 확립된 신학 체계와 삶의 체계, 세계관을 통칭하는 것이다. 개혁주의는 성경에 근본을 두고 있다. 성경은 단지 하나님의 정체성만을 설명해주기보다는 신자들이 하나님을 발견케 함으로써 인생의 본질과 삶의 진정성과 태도 즉, 인생관과 세계관을 비롯한 인생 전 영역에 대한 해답을 제시해주고 있는데, 개혁주의는

---

recited in 정성구, 『칼빈주의 사상대계』, 30.
16 R.C. 리이드, 『칼빈주의 뿌리와 열매』, 19.
17 어거스틴이 로마 카르타고(Carthago)에서 펠라기우스와의 신학적 논쟁을 벌일 당시 펠라기우스는 당대 로마 사회와 교회가 혼란과 신앙적 방종으로 흐르게 된 원인은 다름 아닌 어거스틴의 '신적 은혜의 신학'으로 인해 인간의 책임과 의무가 배제되었기 때문이라고 비판하였다.

바로 이러한 삶의 철학을 제공해주고 있다.[18]

3. 칼빈과 개혁주의

칼빈은 개혁주의 신학의 건축가로서 종교개혁가들 가운데 매우 위대한 사역을 감당하였다. 워필드가 강조한 바처럼, 칼빈은 개혁교회들의 신학 사상과 성경적 윤리관, 사회 및 정치, 철학에 대한 체계를 수립하는데 역대 사람들 가운데 가장 중요한 인물The Most Influence of Any Age이었다.[19] 개혁주의를 칼빈주의와 동의어로 활용하는 현상을 살펴봐도 칼빈과 개혁주의의 상관성은 더 이상 설명이 필요 없을 것이다. 칼빈은 스위스 제네바를 위시하여 프랑스, 독일, 영국, 스코틀랜드 등의 개신교회들을 매우 철저한 개혁주의로 만드는데 큰 공헌을 하였다. 따라서 칼빈이 없는 개혁주의는 상상하기 힘들 정도이다. 칼빈의 신학은 비록 루터, 츠빙글리, 불링거, 부처에 영향을 받았지만, 칼빈주의는 이들의 신학과 동일시 할 수 없다. 칼빈주의는 종교개혁기에 있어서 칼빈의 신학을 중심으로 형성되었다.

특히 칼빈은 개혁주의 신학의 효시인 어거스틴의 신학적 영향을 많이 받았지만, 종교개혁자들의 개혁 의지와 신학 체계를 통하여 이들의 장단점을 수정보완하여 개혁주의 체계를 수립하였다. 그는 루터의 신학을 통해 로마 가톨릭의 신학적 문제점들과 교황청의 비신

---

18   A. Kuyper, "칼빈주의자들의 숫자를 산정할 때 '그리스도인'의 숫자를 산정할 때와 꼭 같은 방식으로 해야 한다"고 주장함. = 칼빈주의자야말로 진정한 그리스도인이라는 뜻.

19   B.B. Warfield, *Calvinism*, *The New Schaff-herzog Encyclopedia of Religious Knowledge*, 359.

학적 및 비본질적 형태를 정확히 인식하는데 큰 도움을 얻었다. 특히 루터의 십자가 신학과 만인대제사장주의, 이신칭의론, 교회와 국가의 두 왕국론, 면죄부 제도의 해악성, 그리스도인의 자유 등의 이슈들에 대한 신학적 유산들을 얻게 되었다. 칼빈의 관점에서 바라본 루터의 대사회적 책임에 대한 주장은 매우 소극적으로 보였다. 물론, 비텐베르크 대학교회 정문에 붙인 '95개조의 반박문'은 그의 종교개혁의 서문을 여는 중요한 계기를 마련하였지만, 그는 가톨릭 교황청을 정면으로 거부하고 새로운 교회 공동체 실현을 목표로 혁명과 투쟁 및 체제 전복의 방법을 동원할 정도의 성향의 인물은 아니었다. 단지, 교황청의 비성경적, 비신학적 요소를 바로잡고 교회가 좀 더 정화되길 원했던 것이고 중세 당시 수도원 개혁 운동과 교황청 정화 운동이 진행되었던 것처럼, 로마 가톨릭의 정화 운동 차원에서 개혁 운동을 펼쳤던 것이다.

비록 칼빈은 루터의 신학적 유산과 종교개혁 의지에 많은 영향을 받았지만, 칼빈은 로마 가톨릭과 교황청을 정면으로 거부하고 초대 교회 공동체로의 복귀 및 회복 그리고 초대 교회 신학의 대변자였던 어거스틴 신학의 정통성을 회복하고 발전시키는 개혁을 추구하였다. 특히 교회와 국가와 사회에 대하여 소극적인 성향을 보였던 루터와 다르게 칼빈은 제네바시를 구약 이스라엘의 신정 통치의 공동체로 새롭게 구축하고자 노력하였으며, 교회의 대사회적인 책임과 의무를 수행할 수 있는 다양한 방법들을 모색하였다.

또한 칼빈은 취리히의 종교개혁가였던 츠빙글리가 1522년에 작성한 "67개 신조"The 67 Articles를 통해 로마 가톨릭의 전통과 형식을 강조하는 예배 신학의 문제점을 정확하게 인식하게 되었고, 예배 순서의 간소화 및 설교의 명료한 선포, 마리아 숭배 거부, 우상 파괴 및 제거 등의 그의 다양한 주장들은 칼빈의 신학 형성에 적잖은 영향을 미치게 되었다. 또한 로마 가톨릭 국가들과의 전투를 벌였던 카펠 전투Kapel에 직접 참전하여 전사할 정도로 전쟁에 대한 적극적인 모습을 보였던 츠빙글리의 과격한 행동은 칼빈의 국가론을 형성하는 데 좋은 자료로 활용되었다.

당대 재세례파Anabaptist의 비폭력주의와 평화주의 및 무정부주의적인 태도, 종교와 국가의 철저한 분리, 비가시적 교회 부정, 예정론 반대 등의 주장에 대하여, 칼빈은 성경에 입각해서 체계적으로 이들 주장의 문제점들을 제시하며 개혁주의에 입각한 신학을 구축하는 계기를 마련하였다. 즉, 재세례파의 왜곡된 주장에 대하여 칼빈은 이 땅에 하나님의 나라가 임했으며 하나님의 선택된 백성들은 하나님 나라가 이 땅 위에 편만하게 펼쳐지도록 노력해야 할 책임이 부여되어 있으며, 선택받은 자로서 적극적이고도 최선을 다하여 대사회적 과업을 수행해야 할 것을 강조하였다. 그는 역사의 주인은 천지 만물의 주재되신 하나님이시며, 그의 백성된 신자는 하나님의 나라를 적극적이고도 열정적으로 성취해가야 할 사명을 부여받은 자로 이해하였다.

아브라함 카이퍼는 개혁주의 사상 체계가 신학에만 국한된 사상이 아니라 매우 광범위한 세계관적 사상임을 강조하였다:

칼빈주의는 그 나름대로의 독특성을 지닌 종교 형태로 뿌리를 내린 후, 점점 특별한 종교 의식과 고유한 신학 사상으로 발전하였다. 그 다음에는 칼빈주의 사상이 특별한 사회 질서로, 그 다음에는 정치, 사회생활, 도덕 세계에 대한 해석, 자연과 은총의 문제, 기독교와 세상, 교회와 국가, 궁극적으로는 예술과 과학 간의 관계에 대해 일정한 형태로 발전되었다.[20]

칼빈의 개혁주의는 제네바, 스트라스부르크, 취리히, 엠덴, 바젤 등을 비롯하여 프랑스, 독일, 그리고 영국으로 퍼져나가게 되었고 영국 튜더 왕조의 에드워드 6세Edward VI 당시 유럽에서 활동하던 개혁주의자들이 대거 런던에 초청 및 정착하여 청교도 운동의 불씨를 지폈다. 비록, 블러디 메리 여왕Bloody of Mary의 잔혹한 핍박과 화형으로 인하여 개혁주의가 주춤하였으나 엘리자베스Elizabeth 여왕 시대에 개혁주의는 영국에서 잘 정착되었으며 스튜어트 왕조Stuart 때 발생하였던 청교도 혁명을 통해 개혁주의는 영국에서 전성기를 누리게 되었다.

---

20   Abraham Kuyper, *Lectures on Calvinism*, 8, Recited in 정성구, 『칼빈주의 사상대계』, 61.

제 2 장
개혁주의 기본 원리 및 중심 사상

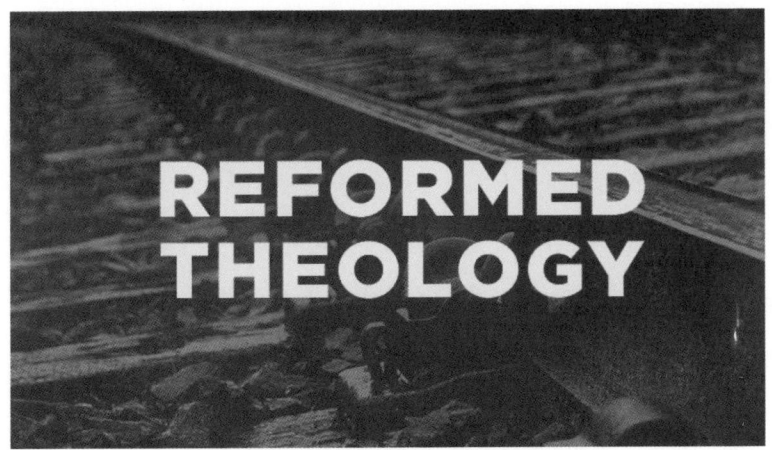

출처: https://deovivendiperchristum.wordpress.com/tag/h-henry-meeter/

1. 기본 원리

1) 역사적 개관

개혁주의에 대한 초기 연구는 슐라어마허 Schleiermacher, 1768-1834 를 중심으로 진행되었다. 그는 독일의 개신교 신학자이자 철학자로서 당대 시대사조였던 계몽주의와 낭만주의 그리고 당대 신학 사조였던 경건주의의 접목을 시도한 인물로서 현대 자유주의 신학의 배경을 창출했던 자유주의 신학의 아버지라고 불리운다. 그는 1821-1822년에 "Glaubenslehre"신앙론을 출간하였는데, 이 저서 내용에서 개혁주의를 다루었다. 그 이후 그의 추종자인 알렉스 슈바이쳐Alex Schweitzer는 개혁주의의 기본 원리를 "하나님께만 절대 의존하는 감정feeling"으로 묘사하였다. 또한 루터파가 이해한 개혁주의는 개신교 역사에 나타난 어떤 독특한 운동이 아니며, 독자적인 특정 원리를 갖고 있지 않고, 단지 수정된 루터주의로 치부하였다. 이들에 견해에 의하면, 칼빈은 개혁주의의 창시자가 아니라 루터의 영적 후예 즉 아류에 불과한 것이다. 루터파가 이처럼 개혁주의를 비판하는 원인은 개혁주의 체계에 역동적 통일성이 존재하는 것이 아니라 단지 형식적이고도 합리적인 통일성만이 존재한다는 것이다. 가령, 개혁주의는 하나님의 주권과 인간의 책임론을 동시에 강조하고 있으나, 이 두 요소는 상호 간에 상반된 개념에 불과하다는 것이다. 이러한 루터파의 비판에 대하여 B. Wielinga비링가는 "칼빈주의 세계관에서 칼빈주의는 서로 보완하는 반대 개념들, 즉 신비와 계시, 초월과 내재, 합리성과 신비주의, 영과 물질, 천상의 것과 지상의 것, 종속과 책임, 세상으로부터 구별됨과 문화 간의 균형을 유지하고자 매우 노력한다"라고 응수하였다.

개혁주의 즉, 칼빈주의의 기본 원리에 대해서 워필드B.B. Warfield는 다음과 같이 요약하였다:

칼빈주의 기본 원리는 주권적인 하나님에 대한 심원한 이해 및 그와 같은 하나님 이해에 필연적으로 수반되는 것으로 피조물 특히 죄 많은 피조물이 하나님에 의해 유지되고 있다는 심원한 이해에 있다. 칼빈주의자들은 하나님을 본 사람, 영광 중에 계신 하나님을 보면서, 한편으로는 피조물로서, 그리고 더더욱 죄인으로서, 하나님 앞에 서기에는 무가치함을 통절하게 느끼고, 또 다른 한편으로는 그럼에도 불구하고 이 하나님이 죄인들을 받으시는 하나님이심을 알고 경배와 경이에 사로잡힌 사람들이다. 무조건적으로 하나님을 믿고, 하나님이 자신의 모든 생각과 감정과 의지-그의 지적, 도덕적, 영적인 삶의 활동 전체-를, 그리고 그의 개인적, 사회적, 종교적인 모든 관계를 다스리시는 하나님이심을 굳게 결심하는 자가 바로 칼빈주의자이다.[21]

2) 개혁주의 기본 원리에 대한 근거

첫째로, 개혁주의 사상은 종교개혁 이후 유럽을 중심으로 신앙의 자유를 위한 전쟁과 투쟁의 과정을 통해 형성되었던 다양한 개혁주의 신앙고백서 Confession에서 찾아볼 수 있다. 즉, 1545년 Catechism of Generva, 1560년의 Scottish Confession of Faith, 1554년 Catechism of Emden, 1562년 Hungarian Catechism, 1648년의 Westminster Standard Documents 등에서 개혁주의 유산을 발견할 수 있다. 가령, 웨스트민스터 소요리문답 1번 "인간의 가장 주된 목적은 무엇인가? 하나님을 영광스럽게 하고 그를 영원히 즐거워하는 것이다."은 개혁주의 신학의 가장 핵심 사상을 담고 있다. 즉, 개혁주

---

21   B. B. Warfield, *Calvin as a Theologian and Calvinism Today* (Philadelphia: Presbyterian Board of Publication, 1909), 23-24.

의에서 강조하는 바는 창조주 하나님과 그의 백성인 인간의 상호 관계성을 회복하기 위해선 하나님을 발견하고 하나님의 영광을 위해 삶을 살아가는 것이기 때문이다. 또한 1541년 칼빈의 두 번째 요리문답에서 질의응답은 다음과 같다:

> 인간 생활의 주된 목적은 무엇인가? 하나님을 아는 것이다. 왜 그렇게 말하는가? 왜냐하면 그분은 우리를 창조하셨고 우리 안에서 영광을 받으시기 위해 우리를 세상에 두셨기 때문이다. 그러므로 그분이 우리 삶을 시작하였으므로 우리 삶을 그분의 영광을 위해 드리는 것이 마땅하다.

또한 하이델베르그 요리문답Heidelberg Catechism, 1563은 인간의 창조 목적을 다음과 같이 설명하고 있다:

> 인간은 그의 창조주인 하나님을 올바로 알고, 그를 진심으로 사랑하며, 그를 영화롭게 하고 찬양하기 위해 영원한 행복 속에서 그와 함께 살기 위해 창조되었다.

이처럼, 앞서 제기한 신앙고백문들은 동일하게 "하나님 영광! 하나님 중심!", "하나님을 아는 지식"을 선포하는 칼빈주의, 개혁주의 신앙고백을 표방하고 있다

둘째로, 개혁주의 신학 사상의 핵심은 제네바 개혁주의 신학의 건축가였던 존 칼빈의 저술에서 찾아볼 수 있다. 그의 작품들의 전반

적인 내용을 고찰해보면, 오직 하나님의 세계관이 지배하고 있음을 볼 수 있다. 특히 그의 불후의 명저인『기독교강요』를 면밀히 살펴보면, 이 책을 지배하는 사상은 하나님 사상임을 확증하게 된다. 이 작품을 통해 처음으로 제시된 핵심 주제는 참되고 실질적인 지혜가 두 부분으로 구성되었다는 점이다. 그중 하나는 하나님에 관한 지식이며, 다른 하나는 우리 자신에 관한 지식이다. 즉, 인간은 자기 자신의 내면과 정체성을 인식하고 확증하기 위해선 무엇보다도 인간의 출발을 선언하신 창조주 하나님에 대한 분명한 지식이 절대적으로 필요하다는 것이다. 특히 칼빈이 남긴 설교집과 방대한 주석집 등을 살펴보면, 하나님 주권 사상으로 가득 차 있다. 그의 별명은 다름 아닌 "하나님에게 도취된 사람"이었다.

그럼, 개혁주의와 루터주의 차이점은 무엇일까? 일반적으로 개혁주의는 루터주의처럼 이신칭의 교리를 전적으로 수용하며, 구원론에 있어서 매우 중요한 신학적 요소로 받아들인다. 그러나 루터파의 칭의론의 한계점은 워필드가 다음과 같이 지적하였다: "하나님과의 평화를 추구하는 죄의 짐에 사로 잡힌 영혼의 고민으로부터 발생한 루터교는 믿음에서 이러한 평화를 찾았다. 그리고 바로 그 상태에서 멈추어 버리고 말았다. 루터교는 의롭게 된 영혼의 평화 이상의 것은 아무것도 알지 못할 것이다."[22] 개혁주의는 루터주의의 이신칭의

---

22 B.B. Warfield, *Calvin as a Theologian and Calvinism Today*, 7. "Lutheranism, sprung from the thores of a guilt-burdened soul seeking peace with God, finds peace in faith, and stops right there. It is so absorbed in rejoicing in the blessings which flow from faith that is refuses or neglects to inquire whence faith itself flows."

론에서 한 걸음 더 나아가 이 교리의 출처와 근거에 대한 깊은 사색에서 출발한다. 이에 대하여 하스티W. Hastie 교수는 다음과 같이 묘사하였다:

> 루터교적 종교개혁은 펠라기우스의 행위로 인한 의로 다시 돌아간 중세 교회의 유대적 타락에 대항한 것임에 반하여, 개혁교회는 하나님의 영광을 흐리게 함으로 피조물에 대한 우상 숭배로 다시 빠져든 중세 교회의 이교도적인 요소들에 대항한 차이점이 있다.

2. 개혁주의 중심 사상

1) 예정론은 칼빈주의 중심 사상이 아니다.

개혁주의 신학에 대한 왜곡된 이해 중 하나는 예정론이 개혁주의 핵심 교리라고 간주하는 경우이다. 비록 예정 교리는 매우 중요하고 성경적인 진리이자 체계화된 교리인 것은 사실이지만, 개혁주의 신학의 총체 또는 본질은 아니다. 로레인 뵈트너는 카이퍼의 글을 인용하면서 개혁주의 신학의 핵심 사상과 특성을 예정론이나 성경의 권위에서 발견하려는 모습은 매우 잘못된 것이라고 지적하였다. 물론 아브라함 카이퍼는 절대예정론을 믿는 개혁주의 신학자로서 예정론의 신비를 다음과 같이 주장하였다:

> 창조될 모든 것들의 존재의 결정, 다시 말하면 어떤 것은 산채가 되고

어떤 것은 미나리-아재비가 될 것, 어떤 것은 두견이 되고 어떤 것은 까마귀가 될 것, 어떤 것은 사슴이 되고, 어떤 것은 돼지가 될 것을 결정함과 같이 인간에게 있어서도 어떤 자는 남아 혹은 여아, 부자 혹은 가난한 자, 우둔한 자 혹은 총명한 자, 백인 혹은 유색인, 가인 혹은 아벨과 같이 태어나도록 결정한 것은 천상과 지상에서 생각할 수 있는 가장 위대한 예정이다.[23] 더구나 우리는 이 진리가 매일 우리의 눈 앞에서 일어나고 우리 자신이 전 인격적으로 이 원리에 복종하여 우리의 전 존재 전 성품 및 생활상의 지위가 전적으로 의존하고 있음을 본다. 칼빈주의자는 이렇게 전 포괄적인 예정을 사람의 손이나 맹목적인 자연력의 손에 맡기지 않고 다만 천지의 주권적 창조주이자 소유주이신 전능하신 하나님의 손에 맡긴다. 성경은 선지 시대 이래로 이 절대적 선택 교리를 진흙과 토기장이의 비유로 상술하여 왔다. 자연의 영역에서와 같이 은혜의 영역에서도 선택이 있다.[24]

뵈트너는 카이퍼가 예정 교리가 성경적인 사상이라는 점을 강조하였지만, 예정론과 성경의 권위에 대한 교리들은 개혁주의 신학의 출발점이라기보다는 신학의 결론이라고 보는 것이 더 타당한 주장이라고 지적하였다.[25]

---

23 로레인 뵈트너, 『칼빈주의 예정론』, 18-19.

24 Abraham Kuyper, *Lectures on Calvinism- Six Lectures Delivered at Princeton University Under Auspices of the L, P. Stone Foundation* (Grand Rapids: Michigan, W. M. B. Eerdmans Publishing Company, 1931), 272. recited in 로레인 뵈트너, 홍의표 역, 『칼빈주의 예정론』, (보문출판사, 1990), 29.

25 로레인 뵈트너, 『칼빈주의 예정론』, 18.

이것은 마치 무성한 잎이 그 나무가 잘 자라게 하는 뿌리는 아닌 것과 같다. 만약 이 교리가 다른 진리와의 필연적 관계로부터 분리되어 단독으로 표시된다면 필경 이 교리의 효과는 과장되고 또한 그 체계는 왜곡되어 잘못 전달될 수밖에 없다. 어떤 원리의 서술이 참이 되려면 그것이 그 소속 체계의 다른 모든 요소와 조화를 이루면서 제시되어야 한다. 웨스트민스터 신앙고백은 전체적으로 이 체계의 평행을 이룬 서술이다. 즉, 이 교리와 함께 다른 진리들 곧 삼위일체, 그리스도의 신성, 성령의 인격, 성경의 영감, 이적, 예수의 속죄 및 부활, 그리스도의 재림 등도 동일하게 강조하고 있다. 물론 우리는 알미니안주의가 중요한 진리들을 많이 파악하고 있다는 사실을 부인하지 않는다. 그러나 기독교 진리를 충분하고 완전하게 해설하려면 칼빈주의 체계에서 보여주는 것과 같은 진리를 근본으로 해야만 가능하다고 우리는 주장한다. 대다수의 많은 사람이 예정론과 칼빈주의는 사실상 같은 뜻의 말이라고 잘못 생각할 때가 많다. 그러나 그것은 사실이 아니다. 이 두 개의 관념을 동일시하기 때문에 칼빈주의를 오해하여 반대한다… 그러나 예정론이나 칼빈주의의 5대 교리나 양자가 모두 본래부터 칼빈주의의 근본적 요소인 것은 사실이나 이들이 칼빈주의 전체를 구성하고 있는 것은 아니다.[26]

이처럼 뵈트너는 개혁주의 신학을 구성하고 있는 다양한 주제 중 하나는 예정 교리이지만, 이 교리가 개혁주의의 핵심이 아니라는 점

---

26 로레인 뵈트너, 『칼빈주의 예정론』, 18-19.

에 무게를 두었다. 일차적으로 칼빈을 비롯한 종교개혁자들은 예정 교리를 매우 존중하였다. 칼빈은 "하나님의 영원한 예정에 관하여"De aeterna Dei praedestinatione, 1552라는 작품을 통해 이미 예정론에 대한 의문점을 제기한 게오르기우스Giorgio Siculo와 피기우스Albert Pighius의 반박서로서, 제네바 의회에 인준을 받아 출간하였다. 그는 이 작품을 통해 하나님의 이중예정은 성경적 근거와 신학적 논증에 기초하고 있음을 강조하였다. 칼빈은 하나님의 예정은 인간의 노력이나 공로 또는 행위에 근거하지 않고 오직 전능하신 삼위일체 하나님의 계획과 다양한 언약 사상에 근거하고 있음을 논증하고자 하였다.[27]

그러나 칼빈은 자신의 설교집과 기독교강요 및 성경 주석 등을 통하여 하나님의 예정론은 성경에 근거하고 있으며 이는 신자들로 하여금 구원의 확신과 견인에 지대한 역할을 감당한다고 주장하였지만, 그의 예정론은 칼빈 고유의 신학 사상의 결과물이 아니라 고대 교부 이레나에우스를 비롯하여 어거스틴 및 중세 존 위클리프와 보헤미아의 프라하 대학 총장이었던 요하누스 후스와 모든 종교개혁자들이 주장한 사상인 것이다.

핫지는 당대 예정론을 거부하며 비난과 조소와 냉대로 일삼던 자들로부터 자신을 보호하기 위해서 "칼빈주의"라는 용어보다는 "어거스틴주의"라는 용어를 더 즐겨 사용하였다.[28] 예정론은 개혁주의의 핵심 사상이라기보다는 개혁주의가 표방하고 수용하는 성경적 사상

---

27 John Calvin, *Institutes of the Christian Religion*, trans. Ford Lewis Battles (Eedmans, 1995), 3.22.7.; 3.24.5.

28 아브라함 카이퍼, 『칼빈주의 강연』, 21-22.

인 것이다.[29] 특히 칼빈이 작성한 신앙고백서에 제시된 다양한 신학적 교리들 가운데 예정론은 핵심이 아니다. 1537년 칼빈이 작성한 최초 요리문답서를 살펴보면, 예정론의 신비를 캐는 것에 대한 우려와 함께 신중하게 접근해야 할 필요성이 제시되어 있다. 또한 1541년에 출판된 칼빈의 두 번째 요리문답서에도 핵심적인 내용으로 다루지 않고 부수적으로 다루고 있으며, 칼빈이 주도한 다른 신앙고백서들 즉, 1557년 프랑스 왕의 신앙고백서, 1559년 제네바 학자들의 신앙고백서, 1562년 황제 및 국가들의 신앙고백서를 살펴봐도, 예정론 사상이 핵심적 위치를 차지하고 있지 않는다는 점을 발견하게 된다.[30] 이처럼, 개혁주의의 이중예정론은 칼빈의 독특한 교리 또는 그의 고유 산물이 아니며, 이미 종교개혁 지도자들 가운데 루터, 츠빙글리, 멜랑히톤, 불링거, 부쳐 외에 종교개혁의 대지도자들에 의해 가르쳐왔다. 그들은 비록 다른 교리에 대해서는 의견의 다양성을 보였지만 예정론에 대해서는 동일한 견해를 유지하였다.[31] 특히 마르틴 루터의 작품인 "노예의지론"The Bondage of the Will을 통해 자신이 절대예정 옹호론자임을 입증하였으며 칼빈보다 더 열렬하고도 준엄

---

29 알렉산더 슈바이츠(Alexander Schweizwer)는 자신의 작품을 통해 칼빈의 신학 사상 중 이중예정론이 그의 신학에 중심에 놓여있다고 주장하였지만, 리차드 갬블(Richard Gamble)은 중심이라기보다는 칼빈의 사상 중 하나로 이해하고 있다. Alexander Schweizwer, Die Glaubenslehre der evangelish-reformierten Kirche (Zurich, 1845); Richard Gamble, "Current Trends in Calvin Research, 1982-1990," in *Calvinus Sacrae Scripturae Professor*, ed. Wilhelm H. Neuser (Grand Rapids: Eerdmans, 1994), 105-106. "Calvin scholarship has shown increasing unanimity that the duplex cognitio Dei must be reckoned with as either a controlling principle of his theology or the controlling principle."
30 에드윈 팔마, 『칼빈주의 5대 교리』, 7.
31 로레인 뵈트너, 『칼빈주의 예정론』, 13.

하게 주장하였다.[32] 그의 제자인 멜랑히톤Melanchton도 그의 작품집인 "Loci Communes"신학총론을 통해 루터와 함께 절대 예정을 지지하였고, 칼빈에게 장로교 제도 형성에 지대한 공헌을 했던 마틴 부처도 예정 교리를 수용하였다.

그럼, 개혁주의가 표방하는 신학의 핵심 교리 및 중심 사상은 무엇일까?

정성구 교수는 헨리 미터와 아브라함 카이퍼의 칼빈주의 사상에 근거하여 개혁주의의 두 가지 교리 및 사상을 핵심으로 제시하였다. 그중 첫째는 하나님 사상이며,[33] 둘째는 성경적 사상과 삶의 체계[34]라고 주장하였다.[35]

2) 하나님 중심 사상(the thought of God-centered)이다

모든 프로테스탄트의 후예들인 각 교단은 교단적 배경과 신학적 강조점에 근거하여 다양한 신학적 주제를 핵심으로 수용하였다. 이에 대하여 프레슬리Mason W. Pressly는 다음과 같이 교단의 특징을 설명하였다:

> 감리교는 죄인의 구원에, 침례교는 중생의 신비에, 루터교는 이신칭의에, 모라비안교는 그리스도의 상처에, 희랍정교는 성령님의 신비에, 로

---

32 로레인 뵈트너, 『칼빈주의 예정론』, 14.
33 헨리 미터, 『칼빈주의 기본 사상』, 24.
34 아브라함 카이퍼, 『칼빈주의 강연』, 17-54.
35 정성구, 『칼빈주의 사상대계』, 20.

마교는 교회의 보편성을 각각 치중함과 같이 칼빈주의자는 항상 하나님 사상(thought of God)에 치중한다.[36]

감리교는 존 웨슬리를 중심으로 조지 휫필드와 함께 영국 브리스톨 지역을 중심으로 감리교 운동을 펼쳤다. 비록 웨슬리는 외할아버지로부터 물려받은 청교도의 유산을 간직하고 있었지만, 포괄적인 복음전도자로 활동하면서 대형 노상 집회를 개최하여 복음을 선포하는 사역을 감당하였다. 웨슬리의 이러한 독특한 전도 방식은 모든 만민들의 구원에 초점을 맞추게 되었고, 그의 신학적 배경 아래 형성된 감리교의 구원론은 이들의 중심 사상으로 자리잡게 되었다. 루터교는 루터의 대발견으로 일컬어지고 있는 "이신칭의론"이 핵심 사상으로 대두되었으며, 로마 가톨릭은 "교회 밖에는 구원이 없다"는 전제하에 교회론을 강화시켰다. 이들은 성례 신학과 의식과 예전 중심의 신학을 구현하고자 노력하였기 때문에 교회의 보편성을 강조하는 신학으로 자리잡게 되었다. 그러나 개혁주의는 다양하고도 중요한 신학적 주제 가운데 특히 삼위일체 하나님에게 모든 관심을 집중하고, 하나님의 섭리의 역사와 경륜적 사역에 초점을 맞추는 형태를 구축하였다. 이처럼 다양한 교파들의 신학적 특징은 진리적 차원이 아닌 선택적 차원이며 강조적 차원으로 이해해야 할 것이다.

워필드는 개혁주의 신학의 특징을 다음과 같이 묘사하였다:

---

36 헨리 미터, 『칼빈주의 기본사상』, 24.

제한을 두지 않고 하나님을 믿으며, 그의 모든 사고와 감정과 의지에 있어서 즉, 지적이며, 도덕적이며 영적인 그의 삶의 전 영역에 있어서, 또 그의 모든 개인적인 사회적 종교적 관계를 통해서 자신에게 하나님이 하나님되게 할 것을 단호히 결심하는 칼빈주의자는 사고와 생활에 적용되어질 여러 원리들을 세우는 일을 주관하는 모든 논리 중에서 가장 엄격한 논리의 힘에 의해 즉, 칼빈주의자라는 사실의 필연성에 의해 존재한다.[37]

워필드는 개혁주의를 표방하는 신자는 자신의 삶의 모든 정황과 시간과 공간 속에서 하나님 앞에선 자세Coram Deo로 주저함 없이 당당하게 살아가야 하며, 이러한 삶은 하나님이 나의 삶의 주인되시며 나의 하나님이 되도록 자아를 부인하고 하나님께 삶의 초점을 맞추는 진정한 그리스도인이 되어야 한다는 점을 천명한 것이다. 또한 멜빈 데이비스A. Mervyn Davies는 칼빈주의의 정체성을 다음과 같이 주장하였다:

칼빈주의란 무엇인가? 아마도 역사를 만드는 사람들인 칼빈주의자들

---

[37] B.B. Warfield, *Calvin as a Theologian and Calvinism Today*, 23. Recited in 정성구, 『칼빈주의 사상대계』, 58. 워필드는 주장하길, "칼빈주의자는 하나님을 보는 사람이다. 그는 자연에서 하나님을 보고 역사에서 하나님을 보며, 은혜에서 하나님을 본다. 칼빈주의자는 모든 곳에서 하나님의 전능하신 발자국을 보고, 모든 곳에서 그 전능하신 팔의 역사하심을 느끼며, 하나님의 위대하신 심장 박동 소리를 듣는다. 이 모든 사실에서 칼빈주의를 구성하는 원리가 나타난다. 칼빈주의자는 모든 현상 배후에서 하나님의 손을 발견하며, 이 모든 현상 속에서 하나님의 뜻을 따라 역사하시는 하나님의 손을 보며 기도하는 태도로 자기의 전 생애를 살아가고, 구원 문제에 있어서 자신을 전혀 의지하지 않고 하나님의 은혜만을 전적으로 의지하는 사람이다."라고 하였다. 조엘 비키, 신호섭 역, 『하나님의 영광을 위하는 삶 - 칼빈주의』 (서울: 지평서원, 2010), 88-89.

은 어떤 사람들인가?라는 질문이 더 나을지도 모르겠다. 그들은 다른 모든 것보다 뛰어난 하나의 사상, 즉 모든 사상들 가운데 가장 훌륭한 사상인 하나님에 대한 사상을 가지고 있는 사람들이다. 그리고 그들은 우리 현대인들이 가질 수 있는 여러 사상들 중의 하나로서가 아니라, 그들이 모든 사고의 절정으로서, 즉 자신들의 삶의 주인으로서, 이 우주의 주권자로서, 그리고 역사의 실마리를 쥐고 있는 자로서의 하나님에 대한 사상을 가지고 있었다. 바울은 그것을 다음과 같이 표현했다. '만물은 그분에 의해 나왔고, 그분으로 말미암아 존재하고 있으니, 그분에게 영원토록 영광이 있을지어다.'[38]

데이비스는 앞서 언급한 워필드의 주장을 적극적으로 수용함과 동시에 현대인들이 살아가면서 겪는 수많은 난제들을 극복할 수 있는 분명한 대안은 오직 하나님 중심적 사고방식과 하나님의 섭리의 역사를 신뢰하고 삶의 기준점으로 삼는 일임을 강조하였던 것이다. 헨리 미터는 라인홀트 시베르크Reinhold Seeberg가 "이 인본주의적 교양을 받은 이 불란서인 칼빈이 무엇보다도 복음적 그리스도인이요, 결국 그가 가진 세계관 전체는 그가 소유한 복음 정신에 의해 결정되었다."[39]라고 평가한 내용을 수용하여 칼빈이 제시한 개혁주의 핵심적 근본 원리를 다음과 같이 제시하였다:

---

38 멜빈 데이비스, 한국칼빈주의연구원 역, 칼빈주의 사상과 자유 사상 (기독교문화협회, 1986), 31.
39 Reinhold Seeberg, Lehrbuch der Dogmengeschichte, 2.2.558-59, recited in 헨리 미터, 『칼빈주의 기본 사상』, 24.

그 기본 원리가 어디 있는가 하면, 두말할 것이 없이 그것은 바로 칼빈주의자들의 복음 교리 속에 게재되어 있다. 그의 교리들은 단지 추상적으로 생각된 것이 아니라, 살아 있는 진리로 취급된 것이니, 이 진리들은 칼빈주의의 기본 원리가 하나님 교리에 관한 것이라고 자신 있게 말할 수 있다. 과학적인 연구자들이 칼빈주의의 기본 원리에 대하여 어떻게 말하든지, 그들은 철학자 빌헬름 딜타이(Wihelm Dilthey)가 아래와 같이 말한 점에 동감할 것이다. 곧 '하나님 중심 사상'이 칼빈주의 운동 전체의 초기 150년간의 특징이 되어 있었고, 그 시대의 칼빈주의자들은 항상 하나님을 저희들의 사상 중심에 두었다. 칼빈주의 진영의 모든 신조들, 특히 종교개혁 초기의 신조들을 연구하거나 혹은 칼빈의 저서들을 연구함으로 이 사실에 대한 충분한 증거를 발견할 수 있다.[40]

3) 하나님 절대 주권(the absolute sovereignty of God)이다

하나님의 절대 주권이란 모든 만물과 인간의 전 영역에서의 하나님의 섭리와 간섭, 개입, 인도하심과 주인되심을 절대적으로 신뢰하는 것을 의미하며, 하나님이 온 만물의 처음과 나중이 되심을 뜻한다.[41] 하나님의 주권설은 창세 이전부터 시작하여 전 세계의 종말이 완성이 된 이후, 영원한 세계 속에서도 하나님께서 모든 만물의 주

40　헨리 미터, 『칼빈주의 기본 사상』, 24.
41　바우마(C. Bouma)는 하나님이 칼빈주의의 첫 번째 단어이자 마지막 단어라고 강조하였다: "This means that God is recognized as God. He is the first and the last. All things exist through Him and unto Him. He is the ultimate in creation as well as redemption." Clarence Bouma, "The Relevance of Calvinism for Today", *A symposium by Calvinistic Action Commitee, God-Centered Living or Calvinism in Action* (Grand Rapids: Baker, 1951), 14. Recited in 정성구, 『칼빈주의 사상대계』, 51.

인이 되시며 그분의 경륜Decrees과 섭리Providence, 의지Will가 하나님의 의도에 따라 생성되며 진행되며 완성될 것을 의미한다. 따라서 온 피조물과 자연 세계 및 정치, 경제, 사회, 문화, 예체능계뿐만 아니라 선과 악의 세계 및 사탄의 권세와 활동 영역까지 하나님의 주권이 미치지 않는 곳은 전혀 없다는 개념으로서의 주권을 말한다. 핫지Charles Hodge는 하나님 주권설의 핵심을 다음과 같이 묘사하였다.

> 다른 모든 교리들에 대한 하나님의 주권은 지구의 다른 층들을 받쳐주는 화강암반과도 같다. 하나님의 주권 교리는 다른 모든 교리들의 기초가 되어 그것들을 유지시키기 때문에 여기저기서 갑자기 나타난다. 따라서 이 교리는 우리의 모든 설교의 기초가 되어야 하며, 항상 분명하게 선포되어야 한다.[42]

또한 신칼빈주의 운동을 제창하면서 하나님의 주권영역설을 주장하였던 아브라함 카이퍼Abraham Kuyper는 하나님의 절대 주권을 믿고 하나님 앞에서의 삶을 추구하는 것이 진정한 그리스도의 삶의 모습임을 주장하였다. 그는 개혁주의를 추구하는 신자는 세상의 피조물이나 피조물과 하나님 사이에 위치한 매개체를 의지하지 않고 오직 하나님의 절대 주권에 따라 행동하고 생활한다고 주장하였다:

> 하나님으로부터 직접 우리에게 오지 않는 은혜는 없다. 우리의 실존의

---

42 Charles Hodge, *Princeton Sermons* (Edinburgh: Banner of Truth Trust, 1958), 6.

순간마다 전체 영적 생활은 하나님 자신 안에 거한다. '오직 하나님께 영광'(Soli Deo Gloria)은 출발점이 아니라 결과였으며, 예정은 인간과 인간을 구분하기 위함이 아니며 개인적 교만을 위함이 아니라 영원에서 영원부터 우리의 내적 자아에게 살아계신 하나님과 직접적인 교제를 보장하기 위하여 결단코 유지되었다.[43]

이처럼 핫지와 카이퍼의 하나님의 절대 주권설을 강력하게 지지하였던 헨리 미터는 자연 영역과 통치 영역, 그리고 생활 영역과 학문 영역을 통틀어서 하나님 나라의 제일 원리이자 법칙은 하나님의 섭리적 주권을 인정하고 신뢰하는 것이라고 주장하였다:

> 칼빈주의자에 의하면, 하나님은 단지 최고의 입법자 또는 통치자일 뿐만 아니라 그는 다음과 같은 영역에서도 자존하시는 지배자이시다. 곧, 도덕적 영역에서와 마찬가지로 진리, 과학, 예술 등의 영역과 또는 그의 사랑, 그의 모든 은사 실시의 영역에서도 그러하시다. 칼빈주의자는 이렇게 믿는다. 곧, 하나님은 그의 은사 실시에 있어서나 사람과 자연을 섭리하시는 일에 있어서, 무질서하게 행하시지 않는다는 것이다. 질서는 하나님 나라 법칙의 제일 조항이다. 자연 영역과 마찬가지로 진리, 사랑, 도덕, 과학 등의 영역에도 모두 법칙과 질서에 속하여 있다. 칼빈주의자는, 하나님이 창조하셨고 또한 섭리하시는 우주 가운데서, 법칙과 질서와 조화의 아름다운 체계를 발견한다. 이 아름다운

---

43 아브라함 카이퍼, 『칼빈주의 강연』, 31.

체계는 자연의 세계와 은혜의 영역과 인간의 지적, 도덕적 생활 영역과 기타 모든 은사의 영역에 분명히 나타나 있다. 이 모든 것을 분배함과 관할함에 있어서 하나님은 지존자로 존재한다.[44]

마이클 호톤Michael Horton은 핫지, 카이퍼, 미터의 하나님 주권설에 동조하면서, 하나님의 절대 주권 교리는 그리스도인들이 위기에 처했을 경우나 승리의 순간 속에서도 위로와 겸손을 만들어 낸다고 주장하였다:

> 하나님의 주권은 기독교 신앙(그리고 일반적인 유신론)에서 가장 중요한 교리일 뿐만 아니라, 하나님이 우리를 위해 싸우시므로 악은 결코 결정권이 없다고 확신하는 데도 큰 도움을 준다. 하나님의 주권은 영적 전쟁의 결과를 결정하는 주체가 우리 자신이 아니라 우리를 위해 싸우시고 최종 승리를 이미 쟁취하신 만왕의 왕 예수님이라는 점을 상기시킴으로써 위기의 순간에 우리에게 위로를 주고 승리의 순간에 우리의 자만심을 억누른다.[45]

하나님의 주권에 대하여 미첼 헌터Mitchell Hunter는 다음과 같이 주장하였다.

---

44 헨리 미터, 『칼빈주의 기본 사상』, 26.
45 마이클 호톤, 『개혁주의 기독교 세계관』, 윤석인 역 (서울: 부흥과개혁사, 1995), 24-26.

하나님 주권은 칼빈의 사상을 지배하고 있으며, 반대자들이 심하게 괴롭힐 때마다 그가 피난 가는 도피처가 되었다. 하지만 칼빈은 하나님의 주권을 여러 속성들을 통하여 활동하는 것으로 보았다. 칼빈은 하나님의 주권적 의지가 때로는 정의로, 자비로, 사랑으로, 진노로- 마치 이러한 속성들 가운데 어떤 것이 일시적으로 다른 속성들과 분리되고, 하나님의 활동의 다른 중심들 또는 원천들이 활동을 정지하는 것처럼- 작용하는 것으로 주장하였다.

또한 헤르만 바빙크^{H. Bavinck}는 칼빈주의 기본 원리와 하나님 주권의 상관성을 다음과 같이 묘사하였다:

> 이 칼빈주의의 기본 원리는 하나님의 절대 주권에 대한 신앙고백이다. 하나님의 어떤 한 가지 특별한 속성 가령, 하나님의 사랑 혹은 정의, 거룩, 공평이 아니라, 이 모든 하나님의 속성을 통일하시는 하나님 자신과 하나님의 완전하심이 칼빈주의 사상과 행동의 출발점이다.[46]

4) 성경적 세계관 확립이다

개혁주의 신학의 핵심은 하나님 중심과 하나님 절대 주권을 철저하게 믿는 신앙관이다. 나아가 개혁주의의 모토는 삶의 근본 지침을 제공해주는 성경에 근거하여 하나님의 섭리를 신뢰하며 삶의 철학 즉, 세계관을 확립해서 인생의 전 영역에서 그리스도의 빛된 증인의

---

46 고광필, 칼빈 신학의 논리 (서울: UBF출판부, 2004).

삶을 살아가는 것이다. 즉, 개혁주의는 단순히 한 시대에 홍행하였던 신학적 이데올로기가 아니라 삶의 틀을 형성해주는 원칙이다. 따라서 헨리 미터는 칼빈주의를 "사상의 체계The System of Thought이자 삶의 체계The System of Life"라고 지적하면서 성경에 입각한 "총체적 사상 체계"라고 규정하였다.[47]

이처럼 칼빈주의는 성경에 대한 신학적 해석 및 조직신학의 총체라기보다는 신자가 살아가는 시공간 속에서 펼쳐지는 정치, 경제, 사회, 직장, 가정, 학교, 학문, 문화, 과학, 예술, 체육 및 현대 사회의 이슈들 즉, 각종 이단의 문제들, 신앙적 난제들, 동성애, 소외 계층에 대한 대안, 환경 오염, 온난화 현상, 각종 바이러스의 출현, 다종교 사회 속에서 타종교에 대한 이해, 포스트모더니즘의 부작용 등에 대한 성경적 진단 및 대안으로서의 해결책을 제시해줄 수 있는 포괄적인 세계관 및 사상 체계를 의미한다. 따라서 현 정치를 이해하고 해석하는 방법 역시 개혁주의 세계관에 입각해야 하며 경제와 사회적 이슈들에 대해서도 성경에 반추하여 해결하는 개혁주의적 사상에 근거하여 판단하고 대처해 나아가야 할 것이다.

화란의 문화 철학과 문화 신학을 주도하였던 아브라함 카이퍼는 일반 은총The Common Grace과 그리스도의 왕권The Kingship of Christ과 영역 주권설the Doctrine of Sphere Sovereignty를 제창하였다.[48] 그는 자신의

---

47 헨리 미터, 『칼빈주의 기본 사상』, 21.
48 아브라함 카이퍼(1837-1920)는 화란의 개혁주의 목사이자 신학자이자 수상을 역임했던 정치가였을 뿐만 아니라, 화란 자유대학의 창설자였다. 그는 화란의 신칼빈주의(Neo-Calvinism) 운동을 주창하면서 "오직 주 예수 그리스도의, 그 왕을 위하여(Pro Rege)"라는 모토를 제시하였다. 그의 영역 주권설을 체계적으로 확립한 자는 화란 자유대학의 철학 교수였던 헤르만 도예베르트

"스톤 강의"Stone Lectures를 통해 칼빈주의에 입각한 삶의 체계의 필요성을 주장하였다. 그는 사상 체계라는 명제보다는 삶의 체계Life System라는 용어를 선호하였다.[49] 그 이유는 칼빈주의의 사상은 삶을 동반하며 삶을 변혁시키기 때문이다. 카이퍼가 추구하였던 '온전한 성경적인 사상'은 곧 '삶으로 보여주는 그리스도의 체현 또는 향기, 작은 예수, 제자도' 등을 의미하였다. 즉, 삶과 무관한 사상은 무가치하며 무의미하다는 것이다.

그는 전 세계의 주도적인 사상 체계 또는 삶의 체계를 두 가지로 구분하였다. 그중 하나는 고대부터 시작하여 오늘에도 여전히 중심 세력으로 자리 잡은 인본주의에 입각한 현대주의Modernism이다. 이는 육에 속해 자연인Natural Man의 차원에서 자신들만의 세계를 형성하여 기독교 공동체를 매우 심각할 정도로 위협하고 있다.[50] 나머지 하나는 신본주의에 입각한 칼빈주의로서, 그리스도에게 무릎을 꿇고 그를 살아계신 하나님의 아들로 경배하며 "기독교 유산"Christian Heritage을 추구하기 위해 몸부림치는 자들이 주장하는 삶의 체계이다. 카이퍼는 이 두 개의 삶의 체계가 유럽과 미국과 화란에서 원리적 싸움으로 진행되고 있으나, 이 전투에서 승리하기 위해서는 무엇보다도 우리의 "원리가 다른 원리에 대항하여 잘 정돈되어야만 한다"[51]고 강조

(Herman Dooyeweerd, 1894-1977)였으며, 그는 화란의 개혁주의 세계관 형성에 지대한 공헌을 하였다.

49 정성구, 『칼빈주의 사상대계』, 60.

50 Abraham Kuyper, *Lectures on Calvinism- Six Lectures Delivered at Princeton University Under Auspices of the L. P. Stone Foundation*, 11.

51 카이퍼는 이를 다음과 같이 묘사하였다: "Then principle must be arrayed against principle."

하였다. 그는 이러한 현대주의의 도전은 막대한 세력을 동원하여 칼빈주의에 대항하여 엄청난 공격을 감행하고 있는데, 이는 비단 오늘날에 국한된 현상이 아니라 인류의 전 역사 속에서 진행되어왔다고 지적하였다.[52]

아브라함 카이퍼가 제시한 세계 역사의 두 가지 삶의 체계 즉, 현대주의와 칼빈주의는 전 세계 역사를 포괄적으로 설명함에 있어서 논리적 비약을 보여주고 있다. 그 이유는 인류의 역사는 하나님의 창조 사역과 함께 시작되었으며 사탄의 궤계와 위험 속에서 현재까지 진행되어왔기 때문이다. 전 세계의 역사를 이끌었던 두 사상을 현대주의와 칼빈주의로 구분하는 입장은 매우 근대적 관점에서의 주장으로 보인다.

나는 역사신학자로서, 이 세상은 두 개의 세계 영역으로 구분하여 진행되었다고 주장한다. 즉, 첫째는 하나님의 세계이며, 둘째는 사탄의 세계이다. 하나님께서 우주 만물을 만드시기 전 천사와 같은 영적 세계를 창조하신 후, 온 우주를 창조하셨다. 이처럼 하나님의 창조의 역사는 하나님의 세계만 존재하였다. 그러나 천사장이 하나님의 자리를 찬탈코자 반란을 일으킨 이래로 두 세계로 나누어지게 되었다. 이 시기를 기점으로 피조물 세계 속에는 선과 악이 함께 등장하게 되었다. 이러한 배경에 대한 성경적 근거는 다음과 같다: 사 14:12 "너 아침의 아들 계명성이여 어찌 그리 하늘에서 떨어졌으며

 Abraham Kuyper, *Lectures on Calvinism*, 11.
52 Abraham Kuyper, *Lectures on Calvinism*, 12.

너 열국을 엎은 자여 어찌 그리 땅에 찍혔는고", 겔 28:14-15. "너는 기름 부음을 받은 덮는 그룹임이여 내가 너를 세우매 네가 하나님의 성산에 있어서 화광석 사이에 왕래하였었노라. 네가 지음을 받던 날로부터 네 모든 길에 완전하더니 마침내 불의가 드러났도다."

(1) 구약 이전 시대

개혁주의적 관점에서 고찰해볼 때, 구약 이전의 영적 세계의 출현과 그 과정 및 활동에 대해서는 구체적인 언급이 없다. 따라서 추론하건대, 천사장의 타락으로 인하여 사탄의 세계의 출현이 시작되었음을 알 수 있다.

(2) 구약 시대

2-1 하나님의 세계: 하나님은 동방의 에덴에 동산을 창설하시고 아담과 하와를 이끌어 에덴동산에 두어 그것을 경작하며 지키게 하시고 Dress it and Keep it 다스리게 하시는 문화 명령 Culture Commandment, Culture Mandate을 수여하셨다 창 3:1-15. 또한 아벨과 그의 후손은 하나님의 세계에 속한 자들이었다. 비록 하나님의 세계에 속한 자들도 실수와 잘못된 행위를 동반하였지만, 본질상 이들은 하나님의 세계에 속한 자들이었다. 특히 구약에 등장하는 이스라엘 백성들은 하나님의 선민으로서 하나님께서 세우신 자들로 묘사된다.

2-2 사탄의 세계: 하와와 아담이 뱀의 유혹을 받아 지구상에 사탄의 세계가 출몰하게 되었다 창 3:1-15. 또한 각종 사탄을 숭배하는 각종 이방신들 즉, 바알, 아세라, 느후스단 왕하 18:4, 니스록 왕하 19:37, 다곤

삼상 5:1, **담무스**겔 8:14, **드라빔**창 31:4, **림몬**왕하 5:17, **몰렉**레 18:21, **몰록**왕하 23:10, **밀곰**왕상 11:4, **바마**겔 20:29, **바알**민 22:41, **바알브올**민 25:3, **벨**사 46:1, **아세라**출 34:13, **아스다롯**왕상 11:5 등은 사탄의 세계에 속하여 왜곡된 사상과 삶의 체계를 구축하였다.

가인과 그의 후손들의 모습은 사탄의 세계에 속한 전형적인 모습이었다. 가인은 동생 아벨을 돌로 쳐 죽이는 살인 행위를 서슴지 않았다. 그의 삶의 모습은 끝까지 부정적인 모습만을 보였으며, 그의 아들 에녹[53]은 악한 계보에 속한 첫째 아들로서, 하나님을 경배한 흔적을 찾아볼 수 없다. 또한 에녹의 아들 이랏은 '도망자', '탈주자'라는 의미를 지니며, 그의 아들 므후야엘은 '하나님의 치심'Smitten of God이라는 의미를 가지며, 그의 아들 므드사엘은 '전능한 자'라는 하나님 없는 인생의 참모습을 보여주고 있다. 그는 라멕[54]을 낳았는데, 그는 아다와 씰라를 취하는 일부다처제를 추구하였다. 라멕은 소년을 살해한 후 다음과 같이 주장하였다: "라멕이 아내들에게 이르되 아다와 씰라여 내 목소리를 들으라 라멕의 아내들이여 내 말을 들으라 나의 상처로 말미암아 내가 사람을 죽였고 나의 상함으로 말미암아 소년을 죽였도다. 가인을 위하여는 벌이 칠배일진대 라멕을 위하여는 벌이 칠십칠 배이리로다 하였더라." 당시 이스라엘을 항상 괴롭히고 침공해서 선민들을 억압했던 당대의 블레셋, 모압, 암몬, 가나안 족

---

53 가인의 장남 에녹은 거룩한 계보인 아담의 7대손 에녹과 동명이인이다. 7대손 에녹은 하나님을 전적으로 섬긴 헌신된 자로서 365년에 하나님이 데려가신 경건한 자였다(창 5:24).
54 므드사엘의 아들 즉, 가인의 6대손 라멕은 셋의 7대손 라멕과 동명이인이다. 셋의 아들 라멕은 노아를 낳아서 하나님의 구원의 역사의 주인공으로 활동하였다.

속들은 끊임없이 우상 숭배에 전념하였으며 구약에 등장하는 대부분의 우상들을 만들고 섬겼던 사탄에 속한 자들로 묘사된다.

(3) 신약 및 초대 교회 시대

3-1 하나님의 세계: 그리스도께서 이 땅 위에 도성인신하여 메시아로서의 사역을 감당하면서 열두 제자들을 세우셨다. 또한 제자들과 함께 복음 사역을 감당한 사도들은 하나님의 나라를 세워가는 위대한 선교 역사를 이루었다. 그 후 속사도들이 등장하여 그리스도의 몸 된 교회를 더욱 확장시키는 사역을 감당하였으며, 로마 치하에 수많은 그리스도인이 핍박과 순교를 당하는 위기 속에서 기독교를 변증하고 변호하였던 변증가들이 등장하였다. 또한 교부들이 등장하여 초대 교회 성경을 체계화하는 신학 작업을 수행하였다.

3-2 사탄의 세계: 그리스도께서 지상 사역을 수행하던 당시 예수를 해치고자 노력하였던 당대의 바리새인, 사두개인, 서기관, 대제사장, 장로들은 신앙을 둔갑한 사탄에 속한 자들이었다. 이들은 겉으로는 종교로 포장하여 사람들을 미혹케 하고 왜곡된 길로 이끌었으며 유대주의에 사로잡혀 메시아를 처형하는데 앞장섰던 사탄의 조종을 받은 자들이었다. 또한 초대 교회 당시 등장한 각종 이단들, 가령, 영지주의Gnocism 와 몬타누스주의Montanianism, 말시온주의Marcionism, 그리고 펠라기우스주의Pelagianism 는 기독교로 둔갑한 사탄의 시녀들이었다.

(4) 중세 시대

4-1 하나님의 세계: 중세 천년 동안 로마 가톨릭의 암흑의 역사 속에서 찬란한 빛을 비추면서 하나님에게 속한 자신의 정체성을 제시한 인물들이 있었다. 왈도파를 형성하여 평신도 복음 전도자로서 로마 교황청의 비성경적인 악습과의 전투 속에서 일생을 헌신하였던 피터 왈도1140-1250, Peter Waldo, 파두아의 마르시글리오1270-1342, Marsiglio of Padua, 이탈리아의 개혁가 잔 두노의 존1285-1328, John of Janduno, 그리고 롤라드파를 결성하여 종교개혁의 산 기수로 인생을 살았던 종교개혁의 효시 존 위클리프1328-1384, John Wycliffe 와 위클리프의 영향 속에서 보헤미아 프라하대학 총장으로 개혁주의 신학을 고수하였던 요하누스 후스1370-1415 Johannes Huss 등과 같은 위대한 인물들은 하나님께 붙잡힌 개혁가들이었다.

4-2 사탄의 세계: 중세 로마 가톨릭은 초대 교회 공동체의 신학에서 교황 중심의 신학으로 전환시키는 엄청난 왜곡을 자행하였다. 이들은 교황 무오설을 비롯하여 마리아 무흠승천설, 마리아 숭배, 성상 숭배, 화상숭배, 성화 숭배 등을 만들어냈으며, 예식과 의전, 의식 중심의 예배를 집전함으로써 성경보다는 교황청의 교서를 우위에 두는 엄청난 과오를 범하게 되었다. 로마 가톨릭은 약 1000년 동안 성도들이 성경을 읽지 못하도록 라틴어로 번역하여 교황청 산하에 두었으며, 심지어 당대 신부들도 라틴어를 구사하지 못함에도 불구하고 모든 예배 시에 라틴어 이외는 결코 사용하지 못하게 법으로 규정함으로써 예배의 의미를 퇴색시켰다. 또한 수많은 복음적인 인물들을 재판에 넘기지도 않고 각종 핍박과 채찍 및 화형의 틀로 살육을

감행하였다.

(5) 종교개혁 및 근현대 시대

5-1 하나님의 세계: 마르틴 루터를 비롯한 울리히 츠빙글리, 존 칼빈 등은 중세의 왜곡된 신학의 틀에서 벗어나 진정한 교회의 회복 및 성경적인 교회 공동체를 실현하는 위대한 사역을 감당하였다. 이들의 신학과 신앙을 계승 발전시킨 청교도들은 수많은 핍박과 화형의 순교를 감당하면서 개혁신학의 완성을 이루었다. 또한 정통주의Orthodoxy Theology 와 경건주의Pietism 를 통해서 프로테스탄트 신학을 체계화하는 작업을 수행한 양대 산맥의 신학은 하나님 나라의 위대한 결과물들을 산출하였다. 게다가 개혁주의와 복음주의는 장로교, 감리교, 성결교, 순복음, 루터파 등 하나님의 교회 공동체를 다양한 교회 형태로 발전시키는 계기를 마련하였다.

5-2 사탄의 세계: 자율, 해방, 창조성이라는 모토 아래 신중심의 사고방식Theocentric Thought 에서 인간중심Antropocentric Thought 로의 전환을 추구하였던 17세기 합리주의Rationalism 와 그의 후손인 18세기 계몽주의Enlightenment, 진화론과 무신론, 유물주의, 성경의 고등 비평과 편집비평주의, 자유주의 신학, 포스트모더니즘의 폐해 및 종교 다원주의 및 각종 현대 이단들의 출현은 사탄에 속한 자신의 정체성을 여실히 보여주었다.

결론적으로, 개혁주의는 칼빈 한 사람의 신학을 체계화한 단순한 이념이 결코 아니라, 구약과 신약, 초대 교회, 중세, 종교개혁, 근세에 걸쳐 형성된 하나님 중심의 사상 체계이자 하나님 절대 주권을 강조하는 삶의 체계이다. 따라서 칼빈주의는 신학뿐만 아니라 하나님 중심 사상의 세계관과 인생관을 포함하는 정치, 경제, 사회, 문화, 예체능계 및 삶의 전 영역을 포함하는 포괄적인 사상 체계이다.[55]

---

55 헨리 미터, 『칼빈주의 기본 사상』, 22.

제 3 장
개혁주의와 다양한 신학 사조 비교

1. 근본주의Fundamentalism와 개혁주의

근본주의의 출발은 1910년 미국을 중심으로 시작되었다. 현대 사회를 맞이한 미국은 과학 혁명과 산업화 및 자본주의 발달로 인한 신학적 세속화 현상이 발생하였다. 이러한 시대적 배경에는 17세기의 합리주의와 18세기의 계몽주의의 시대사조가 자리잡고 있다. 이미 독일은 역사적 비평주의 신학과 고등비평 신학이 자리잡게 되었고, 영국은 찰스 다윈Charles Darwin의 진화론이 "종의 기원"The Origin of Species 라는 서적을 통해서 1859년에 세간에 알려지게 되었는데, 이러한 과학과 자유주의 신학이 서서히 미국 전역에 자리잡게 되었다. 이러한 원인은 당시 유럽에서 활동하던 대다수 인구가 미국으로 이동하면서 발생하였다. 그 결과 미국의 콜게이트 신학교와 뉴욕의 유니온 신학교는 자유주의 사상으로 가득차게 되었다. 게다가 장로교 목사이자 교수인 찰스 브릭스Charles Briggs가 성경의 고등비평을 수용함으로써 자유주의 신학으로부터 정통주의 신학을 수호하자는 취지에서

"근본주의 운동"이 발생한 것이다. 이들은 1895년 나이아가라에서 모임을 갖고 기독교의 근본 교리 5가지the Five Fundamentals of the Faith 를 채택하였다: 1. 성경의 영감성 및 무오성. 2. 예수 그리스도의 동정녀 탄생. 3. 예수 그리스도의 대속적 죽음. 4. 예수 그리스도의 육체적 부활. 5. 예수 그리스도의 이적 및 육체적 재림.

이러한 정황 속에서 1925년 테네시주 공립학교 생물 교사였던 존 스코프스John Scopes 가 소위 "원숭이 재판"으로 불리우는 진화론을 수업 시간에 학생들에게 강의하게 되었는데, 이로서 테네시주의 법 Bulter Act 에 위반되어 재판을 받게 되었다. 비록 근본주의자들이 재판에서 승소하였지만, 이미 시대는 자유주의 신학이 대세였고 이 사건을 기점으로 근본주의 운동은 동력을 상실하게 되었다.[56]

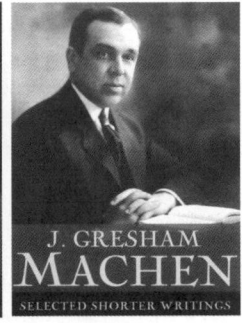

B.B. Warfield
출처: https://www.davidprince.com/2020/12/18/a-deep-sore-in-his-heart-b-b-warfield

J. G. Machen
출처: https://alchetron.com/John-Gresham-Machen

[56] 에드워드 카넬은 신복음주의자(New Evangelicals) 입장에서 근본주의 운동의 문제점을 지적하였다. 그는 근본주의 운동이 더욱 발전할 수 있는 신학 사상이 되기 위해서는 자신들의 정체성을 새롭게 인식하고 단순히 당대 자유주의 신학과 활동에 대한 적대감과 비판적 태도로 일관하기보다는 정통주의 신학의 계승자로서 당대인들에게 참신한 모습을 제공했어야만 하였다고 지적하였다. 당시 그들의 모습은 근본주의적인 사고방식의 형태가 전부였으며 이는 정통주의의 큰 위험적 요소로 작용하였다고 분석하였다. Edward J. Carnell, *The Case For Orthodox Theology*, 김관석 역, 『정통주의 신학』(서울: 대한기독교서회, 1967), 146.

그럼, 이 근본주의 운동과 개혁주의의 신학의 상관성은 무엇일까? 한국에 개혁주의 신학에 지대한 공헌을 이룩한 박형룡 박사는 자신의 신학적 입장을 근본주의적 정통주의자로 자처하였다. 또한 그는 자신은 근본주의자이자 칼빈주의자이며 개혁주의자라고 주장하였다.[57] 이러한 박형룡의 주장은 미국에 유학할 당시 논쟁의 중심에 서 있던 근본주의 운동의 영향을 받은 것이다. 1909년 워필드[B. B. Warfield]와 메이첸 박사는 "근본 진리들: 진리에 대한 증언"이라는 책자를 발행하여 개혁주의적 정통주의 신학을 고수하고자 노력하였으며 당대의 근본주의 신학은 매우 보수적인 정통주의 신학을 대변하고 있었다. 이처럼 워필드와 메이첸의 영향을 받은 박형룡은 당시 미국 자유주의의 영향을 받은 김재준을 위시한 자유주의 신학자들을 향해 근본주의자이자 개혁주의자로서 한국 보수 신학을 견지하고자 노력하였다.

그러나 1937년 당시 미국의 근본주의는 칼 맥킨타이어[Carl McIntire]를 주축으로 형성된 신근본주의[Neofundamentalism]와의 분열을 기점으로 사회와 국가에 대하여 매우 배타적이며 전투적인 반사회적[Anti-social]이며 반지성주의적[Anti-intellectual] 운동으로 전락함으로써, 사회와 더불어 미국 교회에 영향력을 상실하고 문을 닫게 되었다.[58]

---

57 박형룡, 『박형룡저작전집』, IX, 99.
58 마스던은 당시 근본주의자 및 보수주의자들은 당대 사회와 문화 그리고 정치에 무관심했고 교회의 사회 참여 의식이 매우 미비한 상태였다고 지적하였다. G. Marden, 『미국의 근본주의와 미국문화』 (생명의말씀사, 1997), 90. 크라우스는 근본주의자들은 Cocceius와 같은 언약 신학자들이 제시하는 내용을 좋아하지 않았을 뿐만 아니라 복음의 단순성과 성경 제일 사상에만 몰두하였다고 평가하였다. Norman C. Kraus, *Dispensationalism in America: Its Rise and Development* (Richimond: John Knox Press, 1958), 59. "For contemporary dispensationalism, it is not so,

개혁주의는 전기 근본주의 운동의 신학과 맥을 같이하고 있으며, 성경 고등비평주의와 진화론 및 교회의 세속화 등을 거부하고, 근본주의의 5대 신앙 선언을 적극적으로 수용하지만 후기 근본주의 운동이 보여준 사회에 대한 부정적인 모습에 대해서는 동의하지 않는다. 즉, 개혁주의가 지향하는 그리스도인의 모습은 "사회 속에 그리스도의 구현"이며, 정치, 경제, 사회, 문화, 예체능 및 기술, 과학 등 삶의 전 영역에서 성경에 제시된 원리와 방법들을 활용하여 하나님의 나라가 이 땅 위에 실현되는 삶을 살아가는 것이다.

2. 복음주의와 개혁주의

1) 복음주의(Evangelicalism)란 무엇인가?

복음주의는 정체성을 단순히 한 문장을 규정하기에는 너무 복잡하고도 거대한 운동이었다. 맥그라스가 잘 지적한 바처럼, 복음주의 운동을 단순하게 정의하기 어려운 원인은 "복음주의 운동은 수많은 역사적 사건을 바탕으로 하고 있으며, 세계 기독교의 다양한 상황에서 꽃피웠기 때문"인 것이다.[59]

---

and this is a crucial difference. George E. Ladd's comment that the theology of Cocceius is not quite the same as the doctrine now under discussion put it aptly."

59 Alister McGrath, 『복음주의와 기독교의 미래』, 신상길, 정성욱 역 (서울: 한국장로교출판사, 1997), 57. 맥그라스는 복음주의 시작점에 대한 다양한 견해를 가운데 이는 종교개혁을 깃점으로 시작되었으며 본격적인 활동은 20세기 신복음주의(New Evangelicalism) 운동이 활성화되는 때부터 진행되었다고 주장하였다. 김용국, "한국 복음주의 운동의 정체성과 과제-빌리그래함 운동을 참조하여," 『역사신학논총』, 15 (2008 봄), 184-186. 그러나 맥그라스가 복음주의 원천으로서 종교개혁 신학과 청교도주의 그리고 경건주의를 제시한 것은 복음주의의 다양성과 대규모적인 형태를 잘 인식하지 못한 결과로 보인다. 왜냐하면 복음주의는 청교도주의와 직접적인 연관성을 지니지 못

WEA
출처: https://ko.wikipedia.org/wiki

  복음주의는 크게 대별하여 광의적 개념과 협의적 개념으로 나눌 수 있다.[60] 일차적으로 광의적 개념으로서의 복음주의의 정체성은 모든 "프로테스탄트 신학의 총체"로서, 중세의 가톨릭 중심의 교황 체제에 대한 반기를 들고 종교개혁을 일으킨 개혁자들 특히 루터, 츠빙글리, 부처, 칼빈 등 개혁가들의 신학을 총칭하여 프로테스탄트의 후예들의 신학의 총체를 지칭한다고 볼 수 있다.[61] 이러한 의미에서 복음주의 진영에는 루터파, 츠빙글리파, 칼빈파^{개혁파}, 회중교회파, 알미니안파, 모라비안파, 장로교, 감리교, 성결교, 순복음, 성공회, 구세군 등이 모두 포함된다고 할 수 있다.

    하고 있기 때문이다. 복음주의와 청교도주의의 관련성은 극히 적으며 청교도주의 신학의 범주를 벗어나는 난점을 가진다.

60 이 부분에 관해서는 다음 서적을 참조하라. Norman Kraus, ed. *Evangelicalism and Anabaptism* (Scottdale: Herald Press, 1979); Mark Noll, *The Rise of Evangelicalism: The Age of Edwards, Whitefield and The Wesleys* (History of Evangelcicalism Series, Volume 1, IVP Academic, 2003), 16. "During the sixteenth century the word *Evangelical* began to take on meanings associated specifically with the Protestant Reformation."

61 스프로울에 의하면, 복음주의의 출발은 "로마 가톨릭이 아닌 교회" 즉, 프로테스탄트의 총체임을 강조하였다. R.C. Sproul, *Getting the Gospel Right: The Tie that binds Evangelicals Together* (Baker Books, 1999), 36. "As a result the Reformers called themselves *Evangelicals* to distinguish themselves from Roman Catholics. In this regard the term Evangelicals functioned as a synonym for Protestant."

협의적 개념으로서의 복음주의는 오늘날 복음주의로 일컬어지고 있는 WEA World Evangelical Alliance의 전신이었던 EA Evangelical Alliance, 복음주의 연맹와 WEF World Evangelical Fellowship, 세계복음주의협회 운동을 의미한다. WEF는 현재 활동 중인 WEA의 전신으로서, 성경 무오성과 오직 그리스도의 대속을 통한 구원을 강조하였으며, 신학 사상은 개혁주의 신학과 맥락을 같이하였다. 그러나 오늘날 WEA는 초기 복음주의의 신학적 이해와 주장을 매우 넓은 의미로 확장시키고 있는 실정이다. 이러한 의미에서 현대 WEA 운동은 초기 당시의 신학과 방향의 순수성을 상실하고 신복음주의 Neo-Evangelicalism에 편승하고 있는 경향을 보이고 있다. 베빙톤은 복음주의 신학의 특징을 "회심주의, 성경주의, 십자가 중심주의, 행동주의" 등으로 규정하였다.[62] 이들은 복음 선포를 통해 오직 그리스도의 십자가 사건이 이신칭의의 근거가 되었으며 진정한 회심을 가져다주며 하나님의 자녀가 되는 특권을 부여한다는 사실을 강조하였다. 또한 맥그라스는 복음주의 운동의 특징을 성경의 권위, 그리스도의 영광, 성령의 능력, 회심의 필요성, 복음 전도, 기독교 정체성 등으로 요약하였다.[63]

이러한 복음주의 운동은 종교개혁을 기점으로 시작하여 개혁파와 루터파로 대별되는 정통주의 Orthodox 운동에 기인하고 있다. 정통

---

62   David W Bebbington, *Evangelicalism in Modern Britain: A History from the 1730s to the 1980s* (London: Routledge 1993), 3.
63   Alister McGrath, 『복음주의와 기독교의 미래』, 58. 맥그라스가 이해하는 '복음주의를 지배하는 확신'은 다음과 같다: 1. 하나님에 대한 지식의 원천으로서 그리고 그리스도인의 삶의 지침으로서 성경이 가지는 최고의 권위. 2. 성육신하신 하나님과 주님으로서, 그리고 죄인의 구세주로서 예수 그리스도의 위엄과 영광. 3. 성령의 주권. 4. 개인적 회심의 필요성. 5. 그리스도인 개인과 교회 전체의 삶에 있어서 복음 전도의 우선권. 6. 영적 양육, 친교, 성장을 위한 기독교 공동체의 중요성 등이다.

주의 즉, 신앙고백주의 시대의 신학 형태는 개혁주의자들이 주도하였다. 개혁주의자들은 정통주의 개혁파를 중심으로 종교개혁 이후 신학적 난맥의 기류에서 벗어나 초대 교회 이레니우스와 어거스틴을 중심으로 존 칼빈의 신학을 그대로 받아들여 성경적인 신학의 회복 또는 복원 및 발전을 위해 노력하였다. 그 결과, 개혁주의적 정통주의 신학이 형성됨으로써 어거스틴과 존 칼빈과 베자를 중심으로 수립한 개혁주의 신학이 전 유럽에 정착되었다. 개혁주의 운동의 주창자들은 스위스와 독일을 중심으로 활동한 칼빈주의자였으며, 네덜란드의 알미니안 논쟁을 위시하여 프랑스 위그노들의 박해 과정 및 개혁교회의 형성 과정을 통해 더욱 발전하였고, 스코틀랜드의 녹스를 중심으로 제네바 신학이 적용됨으로써 더욱 구체화 되었다. 개혁주의의 중심인물로는 베어미글리 Vermigli, 1499-1562, 잔키 Zanchi, 1516-1590, 데오도르 베자 Beza, 1519-1605, 자카리아스 우르시누스 Ursinus, 1534-1583 등을 들 수 있다.

한편, 복음주의 진영의 루터파로 활동했던 인물들은 루터의 신학을 존중함과 동시에 멜랑히톤의 신학적 방법론에 대한 찬반양론으로 벌어져 다양한 신학적 모습을 보였다. 이 진영은 루터파를 지향하는 순수루터파 Gnesiolutheraner와 멜랑히톤을 추종하는 필립주의자들 Philipists들로 나누어졌다. 이들은 복음주의적 관점에서 신학을 형성하였으며 초기에는 마틴 쳄니쯔 Martin Chemnitz, 1522-1586를 비롯하여 니콜라우스 훈니우스 Nikolaus Hunnius와 그의 아들이자 루터파의 대변자였던 에기디우스 훈니우스 Aegidius Hunnius, 1550-1603, 레온하르트 후터 Leonhard Hutter, 1563-1616, 요한 게르하르트 Johann Gerhard, 1582-1637, 요한 콘라드 단하우에르Johann Konrad Dannhauer, 1603-1666, 아브라함 칼로프Abraham Calov, 1612-1686, 요한 안드레아스 크벤슈테트Johann Andreas Quenstedt, 1617-1688, 조오지 칼릭스투스George Calixtus, 1585-1656, 다윗 홀라즈David Hollaz, 1648-1713 등을 들 수 있다. 루터파 복음주의자들은 성경영감론과 말씀의 신적 권위로 인한 영적 효력을 강조하였으며 하나님의 대한 지식의 절대 필요성과 예지예정론 등을 주장하였다. 이러한 개혁주의와 복음주의 운동은 정통주의 신학의 사변화와 번쇄화 경향으로 흐르게 되었다. 그 원인은 당시 루터파 정통주의를 특징지운 것은 스콜라 철학이었기 때문에 매우 사변적이며 교리 중심Dogma으로 진행되었다.

이러한 정통주의는 루터파와 개혁파라는 양대 산맥을 통하여 진행되어 수많은 신학적 토론과 논쟁을 통하여 신학이 체계화되는 유업을 남기게 되었지만, 신자에게 있어서 가장 중요한 것은 이러한 신학의 난잡한 토론이 아닌, "하나님과 나와의 개인적이고도 구체적인 만남의 신학과 체험의 신앙이 요구된다는 점"을 정통주의 신학자들은 간과하였다. 정통주의 혹은 신앙고백주의의 신학적 조류에 빠진 유럽인들은 신자들이 신학을 위해 존재하는 양 너무 식상하게 되었다. 이러한 정통주의 신학화는 신학을 일상적인 삶과 연계 시키는 문제와는 너무 거리가 멀었고 논리의 정연함과 학문에 대하여 너무 몰두한 나머지 번쇄주의와 교리적인 논쟁으로 인하여 기독교의 생명력을 상실하게 되었다. 즉, 너무 객관적인 교리의 진리체계를 지나치게 강조한 나머지 그것을 개인적인 경험과 너무 분리시키는 결과를 초래하였다. 따라서 이러한 상황 속에서 순수한 교리와 성경의 영감설만을 강조하는 정통주의에 대한 회의를 느낀 당대인들은 루터와 칼빈을 통한 종교개혁의 불씨를 다시금 일으킨다는 미명하에 반정통주의 운동The Anti-Orthodox Movement을 일으키게 되었는데, 이 운동은 경건주의Pietism 운동으로서 "제2의 종교개혁"이라고도 불리운다. 경건주의자들은 당시 정통주의적 신학 구조 아래서 매말라 버린 영혼을 가지고 있던 당시 유럽인들을 향하여 "하나님과 내가 일대일로 만나는 만남의 신학, 체험의 신학, 삶의 신학"을 제시하였다 경건주의자들은 정통 교리를 삶에서 실천하는 것Ortho-praxis, 또는 경건의 실천Praxis pietatis을 강조하였다. 이들은 신학의 초점을 교리에서 경험과 만남과 삶으로 변화시켰다. 이 운동은 1690-1730년대에 독일 교회를 중심으로 전 유럽 국가에 큰 영향을 미치게 되었다. 비록 경건주의 운동에도 개혁주의와 복음주의 진영으로 나뉘게 되었는데, 실제적으로 개혁주의적 경건주의 운동이 먼저 시작되었지만, 결국 경건주의가 전 유럽에 널리 퍼지게 된 계기는 복음주의적 경건주의의 핵심이자 건축가였던 필립 야콥 슈페너를 통해 이루어졌다. 개혁주의 경건주의자로서는 대륙 최초 경건주의 제창자로 알려진 장 드 타펭Jean de Taffin[64]을 위시하여 개혁주의의 엄정성을 강조하였던 고트프리드 코넬리우스 우데만스Gottfried Cornelius Udeamans, 1580?-1649?, 개혁교

---

[64] 에른스트 스퇴플러, 『경건주의 초기 역사』, 송인설·이훈영 역 (서울: 솔로몬, 1993), 200. 207. Ernest Stoeffler에 의하면, 대륙 최초의 경건주의자는 개혁주의자였던 장 드 타펭(Jean de Taffin)이었다고 주장하였다. "최초의 개혁교회 경건주의자 타펭은 1599년 브라운주의자들과 서신 왕래를 하였다... 타펭은 심정적으로나 영적으로나 개혁교회에 속해 있었다... 타펭이 이해한 바로는 개혁교회가 보이는 교회 중 가장 진정한 지체를 이루고 있었다." 208.

회 경건주의 아버지라 일컬어지는 윌리암 테링크William Teellinck[65], 그리고 영국 초기 청교도 운동의 대부였던 윌리암 퍼킨스William Perkins의 제자로서 청교도 운동에 지대한 역할을 감당하다가 화란으로 건너가 화란 칼빈주의 신학의 기초를 수립하였던 윌리암 에임즈William Amesius, 1576-1633[66], 개혁주의 학문과 병행하는 경건성을 강조하였던 기스베르투스 보에티우스Gisbertus Voetius, 1589- 1676, 또한 초기에는 제수이트 소속 신부였으나 칼빈의 기독교강요 서적을 탐독하고 회심하여 '제2의 칼빈', '부활한 칼빈'으로 일컬어졌던 쟝 드 라바디Jean de Labadies, 1610-1674, 그리고 브레멘 경건주의 아버지로 알려진 테오도르 운데어아익Theodor Undereyck, 1635-1693 등을 들 수 있다. 복음주의 진영의 루터파 경건주의는 독일 경건주의 운동의 창시자로 불리우는 필립 야콥 슈페너Philip Jacob Spender, 1635-1705를 들 수 있으며, 그의 작품인 "경건의 소원"Pia Desideria 이 출간되자 독일 경건주의의 문을 여는 신호탄이 되었다.[67] 슈페너보다 30살 어린 프랑케August Herman Franke, 1663-1727는 슈페너의 뒤를 이어 경건주의 운동에 앞장섰다. 그는 특히 교육 사업과 사회사업, 고아원, 빈민원, 진료소 등을 세워서 사회

---

65 스퇴플러는 테링크가 영국의 청교도들의 경건성에 대하여 많은 도전과 영향을 받아서 경건주의 운동을 제창하게 되었는데, 그들 가운데 특히 John Dod, Arthur Hildersam의 영향이 크게 작용하였다고 지적하였다. 그는 테링크가 "소용돌이치는 혼란의 바다 한가운데에 경건주의라는 부서지기 쉬운 하나의 거룻배를 띄우게 되었다"라고 평가하였다. 에른스트 스퇴플러, 『경건주의 초기 역사』, 200-209.

66 윌리암 에임즈의 대표작인 "The Marrow of Theology, 『신학의 정수』(크리스챤 다이제스트)라는 작품은 개혁주의 신학의 핵심을 잘 설명해주고 있다.

67 슈페너의 신학은 일차적으로는 영국 청교도의 직접적인 영향권 속에서 수립되었으나, 요한 아른트의 "True Christianity" 『진정한 기독교』의 작품에 매료되어 경건주의 운동을 제창하게 되었다. 아쉬운 점은 아른트의 신비주의적 요소가 슈페너의 작품과 활동 속에 나타났으며 이러한 점이 독일 경건주의의 약점으로 작용했다는 사실이다.

의 어두운 곳에 그리스도의 등불을 비추는 사역에 전력하였으며, 할레대학의 교수로 활동하면서 할레가 경건주의 운동의 중심지로 자리잡게 되었다. 또 다른 인물로서는 당대 기성 교회를 향해 '바벨의 장송곡'Babelsgrablied의 조가를 부르며 삶을 동반하는 교회의 정체성을 수립할 것을 촉구하였던 아놀드Gottried Arnold, 1666-1714를 들 수 있다.[68] 루터파의 영향력 있는 개혁가는 성경 주석을 출간하여 오늘날에도 많은 영향을 행사하고 있는 벵엘Johann albrecht Bengel, 1687-1752이다.[69]

정통주의와 경건주의 시대를 거쳐 청교도 운동에 직접적인 영향을 받은 영국의 감리교의 창시자인 존 웨슬레John Wesley의 감리교 운동은 뉴잉글랜드의 대각성 운동의 불을 지폈던 조오지 휫필드George Whitefield, 1714-1770와 길버트 테넌트Gilbert Tennent, 1703-1764, 조나단 에드워즈Jonathan Edwards, 1703-1758 등에게 큰 영향을 미치게 되었다. 이 세 인물은 철저한 개혁주의 신학을 제창하는 칼빈주의자들이었으며, 하나님의 주권과 섭리의 역사, 인간의 철저한 죄성에 기인한 오직 그리스도의 보혈을 통한 회심의 필요성 등을 강조하였다. 미국 초기의 제1차 대각성 운동이 활발히 진행되는 기간 동안에는 개혁주의 신학이 지배적이었으며 수많은 회심의 역사를 창출하였다. 그러나 17세기 합리주의 사상의 영향을 받은 18세기 계몽주의Enlightenment 시

---

68 아놀드는 "편견 없는 교회와 이단의 역사, 1699"라는 책을 출간하여 기성 교회는 이미 타락의 소용돌이에 빠져있으며 "교회 없는 기독교, 교회에 반대하는 기독교, 개인적인 기독교"의 수립의 필요성을 제시하였다. 그의 작품은 신비주의적 요소라는 약점을 지니고 있다는 평가를 받고 있다.

69 벵엘의 성경 주석 작품은 오늘날에도 수많은 목회자들이 애호하는 작품으로 활용되고 있지만, 그의 작품 안에는 묵시적 종말론 사상이 담겨있으며 종말론적 특성을 지니고 있다. 이러한 벵엘의 신비주의적인 신학적 특징은 슈트트가르트 지역의 빈네든의 목사의 아들로 태어나서, 6세에 아버지를 여의고 수도원에 들어가 신비주의적 영성에 영향을 받았기 때문으로 보인다.

대사조가 전 유럽을 강타하였다. 그 결과 유럽은 점점 과학주의와 인문주의적인 신학 형태가 판을 치게 되었고 자유주의 신학이 서서히 대두되었다. 이러한 정황 속에서 계몽주의적 사조가 미국을 엄습하면서 1차 대각성 운동의 효과는 점점 사라지게 되었다. 미국 사회는 자율, 자유, 개인, 이성의 존중 현상이 강조되었고, 각종 무신론과 영적인 침체 현상 및 해이해진 도덕적 구조의 문제점이 심각하게 펼쳐졌다. 이러한 정황 속에서 드와이트Timothy Dwight, 1752-1817와 맥그리디James McGready, 나다니엘Nathaniel Taylor 테일러 그리고 찰스 피니 Charles Grandison Finney를 중심으로 제 2차 대각성 운동이 진행되었다. 이들은 "기도와 금식"을 선포하면서 서부에서 시작하여 동부 지역으로 운동을 확산시켰다. 그러나 제 2차 대각성 운동의 주역이었던 피니는 전통적인 개혁주의 신학을 포기하고 알미니안 신학적 입장에서 활동하였다. 그는 시대적 부흥은 단순히 하나님의 기적의 역사 결과가 아니라 인간의 노력과 공로의 열매라고 주장하면서 감리교의 존 웨슬리의 신학적 유산과 알미니안의 신학의 접목을 시도하였다. 이러한 복음주의적 대각성 운동은 기존의 신율 중심에서 인간의 자율과 자유를 강조하는 인율 중심의 부흥 운동으로 연결되었고 최종적으로는 현대 진보적인 신학의 물꼬를 트는 결정적인 계기를 마련하였다.

결론적으로, 이러한 개혁주의와 초기 복음주의 역사는 기본적으로 성경의 무오성과 영감성, 그리고 성경의 권위에 입각하여 보수적인 신학 사상을 수립하였지만, 현대로 진입하는 과정 속에서 복음주의의 신학은 개혁주의와의 결별을 선언하였고 점차적으로 인문주의적 양상을 보여주었으며, 대사회적 책임을 강조한 나머지 인간의 자율과 자유, 인간성 존중이라는 모토 아래 세속화 신학의 길을 열어주는 역할을 수행하였다. 이러한 신학적 성향은 결국 신복음주의New Evangelicalism, Neo-Evangelicalism 으로 일컬어지고 있는 운동으로 전개되었다.

따라서 복음주의는 모든 프로테스탄트의 신학을 총괄하는 차원에서 넓은 신학 체계를 가지고 있으며 루터파 신학을 위시한 알미니안주의 신학까지 포함하고 있다. 그러므로 개혁주의와 복음주의를 동일한 개념으로 이해할 수 없으며, 복음주의는 포괄적인 신학 체계를 형성하고 있다.

3. 신복음주의와 개혁주의

Karl Henry Institute
출처: https://www.henryinstitute.org/henrys-story

신복음주의New Evangelicalism 는 1920년대 미국을 중심으로 형성된 근본주의 운동이 반사회적, 반지성적 방향으로 진행되는 정황 속에서 사회와 국가 및 삶의 영역에서 기독교의 대사회적 책임과 의무를 강조하면서 새로운 복음주의 운동으로 시작되었다. 이들은 당대 자유주의 사상에 반대하며 보수 신학을 유지하고자 일어났던 근본주의 운동이 대사회적 책임과 의무를 감당하지 못하였고 계몽주의적인 시대적 현상에 편승하지 못하고 오히려 반사회적이며 반지성적인 왜곡된 신학으로 추락하였다고 지적하면서 새로운 복음주의 운동의 출현을 제시하였다.[70]

신복음주의는 당대 대중문화와 사회적 현상 및 문화, 과학적 사고방식에 대한 적극적인 수용 자세를 취했으며 당시 진화론 논쟁에 대하여 매우 모호한 입장을 유지하였다. 이 운동의 시작은 당시 복음 전도가였던 빌리 그래함Billy Graham과 칼 헨리Karl Heney,[71] 헤롤드 오켄카[72]Harold J. Ockenga가 주도하여 결성하였고 1942년에 미국 복음주의 협의회National Association of Evangelicalism가 조직됨으로써 시작을 알리게 되었다. 1974년 스위스 로잔에서 개최된 국제세계복음화대회에서 신복음주의자들은 "그리스도인의 사회적 책임"에 대하여 복음 전도와 사회적 책임은 그리스도인의 책무임을 공고히 하였고 이러한 현상은 1982년 미국 그랜드래피즈 보고서에서 더욱 확고히 하였다.[73]

---

70 George Marsden, *Reforming Fundamentalism: Fuller Seminary and the New Evangelicalism* (Grand Rapids: William B. Eerdmans Publishing Company, 1987).

71 칼 헨리는 풀러신학교 교수로 활동하면서 "오늘의 기독교"(Christian Tody) 초대 편집장으로 활동하였고, 1947년에 『현대 근본주의의 불편한 양심』(*The Uneasy Conscience of Modern Fundamentalism*)이라는 작품을 출간하여 기독교가 정치, 경제, 사회, 문화 등을 이끌어가는 주체가 되어야 한다고 주장하면서 사회 개혁과 사회 윤리를 강조하였다. 존 스토트, 정옥배 역, 『현대 사회 문제와 그리스도인의 책임』(서울: 한국기독교학생회출판부, 2006), 31. "그것은 모든 사람에게 복음을 전파하는 것이 우선이며, 예수 그리스도를 말로 증거해야 한다는 것을 복음주의적 사회 활동과 단단히 결합시켰으며, 모든 복음주의자들은 인종적 평등, 인간의 자유, 그리고 전 세계의 모든 형태의 사회 정의를 위해 공개적으로 분연히 일어서라고 촉구했다."

72 오켄가는 1943년 NAE의 회장직을 맡았으며, 1947년에 "신복음주의"라는 용어를 사용하기 시작하였다. 케네스 캔쳐 편저, 『복음주의의 뿌리』(서울: 생명의말씀사, 1983), 38. "사회적인 문제점들이 불가피하게 복음주의의 관심을 끌기 시작했다. 1947년 나(오켄가)는 이러한 관심을 표시하기 위해서 '신복음주의'라는 말을 만들어냈다."

73 존 스토트, 『현대 사회 문제와 그리스도인의 책임』, 33. 스토트는 1996년 "전국 복음주의 총

신복음주의 운동의 핵심 교육 기관이었던 풀러신학교의 "성경 무오성"에 대하여 중도 내지 무시하는 경향은 학교 교수들의 행태 속에서 드러나게 되었다. 당시 실천신학 교수였던 다니엘 풀러Daniel Fuller는 유럽의 고등 비평을 수용하였고 성경 무오성을 거부하였으며, 학장이었던 데이비드 허바드David Hubbard는 공식적으로 성경 무오성을 거부하기에 이르렀다.[74] 이처럼 종교개혁 기치 아래 신학과 교회의 회복을 위해 시작되었던 복음주의 운동은 근본주의 운동의 부정적 영향 속에서 새로운 대안을 모색하고자 새롭게 시작된 신복음주의 운동으로 대치되었지만, 당대 사회, 문화, 과학에 대한 대안을 성경에서 이탈하여 모색하는 과정 속에서 성경 무오성과 영감성을 거부하고 자유주의 신학과 사회 복음주의와 협력 속에서 진정한 복음의 정체성을 상실하게 되었다.

프란시스 쉐퍼는 자신의 작품을 통해 신복음주의 운동의 신학적 문제점과 의문점을 제시하면서 성경의 무오성 및 영감성과 권위에 대한 분수령에 직면하였다고 지적하였다.[75] 즉, 초기 복음주의 운동

회"(National Assembly of Evangelicals) 마지막 날에 서명한 "본머스 선언"(Bournemouth Declaration)을 통하여 인간의 모든 영역은 하나님 주권 산하에 있기 때문에, 모든 신자는 영적인 변화뿐만 아니라 빈민 등 사회 각층에서의 변화와 혁신의 주체가 되어야 함을 강하게 주장하였다.

74 Harold Lindsell, *The Battle for the Bible* (Grand Rapids: Zondervan publishing House, 1976), 109. "They(David A. Hubbard, Charles Fuller-역자주) included matters like the nonhistoricity of Adam and Eve."

75 프란시스 쉐퍼, 윤두혁 역, 『위기에 처한 복음주의』 (서울: 생명의말씀사, 1993), 50-60. "불행하게도 공공연하게 신정통주의적 실존 신학을 품고 있는 신학자들뿐만 아니라 복음주의자들임을 자처하는 일부 사람들까지도 T.H. 헉슬리가 예견한 '사상'을 지금도 품고 있는 것이다. 이것은 성경의 모든 부분이 계시된 것이 아니라고 말하는 신학적인 측면에서 나왔을 수도 있고, 성경이 우주에 관해 말할 때에는 별로 또는 전혀 가르치는 바가 없다고 말하는 과학적인 측면에서 나왔을 수도 있으며, 성경의 도덕적 교훈은 성경이 기록된 그 문화에 의해서 결정되고 그것이 기록된 상대적인 상황을 단순히 표현한 것에 불과하므로 오늘날에는 권위가 없다고 말하는 문화적 측면에서 나왔

은 다양한 교파들로 구성되어 칼빈파, 알미니안파를 비롯한 다양한 신학적 입장을 견지하고 있었지만, 기본적으로 성경의 축자영감설 Verbal Inspiration[76]과 성경의 권위Authority of Scripture를 믿었다. 또한 하늘나라의 보좌를 버리시고 낮고 천한 인간의 몸으로 도성인신하사 자신의 몸을 구원의 대속물로 내어주심으로 택함받은 백성들의 구원을 완성하신 그리스도의 놀라운 역사를 믿는 그리스도의 대속적 구원 사역을 신뢰하였다. 그리고 주님께서 이 땅 위에 천사장의 나팔소리와 함께 심판주로 재림하셔서 하나님의 사람들과 악인들을 구별하셔서 천국과 지옥으로 나누실 것을 믿는 신앙을 고백하였다. 그러나 쉐퍼는 신복음주의를 지향하는 인물들이 당대 문화와 사회의 문제점들을 성경에 근거하여 분석하고 성경적 대안을 제시하기보다는 시대적 흐름에 편승하여 사회·문화적 관점과 시대적 이데올로기를 옹호하고 이를 적극적으로 수용하고 있다고 지적하였다.[77] 상기한 바처럼, 신복음주의는 개혁주의 신학과는 다른 신학적 양상을 보이고 있으며 W.C.C.와 로마 가톨릭과의 교류를 통해 종교개혁의 유산에서 멀어지게 되었다.

을 수도 있다는 것이다."

76 축자영감설은 우리가 현재 소유하고 있는 정경 66권으로 구성 된 신구약 성경이 하나님의 감동으로 기록된 책이며, 이는 성령을 통하여 각 성경 저자들의 기본 사상 즉 각 저자의 지식, 감정, 경험, 활동 등을 활용하여 하나님의 계시를 정확무오하게 전달하신 하나님의 계시의 방법을 의미한다.

77 프란시스 쉐퍼, 윤두혁 역, 『위기에 처한 복음주의』, 165-170. 쉐퍼는 이러한 복음주의자들의 주장 자체가 재난의 현장임을 강하게 주장하였다: "적응, 적응을 해야 한다. 적응을 향한 사고의 방향이 얼마나 자라나고 성장했던가! 지난 60년 동안 도덕적인 재난이 벌어졌는데, 우리는 과연 무엇을 했던가? 유감스럽게도, 복음주의 세계는 이 재난의 한 부분이 되어 왔다고 말하지 않을 수 없다. 뿐만 아니라, 복음주의적 반응 그 자체가 하나의 재난이었다."

4. 장로교회와 개혁주의

1) 장로교 기원 및 형제단교회

장로교 제도의 출발은 신구약 성경에 기초를 두고 있다. 히브리어 자켄 Zaqen 으로 통칭되는 "장로" 직분은 구약 시대에 "공적인 사람" Official Man 을 지칭하였으며 구약에 100회 이상 등장하되 모세 오경에만 44회 사용되었으며, 신약에는 "프레스뷔테로스" Prebyteros 라는 용어가 60회 정도 등장하고 있는데 교회를 치리하고 가르치는 자들로 묘사되었다.[78] 장로교 제도의 기원은 구약에 족장 시대부터 연원하고 있다. 당시 족장들은 가정과 지역 사회의 지도자들로서 가르치고 다스리는 자들이었다. 모세 시대에는 70인 장로들을 이스라엘 지도자로 세워 대의적 기관자들로서 회중을 통치하며 다스리는 사역을 감당하게 하였다. 모세를 통해 선출된 장로의 자격 요건은 신약 딤전 3장과 디도서 1장에 제시된 내용과 사뭇 유사하다. 즉, 백성들 앞에서 덕망과 재질을 갖춘 자로서 불의에 타협하지 않고 진실하며 하나님을 경외하는 자로 묘사되어 있다 출 18:21, 25. 신약시대에는 회당을

Geneva Reformers: John Favel, John Calvin, John Knox, Theodore Beze
출처: https://en.wikipedia.org/wiki/Reformation_Wall

---

78 윤종훈, "잉글랜드 청교도 장로교주의 기원에 관한 고찰",「영국 연구」제 20호 (2008년. 12), 66. 구약의 장로의 개념은 자켄을 비롯하여 세브, 샤림, 호케킴 등 턱수염, 우두머리, 방백 등의 의미를 지니는 용어들로 등장하였다.

비롯하여 산헤드린 공의회에서 활동하던 장로들을 통해 백성들을 다스리고 사법적인 임무를 수행하게 하였다.[79] 당시 회당예배의 총괄을 장로들이 수행하였으며 예루살렘과 산헤드린공의회 장로들은 임명 또는 선거를 통해 장로로 임직을 받게 되었다.[80]

심창섭 교수는 장로교 정치 제도의 기원을 업리차드R.E.H. Uprichard의 주장에 따라 성경적인 원리와 초대 교회에서 출원하였으며, 특히 칼빈이 활동하기 이전 보헤미안-모라비안 형제 연합에서 출발하였다고 주장하였다.[81] 특히 업리차드는 장로교 제도의 기원을 부처와 칼빈에게서 발견하였던 토랜스T.F. Torrance의 주장에 대한 부당성을 제기하면서, 이들은 이미 존재했던 장로교 제도를 제네바와 스트라스부르크에 적용한 인물이라고 평가하였다.[82] 형제단교회는 1877년 세계개혁파 교회 연맹의 에든버러 회의에 파송되어 이들은 다음과 같이 주장하였다:

> 나는 유럽에서 가장 오래된 장로교회인 형제단교회를 대표한다고 믿는다. 요한 칼빈이 태어났을 때 형제교회는 이미 장로들을 가지고 있었다. 더욱 심한 것은 여자 장로들도 있었다. 성실하고 경건한 장로들이 당시 장로교회의 중심 역할을 했다. 우리들의 교회가 바로 이 점에

---

79 서창원, 『장로교회의 역사와 신앙』(서울: 진리의 깃발, 2003), 17.
80 손병호, 『장로교회사』(서울: 대한예수교 장로회 총회 교육부, 1980), 21.
81 심창섭, "장로교 정치 제도의 기원은 무엇인가? (II)", 「신학지남」 1997, 제 64권 3집, 186-187.
82 R.E.H. Uprichard, "The Eldership in Martin Bucer and John Calvin," *Irish Biblical Studies* 18 June 1996, 136-137.

있어서 증인이다. 교회가 존재했었고 존재해왔고 지금도 존재하는 것은 장로라는 수단을 통해서였다.[83]

2) 외콜람파디우스와 부쳐

형제단 교회의 장로교 제도의 영향을 받은 스위스 바젤Swiss Basel에서 개혁 활동을 전개하였던 외콜람파디우스Oecolampadius는 마 18장에 근거하여 사도 시대처럼 장로들을 세워서 교회치리회를 구성해야 한다고 주장하였다. 이러한 그의 장로교 제도적 사역은 후대 스트라스부르그의 종교개혁가였던 부쳐와 제네바의 칼빈에게 영향을 미치게 되었다.[84] 칼빈이 제네바에서 추방당한 이후

Johannes Oecolampadius
출처: https://en.wikipedia.org/wiki/Johannes_Oecolampadius

부쳐의 요청으로 스트라스부르크에 종교적 피난해온 프랑스의 위그노들을 위한 목회 사역을 감당할 때, 이미 부쳐는 외콜람파디우스의 영향을 받아 이곳에 장로교회 제도를 정착시키고자 노력하고 있었으며, 칼빈이 이곳에서 사역을 시작할 무렵 두 사람이 함께 장로교 제도를 세워가는 작업을 진행하였다.[85] 부쳐는 1523년에 스트라스부

---

83 Reports of Proceedings of the First General Presbyterian Council, Edinburgh, 1877, ed. J. Thomson, Edinburgh, 1877, 98-123 in Lukas Vischer, 23. recited in 심창섭, "장로교 정치 제도의 기원은 무엇인가? (I)," 「신학지남」, 1997, 제 64권 2집, 69.
84 심창섭, "장로교 정치 제도의 기원은 무엇인가? (I)", 70-71.
85 심창섭, "장로교 정치 제도의 기원은 무엇인가? (I)", 71.

르그에서 개혁 활동을 하면서 작품을 저술하였는데, 이는 "Das Ym Selbs"라는 소논문으로서, 이는 "아무도 그 자신을 위해서가 아니라, 다른 사람을 위해 살아야 한다는 것과, 사람이 어떻게 그렇게 될 수 있는지에 관하여"라는 주제이다.[86] 부쳐는 성만찬에 준비되지 못한 사람이 참여하지 못하도록 제지했던 초대 교회의 입장을 평소에 주장하고 있었는데, 1530년에 외콜람파디우스를 만나 자신의 입장이 성경적이라는 확신을 얻게 되었고, 1536년 자신의 주석집을 통하여 이 사역에 장로들을 세워서 이를 감당하도록 하였다.[87] 1533년에 스트라스부르크의 종교 회의를 통해 "스트라스부르크 조례"Strasbourg Ordinances로 규정되었다:

1. 신자는 주의 만찬에 초대되도록 한다.
2. 국가로부터 지명을 받은 교회 행정관리자(Kirchenpfleger)는 교회법의 권위에 의해 권한을 부여받는다. 이전에 이들은 단지 평신도로 규정되었으나, 오늘날에는 성직자로서, 교회 직원이다.
3. 고전 14장과 다른 신약 성경 구절들은 원시 교회의 장로들과 동일한 교회 행정 관리자들로 인증되었다. 이들은 성령의 의도된 신적 기원을 가진다.[88]

---

86 R.E.H. Uprichard, "The Eldership in Martin Bucer and John Calvin," 138. 이 논문의 원제는 다음과 같다: "Das ym selbs niemant, sonder anderen leben soll, und wie der mensch dahyn kummen mog."
87 R.E.H. Uprichard, "The Eldership in Martin Bucer and John Calvin," 138-139.
88 R.E.H. Uprichard, "The Eldership in Martin Bucer and John Calvin," 139.

이처럼 부쳐는 교회 행정 관리자를 이전에는 평신도 직원으로 여겼으나 이제는 원시 교회가 세웠던 교회 장로와 동일시하였으며 이는 성직자로서 교회 직원임을 강조한 것이다. 또한 1534년 "Quid de Baptismate" 유아 세례에 관한 작품 속에서 장로의 위치를 자기들과 함께 교회를 관리

Martin Bucer
출처: https://en.wikipedia.org/wiki/Martin_Bucer

하고Govern 세우며 거룩한 훈계와 견책Admonition and Censure에 관련된 모든 일들을 집행하는자Administer로 규정하였다.[89]

이러한 그의 노력과 열정을 통하여 1551년에 작성하여 1557년에 출간되었던 "De Regno Christi"그리스도의 왕국에 관하여라는 작품이 등장하게 되었다. 그는 이 작품 속에서 "장로교주의"를 더욱 구체화시켜 영국의 국왕 에드워드 6세Edward VI에게 헌정하였다. 당시, 영국은 헨리 8세가 캐더린과의 이혼 문제로 인하여 로마 교황청과의 결별을 선언하고 영국 국교회인 앵글리칸Anglican을 설립하였다. 그러나 헨리는 이전부터 철저한 로마 가톨릭 교도였으며 교황청으로부터 "교황의 수호자"라는 칭호를 받을 정도로 철저한 로마 교도였다. 그러나 자신의 이혼 문제에 소극적인 교황청을 향해 결별을 선언하였으나, 가톨릭의 신학에는 변함이 없었기 때문에 당대 청교도 운동의 효시였던 윌리엄 틴데일William Tyndale을 화형시키는 엄청난 박해를 하

---

89 R.E.H. Uprichard, "The Eldership in Martin Bucer and John Calvin," 139. cf. J.M. Barkley, *The Eldership in Irish Presbyterianism*, 1963.

였던 인물이다. 그러나 그 뒤를 이은 에드워드 6세는 개혁주의 신학자의 교육을 받은 개혁주의자였기 때문에 그가 왕위에 오르자 해외로 망명하였던 청교도 성향의 인물들이 런던으로 다시 귀국하게 되었고 유럽의 많은 개혁주의 신학자들이 런던으로 초청을 받게 되었다. 이러한 정황 속에서 마틴 부쳐는 런던에 초청되어 자신이 작성한 이 작품을 에드워드 6세에게 헌정하였다.

그는 이 작품을 통해 교회의 4중직을 주장하였다:

1. 영혼을 치유하며 성례를 수행하고 말씀을 설교하는 목회자들
2. 신학 교수들이자 교회 학교 교사들을 포함한 교사들 또는 박사들
3. 교회와 훈육의 관리를 위한 장로들
4. 가난한 자들 돌봄과 행정을 위한 집사들[90]

3) 칼빈과 제네바

칼빈의 장로교 제도는 스트라스부르크의 마틴 부쳐와의 긴밀한 관계 속에서 형성되었으며 수정 증보되어 제네바의 장로교주의가 형성하게 되었다. 업리차드의 견해에 의하면, 칼빈이 제네바에서 추방되기 직전까지 칼빈의 작품들과 활동 내역 속에서 장로교 제도의 구체적인 내용을 찾아 볼 수 없다. 단지, 1537년 제네바 조례Genevan Articles Ordinances of 1537에는 다음과 같은 내용이 담겨져 있다: "우리는 이 도시의 모든 구역에 살고 있는 신실한 사람들 가운데 선한 삶과

---

90 R. E. H. Uprichard, "The Eldership in Martin Bucer and John Calvin," 141.

중인된 삶을 사는 어떤 사람들을Certain Persons 선택하여 도시 사람들의 삶을 관리하고 운영할 수 있는 자로서 안수하는 일에 여러분이 기뻐하기를 신중히 요청하는 바이다."[91] 칼빈은 파렐과 함께 제네바 개혁 운동에 박차를 가하면서 다양한

John Calvin's Geneva
출처: https://www.monergism.com/john-calvins-geneva

개혁 지침서들을 발간하며 교육에 관련된 작품들과 행정 조례 등을 발간하였지만 장로교주의에 관한 행정 규례를 제정하지 않았다.

그러나 그가 추방된 이후 부처와 함께 스트라스부르크에서 목회하는 과정 속에서 이미 장로교 제도의 기본 구조를 형성하고 있었던 부처의 영향을 통해 칼빈의 장로교주의가 서서히 자리잡기 시작했다. 즉, 칼빈이 제네바 의회의 요청으로 다시 복귀한 이후 그가 설립했던 "장로법원"Consistory은 부처의 자료들을 기초로 만들어졌으며 1541년 제네바에서 시행한 제네바 조례Genevan Ordinances는 부처가 1557년에 출간했던 "그리스도의 나라에 관하여"De Regno Christi라는 작품에 등장하는 "교회의 4중직"과 동일한 내용을 담고 있다.[92]

칼빈의 기독교강요와 그의 주석에 나타난 장로교주의의 정체성은 초기에서는 단지 집사직the diaconate and its origin에 관한 내용을 다루

---

91 R. E. H. Uprichard, "The Eldership in Martin Bucer and John Calvin," 142.
92 R. E. H. Uprichard, "The Eldership in Martin Bucer and John Calvin," 143.

고 있지만, 장로들에 대한 구체적인 언급은 1541년과 1546년에 가서 제시되어 있다.[93] 1536년에 칼빈이 출간한 기독교강요에는 교회 치리자들Rulers, 선임자들Seniors 그리고 손윗사람들Superiors에 대한 언급을 통해 교회 교인들의 몸가짐에 대하여 훈육하고 견책하는 일을 감당해야 한다고 주장하고 있다. 그러나 1536년에 출간된 칼빈의 "로마서 주석" 12:8절을 살펴보면, 장로들Elders들은 훈육을 관장하고 다른 사람들을 다스리며 교회를 관리하는 일을 맡은 자들이라고 제시하고 있다.[94] 칼빈이 기독교강요 1541년판과 1545년판을 통해 자신의 장로교 정치 제도를 매우 명확하게 제시하게 된 배경에는 칼빈이 제네바에서 추방당한 이후 스트라스부르크에서 부처와 함께 목회 사역을 감당하면서 부처의 장로교주의 사상에 큰 영향을 받은 원인도 있지만, 업리차드가 지적하는 바처럼 마치 칼빈이 제네바 추방 이전에는 장로교 사상이 거의 없었던 것처럼 묘사하는 것은 지나친 비약으로 보인다. 왜냐하면 앞서 살핀 바처럼, 칼빈의 로마서 주석에서 이미 장로의 직책의 필요성과 직분 내용을 소개하고 있기 때문이다.

스코틀랜드의 장로교주의는 당대 청교도 운동의 주역이었던 존 녹스John Knox를 중심으로 형성되었다. 그는 자신의 조국이 로마 가톨릭의 횡포와 도덕적 타락으로 물들어 있음을 한탄스럽게 여기며 개혁 운동을 펼쳤다. 플레밍은 당시 상황을 다음과 같이 묘사하였다: "당시 국가의 사법권의 지배를 받지 않고 있었던 성직자들은 횡

---

93 R.E.H. Uprichard, "The Eldership in Martin Bucer and John Calvin," 145.
94 J. Calvin, *Commentary upon The Epistle of Saint Paul to the Romans*, 1536년판. "They were the elders, who presided over and ruled others and exercised discipline." 로마서 12:8 주석.

포와 부도덕한 생활로 치욕적인 행동이 심했고 많은 성직자들은 문맹에 가까울 정도로 무식했다."[95]

4) 영국의 장로교 제도-토마스 카트라이트

"잉글랜드 청교도 장로교주의 기원에 관한 고찰"A Study on the Origin of the Puritan Presbyterianism in England.[96]

I. 서론

마르틴 루터M. Luther와 울리히 츠빙글리U. Zwingli 그리고 존 칼빈J. Calvin으로 이어진 유럽의 종교개혁 운동은 중세 천년의 교황주의 체제를 완전히 전복시키고 '오직 성경 Sola Scrpitura'을 모토로 개신교 복음주의적인 신학 체계를 형성하는 기반을 마련하였다. 이러한 종교개혁의 산물로 태동된 개혁주의 신학 Reformed Theology은 존 칼빈의 제네

Thomas Cartwright, Portrait by Gustavus Ellinthorpe Sintzenich, at Mansfield College, Oxford.
출처: https://en.wikipedia.org/wiki/Thomas_Cartwright_%28theologian%29

---

95 D. H. Fleming, 『스코틀랜드 종교개혁』, 1910, 42.
96 영국의 장로교주의에 관해서는 필자가 출간한 논문을 통해 분석하고자 한다. 윤종훈, "잉글랜드 청교도 장로교주의 기원에 관한 고찰", 「영국 연구」 (제 20호, 2008), 57-85; 『영국 청교도 사상사』 (서울: 성광 문화사), 315-341. 이 부분을 전체 인용함. *이 논문은 2005년도 정부재원(교육인적자원부 학술연구조성사업비)으로 한국학술진흥재단의 지원을 받아 수행된 연구임 (KRF-2005-041-A00026).

바 종교개혁을 기반으로 하여 영국의 종교개혁을 일으키는 원동력이 되었다. 영국의 국왕 헨리 8세Henry VIII는 중세의 교권주의와 교황중심주의Papism에 얽매여 있던 로마 가톨릭으로부터 단절을 선언하고 앙글리칸 교회Anglicans 제도를 신설함으로 영국에 새로운 신학적 전기를 마련하였으며, 튜더 왕조Tudor Dynasty 가운데 에드워드 6세Edward VI와 엘리자베스 1세Elizabeth I를 중심으로 형성된 앙글리칸주의Anglicanism는 유일무이한 영국의 국교회인 성공회The Church of England로 자리 잡게 되었다.[97] 그러나 성공회 목회자들 가운데 성공회의 미온적이고도 준 개혁적인 신학 사상과 로마 가톨릭을 답습한 예배 형식에 반대하여 보다 철저한 개혁을 부르짖으며 초대 교회로의 회귀를 강조하였던 "청교도"Puritans들은[98] 잉글랜드 장로교주의 운

---

97 퓨리탄과 앙글리칸의 형성 과정 및 신학적 배경에 관한 연구를 위해서는 다음과 같은 서적을 참조하라. Richard Hooker, *The Works of that Learned and Judicious Divine, Richard Hooker, With an Account of His Life and Death* by Issac Walton, ed. by John Keble, 3 Vols, 7th ed. (Oxford: Clarendon Press, 1888); Henry Chadwick, "The Context of Faith and Theology in Anglicanism" in, *Theology in Anglicanism.*, A. A. Vogel (ed.) (Morehouse-Barlow, Wilton C. T. 1984); H. R. McAdoo, *The Spirit of Anglicanism: A Survey of Anglican Theological Method in the Seventeenth Century* (A. & C. Black, London, 1965); I. B. Bunting(ed.), *Celebrating the Anglican Way* (Hodder & Stoughton, London, 1996); A. E. McGrath, *The Renewal of Anglicanism* (London SPCK,1993); Isaac Walton, *The Works of Richard Hooker with the Account of His Life and Death* (New York: D. Appleton and Company, 1854); Stephen Sykes & John Booty & Jonathan Knight, *The Study of Anglicanism* (SPCK: Fortress Press, 1986); K. Stevenson and B. Spinks(ed.), *The Identity of Anglican Worship* (Mowbray, London, 1991); H. Hensley Henson, *Puritanism in England* (New York: Burt Franklin, 1972); Victo R. Atta-Baffoe, *A Study of Richard Hooker's Theology of Participation and the Principle of Anglican Ecclesiology* (M.A. Thesis, Unpublished, Yale University, USA, 1993); P. Lake, *Moderate Puritans and the Elizabethan Church* (CUP, 1982).

98 잉글랜드에서 "Puritan, Precisians, Presbyterian"이라는 용어들은 비록 같은 용어가 아닐지라도 거의 비슷한 시기에 사용된 용어들이며 동일한 교파를 지칭하는데 사용되었다. 특히 까다로운 사람들이라는 'Precisian' 또는 'precise folks'라는 용어가 제일 먼저 출현하였으며 이러한 명칭은 대주교였던 Parker에 의해 도입되었다. 또한 'Puritan'이라는 용어가 곧 이어 등장하게 되었는데, 이는 1564년경에 대주교의 문서들 서신들 가운데 흔히 보여진 용어이다. 특히 장로회와 장로교회라는 용어들은 퓨리탄들과 동시대에 사용되었다는 점이 매우 특기할 만한 사실이다. "I se her

동을 일으키게 되었다. 이러한 청교도 중심인물들은 대부분 피의 여왕 메리Bloody Mary 당대에 제네바에 망명하여 존 칼빈John Calvin, 1509-1564과 데오도르 베자Theodore Beza, 1519-1605 그리고 울리히 츠빙글리 Ulich Zwingli, 1483-1531와 하인리히 블링거Heinrich Bullinger의 영향 아래 활동하다가, 엘리자베스 여왕이 집권하자 영국에 귀환하여 제네바의 교회형태와 예배 형식을 기반으로 하는 장로교 제도Presbyterianism를 정착시키고자 목숨을 내걸고 투쟁하였다.

본 논고는 상기한 잉글랜드 청교도들 가운데 대다수를 차지하고 있던 장로교주의자들이 잉글랜드에 장로교 제도를 수립하고자 당대 국가 교회와 투쟁해왔던 과정을 살펴봄과 동시에 당대 최고 장로교주의 신학자였던 토마스 카트라이트와 앙글리칸주의를 철저하게 고수하고자 청교도들을 핍박과 처형을 일삼았던 앙글리칸의 대변자 존 위트기프트와 리차드 후커의 주장들을 비교하면서 장로교 제도의 정착 과정을 분석하고자 한다. 본 연구는 지면의 제한적 이유로 잉글랜드 엘리자베스 1세 여왕 당대에까지 한정하여 살펴볼 것이다. 그리고 본 논고는 잉글랜드 장로교 제도의 기원에 관한 새로운 이해

Majestie is affected princely to govern, and for that I se her in constancie almost alone to be offended with the Puritans [sic]", *The Archbishop's last letter to the Lord Treasurer* (Strype's *Parker Records*, xcix. iii. 331). "The English Bishops conceiving themselves empowered by their canons, began to show their authority in urging the clergy of their dioceses to subscribe to the Liturgy, Ceremonies, and Discipline of the Church, and such as refused the same were branded with the odious name of Puritans, a name which, in this nation, first began in this year." quoted in Dr. Thomas Fuller, *Church History*, 1564, recited in James Heron, *A Short History of Puritanism* (Edinburgh: T&T Clark, 1908), pp. 22-23. Fuller's reply to Heylyn's "Animadversion"(Appeal of Injured Innocence), ed. Nicols(1840), p. 510, shows that the date, 1564, is but an approximate conjecture. Heylyn (*Ecclesia Restaurata*, ed. 1849, II: 421); A. F. Scott Pearson, *Thomas Cartwright and Elizabethan Puritanism, 1585-1603* (Cambridge: University Press, 1925), p. 18.

와 앙글리칸주의와 장로교주의 신학의 유사점과 상이점에 대한 성경적 지침에 근거하여 분석, 종합하는 작업을 통하여 두 제도의 객관적 정체성Identity을 확고히 밝히는데 그 목적이 있다.

II. 잉글랜드 청교도 운동과 장로교주의

1. 청교도 운동의 시작 및 특징

잉글랜드 청교도 운동의 진정한 효시에 대해서는 아직도 다양한 학설들이 제기되고 있다.[99] 이 운동의 출발점에 대하여 폴 크리

---

99 잉글랜드 청교도 운동의 출발점과 근원적 배경에 대해서는 졸고의 논문을 참조할 것. 윤종훈, "English Puritanism 정의와 그 근원적 배경에 관한 연구사적 고찰", 『신학지남』, (2003. 겨울호, 통권 제70권 4집, 제277호), pp. 252-275.
특히 청교도 운동에 대한 전문가들은 정치·사회학적 측면보다는 경제사적 측면에서 이를 접근하고자 시도하였다. 이러한 경제사적 접근 방식에 대해서는 다음을 참조하라.
(1) The Weberian form of analysis - Leonard J. Trinterud, "the Origins of Puritanism", *Church History*, xx (1951), pp. 37-57; Jerold C. Brauer, "Reflections on the Nature of English Puritanism", *Church History* xxiii (1954), pp. 99-117; D. B. Robertson, *The Religious Foundations of Leveller Democracy* (New York, 1951); Alan Simpson, *Puritanism in Old and New England* (Chicago, 1955); Hugh Barbour, *The Quakers in Puritan England* (New Haven, Conn., 1964); E. F. Kevan, *The Grace of Law: A Study in Puritan Theology* (Grand Rapids, Michigan, 1965); J. F. H. New, *Anglican and Puritan: The Basis of Their Opposition, 1558-1640* (Stanford, Calif., 1964); Michael Walzer, *The Revolution of the Saints: A study in the Origins of Radical Politics* (Cambridge, Mass., 1965).
(2) Of those who reject the analysis but accept the conclusions, the most important are: Christopher Hill, *Society and Puritanism in Pre-Revolutionary England* (New York, 1964); Patrick Collinson, "A Comment: Concerning the Name Puritan", *Journal of Ecclesiastical History*, xxxi, no. 4, October (1980); Raymond P. Stearns, *The Strenuous Puritan: Hugh Peter, 1598-1660* (Urbana, Illinois, 1954); Wilson H. Coates, "An Analysis of Major Conflicts in Seventeenth Century England", *Conflict in Stuart England*, ed. W. A. Aiken and B. Henning (London, 1960); Joseph Frank, *The Levellers* (Cambridge, Mass., 1955).
(3) Of those scholars who reject Weberian analysis and conclusions the following represent sturdy and useful 'non-theoretical' studies: J.E. Neale, *Elizabeth I and her Parliaments, 1559-1601*, 2 vols (New York, 1598); J.W. Allen, *English Political Thought, 1603-1644* (London, 1938); Don M. Wolfe, *Milton in the Puritan Revolution* (New York, 1941), and the same author's "Introduction" to vol. I of *The Complete Prose Works of John Milton* (New Haven, Conn., 1953); W .M. Southgate, "The Marian Exiles and the Influence of John Calvin", *History*, xxvii (1943), pp. 148-152; George Yule, *The Independents in the English Civil War*

스찬슨Paul Christianson은 엘리자베스 1세가 통치하던 당시에서 그 근원을 찾고자 하였으나,[100] 레오나르드 트린테루드Leonard J. Trinterud는 헨리 8세와 에드워드 6세 또는 메리 여왕 당시 해외 망명자들을 중심으로 찾되, 특히 튜더 왕조 시대 활동하였던 윌리엄 틴데일William Tyndale, 존 푸릿John Frith, 존 베일John Bale, 존 후퍼John Hooper, 존 브레드포드John Bradford와 같이 당대의 국가와 교회에 큰 영향력을 행사하였던 인물들에 대하여 집중적으로 조명하기 시작하였다. 따라서 트린테루드는 잉글랜드 청교도 운동의 시점을 1559년 초기를 기점으로 하여 1567년까지 활발하게 펼쳐졌던 성직자 의복 논쟁Vestiarian Controversy 사건에서 찾았다. 당대 청교도들은 이러한 가톨릭 전통의 주요한 통로였던 성복 착용에 대하여 매우 미신적이고도 형식주의에 치우친 비성경적인 전통을 제거하자고 노력하였다.[101]

(Cambridge, 1958); Leo F. Solt, "Puritanism, Capitalism, Democracy, and the New Science", *Amer. Hist. Rev.*, lxxiii (1967), pp. 18-29; Ronald A. Marchant, *The Puritans and the Church Courts in the Diocese of York, 1560-1642* (London, 1960); Irvonwy Morgan, *The Godly Preachers of the Elizabethan Church* (London, 1965); Joel Hurstfield, "Church and State, 1558-1612: The Task of the Cecils", *Studies in Church History*, II (1965), pp. 119-40. Perhaps even more effective in breaking up Weberian concepts have been social, regional, and biographical studies like these: David Cornwall (London, 1941); T. G. Barnes, *Somerset, 1625-1640* (Cambridge, Mass., 1961); C.W. Chalklin, *Seventeenth-Century Kent* (London, 1965); Valerie Pearl, *London and the Outbreak of the Puritan Revolution* (London, 1961); Claire Cross, *The Puritan Earl, The Life of Henry Hastings* (London, 1966); Anthony F. Upton, *Sir Arthur Ingram, c. 1565-1642* (London, 1961). Quoted in C. H. George, "Puritanism As History And Historiography", *Past And Present*, No. 41, (1968), pp. 98-99.

100 Paul Christianson, "Reformers and the Church of England under Elizabeth I and the Early Stuarts", *JEH*, xxxi, no. 4, October (1980), pp. 472-473. W. H. Frere, *The English Church in the Reigns of Elizabeth and James I, 1558-1625* (London: 1911); G. R. Cragg, *Freedom and Authority: a study of English Thought in the Early Seventeenth Century* (Philadelphia: Westminster Press, 1975); W.M. Lamont, *Godly Rule: Politics and Religion 1603-60* (London, 1969).

101 Leonard J. Trinterud, "the Origins of Puritanism", *Church History*, xx (1951), p. 37.

비록 잉글랜드 청교도 운동은 의복 논쟁이 거세게 일어났던 1560년대에 표면으로 부상하게 되었지만, 진정한 청교도 운동의 출발점은 잉글랜드의 앙글리칸 운동Anglican Movement을 출원시킨 헨리 8세가 통치하던 당시에 가장 활발하게 활동한 윌리암 틴데일로 보는 것이 가장 무리가 없는 해석으로 보인다. 청교도 전문가인 마틴 로이드 존스D. M. Lloyd-Jones는 청교도의 효시를 윌리암 틴데일에서 찾았는데, 그 첫 번째 원인으로서, 중세 시대 이후로부터 틴데일 당대에 이르기까지 모든 성경이 라틴어로 기록되어 있는 상황 속에서 일반 백성들을 위시하여 당대의 목회자들마저도 성경을 읽고 해석할 수 없는 현실을 목도하던 틴데일은 일반 모든 백성들이 모국어로 성경을 읽고 이해할 수 있는 기회를 부여하고자 이를 진행하였기 때문이었다. 둘째로, 틴데일은 당시 국왕의 동의를 거치지 않고 성경을 영어로 번역하는 행위는 사형에 해당한다는 사실을 알면서도 이러한 위험을 무릅쓰고 성경을 번역하기 위해 해외로 망명하였기 때문이었다.[102]

틴데일이 잉글랜드에 돌아와 화형대에서 순교를 당한 이후,[103] 에

---

[102] 틴데일은 대륙에 머물면서 츠빙글리와 그의 제자인 블링거 그리고 존 칼빈과 함께 기거하면서 이들의 개혁 사상에 철저하게 영향을 받게 되었으며, 성직자의 성복 문제(Surplice)와 성경 위에 교회 교리와 전통을 부여하는 로마 가톨릭의 예전(Ceremonies) 중심의 신학적 입장에 대하여 매우 심각하게 문제시하였다. D. M. Lloyd-Jones, "Puritanism and its Origins", *Westminster Conference Papers* (1971), pp. 73-75. 마틴 로이드 존스 박사는 청교도의 효시에 대한 내븐 교수의 견해에 동조하였다. 윌리암 틴데일은 1536년 화형식을 당하던 형장의 장작더미 위에서 내던진 그의 외마디의 비명은 참으로 기념할 만하다. "오! 주여! 잉글랜드 왕의 눈을 여소서!". John Adair, *Founding Fathers- the Puritans in England and America* (London: J.M. Dent & Sons Ltd., 1982), p. 64.

[103] M. M. Knappen 박사는 주장하길, "잉글랜드 퓨리탄니즘의 이야기는 1524년에 최초로 시작되었다. 그 해 봄 글로스터주 출신의 윌리암 틴데일(William Tyndale)이라고 불리우는 한 젊은이는 런던을 떠나 독일로 망명하여 성경의 영어 번역을 준비하고자 하였다"라고 하였다. M. M. Knappen, *Tudor Puritanism, a chapter in the History of Idealism* (Chicago & London, Phoenix

드워드 6세 당시에 활동하였던 존 후퍼John Hooper d. 1555[104], 토마스 크랜머Thomas Cranmer, 1489-1556, 그리고 니콜라스 리들리Nicolas Ridley, 1500-1555 와 같은 청교도들은 틴데일의 뒤를 이어 잉글랜드 청교도 운동의 주역으로 활동하였다. 특히 존 후퍼는 성복 착용에 대하여 매우 심각한 논쟁을 불러 일으켰던 인물이었으며, 리들리는 성직자 의복 문제를 위시하여 당대 형식적인 예배 의식과 절차에 대하여 비판적으로 항거하였다. 이러한 청교도 운동은 1558년 왕위에 등극한 엘리자베스 여왕 시대에 더욱 활발하게 펼쳐졌다.

잉글랜드 청교도 운동의 특징은 무엇보다도 로마 가톨릭 교회의 예전, 제의 그리고 직제Orders 와 성령의 역사를 상실한 형식적이고도 드라이dry 한 신학과 신앙의 잘못된 이해, 성직자 성복 문제 그리고 예배 의식을 철저히 거부한 모습에서 찾을 수 있다. 알렉산더 교수 H. G. Alexander 는 청교도 운동의 특징을 프로테스탄티즘 신학에 근원하고 있음을 다음과 같이 묘사하였다:

프로테스탄티즘은 가톨릭적 의식의 남용을 거부함에 그 근원적 배경을 지니고 있다. 즉 면죄부 판매 행위, 미사 또는 고행에 참여하는 일에

Books, 1965), p. 3.

104 Canon Perry는 후퍼를 지칭하여 "최초 청교도 고백자"(First Puritan Confessor)라고 하였다. 청교도 신학자 J. Gregory에 의하면 존 후퍼는 최초의 비국교도(Nonconformist) 신학자가 되었으며, 그의 신념은 영국 국교회로부터 분리를 선언하여 더 이상 돌아올 수 없는 루비콘 강을 건너버리고 말았다고 하였다. J. Gregory, *Puritanism in the Old World and in the New From its Inception in the Reign of Elizabeth to the Establishment of the Puritan Theocracy in New England A Historical Handbook*, (New York; Chicago; Toronto, Fleming H. Revell Company, 1896), p. 43.

열성을 다하는 일 등, 신앙적인 면보다는 행위만을 강조하는 로마 가톨릭에 대한 강한 거부감을 나타내었다. 그 결과 수많은 프로테스탄트들은 로마 교회는 완전히 부패하였기에 이러한 가톨릭적인 의식과 예전적 행위를 거부해야만 할 책임이 있음을 역설하였다.[105]

게다가 청교도들은 프로테스탄트 종교개혁의 여파로 등장한 앙글리칸의 미온적이고도 준개혁적인Semi-Reformed 신학 사상과 신앙적 태도에 대한 강한 거부감에서 비롯되었으며,[106] 오직 초대 교회 당시의 역동적이고도 살아있는 삶의 신학과 신앙을 주창한 진정한 개혁주의Reformed Theology를 외친 운동이었다. 특히 로마 가톨릭과 앙글리칸의 입장과 상이한 주장을 펼치게 된 청교도들은 다름 아닌 성경만이 기독교 신앙과 교회 직제 및 국가 체제의 유일한 권위서이자 척도임을 분명하고도 철저하게 강조하였다. 가톨릭 신학에서 최고의 권위는 성경이라기보다는 교황과 교황청의 최고의 기관General Council에서 제시한 칙령Decrees에 있었으며, 성경과 초대 교회의 전통들은 중세 교황주의적 교회 유권 해석에 의해 새롭게 수정 작업을 거쳐 반포하도록 하였다.

또한 청교도들은 당대 교회 직제로 활용하였던 용어들 가운데 대주교Archbishop, 대집사Archdeacons, 수석사제Deans, 참사원Chapters 등과

---

105 H. G. Alexander, *Religion in England 1558-1662, The London History Studies*, (University of London Press LTD., 1968), p. 58.
106 잉글랜드 엘리자베스 여왕 당대 청교도 운동에 전문가인 패트릭 콜린스 교수는 청교도를 지칭하여 프로테스탄트 가운데 가장 뜨거웠던 자들(the hotter sort of Protestants)라고 불렀다. H. G. Alexander, *Religion in England 1558-1662, The London History Studies*, p. 57.

같은 직책들은 성경에 근거하고 있지 않음을 들어 강하게 거부하였으며, 고위 성직자들이 당시 국가의 요직을 맡으면서 정교일치를 추구함으로써 그리스도의 사역과 국가의 업무를 통합한 형태의 직제를 형성하게 되었음을 강하게 비판하였다.[107] 뿐만 아니라 청교도들은 주교들과 그에게 속한 주교의 종교법 고문Chancellor들이 사법권 행사를 통하여 청교도들에게 벌금형과 투옥 및 강탈, 성직 정지령 등을 성경적 근거도 없이 함부로 자행해왔음을 비난하였다. 청교도들은 로마 가톨릭이 비신학적인 훈육Discipline선포를 통해 설교 전후에 자유롭지도 못한 '기도서Prayer Book'에 입각하여 예배를 진행하는 공적 예전Liturgy과, 주기도문을 되풀이해서 암송하는 행위, 기도 사이사이에 반복되는 막간기도문, 기도 시 사용되는 성가, 시편 전례 음악Psalm Chant, 악기 사용 문제, 세례 시 이마에 십자가 성호를 긋는 행위, 대부god-fathers와 대모god-mothers를 세우는 일, 성찬 시 무릎 꿇고 성찬을 받는 행위, 사적 성찬식 집례 행위, 예수 이름을 부르며 인사하는 행위, 결혼식 반지 사용 문제, 성복 착용 문제 등은 성경과 초대 교회 사도들에게서 찾아 볼 수 없는 로마 가톨릭 전통들로서 이는 죄악된 행위라는 인식을 같이하고 이를 철저하게 거부하였다.[108]

---

107 Daniel Neal, *Neal's History of the Puritans or the Rise, Principles, and Sufferings of the Protestant Dissenters, to the Glorious Aera of the Revolution*, ed., by Edward Parsons, (London: 1811), I: 131-132.

108 Ibid., pp. 133-135.

2. 잉글랜드 장로교 제도의 형성 배경

잉글랜드 장로교주의 연구에 대한 권위자인 드라이스데일A.H. Drysdale 은 잉글랜드 장로교주의 운동은 1550년대인 튜더 왕조 말기 엘리자베스 1세 여왕으로부터 시작하여 1662년 초기 스튜와트 왕조 Early Stuart Times 당대의 통일법the Act of Uniformity, 1662 이 선포된 시점까지라고 주장하였다.[109] 그러나 보다 근본적인 기원에 대한 분석을 통한 필자의 견해로는, 장로교주의는 로마 가톨릭 제도와 앙글리칸주의처럼 교황주의 체제와 한 국가의 체제 속에 태동된 교회 체제라기보다는 오히려 성경적 가르침에 근거를 둔 제도로서, 이는 신구약 성경에서 그 기원을 찾아야 할 것으로 보인다.

히브리어"זָקֵן"Zaqen 과 헬라어"πρεσβυτέροις"Presbyteros 로 통칭된 '장로Elder 직분은 특히 구약 시대에 "공적인 사람"Official Man 을 지칭할 때 사용되었으며 이러한 표현은 구약에 100회 이상 등장하되, 특히 모세 오경에서만 44회나 기록되어 있다. 신약 성경에는 60회 정도 표기되어 있으며 교회를 치리하고 가르치는 자로 묘사되어 있다.[110] 초대 교회 말기 성. 패트릭Patrick, 389-461 선교사는 로마 가톨릭 교도였지만, 자기 자신을 향하여 장로a Presbytor 라고 칭하였으며, 그는 장로교 형태를 추구하였고, 당대에 365명의 주교들과 3000명의 장로

---

109 A. H. Drysdale, *History of the Presbyterian in England: Their Rise, Decline, and Revival* (London: Publication Committee of the Presbyterian Church of England, 1889), v. Drysdale은 당대 잉글랜드 청교도 가운데 장로교주의자들은 당시 사회와 교회의 역사에 중추적이고도 매우 중요한 역할을 감당하였음을 세밀하게 분석하여 피력하였다.

110 다음의 성경 구절을 참고할 것. 출 4:29; 삼상 8:4; 삼하 5:3; 왕상 8:1; 행 15:23-29.

들을 북아일랜드에 세우게 되었다.¹¹¹ 중세 초기에 잉글랜드는 로마 사제였던 어거스틴Augustine of Canterbury, Bishop and Missionary, d. 605.-초대 교회 신학자 어거스틴Augustine of Hippo과 다른 인물임)을 통해 앵글로 색슨족들이 596년에 회심케 됨으로써 선교의 역사가 더욱 진전되었다.

이러한 장로교주의적 유산은 피터 왈도Peter Waldo, 1170 or 1172~?가 중심이 되어 중세 피드먼트Piedmont 계곡에서 활동하였던 왈도파 Waldensians의 제 활동을 통해 진행되었다. 이들은 당대 중세의 교황주의적 형식주의에 철저한 반기를 들고 오직 성경에 입각한 그리스도의 교리를 전파하며 사도들의 가르침에 순종하고 장로교적 교회 정치 체제를 수립할 것을 강력하게 촉구하였다.¹¹² 왈도파의 영향은 잉글랜드의 루터로 알려진 존 위클리프John Wycliffe 와¹¹³ 그의 영향을 받은 보헤미아의 요하누스 후스Johanus Huss로 이어지게 되었다. 특히 위클리프는 성경을 영어로 번역하여 성경 보급 사역을 주도하였으며, 신앙과 구원에 관한 최고의 권위는 오직 성경에 있음을 강조하였고, 유일하신 중보자는 신부나 교황이 아닌 예수 그리스도이심을 주장하였으며, 성직자의 교권주의를 거부하고 성경에 입각한 교회

---

111   Geo. P. Hays, *Presbyterians -A Popular Narrative of Their Origin, Progress, Doctrines, and Achievements* (New York, 1892), pp. 36-37.

112   G. S. Plumley ed., *The Presbyterian Church Throughout the World: From the Earliest to the Present Times in a Series of Biographical and Historical Sketches*, (New York, 1874), pp. 7-8.

113   Drysdale은 Wycliffe를 향하여 "종교개혁의 샛별"(the Morning Star of the Reformation)이라고 지칭하였다. 존 위클리프의 장로교 개혁 사상에 대해서는 Lechler, *John Wycliffe and His English Precursors* (Religious Tract Society, 1884)를 참조할 것. "About a hundred and fifty years before Luther, nearly the same doctrine as he taught had been maintained by Wycliffe, whose disciples, usually called Lollards, existed as a numerous, though obscure and proscribed sect till, aided by the confluence of foreign streams, they swelled into the Protestant Church of England."[sic] Hallam, *Constitutional History*, I, p. 57.

직제를 세울 것을 강조하였다. 이러한 일련의 주장들에 반감을 가진 로마 가톨릭은 콘스탄츠 종교 회의Council of Constance, 1414-1418를 개최하여 이미 고인이 된 지 약 30년이 된 위클리프의 유해를 다시 발굴하여 '목이 곧은 이단자'A Sfiff-necked heretic 로 지목하고 그의 뼈들을 모아 화형을 시켜 강물에 던지는 참상을 자행하였으며, 이 회의를 통해 보헤미아의 프라하대학교 총장이자 종교 개혁가였던 요하누스 후스마저도 화형을 시켰다.[114]

이러한 시대적 배경 가운데 윌리엄 틴데일은 당시 청교도들이었던 토마스 빌네이Thomas Bilney[115]와 존 푸릿John Frith[116]의 도움을 통해 헬라어 성경을 쉬운 영어로 읽을 수 있도록 번역하는 작업을 마치게 되었다. 비록 틴데일은 1536년 헨리 8세 통치 당시 화형을 당하게 되었지만, 그는 영국 장로교주의 제도를 정착시키는데 있어서 중요한 가교 역할을 감당한 인물이 되었다.[117] 그는 『고위 성직자

---

114   위클리프의 주장은 그의 사상을 전수받은 롤라드파(Lollard Movement)에 의해 더욱 강화되었으며 이들은 영국 종교개혁의 선구자적인 역할을 감당하게 되었다. 이러한 점에 대하여 Dr. Gairdner는 이르길, 종교개혁의 대중화는 다름 아닌 롤라드파의 공헌이며, 이들은 종교적 확신 교리와 교회 개혁 원리를 성경에 근거하여 주장하였다고 극찬하였다. H. Hensley Henson 교수는 이러한 롤라드파의 주장에 대하여 앙글리칸 신학의 완성자로 일컬어지고 있는 Richard Hooker는 강하게 이들의 사상을 반대하였음을 지적하였다. H. Hensley Henson, *Puritanism in England*, pp. 16-17.

115   Thomas Bilney는 틴데일에게 청교도적 영향력을 끼친 첫 번째 사람이었다. 틴데일의 성경 연구법은 "높은 곳으로부터 어둠과 죽음의 그림자 속에 앉아 있는 자들에게 내리쬐는 햇빛과 같은 것"이었으며, 이러한 그의 개혁 의지는 라티머에게 청교도 정신을 심어 주는 계기를 마련하였다. James Heron, *A Short History of Puritanism*, pp. 46-47.

116   존 폭스에 의하면 푸릿은 틴데일에게 진리의 지식을 가져다 준 위대한 사람이었다. 그는 로마 가톨릭의 화체설(Transubstantiation)의 문제점을 들추어내어 철저하게 비판하였다. 그는 나중에 체포되어 런던탑에 구금되었다가 재판 중 정죄를 받아 1533년 스미스필드(Smithfield)에서 화평에 처해졌다.

117   Tyndale은 그의 저서인 "Practice of Prelates", 1530에서 다음과 같이 고위 성직자들을 비판하였다. "the covetousness of prelates was the decay of Christendom", but in setting forth "what

들의 실천』Practice of Prelates이라는 저서를 통해 고위 성직자들이 소유한 욕심들이야말로 기독교계가 부패케 되는 원인이 되었음을 강하게 비판하였다. 또한 그는 초대 교회 사도들이 그리스도 교회 안에서 두 부류의 일꾼들을 임명하였음을 지적하였다. 그 중 하나인 헬라어 "πρεσβυτέροις"는 "감독"Bishop을 의미하는 "감독관"Overseer으로서 이 용어는 성직자Priest로 통칭되었으며, 또한 "장로"Prosbyter를 의미함을 강조하였다. 나머지 한 일꾼으로서 '집사'를 의미하는 헬라어 "διάκονος"은 "Deacon"으로서, 이는 "봉사자, 사역자"Minister 직분을 지칭하며 주님께 드려진 헌물들을 관리하는 자들을 지칭한다고 주장하였다.[118]

마틴 부쳐Martin Bucer, 1491-1523는 에드워드 6세 당시 1549-1551년 동안 잉글랜드 초기 장로교 제도를 정착시키기 위해 노력한 인물이었다. 1549년 4월 25일 런던에 도착한 그는 캠브리지 대학 교수로 활동하면서 "에드워드 기도서"Edwardian Prayer Book와 "최초 영국 성례전서"The Earliest English Communion Service를 집필하여 장로교주의적 색채를 강조하였다.[119] 특히 그는 자신의 논문을 통해 감독과 장로는 근본적

---

officers the apostles ordained in Christ's Church," he says, "wherefore the Apostles, following and obeying the rule, doctrine, and commandment of our Saviour Jesus Christ their Master, ordained in His kingdom and congregation TWO OFFICERS, one called after the Greek word BISHOP, in English and overseer, which SAME was called PRIEST after the Greek, ELDER in English… Another officer they chose, and called him DEACON after the Greek, A MINISTER in English, to minister the alms." Parker Society's edition, p. 254. Quoted from A. H. Drysdale, *History of the Presbyterian in England: Their Rise, Decline, and Revival*, p. 25.

118　James Heron, *A Short History of Puritanism*, p. 50.
119　Bucer는 교회의 세 가지 직분을 강조하되, 주교(Bishops), 사제(Priests), 그리고 집사(Deacons)라는 교회 직제를 주장하였다.

으로 하나이며 똑같은 직책이기 때문에 장로들과 함께 모이는 위원회에서 모든 것을 운영하도록 감독들에게 요구함으로써 감독 제도를 약화시키는 방법을 제시하였다.[120]

또한 폴란드 귀족 출신인 존 알라스코John A'Lasco는 런던 목회자로 활동하면서 장로교주의 원리와 사상에 입각하여 목회 활동을 하였다. 그는 런던에서 독일계와 화란계, 프랑스계, 왈룬계Walloon-프랑스와 벨지움 지역 등의 다양한 국적을 가진 사람들을 대상으로 "나그네들의 교회"라고 지칭되는 하나의 개혁 신앙에 입각한 교회를 세우게 되었는데, 교회 행정과 직제 그리고 예배 형식이 거의 장로교 제도에 근거한 체제를 이루었다.[121]

잉글랜드 장로교주의가 에드워드 6세와 메리 여왕 시대를 거쳐 보다 성숙한 모습을 갖추게 된 시기는 엘리자베스 1세 여왕이 통치하던 당시 캠브리지 대학교 교수로 활동하였던 토마스 카트라이트Thomas Cartwright, 1535-1603가 등장하면서 새로운 전기를 맞이하게 되었다. 카트라이트는 영국 역사가이자 청교도 전문가였던 스트라이프Strype가 지적한 바처럼 "청교도로 지칭된 비국교도Nonconformists 혹은 분리파Dissenters 가운데 가장 학문이 뛰어났던 수령"Head이었으며, 그로살트Grosart가 묘사한 바처럼 "교황 제도에 반대한 프로테스탄트 가운데 가장 위대한 승리자이자 신약적 잉글랜드를 위한 절멸

---

120   James Heron, *A Short History of Puritanism*, p. 60.
121   Ibid., 61-2. 존 알라스코에 대한 보다 구체적인 연구는 Hermann Dalton, *The Life of John A'Lasco* (St.Petersburg, trans., London, 1886)을 참조할 것.

자 Annihilator"였다.[122] 그럼 앙글리칸주의 대변자인 존 위트기프트 John Whitgift[123]에 맞서 '장로교주의'라는 교회 정치 제도를 추구하였던 토마스 카트라이트의 논쟁 과정을 중심으로 살펴보기로 하자.

III. 잉글랜드 장로교주의 형성 과정

토마스 카트라이트는 15살이 되어 캠브리지의 성 요한 Saint. John 칼리지에 입학하여, 당시 학장이던 토마스 리버 Thomas Liver와 브릴 교수 Dr. Brill를 통해 청교도에 대한 식견을 소유하게 되었다.[124] 1553년 메리가 왕위에 등극하게 되자, 리버를 비롯한 24명의 청교도들은 신앙의 타협을 거부하고 학교를 떠나게 되었는데, 그 후 카트라이트는 1556년에 신앙적 이유로 이곳을 떠났다가, 1558년 엘리자베스 여왕이 등극하자 필킹톤 박사 Dr. James Pilkington의 배려로 학교에 돌아오게 되었고, 1562년에 트리니티 칼리지의 특별 회원이 되었다.[125] 1569년

---

122 John Strype, *Annals of the Reformation and Establishment of Religion and Other Various Occurrences in the Church of England During Queen Elizabeth' Reign*, vol. 11, pt. 1, 418; *Dictionary of National Biography*, IX: 226.

123 Macaualy는 그의 저서를 통해 John Whitgift의 인격에 대하여 "매우 좁은 마음을 소유한 자였으며, 비열하였고 폭군적인 경향을 가진 자였으며, 노예 근성과 아첨을 통해 권력을 추구하였으며, 권력자로서 교회 정치에 관하여 존 칼빈의 입장과 같이 하는 모든 사람들을 핍박하는데 앞장선 사람이었다"고 평가하였다. Francis (Bacon), Lord High Chancellor of England … Reprinted from "Baconiana." [A criticism of Macaulay's "Essay on Lord Bacon."] / [by WHITE, William, F.S.A., Architect]. 1900, recited in J. Gregory, *Puritanism in the Old World and in the New From its Inception in the Reign of Elizabeth to the Establishment of the Puritan Theocracy in New England A Historical Handbook*, p. 93.

124 당시 성 요한 칼리지는 개혁주의 교리에 입각한 학교였으며, 학생들은 당시 청교도들이 성복 착용의 문제점을 제기하자 예배 시에 착용하던 성복을 거부되, 약 300여 명의 학생들이 대학 채플 시간에 성복 착용을 거부하고 예배를 드리게 되었다. H.G. Alexander, *Religion in England 1558-1662*, The London History Studies, p. 64.

125 성 요한 대학에서 일어난 사건은 트리니티 대학에서도 토마스 카트라이트의 설교를 통해 그대로 재현되었다. George Paule, *The Life of the Most Revered Prelate John Whitgift* (London,

그는 레이디 마가렛Lady Margaret 신학 교수가 되었는데, 그의 강의는 청중의 인기를 한 몸에 받게 되었다.[126] 카트라이트는 사도행전 강의를 통해 앙글리칸 교회 제도의 문제점을 지적하였으며 이에 대한 성경적 대안으로서 장로교 정치 제도를 회복할 것을 주장하였다. 당시 동 대학 교수였던 존 위트기프트John Whitgift는 총장인 세실Cecil에게 편지를 써서 카트라이트의 신학에 문제점이 있다고 주장하였을 뿐만 아니라, 카트라이트가 명예 박사 학위를 수여받지 못하도록 조장하였다. 이후 출세주의자였던 존 위트기프트는 온갖 방법들을 동원하여 부총장직에 오르게 되었고, 본격적으로 카트라이트를 소환하여 그의 주장을 철회할 것을 명령하였다. 명령을 거부한 카트라이트는 그로 인하여 대학에서 파면을 당하게 되었고 대학과 그 관할 지역에서 설교할 수 있는 권한마저도 박탈당하였다. 결국 카트라이트는 1571년에 잉글랜드를 떠나 자신의 영적 고향인 제네바로[127] 가서 개혁주의와 장로교 제도의 원리를 수립하게 되었고, 다시 잉글랜드에 돌아와서 본격적으로 앙글리칸주의와 장로교주의의 논쟁의 주요인

1612), quoted in Wordsworth, *Ecclesiastical Biography* (1866), p. 12.
A. F. Scott Pearson, *Thomas Cartwright and Elizabethan Puritanism*, 1585-1603, p. 10.

126 그는 "사도행전 강좌"를 통하여 성공회의 교회 직제 및 계급 제도에 대한 문제점을 강하게 지적하였으며 이 강좌에는 수많은 학생들로 붐비게 되었다. 그는 성 메리 교회에서 정기적으로 설교를 담당하게 되었는데 그가 설교할 때마다 수많은 청중들이 몰려오는 바람에 부득이 창문을 뜯어내어야만 하는 진풍경이 연출될 정도였다. 이러한 그의 설교는 다음 주일 강단에 오른 앙글리칸주의 대변자였던 존 위트기프트(John Whitgift)에 의해 철저하게 반박되었다. J. Gregory, *Puritanism in the Old World and in the New From its Inception in the Reign of Elizabeth to the Establishment of the Puritan Theocracy in New England A Historical Handbook*, p. 68.

127 J. B. Mullinger in Dictionary of National Biography, 9:228; H. G. Alexander, *Religion in England 1558-1662, The London History Studies*, p. 67.

물이 되었다.[128]

이러한 논쟁은 카트라이트가 신학 교수로 활동할 당시 로마서 1장을 중심으로 다음과 같은 5가지 주장을 제기함으로 구체화되었다:

1) 영국 국교회는 목회자를 초빙하고 선택하거나 임명하는 과정이 상당히 불법적이며 비정상적이다.

2) 대주교(Archbishop)와 대집사(Archdeacon)라는 이름과 직분은 폐지되어야 하는데, 그 원인은 이러한 직분은 성경에 기초하고 있지 않기 때문이다.

3) 국교회의 합법적인 사역자들인 주교와 집사 직분과 기능은 사도 시대에 근거하여 축소되어야 하되, 주교는 하나님의 말씀을 선포하고 기도와 성례를 이끄는 사역을 감당해야 하며, 집사는 가난한 자들을 돌보는 사역을 해야 한다.

4) 목회자는 자유롭게 일하기보다는 일정한 양무리들을 맡아서 감당하는 사역을 해야 한다.

5) 국가는 권위를 가지고 교회가 공정하게 선택한 모든 사역자 후보생들과 주교들을 임명해야 한다.[129]

---

128 Peter Heylyn, *The History of the Presbyterians* (Oxford, 1670), p. 262.

129 John Strype, *Annals of the Reformation and Establishment of Religion and Other Various Occurrences in the Church of England During Queen Elizabeth' Reign* vol. 1, pt.11, 273, 379. Thomas Cartwright, *A Confutation of the Rhemist Translation, Glosses and Annotations on the New Testament, So Farre as They Containe Manifest Impieties, Heresies, Idoatries… and Other Evil* (Leyden: W. Brewster, 1618), p. 259-268.
J. Gregory 교수는 카트라이트의 강조점을 다음과 같이 6가지로 요약하였다: (1) That the names and functions of archbishps and archdeacons ought to abolished. (2) That the apostolic order and offices should be revived, namely, bishops and deacons; the former to preach and to

더욱이 카트라이트는 모든 청교도들이 강조한 바처럼, 세례 시 십자가 성호 사용, 세례 후원자대부, 종교 의식 준수, 성찬 시 무릎 꿇는 의식 등에 대하여 강력하게 반대하였다.[130]

1572년 존 필드John Field, Minister of Aldemary와 토마스 윌콕스Thomas Wilcox or Wilcocks가 의회에 대한 권고서인 "의회에 보내는 첫 번째 권고안"the First Admonition to the Parliament을 출간하게 되자, 앙글리칸주의와 장로교주의의 논쟁의 역사는 더욱 진전되었다.[131] 이 논문은 엘리자베스 여왕 당시 주교들의 횡포와 부패함의 심각성을 폭로하였으

---

conduct worship, the latter to attend to the ministration of the poor. (3) That the Church should be governed by its own ministers and presbyters, and not by bishops, chancellors, and nominees of archdeacons. (4) That each minister should have charge of a particular congregation, and not exercise supervision over others. (5) That no minister should put himself forward as a candidate for the ministry. (6) That ministers ought not to be created by the authority of the bishop, but to be openly and fairly chosen by the people. Ibid., 68. 본문에 대한 라틴 원본(the original Latin articles)은 다음 서적을 참조할 것. Strype's *Whitgift*, Append. ix. iii. 20. A. H. Drysdale, *History of the Presbyterian in England: Their Rise, Decline, and Revival*, p. 118.

130 Ibid., p. 69.
131 Leland H. Carlson, "Archbishop John Whitgift: His Supporters and Opponents", *Anglican and Episcopal History*, 56(3), 1987, p. 300. 당시 주교였던 Richard Bancroft는 "의회에 보내는 첫 권고서"의 편집자들을 Gilbey, Sampson, Lever, Field, Wilcox로 규정했다. 그러나 Neal에 의하면, John Field에 의해 문안이 작성되었고 이에 대한 협조는 Thomas Wilcox였다고 주장하였다. 이러한 주장은 Pearson 박사에 의해 더욱 강화되었는데, 그는 이 두 사람을 이 서신의 저자들로 이해하였다. 그러나 J.B. Black은 그의 저서를 통해 이 서신의 집필자는 다름 아닌 Thomas Cartwright였다고 주장하였다. 그렇다면 과연 누가 이 서신의 저자였을까? 일차적으로는 Cartwright가 당시에 제네바에 망명한 상태였기에 그를 저자로 보기에는 상당한 무리가 따른다. 또한 Field가 스스로 증언한 내용을 살펴볼 때, 아마도 Field가 문장을 작성하고 Wilcox가 이를 수정 증보하였다고 주장하는 Neal과 Pearson 박사의 주장이 상당히 유력하다. Field의 다음과 같은 주장을 살펴볼 때 이 글은 단독으로 된 것이라기보다는 함께 작성한 것으로 보인다. "This concerns me; the Scriptures of the Old and New Testaments use such vehemency, we have used gentle words too long, which have done no good; the wounds grow desperate, and wants a corrosive; It is no time to blanch or sew pillars under men's elbows, but God knows we meant to touch no man's person, but their places and abuses." Daniel Neal, *The History of the Puritans; or Protestant Nonconformists from the Reformation in 1517 to the Revolution in 1688*, I, p. 231.

며 감독주의적 계급 제도를 타파해야 함을 역설하였다.[132] 이 청원서에 제시된 내용은 23개의 논제로 구성되어 있다:

1) 과연 그리스도는 목회자들의 통치와 특권을 금하셨는가?

2) 사소한 것들에 대한 교회의 권위에 관하여

3) 목회자 선출에 관하여

4) 목회지가 없는 목회자들과 안수 받은 목회자들의 예전 집례에 관하여

5) 목회자의 거주지에 관하여

6) 설교할 수 없는 목회자와 설교 권한에 관하여

7) 목회자의 성복 문제에 관하여

8) 대주교(Archbishop)와 대감독(Metropolitan), 주교, 대집사 등에 관하여

9) 성례 예식서에 관하여

10) 휴일에 관하여

11) 가장 효과적인 설교에 관하여

12) 예전 집례 전 설교에 관하여

13) 성경 낭독에 관하여

14) 집사의 설교와 사역에 관하여

15) 성례에 관하여

16) 세례에 관하여

17) 상급자들과 장로들에 의한 정치에 관하여

18) 교회 훈령에 관하여

---

132 Thomas McCrie, *Annals of English Presbytery* (London: James Nisbet & Co., 1952), p. 98.

19) 집사들과 과부들에 관하여

20) 교회 문제에 대한 국가 행정관들의 권위에 관하여

21) 성례집 서명에 관하여

22) 대성당에 관하여

23) 교회 사람들에 대한 국가 직분자들에 관하여.[133]

이와 같이 상기한 청원서에서 다룬 내용은 다음과 같이 요약할 수 있다:

(a) 이 권고 안에는 개혁된 교회의 진정한 강령을 함축하고 있다: 목회자 선출 방식, 목회자의 다양한 의무들과 정치 형태, 성경에 기반을 둔 올바른 목회 사역과 정치 형태, 목회에 필요한 성경적 지식으로 목회자들을 훈련시키는 방식 등.

(b) 임지에 거주하지 않는 목회자들과 여러 임지를 맡은 일들에 대하여 강하게 거부한다.

(c) 의심할 여지없이 교황주의적 복장, 여자에 의한 세례, 해산한 이후 여인이 목회하는 일 등은 상당히 이상한 주장들이다.

(d) 성찬 시에 성체(wafer cake)를 사용하는 것을 반대한다.

(e) 공동기도서는 불완전한 기도서이며 교황청의 분뇨 더미에서 수집한 것에 불과하며 미사전서는 혐오함으로 가득한 책에 불과하다.[134]

---

133 Daniel Neal, *Neal's History of the Puritans or the Rise, Principles, and Sufferings of the Protestant Dissenters, to the Glorious Æra of the Revolution*, I: 160.

134 W. H. Frere, and C. E. Douglas, *Puritan Manifestoes: A Study of the Puritan Revolution* (London,

그 결과 존 필드와 토마스 윌콕스는 수감되었고 한동안 감옥 생활을 겪어야만 하였다. 이러한 상황 속에서 토마스 카트라이트는 그의 동료들인 윌리암 홀크William Fulke, 에드워드 데링Edward Deering, 토마스 레버Thomas Lever, 존 폭스John Fox 등의 권고와 설득을 통해 1572년 10월 2일 제네바에서 귀국한 이후, 전보다 더욱 대담하고 통렬한 경고서인 "의회에 보내는 두 번째 권고안"the Second Admonition to the Parliament을 의회를 향하여 선포하였다.[135] 훗날에 캔터베리 대주교가 된 리차드 뱅크로프트Richard Bancroft는 "의회에 보내는 두 번째 권고안"이 제출되자 당시 의회가 받았던 충격적 상황을 묘사하기를, "마치 하늘과 땅이 마주쳐서 터져 나온 엄청난 천둥과 번개처럼 놀라움을 금치 못할 정도였다"라고 술회하였다.[136]

Brighton and New York: Northumberland AVWC, E. S. Gorham, 1907), pp. 21-39.

135 "The Second Admonition to the Parliament"의 저자에 대한 다양한 견해들이 있다. Brook은 이 청원서의 저자는 다름 아닌 토마스 카트라이트임이 분명하다고 주장하였으나, Strype는 카트라이트를 부정하거나 인정하지 않지도 않고 불분명한 태도를 취하였다. 이에 반하여 Pearson 교수는 카트라이트는 이 청원서의 저자가 될 수 없다고 강하게 부정하였다. Knappen 교수 또한 이 청원서의 문장의 주인공이 카트라이트라기에는 너무도 조야하고 비지성적인 점을 들어 그를 저자로 보기에는 너무 무리가 된다고 지적하였다. 따라서 Dawley는 청교도적 장로교주의의 출발이 Surrey의 Wandsworth에서 1572년에 출발한 점을 들어서 이 시점에 노회에서 급하게 작성한 것이라고 주장하였다. 그러나 1572년 카트라이트는 당대의 청교도들이었던 Wyburn, Fulk, Deering, Lever, Fox 등에 의해 귀국을 요청받았다. 그는 귀국하여 Newgate에 수감 중이던 John Field와 Thomas Wilcox를 방문하여 함께 논의한 사실을 비추어 볼 때, 이 청원서 작성자는 카트라이트임이 분명하다. Isaac Walton, *The Works of Richard Hooker with the Account of His Life and Death*, I: 250, 295. A. F. Scott Pearson, *Thomas Cartwright and Elizabethan Puritanism, 1585-1603*, 54; John Strype, *The Life and Acts of Matthew Parker* (Oxford: Clarendon Press, 1820), II: 240; Benjamin Brook, *Memoir of the Life and Writings of Thomas Cartwright* (London: John Snow, 1845), p. 93; S. Clark, *Lives of Sunday Modern Divines, Famous in Their Generations for Learning and Piety, and Most of Them Great Sufferers in the Cause of Christ* (London: Samuel Clarke, n.d.), p. 18.

136 Richard Bancroft, *Dangerous Positions and Proceedings, Published and Practised within This Iland of Brytaine, Under Pretence of Reformation and for the Presbiteriall Discipline[SIC]* (London, 1593).

당시 엘리자베스 여왕은 캠브리지 대학교에 속한 트리니티 칼리지 부학장인 위트기프트로 하여금 카트라이트의 성명서에 대한 반박서를 국교회에 제출토록 하였으며, 이 글은 다음과 같은 제목으로 출간되었다: "John Whitgift, An Answere to a Certain Libel Intituled An Admonition to the Parliament"[sic] (November, 1572).[137]

그 이듬 해 카트라이트는 위트기프트의 반박서에 대한 답변서를 작성하여 다음과 같은 제목으로 출판하였다: "Thomas Cartwright, A Replye to an Answere Made of M[aster] Doctor Whitgift agaynst the Admonition to the Parliament"[sic] (1573).

이러한 상황 속에서 존 위트기프트는 카트라이트의 회답서에 대한 변호서 Defence를 출간하여 카트라이트를 반박하였다: "John Whitgift, The Defense of the Aunswere to the Admonition, Against the Replie of T. C[artwright][sic]"(1574).

2년이 경과된 후 카트라이트는 제 2차 회답서 A Second Reply를 다음과 같은 제목으로 위트기프트[138]에 보냈다: Thomas Cartwright, "The Second Replie of Thomas Cartwright: agaynst Maister Doctor

---

137 Whitgift는 출판에 앞서 당시 Canterbury 대주교 Parker와 London 대주교 Cooper 그리고 Ely 대주교 Pern을 통해 수정 작업을 거쳐 출판하였다. Daniel Neal, *Neal's History of the Puritans or the Rise, Principles, and Sufferings of the Protestant Dissenters, to the Glorious Æra of the Revolution*, I: 160-161.

138 Ibid., 161. 이 회답서는 2개 부문으로 구성되었다. 첫 부문의 명칭은 다음과 같다: "The Second Reply of T. C. against Dr. Whitgift's Second Answer Touching the Church Discipline... For Zion's sake I will not hold my tongue; for Jerusalem's sake I will not rest, till the righteousness thereof break forth as the light." 둘째 부문의 명칭은 다음과 같다: "The rest of the second reply of Thomas Cartwright, against master doctor Whitgift's answer, touching the church discipline"[sic]. Ibid., p. 166.

Whitgiftes Second Answer toughing the Churche Discipline", [sic] 1575.

2년 후 카트라이트는 '교회 훈육'에 관한 글을 통해 다시금 장로교 제도의 필요성을 역설하였다: Thomas Cartwright, "The Rest of the Second Replie of Thomas Cartwright [sic], against Master Doctor Whitgifts [sic], Second Ansvuer [sic], touching the Church Discipline, Basle: Thomas Guarinus"(1577).[139]

또한 월터 트라버스Walter Travers[140]는 "완전하고도 평이한 교회 훈육 선언"A Full and Plaine Declaration of Ecclesiastical Discipline 책자를 출간함으로써 앙글리칸 교회 제도와 청교도의 장로교 제도의 논쟁이 가속화되었다.[141]

이처럼 다양한 논쟁을 통하여 카트라이트를 중심으로 한 장로교 주의자들은 앙글리칸의 계급구조적인 교회 정치 체제를 거부하고 하나님 앞에서 사역자의 동등성the Parity of Ministers을 강조함으로써 한 사역자 위에 다른 사역자가 군림하거나 지배코자 하는 행위는 비성

---

139 Leland H. Carlson, "Archbishp John Whitgift: His Supporters and Opponents", p. 301.

140 Walter Travers(1548-1635)는 Thomas Cartwright와 함께 잉글랜드 장로교 제도의 가장 중추적인 인물이었다. 대부분 청교도 학자들은 카트라이트가 장로교 제도의 머리(head)에 해당한다면 트라버스는 목(neck)에 해당한다고 평가하였다. 그는 당대 앙글리칸 신학의 체계자로 알려진 Richard Hooker에 맞서 싸우면서 장로교 제도를 성경적으로 정착시키고자 노력하였다. C. F. Smith, *Dictionary of National Biography*, 57, p. 162; Thomas Fuller, *The Church History of Britain from the Birth of Christ Until the Year 1648*, (London: Printed for Thomas Tegg, 1842), III: 126.

141 원전인 "Disciplina Ecclesiastica"는 1574년 토마스 카트라이트에 의해 영어로 번역되어 출간되었다. 트라버스는 이 책을 통해 교회 정치 제도 가운데 장로교주의가 가장 성경적인 권위를 지닌 체제임을 주장하였다. Victo R. Atta-Baffoe, *A Study of Richard Hooker's Theology of Participation and the Principle of Anglican Ecclesiology*, (M.A. Thesis, Yale University, USA, 1993), p. 10; Heylyn, Peter, *The History of the Presbyterians* (Oxford, 1610), p. 277.

경적이라고 주장하였다. 또한 장로교주의자들은 당시 잉글랜드의 정교일치Church-State 체제를 거부하고 교회 사역자들과 국가 통치자들을 분리하는 것이 보다 성경적이며, 이는 가장 이상적인 국가와 교회의 정치 체제임을 강조하였다.[142] 또한 담임 목회자는 상부 기관에서 일방적으로 임명해선 안 되고 오직 개 교회의 교회 회중들이 목회자들을 천거하여 선출하는 것이 가장 성경적임을 주장하였다. 이에 대한 증거로 신약 시대에도 목회자들을 선출할 시에 온 교회 회중들이 함께 선출하였음을 사도행전 6장을 근거로 제시하였다.[143]

1571년을 기점으로 시작된 장로교주의자들의 '성경강해집회'Prophesyings 는 장로교주의가 잉글랜드에 정착하는데 큰 역할을 감당하였다.[144] 그 결과 1572년은 잉글랜드 장로교 역사에 있어서 기억될 만한 위대한 해가 되었다. 이 해는 성 바돌로매 축제일을 기점으로 로마 가톨릭 신자들이 프랑스의 위그노들을 대량 학살한 엄청난 살육이 자행된 역사적인 해이지만, 스코틀랜드의 장로교 제도의 효시가 된 존 녹스John Knox가 서거한 해였으며, 드디어 잉글랜드 원즈워즈Wandsworth 에 최초 장로교 교회가 설립된 장로교주의 교회 역사 가운데 매우 뜻 깊은 해였다.

풀러Fuller와 니일Neal 교수에 의하면, 당시 원즈워즈 지역의 장로교

142　Thomas Cartwright, *The Second Replie of Thomas Cartwright: agaynst Maister Doctor Whitgiftes Second Answer toughing the Churche Discipline*, (Zurich, 1575), pp. 404-407.

143　행 6:1-6에 보면, 열두 사도들이 당시 지역 사회에 봉사하는 일로 인하여 하나님 말씀 증거하는 일에 소홀해지자, 7 집사를 선출하되 모든 회중들을 불러 모아 놓고 일곱 사람을 선출하고 이들을 안수하여 임명하였다.

144　Ferd, *History of England*, p. 440, cited in Agha Uka Agha, Puritan Presbyterian Polity in Elizabethan England (Drew University Ph.D. Dissertation, Unpublished, 1985), p. 196.

회는 15명의 목사들과 11명의 장로들로 구성된 노회Presbytery 의 출발을 보였다. 아마도 이들은 한 교회에 속한 자들이 아닌 여러 교회에서 비밀리에 구성된 단체로 보인다.[145] 1576년에는 잉글랜드 해협에 위치하고 있는 저지Jersey 와 권지Guernsey 에 회집된 장로교 목회자들은 장로교주의적 예배 의식과 교회 정치의 문서를 작성하기에 이르렀다.[146] 1582년 당시 잉글랜드 장로교 교회는 카트라이트를 포함한 60여 명의 목회자들로 구성되었으며, 1586-87년에는 잉글랜드 최초의 총회the First National Synod가 개최되어 보다 체계적인 장로교주의 제도를 갖추게 되었다. 1590년 총회Assembly 가 회집될 당시에는 약 500명의 목사들이 형성될 정도로 매우 거대한 조직으로 성장하였다. 그러나 보다 완벽한 정치 조직을 형성한 장로교주의는 노우스앰턴쉐어Northamptonshire에 세워진 장로교 교회들이었다.[147]

장로교주의자들은 앞서 지적한 '성경 집회'를 통하여 앵글리칸적 예배 행위와 신학 사상의 문제점을 더욱 강도 높게 지적하였으며, 장로교주의적 예배와 성경 주해를 강조하였다. 이러한 정황 속에서 엘

---

145 Daniel Neal, *The History of the Puritans; or Protestant Nonconformists from the Reformation in 1517 to the Revolution in 1688*, 4 Vols. London: Printed for William Baynes and Son, 1822), I: 306.

146 A. H. Drysdale, History of the Presbyterians in England - Their Rise, Declines and Revival (London: Publication Committee of the Presbyterian Church of England, 1889), p. 164.

147 청교도 신학자이자 이곳 출신이었던 토마스 풀러(Thomas Fuller)는 다음과 같이 기록하였다: "로템톤 쉐어에서 열렸던 장로교 노회는 잉글랜드 다른 어느 곳보다도 가장 정식적으로 그 자리를 잡았다. 그 주의 서쪽 부분이 영국에서 가장 높은 곳으로 추측되며, 거기에서 솟아나는 강물이 네 방향으로 흘러 내려가는 지리적인 요건들이 보여 주고 있는 것 모양으로 그 주는 잉글랜드의 최고 중심 지역답게 왕국의 모든 부분에 그 자신을 퍼뜨리게 하기 위해 거기에 세워진, 장로교적 성도양육을 위해서는 이상적인 지역이었다." James Heron, A Short History of Puritanism (Edinburgh : T&T Clark, 1908), p. 125.

리자베스 여왕은 캔터베리 대주교를 동원하여 장로교주의자들의 성경 집회를 금지하고 이를 철저하게 막도록 지시하였다. 이와 같은 정황 속에서도 수많은 장로교 목회자들은 자신들의 사역을 강행하다가 감옥에 투옥되었고 강렬한 고문을 받게 되었으며, 소유한 모든 재산마저 빼앗기는 참혹한 박해를 당하게 되었다.

특히 엘리자베스 여왕 재위 후기 시기에 앙글리칸의 대변자였던 위트기프트는 1583년에 대주교가 되자마자 1583-1593년에 걸쳐 장로교 목회자들에게 본격적으로 박해를 가하였다.[148] 장로교 목회자들은 대중 설교권을 박탈당하게 되자, 당대의 유력한 중상류층 집안에 들어가 그들 자녀들을 중심으로 가르치며 교육하면서 장로교 제도를 이끌어 갔다. 1588년에는 청교도 장로교주의자이자 케임브리지 대학의 당시 최고의 석학이었던 존 유달John Udall은 익명의 신분으로 『디오트레페스』Diotrephes라는 책자를 통해 당대 앙글리칸의 고위 성직자들의 정치에 대하여 날카롭게 비판하였으며, 『그리스도께서 그의 말씀 속에서 지시하신 훈육의 진리에 대한 논증』A Demonstration of the Truth of the Discipline which Christ hath Prescribed in His Word이라는 작품을 익명으로 출간하였다. 이 책자의 저자로 지목된 존 유달은 비록 묵비권을 행사하였지만 반역죄로 체포되어 1591년 사형 언도가 내려졌고, 사형당하기 바로 직전 마샬해Marshalsea Prison 감옥에서 죽었다. 그

---

148 Peter Heylyn, *The History of the Presbyterians* (Oxford, 1670), pp. 262, 275, 283; John Strype, *Annals of the Reformation and Establishment of Religion and Other Various Occurrences in the Church of England During Queen Elizabeth' Reign*, II: 2, 113; Thomas Price, *The History of the Protestant Nonconformity in England -from the Reformation under Henry VIII* (London: W. Ball, 1838), I: 279.

밖에 많은 장로교주의자들이 사형에 처해지거나 국외 추방령을 받게 되었다.

엘리자베스 여왕 당시 상당한 진전을 이룩하였던 잉글랜드 장로교주의는 소위 "마틴 마프릴레이트"Martin Marprelate 사건(1588-1590)을 기점으로 서서히 약화되기 시작하였다. 마틴 마프릴레이트라는 팜플릿은 당시 앵글리칸 감독 제도의 오류와 문제점들을 매우 투박하고도 거친 표현으로 통렬하게 지적하였다.[149] 이 팜플릿은 지방 귀족의 저택들 가운데 배포되어 상당한 영역에까지 퍼지게 되었다. 비록 이 글에 대한 저자가 누구인지 분명하게 밝혀지지 않았지만, 당시 저자로 추정되었던 펜리Pemry or Penrie는 나중에 체포되어 죄의 여부를 추궁 당하였으며, 위트기프트가 사형 영장에 서명함으로써 사형을 당하게 되었다. 이 사건을 계기로 수많은 청교도 장로교주의자들은 고문실에서 저녁 6시부터 아침 7시까지 극렬한 고문을 당하게 되었다. 앵글리칸 교회는 장로교주의 청교도들이 이 팜플릿을 주동하였을 것으로 여기고, 모든 장로교주의 목회자들에게 엄청난 박해를 가했다.[150] 그리고 위트기프트에 의해 만들어진 국교도Conformists임을 확인하는 문서에 서명하지 않은 자들Nonconformists은 엄청난 고문과 가혹한 굶주림에 시달려야만 하였으며, 그 결과 국가로부터 봉급을

149　Peter Heylyn, *The History of the Presbyterians*, p. 279.
150　여러 청교도 학자들은 장로교주의자들이 이 팜플릿의 공모자가 아니라 당시 분리주의자들(Separatists)이었거나 혹은 당시 제수이트(Jesuits)들이었을 것이라고 추측하고 있다. John Buxton Marsden, *The History of the Early Puritans - from Reformation to the opening of the Civil War in 1642*, 2nd ed. (London: Hamilton, Adam & Co., 1843), p. 204; Daniel Neal, *The History of the Puritans; or Protestant Nonconformists from the Reformation in 1517 to the Revolution in 1688*, I: 401.

받아왔던 성직자들 가운데 1/3은 이 문서에 서명함으로써 엘리자베스 여왕 당시 장로교주의 제도가 더 이상 성장하지 못하고 후퇴하는 결과를 가져오게 되었다.

IV. 결론

잉글랜드 장로교주의 운동은 당시 로마 가톨릭과 앙글리칸 교회들의 미온적이고도 준개혁적인 신학 사상과 기존의 예배 형식에 대한 청교도들의 강한 거부에서 출발하였다. 이러한 현상은 이미 헨리 8세 당시 청교도의 효시로 활동하였던 윌리암 틴데일에서 찾아 볼 수 있으며, 존 후퍼, 토마스 크랜머, 리콜라스 리들리 등을 위시하여 튜더 왕조 말기 엘리자베스 1세 시대에 매우 활발하게 진행되었고, 이러한 장로교 운동은 영국을 위시하여 미국과 전 세계 교회에 장로교 제도를 마련하는 계기가 되었다.

그러나 잉글랜드 장로교 제도의 근본적인 출발점은 영국 역사 이전 신구약 성경 특히 모세 오경에서 그 출원적 배경을 찾아야 할 것이다. 그리고 이 제도는 초대 교회 당시의 로마 사제였던 어거스틴과 성. 패트릭 선교사를 거쳐서 중세의 피터 왈도와 위클리프와 후스를 통해 전수되었다. 이러한 시대적 배경 속에서 발생한 종교개혁은 존 칼빈의 장로교주의 사상으로 발전되었고, 이 사상은 칼빈과 그의 개혁주의적 신학 사상과 맥을 같이하던 동료들에게 영향을 받은 청교도들을 통하여 잉글랜드에 뿌리를 내리게 되었다.

특히 청교도의 효시로 일컬어지고 있는 틴데일은 그의 저서 『고위 성직자들의 실천』을 통해 당대 교회 직제였던 대주교, 대집사, 수석

사제, 참사원 등의 용어 대신 신구약 성경에 입각하여 "Prosbyters와 Decons"으로 이를 대신하여 사용할 것을 주장하였다. 이러한 잉글랜드 장로교주의는 카트라이트의 사도행전 강의를 통하여 앙글리칸 교회 정치의 문제점을 지적하며 대안으로서 장로교 정치 제도를 회복할 것을 제의함으로써 더욱 활기를 띠게 되었다. 즉 기존 전통적인 제도인 대주교, 대감독, 대집사 직분을 폐지하고 목사, 교수교사, 장로, 집사 제도를 신설할 것을 주장하였다.

이상에서 살핀 바와 같이, 비록 당대 토마스 베콘Thomas Becon은 교회의 두 직분론 즉 주교들 혹은 장로들Bishops or Presbyters과 집사Deacons로 구분함으로써 장로교적 제도를 상기시켜주었지만, 잉글랜드 장로교주의에 대한 실제적인 표현과 주장에 대한 보다 명확한 스케치를 이룬 인물은 다름 아닌 토마스 카트라이트였다.[151] 덕데일Dugdale이 지적한 바처럼, 카트라이트는 위대한 당대 학자였을 뿐만 아니라, 잉글랜드 장로교주의 교회 역사 가운데 가장 중요한 첫 번째 사람이었으며, 잉글랜드 장로교주의의 영웅이었다.[152]

카트라이트를 통해 정착된 장로교 제도는 왈터 트라버스Walter

---

151 John Hunt, *Religious Thought in England* (London: Strahan & Co. Publishers, 1870), vol. I, p. 49. Dr. Graham과 Hulbert는 "토마스 카트라이트야말로 잉글랜드 장로교주의를 수립한 사상가이자 극작가이며 많은 고난을 당한 자였다"고 주장하였으며, Hulbert는 Briggs 교수의 말을 인용하여 이르길, "토마스 카트라이트는 잉글랜드 장로교주의의 최고의 영웅이며 청교도주의의 기초를 제공한 자이며, 현대 장로교 제도에 이르기까지 장로교 제도의 거대한 구조를 깊고도 넓게 건립한 자로서, 오늘날 영국을 위시하여 미국의 장로교 제도는 아직까지 그의 장로교 원리에 근거하고 있다"고 하였다. Eri B. Hulbert, *The English Reformation and Puritanism*, (Chicago: The University of Chicago Press, 1908), pp. 196-197.

152 Dugdale, Warwick, I: 443, cited in Agha Uka Agha, Puritan Presbyterian Polity in Elizabethan England (Drew University Ph. D. Dissertation, Unpublished, 1985), p. 307.

Travers가 제 2대 장로교주의 지도자로 급부상하면서 더욱 발전되었다. 그는 카트라이트가 제네바에 거주할 당시 그곳에 망명하여 그와 칼빈의 제자인 베자Beza 함께 장로교 제도를 구상하였다. 그는 『교회 훈육서』를 저술하여 청교도 장로교주의의 교회 훈육의 초석을 이룩하도록 하였다. 이렇게 발전한 잉글랜드 장로교주의는 트라버스와 앙글리칸 신학의 완성자로 일컬어지는 리차드 후커Richard Hooker와의 논쟁을 통해 더욱 급진전되었으나, 결국 엘리자베스 여왕 당대의 장로교주의는 마틴 마프릴레이트 사건을 기점으로 서서히 종식을 고하게 되었으며, 나중에 장로교주의는 찰스 1세 당시에 의회를 석권한 청교도 장로교주의자들의 활동으로 청교도 혁명의 주된 사상적 역할을 감당하게 되었다.

보헤미안-모라비안형제단을 위시하여 스위스 바질의 외콜람파디우스, 스트라스부르크의 마틴 부처, 제네바의 존 칼빈, 스코틀랜드의 존 녹스, 그리고 잉글랜드의 토마스 카트라이트 등을 통해 형성된 장로교회의 신조들은 철저하게 칼빈주의 신학 사상에 입각하여 작성되었다: 화란의 벨직신앙고백서(The Belgic Confession of Faith, 1561), 독일의 하이델베르크 요리문답서(The Heidelberg Catechism, 1563), 스위스의 제 2 헬베틱 신앙고백서(The Second Helvetic Confession, 1566), 화란의 도르트신경(The Canon of Dort, 1619), 영국의 웨스트민스터 표준문서(The Westminster Standard Documents, 1648). 이러한 신앙고백서와 요리 문답은 모두 칼빈주의에 입각한 신학이자 신앙고백문들이며, 칼빈의 『기독교강요(1536년)』를 토대로 형성된 것이다. 결론적으로, 장로교회는 오직 정통 칼빈주의 신학 사상과 신앙고백에 입각하여 형성된 교파이며 특히 장로교의 대신앙고백인 영국의 Westminster Confession에 근거하여 이루어진 쾌거이다.

앞서 고찰한 바와 같이, 개혁주의는 장로교주의와 칼빈주의와 동의어이며, 복음주의와 신복음주의와 구별된 오직 성경적 원리에 충실한 신학 체계이자 사상 체계이다.

제2부
개혁주의 역사적 발전 과정

초대 교회 시대 – 개혁주의 정초기

Early Christian Church Fathers
출처: https://en.wikipedia.org/wiki/Augustine_of_Hippo_bibliography

　신약적 교회는 예수 그리스도께서 이 땅 위에 도성인신하신 이후 모든 사역을 마치시고 부활 승천하시고 마가의 다락방에 모인 주의 백성들을 중심으로 시작되었다. 그 후 예루살렘 교회를 비롯하여 이방인들이 활동하던 곳에 바울을 중심으로 그리스도의 몸된 교회들이 세워짐으로써 전 세계에 교회의 탄생을 알리게 되었다. 바울의 복음 선교 사역을 통해 형성된 고대 로마의 보편적 교회 Catholic Church

는 사도들을 통해 복음 전도와 사역적 훈련을 받은 속사도들[153] 그리고 로마의 치하에 수많은 종교적 박해를 받아왔던 로마의 그리스도인들을 위해 신앙적 변증을 제공하였던 저스틴 마터 Justin Martyr와 그의 제자인 타티안 Tartian 등의 변증가들, 그리고 다양한 초대 교부들[154]을 통해 신학 및 신앙적 유산이 전수되었다. 초대 교부들의 신학적 유산은 개혁주의 신학의 효시로 알려진 어거스틴 Augustinus의 신학적 정립을 통해 시작되었으며, 그는 다양한 작품들을 통하여 가장 성경적이고도 개혁주의적인 신학의 기초를 수립하였다. 결국 어거스틴의 신학은 개혁주의 신학의 확립자였던 존 칼빈에게 직접적인 영향을 미치게 되었고, 이를 통해 칼빈주의 신학의 기틀이 마련되었다.[155]

1. 어거스틴 Aurelius Augustinus, 354-430 - 개혁주의 신학의 아버지[156]

현대 신학자들이 지칭하는 "은총의 박사" Doctor gratiae 어거스틴은 사도들과 속사도들과 변증가들의 신학 사상을 계승하여 성경적인

---

153 속사도는 AD 100년부터 2세기 전반부에 사도들과 직접 접촉했던 자들로서, 사도 시대 이후 최초의 기독교 저술가들(준사도, 사도적 교부들)을 지칭한다.

154 교부(Fathers)들은 전기 교부 시대와 후기 교부 시대로 나누이며, 전기는 2세기 후반에 활동했던 소아시아 학파와 알렉산드리아 학파, 그리고 라틴 학파로 구분된다. 또한 후기는 325년 니케아 공의회를 시점으로 451년 칼케톤 공의회까지 활동했던 인물들로 구성된다.

155 C. Gregg Singer, *John Calvin, His Roots and Fruits* (America: Greenville, 1989), vii. "The main features of Calvin's theology are found in the writings of St. Augustine to such an extent that many theologians regard Calvinism as a more fully developed form of Augustinianism in the Biblical pattern."

156 C. Gregg Singer는 개혁주의 신학의 확립자인 칼빈에 눈에 초대 교회 교부들 가운데 가장 성경적인 신학을 형성하였던 어거스틴에 의해 매우 큰 영향을 받아 개혁주의 신학을 확립하게 되었다고 지적하였다. C. Gregg Singer, *John Calvin, His Roots and Fruits*, 7.

교회 공동체를 세우기 위해 헌신하였던 개혁주의 신학의 요체가 되었다. 그는 개혁주의 신학의 아버지가 되었을 뿐만 아니라 순수 역사 철학의 시조로서 추앙받는 인물이 되었다. 비록 고대 교부들이 많이 등장하여 성경을 체계화하는 작업을 시도하였지만, 당시 헬라 철학 사상과 시대사조의 영향으로 매우 불안전한 신학을  추구한 사실에 반하여, 어거스틴은 성경에 기초한 개혁주의 신학의 초석을 놓은 위대한 신학자였다. 다니엘 윌리엄스^{Daniel Williams}는 어거스틴이 후대 역사 철학과 서양 철학에 미친 영향을 다음과 같이 묘사하였다: "서양 신학사는 어거스틴에 대한 계속적인 각주밖에는 되지 않는다."[157]

1) 어거스틴의 초기 생애

어거스틴은 354년 11월 13일 북아프리카의 로마령인 누미디아^{Numidia}의 타가스테^{Tagaste}에서 태어났다. 그의 아버지 파트리시우스^{Patricius}는 이교도였으나, 어머니 모니카^{Monica}는 독실한 기독교인이었다. 어머니는 어거스틴을 신앙적으로 아들을 키우기 위해 인근에 위치한 '마다우다'라는 도시에 보내어 교육을 시켰고 그 후, 371년에

---

157 어거스틴, 『성어거스틴의 고백록』, 선한용 역 (서울: 대한기독교서회, 2003), 역자 서문; 김영진, 『아우구스티누스의 두 지평: 이성과 의지와 조화』 (서울: 한들출판사, 2018), 5.

그를 카르타고에 보내어 더욱 학문을 하도록 하였다. 그는 이곳에서 수사학을 비롯한 많은 학문의 과정을 거치게 되었다. 이를 통해 변호사나 수사학자 또는 국가 관료로서 활동할 수 있었는데, 아버지의 급작스런 죽음으로 인하여 고향에 돌아와 수사학 선생으로 활동하였다. 그러나 어거스틴은 당대 풍습에 따라 첩을 곁에 두고 살아가는 매우 방탕한 삶을 영위하면서 18세에 아데오다투스Adeodatus라는 여인과 사생아를 낳아서 17년 동안 키웠지만, 아들의 돌연사로 인하여 매우 낙망하게 되었다. 그는 이곳에서 머물면서 키케로Marcus. T. Cicero의 호르텐시우스Hortensius 작품을 정독하고 철학에 매료되었다.[158] 이 작품은 그로 하여금 방탕에서 벗어나 학문과 진리를 추구하는 계기를 마련해 주었다: "오 진리여, 진리여, 그 시간 이후로 내가 얼마나 불타는 마음으로 그대를 사모했던가!"[159] 어거스틴은 이 작품을 통해 학문의 세계의 시야가 열렸지만, 정작 성경 안에서 진리를 찾지 못하고 오히려 이 작품은 그가 진리를 찾아 방황하는 계기가 되었고 성경적 진리의 걸림돌이 되었다.

그는 수사학적인 논리 관점에서 성경보다는 마니교Manichaeanism[160]를 더 선호하게 되어 이곳에서 9년 동안 수학하였다. 당시 매우 흥기하였던 마니교가 어거스틴의 관심을 끌게 된 계기는 이 종교의 독특한

158　성 어거스틴, 『성 어거스틴의 고백록』 선한용 역 (서울: 대한기독교서회, 1990), III권 4장.
159　벵크 헤그룬투, 『신학사』 박희석 역 (성광문화사, 1989), 155.
160　마니교는 페르시아 출신의 마니(Mani)에 의해 3세기에 시작되었으며, 그는 "예수 그리스도의 사도"라고 불렸다. 이들의 사상은 모든 세계를 이원론(Dualism)으로 규정하였으며, 하나님과 악, 하나님과 세상 등으로 이해하였고, 고대 교회 당시 영지주의(Gnocism)적 색채가 농후한 이교 집단이다. 피터 브라운, 『어거스틴의 생애와 사상』 (서울: 한국장로교출판사, 1992), 57.

이원론적인 체계가 악의 문제에 대하여 매우 논리적이라고 생각하였으며, 이성을 중시하여 모든 사물을 객관적인 시각으로 관찰하고 있다고 여겼기 때문이었다. 그러나 마니교의 원리는 어거스틴의 학문의 열정을 다 소화해내지 못하였다. 이들의 사상에 만족하지 못한 정황 속에서 어거스틴은 마니교 선생인 파우스트Faustus 감독과 질의 문답 과정 속에서 크게 실망하던 중, 29세가 되던 해에 로마에 와서 수사학 교사로 활동하였으나 학생들이 밀린 수업료를 제대로 지불하지 않자, 화가나서 이곳을 떠나 밀라노Milano의 수사학 교사에 선발되어 384년 이탈리아 밀란으로 이주하였다.[161] 그가 이곳에 오게 된 것은 당시 로마 장관인 심마쿠스Symmachus의 도움과 그의 마니교 친구들의 도움의 손길을 통해서였다.[162]

그는 이곳에 머물면서 기독교 신학의 대가였던 암브로시우스Ambrosius의 설교를 주기적으로 듣게 되었고, 기독교 신앙을 수용하고 성경에 몰두하게 되었다. 그는 암브로시우스의 알레고리적, 모형론적 구약 해석 방법을 통해 새로운 눈이 열리게 되었고, 비물질적인 실체라는 사상 즉 비공간적이며 만질 수 없는 존재 양식으로서 하나님과 영혼들에게 적합한 존재 방식 사상을 듣고 이를 혁명적인 사유 관념으로 받아들이게 되었다.[163] 특히 그를 통해 요한복음에서 기독

---

161 어거스틴은 파우스트 감독에게 일식과 월식 등 천문학과 마니교의 상관성에 대해 질문하였으나 명쾌한 답을 얻지 못하였다: "만나서 이야기를 해 보니 말솜씨가 구수하여 퍽 마음에 드는 사람이었다. 그러나 그의 말의 내용에 있어서는 다른 마니교들이 말한 것과 별다름이 없었고 다만 그들보다 말은 더 잘하고 재미있게 한다는 것 뿐이었다." 어거스틴, 『성 어거스틴의 고백록』, V권 3장.
162 월리스턴 워커, 『기독교회사』, 송인설 역 (서울: 크리스챤 다이제스트, 1993), 228.
163 월리스턴 워커, 『기독교회사』, 229.

교와 플라톤 사상의 차이점을 발견하고 그리스도의 성육신과 십자가의 신비를 알게 되었다. 또한 당시 밀라노에서 신플라톤주의로 명성을 떨치던 빅토리누스Victorinus가 기독교로 개종하게 되자, 그에게 상당히 의지하였던 어거스틴은 큰 감동을 받게 되었고, 수도사 안토니우스의 전기를 읽으면서 신앙에 대한 큰 충격을 받게 되었다. 그는 갑작스럽게 솟아오르는 감정을 주체하지 못하게 되자 그가 살고 있던 밀라노 하숙집 정원의 한 무화과 나무 아래 엎드려 하나님께 눈물의 참회 기도를 드렸다:

> 오 주여 어느 때까지 입니까? 오, 주여, 어느 때까지 입니까? 당신께서 영원히 노하시려 하십니까? 나의 이전의 죄악을 기억하지 마소서. 언제까지입니까? 언제까지입니까? 내일입니까? 내일입니까? 왜 지금은 아닙니까? 왜 이 순간에 나의 불결함이 끝나지 않습니까?

어거스틴이 이처럼 통회의 눈물을 흘리고 있던 순간 이웃집에서 어린 아이들의 노랫소리가 들렸다. 이들은 말하길, "들고 읽어라! 들고 읽어라!Tolle Lege, Tolle Lege, Take up and Read라고 하였다. 그는 다시 알리피우스에게 다가가 성경을 펴게 되었는데, 그의 눈에 들어온 성구는 롬 13:13-14 "방탕과 술 취하지 말며, 음란과 호색하지 말며, 쟁투와 시기하지 말고, 오직 주 예수 그리스도로 옷 입고 정욕을 위하여 육신의 일을 도모하지 말라"라는 말씀이었다. 그는 이 말씀을 대하는 순간 그의 의심의 구름이 걷히고 밝은 진리의 태양이 그의 마음속에 가득차는 회심을 경험하게 되었다. 그는 곧바로 밀라노의 암브로시우스 감독에게 찾아가 세례를 받고 정식 기독교인이 되었다.

그의 어머니 모니카는 곧 바로 세상을 떠나게 되었고 고향으로 돌아가 모든 재산을 가난한 자들에게 나눠주고 391년 히포Hippo를 방문하게 되었는데 여기에서 발레리우스 감독을 통해 사제로 안수를 받았으며, 수도원을 세워서 연구에 매진하게 되었다. 그는 이곳에서 발레리우스 감독이 사망하자, 그 뒤를 이어서 힙포의 감독이 되어 개혁주의 신학의 기초를 놓는 위대한 사역을 감당하다가 430년 8월 28일에 아브라함의 품에 안기게 되었다.

2) 어거스틴의 신학 사상

(1) 삼위일체론

어거스틴은 약 20년에 걸쳐 완성한 작품집 "삼위일체에 관하여"De Trinitate를 통해 당대에 이르기까지 삼위 하나님에 관한 다양하고도 왜곡된 주장들에 대한 견해를 바로 잡고 진정한 삼위에 대한 위상을 정립하였다. 즉, 이성에 근거한 삼위에 대한 주장들, 형체에 대한 이해를 정신적 실재에 적용하여 삼위를 설명하려고 하는 주장들, 하나님의 존재성을 인간의 영혼과 같은 개념으로 논증하려는 시도들에 대하여 다음과 같이 비판하였다.

> 거룩한 신구약 성경의 전통적 해석가들이며 삼위일체 하나님에 대해서 쓴 선배들이 있었다. 그 중에서 내가 그들을 읽을 수 있었던 사람들이 목적으로 삼은 것은 한 가지였다. 즉, 성경에 따라 성부와 성자와 성령은 동일한 본질의 통일을 이루며, 나눌 수 없는 동등성을 이룬다는

것을 가르치려고 했다. 그러므로 세 하나님이 계신 것이 아니라 한 하나님이시며, 성부가 성자를 낳으셨으므로 성부는 성자가 아니시며, 성자는 성부에게서 났으므로 성자는 성부가 아니시며, 성령은 성부나 성자가 아니라 성부와 성자의 영에 불과하며 성부 및 성자와 동등하며 삼위일체의 통일성에 속한다. … 그러나 성부와 성자와 성령은 분리할 수 없으며, 분리되지 않은 채 역사하신다. 이것이 정통 신앙이므로 또한 나의 신앙이다.[164]

그는 성부와 성자는 분리할 수 없는 한 동일본질homoousios, Consubstantial, the Same Substance or Essence을 가지며, 분리되지 않은 채 역사하시고,[165] 영원성eadem aeternitas과 불변성eadem incommutabilitas과 동일권능eadem potestas을 소유하신 불가시적Invisible이며 유일한 지혜Only Wise를 소유하신 분으로 묘사하였다.[166] 그는 아리우스의 성자의 성부종속설과 사벨리우스의 성부고난설, 역동적 단일신론과 양태론 등을 비판하며 성경적인 삼위일체론을 제시하였다.

그는 성부는 성자나 성령이 아니며, 성자는 성부나 성령이 아니며, 성령은 성부나 성자가 아니라고 논증함으로써, 하나님 위격의 독특성을 지적함[167]과 동시에 성부 안에서의 일체성을 강조하였다. 즉, 그

---

164 성 아우구스티누스, 『삼위일체론』, 김종흡 역 (서울: 크리스챤 다이제스트, 1993), 29.
165 Augustinus, *De Trinitate*, 1,2,4.
166 Augustinus, *De Trinitate*, 2,17,32.
167 힐라리우스(Hilarius)를 위시한 서방 신학자들은 성부와 성자와 성령의 동일본질을 설명함에 있어서, "실체"를 강조하기 위해 "una substantia"라는 용어를 선호함에 반하여, 어거스틴은 "essentia"라는 용어를 활용함으로써, 각각의 세 위격이 완전하게 독립된 실체로 표현할 때 나타

는 삼위의 동등성과 불변성, 개별성, 관계성을 가지신 삼위일체 하나님을 설명하고자 노력하였다.[168]

성부는 성자를 낳으셨기 때문에 낳은 자Genitor가 되시며, 성자는 나신 자Genetus라고 지칭하였으며, 성자와 성령은 성부로부터 보내심을 받은 자들이며 성부는 보내심을 받은 적이 없다.[169] 삼위일체에게는 우연accidenti이 존재할 수 없고 "변하지 않는 본체"incommutabilis substantia를 지니고 계신 분이다.[170] 또한 성부와 성자와 성령 모두 천지만물을 창조하신 창조주이시며, 한 하나님으로서 만물을 지으신 분이시다.[171] 그는 성자께서는 "아버지의 지혜the Wisdom of God이자, 아버지의 능력The Power of God"이 되시며 "아버지의 말씀The Word of God, Verbum Dei"이 되신다.[172] 그러나 성자의 말씀되심은 인간의 말과는 질적으로 다르며, 인간의 말은 잘못된 주장과 오해에 근거할 수 있지만, 성자의 말씀은 오류나 왜곡이 없는 지혜의 본질 그 자체로서의 말씀이다.[173] 성자는 성부와 함께 유일하신 참 하나님이시며 성부와 동일본질로서 성부로부터 보내심을 받고 성령으로 말미암아 잉태되었으며 도성인신 이후에도 여전히 참 하나님의 형체Forma Dei이자 종

나는 약점을 극복하고, 각 위격이 하나님이 가지는 속성들과 일치하는 완전한 본질을 가진 동등하고 동일한 하나님이심을 논증하기 위해 사용하였다. Augustinus, *De Trinitate*, 7,5,10.

168　Augustinus, *De Trinitate*, 5,2,3.
169　Augustinus, *De Trinitate*, 5,14,15; 7,1,1-2; 1,13,29.
170　Augustinus, *De Trinitate*, 5,2,3; 2,5,8; 3,3,4.
171　Augustinus, *De Trinitate*, 5,13,14.
172　Augustinus, *De Trinitate*, 7,1,1-2.
173　Augustinus, *De Trinitate*, 2,5,8.

의 형체Forma Serv를 가지셨다고 주장하였다.[174] 그는 성령 또한 성부와 성자와 함께 동등하며,[175] 성령은 나시지 않고 나오시는 분으로서 보혜사로 보냄을 받은 분이시고,[176] 우리 안에 내주하시며 우리 기업의 보증이 되시고 성부와 성자의 영으로서 그의 백성들의 성령이 되시는 분이시다.[177] 어거스틴은 성령을 성자로부터 발현filioque되신 신적 은사 또는 선물donum Dei이자 사랑caritas으로 이해하였다.[178]

(2) 교회론 및 성례론 - 도나투스파와의 논쟁

힙포의 감독이 된 어거스틴은 이곳을 가장 성경적인 신학 기초에 입각하여 하나님의 공동체를 만들고자 하였다. 그러나 복병으로 등장한 이단은 다름 아닌 도나투스파였다.[179] 이는 당시 카르타고 감독이었던 대도나투스Donatus the Great, 332년 사망를 통해 시작되었다. 당시 디오클레티안Diocletian 황제는 기독교 박해를 목적으로 성경 사본을 로마 당국인 이교도들에게 바치도록 요구하였다. 당시 교회는 이 요구에 부응하여 성경을 내어 줄 수 있는가에 대한 논쟁이 발생하게 되었는데, 강경파 대변자였던 도나투스는 성경을 주는 행위를 배교행

---

174 Augustinus, *De Trinitate*, 1,6,9; 1,12,27.
175 Augustinus, *De Trinitate*, 4,2,3.
176 Augustinus, *De Trinitate*, 15,27,50.
177 Augustinus, *De Trinitate*, 5,14,15.
178 Augustinus, *De Trinitate*, 15,17,27-31.
179 도나투스파는 유일하고 참되며 진실된 공교회는 오직 도나투스파에 속한 교회뿐이며 거룩하여 순교자로 핍박받는 교회이며, 당시 보편적 교회는 진정한 교회가 아니고 배교자들의 교회라고 주장하였다. R. Seeberg, *Text-Book of the History of Doctrines*, trans. Charles E. Hay (Grand Rapids, Michigan: Baker Book House, 1956), 315.

위로 간주하고, 이를 수행한 인물들을 배교자반역자, Traditor 로 규정하고, 북아프리카 교회를 나누는 결과를 가져왔다. 이들은 결국 아프리카 교회의 분열의 주인공들이었다. 어거스틴은 이들과의 초기 논쟁 속에서 선택의 자유를 존중하고자 하였으나 교회를 극단적인 분열주의로 이끌어 가는 이들의 모습을 보면서 본격적으로 논쟁에 참여하게 되었다.

Augustine arguing with Donatists
출처: https://en.wikipedia.org/wiki/Donatism

392년 어거스틴은 도나투스파의 감독인 막시미누스Maximinus 와 대화를 통해 해결코자 노력하였으나 실패하자, 393년 자신의 "도나투스 반박 시편"Psalmus contra Partem Donati 을 통해 도나투스파의 이단적 문제점 특히 세례에 대한 왜곡된 이해에 대하여 심도 있게 비판하였다.[180] 해결의 실마리가 보이지 않자, 그는 404년 카르타고 종교 회의에 제소하여 문제 제기를 하였으나, 공의회에서는 도나투스파의 정통성을 인정하고 이들의 성례관을 존중한다는 결론을 내리게 되었다. 도나투스파는 자신들의 교회만이 참되고 신실하며 흠이 없는 그리스도의 신부라고 주장하였다.[181] 이들은 성경을 로마 당국에 넘겨준 사람이 임명한 성직자는 무효이며 이들의 세례도 무효라고 주장하였고, 흠이 있는 성찬 집례자의 성찬식은 효력이 없으며 의미가 없다고 주장하였다. 이들은 "갱신 신학"theologia regennitorum을 주창하며 모든 교회 예식은 집례자의 거룩성 유무에 따라 효력이 결정된다고 주장하였다.

이에 대하여 어거스틴은 성찬식과 세례식의 효력은 집례자가 아니라 그리스도의 임재의 결과이며, 이단자에 의해 집례된 예식도 효력이 있다고 주장하였다.

> 사도와 주정꾼 사이에는 분명 큰 차이가 있으나, 그것이 기독교의 세례인 이상, 사도에 의한 세례와 주정꾼에 의해 베풀어진 세례 사이에는 아무런 차이가 있을 수 없으며, 사도와 이단자에 의해서 각각 집례된 세례들 사이에도 전혀 차이가 있을 수 없다[182]... 이단자들에 의한 세례

---

180 어거스틴은 당대 분리주의자였던 도나투스파의 문제점에 대한 다양한 작품을 출간하였다. *Psalmus contra Partem Donati*, 393, *Contra parmeniani Epistolam* Vol III, 400, *De Baptismo contra Danitistas*, Vol. VII, *Contra Litters Petiliani*, Vol. III, 402, *Contra Cresconium Grammaticum partis Domati*, Vol. IV, 406, *Lierde unico baptismon contra Petilianum*, 406-410 등이 있다.

181 Augustine, *Contra Littera Petiliani*, II, 221.

182 *Epistle* 93, 48, recited in 벵크 헤그문투, 『신학사』, 172.

에 사용되는 물이 불순하거나 더러운 것일 수 없는 것은, 하나님의 피조물 그 자체는 악한 것이 아니며, 복음의 말씀은 어떠한 거짓 교사에 의해서도 흠 잡힐 수 없기 때문이다.[183]

이처럼 어거스틴의 교회론에 있어서 성례 의식의 효용성은 집례자가 아닌 제정자이신 그리스도에게 있음을 주장한 것이다. 물론, 그가 이교도의 세례가 구속사적 관점에서 효용성이 있다고 주장한 것은 아니었다. 어거스틴 또한 "교회 안에서의 효력"을 강조한 인물이었다. 그가 강조한 바는 유효성 유무를 떠나 성례 자체를 인정하자는 것이었다.

어거스틴의 교회론은 당시 갈등을 겪었던 도나투스파에 대한 키프리아누스의 견해와 유사하였다. 키프리아누스는 로마 데키우스 황제의 박해 시기에 변절하였던 타락한 감독들에 대한 정체성 문제에 직면하게 되었으나, "교회는 오직 하나뿐이며, 그리스도도 하나이며 신부도 하나이다"라는 교회의 통일성을 강조함과 동시에 감독직의 정통성을 가진 교회 안에서의 구원을 주장하였다.[184] 그의 교회 일체성은 불가견적 차원뿐만 아니라, 가시적 교회의 정통성을 통한 일체성을 의미하였으며 사도의 정통성을 계승한 교회는 참된 교회라고 하였다.[185]

---

183 *De Baptismo contra Donatistas*, IV, 24, recited in 벵크 헤그룬투, 『신학사』, 172.
184 Augustine, *Sermon*, 11, 14; 192.2, recited in 이장식, 『기독교 사상사』, 1권(서울: 대한기독교서회, 1978), 25.
185 한철하, 『고대 기독교 사상』, 110.

교회의 이 일체성을 지키지 않는 자가 신앙을 지키고 있다고 생각할 수 있는가? 이 교회를 반대하고 거스르는 자가 교회 안에 있다고 장담할 수 있겠는가? 대개 축복받은 사도 바울은 동일한 사실을 가르치며 일체성의 예전을 증거하여 말하기를, '몸이 하나이요, 성령이 하나이니 이와 같이 너희가 부르심의 한 소망 안에서 부르심을 입었느니라, 주도 하나이요, 믿음도 하나이요, 세례도 하나이요, 하나님도 하나이시니라'고 하였다.[186]

어거스틴은 키프리아누스의 영향 속에 교회의 통일성과 정통성 및 일치성을 강조하였으며 자신 만의 교회론을 정립하였다. 이러한 그의 주장은 키프리아누스와 마찬가지로 외적 박해와 내적 도나투스파의 분리주의적 요소에 대한 해결책을 제시한 것으로 보인다. 그는 교회의 머리는 "오직 예수 그리스도"이시며, 교회 본질은 "그리스도의 신비스러운 몸"으로 규정하였고, "전적인 그리스도, 한 사람, 온전한 사람, 한 인격, 완전한 사람"으로 묘사하였다.[187]

여러분이 그리스도의 몸을 이해하길 바란다면, 사도 바울이 신자들에게 말하고 있는 것을 들어야 한다... 그러므로 만일 여러분들이 그리스도의 몸이요, 지체들이라면 주님의 식탁에서 설명되는 것, 그리고 여러분이 받게 되는 것은 여러분의 신비 그것에 대하여 여러분은 '아멘'이

---

186 *De Unitate*, 4-6; recited in 한철하, 『고대 기독교 사상』, (서울: 대한기독교서회, 1988), 110.
187 E. G. 제이, 『교회론의 역사』, (서울: 대한기독교서회, 1988), 104

라고 대답하는 사람이며, 그러한 대답 행위 속에서 여러분은 자신의 동의를 선포한다.[188]

이러한 교회는 통일성과 사랑의 일치성을 소유한다고 주장하였다. 그는 교회의 거룩성은 구성원들의 거룩의 유무에 근거하지 않고, 오직 그리스도의 몸이신 교회의 정체성 때문에 거룩성을 유지한다고 보았다. 즉, 당대 도나투스파들은 성경을 이교도들에게 내어주는 교회는 참된 교회가 아니라고 주장함에 반하여, 어거스틴은 참된 교회의 유무는 교회 구성원이 아닌 교회 자체에 참됨이 있으므로, 교회 구성원들의 실수와 죄악에 의해 영향을 받거나 무효화되지 않는다고 주장하였다.[189] 즉, 교회는 그리스도의 몸 자체이기 때문에 거룩하며, 그리스도의 이름으로 행해지는 성례전은 그리스도의 행동의 표출이기 때문에 거룩한 것으로 이해하였다.

그는 교회는 선인과 악인이 공존하며 거룩한 삶과 죄악된 행위가 동시 존재하며, 이 두 부류는 "그리스도의 한 몸" 안에서 종말 때까지 존속될 것으로 보았다.[190] 어거스틴의 교회론은 주관적 교회의 거룩성보다는 교회의 본질성과 정체성에 근거한 객관적 거룩성에 무게를 두었다.

---

188 Augustine, *Sermon*, 272, recited in E. G. 제이, 『교회론의 역사』, 104.
189 F. F. 브루스, 『초대 교회 역사』, 서영일 역 (서울: 기독교문서선교회, 1989), 438-442.
190 R. A. Markus, *History and Society in the Theology of St. Augustine* (London: Cambridge University Press, 1970), 116. "The Body of Christ had 'two parts', or the one Body, the Church, could be seen simutaneously as holy and as wicked."

그는 자신의 작품인 『신의 도성』De Civitate Dei 에서 교회를 가시적 교회와 비가시적 교회로 구분하되, 가시적 교회는 외적 조직 교회이며, 비가시적 교회는 참된 신앙 공동체를 의미하였다. 가시적 교회는 세례와 성례를 통해 양육되며 감독이 지배하는 하나님의 유일한 참 가정을 의미하며, 비가시적 교회는 하나님과 이웃을 사랑하는 자들로 모인 하나님의 예정에 속한 구원의 백성을 의미한다고 하였다.[191] 그는 교회가 하나님의 도성과 구별될 수 있음을 피력하면서, 지상 교회는 제도화된 교회로서 불완전성을 내포하고 있으며, 예정된 자와 유기된 자의 모임 공동체로 구성되어 있다는 점을 강조함으로써, 도나투스파의 교회 완전론을 거부하였다.[192] 또한 그는 교회와 하나님의 도성의 일치 가능성을 제시하면서 당시 공교회 즉, 초대 교회 당시의 가톨릭보편적 교회은 구원을 이루기 위해 그리스도께서 직접 세우신 기관이며, 구약의 예언적 성취이므로, 교회는 "이미 그리스도의 왕국이며 하늘의 왕국이다"고 주장하였다.[193] 이러한 의미에서 교회는 하나님과 화해한 세상에 존재하는 기관이자 구원의 보증이며 하나님 왕국의 실현이고 장차 도래한 신적 통치의 첫 번째 실현의 장소이

---

191 J.V. 니이브, 『기독교 교리사』, 서남동 역 (서울: 대한기독교서회, 1987), 258. 니이브는 어거스틴은 성만찬에서 상징되는 것은 교회이며, 진정한 그리스도인들만이 그 은혜를 누리게 된다고 주장하였음을 피력하였다.

192 Augustine, *The City of God*, XVIII. 49. "The Mixture of Elect and Reprobate in the Church." "In this wicked world, and in these evil times, the Church through her present humiliation is preparing for future exaltation. She is being trained by the stings of pear, the tortures of sorrow, the distresses of hardship, and the dangers temptation; and she rejoices only in expectation, when her joy is wholesome."

193 Augustine, *The City of God*, XX, 9. "The Nature of the kingdom of the saints, lasting a thousand years; and its difference from the eternal kingdom."

며 종말론적인 완성을 의미한다고 하였다.[194]

어거스틴은 진정한 교회는 도나투스주의자들Donatists의 분리주의적 교회론과 로가티스트Rogatists의 절충적인 분리주의적 교회론을 거부하고 보편적 교회Universality, Catholicity를 의미한다고 주장하였다. 그는 당시 도나투스파들이 주장하는 아프리카 지역에 한정된 분리주의적 교회론은 "인봉된 원천"Sealed Fountain이자 "폐쇄된 정원"Closed Garden에 불과하며, 라틴어와 카르타고어 등 2개의 방언밖에 모르는 교회가 어떻게 전 세계의 복음 선포를 가능케 할 수 있겠는가?라고 반문하였다.[195]

그는 또한 도나투스파의 이단적 요소를 지적하면서 진정한 교회는 사도적 전통Apostolicity의 연속성과 보편성을 소유해야 한다고 하였다. 그는 감독의 사도적 전통의 연속성에 대한 특정인이나 특별한 위상을 승계하는 행위를 수용하지 않았다. 즉, 그는 베드로의 좌 Sedes Petri를 특수적 기능이라기보다는 사도적 좌the Apostolic Seat라는 보편적 기능으로 이해하였으며, 감독을 사도적 승계자로 보았다.

어거스틴은 세례의 출발은 그리스도이시며, 그분은 세례의 기원이자 머리가 되시며 세례자의 뿌리이자 머리가 되신다고 하였다.[196] 이러한 그의 세례관에 근거하여 물을 누가 들고 베풀든지 전혀 문제

194　Michael Schmaus, *Dogma 5 The Church as Sacrament* (Sheed & Ward, 1984), 10.
195　J. V. 니이브, 『기독교 교리사』, 167-170.
196　Augustine, *De Baptismo contra Donatistias*, IV, 10.

되지 않았다. 심지어 도나투스파에 의해 주어진 세례일지라도 삼위일체 하나님의 이름으로 안수받은 성직자에 의한 세례는 타당하며 Validity 더 이상의 세례는 의미가 없다고 하였다.[197]

그는 비록 모든 세례는 타당하지만, 유효성Efficacy 차원에서는 다르게 나타날 수 있음을 지적하였다. 즉, 이단들에 의해 주어진 세례의 타당성은 인정하시만, 사죄적 은총의 유효성을 얻기 위해서는 보편적 교회인 공교회의 연합됨으로써 가능함을 주장하였다.[198] 그는 키프리아누스의 세례관에서 진일보하여 세례의 타당성과 유효성을 구분하여 교회의 일치성이라는 결과를 창출하였다.

그는 교회에서 행해지는 성만찬은 "비가시적 은총의 가시적 표시"로 규정하고 성만찬 시에 나누는 떡은 그리스도를 상징하며, 이는 그리스도의 고난을 기억케하며 그리스도와의 신비적이고도 사랑에 찬 연합을 의미한다고 하였다.[199]

(3) 인간과 자유 의지론

어거스틴과 펠라기우스의 논쟁은 초대 교회 당시 인간의 정체성과 하나님의 은총의 역사의 역학 관계에 대한 중요한 단초를 제공하였다. 양자의 논쟁의 핵심은 인간 이해에 대한 차이점에서 시작되었다.

---

197 Augustine, *De Baptismo contra Donatistias*, IV, 11-13.
198 Augustine, *De Baptismo contra Donatistias*, I, 29.
199 J.V. 니이브, 『기독교 교리사』, 258.

어거스틴은 창조주 하나님은 온 세상 만물을 무로부터 창조Creatio Ex Nihilo하셨다고 주장하며, 인간 역시 무로부터 창조되었음을 논증하였다.[200]

> 당신이 그들(피조물)을 무에서 창조해 내셨기 때문입니다. 그들은 당신 자신에게서 나온 것도 아니요(non de te), 당신이 창조하시지 않은 어떤 다른 질료에서 나온 것도 아니며(non de aliqua), 혹은 이전에 창조해 두셨던 어떤 질료에서 나온 것도 아닙니다. 그들은 당신이 동시적으로 창조하신 질료에서부터 지음받은 것입니다… 그렇게 때문에 당신은 먼저(시간상의 먼저가 아님) 절대무(de omnino nihilo)에서 질료(형상이 없는)를 창조하셨고 그 형상이 없는 질료에서(de informi materia) 세상의 형상을 지으신 것입니다.[201]

선한용은 어거스틴이 "무로부터의 창조"를 주장한 이유를 네 가지로 요약하였다: 첫째, 어거스틴은 피조물이 무로부터 창조되었기 때문에 항상 무의 세계로 돌아가려는 경향을 가진다어거스틴 고백록, 7,11; 13,2. 둘째, 무로부터의 창조는 창조된 세계가 근본적으로 좋다는 것을 말하고 있다고백록 7,12. 셋째, 무로부터의 창조는 목적성을 의미한

---

200 "creatio ex nihilo"개념은 2세기 당시 Clement of Alexandria, Tertulianus, Irenaeus 등이 수용하였지만, 이를 확고하게 정립한 인물은 어거스틴이며, 희랍 사상들은 이를 거부하였다. 그들은 무에서 유가 창출될 수 없다고 주장하였다. 선한용, "무로부터의 창조(creatio ex nihilo)에 대한 신학적인 이해", 「신학과 세계」, 1995, 30호, 103.

201 어거스틴, 『성어거스틴의 고백록』, 13, 33. recited in 선한용, "무로부터의 창조(creatio ex nihilo)에 대한 신학적인 이해", 104.

다. 즉, 창조는 우연과 필연적 차원이 아니라 하나님의 의지와 선하심에 근거하고 있다는 것이다. 넷째, 하나님의 창조는 태초를 의미하며, 시간과 함께 무로부터 창조하신 것이다신국론, XI, 6.[202]

이러한 그의 주장은 플라톤의 작품 "티마이우스"Timaeus에 제시된 바처럼, 태초에 "데미우르고스" 신이 기존의 재료들을 가지고 불변의 이데아를 보고 아름답게 만들었다는 주장에 대한 정면 반박인 것이다. 또한 그의 주장은 그에게 영향을 많이 끼쳤던 플로티누스의 유출설Emanation을 거부하고 있다. 즉, 플로티누스는 모든 만물은 "일자"로부터 방출되어 형성된 것으로 해석하였다. 플로티누스의 유출설은 모든 만물에는 절대자의 신적 속성이 존재한다는 범신론Pantheism적인 경향을 지니고 있다. 어거스틴은 무로부터의 창조를 주장함으로써, 플라톤과 플로티누스의 창조설을 반박한 것이다.[203] 어거스틴은 하나님께서 온 세계를 무로부터 창조하였을 뿐만 아니라, 태초에 천지를 창조하는 순간 시간도 창조하였다고 주장하였다: "하나님이 천지를 창조하시기 이전에는 무엇을 하고 계셨는가?라고 우리에게 묻는 자가 있습니다. 나는 당당히 '하나님이 천지를 창조하시기 이전엔 아무 것도 만드시지 않으셨다'고 선언하고 싶습니다."[204] 그는 태초와 시간을 동일시해서 창조되었음을 지적하고 있는 것이다.

---

202 선한용, "무로부터의 창조(creatio ex nihilo)에 대한 신학적인 이해", 106.
203 "그들(피조물)은 당신 자신에게서 나온 것도 아니요(non de te), 당신이 창조하시지 않은 어떤 다른 질료(non de aliqua)도 아닙니다." 어거스틴, 『성어거스틴의 고백록』, 13.
204 성 어거스틴, 『성 어거스틴의 고백록』, 392.

어거스틴은 타락한 인간의 실존적 상태를 지적하면서 피조물은 동일한 신적 속성을 지닐 수 없음을 주장하였다:

> 영혼은 그 의지 때문에 악화되었으며, 죄로 인하여 부패했으며, 따라서 영원한 진리의 광명을 빼앗겼으며, 이러한 영혼은 하나님의 일부이거나 하나님과 동일한 본성을 가진 것이 아니라, 하나님으로부터 창조되었으며, 창조주보다 훨씬 낮다.[205]

그는 태초에 창조주 하나님이 인간의 시조 아담을 흠이 없는 무죄한 상태로 창조하셨으며, 아담의 마음과 영혼을 하나님의 형상과 모양에 따라 지으셨다고 하였다. 타 피조물에 비해 인간은 이성적 능력과 합리적 재능을 소유하였기 때문에, 아담은 하나님의 가르침에 순종하며 실천할 수 있는 이성적 기능을 선물로 받았다고 하였다. 그는 이러한 이성의 기능을 "진리를 이해하기 위한 영혼의 활동이나 능력"으로 규정하고, 인간의 시조는 진리를 통한 하나님과의 교통하는 존재였다고 하였다. 또한 그는 하나님의 형상으로서의 이성적 기능뿐만 아니라, 이성적 능력을 활용하는 "의지적 작동의 자유"를 언급하였다.[206] 이 자유 의지는 스토아 학파의 의지적 자유 개념과는 상

205　성 아우구스티누스, 『신국론』, 조호연·김종흡 역 (서울: 현대지성사, 1997), 11권 22장.
206　어거스틴의 "의지적 작동의 자유" 개념은 당시 스토아 철학에서 주장하는 "의지적 자유" 개념과는 상반된다. 왜냐하면 스토아에서 강조하는 의지적 자유는 독립적이며 인간 의지 자체로서의 자유를 의미하며 외부적 속박으로부터의 독립을 주장하였다. 그러나 어거스틴의 의지적 자유는 하나님 안에서의 자유 즉, 외부적 능력을 통한 자유를 의미하였다. 그에 의하면 스토아 학파의 자유 의지는 영혼의 죽음을 의미하였다.

반된 주장이며, 우리의 공로에 따라 주어진 것이라고 주장하는 펠라기우스주의를 거부하며, 오직 진정한 자유 의지는 하나님의 은혜에 따른 결과라고 주장하였다.[207]

최초의 아담과 하와는 완전하고도 온전한 인간의 자유 의지liberum abitrium를 소유하였으며, 선악을 선택하는 영역에서도 자유 의지는 완전하였다고 하였다. 그러나 인간 시조의 자유 의지는 악을 선택하는 죄를 짓고 말았으며, 그 결과 은혜의 선물 즉, 자유 의지의 기능이 상실되는 결과를 초래하였다. 그는 당시 펠라기우스Pelagius와의 논쟁을 통해 원죄peccatum originale를 부인하는 그의 왜곡된 신학을 비판하고, 아담의 죄는 영적인 죽음과 함께 육체의 죽음을 가져왔다고 주장하였다. 이성과 의지가 영혼의 능력을 통제하지 못하게 됨으로써, 인간은 정욕적인 삶을 살게 되었고, 무능력한 존재로 전락하게 되었다. 그 결과 인간의 자유 의지의 기능적 변화 즉, "죄를 거부할 수 있는 능력"posse non peccare의 소유자에서 "죄에서 벗어날 수 없는 능력"non posse non peccare의 소유자로 전락하게 된 것이다. 따라서 전 인류는 자연적 전달을 통해 악한 욕망이 세대에게 전수되었고 인류의 죽음을 가져오게 되었다masse perditionis.

---

207 어거스틴, 『자유 의지론』, 박일민 역 (서울: 풍만출판사, 1985), 9. "나는 '흔들리지 않는 경건심을 가지고 하나님께로부터 나오지 않는 선은 아무 것도 없음을 믿으라'고 했고, '사람은 자기 자신의 의지를 통하여 타락하게 되었을 때와 똑같이 자신의 의지로 다시 일어날 수는 없으므로 위로부터 우리에게 미치는 하나님의 오른손 특히 우리 주 예수 그리스도를 강한 믿음으로 굳게 붙들도록 합시다'라고 말했다."

(4) 율법 이해

어거스틴의 율법에 대한 이해는 긍정과 부정을 모두 포함한다. 즉, 그는 롬 7:7 "곧 율법이 탐내지 말라 아니하였더면 내가 탐심을 알지 못하였으리라"라는 말씀에 근거하여 율법의 도덕적 및 교훈적 용법으로서의 필요성을 주장하였다:

> 물론, "탐내지 말지니라"라고 말할 때는 말 그대로 받아들여야 할 필요는 없다. 그러나 이것은 매우 명확하고 유익한 계명이다. 이를 이행하는 사람은 전혀 죄를 지지 않을 것이다. 사도는 실제로 모든 것을 포괄하는 이 일반적인 계명을 선택하였다. 마치 이것이 모든 죄악을 금지하는 법의 목소리인 것처럼 말이다. "탐내지 말지니라"라고 말하는 것은 악한 욕망에 의해서만 죄가 범해진다는 것이기 때문이다. 따라서 이를 금지하는 율법은 선하며 칭찬받을 만한 것이다.[208]

그는 인류의 타락으로 스스로 선을 행할 수 없는 상황 속에서 율법을 수여하심으로 선과 악을 구별케 하시고 이 선을 행할 수 있는 은혜를 베풀어 주신다고 하였다.[209] 그는 동시에 고후 3:6 "율법 조문은 죽이는 것이요 영은 살리는 것이니라"라는 말씀을 근거로 율법의 부정적인 면을 지적하였다. 즉, "이상하게도 우리가 탐내는 대상이

---

208 Augustine, "On The Spirit and The Letter Chap. 6, The Teaching of Law Without the Life-Giving Spirit is The Letter that Killeth." ed., Philip Schaff, *Nicene and Post-Niceve Fathers of The Christian Church*, Vol. 5. (Grand Rapid: T&T Clark, 1991).

209 어거스틴, 『어거스틴의 은총론』, 필립 샤프 편, 차종순 역 (한국장로교출판사, 1996), IV, 301.

금지될 때 우리는 더욱 큰 즐거움을 느끼게 된다. 실제적으로 법 위반이 더해질 때마다 율법에 의거하여 속이고 죽이는 죄가 발생하는데, 이는 율법이 없이는 결코 일어나지 않는 것이다."[210]

이처럼 그는 신약 시대에 율법적 요구에 따라 살아갈 필요는 없지만, 율법을 통해 하나님의 선하신 의도와 거룩성에 대한 요구를 추구해야 할 필요성을 지적한 것이다. 그러나 그는 동시에 율법의 한계점 즉, 은혜가 없는 율법은 죄인의 구원에 전혀 영향을 발현할 수 없음을 지적하였다. 하나님의 은총을 상실한 율법은 살리는 것이 아니라, 죽이는 것에 불과하게 된다는 점을 강조하면서, "하나님의 은혜의 신학"을 주장하게 된 것이다. 이러한 어거스틴의 율법관은 후대에 루터와 칼빈 등 종교개혁자들의 율법과 복음과의 관계를 설정하는 데 중요한 자료가 되었다. 따라서 율법은 구원받은 자가 그리스도 안에서 참 행복을 누릴 수 있는 선한 도구이며 성령을 통해 성취되는 성화의 도구이자 수단이다. 율법은 그리스도의 절대적 필요성을 일깨워주며 인간의 전적 무능함과 하나님의 은혜의 손길이 필요하다는 점을 각인시켜주는 역할을 감당할 뿐이지 결코 이를 통해 의로워지는 칭의의 과정도 아니고 구원의 서정도 아닌 것을 강조하였다.[211]

---

210 Augustine, "On The Spirit and The Letter Chap. 6, The Teaching of Law Without th e Life-Giving Spirit is The Letter that Killeth.".

211 Augustine, "On The Spirit and The Letter Chap. 50. Righteousness is the Gift of God."

(5) 은혜와 예정

어거스틴은 율법의 필요성과 한계성을 제시함과 동시에 하나님의 절대적인 은총 없이는 결코 율법을 준행할 수 없다는 점을 강조하였다. 특히 "은총의 적"으로 잘 알려진 펠라기우스는 하나님의 은혜 없이도 인간은 자신의 이성과 자유 의지 기능을 통해 충분히 선을 행할 수 있으며, 자신의 노력을 통해 하나님께 도달할 수 있으며 무죄의 상태로 의롭게 살아갈 수 있는 능력을 창조 시 인간의 본성 속에 부여받았다고 주장함에 반하여, 어거스틴은 태초 아담의 인간의 본성적 능력은 타락으로 말미암아 완전히 상실했으며[212] 왜곡된 본성과 지성을 소유하게 됨으로써, 전 인류는 "죄의 덩어리"una massa peccati 상태로 전락되었기 때문에,[213] 중생하지 못한 자는 결코 스스로 힘으로는 선행을 수행할 수 없다는 점을 강조하였다: "내 영혼이 살기 위하여 당신을 찾고 있다. 그 이유는 내 육신은 영혼을 통해 살고 있고 내 영혼은 당신으로 인하여 살고 있기 때문이다."[214]

필립 샤프는 어거스틴의 은혜론과 펠리기우스의 이신론을 비교 분석하면서, 어거스틴이 말하는 하나님의 섭리와 은혜는 대자연뿐만 아니라 영적인 사람의 삶에 개입하시고 주관하시고 모든 것을 감찰하시는 역사를 의미한다고 지적하면서 그의 고백록의 서문을 제

---

212 성한용, 『시간과 영원』, 93. "인간이 창조자이신 영원자에게 향하지도 않고 의존하지도 않은 채 스스로 존재하는 것처럼 오로지 시간 속에 빠져서 살게 될 때 그는 하나님을 떠나 깊은 '타락의 심연'(abyssus corruptionis), '죽음의 밑바닥'(profunditas mortis), 그리고 '삶의 분열'(dissiliatio)에 빠지게 된다."
213 *De diversis quaestionibus ad simplicianum, de diversis quaestionibus*, II,19.
214 성 어거스틴, 『성 어거스틴의 고백록』, X권, 20, 29.

시하였다:

> 내가 내 하나님을, 내 하나님과 내 주님을 어찌 부르리? 이는 내가 주님을 부를 때 내 안으로 들어오시라고 청하는 것임이로다. 내 안에 내 하나님이 오실 수 있는 곳이 어딘가? 어찌 하늘과 땅을 지으신 하나님이 내 안에 오실 수 있으리? 주 나의 하나님이여, 내 안에 주님을 담을 수 있는 곳이 있나이까? 주님이 지으시고 나를 지어 그 안에 두신 하늘과 땅이라도 주님을 담으리이까? 주여, 존재하는 어떤 것도 주님 없이는 있지 않을 것이니 혹시 존재하는 무엇이든지 주님을 받아들일 능력을 가지도록 지으셨던 게 아니옵나이까? 그런즉 주님이 내 안에 계시지 않으면 내가 존재하지도 존재할 수도 없사오니, 내가 주님을 내 안에 오시라고 청할 까닭이 무엇이니이까?[215]

이처럼 어거스틴은 인간의 선한 행위는 태초부터 모든 사람에게 부여된 이성적 능력의 결과가 아니라, 타락 후 인간의 전적 무능력 속에서 하나님께서 베푸신 은혜의 결과임을 강조하였다: "그러나 어린이나 어른 모두 이것 없이는 구원받을 수 없는 이 그리스도의 은혜는 어떤 공로에 의하지 않고 오직 주어진 은혜 때문인데, 이는 은혜라고 불리운다. 사도는 이르길, 오직 그분의 피를 통해 의롭다고 하심을 얻었으니 이는 은혜의 결과라고 한다."[216]

---

215 필립 샤프, 『교회사 전집 3- 니케아 시대와 이후의 기독교』, 725-726.
216 Augustine, "A Treatise on Nature and Grace, Chap. 4- Free Will." ed., Philip Schaff, *Nicene and Post-Niceve Fathers of The Christian Church*, Vol. 5. 그는 Chap. 7.을 통해서 하나님의 은

어거스틴의 은혜론의 특징 중 하나는 "선행적 은총론"the Prevenient Grace을 주장하였다는 점이다. 이 선행적 은총론은 후대에 알미니안주의와 웨슬리안주의에서 발견되는 선행은총론과는 거리가 멀다. 후대의 선행은총론은 하나님께서 태초부터 온 인류들을 향하여 베푸신 만인을 위한 은총 즉, '보편적 은총'Universal Grace을 의미한다. 그러나 어거스틴의 선행은총론은 롬 10:14의 "하나님의 부르심"에 근거하고 있으며, 하나님의 부르심이 없이는 어느 누구도 하나님을 믿을 수가 없고 구원에 이를 수 없다는 주장이다. 즉, 인간의 노력이나 공로나 태도를 통해서 하나님께 나아오는 것이 아니라, 먼저 하나님께서 자기 백성을 정한 시간에 부르시고, 그들에게 신앙을 주시고 자유 의지를 발동케 하셔서 그리스도를 주인이자 구원자로 모시도록 역사하시는 선재적이고, 선험적인, 선행적인 은혜를 의미하는 것이다. 즉, 인간은 어떠한 공로나 능력이 없으므로 구원을 이루기 위해선 구원의 주체이신 하나님의 선행적인 은총이 필요한 것이다.[217]

The Confessions of Saint Augustine

출처: https://www.newcitypress.com/the-confessions-study-edition.html

---

혜에 관한 성경적 증언을 살펴보자고 권유하면서 다음과 같이 주장하였다: "He has done it, no doubt, with much power; I only wish that the ability he has displayed were sound and less like that which insane persons are accustomed to exhibit."

217　J.N.D. 켈리, 『고대 기독교 교리사』, 김광식 역 (서울: 맥밀란 출판사, 1988), 414; 자로슬라브 펠리칸, 『고대 교회 교리사』, 박종숙 역 (서울: 크리스챤 다이제스트, 1995), 388.

맥그라스는 어거스틴의 은혜론의 특징을 3가지로 요약하였다. 즉, 첫째는 "선행적 은혜"로서 앞서 살핀 바처럼, 사람이 아닌 하나님께서 미리 준비하시고 예비하신 은혜를 베푸심을 통해 구원적 은혜를 성취해가신다. 둘째는 작동적 은혜Operative Grace로서, 구원의 서정은 인간의 노력, 공로, 능력이 전혀 개입됨이 없이 전적인 하나님의 사역과 작동의 산물로서 주어지는 은혜를 의미한다. 셋째는 협력적 은혜Co-operative Grace로서, 이미 중생을 체험하여 의롭다하심을 얻고 양자의 영을 받은 하나님의 백성들이 더욱 하나님의 지혜와 거룩의 세계로 더 성장해가도록 다양한 성화의 수단과 은혜를 베풀어 주심을 의미한다.[218]

어거스틴의 예정론은 후대 개혁주의 신학의 중요한 초석을 마련하였다. 그의 예정론은 하나님의 은총의 선물이다.[219] 따라서 그에게 있어서 예정론은 예정의 실행을 위한 은총론이 필수적으로 동반되어야 한다. 예정론과 은혜론은 상호 유기적인 관계 속에 놓여있다. 그는 "은혜와 자유 의지에 관하여"De gratia et libero arbitrio과 "견책과 은혜에 관하여"De correptione et gratia를 통하여 인간의 자유 의지와 하나님의 은혜의 상관적 역동성에 대하여 서술하였으며, 예정에 대해서는 "성도의 예정에 관하여"De praedestinatione sanctorum라는 작품을 통해 상세히 설명하였다. 그가 이 책을 집필할 당시 Semi-Pelagianism을 추종하던 프로스퍼Prosper와 힐라리우스Hilarius는 아담의 원죄를 수용하

---

218 A.E. McGrath, *Christian Theology* (Blackwell Publishers, 1994), 378.
219 A.E. McGrath, *Christian Theology*, 395.

고 하나님의 은혜가 인간의 의지보다 선행한다는 점을 인정하면서도 믿음은 우리 자신의 힘이고, 믿음을 더욱 강화해가는 것은 하나님의 사역의 결과라고 주장하였다.[220] 게다가 이들은 예정과 예지를 구분하여 예정론이 마치 예지론과 동일한 것으로 치부하였다. 즉, 이들이 주장하는 예지는 하나님께서 사람들 가운데 미리 자신의 결단으로 믿을 만한 능력을 가진 자들을 미리 아시고 오직 그들만을 선택하셨다는 주장이다. 이는 종교개혁 이후 칼빈주의에 반기를 들었던 알미니안주의자들의 예지예정의 전신인 것이다.

그는 성도의 예정은 인간의 믿음의 결정체가 아니라 하나님의 선물이며 이 근거는 롬 9:13 "기록된바 내가 야곱은 사랑하고 에서는 미워하였다 하심과 같으니라"는 말씀이었다. 또한 그는 신적 예정의 근거를 예수 그리스도께서 하나님의 독생자가 되어 우리의 구원주가 되신 것은 행위가 아닌 예정에 근거하였다고 지적하였다. 오직 타락 이후 인간은 하나님의 은총을 통해 하나님의 만족을 이루어 갈 수가 있는데 이는 돈으로 주고 사는 삶이 아니라고 거저 주시는 하나님의 은혜grtis라고 하였다.[221] 어거스틴 이전의 교부들은 조건적 예정을 제시하였지만, 그는 오직 은혜로 말미암은 무조건적 은혜 즉 Unconditional Election을 주장하였으며, 인간의 죄성과 하나님의 은혜의 상관성에 기인한 이론이었다.[222]

---

220 공성철, "어거스틴의 은총론과 예정론의 관계 연구,"「조직신학논총」제 3집, 308.
221 공성철, "어거스틴의 은총론과 예정론의 관계 연구," 312.
222 필립 샤프,『교회사 전집 3- 니케아 시대와 이후의 기독교』, 733.

제 2 장

중세 교회 시대- 개혁주의 박해기

The Medieval Church
출처: https://www.worldhistory.org/Medieval_Church/l

　초대 교회 신학은 중세Medieval History에 접어들면서 새로운 전환점을 맞이하게 되었다. 330년에 콘스탄티누스 황제가 제국의 수도를 로마에서 콘스탄티노플로 옮김으로 이곳이 정치 중심지가 되자, 로마의 주교는 더욱 자신의 입지와 권력 강화를 위해 노력하였다. 당시 스페인 출신 다마수스 1세Damasus I, 366-384는 자신의 교구로마를

"사도적 교구"라고 칭하면서 교황권의 기초[223]를 세우게 되었다. 그 후 381년에 개최된 콘스탄티노플 공의회는 로마 교황청의 지상권을 인정하기에 이르렀다.

당시 다마수스는 여러 교구 가운데 로마 교구의 우월성을 다음과 같이 강조하였다.

7. 로마의 견해가 가장 먼저 추구되어야 한다.
성스러운 대회로 로마에 모인 주교님들께 하나님 아버지의 이름으로 환영합니다. 이단의 사악함이 발흥하는 때, 아리안의 신성 모독이 문 앞에서 어슬렁거리는 때, 로마 제국의 거룩한 사제들인 318명의 주교들이 니케아에서 모여 다 같이 머리를 맞댔습니다. 그곳에 모인 이들은 마귀의 무기에 대항하여 담을 높이 세웠고 마귀의 치명적인 독성을 무효화시킬 해독제를 내놓았습니다. 그것은 아버지와 아들은 한 본성이시고, 한 신성이시며, 한 덕성과, 한 능력, 한 모양을 가진 분이시며, 성령은 그와 동일한 본질이시고, 본성을 가지셨다는 고백입니다. 그러므로 그렇게 생각하지 않는 사람들은 우리의 교제에서 멀리 떨어져 간 사람들입니다. 니케아에서 가진 노력은 모든 면에서 가치가 있습니다. 그 결정은 대단히 합당합니다.[224]

---

223 교황권의 출발: 그리스도께서 베드로를 반석이라 칭하시고 그 반석 위에 교회를 세우시겠다고 약속한 내용(마 16:18)과 주님께서 베드로에게 천국의 열쇠를 주셔서 "땅에서 무엇이든지 매면 하늘에서도 매일 것이요 땅에서 풀면 하늘에서도 풀리리라"(마 16:19)에 기초하여 사법적인 권한이 베드로에게 주어졌다고 해석함에 그 기원을 둔다.

224 Theodoret, *Hist, Ecc.*, 2:17, trans. *NPNF*, III, 83, Recited in 심창섭, 채천석, 『원자료 중심의 중세교회사』(서울: 도서출판 솔로몬, 1998), 18.

1. 교황 지상주의

1) 교황권 배경

이와 같은 시대적 정황 속에서 등장한 레오 대제Leo the Great, 440-461 는 모든 주교는 사도들의 후계자로서 그리스도께서 본래 사도들에게 부여했던 권능을 물려받았다고 생각하였다. 게다가 성 베드로의 모든 권한이 계승자인 로마 감독에게 승계되었음을 주장하면서, 자칭 사도 베드로의 후계자[225]라 선포성경에 없는 교리들에 근거를 두고 강조하기에 이르렀다. 게다가 베드로는 타 사도보다 높은 지위에 있으므로 로마 교구를 물려받은 교황이 모든 주교보다 더 높은 지위에 있으며, 로마 감독이야말로 "교회의 머리"라고 주장하였다. 그는 성 어거스틴의 "신의 도성론"을 인용하면서, 이 땅에서 어떤 정치 공동체나 국가도 그 자체로는 진정한 의미의 정의를 실현할 수 없음을 강조하며 교권의 강화를 주장하였다. 이에 황제 발렌티누스 3세는 445년 레오에게 로마 주교의 지상권을 인정하게 된다.

4세기 말 교부 암브로시우스는 교회와 국가의 관계에서 교회의 권리는 신성하고 불가침적이므로 모든 기독교인들이 따라야 할 자체

---

[225] 베드로의 양육권: 그리스도께서 요 21: 15-19를 통해 베드로에게 자신의 양을 먹이고 치라고 말씀하셨는데, 이들은 베드로를 초대 교황으로 선정하였으며 앞서 제시한 인물들은 베드로의 사도적 계승권을 가진 후대 교황이라고 자처하게 되었다. 이를 기초로 하여 교황의 교서는 점차 교령의 모습을 띠게 된 것이다. 이들은 교황권에 성경적 근거로서 마 16:18; 눅 22:31-32, 38; 요 20:21-23, 21:15-17; 행 3:6-8; 시 5:17; 마 6:24; 눅 16:13 등을 제시하였다. 특히 교황 이노센트 3세는 렘 1:10 "내가 너를 열방 만국 위에 세우고 너로 뽑으며 파괴하며 파멸하며 넘어뜨리며 건설하며 심게 하였느니라"라는 구절을 자기 자신에게만 적용하였고, 자신은 신보다 열등하지만 다른 사람들보다 우월하다고 주장하기에 이르게 되었다.

의 독자적인 사법권을 가지고 있다고 주장하며, 국가의 사법권이 결코 교회 문제에 영향을 행사할 수 없다고 주장함으로써 교회의 독립권을 요구하였다.

494년 겔라시우스 1세Gelasius I는 이르길, 교황은 하나님께서 교황과 국왕에게 각각 거룩한 능력과 왕의 권력을 주셨다고 강조하였다. 그는 멜기세덱과 그리스도는 왕이요 제사장이었으나, 그리스도 이후 이 권세는 교회와 국가로 양분되었다고 주장였다. 그는 영적 권세와 세속 권세를 구별하여 전자는 법을 세우는 것auctoritas, legislative, 후자는 법을 집행하는 것potestas, executive power으로 이해하였다. 그는 당대의 로마법을 언급하며, 전자가 후자보다 우위에 있으므로 모든 통치자는 교황에게 복종해야 한다고 주장하였다. 겔라시우스 1세는 교황의 우월성을 노골적으로 주장한 것이다. 비잔틴 황제인 아타나시우스 1세491-518가 교회 문제에 개입하자 그는 494년에 작성한 서한에서 다음과 같이 주장하였다:

> 이 세계를 지배하는 두 개의 권위가 있다. 하나는 성직자들에 의한 교권이요 다른 하나는 속권이다. 이 권위는 모두 신성한 기원을 가지나 서로 독립적으로 각각 절제에 의해 구별된다. 이 위계는 굳게 결속되어 있되 제각기 자율적인 두 종류의 직무를 갖는다. 황제들은 자신들의 영원한 구원을 위하여 주교들을 필요로 하고, 주교들은 황제에게서 지상의 평화를 기대한다. 황제는 이 세상을 다스리는 권한(potestas)을 가지며, 주교는 성스런 권위(auctorotas)를 갖는다. 하지만 이 둘의 권한

은 대등하지 않으며, 이 중에 주교의 책임이 더 무겁다.[226]

결론적으로 이러한 인물들은 교회의 수위권을 가진 교황의 우월권을 강조함과 동시에 황제는 더 이상 교회의 지배자가 아닌 교회의 아들에 불과하다고 주장하며 성직자에 더 큰 비중을 두게 되면서 교황권 강화의 시작을 알리게 되었다. 이러한 교황권의 출발로 시작된 로마 가톨릭은 기존의 초대 교회 공동체의 정체성과 성경적 신학에 역행하여 새로운 종교의 물꼬를 트게 되었다.

2) 교황권 강화를 위한 이론 정립

초기 로마 교황권 형성 배경에는 베드로에게 주신 주님의 말씀에 대한 곡해로부터 비롯되었다. 이들의 이론에 의하면, 주님은 베드로에게 부활 후에 성도들을 보살필 책임을 부여해 주셨고, 예수 승천 이후 제자들이 최초의 기적을 이루어 낸 사실에 근거하여 제자들은 "최고의 사도"로서 최고의 사법권을 직접 위임받은 자들이며, 그 지위권이 로마의 교황에게 이양되었다고 주장한 것이다. 초기 로마는 교황권을 강화시키기 위한 이론을 정립하기 위해 위이시도르 법령집과 콘스탄틴의 증여서와 훔베르투스Humbertus, 1006-1061의 반성직매매론 및 십자군 전쟁이 활용되었다.

---

[226] "Ad Anastasium Imperatorem", 2, trans. Robinson, *REH*, I, pp. 72-73. in ed., Ray C. Petry, *Early Church documents Excerpts from "Readings in the History of the Church."*. Brian Tierney, *The Crisis of Church and State 1050-1300* (Pretice-Hall, 1964), 13-14.

(1) 위(僞)이시도르 법령집, 칙령집(The Pseudo-Isidorian Decretals- 작자와 연대의 거짓으로 인하여 이런 이름이 붙음)[227]

편집자, 수집자는 세빌의 이시도레 Isidore of Seville로서, 법령집 내용이 프랑크식 표현과 라틴어의 숙어적 표현으로 작성된 사실을 살펴볼 때 프랑크 왕국에서 작성된 것으로 보인다. 이 법령은 세속 법령의 위조문과 같은 허위 법규들 false captularies과 비슷한 양상을 가지고 있다.

(1-1) 내용

저자는 주교들이 지금까지 존재하는 모든 교회 법령들을 한데 모아 편찬해달라고 요청하였다고 주장하고 있다. 이 내용에는 다마수스 교황 366-384에게 당대에 이르기까지 교황 칙령들을 보내달라고 부탁하는 편지를 담고 있다. 여기에는 다마수스 교황의 편지가 포함되어 있으며, 클레멘트 Clement, 1세기말로부터 밀티아데스 Miltiades, 310-314에 이르기까지의 시대를 망라하는 60통의 위조된 칙령들로 구성되었다. 또한 위조, 조작된 콘스탄틴의 헌정서 콘스탄틴 황제가 로마 및 그 일대를 실베스터 교황 및 후계자에게 헌납한다는 내용도 담겨 있다. 또한 니케아 325 종교회의부터 세빌 Sevile, 619까지의 종교 회의에서 발표된 법령들, 그리고 실베스터로부터 그레고리 2세까지의 교황들의 칙령들로 이루어져 있는데 내용을 자세히 분석해보면 40여 개의 위조문서들이 제시되어있다.

227　세빌의 이시도르는 당대 과학과 신학적 지식을 수집하는 일에 뛰어났으며 수집된 내용들을 다음 세대에 물려주는 일을 하였다. 벵트 헤그룬트, 『신학사』, 박희석 역 (성광문화사, 1997), 205.

(1-2) 위조 칙령집 출간 원인

이들은 당시 5대 총대교구 즉, 로마 교구, 콘스탄티노플 교구, 시리아의 안디옥 교구, 북아프리카의 알렉산드리아 교구, 팔레스타인의 예루살렘 교구들 가운데 모든 권력과 통치권을 로마에 집중시킴으로써 교회의 통일을 시도하려는 목적이었다. 이들은 로마 교회를 5대 교구 중 최고 통치 교구로 강화시켜 교회의 통일성을 훼손시킬 우려가 있는 메트로폴리탄 즉, 국가의 횡포로부터 일반 주교들을 보호하기 위함이었다. 또한 세속 법관들의 관할에서 종교적 문제들을 제외시키려는 의도를 가지고 세속 통치자들로부터 교회 감독들의 독립을 보장하기 위한 온갖 방법들을 모두 동원하였다.

(2) 콘스탄틴의 증여(Donation of Constantine)

위이시도르 칙령집에는 이 헌정문구가 들어있다. 이 문서는 황제 콘스탄틴이 315년 3월 30일자로 교황 실베스터 1세에게 보낸 편지 형식을 취하나 사실은 8세기 이후에 작성된 것으로 보인다. 이 서류를 작성한 배경에는 750년 직후 교황이 비잔틴 황제

Donation of Constantine
출처: https://www.christian-history.org/donation-of-constantine.html

와의 결별을 정당화할 속셈이 들어있었다. 또한 교황이 이탈리아 내의 옛 비잔틴 영토를 프랑크족에게 넘겨줄 법적 권한을 가지고 있음을 그들에게 입증코자 작성하였으며, 이는 막강했던 당시 교황의 권

력을 보여주고 있다.[228]

(3) 훔베르투스(Humbertus, 1006-1061)의 반성직 매매론

교황 레오 10세 때 이탈리아의 추기경이었던 훔베르투스는 3권으로 작성된 『반성직 매매론』Libri tres adversus simoniacos, Adversus simoniacos, 1057을 출간하였다. 그 내용에는 성직 매매를 반대하는 입장과 아울러 황제의 서임권을 반대하는 내용으로 구성되어 있으며, 평신도인 세속 군주가 성직자를 임명하거나, 추대했을 경우 성직 매매의 범주 해당된다고 주장하고 있다. 즉, 평신도인 황제는 교회의 예전을 주관하는 주교, 성직자들에게 지팡이와 반지성직자가 직무 수행 시 사용를 수여할 자격이 없다는 것이다. 따라서 세속 영주와 왕, 그리고 황제가 실시한 서임권의 정당성을 전면으로 부정한 것이다.[229] 이 저서의 제3권은 다음과 같이 구성되었다:

> 사제직은 영혼과 유사하고 왕위는 육체와 유사하다. 왜냐하면 그것들은 서로 밀착되어 있어 서로를 필요로 하고 있으며 각기 봉사를 서로서로 요구하고 있고 서로에게 봉사를 한다. 이로부터 영혼이 육체를 능가하는 것처럼 사제직의 권위가 왕실의 권위를 능가한다는 것을 도출할 수 있다...[230] 평신도가 대체 무슨 자격이 있기에, 교회의 예전을 주

---

228 후스토 L. 곤잘레스, 『중세교회사』, 엄성옥 역 (은성출판사, 2012), 42.
229 Brian Tierney, *The Crisis of Church and State, 1050-1300* (Englewood Cliffs, NJ, 1964), 40-42.
230 Humbert, *Three Books Against the Simoniacs*: quoted in *Tierney*, 4-41 recited in 윌리암 플래처, 『신학의 역사』, (기독교문서선교회, 1996), 183.

관하고 주교를 위시한 성직자들에게 지팡이와 반지를 수여하는가? 이 지팡이와 반지야말로 서임을 받은 주교가 그의 직무를 수행할 때 사용하는 것 아닌가?… 지나간 시대는 차치하고라도 오늘날 아직도 독일, 블란서와 온 이탈리아에서 성직을 매매하는 이 미친 짓이 널리 행해지고 있음을 많은 사람들이 알고 있다. … 교회 수위가 주님의 집을 여닫을 때 사용하는 열쇠나, 예배 시간을 알릴 때 사용하는 종탑의 줄을 평신도가 취급하는 것이 절대 허용될 수 없다면 평신도가 주교의 지팡이와 반지에 손을 대서는 안 된다는 것은 너무나 당연하다. 주교는 이 지팡이와 반지를 가지고 교회 수위뿐 아니라, 그보다 더 높은 품계와 다른 모든 성직자들을 서임하고, 교회 건물과 거기 속한 모든 것에 축성하지 않는가?[231]

(4) 십자군 전쟁

1095년에 발생한 십자군 전쟁은 교황권 강화의 극치를 보여주었다. 약 200년에 걸친 이 십자군 전쟁을 통해 교황은 여러 종교 회의를 통하여 모두 십자군 전사로서 맹세케 하고 사죄의 은총을 수여하였으며, 결국 기독교 성지 회복이라는 목적보다는 교황의 우위권을 확보하는데 더 많

Medieval Crusades
출처: http://epicworldhistory.blogspot.com/2013/10/crusades.html

---

231 *Libri tres asversus simoniacos*, II, 44. 13-16; III. 9. 4-17. G. Haendler, *Von der Reichskirche Ottos I. zur Papstherrschaft Gregors* VII, 121-122, recited in 김광채, 『중세교회사』, (도서출판: 신성, 2022), 250.

은 관심을 보였고 이를 통해 교황권의 권위를 고양시키고자 하였다. 이러한 교황권 강화책에 대해서 사학가 랑케는 다음과 같이 묘사하였다:

> 초기 교황들에 관해서 어떻게 생각하든 간에, 그들은 항상 억압받는 신앙을 보살피고, 이교와 싸우고, 기독교를 북유럽 민족들에게 전파하고, 독립된 성직 위계 체제를 수립하는 일에 큰 관심을 보였다. 이 일은 어떤 위대한 일을 목표로 세우고 실천하는 인간 존재의 위엄에 속하며, 이러한 경향을 교황들은 상승의 기세로 간직했다.[232]

이처럼 랑케는 초기 교황들이 교권과 속권의 갈등 속에 교황권의 권익을 옹호하고 구축하기 위해 다양한 방법을 동원하여 교황권 강화책을 수립해갔음을 지적하였다.

3) 교황권 강화

(1) 그레고리 1세(대그레고리우스, Great the First)

그레고리 1세는 라틴 교부들 가운데 마지막 교부이자 첫 교황으로 등극한 자로서, 초대와 중세 교회, 그리스와 로마의 기독교, 로마와 독일의 기독교의 축을 형성한 인물이었다.[233]

---

232 *Die R mischen P pste des 16 und 17ten, Jahrhunderts*, Th, I., 44 (2nd. ed.), recited in 필립 샤프, 『교회사 전집 4- 중세 시대 A.D. 590-1049 그레고리우스 1세부터-그레고리우스 7세까지』, 이길상역 (서울: 크리스챤 다이제스트, 2004), 203.

233 필립 샤프, 『교회사 전집 4- 중세 시대 A.D. 590-1049 그레고리우스 1세부터-그레고리우스 7세까지』, 203.

540년 기독교인이자 로마 원로원의 아들로 태어난 대그레고리, Gregory I세재위, 590-604는 중세 가톨릭 교회를 가장 잘 대표하는 인물로서, 교황권 확립 및 강화를 구축하였다. 그는 교황 펠라기우스 2세 Pelagius II세에 의해 콘스탄티노플 특사로 파견되었다가, 교황이 서거하자, 차기 교황으로 추대받게 되었다. 그는 롬바르드족흉맹하고도 잔인한 족속이 568년에 이탈리아를 침공하여 로마를 위협할 당시 협상과 무력으로 로마를 건지는 수완을 보였으며, 롬바르드족의 침입 시, 집을 잃은 피난민들에게 주거와 음식을 공급하였다.[234] 이들과 협상에 성공한 이후 그는 이탈리아와 남부 프랑스, 북부 아프리카에 이르는 교회령을 넓혀 수입을 올리고 교세의 확장과 빈민 구제 사역을 강화함으로써 교황청의 교황권 신장을 이룩하였다. 그는 영국에까지 로마 가톨릭 선교사 파송하였고 프랑스 고울과 영국과 독일에 교황청의 영향권에 둘 정도로 교황권을 강화하였다.

그의 인간론과 죄론 및 하나님의 은총론에 대해서는 어거스틴과 비슷하였으나,[235] 세례를 통해 죄가 제거되며 신앙이 주입된다고 주장하였을 뿐만 아니라 세미펠라기안주의 Semi-Pelagianism를 강조함으로써, 어거스틴의 신학에서 벗어나게 되었다.[236] 즉, 그는 참회를 "통회, 자백, 면제, 배상"이라고 정의하였고, "고행을 통해 자기를 형벌

---

234 윌리암 케논, 『중세교회사』, 서영일 역 (서울: 기독교문서선교회, 1995), 47.
235 그는 어거스틴의 은혜교리를 단순화시키고 간략하게 줄여서 중세에 소개하였다. 벵트 헤그룬트, 『신학사』, 205.
236 그레고리우스는 다음과 같이 주장하였다. "하나님은 인간에게 계명을 부여함으로써 인간이 의로운 자가 될 수 있게 하였으며, 인간은 그러한 계명을 성취해야 함은 물론 이 이상의 것을 성취할 수도 있다."

에 처함으로써 배상을 가져온다." 그리고 "현세적 형벌을 통하여 영원한 형벌을 모면할 수 있다." 그리고 "현세적 형벌은 산 자와 죽은 자를 위한 그리스도와 성자들의 중재를 통해, 그리고 미사를 통해, 성해와 부적을 사용함으로 감소하거나 면제된다"고 주장함으로써 세미펠라기안주의적인 입장을 강조하였다.[237] 그의 성례론은 로마 가톨릭의 화체설의 길을 열었으며, 연옥설[238]을 강조하였고, 말씀보다는 성례 위주의 사제주의의 물꼬를 여는 결과를 가져왔다.[239] 그는 교황이 되자 모든 교회 내의 잘못을 시정할 책임을 통감하고 베드로의 대리자이자 후계자로서 우월성을 강조하였다. 그는 모든 주교와 총대주교들은 교황의 감독과 시정을 받도록 촉구하였다. 비록 당시 콘스탄티노플과 대도시 총대주교들과 알력은 존재하였지만, 서방 세계의 로마 교회 세력을 공고히 다져갔다:

"선한 지배자는 선한 백성에 대한 신의 포상이요, 악한 지배자는 악한 백성에 대한 신의 징벌이다. 그러므로 통치자는 선하건 악하건 그는 신으로부터 직접 권한을 받았기 때문에 존경해야 한다. 선한 통치자는 악한 통치자가 악을 행할 때도 비난하지 않는다. 왜냐하면 통치자에게

---

237 후스토 L. 곤잘레스, 『중세교회사』, 44.
238 ★ 연옥설에 대한 로마 교회의 입장. 1) 순결한 영혼들은 이를 거치지 않고 곧바로 천국 행으로 간다. 2) 깨끗지 못한 신자(대부분 신자들)은 하늘나라 가기 전 정결 과정으로 연옥에 들어간다. 3) 그 기간은 알 수 없다. 땅 위의 신자들의 기도와 선행과 미사 정도에 따라 경감되거나 증가된다. 4) 마지막 심판까지 있을 가능성도 있다. 동방교회는 중간 상태(죽음과 심판 사이)를 말하나, 서방교회는 그레고리 이후 연옥설을 그대로 인정하였다. 작은 죄는 심판을 받기 전에 연옥의 불로써 정결케 되고(고전 3:11-15), 다른 사람의 중보 기도, 선행, 미사에 의해서 연옥으로부터 구원받게 된다고 주장하였다.
239 벵트 헤그룬트, 『신학사』, 207.

저항하고 대항하는 것은 인간 위에 세우신 절대자를 대적하는 것이기 때문이다."

J. 펠리칸은 그레고리 1세가 교황직에 오르자, 고대 종교 회의를 통해 결정된 교회 전통들과 성경에 대한 해석은 전적으로 교황의 교사 아래 놓여있으며 교황의 인준에 속한다고 주장할 정도로 교황의 교서는 성경의 권위보다 우위에 있었다고 주장하였다.[240]

4) 샤를마뉴 대제(Charles Augustus, 일명 Charlemagne)와 교황 레오 3세의 미묘한 갈등.

476년 서로마 제국이 멸망한 이래 약 324년 만인 800년 크리스마스 날에 교황 레오 3세는 로마의 성 베드로 대성당에서 거대하게 열린 황제대관식에서 샤를마뉴를 공식적인 황제로 임명하게 되었다. 그는 이 황제관을 쓰게 됨으로써 동로마 제국과 동방교회의 간섭에서 벗어나게 되었다. 이는 오랫동안 콘스탄티노플에 빼앗겼던 476년 서로마 제국 멸망 서방 제국의 영광을 회복하는 정치적인 의미뿐만 아니라 서방 제국에 신정 정치 확인을 의미하는 거대한 역사적인 사건이 되었다. 이는 또한 서방 세계의 고대 로마의 전통과 영광을 다시 찾고자 하는 신성 로마 제국 The Holy Roman Empire 의 출범을 알리는 신호탄이 되었다. 그는 이 대관식을 통해 서방 세계의 최고 지도자로 부

---

240 Jaroslav Pelikan, *The Emergence of the Catholic Tradition (100-600)*, vol. I (Chicago & Lodon: The University of Chicago Press, 1917), 356-7.

상하게 되었으며, 이 신성 로마 제국은 962년 오토 1세Otto I에 의해 번영의 일로에 놓이게 되었다.

그는 주장하길, 하나님은 이 로마 제국을 영원히 다스릴 것인데, 이를 다스릴 권한이 샤를마뉴에게 주어졌기에 다른 족속의 왕들이 로마 제국의 명령을 거역할 수 없게 되었다. 이러므로 그는 최고의 통치자가 된 것이다. 그는 여기서 그치지 않고 기독교 백성의 왕으로서 교회의 수호자임을 자처하였다.[241] 당시 교회는 영적인 일을 관장하고, 국가는 세속적인 일을 담당하는 것으로 이해했다. 그러나 이 둘은 서로 밀접한 관계를 형성하였기에 지상권을 둘러싸고 교황과 황제는 점차 갈등이 고조되었다. 그는 교황을 자기 왕국의 수석 사제로 간주하였고, 직접 주교들을 임명하고 그들을 대상으로 공의회를 소집하였다. 결국 공의회는 왕의 자문 기관이 되었다.[242]

5) 황제 하인리히 4세(Heinrich IV)와 교황 그레고리우스 7세(Gregorius VII, Hildenbrand) - 교황권 강화

샤를마뉴 대제 사후 분열된 프랑크 왕국의 카롤링 왕조는 911년에 끊어지고, 5명의 제후에 의해 국왕이 선출되었는데, 초대 국왕은 프랑켄 제후의 콘라드 1세911-918, 2대 국왕은 작센 제후의 하인리히 1세919-936, 3대 국왕은 하인리히의 아들인 오토 1세936-973가 즉위하여 동프랑크 왕국은 급속히 성장하게 되었다. 오토 1세가 즉위하자, 동프랑크 왕

---

241 후스토 L. 곤잘레스, 『중세교회사』, 85-87. 샤를마뉴는 황제로서 교회의 수장이 되고자 종교 문제에 직접 개입하고 주일 예배와 수도원 개혁을 직접 관장하였다.
242 후스토 L. 곤잘레스, 『중세교회사』, 88.

국은 독일을 위시한 "신성 로마 제국"으로 새롭게 태동하였다. 오토 1세는 교회 정책을 통하여 황제권을 강화하고, 제국의 서임권을 장악하고 토지와 특권을 주교에게 주어 주교 중심 체제로 만들되, 주교들은 황제에게 충성을 맹세토록 하였다.[243]

그는 자신을 배반한 요하네스 12세를 면직시키고 대신 평신도였던 레오 8세를 교황의 자리에 앉히는 등, 교황과 주교 서임권을 활발하게 이용하였다. 이러한 황제의 세력은 하인리히 2세에 이르기까지 강화되었다가 11세기에 이르러 드디어 교황권과 황제권 사이의 세력 충돌은 피할 수 없게 되었다. 이러한 갈등 양상 속에 등장한 교황이 다름 아닌 힐데브란트로 알려진 그레고리우스 7세였다.[244] 그는 다음과 같이 주장하였다:

> 하나님이 하늘에 두 빛 곧 해와 달을 달아두심으로써 만물을 비치게 하는 것처럼 땅에는 두 큰 세력을 세우심으로 만민을 다스려 잘못된 길로 가지 않게 하신다. 이 두 세력은 교황과 국왕이다. 교황은 큰 빛이고 국왕은 작은 빛이다. 그리스도의 가르침을 따르면, 하나님의 도우심으로 사도의 권력(교황)이 국왕의 권력(황제)을 지배하는 것으로 정해져 있다.[245]

243　심창섭, 채천석, 『원자료 중심의 중세교회사』, 79.
244　심창섭, 채천석, 『원자료 중심의 중세교회사』, 80.
245　필립 샤프, 『교회사 전집 4- 중세 시대 A.D. 590-1049 그레고리우스 1세부터-그레고리우스 7세까지』, 242. 1080년 5월 8일 영국의 윌리엄에게 쓴 편지. Migne, 148, 569. recited in 『교회사 전집 5- 중세 시대 1049-1294, 그레고리우스 7세부터 보니파키우스 8세까지』, 49.

1056년 추기경 홈베르투스의 "반성직 매매론"을 근거로 황제가 새로 취임하는 감독에게 성직 취임 표시로 반지와 지팡이를 주는 것도 성직 매매라고 주장하였다. 그 후 1059년에 개최된 종교 회의를 통해 교황은 어떤 조건 아래서도 속인황제이 성직서임을 주관하는 일을 금하였다. 이렇게 되자 독일 황제의 권좌는 흔들리게 되었고, 대신 교황의 권세가 강화되었다. 그 결과 1061년 알렉산더 2세는 힐덴브란트의 도움으로 교황에 선출되었으며, 약 10년 동안 교황으로 활동하다가 1073년에 사망하여 라테란의 성 요한 바실리카 묘지에 안장되었다. 또 추기경 휴고 칸디두스Hugo Candidus를 중심으로 새로운 교황을 선출하게 되었는데, 그는 당시 개혁을 추진하였던 힐데브란트를 그레고리 7세Gregor VII, 1073-85라는 이름으로 교황에 선출되었음을 선포하였다. 그는 교황으로 두 가지를 착수하였는데, 먼저 교황 절대주의를 옹호하였으며[246] 성직자들의 도덕성 회복에 중점을 주었다. 그는 1074년 3월에 종교 회의를 개최하여 칙령을 공표하였다.

칙령 내용:

[1] 성직을 매입한 교직자는 바로 그 사실만으로도 성직을 감당하기에 부족한 자이다.

[2] 교구를 맡기 위해 금품을 증여한 자는 그의 교구를 상실한다. 아무

---

246 힐덴브란트는 자신을 "베드로의 후계자이자 계승자"로 자처하면서 "그리스도의 대리자"라고 주장하였다.

도 교회에 관련된 직함을 팔거나 사지 못한다.

[3] 간음죄를 범한 신부는 즉각 성직자로서의 기능을 정지시킨다.

[4] 교인들 스스로가 성직 매매와 음란에 관한 교황의 칙령을 위반하는 성직자들의 목회를 받기 거부해야 한다.[247]

그레고리우스 7세는 덴마크와 폴란드, 보헤미아, 헝가리, 스페인, 잉글랜드, 프랑스, 독일 등 각국에서 벌어지고 있는 평신도 즉, 황제를 통한 성직수임권을 전면으로 거부하고 이를 죄악으로 선언하였다. 황제 하인리히 4세는 온건한 정책을 취했던 알렉산더 교황 당대 하인리히 4세의 중심축이었던 4명의 성직자들을 그레고리우스 7세가 파문시킨 일을 잘 알고 있었다. 이러한 정황 속에서 양자 간의 서임권 투쟁의 사건이 발생하였다. 1075년 11월 그레고리우스 7세는 종교 회의를 통해 하인리히 4세의 고문 5인을 성직 매매 죄로 파문하였으며, 작센족의 성직 매매에 대하여 엄중한 경고를 보냈다.

전임 교황이었던 알렉산더 2세 시절부터 밀라노 주교의 문제로 자주 폭동이 일어나자, 하인리히 4세는 주교를 파면하고 대신 자기의 사람인 카스티글리오네 출신의 고드프리 Godfrey를 임명했다. 그러나 그는 성직 매매 문제를 일으킨 자였기 때문에 알렉산더 2세는 이를 거부하고 밀라노 시민 단체가 선출한 오토 Otto를 주교로 받아들였다. 그 후 그레고리 7세가 교황직에 오르자, 하인리히 4세에게 밀라노의

247　MPL, CXLVIII,752, recited in 윌리암 캐논, 『중세교회사』 서영일 역 (기독교문서선교회, 1986), 207.

주교 임명권에 간여치 말 것을 주장하였다. 그리고 그레고리우스 7세는 1075년 3월 로마에서 종교 회의를 주재하여 모든 주교와 수도원장직에 대한 임명권은 세속적인 통치자가 아닌 교황에 의해 선포되어야 한다는 법령을 공표하였다. 그레고리우스 7세는 '교황의 교의 또는 교황의 선언'Dictatus Papae라는 27개의 선언문으로 교황의 권한을 구축하였다. 그 중 핵심 내용은 다음과 같다.

> 로마 교회는 오직 하나님 한 분에 의해 세워졌으며, 로마 주교만이 보편적(Catholic)이라고 불려질 수 있다. 그는 주교를 폐위 또는 복직시킬 수 있으며, 교황의 위임자(대사)들은 아무리 하위 직급이라 할지라도, 회의에서 모든 주교보다 우위에 서며, 그들에 대한 폐위 선언을 할 수 있다. 교황의 이름만 교회에서 칭송되며 이 칭호는 세상에서 유일무이하며, 어느 법도 교황의 재가 없이 교회법이 될 수 없고, 누구도 교황을 판단해서도 안 되고 교황이 교회법에 따라 임직 되면 로마 주교는 축복 받은 베드로의 자비로 확실히 거룩하다.[248]

하인리히 4세는 작센의 반란을 진압하고 밀라노 주교 문제에 다시 개입하여 자기가 임명한 주교의 합법화를 시도하였다. 그레고리 7세는 1076년 1월 교황사절단을 파견하여 교황의 권한으로 하인리히 4세에게 로마로 직접 출두하여 자신의 실책을 인정하도록 명령했다.

---

248 Erich Caspar, ed., *Monumenta Bermaniae historica, Epistolae selectae*, 2/1 (Berlin, 1920), recited in 조셉 린치, 『중세교회사』, 심창섭, 채천석 역 (도서출판 솔로몬: 2005), 252-253.

이를 어길 시에는 파문하겠다고 협박하였다. 그러자 하인리히는 교황 선출에 문제가 있었다는 논리로 1076년 1월 보름스Worms 종교 회의를 개최하여 그레고리우스 7세를 정죄하고 교황직을 박탈하고 파문까지 선언하였으며, 이러한 결정 사항을 그레고리우스 7세에게 통보했다.

> 찬탈이 아닌 하나님의 거룩한 규례에 힘입어 왕이 된 하인리히는 교황이 아닌 사이비 수사인 힐데브란트에게 편지하노라. 그대는 잔꾀와 아첨과 뇌물과 폭력으로 권력을 쥐었으면서도 어찌하여 참된 교황 성 베드로의 '하나님을 경외하고 왕을 두려워하라'는 명령을 멸시한 채 주의 기름 부음 받은 자에게 감히 손을 대는가? 그대는 하나님을 경외하지 않기에 하나님이 임명하신 짐의 명예를 훼손한다. 그대는 모든 주교들의 이구동성에 의해 단죄받았으므로 이제 사도좌에서 내려오고, 성 베드로의 건실한 교리를 가르치고 종교의 외투를 입고 폭력을 자행하지 않을 다른 사람을 그 자리에 앉히도록 하라. 하나님의 은혜로 왕이 된 나 하인리히는 나의 모든 주교들과 함께 그대에게 명하노니, 당장 내려올지어다…! 신성 로마 제국의 황제도 교황처럼 역시 하나님이 내리셨다. 성직자를 혼자 임명하겠다는 야심을 가진 것은 분명히 법에 어긋난다. 엄숙히 말하건대, 이젠 교황이 아니라 단순한 악동 수도사에 지나지 않는 힐데브란드는 퇴진하라. 그레고리는 교황이 아닌 한 마리의 굶주린 늑대일 뿐이다.[249]

---

249 Bruno, *De bello saxonico, in Pertz*, VII, 352 recited in 필립 샤프, 필립 샤프, 『교회사 전집 5- 중

그는 즉각 제헌국회를 소집하여 교황 그레고리 7세의 폐위를 결의하고 새 교황 윌버트를 선출하였다.

국왕에 의한 자신의 폐위 소식을 듣게 된 그레고리우스 7세는 1076년 2월 22일 라테란^Lateran 공의회를 개최하여 그리스도께서 베드로에게 위탁한 '하늘과 땅의 맺고 푸는 권세를 가진 교황'으로서 하인리히를 벌하고 폐위를 선언할 뿐만 아니라 파문을 단행하였다. 또한 하인리히에게 충성하는 백성들에게도 동일한 파문이 선포될 것임을 선언하였다.

> 그러므로 전능하신 아버지와 아들과 성령의 이름으로 교회의 명예와 안전을 위해서 이것을 굳게 신뢰한 터에서, 나는 황제 하인리히의 아들 하인리히 왕에 대해서 튜턴족 왕국과 이탈리아를 통치하는 것을 금하는 바이다. 왜냐하면 그는 들어보지 못한 교만으로 교회를 짓밟아 가며 자신을 드높였기 때문이다. 그리고 나는 모든 그리스도인들에게 그들이 하인리히에게 바쳤거나 앞으로 바치게 될 충성 서약의 짐을 벗겨 주며, 누구든지 그를 왕으로 섬기는 것을 금하노라.[250]

이는 기독교 세계에서 가장 큰 두 권력 사이의 사생결단의 출발을 선포하는 신호탄이 되었다. 이러한 사건은 전무후무한 사건이었

세 시대 1049-1294, 그레고리우스 7세부터 보니파키우스 8세까지』, 65.
250 필립 샤프, 『교회사 전집 5- 중세 시대 1049-1294, 그레고리우스 7세부터 보니파키우스 8세까지』, 66.

다.[251] 하인리히는 이 소식을 전해듣고 격분하였으며 그레고리우스 7세를 향하여 위선자, 살인자, 이단자, 간음자라고 규정하고 보름스 공의회를 소집하였으나, 독일 제후들은 이 사건을 계기로 황제의 막강한 국가 통제권을 약화시킬 수 있다는 확신을 가지고 이 회의에 불참하였다. 하인리히는 재차 6월 29일에 마인츠 공의회를 소집하였으나 결과는 마찬가지였다. 당시 국회에서 황제를 지지하던 영주들과 성직자들이 하인리히로부터 등을 돌렸다. 오히려 1076년 10월 16일에 개최된 제국의회를 통해 국왕은 교황의 명령을 수용할 것을 결의하고 선포하였다. 그 결과 1077년 2월 2일 아우구스부르크 종교회의를 통해 교황 주재하에 황제가 출두토록 요구하였다.

드디어 독일의 교회에서의 예배가 정지되고, 성만찬은 금지되었다. 예배와 성만찬은 구원의 수단이자 은혜의 수단으로 여겼던 당시 독일인들은 왕을 저주하고 욕하게 되었으며, 제후들은 자신들의 입지를 새롭게 수립할 수 있는 명분을 얻게 되었다. 하인리히 4세는 매우 난처하게 되었으며, 결의 사항이 시행되기로 결정된 날이 1077년 2월이기 때문에, 하인리히 4세는 유사 이래 찾기 힘든 혹한을 맞이하여 참회자의 신분으로 알프스를 넘어 교황을 알현하기로 작정하였다. 하인리히는 1077년 1월 21일 왕비와 2살된 왕자와 수행원을 이끌고 눈으로 가득 덮인 알프스 산맥을 가까스로 넘었다. 하인리히

---

251 필립 샤프, 『교회사 전집 5- 중세 시대 1049-1294, 그레고리우스 7세부터 보니파키우스 8세까지』, 66.

4세는 교황이 머물고 있던 카놋사Canossa에 도착하여, 교황에게 용서를 구하였으나 교황은 황제가 왕위를 포기하고 모든 권한을 자기에게 이양해주는 조건을 내걸고 일언지하에 이를 거부하였다. 하인리히 4세는 1월 25-28일 동안 밤낮 3일에 걸쳐 죄를 자백하는 참회자 신분으로 카놋사 성문 앞의 눈 밭에서 맨발에 참회복을 입고 엎드려 눈물을 흘리며 용서를 구하고 참회를 드렸다: "거룩한 아버지시여, 제발 저를 살려주십시오. 저를 살려주십시오."[252] 결국 교황의 요구 조건에 무조건적으로 수용하기로 약속한 하인리히에 대하여 교황은 토스카나 백작 부인과 클뤼니 수도원장 후고의 요청으로 황제의 파문을 해제하였다.[253] 이 사건 이후, 하인리히는 황제로서 잊을 수 없는 이 치욕을 가슴에 담고 자신의 정치적 기반을 다시 구축하는데 전력을 기울였다.

황제가 죄 용서를 받게 되자, 황제의 권한에 제동을 걸었던 작센과 슈바벤 제후들은 신변의 위기의식을 감지하고, 1077년 3월 13일 포르크하임에 모여 1077년 3월에 루돌프 폰 라인펠덴Rudolf von Rheinfelden을 새 국왕

Humiliation at Canossa
출처: https://m.blog.naver.com/PostView.naver?isHttpsRedirect=true&blogId=e_mnb&logNo=90168934186

---

252 윌리암 케논, 『중세교회사』, 212-213. 오늘날 카놋사의 문은 "참회자의 문"(Porta di penitenza)이라고 불리운다. 필립 샤프, 『교회사 전집 5- 중세 시대 1049-1294, 그레고리우스 7세부터 보니파키우스 8세까지』, 71.
253 Clyde L. 맨슈랙, 『세계교회사』, 최은수 역, (총신대학출판부, 1991), 207.

으로 선출했다. 그 결과 시민들이 폭동을 일으키자, 루돌프 폰 라인펠덴은 이 폭동들과의 전투에서 자기 오른손을 잃은 뒤, 1080년 사망하였다.

하인리히는 독일을 다시 평정하고 실질적으로 세력을 회복하자 교황에게 복수를 결행했다. 1080년 6월에 하인리히 4세는 티롤 지방의 브릭센Brixen에서 종교 회의를 소집하여, 그레고리우스 7세를 야심과 탐욕, 성직 매매, 마술, 이단 등의 죄목으로 폐위를 선언하고, 추기경 휴고 칸디두스와 27명의 주교들과 함께 라벤나의 대주교였던 비베르트Wibert를 클레멘트 3세라는 대립 교황Gegenpapst, Anti-Pope으로 임명하였다. 하인리히는 1084년 3월 31일 부활절 아침에 성 베드로 성당에서 비베르트 대립 교황을 통해 황제관을 수여받았고, 5월 21일 로마를 향하였다. 그러자 그레고리우스 7세는 노르만족의 지도자 로브르 귀스카르Wiscard에게 도움을 요청하자, 그는 노르만족, 롬바르드족, 아풀리아족, 사라센족 등 보병 3만, 기병 6천을 이끌고 5월 27일 로마에 진입하여 교황을 구출하였으나, 이들은 로마를 초토화시켰으며, 수많은 여성들 즉, 부인들, 수녀들까지 성폭행을 하면서 수천 명을 노예로 끌고 갈 정도였다. 이러한 노르만족의 악행은 시민들이 오히려 하인리히 4세를 지지하는 결과를 가져왔다.

1084년 2월 하인리히 4세는 종교 회의를 열어 그레고리우스 7세를 폐위시켰다. 교황은 대립 교황을 인정하지 않고 몬테 카시노의 추기경이었던 데시데리우스Desiderius를 빅토르 3세Victor III라는 이름으로 후임자로 지명하였다. 그레고리우스 7세는 1085년 사망할 때까지 노르만 족의 경호를 받으면서 살았으며, 그는 유언으로, "나는 공의를 사랑하고 불의를 미워하였기에 유배지에서 죽는다"라는 말을 남겼다. 그 후, 빅토르 3세가 8개월 동안 교황직을 수행하고 서거하자, 후임으로 오스티아의 추기경인 오토Otto를 우르반 2세Urban II, 1088-99라는 교황명으로 선출했다. 클뤼니 수도원 출신인 우르반 2세는 개혁적인 인물이었으며, 전임 교황과 마찬가지로 성직임명권을 주장하였다. 이러한 성직임명권의 갈등은 1122년 9월 황제 하인리히 5세4세의 아들와 교황 칼릭스투스Calixtus II, 1119-24 사이에 맺어진 보름스 협약The Concordat of Worms을 통해서 일단락되었다.

6) 프랑스 황제 필립 4세(Philip IV, 1285-1314)와 교황 보니파키우스 8세(Bonifacius VIII, 보니페이스, 1294-1303)

교황 보니파키우스 8세의 교황권 강화책은 그레고리 7세나 이노센트 3세 못지않게 강력하였다. 그는 전임 교황인 셀레스틴 5세와는 다르게 귀족 출신으로서 유럽의 왕가에 대하여 해박한 지식을 잘 알고 있었으며 권력 쟁취를 통하여 교황권을 강화하고자 하였다.[254]

교황의 주장이야말로 캐논 교회 법령의 유일한 기반이 되며, 모든 법령은 다 교황의 가슴속에 있다고 표현하였다. 그는 "우남상탐"Unam Sanctam, 唯一 聖權敎書, 1302이라는 유명한 교서를 반포하여 기독교 신앙은 유일하고 거룩하며, 사도적인 교회의 머리는 그리스도요

---

254 필립 샤프, 『교회사 전집 6- 중세 시대 A.D. 1294-1517 보니파키우스 8세부터 루터까지』, 21

그의 대리인 베드로임을 가르친다고 주장하였다.

우남상탐Unam Sanctam, 唯一 聖權敎書은 다음과 같이 황제의 권력보다 교황권이 우세함을 강조하였다:

> 베드로는 두 개의 칼이 있다. 하나는 영적인 것이요, 다른 하나는 세속적인 것이다. 왜냐하면 사도들이 '여기 (교회)에 두 개의 칼이 있나이다' 라고 하였을 때 주님께서는 이는 너무 많다고 하지 않으시고, 그렇다면 충분하다고 하셨기 때문이다… 따라서 영적이고 세속적인 권력은 교회에 속했다. 그러나 후자는 교회를 대리하는 기관들에 의하여, 전자는 교회에 따라 직접 행사된다. 전자는 신부들의 손에 의하여, 후자는 왕들과 기사들에 의하여 행사되나 신부들의 명령과 지시를 따라야 한다. 왜냐하면 세속적 권력은 영적 권위에 순종해야 하기 때문이다.[255]

보니파키우스는 잉글랜드 국왕 에드워드 1세와 프랑스 국왕 필립 4세와 서임권 논쟁을 치르게 되었다. 이 두 왕은 모두 교황의 1296년의 대칙령 즉, 클레리키스 라이코스Clercis Laicos 누구든지 교황의 승인 없이 성직자에게 과세를 부과하면 자동 파문당한다에 심하게 반발하고 있었다. 이때 잉글랜드 에드워드 1세는 성직자들도 세금을 내도록 했으며, 필립 4세는 명령을 내려 프랑스 교회가 로마 교회에게 헌금하는 것을 금하도록 하였다. 그러자 교황은 에스티 데 스타투Esti de Statu 클레리키스 라이코스 칙령을 다시 회복하는 내용 칙령을 내려 다시 교황권을 강화하고자 하였

---

255   필립 샤프, 『교회사 전집 6- 중세 시대 A.D. 1294-1517 보니파키우스 8세부터 루터까지』, 35-36.

다. 교황은 스코틀랜드를 교황령으로 주장하여 잉글랜드가 이곳에 침입하는 것을 금지했다. 그러자 잉글랜드는 링컨에 의회를 소집하고 세속적 권력에 대한 분야에 있어서는 일체 교황의 지시에 따르지 못하도록 하는 결의안을 채택하였다.

교황은 1302년 다시 "우남상탐" 칙령을 통하여 교황의 권한과 권위를 다시 고양하고자 하였다. 그러자 필립은 자신의 충실한 신하인 노가레Guilllaume de Nogaret, 1260-1313를 파송하여 교황을 체포하도록 하였다. 교황은 1303년 9월 7일 자기 고향인 아니뉘Anigni-로마에서 약 57킬로의 거리에 위치에서 습격받고 체포되었다.

황제는 그를 프랑스로 압송하여 재판에 부치고자 하였으나, 그곳 사람들이 들고 일어나 그를 풀어주었다. 비록 그는 사흘 동안 감금 당하였지만 워낙 노령인 80세에 가까운 고령인지라 복수전을 준비하였지만, 건강 악화로 인해 뜻을 이루지 못하고 한 달 만에 사망하고 말았다.

2. 중세 개혁주의자들

앞서 살펴본 바처럼, 중세의 교황권은 황제의 권한을 압도하는 교권과 속권을 모두 차지할 정도로 강력하였으며, 이들의 신학 사상은 성경에서 벗어난 신학으로 일관되어 있었다. 예배 형태는 예식과 의식 중심이었고, 하나님과 나와의 만남의 시간이라기보다는 사역자들의 독무대로 진행된 절차만 강조된 모습이었다. 이러한 정황 속에서 초대 교회 공동체 신학과 신앙의 회복을 부르짖으며 여기저기에서 조그마한 목소리들이 서서히 등장하기 시작하였다.

1) 피터 왈도(Peter Waldo [Valdes, Vaudes], 1140-1217) **및 왈도파**(Waldensians, Waldeneses)

(1) 피터 왈도의 생애

왈도파의 창시자로 알려진 왈도의 이름과 출생과 그의 생애에 대한 자료가 분명하지 않다. 그 원인은 당시 로마 가톨릭으로부터 극심한 핍박과 처형을 당해왔던 왈도파는 자신들의 구체적인 활동 사항에 대한 기록을 드러내길 원치 않았기 때문인 것으로 보인다.[256] 왈도는 12세기 프랑스 급진적 금욕주의 운동의 주창자로서, 프랑스 리용Lyon의 부유한 상인 아들로 출생하

Peter Waldo(1140-1217)
출처: https://en.wikipedia.org/wiki/Peter_Waldo

였는데, 경제적으로 성공한 리용의 상인 왈도는 1170년경 그 도시의 유력한 시민이 갑자기 사망하는 사건을 직접 목격함과 더불어, 광장에서 한 음유 시인이 부르는 노랫소리를 듣게 되었는데, 이에 감동한 그는 그 시인을 집으로 초청하여 그의 가르침을 받게 되었다. 그가 낭독한 내용은 부친의 집에서 축복된 죽음을 맞이한 성 알렉시스ST.

---

256 라은성, "왈도파 고대성: 발도와 왈도파의 관계," 「역사신학논총」, 6권(한국복음주의역사신학회, 2003), 37-40 발췌 인용함. 이하부터 라은성, "왈도파 고대성" 으로 표기.

Alexis의 시였다.[257] 그는 다음날 그 음유 시인인 사제를 찾아가서 하나님의 인도함을 받을 수 있는 비결에 대한 가르침으로 받게 되었다. 그 사제는 왈도에게 마 19: 16-22을 소개하였다.

마 19장에 의하면, 어느 날 부자 청년이 예수에게 찾아와 질문하길, "선한 선생님이여 내가 무슨 선한 일을 하여야 영생을 얻으리이까?"라고 질문하자, 예수께서 말씀하시길, "선한 이는 오직 한 분이시니라. 네가 생명에 들어가려면 계명들을 지키라"라고 하였다. 그러자 청년은 재차 질문하길 "어느 계명을 지켜야 합니까?"라고 하자, 예수께서는 "살인하지 말라. 간음하지 말라. 도둑질하지 말라. 거짓 증언하지 말라, 네 부모를 공경하라. 네 이웃을 네 자신과 같이 사랑하라 하신 것이니라"라고 답변하였다. 그러자 청년은 "이 모든 것을 내가 지키었사온데 아직도 무엇이 부족하니이까"라고 자신있게 답변하였다. 이때, 예수는 "네가 온전하고자 할진대 네 소유를 팔아 가난한 자들에게 주라 그리하면 하늘에서 보화가 네게 있으리라 그리고 와서 나를 따르라"라고 말씀하자, 그 청년은 "재물이 심히 많으므로 이 말씀을 듣고 근심하며 가니라"라고 기록되어 있다. 즉, 그는 대부분의 십계명을 완수했지만, 자기 재물이 그의 구원을 삼켜버리는 결과를 가져오게 되었다. 이는 "배금주의"Mommonism에 대한 무서운 경고이며, "한 사람이 두 주인을 섬기지 못할 것이니... 너희가 하나

---

257 Thomas Armitage, *A History of the Baptists* (New York: Bryon Tayer and Co., 1887), 294. 이 노래는 부잣집 아들 성 알렉시스가 결혼식을 마치고 돌아오자마자 독신 생활에 관한 교훈에 감동을 받고서 신부를 버려두고 동방으로 순례를 떠났다는 내용을 담고 있다. 그는 순례를 마치고 돌아온 뒤 친척들을 통해 쉴곳을 얻으려고 했지만 그들은 알렉시스를 알아보지 못하고 사망 후 그를 인식하게 되었다. 필립 샤프,『교회사 전집』, 5권 (크리스챤 다이제스트, 2004), 445.

님과 재물을 겸하여 섬기지 못하느니라"^마 6:24 말씀과 동일한 의미를 지니고 있다.

그 사제는 비록 이 청년은 실패했지만, 당신이 예수의 말씀대로 순종하여 살면 완전하게 될 것이라고 하였으며, 성지로 순례의 길을 택하기 위해 아내와 헤어져야 하고 부유함을 포기해야 할 것을 권고하였다.[258]

그는 그 사제의 권고에 순종하여 재산을 포기하고 두 딸을 퐁테브로 수녀원 Fontevrault에 맡기고, 아내에게는 재산의 일부를 분양하고 모든 재산을 가난한 자들에게 나누어 주었다. 그는 당시 기근이 심각한 상황 속에서 자신을 찾아오는 자들에게 빵과 채소와 고기들을 나누어주며 자선을 베풀었으며, 수도원에서 수련하지 않는 왈도를 향한 따가운 시선을 향하여 그는 다음과 같이 주장하였다:

내 친구와 이웃들이여! 나는 당신들이 생각하는 것처럼 미친 것이 아니라 내 원수들, 즉 나를 노예로 만든 자들에게 복수를 하고 있는 중이다. 그들은 바로 나를 하나님보다 돈을 더 사모하도록 하고 창조주보다 창조물을 더 두려워하도록 만든 장본인들이다. 이러한 행동을 하는 나를 비난하는 자들이 있다는 사실을 나는 알고 있다. 하지만 나는 나의 재산을 가지고 이 일을 하는 것이지 당신들의 재산을 가로채기 위해 이 일을 하는 것이 아니다. 내가 바라는 것이 있다면, 당신네들이 눈에

---

258 사제가 왈도에게 제시한 조언들은 이집트 안토니우스를 감동시켜 사회를 등지게 했던 내용을 중심으로 한 것이다. 필립 샤프, 『교회사 전집』, 5권, 445.

보이는 재산 안에 소망이 있는 것이 아니라 하나님 안에 있다는 사실에 대하여 알기를 원하는 그것뿐이다.[259]

(2) 왈도파의 개혁 활동

1170년경 당시 가톨릭의 형식에 찬 예배에 신물이 난 많은 이들이 왈도의 전도 활동에 대한 소문을 전해 듣고 그에게 찾아와 무리를 형성하게 되었다. 당대 사람들은 왈도를 추종하는 무리를 향하여 "리용의 가난한 사람들"the Poor of Lyon 또는 "롬바르디의 가난한 자들"the Poor of Lombardy 또는 "하나님의 가난한 자들"the Poor of God, "왈도추종자들"Waldensians, Wladenses이라는 칭호를 부여해 주었다.[260]

비록 후에스카의 두란드Durand of Huesca와 같은 유명한 학자가 이 운동이 참여하게 되었지만, 대부분 평신도들로 구성되었으며, 그리스도와 사도들을 가르침과 삶을 재현하고자 노력하는 자들이었다. 특히 중세에는 모든 예배가 라틴어로 집례되었고 성경마저도 라틴어로 번역된 "라틴 벌게이트"Nova Vulgata만을 활용하도록 하였다. 더욱이 심각한 현상은 당대 사제들이 라틴어에 문외한이었으며, 오직

---

259 Giorgio Tourn, *The Waldensians: The First 800 Years* (1174-1974), trans. Camillo P. Merlion, ed. Charles W. Arbuthnot (Torino, Italy: Claudiana Editrice, 1980), 6. 라은성, "발도파 고대성", 38.

260 그러나 이들과 Albigensians(Cathars)과는 구분해야 한다. 알비젠파, 카타르파는 11세기에 프랑스에서 유행해서 12-13세기까지 풍미했던 이단 종파로서, '카타르'라는 용어는 '거룩, 순수, 순결'을 의미하며, 자신들이 순결하다고 주장하는 사상이다. 이들의 사상은 마니교의 이원론 사상(이 세상은 구약 시대 조물주 하나님과 동등한 Satan에 의해 창조되었는데, 이는 감옥(Prison)과 같다. 이 세상의 창조자는 Rex Mundi, The King of the World이다. 구약 성경은 악마적이므로 구약 성경은 버려야 한다. 오직 신약 시대에 묘사된 사랑의 하나님이 진짜 하나님이다. 이 진짜 하나님을 만나는 방법은 예수를 통해 가능하다고 주장하였다). 영지주의 신학(육신은 더럽고 영만 온전하다고 주장함)의 영향을 받았다. 윌리엄 커닝함, 『역사신학』 II, 233-234.

독법만 배워서 예배 시간에 읽는 수준이었다는 점이다. 즉, 당시 사제들도 라틴어 성경을 읽고 이해할 능력이 없었으며 해석할 능력은 더더구나 불가능하였다. 이러한 정황 속에 신앙생활을 하던 유럽 모든 신자들은 평생토록 성경 한 구절 읽지 못하고 생을 마감하였다.

이러한 정황 속에서 왈도를 중심으로 형성된 왈도파는 성경을 자국어로 번역하기 시작하였다. 그는 베르나르 이드로Bernard Ydros와 안사의 스테판Stephen에게 복음서들과 성경의 다른 부분들을 자국어로 번역할 것을 요청하였고, 그 이외 교부들의 작품들을 자국어로 번역하도록 요구한 결과 성경 일부와 작품들이 자국어로 번역되어 성도들의 손에 들어가게 되었다.[261]

1179년 왈도파는 제 3차 라테란 공의회에 그의 추종자들을 보내어 교황 알렉산더 3세에게 이들의 활동과 생활 방식을 인정해줄 것을 요청하였으며, 전도 활동을 계속 진행할 수 있도록 허락해 달라는 요구를 하였다. 당시 왈도파는 세 가지를 주장하였다: Universal Priesthood보편성직론, 자국어로 말씀 선포, 자원적인 빈곤한 삶에 관한 내용이었다. 왈도파는 자신들이 번역한 성경을 교황에게 선물하였으나, 교황은 조사위원회를 선정하고 당시 영국 왕이 대리인이었던 웰터 맵Walter Map을 위원장으로 임명하여 철저하게 조사하도록 하였다. 그는 평신도 왈도파들과의 질의 응답을 통해 이들의 성경적 지식과 전통에 대한 해석에 대하여 너무 무식하다고 판단하고 비웃으며 주교들의 허락없이 복음을 왜곡하여 전도했다는 죄목으로 이

---

261 필립 샤프, 『교회사 전집』 5권, 445.

단으로 기소하고 리용에서 추방령을 선포하였다.

리옹에서 추방당한 이들은 파문까지 당하게 되었음에도 불구하고 복음 전도 사역을 계속 감당하다가 교황청으로부터 엄청난 핍박의 대상이 되어 급기야는 이들이 프랑스 고산지인 Piedmont 피이드먼트에 정착하게 되었으나,[262] 1184년 교황 루치우스 3세Lucius III 는 자신들의 교리를 거부한다는 명목으로 왈도를 파문Excommuincation 하였고, 1215년 제 4차 라테란 공의회에서 이단heresy 으로 정죄하여 수많은 왈도파 무리들이 순교를 당하게 되었다. 그 후 12-15세기에 이르기까지 왈도파에 대한 박해는 더욱 강화되었다. 교황 이노센티우스 8세는 1487년 십자군 원정을 선포하고 프랑스 국왕 샤를 8세와 사보이 공작을 통해 1만 8천 명의 군대를 동원하여 피이드먼트에서 활동 중이던 왈도파를 잔악하게 진압하였고, 그로 인해 수천 명의 왈도파들이 잔인한 고문과 학대와 살해를 당했고 그곳은 황폐한 사막이 되고 말았다.

그 후 종교개혁을 통해 이곳에 종교적 평화가 찾아온 이후, 잉글랜드 집정관호민관 이었던 올리버 크롬웰Oliver Cromwell 의 서기였던 존 밀턴John Milton 시인은 훗날에 이들을 숭고한 업적을 기리며 계 16:19과 17:5을 배경으로 14행 시를 작성하였다.

오 주여! 주님의 죽임 당한 성도들의 원한을 보수하소서! 그들의 뼈가

---

[262] 이들이 이곳에 정착하게 된 것은 페루자 강과 루세르네 강, 앙그로녜 강으로 둘러싸인 고산 지대를 계속해서 피난처로 삼았기 때문이었다.

차가운 알프스 산맥 위에 흩어졌나이다. 우리의 모든 조상들이 막대기와 돌을 섬길 때, 그들은 주님의 진리를 그토록 순결하게 변함없이 지켰나이다. 주님의 책에 그들의 신음을 꼭 기록해 주소서! 저들은 주님의 양 우리 안에 있는 주님의 양떼들입니다. 주님의 양떼들이 피에 주린 피이드먼트 사람들에 의하여 피흘리며 죽어가나이다. 아이를 가진 어머니도 돌에 맞아 쓰러지나이다. 그들의 울음 소리가 골짜기와 하늘까지 울려 퍼집니다. 그 순교자들의 피와 재는 지금도 폭군들이 난무하는 온 이탈리아 땅에 씨가 되어 수백 배의 결실로 자랄 것입니다. 그 폭군들은 주님의 방침을 깨달은 후에 바벨론에 임할 재난과 함께 사라지게 될 것입니다.

이들의 박해는 영국의 최고의 집정관이었던 "올리버 크롬웰"의 활동으로 종식되었다.[263]

(3) 왈도파의 사상적 특징

첫째로, 이들은 성경의 권위를 강조하였다. 왈도파는 기존 로마 가톨릭의 교리와 전통, 예식, 예전적 예배의 문제점을 제기하고 성경에 근거한 예배가 집례 되어야 한다고 주장하였다. 특히 모든 교회의 근거는 정확 무오한 거룩한 성경임을 강조하며, 성경은 단순히 하나님과 인간과의 과거 교제의 기록, 계시라기보다는 미래의 영광을 보여주는 것이라고 확신하였다. 따라서 이들은 66권을 신앙과 삶의

---

263 이 당시 개혁주의 신학의 완성자로 일컬어지는 존 오웬이 올리버 크롬웰과 함께 사역하였다.

유일한 규칙으로 여겼고 예배 시 회중들이 꼭 지녀야 할 필수품이며 아이들이 성경을 많이 암송하도록 하였다.[264]

던바Donald F. Durnbaugh는 이들의 성경 암송을 다음과 같이 묘사하였다:

> 그들은 사도신경을 일상어로 매우 훌륭하게 알고 있었다. 그들은 신약성경 복음서를 마음으로 배우고 … 그것을 큰 소리로 서로 반복한다. 또한 나는 평신도가 교리에 흠뻑 젖어 들어서 마태나 누가와 같은 복음서 상당 부분을 반복할 수 있으며, 특별히 그들 모두가 우리 주님께서 가르치신 말씀을 암송하고, 그렇게 그들이 계속 반복함으로써 여기저기서 단어 하나라도 틀리는 것을 피할 수 있도록 하는 것을 본 적도 있다.[265]

토마스 아미티지는 왈도파의 특징을 "성경에 대한 그들의 탁월한 사랑"이라고 묘사하면서,[266] 이들이 성경에 기초하여 복음 전도 운동을 펼쳤다는 사실을 다음과 같이 주장하였다:

> 발도파는 성경과 신앙 서적으로 사람들을 회심시켰다. 그들은 행상인

264　Ellen G. White, *The Great Controversy between Christ and Satan* (Grand Rapids: Christian Eternal Library, 1911), 42.
265　도널드 던바, 『신자들의 교회: 급진적 프로테스탄티즘의 역사와 특징』, 최정인 역(대전: 대장간, 2015), 83. 김영종, "발도파와 16세기 종교개혁", 「대학과선교」, 제 39집, (2019), 78.
266　Thomas Armitage, *A History of the Baptists: Traced by Their Vital Principles and Practices, from the Time of our Lord and Saviour Jesus Christ to the Year 1886*. Vol. 2. P(aris: The Baptist Standard Bearer, Inc., 2001), 308.

으로 시골집이나 귀족의 성을 방문해서는 직물과 보석을 팔려고 내놓았다. 그리고 다른 것이 없느냐는 질문을 받으면 이렇게 대답했다. '예. 아주 진귀한 것이 있습니다. 하나님을 볼 수 있는 보석이 하나 있습니다. 그리고 마음에 하나님께 대한 사랑을 불붙이는 것도 있습니다.' 그렇게 말하고는 이들 행상인은 보배로운 두루마리 성경을 꺼내어 놓았다.[267]

둘째, 이들은 삶의 신앙과 신학을 주창하였다. 이들은 중세 교회가 형식에 찬 예배로 일관하자 산상수훈을 문자적으로 해석하고 이 말씀에 근거한 삶의 실천을 강조하였다. 특히 어린 자녀들을 철저하게 말씀으로 교육해서 방종이나 나태함에 빠지지 않도록 하였고 고난 속에서 말씀에 순종하는 법을 가르쳤다. 특히 이들은 자발적 순종을 모토로 삼고 사도적 빈곤을 실천으로 옮기려고 노력하였다. 이러한 이들의 청빈의 삶과 순결한 이미지는 당대 백성들에게 긍정적인 반향을 불러일으켰으며 존경의 대상으로 여김 받는 동력이 되었다.[268] 이러한 모습은 당대 중세 수도원과 각종 사제들의 도덕적 붕괴와 타락의 모습과 다른 이미지를 제공하였다. 이들이 강조하였던 자발적 가난의 삶은 '무소유 실천'으로 나타났다. 이들은 복음 전도 사역을 감당하기 위해 둘씩 짝을 지어서 활동하였는데, 그 복장은 양털을 걸친 맨발의 모습이었다. 그 이유는 사도들의 모범을 따라 헐벗

267　Thomas Armitage, *A History of the Baptists*, 301. 김영종, "발도파와 16세기 종교개혁", 77.
268　최덕성, 『종교개혁 전야: 십자군 전쟁에서 르네상스까지』 (서울: 본문과 현장사이, 2003), 72.

은 그리스도를 추구하였기 때문이었다.[269] 또한 그리스도를 본받아 살아가는 삶의 실천의 한 부분은 비폭력 평화주의를 추구하는 모습으로 나타났다. 평신도들로 구성된 이들은 성경에 근거하여 절대 폭력을 사용하지 않고 산상수훈을 그대로 적용하여 비폭력으로 엄청난 교황청과의 전쟁을 선포하였다. 비록 수많은 박해와 순교를 당하는 상황 속에서도 이들은 이 말씀을 목숨처럼 지키며 살아갔던 평화 애호가들이었고 화평을 추구하는 박애가들이었다.

셋째, 이들은 장로교주의 제도의 기초를 형성하였다. 이들은 당대 로마 가톨릭을 부패한 교회이며 바벨론의 음녀로 묘사하였으며, 교황을 적그리스도로 규정하고, 오직 진정한 교회는 왈도파에 속한 교회라고 주장하였다. 이들은 당시 교회 직제를 감독 Superintendent, 장로 Presbytor, 집사 Deacon으로 구성된 삼중직으로 구성하였다.[270] 이들은 완전한 신자 perfecti, Poor man proper와 보통 신자 friend, believers로 나누고, 완전한 신자는 감독 Bishop, 목사 Priest, 그리고 집사 Deacon으로 구분된다고 주장하면서[271] 교회 내에서 각자의 역할을 매우 세분화 하였다. 이는 종교개혁 이후 마틴 부쳐와 존 칼빈에 의해 주창된 장로교 제도와 매우 유사함을 발견할 수 있다.

또한 이들은 성경 이외에 각종 미신적 행위나 신앙을 철저하게 거부하였다. 당시 로마 가톨릭의 연도와 축일과 절기들 그리고 맹세하

---

269 Giorgio Tourn, *You are my Witnesses: The Waldensians across 800 years*, 20.

270 Albert H, Newman, *A Manual of Church History* (Philadelphia: The American Baptist Society, 1960), 573.

271 Albert H, Newman, *A Manual of Church History*, 578.

는 행위 등을 죄악으로 여기고 이를 거부하였으며, 연옥 교리는 성경에서 발견할 수 없는 로마 가톨릭의 전통에 불과하다고 확신하였으며, 성상 숭배와 성인 숭배 사상을 배격함으로써, 종교개혁의 불씨를 준비하였다.

왈도파의 개혁 사상의 핵심은 "삶의 신학과 삶의 신앙" 사상이었다. 개혁주의 신학의 기본 개념은 하나님 중심, 하나님 절대 주권, 성경적인 사상 체계 및 삶의 체계 및 삶의 신앙으로 요약할 수 있는데, 왈도는 세 가지 사상을 모두 추종하였고 이를 삶으로 체현하는 인생을 살아갔다. 이처럼 왈도파들은 중세의 교황주의에 반기를 들고 성경주의로 돌아가자! 초대 교회의 순수함으로 돌아가자고 외친 자들이었으며, 카타리파와는 반대로 평신도 설교가들이었다.

Massacre in La Torre, from Samuel Moreland's History of the Evangelical Churches of the Valleys of Piedmont
출처: https://en.wikipedia.org/wiki/Waldensians

왈도파의 신앙고백서는 다음과 같다:

왈도파 신앙고백서1120

1. 우리는 사도신경이라고 불리는 12항목이 포함된 모든 것을 믿고 주장하며 12항목과 모순되는 것은 이단성이 있다고 여긴다.

2. 우리는 한 하나님 즉, 성부, 성자, 그리고 성령을 믿는다.
3. 성경책들을 거룩한 정경이라고 인정한다.
4. 성경책들은 우리들에게 한 분 하나님, 전능하시고 지혜가 한이 없으시고 무한히 선하시며 선하심으로 모든 만물을 창조하신 분을 가르친다. 그분은 자신의 형상과 모양으로 아담을 창조하셨다. 하지만 사탄의 적개심과 불순종으로 인해 아담은 타락하였고 죄가 세상에 들어왔으며 아담 안에서 우리는 범죄자가 되었다.
5. 하나님은 율법을 받은 조상들에게 그리스도를 약속하셨다. 율법, 불의와 결점으로 인해 죄를 알고 있었던 그들은 그리스도의 오심을 기다렸고, 그분은 오셔서 율법을 완성하셨다.
6. 성부의 정하신 때가 되자 그리스도가 태어나셨고, 우리에게는 어떠한 선도 없다는 것과 우리들이 죄인임을 명시하셨다. 진실하신 그는 하나님의 자비와 은혜를 우리들에게 나타내 보이셨다.
7. 그리스도는 우리의 생명, 진리, 평화, 그리고 의이시다. 우리의 목자, 변호자, 희생, 제사장으로서 믿어야 하는, 우리의 구원을 위해 죽으셨고 의를 위해 부활하셨다.
8. 예수 그리스도 외에 성부 하나님과의 어떤 중보자나 변호자도 없음을 우리는 확실히 믿는다. 동정녀 마리아는 거룩하고, 겸손하고, 그리고 은혜로 가득 차 있었다. 모든 성자들이 심판 날에 그들의 육체의 부활을 위해 하늘에서 기다리고 있음을 우리는 믿는다.

9. 이생이 끝난 후 두 장소가 있는데, 하나는 구원을 받는 자들을 위한 곳이고 다른 한 곳은 멸망받는 자들을 위한 곳임을 믿는다. 전자를 낙원, 후자를 지옥이라고 부른다. 적그리스도가 가공해 내고 진리와 반대되는 연옥을 부인한다.

10. 무엇보다도 [종교적 목적으로] 인간이 만든 모든 가공물들을 하나님 앞에 말하지 못하는 혐오스러운 것들로 여긴다. 축일, 축일 전야, 성수, 특정한 날에 육체 학대와 같은 것들과 미사를 혐오한다.

11. 적그리스도로부터 나온 모든 인간적 가공물들 - 가톨릭이 자발적으로 행하는 고해나 회오 - 을 증오하며 인간의 마음을 빼앗는다고 여긴다.

12. 성례를 거룩한 것을 상징하는 것으로, 불가시적 축복의 전형으로 여긴다. 신자들에게 이런 상징들이나 형식들이 필요하다고 여긴다. 그럼에도 불구하고 신자들은 이런 상징들을 간직하지 않거나 없어도 구원을 받는다.

13. 세례와 성찬 외에는 [하나님께서 제정하신] 성례가 아니다.

14. 복종, 순종, 엄수, 그리고 납부와 같은 세속적 권력을 존중한다.[272]

---

272 라은성, "발도파 고대성", 47-48.

2) 존 위클리프 (John Wycliff, 1324?-1384) - 롤라드파(Lollards).

(1) 위클리프의 생애

John Wycliff, 1324?-1384
출처: https://en.wikipedia.org/wiki/John_Wycliffe

위클리프는 "종교개혁의 산 기수"이자 "옥스포드 학문의 꽃", "종교개혁의 샛별"morning Star of the Reformation 이라고 불리울 정도로 중세 로마 가톨릭에 정면 도전장을 제시하였던 중세 개혁주의의 선구자였다. 그는 마르틴 루터M. Luther 종교개혁의 길을 예고하고 준비한 자로 일컬어지고 있다. 피터 가이Peter Gay 교수는 이르길, "나무는 잘 말라 있었고 부싯돌도 잘 준비되어 있었다. 다만 필요한 것은 그것을 불붙일 사람이었다"라고 주장하였다. 이처럼 종교개혁은 이미 영국의 위클리프와 보헤미아의 후스에 의해 만반의 준비가 다 되어 있던 상황 가운데 발생하였다.

위클리프의 초기 생애에 대해서는 잘 알려져 있지 않으나, 1324년 Yorkshire주의 위클리프 온 티즈Wycliffe-on-Tees 의 소 영주 집안에서 출생하여 15세인 1345년에 옥스퍼드 퀸즈 칼리지에서 학사를 마치고, 1356년경 머턴 칼리지Merton College 의 연구원으로 활동하던 중 그의 박식함과 논리성에 명성을 얻었다.[273]

---

273 후스토 L. 곤잘레스, 『중세교회사』 (은성, 2012), 230. Melvin Macye Cammack, *John Wyclif and*

그 후 1363년경 옥스퍼드 Balliol College에서 석사를 마치고[274] 이 대학의 교수와 학장으로 활동하였으며,[275] 다시 옥스퍼드로 돌아와 1372년경에 박사 학위를 취득하고, Lutterworth 교구장으로 사역할 뿐 아니라 모교의 신학 교수로 활동하면서, 설교와 정치 및 교회적 논쟁에 참여하게 되었다. 특히 그는 박사 학위를 받은 후 Canterbury Hall의 학장Wardenship 으로 임명받았는데,[276] 당시 수도사파와 비수도사파의 논쟁에 학장으로서 비수도파의 의견을 존중하고 당시 수도회의 도덕성과 나태함, 신학적 오류, 교회의 교권 남용에 대하여 신랄하게 논증하자, 당시 아비뇽 교황 Urbanus V는 위클리프가 학장직에서 사임토록 행정 처리하였다.[277] 이러한 사건들을 기점으로 위클리프는 교황청과 교회 및 수도원 개혁 운동에 앞장서게 되었다.[278] 그는 신학과 철학 분야에 매우 탁월한 논쟁적 실력을 유감없이 발휘하였고, 양심적인 인격을 소유한 자로서 자신의 신념을 끝까지 관철시키는 학자였으며 자기 신앙에 목숨을 걸 정도로 전투적인 행동가였고, 게으른 삶을 죄악시하고 근면하고도 성실하며 신실한 삶을 영위하였다.[279]

---

the English Bible (New York: American Tract Society, 1938), 4.

274 H. B. Workman, *John Wyclif: a study of the English Medieval Church*, vol, I. (London, 1926), 151.
275 J. A. Robson, *Wyclif and the Oxford Schools* (Cambridge: Cambridge University Press, 1961), 13.
276 S. Parkes Cadman, *The Three Religious Leaders of Oxford and Their Movements* (New York: The Macmillan Company, 1916), 43-44.
277 H. B. Workman, *John Wyclif: a study of the English Medieval Church*, vol, I. (London, 1926), 1.
278 J. A. Robson, *Wyclif and the Oxford Schools*, 15.
279 Mandell Creighton, "Historical Essays and Review", 173-174, recited in S. Parkes Cadman,

(2) 위클리프의 개혁 활동

그는 1372년부터 정치적 활동을 개시하였다. 1374년 에드워드 3세 국왕의 궁정 목사로 활동하면서 교황에 대한 임직세Annates와 임직 보류권Reservation의 심각한 문제점을 발견하게 되었다. 그는 1374년 교황청과 잉글랜드의 논쟁에서 잉글랜드가 교황청의 재정을 충당할 이유가 없다는 주제로 논쟁하였고 여러 작품들을 출간하여 잉글랜드의 주권과 통치권을 강화하는데 일익을 감당하였다. 그는 1374년 "하나님 통치에 관하여"De Dominio Divino와 1376년 "세속 통치에 관하여"De Civili Dominio라는 작품을 통해 모든 합법적인 통치권은 하나님으로부터 기원하며 섬기기 위해 오신 그리스도의 모범을 따라야 하며,[280] 교회의 재산과 행정은 로마 가톨릭이 아닌 국가 통수권자의 권한이라는 점을 강조하였다.[281] 그는 캔터버리 대주교의 시몬 수드베리Simon Sudbery와 윌리암 코트니William Courtenay에 의해 1377년에 런던 세인트폴 대성당에 소환되어 로마 가톨릭의 교리를 반대하는 설교의 이단성으로 인해 곤혹을 치루기도 하였다.[282]

위클리프는 1373년 옥스퍼드 교수로 활동하면서 교황청과의 갈

The Three Religious Leaders of Oxford and Their Movements, 83. "As to his rank in learning, he was in theology most eminent, in philosophy second to none, in scholastic exercises incomparable."

280   후스토 L. 곤잘레스, 『중세교회사』, 230-231.

281   Takashi Shogimen, "Wyclif's Ecclesiology and Political Thought," in *A Companions to John Wyclif- Late Medieval Theologian*, ed., Ian Christopher Levy (Brill: Leidon, Boston, 2006), 199-202.

282   H. B. Workman, *John Wyclif: a study of the English Medieval Church*, vol, I. (London, 1926), 284-287.

등이 심화되었다. 그는 강의를 통해 교회의 도덕성을 비판하였다. 1378년 대학교에서 추방당한 그는 교황청의 대분열Great Schism을 기점으로 로마 가톨릭의 신학과 교리에 문제점을 지적하기 시작하였다. 특히 윌리암 버튼William Burton과의 화체설 논쟁으로 더욱 유명세를 얻게 되었다. 1377년 교황 그레고리 11세는 위클리프의 *de Civili Dominio*의 신학적 문제점을 제기하며 이 내용은 이탈리아 개혁자 파두아의 마르시글리오Marsiglio of Padua[283]의 내용과 이단 사상으로 규정하려고 하였으나 잉글랜드 정부의 도움으로 무산되었다.

1381년 잉글랜드에서 와트 타일러Wat Tyler의 농민 반란이 발생하였다. 위클리프는 농민들을 지지하며 선동했다는 혐의로 당시 대주교 윌니엄 코트니로부터 열 가지의 이단성이 선언되었고 그의 작품은 금서 목록이 되었다. 그는 이 사건을 계기로 옥스퍼드를 떠나서 사망할때까지 루터워스에서 거주하였다. 1382년 12월 28일 그는 루터워스에서 예배를 마치고 31일에 소천하였다. 그러나 로마 교황청은 로마 교회의 대역죄인인 위클리프가 편하게 세상을 떠났다는 사실에 분개하여 1415년 5월 4일 콘스탄츠 공회의Council of Constance에 모여 두 가지를 결정하였는데, 그 중 하나는 위클리프의 저술을 이단서로 정죄하고 260여 권의 책들을 모두 분서갱유하고 그의 무덤을 열고 뼈들을 한데 모아서 화형을 시키고 그 재를 스위프트 강에 뿌리도록 결정하였다. 또한 위클리프의 사상의 전수자인 보헤미아의 프

---

283 마르시글리오는 이미 1324년에 국가의 주권은 교황청이 아니라 오직 자국의 국민에게 해당한다고 주장함으로써 로마 교황청의 간섭과 월권 행위를 비난하였다.

라하 대학교 총장인 요하누스 후스Johanus Huss 를 파면하고 그를 화형 시키기도 결정하였다. 이 결정 이후 12년이 지난 1428년 3월 25일에 교황 마틴 5세Martin V 의 명령으로 그의 묘지를 파서 뼈들을 드러내고 한데 모아서 화형을 시키고 랭카스터 지역의 루터워스Lutterworth 를 통과하는 스위프트Swift 강에 그 재를 버리는 참혹한 행위를 주저하지 않았다. 그러나 위클리프의 신학은 J.후스에게 계승되어 보헤미아에서 후스 전쟁을 발생케 하는 원인으로 작용하였다.

(3) 롤라드파(Lollards)[284]

그는 탁발 수도사들처럼 전국을 순회하면서 복음 전도 사명을 수행하였다. 그에 대한 소문을 들은 영국 국민들 가운데 개혁 의지를 지닌 가난한 사제들이 모여들었다. 사람들은 이들을 "가난한 설교가들"Poor Preachers , 또는 "롤라드파"Lollards 라고 불렀다. 이들은 위클리프의 신학 사상을 전수받고 성경을 영어로 번역하였으며, 일반 대중들이 성경을 읽을 수 있도록 해야 한다는 분명한 의지를 가지고 이 사역에 전념하였다. 성직자들이 국가 정부의 일들을 함께 감당하는 것

John Oldcastle being burnt for insurrection and Lollard heresy
출처: https://en.wikipedia.org/wiki/Lollardy

---

284 롤라드는 화란어로 lollen(노래하다) 또는 lullen(콧노래를 부르다) 의미를 가진다. 이에 대한 기원은 분명하지 않지만 매우 경멸어로 사용되었다.

은 죄악이라고 지적하였고, 성유물, 성상, 미신적 행위, 성직자 독신제도, 성지 순례를 통한 구원, 화체설, 망자를 위한 기도 등은 성경과 무관하며 말씀을 거역하는 불법 행위임을 천명하였다.

(4) 위클리프의 신학 사상

성경의 최고 권위: 그는 오직 성경만이 유일한 종교적 권위의 근원이며 모든 진리는 성경 안에 포함되며 그 안에 기록된 모든 것은 진리하고 주장하였다. 따라서 성경 해석의 권위는 로마 교회의 전통과 교황에게 있는 것이 아니라 성경 자체에 있다고 지적하며 성경 무오성과 성경의 자증성을 강조하였다.[285] 당시 성경은 라틴 벌게이트가 전부였으며, 심지어 사제들도 성경을 구경도 못해볼 정도로 희귀한 책이었다. 교황청은 신자들이 성경을 사사로이 읽지 못하도록 하기 위하여 라틴어로된 성경만 인정하였다. 따라서 위클리프는 자신의 추종자들인 롤라드파들과 함께 성경을 영어로 번역하여 1382-84년경에 영어 성경을 출판하게 되었는데, 이를 "위클리프역 성경"Wycliff's Bible 이라고 부르게 되었다.

중보자 그리스도: 그는 유일한 중보자이신 그리스도를 통해서만이 하나님과 인간이 직접적인 교제를 이룰 수 있다고 주장하였다.

선행과 구원: 그는 어떤 피조물도 선행을 통해 구원을 받거나 상을 받을 수 없다고 주장하였다.

면죄부 비판: 그는 당시 성행하던 면죄부 판매the sale of indulgences for

---

285 윌리암 캐논, 『중세교회사』, 394.

the forgiveness of sins는 엄청난 죄악이며 구원과 무관하고 오직 구원은 하나님으로부터 비롯된다고 강조하였다.

화체설 비판: 위클리프는 1376년 이전까지 화체설에 대한 이견이 없었으나, 사제가 성축 후 빵과 포도주가 그리스도의 실제적인 몸과 피로 변화한다는 이론에 대하여 의심을 가지게 되었고, 자신의 철학과 신학적 이론에 모순된다는 점을 인식하게 되었다. 즉, 실체 Substance가 없이는 외부적인 형태Accidents도 존재할 수 없다는 형이상학적 이론에 기반으로 하여 빵과 포도주의 본질이 변화됨이 없이 그리스도의 몸과 피 즉 외부적 형태로 변화될 수없음을 주장하였다.

> 화체설은 외부적 형태의 변화 없이 유지됨과 동시에 본질은 완전히 다른 존재로 변한다는 것을 의미하고 있다. 따라서 한 사물의 재료나 존재의 외부적 형태가 파괴되지 않는다는 논리이다. 이러한 것은 논리적으로나 실제적으로 불가능한 사건인 것이다.[286]

영세 - 구원의 수단: 그는 중세 로마 가톨릭의 구원의 수단으로 사용되었던 영세를 통한 중생baptismal regeneration론을 강하게 거부하였다. 그는 중생은 오직 하나님이 그의 백성을 의롭다 하심salvation by faith alone, Justification by Faith에 근거한다는 "이신칭의론"을 전개하였다.

예정설(predestination)과 선택의 교리(The Doctrine of election): 그는 하

---

286 Matthew Spinka, *Library of Christian Classics Vol. XIV: Advocates of Reform from Wyclif to Erasmus* (Philadelphia: Westminster, 1958), 81.

나님의 경륜 속에서 진행되는 예정론 즉, 하나님의 선택설은 성경의 지지를 받는다는 점을 강조하였다. 그는 교회는 예정의 은혜를 받은 사람들의 회중으로 이해하였으며, 진정한 교회 공동체는 '가톨릭 즉, 사도적 교회'로서 예정된 자들의 우주적 교회라고 주장하였다.[287]

교회론: 그는 어거스틴의 교회론을 수용하여 "가시적 교회"Visible Church와 "비가시적 교회"Invisible Church로 구분하였으며,[288] 가시적 교회는 선택된 자들과 유기된 자들의 모임에 불과하며, 비가시적 교회는 오직 선택된 자들로 구성된 실제적 교회라고 주장하였다. 그는 당대 로마 가톨릭 교회는 가시적 교회로서 제도화된 교회 Institutional Church에 불과하며, 오직 선택받은 자들로 구성된 교회인 비가시적교회 Invisible Church가 진정한 교회 공동체임을 강조하였다. 그는 오직 교회의 머리이자 지도자는 그리스도임을 천명하였다.[289] 또한 로마 가톨릭의 계급구조적인 교회 정치 체제의 문제점을 지적하였다. 즉, 교회 안에 교황, 대주교, 주교, 부주교와 같은 계급 제도적인 교회 형태의 문제점을 비판하였다.[290]

교황- 적그리스도: 그는 로마 교황을 적그리스도 AntiChrist로 규정하고 교황 제도는 성경에 전혀 근거하지 않는 것에 불과함을 강력하게 비난하였고, 성직자 교권주의도 성경에서 벗어났다고 비판하였다.

---

287 여기서 가톨릭(Catholics)이라는 표현은 고대 교회 보편 교회 또는 공교회(Universal Church)를 의미한다.

288 St. Augustine, *St. Augustine, City of God: Concerning the City of God Against the Pagans*, tr. Herny Bettenson (London: Penguin Books, 1984), 503.

289 William Farr, *John Wyclif As Legal Reformer* (Leiden: Brill, 1974), 53.

290 William Farr, *John Wyclif As Legal Reformer*, 53-55.

영국 자치권-주권론: 그는 당시 교황과 국가와의 갈등 문제를 제기하면서, 1374년 "하나님 통치에 관하여"De Dominio Divino와 1376년 "세속 통치에 관하여"De Civili Dominio라는 작품을 통해 성직자는 의로운 청지기이며, 교황청이 각국 교회의 권한을 제한하거나 주장해서는 안 된다는 점을 강조하였다.[291] 그는 교황권敎皇權으로부터 영국의 정치적·종교적 독립을 표방하였다. 이를 통해 그는 민족주의적 교회 개혁 운동에 선구자적인 역할을 감당하였다.

반교황 反敎皇 정책: 그는 교황 정치에 대한 반대를 주장하며 랭커스터 공公의 협조에 힘입어 교회 개혁 운동에 앞장섰다. 교황에 대한 공세 貢稅를 반대하였고, 특히 교황청의 교회령 재산 소유에 대해 공격을 가하였다. 이러한 위클리프의 사상은 훗날 청교도들인 윌리암 틴데일 William Tyndale, 토마스 크랜머 Thomas Cranmer 그리고 후기 종교개혁가들에게 신학적으로 영향을 크게 미치게 되었다.

3) 보헤미아의 요하네스 후스(Johannes Huss: 1371~1415), 후스파- Hussites.

(1) 후스의 이전의 종교개혁 운동

유럽의 종교개혁은 파두아의 마르시글리오와 오캄의 윌리암 Gulielmus Occamus, 1287-1347 그리고 위클리프를 통해서 진행되었으며, 보헤미아 후스를 통해 더욱 구체화되었다. 결국 로마 가톨릭이 후스를 화형시킴으로써 야기된 후스 전쟁은 1517년 종교개혁의 전주

---

291 Clyde L. Manschreck, *A History of Christianity in the World From Persecution to Uncertainty* (New Jersey: Englewood Cliffs- Prentice Hall, 1974), 165.

곡이다. 파리대학교 학장인 마르시글리오는 "평화의 수호자"Defensor Pacis, 1324라는 작품을 출간하여 당대 로마 가톨릭 교황청의 문제점을 지적하자, 1327년 교황 요한 22세는 마르시글리오를 파문하고 교황권 강화에 박차를 가하였다. 잉글랜드 서리Surry 지역의 오캄 출신인 오캄의 윌리암은 교회의 정체성을 공고히 하였다. 즉, 교회는 믿는 자들의 공동체이며 그리스도의 지상대리인인 교황은 교회를 지배해서는 안 되고 섬겨야 한다고 주장하면서 교황의 우주적 지배권과 사도적 계승권을 비판하였다:

> 교황은 인간의 어떠한 권한도 빼앗을 수 없다. 특별히 교황에게서 부여받은 권한이 아니라 하나님께로부터 혹은 자연으로부터 혹은 다른 사람에게서 받은 권한이라면 더욱 그러하다. 이러한 이유로 교황은 인간의 자유를 구속할 수 없다.[292]

위클리프는 앞서 살핀 바처럼, 1374년 "하나님 통치에 관하여"De Dominio Divino와 1376년 "세속 통치에 관하여"De Civili Dominio라는 작품과 1378년 "De ecclesia" 작품을 통해 교황청의 성경적 문제점과 교황의 면죄부 무용론을 강하게 주장하였으며, 화체설을 비롯한 로마 가톨릭의 신학적 문제점을 열거하여 비판하였다. 이러한 일련의 신학적 주장과 비판을 통해 종교개혁 운동은 이미 시작되고 있었다.

---

292 *De imperatorum et pontificium potestate 1347, Kirchen-und Theologiegeschichte in Quellen* II, 172. recited in 홍지훈, "얀 후스의 종교개혁",「신학과 교회」제 5호 (2016 여름호), 113.

(2) 후스의 초기 생애

종교개혁 전조의 마지막 주자로 활동하였던 요하누스 후스는 1373년 혹은 1369년[293]에 보헤미아 남부의 프라하테체 Prachatice 의 후시네츠 Husinec 에서 가난한 농부의 아들로 태어났다.[294] 후스라는 단어는 "거위"라는 의미를 지니는데, 그는 종종 자신을 소개할 때마다 "거위"라는 표현을 사용하였다. 즉, 그는 콘스탄츠에서 "거위"가 석방되면 좋겠다고 표현하기도 하였으며, 자신의 시민들에게 "여러분이 진정으로 거위를 사랑하신다면"이라는 표현을 곧잘 사용하였는데, 이는 시민들이 홍기해서 국왕을 통해 자신의 석방에 조력할 것을 요구할 때마다 주장한 표현이었다.[295] 어릴 때 문법 학교를 거쳐 프라하대학교에서 1393년에 학사 학위를 마치고 1396에 석사 학위 Magister Artium 를 받아 1398년에 프라하대학교 교수로 임용되어 활동을 시작하였다. 이 당시 보헤미아는 영국과 독일에서 공부하고 돌아

Johannes Huss, 1371~1415
출처: https://www.cslewisinstitute.org/resources/the-legacy-of-john-hus/

---

293 후스의 태생 연도에 대해서는 의견이 분분하다. 여러 자료에 의하면, 1367년, 1369년, 1371년 1373년, 혹은 1374년 등 매우 다양하다. 이에 대해서는 다음을 참조하라. F. L. Cross & E. A. Livingstone, *The Oxford Dictionary of the Christian Church* (Oxford University Press, 1990), 679. John McClintoch & James Strong, *Cyclopedia of Biblical, Theological, and Ecclesiastical Literature*, vol. Ⅳ(Michigan:Baker Book House, 1981), 419.

294 Emile De Bonnechose, *The Reformers Before the Reformation - The Fifteenth Century, John Huss and the Council of Constance* vol. one (New York: Harper and Brothers, 1844), 29.

295 필립 샤프, 『교회사 전집 4- 중세 시대 A. D. 590-1049 그레고리우스 1세부터-그레고리우스 7세까지』, 340.

온 유학파 교수들이 모여 신학 교수로 활동하고 있었는데, 영국파들은 잉글랜드의 옥스퍼드와 스코틀랜의 세인트 앤드류에서 공부하였으며 존 위클리프의 영향을 받은 개혁자들이었고, 독일파는 철저한 가톨릭의 전통 신학을 고수하였다.

그는 1400년 경에 부제Diakon로 서품을 받은 후 프라하의 성 미가엘 교회에서 설교를 담당하였고 1402년부터 프라하대학교 학장으로 활동하면서 베들레헴 채플 강단설교자로 활동하였다.[296] 그는 옥스퍼드 유학파인 프라하의 제롬Jerome of Prague, 1371-1416을 통해 존 위클리프의 신학에 매료되었다. 1409년 프라하대학교 총장에 임명되어 대학교를 개혁주의적인 신학적 성향으로 이끌어갔다.[297] 이때 그는 개혁주의에 입각한 설교를 통해 로마 가톨릭의 왜곡된 신학과 예배 그리고 성만찬의 화체설을 강하게 비판하였는데, 회중들이 그의 설교를 듣기 위해 여기저기에서 모여들어 인산인해를 이루게 되었다.[298] 이러한 상황 속에서 로마 교황청은 후스의 이단성에 대하여 소리 높여 지적하기 시작하였다.

이미 보헤미아는 얀 밀리치Jan Milicz, 1374 사망를 통해 프라하 중심으로 창녀들에게 자국어로 설교하고 세례 및 성만찬을 집행했다는 이유로 교황청으로부터 이단으로 지목되어 화형을 당하였고, 야노브

---

296 이 교회는 이미 얀 밀리치가 활동하던 당시부터 개혁의 외침이 있었다.
297 후스는 1411년 영국의 카르멜회 수사인 존 스토크에게 보낸 편지 속에서 이미 위클리프의 작품들을 소지 중이며 20년 넘게 위클리프의 영향을 받았음을 시사하였다. 필립 샤프, 『교회사 전집 4- 중세 시대 A.D. 590-1049 그레고리우스 1세부터-그레고리우스 7세까지』, 340.
298 샤프는 이러한 후스의 설교를 청취하기 위해 프라하 시민들은 장터와 들판 그리고 개활지에 구름떼처럼 몰려들었다고 묘사하였다. 필립 샤프, 『교회사 전집 4- 중세 시대 A.D. 590-1049 그레고리우스 1세부터-그레고리우스 7세까지』, 346.

의 마테이Matejz Janova, 1394년 사망는 로마 가톨릭이 금지하고 있는 성만찬시 빵과 포도주를 평신도에게 수여하는 예식을 거행하면서 종교개혁의 불씨를 지폈다.

(3) 후스의 개혁 활동과 후스파 활약

1405년부터 그는 로마 교황의 면죄부에 대한 개혁을 시도였다. 당시 요한 23세는 전쟁 경비를 마련할 목적으로 면죄부를 판매하였는데, 후스는 각종 토론과 설교 단상에서 면죄부의 해악성에 대하여 강도 높게 비판하였다. 그는 스타니스라우스Stnislaus von Znaim와 스테판 Stephen von Kolin과 같은 위클리프주의자들과의 친밀한 관계 속에서 위클리프의 신학 사상적 영향권 속에 있었으며, 히에로니무스에 의해 번역된 위클리프 저서들을 통해 후스는 철저한 위클리프주의자가 되었다.[299] 1409년 대학 총장으로 취임하던 당시 마 20:4를 본문으로 "너희는 나의 포도원으로 가라"라는 제목으로 설교하였는데, 이 내용의 출처는 위클리프의 주장에 근거하였으며 예정론에 입각하여 교회를 묘사하였고, 나중에 자신의 "교회론"De Ecclesia의 기초가 되었다.[300] 그러나 후스는 이 작품을 통해 자신의 절친한 친구였던 이 두 사람의 배신적 행위를 논박하며 교황으로부터 자신을 변호하는 내용을 담았다:

---

299 홍지훈, "얀 후스의 종교개혁", 116-117. 그러나 이 두 사람은 1411년 발트스타인의 볼크(Wolk of Baldstein)를 중심으로 요한 23세의 십자군 소집령과 면죄부를 반대하는 집회 사건을 기점으로 후스를 멀리하고 배신하고 말았다.
300 홍지훈, "얀 후스의 종교개혁", 116.

거룩한 가톨릭 교회는 죽은 자들과 살아 있는 자들과 장차 태어날 자들을 포함한 예정된 모든 자들의 회이다. '가톨릭'이라는 용어는 보편적이라는 뜻이다. 교회의 통일은 예정과 복을 중심으로 한 통일이며, 믿음과 사랑과 은혜가 두드러지는 통일이다. 로마 교황과 추기경들은 교회가 아니다. 교회는 추기경들과 교회 없이도 존재할 수 있으며, 실제로 수백 년 동안 교회는 추기경들 없이 존재했다. 그리스도께서 베드로에게 부여하신 지위에 관해서, 후스는 그리스도께서 당신 자신을 반석이라고 하셨으며, 교회가 예정에 힘입어 그분 위에 세워져 있다고 주장했다. 베드로의 분명하고 적극적인 신앙고백에 대해서 그 반석[페트라]께서 베드로[페트로스]에게 말씀하시기를 '내가 네게 이르노니 너는 베드로라 내가 이 반석 위에 내 교회를 세우리니'라고 하신 사실을 환기시켰다. 이처럼 후스는 아우구스티누스가 '재고록'(Retractations)에서 취했던 입장에 확고히 섰다. 베드로는 거룩한 가톨릭 교회의 머리가 결코 아니라고 했다.[301]

후스의 교회론은 위클리프의 영향을 직접 받았지만, 오히려 위클리프보다 더 분명하고도 개혁적인 내용을 담고 있다. 후스는 1410년경 로마 교황청으로부터 설교 금지를 당하게 되었고 위클리프의 역서들은 분서갱유되는 사건이 발생하였다. 그러나 보헤미아 시민들과 귀족들은 후스의 신학 사상을 지지하였고 계속 설교에 매진하도

---

301 필립 샤프, 『교회사 전집 4- 중세 시대 A.D. 590-1049 그레고리우스 1세부터-그레고리우스 7세까지』, 348.

록 협력하였다. 또한 이 책을 불사른 프라하 대주교 스빈코에게 프라하 시민들이 야유를 보내며, 대주교는 위클리프의 책 내용도 제대로 이해하지 못하며 무슨 내용인지도 인식하지 못하는 사람에 불과하다는 식의 풍자가 널리 유행할 정도로 퍼지게 되었다.

1411년 후스는 프라하대학교에 전단지를 배포하여 위클리프의 삼위일체론의 정당성을 성경적 내용을 근거로 제시하였는데, 그의 글이 교황청에 이첩되었고 소환장으로 이어지게 되었다. 그는 소환에 불응하며 개혁 운동에 박차를 가했다. 국왕 벤첼Wenceslaus은 후스의 신학 사상에 동조하며 그를 도왔다.[302] 1411년 9월 후스는 자신의 신학적 정당성을 교황청이 승인할 수 있도록 청원서를 제출하였다. 이러한 정황 속에서 1412년 교황 요한 23세는 나폴리를 징벌하기 위한 십자군을 일으킬 목적으로 전쟁 자금을 조달하기 위하여 다시금 면죄를 발행하여 보헤미아에서 판매를 시작하였다. 이에 대하여 후스와 제롬은 이러한 미신적이고 비성경적인 처사에 대하여 비판의 수위를 강하게 올렸다. 그 결과 후스는 1413년 교황청의 정죄를 받고 파문장이 선언되는 결과를 가져왔다.[303]

후스는 교황이 전쟁을 일으킬 명분과 면죄부를 함께 발행할 권한이 없으며 사죄는 교황이 아닌 오직 스스로 회개를 통해서 일어나며 교황은 세속적인 칼을 쥘 권한이 없다고 강하게 주장하였다. 교황청은 프라하를 대상으로 성무중지령을 내려 성만찬 금지를 선언하자,

---

302　필립 샤프, 『교회사 전집 4- 중세 시대 A.D. 590-1049 그레고리우스 1세부터-그레고리우스 7세까지』, 345.
303　Albert H, Newman, *A Manual of Church History*, 614.

후스는 교황이 마귀에게 받은 대권을 행사하고 있다고 주장할 정도로 매우 극한 상태에 치닫게 되었다.

그는 국왕의 요청으로 프라하를 잠시 떠나게 되었다. 이는 그가 교황청과의 대결 구도를 피하고 성무중지령으로 인해 프라하 도시의 교회들이 피해를 더 이상 당하지 않도록 하기 위함이었다. 그는 여러 번 프라하를 비밀리에 재방문하여 프라하 시민들과 교회 중직자들이 절대 믿음의 싸움에서 요동하지 않도록 권유하였다. 또한 그는 베들레헴 교회와 대학교 및 시의회에 자주 편지를 주고받았는데 그는 다음과 같이 자신의 의지를 피력하였다:

> 어떤 두려움이 혹은 어떤 죽음이 우리를 하나님에게서 떼어 놓겠습니까? 그분을 위해서 재산과 친구와 세상 명예와 우리 보잘것없는 목숨을 버린다 한들 우리가 무엇을 잃겠습니까? 욕되게 살기보다는 옳게 죽는 것이 더 낫습니다. 우리는 사형을 면하기 위해서 죄를 범하는 짓을 감히 하지 않습니다. 현세를 은혜 안에서 마치는 것이 구차하고 비참한 데서 떠나는 길입니다. 진리이신 그리스도께서 최후의 승자이십니다. 그분이 죽임을 당한 자기 백성을 거두실 것입니다. 이는 어떤 대적도 죄가 주관치 못하는 분을 상하게 할 수 없기 때문입니다.[304]

1414년 후스는 황제 지기스문트Sigismund의 신변 보장을 조건으로

304　필립 샤프, 『교회사 전집 4- 중세 시대 A.D. 590-1049 그레고리우스 1세부터-그레고리우스 7세까지』, 346-347.

콘스탄츠 공의회에 참여하여 자신의 신학을 변호하고자 하였으나, 도착한지 25일 만에 도미니칸 수도원 지하 감옥Dungeon에 불법 감금 되었으며,[305] 1415년 7월에 공의회는 세 번에 걸쳐7월 5일, 7일, 8일 그를 심문하였고, 후스의 저서가 위클리프의 이단 사상을 동조하고 신조 화하여 설교하였다는 죄목으로 사형을 선고하였다. 공의회는 결코 후스에게 변호할 기회를 제공하지 않았다. 오직 그들이 후스에게 요구한 것은 위클리프적인 신학을 철회할 것에 대한 압박뿐이었다. 후스는 자신의 신학을 철회하라는 요구에 대하여 "차라리 맷돌에 나를 매어서 바다에 던지는 것이 더 나을 것"이라고 주장하면서 "나는 순간적 형벌을 피하기보다는 죽는 일이 더 나으며, 영원한 수치를 당하기보다는 불 속에 들어가는 것이 더 좋은 일이 되는데, 그 이유는 이를 통해 내 자신을 주님의 팔에 던지는 것이 되기 때문이다"라고 응수하였다.

Jan Hus was burned at the stake in 1415
출처: https://www.private-prague-guide.com/article/hussite-wars/

주교는 그의 손에 잔을 들고 후스를 의자 밑에 내려앉게 하고 난 후, 외치길, "유대인과 함께 동참하고, 평화의 공의회로부터 버림받은 오! 피고인 유다여! 예수

---

305 John McClintoch & James Strong, *Cyclopedia of Biblical, Theological, and Ecclesiastical Literature*, 419.

그리스도의 피로 채워진 이 잔을 당신으로부터 회수하노라!"라고 하자, 후스는 "하나님의 자비하심으로 바로 오늘 그분의 왕국에서 그분의 잔을 마실 것이며, 당신들은 내 앞과 하나님 면전에서 일 백년 이내에 답을 얻게 되기를 희구하노라!라고 대응하였다.[306] 그들은 후스 머리에 관을 씌우고 이마에 "the Arch-Heretic"대이단자라는 문구를 새겨 넣었다. 후스는 무릎을 꿇고 기도하길, "오 예수여! 나의 적들을 용서하소서! 이들은 거짓으로 나를 고소하였고, 나에게 사악한 중상모략과 거짓 증거로 청구하였음을 주님은 아십니다. 주님의 무한한 자비로 이들을 용서하소서!"라고 외쳤다.[307] 드디어 후스의 손은 뒤로 묶였고 목은 사슬로 화형대에 고정되었다. 그리고 마지막으로 하늘을 향해 큰 소리로 다음과 같이 외쳤다:

> 하나님은 나의 증인이 되십니다. 나는 나의 설교들과 서적들과 작품들 가운데 거짓 증인들이 나를 고소할 어떠한 것을 가르치거나 글로 서술하지 않았습니다. 이 모든 것들은 폭군의 죄악으로부터 영혼들을 구원할 유일한 것들이었습니다. 따라서 가장 기쁘게도 나는 나의 피로 내가 가르치고 글로 작성하고 설교해왔던 것들을 확증할 것입니다. 그리고 이는 거룩한 삼위일체 하나님과 하나님의 법에 의해 확증되었습니다.[308]

306　후스의 이 고백은 후스가 화형을 당한지 약 100년 이후 1517년 독일 마르틴 루터를 통해 종교개혁이 발생한 것을 의미하는 것으로 해석된다.

307　Emile De Bonnechose, *The Reformer Before the Reformation* - *The Fifteenth Century John Huss and the Council of Constance*, tr., Campbell Mackenzie, 85, 103.

308　Emile De Bonnechose, *The Reformers Before the Reformation* - *The Fifteenth Century, John*

드디어 집행인이 짚단에 불을 붙이자, 후스는 마지막 기도를 드리되, "살아계신 하나님의 아들 예수여! 나를 불쌍히 여기소서!"라고 짤막하게 기도하고 시편 31편의 찬양을 드리면서 하나님의 곁으로 가게 되었다.

(4) 후스의 개혁 사상

후스의 개혁 사상은 초대 교회 어거스틴을 비롯하여 중세 파두아의 마르시글리오, 그리고 그의 영적 스승인 존 위클리프의 신학 사상을 그대로 수용하였다. 그는 위클리프의 가시적 교회와 비가시적 교회의 구분을 주장하며 교회는 계급 제도hierarchy로 구성되어서는 안 되고, 오직 영원Eternity 전부터 선택받은 자로 구성된 총체임을 주장하였다. 이 구성원은 예정된 자들에게 해당되며 이들의 머리는 오직 예수 그리스도임을 천명하였다. 후스는 "사도의 자리"라는 주제로 다음과 같이 주장하였다.

> 어떤 이는 사도의 자리란 로마 교회의 승단을 말한다고 한다. 또 다른 이는 성인 베드로의 자리를 말한다고 한다. 어쨌든 이 말 가운데 사도적이라는 말이 나오게 된 '사도'란 한마디로 '하나님께로부터 보내심을 받은 자'라는 뜻이다. … 즉, 저들이 보냄 받은 목적은 진리를 증거하고 구원의 말씀을 선포하며 거듭나게 하여 그 백성에게 거룩한 길을 가르쳐 따르게 하는 것이다. 자기 것을 구하지 아니하고 하나님의 영광과 교회

Huss and the Council of Constance, 104.

의 발전과 백성의 구원을 구하며, 하나님의 뜻을 행하고 적그리스도의 책략을 밝혀내고 그리스도의 법(Gesetz Christi)을 선포하는 성직자는 누구든지 하나님으로부터 보내심을 받았다는 증거를 가진 자이다. 그러므로 모든 교황과 감독과 사제나 설교자는 이러한 방법에 따라 하나님으로부터 보내심을 받아야 한다.[309]

그는 위클리프와 마찬가지로 성직 매매와 면죄부 판매에 대한 강한 반감을 가지고 있었다. 그는 이들을 향하여 "교회 밖에 있는 존재들"로 규정하였고, 구원과 무관한 자들로 여겼다. 당시 주교들은 엄청난 금전과 보석 및 골동품과 수저 등 귀중품들을 닥치는 대로 모았다. 성직자들은 십자군 전쟁 당시 수많은 사람들이 전쟁에 참전하면서 수도원에 맡긴 후 전쟁터에서 사망한 결과, 그 모든 재산이 수도원에 몰리게 되었고 성직자들은 수도 훈련보다는 수도원에 맡겨진 돈과 땅과 보화들을 관리하는 관리인의 삶을 살았다. 당시 수도원과 교구를 담당한 사제들의 재산이 보헤미아 토지의 거의 절반을 소유할 정도였으며, 교황청은 보헤미아의 성직자들에게서 1년 수입에 해당하는 액수를 임직세Annates로 빼앗아 갔다. 기타 다양한 세금 명목을 제정하여 강제로 징수케 하고 불응자들에게 파문장을 선언할 정도였다.[310]

---

309 G. A. Benrath, Wegbereiter der Reformation (Bremen: Carl Schünemann Verlag, 1967), 347. recited in 홍지훈, "얀 후스의 종교개혁", 118.

310 Kamil Krofta, "Bohemia in the Fourteenth Century", *The Cambridge Medieval History*, vol. Ⅶ, 180-181. 윌리스턴 워커, 『세계기독교회사』, 강근환외 4인 공역(서울: 대한기독교서회, 1984), 221.

그는 위클리프의 "성직 매매에 관하여"De simonia라는 작품을 통해 당대 교황청의 성직 매매의 참상을 인식하게 되었으며, 이는 성령을 거스리며 나병 환자와 같은 중대한 질병으로 여겼으며, 당시 교황은 자신의 물욕을 충족시키는 수단으로 하나님의 법과 유사한 법을 만들어 공포하고 고위 관직에 대하여 성직 매매를 단행하였다.[311] 후스는 성직 매매가 고위 관직뿐만 아니라 평신도들도 성직 매매를 수행하였는데, 평신도들 가운데 성직자들을 임명하는데 영향력을 행사하고 대신 금전을 수수하는 행위들 모두 성직 매매라고 규정하였다.[312]

또한 후스는 당시 로마 가톨릭의 화체설에 대하여 강력하게 비판하였던 위클리프의 신학 사상에 입각하여 성만찬은 빵과 포도주 모두 평신도들에게 부여되어야 한다는 점을 강력하게 주장하였다.

후스의 신학 사상은 그가 1415년 프란체스코 지하 감옥에 감금되었을 당시 공개청문회가 열리게 되었는데, 이단 심리 위원회가 후스의 저서에서 30가지의 이단적 요소가 있다고 하여 기소하였는데, 그 중 중요한 7가지 내용을 잘 요약해주고 있다:

1. 교회의 구성원은 전적으로 "예정된 사람들"(Praedestinati)만으로 이루어져 있다.
2. 교회의 머리는 그리스도일 뿐이다. 전투적 교회(Church Militant)가

---

311 Matthew Spinka, *Library of Christian Classics Vol. XIV: Advocates of Reform from Wyclif to Erasmus*, 199-224., recited in 홍지훈, "얀 후스의 종교개혁", 119.
312 선한용, "성직 매매에 대하여,"「신학과 세계」, 32(1996, 봄호), 72.

가시적 머리(Visible Head)를 가질 필요가 있다고 주장하거나, 그리스도가 그러한 머리를 정하였다고 말하는 것은 입증될 수 없는 것을 주장하는 것이다.

3. 교황 제도는 황제의 호의와 권위로부터 유래한 것이다.
4. 교인들이 교회에 복종해야 한다는 말은 순전히 성직자들이 만들어 낸 것으로, 성서와는 위배된다.
5. 성직자의 양심이 자신의 동기의 순수성과 올바름을 증거한다면, 그는 교황의 금지 명령이나 파문 선언에도 불구하고 설교를 중단해서는 안 된다.
6. 그 어떤 세속적 혹은 영적 권위를 부여받은 사람일지라도 양심이 그가 중죄를 범했음을 증거한다면, 바로 그 순간 그는 그리스도에 대한 모든 권한을 상실하며, 따라서 그는 자신의 직무를 중지해야 한다.
7. 성경은 그리스도교 신앙의 유일한 원천이며 법규이다.[313]

1415년 7월 6일 보헤미아의 개혁주의의 정신적 지주였던 후스가 화형을 당하자, 후스를 추종하던 무리들은 일제히 교황청을 향하여 항거하며 후스파Hussite를 결성하여 후스의 신학을 옹호하고 정립하였다. 이들은 1420년 7월 "프라하의 4가지 조항"을 선언하였다:

---

313 Dom Charles Poulet, *A History of the Catholic Church*, vol.1, trans. Rev. Sidney A. Raemers (St. Louis and London: B. Herder Book Co., 1934), 631. recited in 김승환, 「후스파 운동(the Hussite Movement)에 관한 연구」 (한신대학 대학원, 석사 학위 논문, 1991), 29.

1. 하나님 말씀은 보헤미아 왕국과 모라비아 영지 전 지역에서 그리스도적 사제들을 통해 자유롭게 연구되어야 한다.
2. 예수 그리스도의 몸과 피에 대한 장엄한 성례는 예수 그리스도께서 제정하신 바처럼, 어른이나 어린이들에게 두 종류 모두 시행되어야 한다.
3. 국가의 정책에 많이 관여하는 사제나 수도승들이 상당히 많이 소유함으로 인하여 자신들의 신성한 직책 수행을 게으르게 하는 세속적인 재산들을 빼앗아 우리들에게 돌려주어야 한다. 이는 복음서의 원리와 사도들의 실천에 의거하여, 성직자들이 우리에게 예속되어 청빈한 삶을 살아가며 타인들에게 겸손의 모습으로 섬기게 하려 함이다.
4. 소위 치명적인 공적인 죄악들과 하나님의 법에 반하는 다른 죄악들은 국가 법에 의해 처벌되어야 한다. 이렇게 함으로써, 보헤미아 왕국과 모라비아 영지의 무질서한 나쁜 평판을 제거하기 위함이다.

제 3 장

종교개혁 시대- 개혁주의 확립기

1. 마르틴 루터1483-1546의 생애 및 종교 개혁의 과정

1) 루터의 준비기

마르틴 루터는 1483년 11월 10일 독일 삭소니의 아이슬레벤Eisleben의 아버지 한스Hans Luther와 어머니 마가렛Margarethe Ziegler의 슬하에 태어났다. 아버지 한스 루터는 광물 제련 전문가로 활동하면서 루터의 교육을 감당할 정도로 충분한 수입을 가졌다.[314] 아버지는 매우 엄격하게 마르틴을 훈련시켰다.[315]

Martin Luther (1529) by Lucas Cranach the Elder
출처: https://en.wikipedia.org/wiki/Martin_Luther

314　한스가 광산 제련가로서 자리잡게 된 것은 루터가 좀 성장해서부터 였다. 루터의 어린 시절은 가난에 찌들 정도로 매우 궁핍하게 성장하였다. 어린 루터는 아버지가 난방을 해결하기 위해 숲에 가서 나무짐을 어깨에 메고 집으로 돌아오는 일들을 수없이 목격하였다. 토마스 린제이, 『종교개혁사』, 이형기 역 (서울: 대한예수교장로회총회출판국, 1990), 207.

315　Elias B. Sanford, *A History of the Reformation* (Conn: Hartford, The S.S. Scranton Company,

루터는 1492년에 독일 맨스펠트의 라틴어 학교에 입학하였으며 라틴어 대신 독일어를 사용하면 조롱과 강압 속에서 매를 맞을 정도로 엄격하게 훈련받았다. 그 후 1497년 막델브르그Maldelburg의 공동생활 형제단the Brethen of Common Life에 속한 학교에서 공부하면서 이들의 개혁 사상을 배우게 되었고, 아이제나하Eisenach의 성 조오지 학교에서 3년 동안 수학하였다.

그 후 그는 1502년에 에르프르트 대학Erfurt에 입학하여 이 대학의 특징인 스콜라주의적 학문과 스코투스주의the Scotist, 오캄의 윌리엄의 유명론Nominalism을 접할 수 있는 계기가 되었고 가브리엘 비엘 Gabriel Biel의 영향을 받게 되었다.[316] 특히 베셀의 요한John of Wessel의 철저한 개혁 의지에 깊은 감동을 받게 되었다. 그는 여기서 법학과 희랍어 등을 배웠으며 1503년에 문학사와 1505년에 문학 석사를 취득하게 되었다.[317] 그는 이곳에서 공부하면서 매우 날카롭고 예리한 웅변술의 소유자로 알려지게 되었다. 그는 1505년 7월 17일 부친을 만나고 대학으로 돌아가는 여행 도중 친구와 함께 벼락lightning flash and thunderbolt을 맞아 땅에 쓰러졌으나 자신은 살고 친구는 죽게 되는 놀라운 경험을 하였다. 그는 그 자리에서 엎드려져 서원하길,

---

1917), 54.

316 John F. Hurst, *Short History of The Reformation* (New York: Harper & Brothers, 1884), 28-29. 이 대학은 북유럽에서 가장 인문주의적 학문의 중심지였다. 루터는 에르푸르트 대학에서 라틴어로 수업을 들었으며 아리스토텔레스의 논리학 작품에 대한 원문 주석하는 방법에 대하여 집중적으로 훈련을 받았으며, 훗날 이에 관련된 논문을 작성할 수 있는 계기를 마련하였다.

317 카터 린드버거, 『유럽의 종교개혁』, 조영천 역 (서울: CLC, 2010), 101. 1.

'Help, St. Anna, I will become a monk'.라고 고백하고,[318] 매우 고행주의와 엄격주의로 유명한 에르푸르트에 위치한 어거스틴파 수도원에 입단하였다.[319] 아버지 한스는 루터가 법률가가 되길 원했지만,[320] 루터는 벼락 사건을 기점으로 수도원에 입단하여 수도사가 되자 매우 분노하였다.

루터가 이곳을 찾게 된 것은 신학에 대한 깊은 연구의 필요성에 기인한 것이 아니었다. 그에게 항상 주어진 고민은 "과연 내가 구원을 받았는가?"였다. 이에 대한 불안감은 컸다. 이러한 고민은 루터뿐만 아니라 당대 유럽인들 모두에게 존재하던 의문점이었다. 과연 성상들이 구원에 관한 해결책을 제시해 줄 수 있을까?에 대한 궁금증도 더해갔다. 당시 대중들은 성인들의 유골과 유물들을 수집하고 섬김으로 지옥에서 연옥으로, 또는 연옥에서 천국으로 승화될 수 있다는 신념을 갖고 있었다.[321] 교황 그레고리우스 1세Gregory the Great는

---

318 Roland H. Bainton, *Here I Stand - A Life of Martin Luther* (New York, Nashville, Abingdon Press, 1950), 34.

319 에르푸르트 어거스틴파 수도원은 은둔수도원으로서 당대 독일 대중으로부터 존경받는 수도원이었다. 어거스틴 수도원은 고대 교회의 교부 Augustine과는 전혀 무관한 수도원이었으며, 교부 어거스틴의 신학을 전면으로 거부하며 이를 추구하는 자들을 화형시킬 정도였다. 이곳은 팔츠의 요한 젠저(John Genzer of Paltz)와 노이엔키르켄의 요한 나틴(John Nathin of Neuenkirchen) 등 당대 유명한 학자들이 활동하고 있었다. 토마스 린제이, 『종교개혁사』, 213.

320 루터의 부모는 아들이 뛰어난 법률가로 성장하여 훌륭한 결혼을 하여 자기들의 노후를 책임질 수 있는 사람으로 키우고 싶어 하였다. Roland H. Bainton, *Here I Stand - A Life of Martin Luther*, 22-23.

321 루터의 군주였던 Frederick the Wise는 비텐베르크 성 교회 안에 가장 많은 유물들을 바치고 모았으며, 이곳에는 19,000개의 유물들이 있었고 이는 1,999,000일의 면죄부에 해당하는 양이었다. 1517년 비텐베르크 성 교회에는 9,000번의 미사가 진행되었고, 40,932개의 촛불이 소모되었으며, 프리드리히가 바친 유물들 중에는 불타는 떨기나무 한 조각, 불타는 용광로에서 나온 숯, 마리아의 젖, 예수께서 누우셨던 침대 한 부분이 있었고, Albrecht 추기경이 수집한 유물들은 39,245,120일의 면죄부에 해당하는 가치를 지니는 것들을 가지고 있었다. 카터 린드버거, 『유럽의 종교개혁』, 105.

"성상은 평신도들을 위한 책"이라고 선포할 정도로 성상 숭배와 성인 숭배가 대중 속에 만연해 있었으며, 대중 속에 서 있던 루터도 이 문제에 심각하게 봉착하였던 것이다. 그는 이 문제를 해결하기 위해 수도원에서 제시하는 철야기도, 금식기도, 선행, 엄격한 수련 생활 등 건강을 잃을 정도로 노력을 다했으나, 해결책을 얻지 못하였다. 그가 1518년에 작성한 자료에 의하면, 자신이 경험한 정신적 고통과 고뇌는 이루 형언할 수 없을 만큼 괴롭고 힘든 시간이었다고 술회하였다.

루터는 교황청 총대리인 요한 슈타우피츠John Staupitz와의 만남을 통해 이러한 영적인 고통에 대한 조언을 구하였다. 그러자 그는 당시 금기시되고 있던 성경 복사본을 선물로 루터에게 주면서 이를 숙독할 것을 권유하며, 고대 교부였던 어거스틴의 글을 읽도록 하였다.[322] 또한 하나님의 공의는 예수 그리스도 안에서 대속적 충족이 이루어졌기 때문에, 그리스도를 믿으면 자유를 얻게 된다고 가르쳤다.[323]

삭소니 선제후 프레데릭Frederick은 비텐베르크에 새로운 대학을 설립하고 슈타우피츠를 이곳 교수로 영입하였다. 1508년 루터는 이곳에 와서 철학 교수로 활동하였다. 드디어 1511년 루터는 중요한 임무를 맡고 로마에 파견되어, 구원의 확신을 해결코자 로마의 '거룩한 계단'Scala Sancta, 빌라도의 계단으로 불리우는 라테랑Lateran 대성당의 28개 계단마다 입을 맞추고 주기도문을 암송하면서 무릎으로 기어

---

322 Elias B. Sanford, *A History of the Reformation*, 66.
323 B. J. Kidd, *The Continental Reformation* (London: Rivingtons, 1902), 3.

올랐지만 얻을 것은 전혀 없었다. "오 신성한 로마여! 순교자들의 피로 인해 3배나 신성한 그대를 이 종이 문안드리나이다. 나는 양파를 들고 갔다가 마늘을 가지고 돌아온 결과뿐이다"라고 루터는 술회하였다.[324]

1511년 4월 로마에서 돌아온 그는 슈타우피츠의 권유로 신학 공부에 전념한 결과 1512년 10월 19일 베텐베르크 대학에서 신학 박사를 취득하여 종신직 성경 교수로 임명되었다. 그는 이곳에서 바울서신들과 시편을 강의하였으며, 타울러의 신비주의적인 설교집Sermons들과 "독일 신학"The German Theology를 숙독하였다. 독일 비텐베르크 대학에서 2년 동안 시편 강의를 마치고, 1515년 바울의 로마서를 강의하던 중 그는 탑the black cloist- 비텐베르크에 있는 루터의 개인 방 사건을 경험Turmerlebnis하게 되었고, 복음적 새 발견Evangelical breakthrough이라 부르는 놀라운 역사를 체험하였다.[325] 그리고 그는 로마서 1:17의 "복음에는 하나님의 의가 나타나서 믿음으로 믿음에 이르게 하나니 기록된 바 오직 의인은 믿음으로 말미암아 살리라 함과 같으니라"라는 말씀을 묵상하다가 "이 대목은 나에게 있어서 하늘로 통하는 하나의 문이 되었다"라고 고백할 정도로 확실한 해답을 얻게 되었다. 드디어

---

324 롤런드 베인톤, 『마르틴 루터』 (서울: 생명의 말씀사, 1982), 69.
325 루터의 열정적인 강의에 대하여 그의 동료이자 제자인 멜랑히톤은 다음과 같이 묘사하였다: "He so explained he Scriptures, that, in the judgment of all pious and enlightened men, it was as if a new light had arisen on the doctrine after a long and dark night. He pointed out the difference between the Law and the Gospel. He refuted that error, then predominent in the Churhc and schools, that men, by their owen works, obtain remission of sins, and are made righteous before God by an external discipline." Elias B. Sanford, *A History of the Reformation*. 74.

그는 "이신칭의"에 대한 확신을 얻게 되었다.

루터의 이신칭의는 로마서 1:17에 근거하여 하나님의 의는 죄인을 벌하는, 철학적으로 해석된 형식적이며 능동적인 의가 아니라, 수동적인 의이며, 이것을 통해 자비로우신 하나님은 "의인은 믿음으로 말미암아 살리라"라고 쓰인 것처럼 믿음을 통해 우리를 의롭게 하는 것이다.[326] 루터가 본 어거스틴에게 있어서 하나님의 전가하심Zurechnung은 세례 또는 참회에서 죄의 용서라는 형태로 단지 처음에만 인간에게 인정된다. 그러나 루터에게 있어서 그리스도의 낯선 의는 믿는 자들에게 일생동안 인정되며, 신앙인은 행위에 앞서서 믿음 안에서 완전히 단 한번에 의롭게 된다. 또한 그는 이르길, 복음은 새로운 율법 nova lex이 되어 의로움Gerechtigkeit을 요구하지 않으며, 오히려 복음은 하나님의 말씀 안에서 하나님으로부터 오는 수동적 의가 계시되는 것이라고 하였다.[327] 이처럼 믿음으로 의롭게 된다는 재발견은 루터에게 하늘의 문을 열어주었다. 이러한 재발견에서부터 루터는 이제 성경의 문자 속에 표현된 하나님의 행동을 새롭게 이해하였다.

2) 루터와 교황청과의 논쟁

첫 번째 논쟁은 "스콜라주의 신학 논쟁"이었다. 루터는 가톨릭 신학의 표준 문서라 할 수 있는 토마스 아퀴나스Thomas Aquinas의 스콜라주의 신학을 비판하였고, 이를 논점으로 토론회를 개최하게 되었

326　칼- 하인츠 츠어 묄렌,『종교개혁과 반종교개혁』, (서울: 대한기독교서회, 2003), 62.
327　칼- 하인츠 츠어 묄렌,『종교개혁과 반종교개혁』, 63.

다. 1517년 9월 4일, 루터와 로마 가톨릭 신학자들 사이에 '스콜라주의 신학'에 대한 토론이 진행되었다. 루터는 바울과 어거스틴을 근거로 하여 스콜라주의의 아리스토텔레스 철학을 반대하였다. 그가 지적한 스콜라주의의 문제점은 아리스토텔레스의 윤리학에 근거하여 인간의 이성의 작용을 통해 하나님 앞에 의롭게 됨을 주장한다는 점이다. 따라서 루터는 이를 논박하여 하나님의 은총만이 인간의 자유의지를 선하게 한다고 주장하였다.[328]

두 번째는 면죄부 논쟁이었다. 면죄부는 초대 교회 교부들이 제작한 것이 아니라, 후기 중세 교회의 참회 제도와 연관되며 시작되었으며, 루터보다 1000년 전으로 거슬러 올라갈 수 있다.[329] 특히 토마스 아퀴나스를 중심으로 스콜라 신학자들에 의해 발전되었고 트렌트 종교 회의에서 정식으로 인준된 것으로서, 초기에는 회개와 참회를 전제한 것이었지만, 줄리우스 2세 교황이 등극하자 성 베드로 St. Peter성당 건축을 위해 절대 면죄부를 발행하게 되었다. 그 후 교황 레오 10세는 공포하길, 이 면죄부를 사는 사람은 어떤 범죄라도 용서받는다고 하였다. 그러나 교황을 살해하려는 음모, 고위 교직자를 살해하든지 폭행한 죄, 사도의 서신 위조자, 이교도로부터 백반을 사들인 죄 등은 용서받지 못한다고 주장하였는데, 백반은 교황청의 매우 중요한 수입원이었다.

328　카터 린드버거, 『유럽의 종교개혁』, 120.

329　토마스 린제이, 『종교개혁사』, 229-230. 참회 제도는 점차 시간이 지나감에 따라 회중들의 요구에 맞추어서 통회의 다른 징표로 바꾸어 줄 수 있게 되었고, 이러한 현상이 발전하여 면죄부 제도로 이어지게 되었다. Penance와 Indulgences의 관련성에 대해서는 다음을 참조할 것. B. J. Kidd, *The Continental Reformation*, 16-18.

레오 10세는 알브레히트에게 대주교직을 하사하면서 12 사도를 기념하여 12,000 Ducat를 낼 것을 요구하였고, 알브레히트는 7성례를 말하면서 7,000 Ducat를 드리겠다고 응수하자, 레오 10세는 중간 정도인 10,000 Ducat에 합의하였다. 알브레히트는 이 빚진 돈을 갚기 위해 8년간 면죄부를 팔 권리를 얻게 되었다. 레오 10세는 면죄부 수입금의 반

Pope Leo X - patron of the Arts
출처: https://www.pbs.org/empires/martinluther/char_leo.html

은 베드로 대성당의 건축 기금으로 로마로 보내었고, 나머지 반은 알브레히트가 빚 갚는데 사용토록 하였다.

마인쯔 대주교 알브레히트의 교서 내용은 다음과 같다:

> 이 면죄부를 사는 사람은 완전한 사죄를 받을 수 있으며 하나님의 은총으로 연옥에서 해방 받는다. 그렇게 하여 그 당사자도 은혜에 참여할 뿐만 아니라 그의 친구와 친척이 사망 후 연옥에서 고통을 겪고 있을지라도 그를 대신하여 이것을 사는 사람은 곧 연옥불에서 벗어나 하늘나라의 안식에 들어갈 수 있을 것이다.

알브레히트 대주교는 당시 60세였던 테쩰 Johann Tezel 신부를 기용하였다.[330] 그는 도미니크 교단 사제로서, 교묘한 선전을 통해 면죄부

---

330 테쩰의 인물에 대해서는 다음을 참고할 것. Elias B. Sanford, *A History of the Reformation*, 78-80.

판매에 탁월한 실력을 보여주었던 악명 높은 인물이었다. 그는 다음과 같이 주장하였다:

> 여러분의 양친의 부르짖음을 듣지 못하는가? 그들은 이르길, 우리에게 자비를! 우리는 지금 고통 중에 사로잡혀 있다! 너희들은 적은 돈으로 우리를 고통에서 건질 수 있다! 우리는 너희를 낳고 기르고 교육시키고 전 재산을 남겨 너희들에게 맡기고 이곳에 왔다! 그런데 너희는 냉혹하고 무자비하게 이 불꽃 가운데 타고 있는 우리를 돕지 않을 것인가?[331]

이러한 선포를 한 후 테젤은 이르길, "돈이 헌금함에 들어가는 순간 한 영혼이 연옥에서 해방된다"라고 주장하였다.[332] 그는 면죄부를 팔아 얻은 수익으로 호헨졸레른 귀족 가문 출신인 대주교 알베르토로부터 대주교직을 돈으로 사기 위해 빌린 돈을 갚는데 사용하였다. 당시 유럽인들에게 '어떻게 지옥을 피할 수 있나?'How to avoid Hell라는 책이 베스트 셀러가 될 정도로 면죄부에 대한 관심이 지대하였다.

이러한 정황 속에서 루터는 단계적

Johann Tetzel
출처: https://lutheranreformation.org/resources/faces-of-the-reformation-series/johann-tetzel/

331　Heiko A. Oberman, *Luther: Man between God and the Devil* (New Haven: Yale University Press, 1989), 188.
332　유스토 L. 곤잘레스, 『종교개혁사』, 서영일 역 (서울: 은성출판사, 1987), 36.

으로 이 문제에 접근하였다. 그는 먼저 1517년 2월 24일, 마태복음 11장 25절(천지의 주재이신 아버지여 이것을 지혜롭고 슬기 있는 자들에게는 숨기시고 어린 아이들에게는 나타내심을 감사하나이다) 본문을 중심으로 면죄부의 해악성을 설교했으나, 누구도 귀를 기울이지 않았다. 그는 다음 단계로 대주교들과 주교들에게 면죄부의 부당성을 지적하는 편지를 보냈으나, 모두 비웃고 말았다. 테쩰은 회개는 커녕 루터와 같은 이단들을 태워버리라는 교황의 명령을 받은 교황의 대사라고 하면서 루터에게 냉소를 보냈다. 이에 루터는 마지막 단계로 비텐베르그 대학 교수들에게 면죄부의 성격과 문제점, 교회에 미칠 영향에 대하여 토론할 것을 요청하였으나, 교황청을 두려워한 결과 아무도 나서지 않게 됨으로써 토론회가 무산되고 말았다.

드디어 전 세계는 역사적 전환기를 맞이하게 되었다. 1517년 10월 31일 만성절날All Saints' Day- 모든 가톨릭 성인들을 기념하는 절기에 루터는 면죄부에 대한 95개조의 논제를 비텐베르그 대학 교회Castle Church 북쪽 문에 붙이고, 누구든지 이에 관하여 학문적 토론을 하고 싶은 자는 나오라고 도전함으로써 종교개혁의 포문을 열었다. 그는 마인쯔 대주교 알브레히트와 감독 히에로니무스에게 이 사실을 통보하였다. 사실 그가 95개조 반박문을 작성하게 된 동기는 면죄부 판매에 대한 소책자Instructio summaria를 읽어보고 이 책의 신학적 문제점을 발견하였기 때문이었다. 그는 신학자로서 참회에 대한 올바른 가르침을 교회에 제시하고자 하였다. 따라서 그는 95개조를 교회 고위 관직에 있는 책임자들이 읽어보도록 하기 위해 자국어인 독일어가 아니라,

학문적 언어였던 라틴어로 기록하였다.[333]

그가 제시한 95개조의 핵심 내용은 다음과 같다.

2-1 베드로 대성당 건축에 대한 문제 제기

성도가 건축해야 할 것은 일차적으로 마음의 성전이며, 다음은 살고 있는 지역의 교회당이며, 마지막은 로마의 베드로 대성당임을 천명하였다. 독일은 로마와 무관하므로 독일인들이 로마 성당을 위해 헌금하는 것은 무의미하다고 주장하였다.

2-2 교황의 내세권에 대한 문제 제기

교황은 내세 문제에 대하여 관여할 권한도 없고 죄의 면책권도 없다. 오직 내세권은 하나님에게만 속해 있다. 속죄권도 하나님의 고유권한이므로 교황에게 사죄권과 연옥을 다스리는 권세가 있다고 주장하는 로마 가톨릭교회의 주장은 모순임을 지적하였다.

2-3 면죄부 제도의 해악성에 대한 문제 제기

그리스도는 사람이 참된 회개를 통해 죄를 용서받는 사실을 가르치셨지만, 교황청에서 발부하는 면죄부는 회개의 필요성을 약화시키며 거짓 확신을 준다. 교황도 죄의 영향권 아래 놓인 존재에 불과하며 어떤 형벌을 사면하거나 사면하도록 기원할 수 없으므로 면죄

---

333 유스토 L. 곤잘레스, 『종교개혁사』, 37. 당시 독일의 문맹률은 매우 높았기 때문에 독일어로 제작했을지라도 일반 평민들은 제대로 읽지도 못했을 것이다.

교리를 가르치는 것은 예수의 가르침에 상반되며 그릇된 것이라고 지적하였다.

1518년 2-5월을 통해 루터는 "면죄부 효용성에 대한 논쟁 해설"이라는 소책자를 통해 95개조에 미비한 점들을 보완해서 철저하게 해설하였다.[334] 특히 1518년 3월에 "면죄부 설교"를 통해 면죄부를 매입하는 행위로 구원받지 못한다는 사실을 분명하게 강조하였다.

3) 면죄부 논쟁의 진행

(1) 하이델베르그(Heidelberg) 신학 논쟁

95개조의 논제가 평민들에게 알려지게 되자, 면죄부 판매가 급감하게 되었고, 급기야 마인쯔 대주교는 사본을 로마 교황청에 보내자 레오는 무명의 한 사제의 글로 치부하고 어거스틴파 수도원장에게 이 수도사를 잠잠케 하도록 명령하였다. 또한 테쩰은 동료인 빔피나Conrad Wimpina와 함께 95개조를 반박하여 106개 조항의 논제를 발간하자, 루터는 이에 대하여 "면죄부와 은혜에 대한 설교"Sermon on Indulgence and Grace로 공박하면서 신학 논쟁이 더욱 뜨거워졌다. 잉골슈타트Ingolstadt 신학대학교 교수

The Heidelberg Disputation
출처: https://lutheranreformation.org/history/the-heidelberg-disputation/

---

334 유스토 L. 곤잘레스, 『종교개혁사』, 38. 막시밀리안 황제는 무명의 수도사의 무례한 행동에 대하여 매우 분노하였고 교황 레오 10세에게 부탁해서 그를 침묵시키도록 하였다.

이자 루터의 친구였던 Johannes Eck요한네스 엑크, 1486-1543는 "Obelisk" 오벨리스크, 날카로운 기둥들, 단검표이라는 소책자로 루터를 이단으로 기소 하였다. 루터는 Asterisks아스테리스크, 별표라는 책으로 이에 맞서서 대항하였다. 또한 도미니크파 수도사이자 로마 대교구 교황청 검열관과 종교재판관을 겸직하였던 프리에리오의 실베스터 마졸리니 Silverster Mazzolini of Prierio는 "교황의 권한에 관한 대담: 마틴 루터의 주제넘은 결론을 반대하면서"Dialogue about the Power of the Pope: Against the Presumptuous Conclusions of Martin Luther라는 글을 통하여 루터의 95개조에 대하여 반박하였다.[335]

1518년 대주교 알브레히트와 도미니칸 수도회는 루터를 정식으로 로마 교황청에 고소하였고, 그 결과, 루터는 1518년 4월 하이델베르그 종단 총회 앞으로 소환장이 발부되었다. 1518년 4월 9일에 개최된 하이델베르그 총회에 참석한 루터는 면죄부를 언급하기보다는 오히려 인간의 자유 의지와 아리스토텔레스의 철학이 신학을 지배해온 점을 비판하며, 어거스틴의 은총의 신학을 옹호하였다. 이러한 루터의 주장을 통해 스트라스부르그의 개혁자로 떠오르게 된 마틴 부처Martin Bucer와 뷔르템부르그의 개혁자 요하네스 부렌즈Johannes Brenz가 로마 가톨릭을 버리고 기독교로 개종하는 계기를 마련하였다.[336]

---

335 토마스 린제이, 『종교개혁사』, 241.
336 루터는 하이델베르크 논쟁을 통해 많은 수도사의 지지와 격려를 받게 되었고, 적들로 등장하였던 로마 가톨릭 학자들도 조심스럽게 접근하면서 비난과 비판을 자제하였다.

(2) 아우구스부르그(Augsburg) 논쟁

루터는 하이델베르크 논쟁을 마친 후, 자신을 반대하던 자들을 향해 성경적 근거를 들면서 이들의 신학 사상의 문제점들에 대한 답변서로서 "결단"Resolutiones 이라는 작품을 출간하여 상대편에게 보내었다. 이 책은 95개 논제에 대한 구체적인 해설서로서 교황청이 면죄부와 관련된 다양한 왜곡된 행습을 조장하였고 이를 스콜라주의자들이 합법화시킴으로써, 잘못된 교회 규율들이 제정되었다고 비판하였다. 이 책에 대한 교황 레오 10세는 "형제 마틴은 아주 재간있는 사람이며, 이번의 파열은 단순히 질투심이 강한 한 수도승의 다툼이나, 곧 이 책을 쓴 술취한 독일인은 그의 마음을 유순하게 바꿀 것이다"라고 주장함으로써 대수롭게 여기지 않았다.

Augsburg Disputation- The meeting of Cajetan (left) and Martin Luther (right).
출처: http://graceontap-podcast.com/2017/03/20/episode-7-proceedings-at-augsburg-1518/

루터의 이러한 주장은 절대 권력을 자랑하는 교황과 교황청에 대한 정면 도전이었으므로, 어떠한 설명과 해석으로도 "이단적 해석"이라는 오명을 벗어날 수 없게 되었다. 왜냐하면 중세의 교황 제도는 무오류하고 신적 권한을 소유하고 있었으며, 교황과 교황청이 제정한 법과 규율은 신적인 명령적 의미를 지니고 있었기 때문이었다.

결국, 교황청은 면죄부 판매의 급감의 원인을 루터의 "논제"와 "결단"이라는 작품으로 인한 결과로 분석하였다. 1518년 8월 7일 신성 로마 제국 Maximillian막시밀리안 황제는 아우구스부르그 제국 회의를 통해 루터의 문제에 개입하여, 8월 7일에 로마로 출두하라는 명령을 내렸다. 그러나 루터는 작센 선제후 프레데릭의 도움으로 출두 명령이 취소되었고 대신에 교황청 대사였던 추기경 카제탄Kajetan 의 심문으로 대신하게 되었다. 루터는 1518년 10월 12-14일까지 로마가 아닌 독일에서 카제탄의 심문을 받았다. 카제탄은 칙령과 교황 권위보다 성경의 권위를 강조하는 루터의 주장을 철회토록 종용하였다. 루터는 성경과 모순된 교황의 칙령은 자신에게 아무런 효력이 없음을 천명하였다. 결국 갈등은 있었지만, 선제후의 도움으로 안전히 비텐베르크로 돌아오게 되었다.

(3) 라이프치히(Leipzig) 논쟁

비텐베르크로 돌아온 루터는 그간 아우구스부르크에서 논쟁한 내용들을 골자로 하여 "아우구스부르크 행적"Acta Augustana 을 출간하였는데, 엄청난 대중적 지지를 얻게 되었다. 교황청은 프레데릭 선제후의 비위에 거슬리지 않도록 조심스럽게 자기 측근이자 교황청 시종인 찰스 폰 밀티쯔Charles von Miltitz에게 "황금 장미"를 비롯하여 많은 선물과 함께 선제후에게 보내어 루터를 설득하는데 성공하였다. 즉, 루터는 상대방들이 공격을 멈추고 자신의 견해에 침묵을 지켜주는 조건으로 더 큰 논쟁을 벌이지 않겠다고 약속하였다. 그러나 로마 가톨릭의 대변자이자 잉골슈타트Ingolstadt 대학 부총장Vice-Chancellor 인 존 엑크John Eck 와 대학 교수들은 루터의 조건을 수용할 수 없었다. 75명의 경호원들이 비텐베르크 사람들과 보헤미아 사람들로부터 엑크를 보호하기 위해 배치되었다.[337] 루터 측에는 칼슈타트Andreas B. Karlstadt와 멜랑히톤Melanchthon 등의 비텐베르크 교수들과 200여 명의 학생들이 투구와 도끼창으로 무장한 채 참석하였다.[338] 먼저 잉골슈타트 대학의 요하네스 엑크와 칼슈타트 사이에 논쟁이 일주일 동안이나 진행되었고,[339] 그 이후 엑크와 루터 사이에 벌어진 논쟁점은 무엇보다도 로마 가톨릭 측에서 유리한 교황의 수위권權限 문제를 다루었다. 왜냐하면 루터의 "논제와" "결단"의 작품의 가장 큰 약점으로 지목되는 내용은 루터의 주장은 교황의 권한에 대한 도전이었기 때문이었다. 엑크는 매우 노련한 논쟁자였다:

> 그는 커다란 체구에 가슴속으로부터 나오는 확신에 찬 강한 음성의 소유자였으며, 분명하다기보다는 조금 거칠은 그의 목소리는 비극 배우나 도시의 광고꾼으로 적합했다. 그의 입과 눈과 전체적인 윤곽은 신학자라기보다는 푸줏간 주인이나 군인다운 풍모였다. 그는 진리로 상대방을 이기려고 노력하는 유형이라기보다는 상대방을 제압하려 든다는 생각을 갖게 했다. 그의 논증에는 올바른 합리성과 마찬가지로 그만큼의 궤변도 들어 있었다. 그는 계속적으로 상대방의 말을 잘못 인용하거나 상대방이 전달하려고 생각지도 않았던 의미를 우격다짐으로 윽박지르는 사람이었다.[340]

337　Roland H. Bainton, *Here I Stand - A Life of Martin Luther*, 111.
338　토마스 린제이, 『종교개혁사』, 241.
339　Roland H. Bainton, *Here I Stand - A Life of Martin Luther*, 114.
340　Petri Mosellani, "Epistola de Disput. Lips." in *Loscher's Reformatons Acta et Docuementa*

엑크의 의도는 루터로 하여금 교황의 권위에 대한 도전적 주장을 유도하는 것이었으며, 후스파의 견해에 대한 동조적 의도를 드러내는 일이었다. 드디어 루터는 로마 교회가 다른 모든 교회 위에 있다는 주장은 지난 400년 동안의 냉혹한 교황 교령으로 증명될지 모르겠지만, 그 이전 1,100년 동안 입증된 역사와 성경의 본문과 공의회 중에 가장 거룩한 니케아 공의회의 결정이 교황 교령들에 반대하고 있다고 답변하였다. 루터는 성경에 박식한 논리를 전개한 반면, 엑크는 성경보다는 교황청의 교서 및 전통, 교회법에 근거를 두고 논리를 펼쳤다. 또한 엑크는 연옥 교리는 마카비 2서 Macabee II 12장 45절에 나오므로 연옥 교리가 성경적이라고 주장한 반면, 루터는 마카비서는 외경일 뿐이며 성경이 아님을 천명하였고, 외경의 교훈은 신적인 권위가 없으므로 신뢰할 수 없고, 이러한 외경에 근거한 연옥 교리는 잘못이라고 주장하였다. 또한 엑크는 면죄부와 고해 성사는 교회 전통에 근거한 것이기에 교회는 따라야 한다는 주장한 반면에, 루터는 교회 전통은 오직 인간의 고안에 근거하기에 잘못될 수 있고, 오직 성경만 무오한데, 이 두 교리는 성경적 교훈에 상반된다고 주장하였다.[341] 여기에서 "Sola Scriptura"라는 종교개혁의 모토가 시작된 것이다. 성경의 권위와 교회의 문제에 있어서 루터는 교회의 권위는

(Leipzig, 1720-1729), I. 242. recited in 토마스 린제이, 『종교개혁사』, 248.

341 루터의 답변을 들은 엑크는 다음과 같이 외쳤다: "I see that you are following the damned and pestiferous errors of John Wyclif, who said, 'It is not necessary for salvation to believe that the Roman Church is above all others.' And you are espousing the pestilent errors of John Hus, who claimed that Peter neither was nor is the head of the Holy Catholic Church." Roland H. Bainton, *Here I Stand - A Life of Martin Luther*, 115.

그 권위가 성경적일 때야 비로소 의미가 있으며, 마 16:18에 나오는 베드로의 매고 푸는 권세는 교황직과 무관하며, 이는 교회 공동체에 대한 것이라고 분명하게 지적하였다.

이 답변들을 청취한 로마 교황청에 속한 자들은 쾌재를 불러일으켰다. 드디어 루터의 이단성, 즉 루터가 신적 절대 영역인 교황의 권한을 제한하는 주장을 하였기 때문이었다. 엑크의 승리로 이 논쟁은 마무리되었다.

(4) 1520년 바르트부르크(Wartburg)

라이프치히 논쟁 후 엑크는 루터에 대한 평가서 즉, '루터의 이단성'을 교황청에 제출하였으며, 레오 10세는 이에 근거하여 1520년 6월 15일에 출교 경고장인 "주여 일어나소서" Exsurge Domine라는 교서를 공포하였고 루터의 모든 저서들을 불태우도록 명령하였다. 그리고 60일 이내 교황청의 명령 불복종 시 파문장이 선언될 것이라고 위협하였다. 레오 10세의 출교 경고장 서문에는 "오 주여 일어나소서! 당신 자신 때문에 탄원합니다. 어리석은 사람이 날마다 얼마나 당신을 책망하는지 기억하소서! 여우가 당신의 포도원을 황폐케 하고 있으며 숲속의 돼지가 포도원을 피폐케 하고 사나운 짐승들이 그것을 탐식하나이다"라고 기술하였다. 이 소식을 들은 루터는 바르트부르크 Wartburg로 거점을 옮기고, 10개월 동안 이곳에 거하면서 "적그리스도의 저주스러운 파문에 대항하여" Against the Execrable Bull of Anti-Christ를 저술하여 출판하였다. 1520년 12월 10일, 루터는 수많은 군중들과 학생들 교수들이 지켜보는 가운데 교황의 교서를 불태움으로써 교황권에 대한 전면 도전에 나서게 되었다. 교황의 교서를 불태우며, 루터는 "네가 여호와의 거룩한 자를 괴롭힌 것처럼 영원한 불이 너를 괴롭힐 것이다."라고 외쳤다.[342] 1521년 4월 17일, 루터는 황제와 제국 회의 앞에서 자신의 저술과 주장을 철회할 것을 요구받게 되었다.

(5) 보름스(Worms) 논쟁: 루터의 출교 및 최후

Luther at the Diet of Worms, by Anton von Werner, 1877
출처: https://en.wikipedia.org/wiki/Diet_of_Worms

1521년 1월 21일, 교황 레오 10세는 루터를 이단으로 정죄한 후, 파문장을 선포하였다. 파문장은 중세 시대 교황의 최대 무기였다. 가령, 독일 황제 하인리히 4세에게 당시 교황이었던 그레고리 7세 힐덴브란트 Hildebrand가 파문장을 선언하자, 독일 황제는 1076년 카놋사

342　Thomas M. Lindsay, *The Reformation* (Edinburgh: T&T Clark, 38 George Street, 1882), 12.

에 머물러 있던 교황을 만나려고 왕비, 왕자 등을 대거 이끌고 그 혹독한 눈보라를 무릎 쓰고 알프스 산을 넘어 카놋사에 도착하여 용서를 빌되, 엄청나게 쌓인 눈 위에 맨발로 3일을 보내며 용서를 빌었다. 즉, "카놋사의 굴욕 사건"은 파문장으로 비롯된 사건이었다.

교황청에서의 루터 출교파문가 선언되자, 독일 의회는 보름스에서 의회를 소집하였고 3월에 루터를 소환하였다. 이때 프레데릭 선제후를 비롯한 루터 측근들은 이곳에 나가지 말도록 권유하였지만, 루터는 "만약 보름스의 지붕의 기왓장들만큼이나 마귀들이 자리잡고 있다 해도, 나는 그곳에 가겠다"라고 선포하였다.[343] 그는 비굴하게 숨어서 사느니 죽더라도 자신의 입장을 밝히고자 했다. 그는 4월 2일에 비텐베르크를 떠나 4월 16일 보름스에 도착하였다. 드디어 4월 18-22일 동안 보름스 의회는 루터의 신학 사상을 심의하였다.

여기에는 신성 로마 제국 황제인 카알 5세Karl V를 비롯하여 독일 영주들, 추기경들이 대거 참석하였다. 또한 에라스무스파들도 함께 참석하여 루터로 하여금 공재설을 포기하고 화체설을 묵인하는 조건으로 협상할 것을 주장하였다. 그러나 루터는 "성경의 증거와 이성에 어긋나지 않는 한 저는 아무것도 철회하지 않을 것이며, 철회할 수도 없습니다. 제가 여기 섰으니 하나님이여! 도우소서! 아멘"이라고 외쳤다. 교황청이 루터를 살해할 음모를 꾸미자, 프레데릭 선제후는 4월 24일 병사들을 보내 루터를 바르트부르크Wartburg로 피신

343　Thomas M. Lindsay, *The Reformation*, 15. "I would go, if there were as many devils in Worms as tiles on the house-tops."

시켰다. 이곳에서 루터는 에라스무스가 편집한 헬라어 성경을 독일어로 번역하였고, 이를 1534년에 출판하였다. 루터의 소식이 전 유럽에 퍼질 당시, 그의 개혁 사상에 감복된 수녀인 카타리나 폰 보라 Katharina von Bora는 26세 나이로 1525년 6월 13일 42세인 노총각 루터와 결혼하였다. 루터는 20년간의 결혼생활 가운데 6명의 자녀를 두었다. 루터는 음악을 사랑하였고,[344] Lute와 Flute 등 악기를 다룰 줄 알았고, 작곡에도 관심이 많았다. 13세의 어린 딸의 죽음의 쓰라림도 체험하였다. 이때 그는 고백하길, "우리가 사나 죽으나 주의 것이로다"라고 자신의 심경을 토로하였다.

신성 로마 제국 황제 카알 5세는 1529년 Diet at Speyer스페이어 회의에서 루터파에 대하여 각 지방들이 재량껏 행동하도록 한 결정을 취소토록 요구하였다. 그러나 삭소니 선제후Electoral Saxony, 브란덴부르크Brandenburg, 헷세Hesse, 안할트Anhalt, 스트라스부르크Strassburg 등 복음주의를 따르던 지방들은 황제의 요구를 거부하자, '프로테스탄트Protestant' 즉, '반항자'라는 이름을 얻게 되었다. 루터와 츠빙글리는 교회 개혁을 위해 1529년 10월에 Marburg마르부르크에서 교회 회의를

---

344 루터는 교회 안에서 시행되는 음악과 미술에 대하여 부정적이지 않았다. 단지, 이러한 요소들이 예배와 말씀보다 우선시해선 안 된다는 전제 조건하에 허락하였다. 그는 "음악은 하나님의 놀라운 선물로서 신학에 버금가는 것이다. 나는 다른 사람의 관심 때문에, 음악에 대한 나의 보잘것없는 식견을 포기하지 않을 것이다. 그리고 젊은이들은 음악 예술을 배워야 한다. 왜냐하면 음악은 고상하고 솜씨 좋은 사람을 양성하기 때문이다... 나는 지나치게 영적인 일부 사람들의 항의처럼 예술을 폐지해야 하고 복음의 주변에서 제거해야 한다고 절대 생각하지 않는다. 도리어 나는 모든 예술과 특히 음악과 예술을 만드시고 사람에게 주신 분을 섬기는 데 사용하는 모습을 기쁜 마음으로 바라본다."라고 주장하였고, 교사도 노래하는 법을 배워야 한다고 강조하였다. Ewald M. Plass, *What Luther Says* (St. Louis: Concordia, 1986), No. 3815; No. 474. Recited in 마이클 호튼, 『개혁주의 기독교 세계관』, 32-33.

가졌지만, 성만찬 입장적 차이로 갈라서게 되었다. 루터의 친구이자 제자인 멜랑히톤은 1530년 아우구스부르크 신앙고백을 의회에 제출하여 로마 가톨릭과 개신교의 차이점을 분명히 하였다. 1536년 개혁자들은 "슈말칼드 신조"Smalcald Articles를 작성하여 개신교 신학을 구체화시켰다. 1540대에 가톨릭의 압력이 더욱 거세지자, 1545년 개혁자들은 슈말칼드 연맹Smalcald League을 결성하여 싸웠다. 로마 가톨릭 자체 내에서 1545-7년 트랜트 종교 회의를 개최하여 "반동종교개혁"을 전개하였다.

루터는 말년에도 끊임없이 강의와 설교 등의 활동과 노력을 계속하였으며, 슈말칼드 신조를 작성하기도 했다. 그의 지병인 신장석과 담석증으로 병석에 누워 중병 환자가 되었고 드디어 심장마비 증상이 악화되어 1546년 2월 18일, 루터는 종교개혁의 완성을 보지 못하고 63세의 나이로 그의 고향 아이슬레벤에서 하나님 품에 안기게 되었다.

2. 루터의 신학 사상

1) Luther의 저술 고찰 – 루터의 3대 논문

루터는 95개조의 논제를 발표한 이후 교황청으로부터 수많은 생명의 위협과 핍박을 받아왔다. 그는 라이프치히 논쟁 이후 바르트부르크에 체류하면서 당대 교황청의 오류에 대하여 세 개의 논문을 중심으로 전개하였다. 이 논문들은 루터에게 있어서 매우 중요한 자료를 담고 있다. 독일에서 "3개의 위대한 종교개혁 논문" Three

Great Reformation Treatises 으로 알려진 훌륭한 작품들로 구성되어 있다.[345] 이 논문들을 통해 루터는 드디어 로마 가톨릭과 결별을 선언하고 완전 개혁을 추구하기 위해 목숨을 건 싸움터에 진입하게 되었다. 1520년 당시 그는 교회의 개혁과 회복을 이루기 위한 방안들을 제시하기 위해 다음과 같은 3개의 논문을 작성한 것이다.

(1) 독일 기독교 귀족에게 보내는 글(1520. 8. An den Christtichen Adel deutscher Nation von des christlichen standes Besserung, An Open Letter to the Christian Nobility of the German Nation).

Luther's "Address to the Christian Nobility of the German Nation", 1520

출처: https://speccoll.library.arizona.edu/online-exhibits/files/show/3274

이 책은 출간된 지 2주 만에 약 4,000부가 인쇄될 정도로 매우 인기가 많은 작품이었다. 그는 이 작품을 통해 로마 교황청이 개선되어야 할 내용들을 소개하였다. 로마 교황청이 세 가지 담벽에 막혀있기에 종교개혁의 걸림돌이 되었다고 주장하였다. 즉, 그는 유럽의 교회가 로마 가톨릭을 중심으로 커다란 부끄러운 성벽을 건설하고 모든 교권과 속권을 자기 휘하에 두고 누려왔으며, 신자들을 성경에 근거하여 권고와 징계를 하기보다는 교황의 성경해석권을 근거로 교황청에 유리하게 이용해왔으며, 전 유

---

345   토마스 린제이, 『종교개혁사』, 251.

럽의 신학적 및 이단적 문제들을 공의회에서 결정하기보다는 교황만이 공의회를 소집할 권한이 있다는 원리를 내세워 자기들의 이익을 독차지하는 3대 악습을 비판하였던 것이다. 이처럼 로마 교도들은 자기들 주변에 세 가지 담을 쌓아 놓고 그 뒤에서 자신들을 방어해왔기 때문에 개혁할 수 없었으며 무서운 부패의 원인이 되었다고 지적하였다.[346]

첫째 담: 영적 권세가 세속적 권세보다 우월하다.

그는 영적 계급 교황, 주교, 사제, 수사 과 세속 계급 군주, 영주, 직공, 농부 을 구분하는 것은 완전히 조작적이며 거짓이고 위선이며, 모든 신자는 사제라고 주장하였다. 평신도와 사제, 군주와 주교, 영적인 것과 세속적인 것 사이에는 직무와 일에 대한 차이 이외에는 아무것도 없으며, 그들에게 신분에 관한 차이는 전혀 없음을 주장하였다.[347] 평신도와 성직자의 차이는 후자가 하나님으로부터 남다른 특권을 부여받은 것이 아니라 하나님 나라를 위해 특별한 종류의 일을 수행하도록 부여받은 것에 불과하다고 지적하면서, 사제나 주교도 그 직을 내려놓으면 하나의 농부나 평민이 되는 것이다. 따라서 구두수선공이나 대장장이 그리고 농부는 각기 자기들의 일과 직무를 맡고 있으면서도 이들은 모두 성별된 사제와 주교와 같다고 주장하였

346　지원용, 『말틴 루터의 종교개혁 3대 논문』 (컨콜디아서, 1993), 28.
347　지원용, 『말틴 루터의 종교개혁 3대 논문』 29.

다.[348] 오직 세례와 복음과 신앙만으로 신자가 되며 영적인 존재가 된다는 점을 지적하면서, 교황과 교회의 전통이나 의식 및 예식과 무관하게 오직 성경적인 말씀에 근거해서 신자가 구원을 이룰 수 있음을 강조하였다.

둘째 담: 교황만이 오류 없이 성경을 해석할 수 있으며, 교황은 무오하다.

둘째 담은 첫 번째 담에 비하면 더욱 초라하고 보잘 것 없고 무가치하며, 교황이 성경적 교훈을 배우지 못하고 오히려 자신만이 "성경의 유일한 교사"로 둔갑하였다고 루터는 지적하였다. 오히려 이들을 통해 이단적이고 비기독교적이며 왜곡된 규정들이 교회법에 자리잡게 되었고, 성경 해석과 해석에 대한 확증은 오직 교황에게 속했다는 주장은 완전히 조작된 거짓이며 성경을 전혀 이해하지 못한 독단에 불과하다는 점을 강력하게 주장하였다. 그리고 그는 성경 해석의 자유가 신자들에게 있다고 주장하였다: "오히려 우리는 대담하게 앞으로 나아가서 신앙에 근거한 우리의 성경 해석에 따라 교황들이 행하거나 행하지 않는 모든 것을 시험하지 않으면 안 된다. 그러므로 교회 안에 있는 진실한 신앙과 정신을 가진 신자들은 신앙도 영도 없는 교황의 오류를 책망해야 한다."[349]

---

348 지원용, 『말틴 루터의 종교개혁 3대 논문』, 34.
349 지원용, 『말틴 루터의 종교개혁 3대 논문』, 41.

셋째 담: 교황만이 합법적으로 공의회를 소집할 수 있다.

그는 이미 언급한 두 개의 담이 무너지면 세 번째 담은 자연히 무너진다고 하였다. 이러한 교황청의 주장은 성경적 가르침과 전혀 무관하며 성경적 상식에서 벗어난 주장이다. 왜냐하면 교황도 성경 아래 있기 때문에, 그가 범죄하면 교회에 가서 말하라고 마 18:15-17에서 가르쳐주고 있기 때문이다. 공의회 소집이 교황에게만 있다는 주장은 비성경적이며, 오히려 초대 공의회들 가령, 니케아, 콘스탄티노플, 에베소 공의회 등의 공의회 소집은 세속 당국자가 적격이었다고 지적하였다. 그는 교황 중심 제도보다는 '만인제사장설' das allgemeine Priestertum , 즉 모든 신자는 세례를 통해 제사장으로 임명된다는 입장이 더 성경적이라고 주장하였다. 그는 공의회와 관련해서 교황이 독단적으로 즐겼던 악폐들에 대해서 매우 자세히 언급하였다.[350]

(2) 교회의 바벨론 포로(1520. 10.6. De captivitatae Babylonica ecclesiae praeludium).

루터는 "독일 크리스찬 귀족에게 보내는 글"을 출간한 이후 2개월 만에 다시 펜을 들고 중세에서 가장 중요시했던 은혜의 수단인 "성례전"의 성경적 의미와 로마 가톨릭의 왜곡된 주장에 대한 비판을

De captivitate babylonica ecclesiae. Praeludium
출처: https://www.europeana.eu/cs/item/9200332/ABO_2BZ184873905

---

350 지원용, 『말틴 루터의 종교개혁 3대 논문』, 47-151.

시도하였다. 바벨론 포로라는 의미는 구약 시대 이스라엘이 바벨론에게 패하여 포로민 생활을 하였던 시대를 지칭하여, 당대 교회가 성경과 신학적 왜곡으로 인하여 교회의 정체성이 훼손되고 성경적 기독교와 무관한 종교에 포로민 신분이 되었다는 주장이다. 루터는 이 논문 대부분을 세례와 성찬에 대하여 다루었다. 루터는 이 글이 평신도보다는 당대 교황청의 고위 관직에 속한 성직자들을 대상으로 작성하였기 때문에 라틴어로 집필하였다. 따라서 평신도가 대상이 아니기 때문에 내용에 대한 문체가 매우 직설적이며 혹독할 정도로 비판적이고도 냉소적인 부분을 담고 있다.

그는 교회의 성례전 신학에 대한 개혁안을 제시하였다. 면죄부 문제는 구원론과 연관된 '성례전 논쟁'으로 이어지게 된 것이다.

그는 로마 가톨릭이 주장해왔던 7성례 중에서 참 성례는 세례의 성례세례와 참회의 성례고해 성사와 빵의 성례성찬식 세 가지뿐이라고 주장하였다.[351] 게다가 로마 가톨릭 교회는 다음에 등장하는 세 가지 요소를 바벨론 포로화하였다고 지적하였다. 그 중 하나는 성찬의 한 요소 즉, 포도주를 신부만 마심으로써 진정한 성찬의 의미가 바벨론 포로화 되었다고 하였다. 그는 이를 논증하기 위해서 어거스틴의 『줄리안에 대한 반박』Contra Julianum을 인용하면서 고전 11장과 막 14장, 눅 22장에 비교하면서 주의 만찬은 떡과 포도주를 모든

---

351 "먼저 나는 일곱 성례가 있다는 것을 부인하지 않으면 안 된다. 그리고 현재로서는 세 가지 곧 세례와 참회와 떡만이 있음을 주장하지 않으면 안 된다. 이 세 가지는 다 로마 교황청에 의하여 비참하게 유수되어 왔으며, 또한 교회는 모든 자유를 박탈당하여 왔다. 그러나 만일 성서의 관례에 따라서 말한다면 나는 단 한 가지 성례, 그러나 세 가지 성례적인 표식이 있는 성례만을 가져야 한다." 지원용, 『말틴 루터의 종교개혁 3대 논문』, 168-169.

주의 백성들이 활용토록 하였다는 점을 논증하였다.³⁵² 특히 마 26:27 "너희는 다 이것을 마시라"라는 말씀은 선택이거나 일부층의 특권이 아니고 참여자 모든 사람이 마셔야 하는 명령임을 상기시켰다.

두 번째로 그가 지적한 것은 세례의 성례이다. 그는 이 성례는 어른뿐만 아니라 어린이를 포함한 모든 사람을 대상으로 주어져야 한다는 점이다.³⁵³ 특히 이 세례 성례는 하나님의 약속으로서 교황청의 다른 약속들 즉, 행위, 서약 등 수도단과 인간이 만든 어떠한 약속보다 우위에 있음을 강조하였다. 또한 이 세례는 표징이나 성례로서 물 속에 잠기는 예식임을 주장하였다.

세 번째로, 참회의 성례로서 교황청은 회개와 고백과 보상으로 나누어서 참회의 진정성은 상실하고 오직 자기들의 변덕과 횡포적 수단으로 사용되었음을 비판하였다. 특히 회개가 신앙의 행위가 아니고 "자기들 나름대로 참회"Attrition를 조작해 내서 이를 정치적으로 활용했다고 비판하였다.³⁵⁴ 또한 교황청은 참회의 수단으로서 보상 Satisfaction 제도를 만들어서 잔학한 법령으로 규정하여 부과된 보상을 다 수행하지 못하면 마치 새로 되풀이 해야 한다는 규정을 만들어 활용하였다고 혹독하게 비판하였다.³⁵⁵

그는 교황청의 화체설의 문제점을 집중적으로 지적하였다. 즉, 로마 가톨릭에 의해 제단 위에 놓인 빵과 포도주의 진정한 의미가 포로

---

352 지원용, 『말틴 루터의 종교개혁 3대 논문』, 171-172.
353 지원용, 『말틴 루터의 종교개혁 3대 논문』, 224.
354 지원용, 『말틴 루터의 종교개혁 3대 논문』, 261.
355 지원용, 『말틴 루터의 종교개혁 3대 논문』, 269.

화되었다고 주장하였다. 루터는 제단 위의 빵과 포도주가 그리스도의 몸과 피로 실체화 되기보다는 빵과 포도주는 실체로서 여전히 존재하되, 그리스도의 몸의 실체가 함께 공존(떡 위에, 떡 옆에, 떡 안에 육체적으로 임재하신다는 공재설(Consubtantiation))하는 것으로 이해하였다. 특히 미사를 희생제사로 이해함으로써, 미사 때마다 그리스도가 희생을 반복한다는 사상은 또 예배에 대한 다른 바벨론 포로라고 주장하였다.

(3) 그리스도인의 자유(1520.11. Von der Freiheit eines Christenmenschen)[356]

Von der Freiheit eines Christenmenschen
출처: https://www.dekanat-leutershausen.de/veranstaltungen/berichte-archiv/berichte-2017/500-jahre-reformation/freiheit/

이 논문은 종이로 보면 작은 책에 불과하지만, 그리스도인의 삶의 총화가 담긴 작품이며, 이는 교황 레오 10세에게 보내는 공개장 형식을 갖추었다. 그는 그리스도인이 만물 위에 자유로운 주인으로 누구에게도 예속되지 않음과 동시에, 만물을 섬기는 종으로서 누구에게나 예속되어 있다는 역설적인 표현으로 자유를 설명하였다. 이러한 그의 논법은 그리스도인의 정체성을 '죄인인 동시에 의인' simul peccator et iustus이라고 주장한 논증과 같은 맥락

---

356 일부 학자들은 이 글 속에 루터의 사상 가운데 중세 신비주의적 요소가 담겨 있다고 주장하기도 한다. 왜냐하면 루터는 중세의 개혁가들 가운데 복음적이면서도 신비적인 요소를 담은 인물들의 작품들을 탐독했기 때문이다.

을 하고 있다. 즉, 그리스도인은 모든 영주로부터 완전히 자유로우며 아무도 지배받아서는 안 된다. 그리스도인은 모든 사람에게 가장 충실한 종이며 아무도 지배해선 안 된다고 하였다. '그리스도인의 자유'라는 이 논문은 신앙인이 그리스도 안에서 모든 만물에 자유로우며 거기에는 어떤 행위도 요구받지 않지만, 그리스도인은 세상에서 이웃과 함께 살아가야 할 존재들이다. 따라서 그리스도인들은 이웃을 위해 봉사해야 한다. 그리스도와 이웃을 위하여 사는 삶이야말로 "모든 죄와 율법과 계명들로부터 양심을 해방하는 올바른 영적 그리스도인의 자유이다"라고 주장하였다. 진정한 그리스도인의 자유는 무엇이든 마음대로 행할 수 있는 방종이 아니라, 다른 사람을 위해 자신을 희생하는 자유, 곧 무엇으로부터의 자유freedom from what가 아니라, 무엇에게로의 자유freedom to what를 의미한다고 강조하였다. 즉, 루터의 자유는 외적 자유가 아닌, 내적 자유이며, 십자가의 도를 따르는 자유인 것이다.

2. Luther의 신학 사상

루터는 중세 천년의 로마 가톨릭의 왜곡된 신학에 종지부를 찍고 초대 교회의 전통에 따라 성경으로 돌아와 새롭게 신학을 수립하였다. 이러한 의미에서 루터의 신학은 성경주의적이며 개혁주의적 초석을 이루어 놓은 것이다. 그는 중세의 행위적 신학에서 칭의적 신학으로 방향을 설정하였으며, 말씀의 신학으로 새롭게 정립하였다. 따라서 그의 신학은 중세 가톨릭 유산과 전통을 거부하고 하나님과 그의 백성 사이에 발생한 관계성으로 규정하였다.

1) 성경관

루터는 성경의 정경성에 관한 체계적이고 조직적인 논문을 출간할 관심보다는 오히려 자신의 신학의 기초이자 출발점[357] 및 모든 로마 가톨릭의 오류의 근거를 성경에 근거하였다.[358] 그는 교회 내의 성경의 권위를 강조하였는데, 이 의미는 성경만이 신앙 조항에 근거가 되며,[359] 이를 통해 구원적 원리를 충분히 공급받으며 이 이외의 신앙 조항이나 도덕적 훈계도 성경에 근거하여 해석해야 한다는 것을 말한다. 즉, 그는 성경의 충분성을 주장하였다.[360] 그는 교회 교사들과 교부들의 신학 등은 오류일 가능성이 있지만, 오직 성경은 결코 오류를 범하지 않기 때문에 무조건적인 권위를 가진다고 주장하였다:[361] "성경은 사람의 것이 아니며 사람으로부터가 아니라 하나님으로부

---

357 Martin Luther, *assertio omnium articulorum M. Lutheri per bullam Leonis X. novissimam damnatorum* (1520), in *Martin Luthers Werke*, Kritische Gesamtausgabe (Weimar, 1883), 7, 98. recited in Matthew Barrett, edit. *Reformation Theology- A Systematic Summary* (Wheaton, Illinois, Crossway, 2017), 153.

358 파울 알트하우스는 루터는 조직신학자도 아니고 교의학자도 아니었으며, 어떤 윤리학이나 교의학, 신학대전과 같은 작품을 출간하지도 않았다고 지적하면서, 그의 관심은 주제에 따라 성경을 인용하는 것이었으며, 주석적 성격이 강하였다고 평가하였다. 파울 알트하우스, 『루터의 신학』, 이형기 역(크리스챤 다이제스트, 1994), 21-22.

359 루터는 그의 작품 "Disputation against Scholastic Theology"(September 1517), "Ninety-Five Theses against the Power of Indulgences" (October 1517)에서 자신의 성경관을 매우 분명하게 언급하였다. Martin Luther, *Acta Augustana* (1518), in *Martin Luthers Werke*, 2, 21. "The Truth of Scripture comes first. After that is accepted one may determine whether the words of men can be accepted as true."

360 파울 알트하우스, 『마르틴 루터의 신학』, 24.

361 D. Martin Luthers, *Werke*, 39, 48. recited in 파울 알트하우스, 『루터의 신학』, 21-22.

터 온 것이다."³⁶²

루터는 성경의 유일한 내용이 "그리스도에게만 정향되어져 있다는 사실은 의심할 여지가 없다"³⁶³라고 주장하며 성경은 복음과 율법으로 구성되었고, 그리스도는 율법의 해석자로 규정하였다. 그는 성경의 정경성의 특징으로서 "자증성"sacra scriptura sui ipsius interpres을 옹호하였다.³⁶⁴ 즉, "그리스도는 자신을 성령 가운데서 인간에게 진리로서 보증하며 이와 동시에 성경을 보증한다."³⁶⁵ 루터는 "모든 항목의 조항들은 성경 안에서 충분히 확증되었다. 그래서 이것들 이외의 것을 확증하는 것은 불필요하다"라고 주장하면서 성경의 충분성을 주장하였다.³⁶⁶ 또한 그는 성경이 "자기 자신을 해석하는 해석자"이며, 성경의 자기 해석과 성령을 통한 해석이 동일한 의미를 지닌다고 주장하였다.³⁶⁷ 이러한 의미에서 그는 성경의 명료성에 대한 논증을 하였다. 그는 성경은 성경에 의해 해석되어야 할 이유를 다음과 같이 묘사하였다:

> 그것이 성경을 성경에 따라서 올바르고 적절하게 해석하는 방법이다.

---

362 "That doctrines of Men are to be Rejected", in *The Works of Martin Luther*, Vol. II, 455. recited in 휴 T. 커어, 『루터 신학 개요』, 김영한 편역 (한국장로교출판사, 1991), 56.
363 "성서로부터 그리스도를 취하라. 그 밖에 성서에서 네가 무엇을 더 발견할 것인가? 모든 성서는 어디서나 오로지 그리스도에 관한 것이다." *Martin Luthers, Sammtliche Werke*, 10 II, 73,15; 46,414,15, in 파울 알트하우스, 『마르틴 루터의 신학』, 113.
364 Oswald Bayer, *Martin Luther's Theology- A Contemporary Interpretation*, 75.
365 파울 알트하우스, 『마르틴 루터의 신학』, 114.
366 D. Martin Luthers, *Werke*, 30, 420; 39, 43. recited in 파울 알트하우스, 『루터의 신학』, 21-22.
367 파울 알트하우스, 『루터의 신학』, 117.

이러한 해석을 잘하는 교부가 가장 뛰어난 자다. 모든 교부들의 책은, 그들의 말이 모두 당연하다고 생각할 것이 아니라, 그들이 그 명료한 텍스트를 인용했는지 또는 다른, 그리고 더 분명한 성경에 의해 성경을 설명하는지를 보면서 판별해서 읽어야 한다. 만약 그들이 그들 자신의 주석으로서 싸운다면, 어떻게 그들이 이단자들을 이길 수 있는가? 그들은 미친 사람이나 어리석은 사람으로 여겨지게끔 되었을 것이다. 그러나 그들이 주석을 필요로 하지 않는 명료한 텍스트를 제시해서 이성을 사로잡을 때 모든 이단자들과 더불어 악한 영은 완전히 물리칠 수 있게 된다.[368]

그는 하나님의 말씀과 성경은 동의어이며,[369] 성경의 기능은 그리스도를 증거하는 일인데, 이런 맥락에서 요한복음은 성경 중 최고의 권위를 가진다고 하였다. 그 다음으로 바울서신특히 로마서, 갈라디아서, 에베소서와 베드로전서, 공관복음, 히브리서, 유다서, 요한계시록 순으로 중요성을 열거하였다. 그러나 야고보서는 그리스도에 대한 언급이 많지 않으며, 선행을 강조한다는 점에서 '지푸라기 서신' pure straw 으로 간주하였다. 구약 중 창세기, 시편, 요나서는 높이 평가한 반면, 에스더서는 유대인의 복수심을 나타내고 있기에 낮게 평가하기도

---

368 "Answer to the Superchristian, Superspiritual, and Superlearned Book of Goat Emser", *The Works of Martin Luther*, Vol. III, 334, recited in 휴 T. 커어, 『루터 신학 개요』, 66.

369 He could speak interchangeably of Scripture and the Word of God, as he did frequently in his debate with Erasmus in 1525: " I say with respect to the whole of Scripture, I will not have any part of it called obscure... Christ has not so enlightened us as deliberately to leave spme part of his Word obscure." Martin Luther, De servo arbitrio(1525), in *Martin Luthers Werke*, 18,656. recited in Matthew Barrett, edit. *Reformation Theology- A Systematic Summary*, 157.

하였다. 그러나 후대에 가서 루터는 이러한 편견을 회개하고, 야고보서를 비롯한 모든 성경이 하나님의 영감된 말씀임을 고백하였다. 구약은 그리스도에 대한 약속이요 신약은 옛 약속의 성취로 보았다. 따라서 신약은 구약의 본래적인 의미를 알려주는 것이라고 하였다.

루터가 이처럼 성경의 무오류성과 정경성을 인정하였음에도 불구하고, 권위적 차이를 둔 이유는 "성경은 자기 자신의 비판가"Scriptura sacra sui ipsius critica라는 자신의 신학적 전제에서 비롯되었다.[370] 즉, 루터는 성경의 정경성의 비판적 척도로서, "사도적"이라는 규범을 가지고 평가를 하였다. 환언하면, 각 성경 저자들이 "그리스도"를 얼마나 표현하고 알려주고 있는지의 유무에 따른 가치 평가를 시도한 것이다. 앞서 지적한 야고보서의 경우는 그리스도를 지향하지 않고 도덕과 율법을 추구하기 때문에 가치적 차원에서 뒤로 밀려난 것이다.[371]

그는 성경의 권위보다 교황의 교서를 우위에 두었던 교황 그레고리우스 1세의 주장을 정면으로 반박하면서, "오직 성경만으로"sola scriptura의 원리를 제시했을 뿐만 아니라, 교황청의 유일한 권위였던 성경 해석에 대해서도 성경의 자증성을 강조하였다.[372] 루터는 성경의 정경Canon은 사도성과 교회적 동의뿐만 아니라, 그 내용이 그리스

---

370 파울 알트하우스, 『루터의 신학』, 99-100.
371 이러한 루터의 입장은 초기와 후기의 작품 속에서 여실히 나타난다. 즉, 1522년 작품과 1530년 작품 사이에는 이러한 특징을 보여주고 있다. 초기에는 매우 가치적 차원에서 접근하였다면, 후기에는 정경성의 의미적 차원으로 승화시켰다고 볼 수 있다.
372 Marin Luther, *Luther's Work*, vol. 44, 133ff, 24.

도를 증거하는 진리를 담고 있다는 점에서 그 적합성이 있다고 하였다.[373]

2) 하나님 이해

루터는 "하나님은 하나님이시다."Let God be God; Um Gottes Gottheit라는 표현으로 하나님의 신성을 분명하게 묘사하였다.[374] 그는 하나님이 모든 것들의 원인이 되시며,[375] 유일한 원인자이시고, 제 1원인, 으뜸가는 원인이며, 모든 피조물들은 하나님의 가면들이며 어떤 지상의 대리인도 필요치 않으신 분으로 묘사하였다.[376] 그는 하나님을 감추어진 하나님Deus abscondius, Hidden God과 계시하신 하나님Deus revelatus, Revealed God으로 나누었다.[377] 따라서 인간이 하나님을 인식하기 위해선 반드시 하나님이 계시 안에 자신을 드러내셔야만 하는 것이다. 하나님은 인간의 영혼과 육체를 만드신 분이며, 사람의 모양으로 성육신하신 그리스도와 성경과 성찬의 떡과 포도주를 통하여 인류에게 자신을 나타내신다. 이처럼 하나님은 역사에서 숨겨져 있지만, 인간은 골고다 산상에서 나무에 달려 돌아가시고 부활 승천하신 예수 그리스도의 십자가 안에서 하나님을 발견하게 된다고 주장하

---

373 Luther, *On the Bondage of The Will* (1525), I.C.C. (Ichthus Edition), trans. & ed. Philip Watson (Phil: The Westminster Press, 1979), 111, 250.

374 D. Martin Luthers, *Werke*, 31,126. recited in 파울 알트하우스, 『루터의 신학』, 121.

375 D. Martin Luthers, *Werke*, 31,445. recited in 파울 알트하우스, 『루터의 신학』, 126.

376 D. Martin Luthers, *Werke*, 31.79; 7.574. recited in 파울 알트하우스, 『루터의 신학』, 126-127.

377 휴 T. 커어, 『루터 신학 개요』, 90. D. Martin Luthers, *Werke*, 18,719,706. recited in 파울 알트하우스, 『루터의 신학』, 303-309.

였다. 특히 성령을 통해 계시된 말씀을 통하여 하나님께서는 자신을 드러내신다.[378] 따라서 루터에게 있어서 성령의 계시는 바로 하나님의 말씀이요 하나님의 말씀은 성경이다.

그는 삼위일체 하나님을 세 위격으로 구분하지만, 본체에 있어서 하나로 묘사하였다. 그는 이에 대한 논증으로 교부들의 신경을 인용하면서 사도신경의 적절성을 지적하였다:

> 그래서 사도신경은 하나의 신적인 본질로 이해되는 세 위격(Three Persons)을 고백한다. 그러나 각 위격은 자신의 특별한 위격성을 지니고 있다. 이것의 목적은 초보적인 그리스도인들이 오직 하나의 신적인 본질과 하나의 하나님만이 계시고 그는 삼위이며 각 위격마다 각 위에 특별한 사역이 돌려진다는 사실을 믿게 하는 것이다. 그리고 그러한 각 위격의 독특한 행위들은 위격들이 혼동되는 것을 피하기 위해 언급되고 있다. 성부에게는 창조의 사역이 돌려진다. 성자에게는 구속의 사역이 돌려진다. 성령에게는 죄를 사하고 기쁘게 하고 용기를 주고 죽음에서 영생에로 옮기는 능력이 돌려진다. 그러나 성부만이 창조주이시며, 성자만이 구속자이시며, 성령만이 성화를 이루는 분이라는 것은 아니다. 우주의 창조와 보존, 속죄와 사죄, 죽은 자들 중에서의 부활과 영생의 선물, 이 모든 것은 한 하나님 자체의 사역이다. 그러나 성부는 특별히 창조의 사역에 있어서 강조되고, 창조 사역은 제1위인 그에게서부터 원천적으로 나온다. 성자는 그 자신의 인격에서 완성하신 구속

---

378 휴 T. 커어, 『루터 신학 개요』, 87-89.

에서 강조된다. 그리고 성령은 그의 보내심과 계시로서의 성화의 사역에서 강조된다.[379]

3) 인간에 대한 이해

루터는 인간의 원죄는 "유전적인 죄"Erbsuende로 규정하였는데, 그 원인은 우리 자신이 직접 죄를 범함으로 시작된 것이 아니라, 우리의 부모들로부터 그것을 가져오기 때문이라고 하였다. 즉, "전가된 죄"를 의미한다. 아담은 하나님에 의해 의롭고 경건하며 거룩한 인간으로 창조되었으나,[380] 아담 스스로 악을 선택하여 죄악에 빠졌다고 주장하였다.[381] 따라서 그는 죄의 원인자가 하나님이 아닌 인간 아담임을 주장하였다: "죄의 원인들은 사탄과 우리의 의지이다."[382] 그는 인간이 스스로 자신의 죄인식을 할 수

De Servo Arbitrio, On Unfree Will
출처: https://commons.wikimedia.org/wiki/File:De_servo_arbitrio.jpg

---

379 "Epistle Sermon, Trinity Sunday," Lenker Edition, Vol. IX, # 16-23, recited in 휴 T. 커어, 『루터 신학 개요』, 91-92.

380 Oswald Bayer, *Martin Luther's Theology- A Contemporary Interpretation*, 159. "Human reason- almost something divine." 루터는 그의 설교에서 아담의 "하나님의 형상"을 다음과 같이 묘사하였다: "Such a image of God Adam was when first created. He was, as to the soul, truthful, free form error, and possessed of the true faith and knowledge of God; and as to the body holy and pure, that is, without the impure, unclean desires of avarice, lasciviousness, envy, hatred, etc. And all his children- all men- would have so remained from their birth if he had not suffered himself to be led astray by the devil and to be ruined." *Sermon of Martin Luther*, ed. John Nicholas Lenker, vol. 8, *Sermons on Epistle Texts for Trinity Sunday to Advent with an Index of Sermon Texts* in Volumes 1-8 (Grand Rapids, MI: Baker, 1989), 309.

381 Oswald Bayer, *Martin Luther's Theology- A Contemporary Interpretation*, 182-183.

382 D. Martin Luthers, *Werke*, 39, 379.

없으며 오직 하나님의 법을 받아들일 때 비로소 자신의 죄악을 발견하게 된다고 하였다.[383] 그는 인간의 도덕적 능력으로서의 시민적 의를 인정하였다. 즉, 이 의로움은 도덕적, 시민적, 외적, 공적인 의로서 시민법이나 도덕법에 해당되며 오직 사람들 앞에서만 타당하지만, 하나님은 그것을 칭찬하지 않는다고 하였다.[384] 따라서 그는 시민 법정과 신학적 법정을 나누어서 의에 대한 분명한 이해를 도모하였다.

그는 노예의지론을 다음과 같이 묘사하였다:

> 인간의 의지를 속박하는 분은 하나님이다. 이것은 죄의 형벌이다. 하나님은 인간에게 형을 언도했다. 그는 인간을 정죄하여 그로 하여금 선을 행하려는 그의 본래의 의지를 상실하게 했다. 그렇게 함으로써 하나님은 또한 그를 사탄에게 노예된 상태로 굴복하게 했다. 인간은 자기 자신의 노예이며, 또한 사탄의 권세 아래 있다. 이제 더 이상 그에게는 선을 향해 돌아갈 힘이 없다. 그러나 하나님은 그의 삶의 방향을 돌려 놓을 수 있다. 하나님은 이러한 능력을 보유하고 계신다. 여기서 루터는 돌려져야 할 수동적 태도에 관한 스콜라적 관념을 채택한다. 비록 인간이 하나님에 대한 그의 관계와 관련된 문제들에서 선을 행할 만한 모든 능력을 상실했다 할지라도, 이러한 수동적 능력은 여전히 남아 있다. 그는 은혜에 의해 그리고 하나님의 성령에 의해 사로잡힐 수

---

383 D. Martin Luthers, *Werke*, 39, 367.
384 D. Martin Luthers, *Werke*, 40,219; 39,459, recited in 파울 알트하우스,『루터의 신학』, 165-166.

있다. 왜냐하면 하나님이 인간을 창조하셨으며 그를 위해 영원한 생명을 계획하셨다는 것은 사실이기 때문이다. 물론 그에게 영원한 죽음의 가능성도 배제하지 않은 채 말이다.[385]

4) 기독론 및 구원론

루터는 모든 성경의 정경적 기준 또는 가치적 기준을 오직 그리스도에 두었다. 그의 신학 즉, 십자가 신학의 핵심에도 오직 그리스도였다.[386] 그는 "구약 서문"에서 주장하길, 선지자들은 모세와 그의 직분에 대한 증인들이며, 율법을 통해 모든 사람들을 그리스도로 이끄는 사역자에 불과하다고 지적할 정도로 그의 신학의 정점은 그리스도였다.[387] 루터는 그리스도를 "화해Reconciliation와 구속Redemption"의 역사를 형성한 분으로 묘사하였다. 그리스도는 사람과 하나님과의 화해를 성취하시고 구원을 이루시는 분으로 이해하였다. 그리스도는 하나님과 인간의 화해를 이루기 위해 하나님의 공의의 만족 및 실현을 통해서 성취하였다. 따라서 그리스도는 인간의 하나님을 향한 부채와 죄책을 담당하였고, 죄의 형벌 즉 하나님의 진노를 받으셨다. 그리고 하나님의 율법을 성취하였으며 율법이 범죄자에게 선고

---

[385] 파울 알트하우스, 『루터의 신학』, 180.

[386] 루터는 "야고보서와 유다서 주해" 서문에 다음과 같이 주장하였다:"It does not once mention the Passion, the resurrection, or the Spirit of Christ…. and that is the true test by which to judge all books, when we see whether or not they inculcate Christ.. For all Scriptures show us Christ." Martin Luther, "Preface to the Epistle of St. James andSt. Jude," in Martin Luther's Works, edit., Jaroslav Pelikan and Helmut T. Lehmann, American ed. 82 vols, (Philadelphia:Fortress; St. Louis, MO: Concondia, 1955), 33, 181.

[387] Martin Luther, "Preface to the Old Testament," Martin Luther's Works, 35,247. James Atkinson, *Martin Luther and the Birth of Protestantism* (1968: Atlanta; John Knox, 1982), 96.

한 형벌을 다 받으셨다. 그리스도는 하나님께 대가를 지불하시고 하나님의 진노와 영원한 심판을 우리에게서 거두시게 하셨다.[388] 이처럼 개혁주의의 기독론은 예수 그리스도의 삼중직 즉, 선지자, 제사장, 왕직으로 구분함에 반하여, 루터는 그리스도를 화해자, 구원자로 이해하는 특징을 보인다.

루터의 기독론은 인죄론과 구원론이 결부되어 있다. 타락한 인간은 하나님의 형상을 상실하였다. 그는 죄를 개인적인 죄 peccatum personale와 본성적인 죄 peccatum naturale로 구분하고, 본성적 죄를 원죄 즉, 아담의 타락을 통하여 우리의 부모를 거쳐 우리에게 온 죄악이며, 죄의 원인은 욕망 concupiscentia으로서, 이것 때문에 인간은 자기의 의 iustitia propria를 찾는 죄를 범하고, 하나님과 같이 되고자 하는 욕망에 사로잡혀 불신앙의 길로 간다고 주장하였다. 인간의 구원은 죄의 지배로부터 벗어나 그리스도의 지배로 이전함으로써 지배권의 이전을 의미하며 이는 은총과 성령의 힘으로 일어난다고 주장하였다.

루터 신학의 핵심은 "신앙 안에 있는 의로움"이다. 그는 칭의 교리를 "기독교 교리의 요약", "하나님의 거룩한 교회를 비추는 태양", "우리의 신앙을 다른 모든 종교와의 구별"로 묘사하였다. 그는 이 칭의 교리가 교회를 유지케 하며 이 교리의 상실은 그리스도와 교회의 상실로 이어지며 어떠한 기독교적 이해도 남지 않을 것이라고 하였다. 따라서 그는 이 칭의론의 중요성을 다음과 같이 묘사하였:

---

388 파울 알트하우스, 『루터의 신학』 232-233.

하늘과 땅과 이 세상 것들이 멸망한다고 할지라도, 이 조항에서 어떤 것도 포기하거나 타협할 수 없다... 이 조항에는 우리가 교황과 악마와 세상에 대항하여 가르치고 행하는 모든 것이 달려 있다. 그러므로 우리는 그것에 대하여 아주 확신을 가지고 조금도 의심하지 말아야 한다. 그렇지 않으면 모든 것을 잃게 될 것이며, 교황과 악마와 우리의 모든 대적들이 승리할 것이다.[389]

루터는 "의인인 동시에 죄인"simul iustus et peccator 이라는 등식을 강조하였다. 성도들은 속으로는 항상 죄인이다. 그러나 겉으로는 항상 의로운 자이다. 즉 우리를 의롭게 하는 의는 내적인 자기 의가 아니라, 외적인 하나님의 의 iustitia externa et aliena Gottes 이다. 즉, 죄인의 칭의는 우리를 의롭다 하시는 하나님의 외적 판단에 의하여 완성된다. 이 판단은 우리가 믿을 때 효력이 있으며, 우리로 하여금 매일매일의 반성과 회개를 통하여 우리 속에 남아 있는 죄와 싸우는 힘을 지니게 한다. 따라서 그는 이 의로움을 "법정적 의"Forensic, "낯선 의", "그리스도에 속한 밖으로부터 온 의", "인간 외부에 있는 의", "능동적 의가 아니고, 그리스도가 당하

Simul Justus et Peccator
출처: https://subsplash.com/immanuelbibleva/media/mi/+x36b6gj?autoplay=true

---

[389] D. Martin Luthers, *Werke*, 37,51. recited in 파울 알트하우스, 『루터의 신학』, 254-255.

시고 우리가 받을 수 있는 수동적 의"라고 묘사하였다.[390] 신앙은 말씀을 들음에서 온다. 그러므로 구원하시는 힘은 하나님의 낯선 의이지만, 인간 속에서는 신앙이다. "분명한 것은 그리스도나 그리스도의 의는 우리 밖에서 그리고 우리에게는 낯선 것이므로, 우리의 행위로는 붙잡을 수 없는 것이다 … 오히려 성령에 의해 그리스도의 설교에서 우리에게 부어주시는 신앙이 그리스도를 붙든다."

루터는 신앙을 두 가지로 구분하였다. 그 중 하나는 "감화된affectus 신앙"이며 다른 하나는 "이해하는intellectus 신앙"이다. 십자가에 현현하신 하나님을 알지 못하면 감화된 신앙에 눈을 뜨지 못하며, 감화된 신앙이 있어야 이해하는 신앙이 삶 속에서 활동하게 된다고 주장하였다.

5) 율법과 복음

루터에게 있어서 하나님의 말씀은 율법과 복음이라는 이중적 형태로 인간에게 온다. 인간의 창조될 때부터 이 율법을 알고 있었다. 왜냐하면 하나님께서 모든 인간의 마음속에 기록하였기 때문이다. 그러나 모든 사람의 이성 안에서 거하며 빛을 비추던 이 빛은 타락 이후 인간의 죄된 욕망으로 인하여 어두워졌다. 따라서 하나님은 마음속에 있는 선천적인 율법을 생각나게 하기 위해 기록된 율법을 주

---

390 파울 알트하우스, 『루터의 신학』, 257. Oswald Bayer, *Martin Luther's Theology- A Contemporary Interpretation*, tran., Thomas H. Trapp (Wm. B. Eerdmans Publishing Co. 2003), 43. "Faith is not knowledge and not action, neither metaphysical nor moral, neither vita activa nor vita contemplativa, but vita passiva."

신 것이다. 율법 내용은 타락 이전의 인간의 원래의 모습과 미래의 인간의 본성을 보여준다. 따라서 율법은 시원적이며 종말론적인 것이다.[391]

율법은 시민적 기능과 영적 기능으로 분류된다. 먼저는 정치적 politicus 또는 시민적usus civilis legis 기능으로서, 법질서 유지에 필요한 기능이며, 두 번째는 신학적 또는 영적 기능usus theologicus seu spiritualis legis 으로서 죄를 깨닫게 하는 기능이다.[392] 여기에 루터파의 대변자가 된 멜랑히톤은 율법의 세 번째 기능으로서, 교육적 기능을 추가하였다.

복음은 율법으로부터 그리스도를 향하게 하는 교사를 만든다. 율법의 역할은 죄를 깨닫는 교사의 역할이고 그리스도에게로 이끄는 훈련 교사 역할이다. 이처럼 루터는 율법과 복음은 하나님 말씀의 양면성을 의미한다고 주장하였다.

6) 교회와 성례

루터는 중세 위클리프와 요하누스 후스와 같이 "가시적조직적 교회 visible Church"와 "비가시적 영적 교회Invisible Church"로 구분하고 진정한 교회 공동체는 "성도의 교제"Communio Sanctorum가 존재하는 구원받은 자들의 모임 자체라고 하였다. 교회는 어머니이자 그리스도의 신부, 참된 가정 주부로서 복음을 가지고 교회는 많은 자녀를 돌본다고 하였다:

---

391 파울 알트하우스, 『루터의 신학』, 280-283.
392 파울 알트하우스, 『루터의 신학』, 284.

나는 지상에, 전 세계에 걸쳐 오직 하나의 거룩한 공동의 기독교 교회가 있다는 것을 믿는다. 이것은 성도와 경건한 사람들, 곧 성령이 모으고 보존하고 다스리는 지상의 믿는 사람들의 공동체 혹은 모임 이외의 다른 것이 아니다... 나는 이 기독교 세계의 공동체에서 모든 것이 공동의 소유이고, 각각의 소유 재산은 서로에게 속하고, 어떤 사람도 자신의 고유한 것을 소유하고 있지 않다고 믿는다. 그 결과 공동체 전체의 모든 기도와 선한 행위는 나와 모든 신자들을 돕는다. 그들 모두는 생명의 시간에도 죽음의 시간에도 서로를 지켜주고 힘을 주고, 바울이 가르친 대로, 각각 다른 사람의 짐을 져준다.[393]

루터는 성도의 교제로 이루어진 진정한 비가시적인 교회 공동체는 복음적 제사장직을 수행한다고 주장하였다. 즉, 그리스도께서 우리의 짐을 지시고 우릴 위해 중보하심으로 제사장직을 수행하신 바처럼, 교회 공동체도 서로의 짐을 지고 감당하는 행위를 통해 복음적 제사장의 직무를 수행하는 것이라고 하였다. 그는 그리스도인들이 성례 의식과 성령의 인치심을 통해 왕 같은 제사장의 직분을 수행할 수 있는 능력을 부여받았으며 이를 수행해야 함을 강조하였다.[394]

이처럼 루터에게 있어서 성찬 의식은 비가시적 교회 공동체의 성도의 교제의 실제적인 표식이며 그리스도 안에서 하나됨의 증표인 것이다. 즉, 성례는 하나님의 약속의 말씀과 은혜의 표지인 것이다.

---

393 *Short Form of the Ten Commendments*, 1520. *Little Prayer Book*, 1522, D. Martin Luthers, 『Werke』, 7,219. recited in 파울 알트하우스, 『루터의 신학』, 335.
394 파울 알트하우스, 『루터의 신학』, 345.

교회의 성례는 오직 세례와 성만찬으로 구성되며 이 둘의 근거는 오직 하나님 말씀에 의존한다. 따라서 성례는 하나님 말씀을 하나님의 자녀들에게 불어넣어주는 약속의 보장이자 인침인 것이다. 이를 통해 신앙이 성숙되고 의심에서 해방되는 은혜를 누리게 된다.[395] 루터의 성만찬에 대한 이해는 1524년에 성만찬 논쟁이 점화되었을 당시를 기점으로 구분해서 이해해야 한다. 초기의 견해는 로마 가톨릭의 화체설의 문제점을 지적하는데 열정을 기울였던 것에 반하여, 후기에는 화체설을 대신 할 수 있는 공재설Consubstantiation을 구체적으로 제시하였다. 그의 성만찬 교리의 확립은 여러 논쟁이 진행되면서 더욱 구체화되었다. 그는 1525년과 1528년 두 번에 걸쳐 그리스도의 육체적 임재를 강조하는 논문과 설교를 제시하였다. 그는 1528년에 고전 10:16에 대한 입장을 다음과 같이 주장하였다:

> 이 본문 말씀을 나는 내 마음의 기쁨과 왕관으로서 큰 소리로 찬양해 왔고, 지금도 그렇게 하고 있다. 그것은 우리가 성만찬에서 읽는 대로, '이것은 그리스도의 몸이다'라고 말하고 실제 '우리가 뗀 빵은 그리스도의 몸일 뿐만 아니라 분배된 그리스도의 몸이다'라고 말하고 있기 때문이다. 이제 여기서 본문은 아주 명료하고 분명하기 때문에, 열광주의자들과 온 세상이 더 이상 어떤 것도 바라거나 요구할 수 없을 것이다.[396]

395　D. Martin Luthers, *Werke*, 6, 550; 40, 411; 2, 694; 7, 323; recited in 파울 알트하우스, 『루터의 신학』, 379-382.

396　D. Martin Luthers, *Werke*, 26,487. recited in 파울 알트하우스, 『루터의 신학』, 416-417.

7) 예정론

루터는 자신의 작품인 '노예의지론'Bondage of the Will 에서 이르길, 진정한 교회는 예정된 자로 구성됨을 주장하였다.[397] 예정 여부는 그의 행동에서 개연적으로 어느 정도 알 수 있으나, 선택받은 성도로 구성된 참된 교회는 사람들에게 멸시와 거부를 당하며 박해를 받으며 은폐될 수밖에 없다고 하였다. 그는 롬 8:28을 예정론의 핵심 구절로 이해하였다 즉, 하나님은 우리 자신의 공로가 아니라, 하나님 자신의 선택과 불변하는 의지로 구원받았다는 것을 보여주기 위해서 선택자를 원수들에게 노출시키신다. 특히 롬 8:28, 롬 9장의 이스마엘과 야곱의 이야기, 9:15, 17-18의 토기장이의 비유, 요 10:29; 13:18; 6:44; 시 115:3; 딤후 2:19 등은 선택 교리를 분명하게 가르쳐 주고 있다고 주장하였다. 결론적으로 예정론은 사람이 싫어하는 교리일지라도 성경의 가르침이므로 철저하게 수용해야 할 교리로 강조하였다.

3. 울리히 츠빙글리Ulrich Zwingli, 1484-1531의 생애 및 종교개혁의 과정

1) 츠빙글리의 초기 생애

츠빙글리는 1484년 1월 1일 스위스의 토겐부르그Toggenburg 의 작

---

[397] 루터는 하나님의 예정을 다음과 같이 묘사하였다: "He is God, and for his will there is no cause or reason that ca be laid down as a rule or measure for it since there is nothing equal or superior to it, but it is itself the measure of all things. For if there were any rule or measure or cause or reason for it, it could no longer be the will of God." Martin Luther, "The Bondage of the Will", in *Martin Luther's Works*, 33, 181.

은 마을인 빌드하우스Wildhaus 에서 출생하였으며 아버지는 마을 농부이자 총서기Chief Magistrate 였다. 그의 첫 교육은 당시 빌드하우스의 사제였던 삼촌 바돌로뮤Bartholomew를 통해서였으며, 그를 통해 새로운 학문을 배우게 되었다. 그 후 그는 1494년에 바젤Basel의 고등학교에 입학하여 그레고르 뷘즐리Gregor Bunzli 교사로부터 라틴어와 음악 및 논리학을 배

Huldrych Zwingli as depicted by Hans Asper in an oil portrait from 1531 (Kunstmuseum Winterthur)
출처: https://en.wikipedia.org/wiki/Huldrych_Zwingli

웠다. 1497년경 뵈른Berne에 가서 인문주의 신학자인 하인리히 뷜플린Heinrich Wölfflin 밑에서 수학하였는데, 당시 도미니크 수도원에서 그의 학문적인 능력을 인식하고 그를 데려가려고 하자 부모들은 그를 1498년에 비엔나Vienna 대학교에 입학시켜 코젠티우스Cogentius 수하에서 헬라어와 로마서를 공부하며 인문주의에 대한 폭넓은 이해를 가지도록 하였다. 뿐만 아니라 그는 이곳에서 그가 타고난 재질인 류트, 하프, 비올, 리드 파이프, 코르넷 등 악기를 다루는 훈련에 열심을 다했다. 그는 음악에 타고난 천성이 있었다.[398]

그 후 그는 Basel 대학교에서 신학과 학문 방법을 터득하게 되었고 1504년에 문학사B.A.를 취득하였고, 1506년에는 "피터 롬바르두

398　루이스 W. 스피츠, 『종교개혁사』, 서영일 역 (기독교문서선교회, 1997), 119.

스의 명제집Peter Lombardus' Sentences"라는 주제로 석사Magister Aritium를 취득하였다.[399] 이곳에서 그는 토마스 아퀴나스, 둔스 스코투스, 피터 롬바르두스 등 스콜라 신학자들의 서적을 탐닉하였고, 22살되던 1506년에 콘스탄트에서 사제 서품을 받고 글라우스Glaus의 교구를 담당하는 사역자가 되었다. 이곳에서 10여 년 동안 사역하였으며, 이곳에서 유행하던 용병제에 대한 관심을 가지게 되었다.

2) 목회 사역 및 민족주의자
(1) 목회 사역 및 활동

그는 Glaus교회에서 첫 목회를 시작하면서 심방 이외 시간에는 성경과 교부들의 글을 탐구하였고, 1513년에는 히브리어와 헬라어로 성경 원문을 탐독하였으며, 저스틴 마터와 알렉산드리아의 라틴어로 된 교부들의 작품들과 그리스와 로마 철학자들과 역사가들의 작품들을 숙독하였다.[400] 그는 에라스무스의 추종자이자 친구인 글라루스의 로레티Loreti를 통해 에라스무스와 서신을 교환하였으며, 1515년 에라스무스가 있던 바젤에 방문하여 그와 교제를 나누면서 철저한 인문주의자가 되었다. 그는 에라스무스를 통해 이교도들의 학문성과 문학의 가치성 그리고 신학적 영향을 적잖게 받았다. 특히

---

399 그는 이곳에서 Thomas Wyttenbach 교수의 지도를 직접 받았는데, 이 교수는 에라스무스와 개혁주의 노선의 중간에 위치한 신학 사상을 지니고 있었으며 당시 가톨릭의 신학 사상의 문제점들을 잘 인식하고 있었다. 이러한 그의 가르침은 츠빙글리의 신학에 직접적인 영향을 주었다.

400 그는 호메로스, 핀다로스, 데모스테네스, 키케로, 리비우스, 카이사르, 세네카, 플리니우스, 타키투스, 플루타르크 등 고대 철학자들과 사상가들의 글을 탐독함으로써 인문주의적 성향의 배경을 마련했다.

아담의 원죄에 대한 애매한 주장과 성만찬의 상징적 성격에 대한 이해는 에라스무스의 영향으로 보인다.[401]

1516년 글라루스 교회에서 사역하던 그는 용병 제도를 반대함으로써 마을에서 추방당하게 되었는데, 그 원인은 이곳 주민들이 전쟁의 위험보다는 가난의 공포를 더욱 두려워했기 때문이었다.[402] 이들에게 용병 제도는 돈벌이 수단이었다. 그는 글라루스를 떠나 아인지델른 Einsiedeln-글라루스에서 30 마일 거리의 교회로 옮기게 되었다. 이곳은 가톨릭의 전통성이 매우 강한 곳이자 각종 미신과 성인 숭배가 심각한 곳으로서 기적을 일으킨다는 '검은 동정녀 마리아 상' Mainrod, Black Virgin이 있는 곳이었다. 이곳은 수많은 인파가 찾아와서 기적을 얻고자 하는 순례지였다. 그는 이곳에서 다양한 교부들의 신학 전집연구에 몰두하였고 필사본을 만들어서 직접 자신의 주해나 신학적 입장을 기입하여 보관하기도 했다. 그는 1518년부터 본격적으로 아인지델른 교회 강단에서 면죄부 판매의 불법성을 지적하였고 로마 가톨릭 전통의 문제점과 마리아 숭배 사상의 불법성을 강하게 비판하였다.[403]

---

401 필립 샤프, 『교회사 전집 - 스위스 종교개혁』 8권, 44.
402 츠빙글리는 1513년과 1515년에 전쟁에 참여하여 용병들의 참상을 경험하였다. 용병으로 팔려나간 이들은 부상을 당하거나 죽는 일이 다반사였고 영적인 곤핍함은 이루 말할 수가 없었다. 이런 정황 속에서 츠빙글리가 전쟁의 문제점과 용병의 문제점을 비판하자 프랑스와 우호 관계에 속한 이들은 츠빙글리를 정치적으로 매도하고 몰아내도록 선동하였다.
403 레나누스(Beatus Thenanus)는 1518년 12월 6일자 편지에서 밀라노의 프란체스코 소속 수도사이자 면죄부 판매자 삼손(Samson)이 8월에 취리히에 와서 면죄부를 판매하자 이에 대하여 츠빙글리가 강하게 비난하였다는 사실을 근거로 매우 순수하게 그리스도 철학을 설교한 사람이라고 칭찬하였으며, 혹자는 이미 1517년 10월 31일 루터의 종교개혁 이전에 이미 1년 전부터 이곳에서 종교개혁이 발발했다고 주장하기도 했다. 필립 샤프, 『교회사 전집-스위스 종교개혁』 8권, 49.

그는 여기저기에서 설교할 기회를 얻게 되었고, 그의 웅변적인 설교는 곧 바로 취리히까지 소문나게 되었다. 그는 아인지델른에 머물면서 완전히 에라스무스에 빠져 에라스주의자Erasmian가 되었다. 포터G.R. Potter는 당시의 츠빙글리를 평하길, "그는 지금까지 헬라어뿐만 아니라 알프스 북부의 인물들 -토마스 모어Thomas More, 유토피아 저자, 바디안Vadian, 뷔데우스Budaeus, 심지어 에라스무스를 포함한 인물들- 을 모두 섭렵했다. 헬라어 신약 성경과 터툴리안, 제롬 그리고 락탄티우스Lactantius로부터 헬라 교부들, 오리겐, 알렉산드리아의 시릴, 크리소스톰에 이르는 인물들을 모두 섭렵했다. 그들의 작품을 읽으면서 깨닫게 된 것은 현재 가르치고 있는 연옥 교리가 터무니 없다는 것이었다"라고 술회하였다.

(2) 민족주의자

그가 글라우스 교회에서 사역할 당시 스위스는 무적으로 불릴 정도로 막강하였다. 그는 1512년 교황청을 돕기 위해 Milan에 진군한 군대의 군목으로 차출되어 1513년 5월 전투에 참전하였다. 당시 이탈리아는 르네상스의 출발점을 알렸지만, 내부적 갈등으로 인하여 프랑스와 독일 합스부르크 왕조가 이탈리아에 용병들을 보냄으로써 이탈리아는 외세의 전쟁터로 변하게 되었다. 합스부르크 왕조의 군대는 밀라노 대공의 자리를 노리던 스포르짜Sforza 군대를 돕고 있었다. 프랑스 용병들이 합스부르크 왕조 용병들을 물리치게 되었는데, 이 전투에 스위스 용병들이 합세하여 도왔다. 그러나 정작 프랑스에선 스위스 용병들에게 급료를 지불하지 않자 스위스 용병들은 스포르짜 군대에 합류하게 되었다. 그러자 프랑스에선 스위스 각지를 돌아다니면서 용병을 새롭게 모집하였고, 결국, 전쟁터에선 스위스 군대끼리 서로 돈을 받고 싸우는 결과를 가져오게 되었다. 그는 오직 교황 편에 서야 함을 강조하자, 교황청은 그에게 고액의 연금을 지불하였다. 이 당시에 그는 교황주의자였다. 그러나 계속적으로 교황청을 위한 전투 특히 마리그나노Marignano 전투를 기점으로 자신이 목회하던 글라우스 사람들은 교황청이 아닌 프랑스를 위해 싸워야 한다는 여론이 부각되면서 자신을 돌아보게 되었다. 이러한 상황 속에서 전쟁의 참혹함전장에서 돌아온 전사들은 폐인이되거나 술주정뱅이가 되거나 팔이나 다리가 잘려졌거나 야수가 되었다을 목격한 츠빙글리는 "왜 스위스군들이 자국이 아닌 로마나 프랑스를 위해 죽어가야 하는가?"에 대한 회의감이 들어 1515년부터는 용병 제도를 반대하면서 '황소의 우화'라는 소책자를 발행하였다. 그는 사자를 합스부르크 왕조로, 표범을 프랑스로, 황소를 스위스로 묘사하면서, 타국을 위해 전쟁을 금지할 것을 촉구함과 동시에 민족주의자로 활동하였다. 이처럼 애국주의자이자 에라스무스의 인문주의적 특징을 지닌 츠빙글리는 1518년에 취리히 Zrich[404]에서 가장 큰 그로스뮌스터Grossmnster의 주임 사제로 청빙되어 이곳에서 활동하게 되었다.

---

404 취리히는 853년에 독일 루이 왕이 프라우엔뮌스터 수도원을 창설하였으며, 독일과 이탈리아의 교역의 중심지였고 12세기에는 개혁과 교회로 성장하였다. 츠빙글리가 활동할 당시 인구는 약 7,000여 명이었으며 부와 사치와 탐욕의 도시였다. 필립 샤프, 『교회사 전집-스위스 종교개혁』, 8권, 55.

(3) 취리히 교회 부임

취리히는 스위스 연방국의 국제 외교의 통로였으며, 프랑스보다는 합스부르크 왕조와 교황청 쪽으로 기울어졌다. 특히 취리히의 역사를 살펴보면, 신성 로마 제국의 도시 국가였던 이곳이 교황청을 위한 용병을 파송한 대가로 교황청으로부터 "자치를 보장받은 자유도

Huldrych Zwingli as depicted by Hans Asper in an oil portrait from 1531(Kunstmuseum Winterthur) - 츠빙글리설교
출처: https://www.reformationsa.org/history-articles/ulrich-zwingli-the-reformer-of-zurich

시"였다. 이러한 시대적 정황 속에서 취리히의 그로스뮌스터 교회를 담임할 사람은 츠빙글리와 같은 교황청에 가까운 자가 필요하였다. 그러나 츠빙글리에게 약점도 있었다. 그가 너무 음악적 재능이 뛰어나 하프, 바이올린, 플룻, 코넷, 루트 등을 연주도 하고 작곡도 하는 예술적인 사람이라는 점이 교회 참사원들 가운데 약점으로 등장하였다. 또한 한 여인이 말하길, 자기는 귀족의 딸인데 자기 아이의 아빠는 츠빙글리라고 주장하는 황당한 사건이 벌어졌다. 그러나 츠빙글리는 주장하길 이 여인은 귀족의 딸이 아니라, 글라루스의 이발사 딸로서 매우 경박하며 성 관념도 없는 여인으로서 부친으로부터 버림받은 여인이라고 주장하였다. 물론, 자신은 순결하게 살아오지 않았음을 인정하였다. 그러나 수녀들이나 처녀들, 결혼한 자들을 범한 적이 없다고 주장하였다. 더욱 흥미로운 점은 그 교회의 담임 자리를 두고 경쟁 대상이 되었던 자는 3명의 첩을 두고 슬하에 8명의 자

녀를 둔 독일 사제였다는 것이다. 따라서 교회 참사원들은 츠빙글리의 솔직성과 도덕적으로 살고자 노력하는 그에게 주임 사제로 임명하였다. 또한 그가 그곳 주임 사제가 될 수 있었던 것은 그가 인문주의자들과 교분이 있다는 점과 에라스무스와 절친하다는 이유 때문이었다. 그 결과 그의 학문적 능력과 좋은 설교자라는 평판이 널리 퍼지게 되었고, 그가 35세 되던 생일날에 이 교회에 취임하였다.

그는 이 교회 사역자가 된 후 마태복음과 사도행전을 중심으로 강해설교를 시작하였으며 디모데전서, 갈라디아서, 디모데후서, 베드로전후서, 히브리서를 순서적으로 강해함으로써, 그의 설교의 명성이 자자하게 되었다.

1520년 의회는 모든 설교는 성경에 따라 선포되어야 한다는 중대한 결정을 내렸다. 이를 통해 기존 로마 가톨릭의 전통에 사로잡힌 예배 형태와 라틴어를 읊조리는 형식의 예배에 제동을 걸게 되었다. 츠빙글리는 당시 면죄부를 비롯하여 십일조세, 성인 숭배, 성상 숭배에 대한 루터의 작품들을 근거로 강하게 비판하며 개혁의 포문을 열었다.

(4) 츠빙글리의 회심

1518년 8월 당시 취리히를 강타한 흑사병은 그의 형제인 Andreas를 비롯한 취리히의 1/3의 생명을 앗아갔다. 그는 1519년 8월 취리히에 역병이 돌고 있다는 소식을 듣고 급히 돌아와 매일 길거리에 누워있는 병자들을 돌보며, 위험을 무릅쓰고 죽어가는 취리히 시민들을 보호하였으나, 취리히 주민 7000여 명 가운데 2000명 또는 3500

명이 사망하였다. 결국 1519년 9월, 츠빙글리도 흑사병에 감염되어 1년 동안 병과 사투하다가 1520년 여름에 가까스로 회생되는 경험을 하였지만 지적인 능력과 기억력의 손상을 입게 되었다.

그는 이 흑사병 사건을 계기로 전통적인 가톨릭 신앙 즉 동정녀 마리아와 로마 가톨릭에 대한 신앙에 대한 회의를 품기 시작하였다. 그는 하나님만이 모든 질병을 치유할 수 있는 분임을 확신하게 되었다. 흑사병을 통해 진정한 회심을 경험하게 된 것이다. 그리고 교황청에서 받아오던 모든 연금을 포기하고, 이제까지 받아 온 것에 대하여 공적으로 사죄를 구하였으며, 회심을 경험한 그는 "복음주의적인 설교"를 시작하였다.

3) 취리히 종교개혁 시작(1519)

그는 설교를 통한 개혁을 시도하였다. 그의 설교 방법은 언제나 헬라어 성경을 설교단에 펴놓고 직접 읽은 후 성경을 해석하는 방식이었다. 성경 봉독 시 언제나 라틴어 성경을 읽고 히브리어 구약 성경과 헬라어 신약 성경 중 해당되는 본문을 읽은 후, 성경 번역상의 차이점을 지적한 후, 초대 교부들의 성경 해석을 소개하면서 성경을 강해하였다. 이러한 그의 강해 설교는 기록된 성경을 그저 낭독하던 전통적인 설교와 대조적이었다. 그는 우선 마태복음부터 강해를 시작하였다. 그리스도의 구원 사역 즉, 예수 그리스도의 생애, 사역에 초점을 맞추었다. 또한 사도행전, 디모데전후서를 강해하였으며, 스위스 사람들이 잘 이해할 수 있도록 독일어로 설교하였고, 1519-1526년 사이에 신약 전부 강해를 마치게 되었다.

루이스 스피츠Lewis W. Spitz에 의하면, 비록 루터와 비교 시 그의 설교는 형식에 얽매이지 않고 임시변통 형식이었다. 그러나 그는 사람을 이끄는 인품에 다정다감하였으며, 예리한 판단력과 아름다운 음성, 뛰어난 웅변술을 골고루 갖춘 인물로서 감화력 있는 설교가였다. 그는 농담과 비사들을 곁들이면서 생동감 있게 설교하였고, 설교를 통해 회중들이 늘 각성토록 하였으며 종교개혁의 이념들을 심어주었다. 그는 초대 교회 신앙 공동체와 이들의 도덕적 정결함도 가르쳤는데, 이는 취리히 교회의 모범의 대상으로 강조되었다. 그의 설교는 윤리적인 삶과 교회 정화에 대한 의지를 잘 드러내고 있으며, 에라스무스식 교회 개혁을 대변하였다.

설교 단에서 성직자들의 도덕적 타락에 대하여 지적하였고, 특히 수도사들 중 하는 일도 없이 풍족하게 살고 있는 자들을 공격하며 회개를 촉구하였다. 또한 성상 숭배, 성자기념축제일, 성자들의 전설적인 일화들, 세례 받지 않은 아이들은 저주를 받는다는 설에 대하여 매우 비판적인 자세를 보였다. 그리고 부조리하고 불법이 활개치는 사회 현실을 비판함과 동시에, 농부들이 교회와 영주들에게 1/10세를 바치는 소출세 문제를 공격하기도 하였다.

(1) 개혁의 발발

(1-1) 음식법 논쟁

평상시 츠빙글리는 로마 가톨릭 교회의 전통과 예식이 비성경적임을 강조하였는데, 그 중 한 가지는 사순절 기간에 금식하는 것을 비판하였다. 1522년 사순절 기간 동안 취리히 인쇄업자 크리스토퍼 프로샤우어Christopher Froschauer는 부활절 직후 프랑크푸르트 전시회에 출품할 바울서신 신판을 인쇄하는 과정에 고용인들의 심신의 피로를 풀어주고자 아내에게 물고기 대신 소시지Wurst를 준비하도록 했다. 음식이 준비되는 동안 츠빙글리는 설교를 시행하였고 예배를 마친 후 주저함 없이 츠빙글리를 제외한 당시 두 사제를 포함한 모든 고용인들은 준비된 튀긴 소시지를 먹었다. 이 사실이 삽시간에 의회에 전달되었고, 의회는 공권력을 발동하여 소시지를 먹은 자들을 모두 투옥하고 벌금형에 처하였다. 이 소식을 츠빙글리는 3월 30일 사순절 세 번째 주일 설교에서 이를 먹을 수 있는 선택의 자유가 성도들에게 있음을 주장하였다. 이러한 그의 설교 내용에 대한 반응은 매우 뜨거웠다.

그는 4월 16일 "음식에 대한 선택과 자유에 대하여"von Erkiesen und Freiheit der Speisen, Concerning Choice and Freedom of Food라는 소책자를 출간하였다. 이 작품은 행 10:10-16과 고전 6:12-14를 근거로, 금식은 그리스도 안에서는 자유이지 율법이 아니라는 점을 강조하였다. 그 후 그는 "아르케텔레스"Archeteles라는 작품을 출간하여 하나님 말씀은 교황이나 주교들, 종교 회의를 통해 깨닫는 것이 아니라 성령의 능력으로 얻게 된다는 점을 강조하였다. 이 소식이 콘스탄스 추기경 휴고Hugo에게 알려지자, 그는 취리히 시의회와 대성당 참사회에 서신을 보내서 교회가 오랫동안 지켜 온 것을 고수해야 함을 주장하였다. 결국, 휴고는 스위스 의회를 설득하여 종교개혁 교리를 더 이상 설교하지 못하도록 법령을 통과시키고 말았다.

(1-2) 결혼 청원

소시지 논쟁과 아울러 독신 제도에 대한 논쟁에 불이 붙었다. 1522년 7월 2일, 츠빙글리는 휴고 추기경에게 성직자 독신 제도를 폐지하도록 청원서를 제출하였다. 이미 그는 과부인 안나 라인하르트 메이어Anna Reinhart Meyer와 동거 중이었으며, 이들의 결혼식은 1524년 4월 2일에 뮌스터 대성당에서 축하연을 베풀면서 거행되었다. 그가 설교했던 바처럼 성직자 결혼이 하등의 부끄러울 것이 없는 영예스럽고 매우 성경적인 것임과 동시에 가톨릭교회의 성직자 독신주의가 얼마나 무익한 것인가를 세상에 과시하게 되었다. 이러한 결혼 청원건은 이미 취리히뿐만 아니라 다른 지역에서도 상정되고 있었다. 츠빙글리는 당시 수천 명의 사제들, 수도사들, 수녀들이 정절을 지키지 못하고 있음을 만천하에 폭로하자, 참사회 의원들은 공개적 비난은 바람직하지 못하다고 유감을 드러냈으나 그의 주장이 사실임을 인정하게 되었다. 사실 당시 콘스탄스 교구 내에 사제들 가운데 약 1,500명의 사생아들이 존재하고 있는 실정이었다. 휴고 추기경은 8월 10일 취리히 시의회에게 공식 편지를 보내길, 기성 교회의 질서를 지켜줄 것을 요구하였다. 이런 상황 속에서 8월 19일에 랍스빌Rapperswil에서 성직자들이 모여서 결의하길, 오로지 성경만을 모든 가르침의 기본 잣대로 삼아야 할 것을 주장하였다. 이 사건을 계기로 츠빙글리는 8월 22일부터 추기경과의 관계를 청산하기로 선언하고, 모든 기성교회의 부패함을 지적하면서 이러한 교회 구조의 중심에 서 있는 추기경에게 더는 희망이 없음을 주장하였다.

(1-3) 오직 성경

개혁의 폭풍은 성경에 대한 이해에서 비롯되었다. 츠빙글리는 "변증서: 처음과 끝"Apologeticus archeteles을 출간하였고, 이 책은 9월 6일에 "하나님의 말씀의 명확성과 확실성"On the Clarity and Certainty of the Word of God이라는 제목으로 다시 출판되었다. 그는 이 책을 통해 "사람은 하나님의 형상에 따라 지음 받은 존재이기에 하나님 말씀에 대한 한없는 갈증이 있는데, 이 갈증은 사람이 믿음으로 하나님의 말씀을 받고 성령의 말씀을 들음으로 마음과 정신이 조명되고 믿을 때만 해갈될 수 있다"고 주장하였다.

그는 성경을 이해하기 위해 5가지를 제시하였다.

[1] 성경을 직접 읽을 것.
[2] 겸손히 성경을 연구하며 인간의 주석가나 인간의 판단을 따르지 않을 것.
[3] 하나님의 빛을 구할 것.
[4] 성경은 하나님에 의해 영감된 것이므로 인간이 성경 판단자가 되어선 안 된다.
[5] 하나님의 말씀은 어둠에서 완전한 은혜와 구원으로 이끄시며 위로를 주시기에 이 말씀을 철저하게 신뢰해야 할 것.

그는 하나님의 말씀은 영적으로 깨닫게 되며 다른 매개체들 즉, 교회의 가르침, 인문주의적 성경 해석 등을 통해서 알 수 없다고 주장하면서, 성직자가 매개체가 될 수 없음을 천명하였다. 이 소식을 전해 들은 에라스무스는 9월 8일에 츠빙글리를 신랄하게 비판하였다. 이 시점부터 두 사람은 영원히 헤어지게 되었다. 그렇지만 츠빙글리는 "취리히를 대표할 수 있는 취리히 설교자"로 불리우게 되었다.

4) 취리히 종교개혁의 전개 및 결과

(4-1) 67개 신조 - 제 1차 논쟁(1523.1.29.)

츠빙글리는 루터의 라이프찌히 논쟁을 염두하고 개혁적 요소에 대한 내용들을 시민들과 함께 공유하고자 시 정부에게 공개토론회를 요청하였다. 1523년 1월 29일 시민 회관Town Hall에서 독일어로 개최되었고, 시민들과 성직자들, 그리고 시의회 의원들이 참여하였는데, 이는 당시 취리히 총인구 1/10이 되는 600명이 토론에 동참하였다. 당시 로마 가톨릭 측은 콘스탄스 추기경이 파송한 파버Dr. Faber 와 여러 명의 사제들이 참여하였고, 츠빙글리 측은 바디안Vadian, 세반스티안 메이어Sebastian Meyer, 호프마이스터Hofmeister 등 그의 동료들이 동참하였다.

Statue of Zwingli in Zürich
출처: https://www.worldhistory.org/article/1925/zwinglis-67-articles/

당시 파베르는 츠빙글리와 친분이 있던 학자였으며, 유능한 토론자였다. 츠빙글리는 1522년에 작성한 "67개 신조"The 67 Articles를 중심으로 그의 입장을 발표하였다. 그는 로마 가톨릭 교회의 부정과 부패의 원인은 다름 아닌 성경보다는 인간의 전통을 강조하는데 있다고 지적하였고 성경 중심적 신앙을 회복할 것을 촉구하였다:

> 그동안 순수하고 맑고 밝은 빛인 하나님의 말씀이 인간의 야심과 지식으로 흐려지고 혼탁해졌으며 희미해졌다. 우리는 하나님의 참된 뜻과 참된 예배를 오직 성경, 곧 오직 하나님의 진리에 대하여 열두 제자들이 쓴 글에서 찾고 배울 수 있다. 그 외 어떠한 인간의 법을 통해서도 불가능하다. 총회의 결정이나 인간의 관행을 지키는 것은 오래 전부터 법으로 세워졌기 때문에 지켜온 것이지, 이는 하나님의 뜻이 아닐 수도 있기에 오직 성경에만 의존해야 한다.[405]

그는 67개 조항 중, 초반부 15개 조항을 통하여 복음의 본질, 중보자 그리스도, 교회의 의미를 설명하였고, 후반부에서는 교황, 미사, 성자의 중보, 의무적인 단식, 순례, 사제로서의 서약, 사제의 독신 생활, 의식적인 기도, 면죄부, 고해 성사, 연옥 등의 의식과 교리 등 로마 가톨릭 교회의 관행에 대하여 비판하였다. 67개 조항의 핵심은 다음과 같다.

> 복음의 요점과 본질이 오직 예수 그리스도이다(2항).
> 예수 그리스도만이 전 인류의 유일한 구원의 길이다(3항).

---

405 *The Sixty-Severn Articles* of Ulich Zwingli의 서문.

성모 마리아나 성인들 같은 다른 문을 찾거나 그것을 가르치는 사람은 잘못된 영혼의 강도이며 도둑이다(4항).

그리스도만이 인간과 하나님 사이의 유일한 중보자이시다(9항).

교황은 거짓 사도이며(55조), 시몬과 발람의 동료이며, 사탄의 화신이다(56항).

성직자의 성복 착용은 위선의 극치이다. 하나님께서 위선보다 더 싫어하시는 것이 없다. 그러므로 후드, 기장, 패와 같은 단지 사람에게 보이기 위한 것은 모두 위선이며 낭비이다(26항).

모든 인간에게 허락된 결혼을 금하는 성직자의 독신 제도는 모두 그릇된 제도이다(29항).

파문은 한 개인에게 주어진 권세가 아니라, 교회에게 주어진 권세이므로 교황의 파문은 잘못이다(31항).

고해 성사가 죄 사함일 수 없으며, 단지 도움을 구하는 것이다(52항).

면죄부는 하나님을 대적하는 사탄이 고안해 낸 사악한 제도이다(55항).

그는 논쟁에 참여한 600여 명의 시민들에게 외치길, "누구도 인간의 어리석은 궤변으로 이 자리에서 논쟁하지 마십시오. 성경으로 돌아가 성경이 재판장이 되게 합시다! 성경은 성령의 기록입니다. 그래야만 진리를 찾아 얻을 수 있습니다. 아멘. 하나님이 통치하시길 기원합니다!"라고 하였다. 6개월 후 그는 "결론의 해설 및 해석"Interpretation and Substantiation of the Conclusion 이라는 작품을 간행하였는데, 이는 교회에서 실행되는 모습들을 지적했으며, 그리스도가 명령한 바를 서로 대조시키고 전통적인 예배 형식과 교회 음악에 대한 불만을 토로하였다.[406] 이 논쟁에서 츠빙글리는 대승리를 거두게 되었고, 그 결과 시의회는 "계속해서 거룩한 복음을 선포하고, 별도의 지시가 있을 때까지 참되고 신성한 성경을 계속 선포하라"고 선언하였고, 시내의 모든 사제들에게 츠빙글리의 가르침대로 실행하도록 명하였다.[407]

이후 취리히는 영적으로 새로운 시대가 열리게 되었다. 성직자들이 결혼을 재촉하였고 미사와 성상 숭배 및 화상 숭배가 사라졌으며 예배와 성만찬이 자국어로 시행되었고, 귀신을 쫓는다고 시행하는 무의미한 의식이 사라졌으며 거대한 목조 십자가가 파괴되었고 수녀원은 텅 비게 되었다.[408]

(4-2) 제 2차 논쟁(1523. 10. 26.-29.)

루터와는 달리 공개적 토론장에서 로마 가톨릭의 교황청의 직접적인 압력 행사에 의해 저촉되지 않고 승리의 개가를 올리게 된 그는 '미사 및 성상숭배 문제'를 다루기 위한 두 번째 공개 토론을 제기하여, 시민 회관에서 다시 모였다. 이번 토론 주제는 중세 1000년 동안 시행되어왔던 예배의 형태와 전통에 관한 내용이었기 때문에 시민들과 성직자들에게 엄청난 흥미를 유발시켰다. 여기 참여자는 약

---

406 츠빙글리는 교회 안에서 음악과 미술 작품을 활용하는 행위를 금하였는데, 그 이유는 로마 가톨릭의 잔재로서 음악이 성역화되었고, 대성당을 각종 성인들의 삶과 행적으로 그려 넣어서 성유물화하는 숭배의 대상이 되었기 때문이었다. 따라서 그는 말씀과 성례가 교회 예배에 중심 요소가 되어야 함을 강조하기 위함이었다. 그는 개인적으로 악기를 직접 연주를 했으며 취리히 관현악단을 창설하기도 했다. 마이클 호톤, 『개혁주의 기독교 세계관』, 32.
407 필립 샤프, 『교회사 전집 - 스위스 종교개혁』 8권, 70.
408 필립 샤프, 『교회사 전집 - 스위스 종교개혁』 8권, 71.

900명으로 추산되며, 이중에 성직자는 350여 명이었고, 10명의 박사와 나머지는 평신도들이 참가하였다.

이미 실패를 경험한 로마 가톨릭 측은 전보다 더 철저히 준비된 팀으로 구성하였다. 여기에는 당대 뛰어난 신학자였던

Luther and Zwingli standing and engaged in conversation at the Marburg Colloquy
출처: https://scholarsarchive.byu.edu/cgi/viewcontent.cgi?article=1575&context=sahs_review

마틴 스타인리Martin Steinli를 비롯하여, 콘라드 호프만Konrad Hoffman을 중심으로 콘스탄츠 주교, 바젤 주교와 쿠어Chur 주교 및 바젤대학교 교수들이 준비하였다. 그러나 바젤 주교와 쿠어의 주교는 다양한 이유를 들어 불참하였다. 츠빙글리 측은 츠빙글리, 엥겔하르트Engelhart, 레오 유다Leo Judae 등이 참여하였다. 첫날 논제는 성화 그림Bilder에 관한 것이었다. 옹호론자인 로마 가톨릭 측은 성화가 교육적인 효과가 있으며, 그리스도에 대한 이해를 위해서 중요하고, 참사람으로 오신 그리스도는 사람의 모습으로 보여주어야 한다고 주장하였다. 이러한 주장은 중세 당시에도 항상 옹호론자들의 인구에 회자하던 내용이었다. 이를 반박하여 츠빙글리는 예수 그리스도의 하나님 되심과 사람 되심 사이에는 분명한 구별이 있음을 강조하였다. 둘째 날부터 셋째 날 논제는 미사에 관한 내용이었다. 로마 가톨릭 측은 미사는 희생제사적 성격을 지니고 있음을 주장하였고, 츠빙글리는 신약 성경을 인용하면서 성경이 제시하고 있는 예배는 그리스도를 날마다 희생시키는 미사가 아니라, 그리스도가 성취한 구원적 감격의

예배임을 논증하였다. 결국, 시의회는 약간 중도노선적 입장을 고수하였다. 따라서 예배당 안에 있는 성화는 그냥 그대로 배치하지만, 더 이상 새로운 성화를 걸지 못하게 하였다. 그러나 미사는 이전처럼 진행하도록 허용하였다.[409] 그리고 츠빙글리와 쥬드를 중심으로 위원회를 결성하여 시민들에게 복음주의적 교육을 실시하도록 하였다. 드디어 제 2차 논쟁을 통하여 츠빙글리의 입지가 더욱 구체화되었다. 그 결과, 1523-4년에는 중세의 가톨릭적인 요소들이 점점 사라지기 시작하였으며, 가톨릭과 관련된 축제나, 금식 규례가 사라지고, 예전 중심의 미사가 설교 중심의 예배 형태로 전환되는 계기를 마련하였다.

7 츠빙글리는 "기독교 총론 요약"A Brief Christian Introduction 을 저술하여 1523년 11월 17일에 모든 목회자들과 콘스탄츠와 바젤의 주교들, 그리고 바젤대학교, 12개 다른 주에게 발송하여 개혁주의에 입각한 예배와 교회의 회복을 추구하였다.[410]

(4-3) 제 3차 논쟁(1523.12.28.)

비록 1-2차 논쟁으로 인해 로마 가톨릭의 성경보다 교황의 교서를 우위에 두는 전통은 사라지고, 면죄부는 더 이상 힘을 잃게 되었고,

---

409 City Council은 다음과 같이 명령하였다: 1) A Written account of the debate is to be distributed to parish priest; 2) Several priests are to undertake a preaching tour to explain biblical teaching on the issues under discussion; 3) in the meantime, no more images are to be destroyed; 4) the Miss is to be celebrated in the traditional way.

410 필립 샤프, 『교회사 전집 - 스위스 종교개혁』 8권, 72.

각종 미신적인 우상 숭배적 요소는 사라졌지만, 아직 미사에 대한 명확한 답변을 듣지 못한 츠빙글리와 그의 동료들은 다시 제 3차 논쟁을 제기하였다. 이에 시의회는 이를 비공개로 돌리고 보다 구체적인 논쟁은 다음으로 미루게 되었다. 1523년 12월 28일에 모인 대상들은 취리히 성직자들, 참사회 의원들, 시 대소위원회 위원들로 구성되었다. 논제는 각종 성상 및 미사 문제를 어떻게 처리할 것인가?에 관한 것이었다. 비록 로마 가톨릭 측의 미사옹호론자들의 주장이 전개되었지만, 대부분 츠빙글리 측의 반박으로 설득력을 잃게 되었다. 그러나 시의회는 제 2차 논쟁의 결론만 제시하고 더 이상 논란을 일으키지 않도록 명령하였다.

(4-4) 제 4차 논쟁(1524.1.19-20.)

1차-3차에 걸친 논쟁의 결과에 만족하지 못한 츠빙글리는 1524년 1월 19-20일에 걸친 논쟁을 불러 일으켰다. 이 논쟁에 참여한 논찬자는 14명으로 구성되었으며 시의회의 6명, 성당 참사원 5명과 츠빙글리 측의 엥겔하트Engelhart, 유다Judae, 츠빙글리Zwilgli였다. 이날 논의 주제는 성상 숭배, 성직자 독신, 미사 집전 등의 문제에 관한 내용으로서, 옛 신앙Old Belief를 고집하던 로마 가톨릭의 지적 무지함이 드러나게 되었고, 새로운 신앙new right belief를 주창하는 개혁가들의 소리가 더 호소력이 있었다. 로마 가톨릭 측은 앞서 가톨릭 입장을 대변한 루돌프 호프만Rudolf Hoffman 혼자서 성성 숭배 애호론을 주장하되, 교회 전통과 중세 스콜라주의자들과 각종 종교 회의 훈령들, 교회법에 의거하여 미사의 효용성과 필요성을 제기하였으나, 시의회는 어느 공개토론회보다 더 쉽게 츠빙글리의 성상폐지론Iconoclasm을 옹호하였다. 시의회는 6월 15일에 교회 개혁을 수행할 수 있는 훈령을 발표하였는데, 교회당 내에 있는 모든 성상들을 제거하고 그곳에 흰색으로 칠하도록 명령하였다. 드디어 1524년 로마 가톨릭의 예전 중심의 미사는 폐지되었다. 교회 내에 존재하던 성화, 유물, 십자가 고상, 제단, 초, 장식물들, 프레스코 화법으로 그려진 성인들의 그림들은 완전히 제거되고, 그 자리를 하얀 색으로 칠하게 되었다. 성인 유골은 불태워졌으며, 뮌스터 대성당의 오르간이 드디어 부서지는 모습을 보게 되었다. 1528년 시당국은 그로스뮌스터 교회와 프라우엔뮌스터 교회의 유물들, 즉, 금은으로 된 성배, 십자가 고상, 십자가, 각종 유물들, 성직자 예복 등이 싼 값에 팔려나갔으며, 교회 내에는 텅 빈 건물만 남게 되었다.

여기에 드디어 개혁주의에 입각한 예배와 성찬이 집례되었다. 1525년 4월 16일 고난 주간에 취리히 역사상 최초로 개혁주의적 성찬 예배가 시행되었다. 성찬 예배는 매우 단순하고 소박하며 엄숙하였다. 예배자들은 전에 놓였던 제단 주위에 둘러 앉되, 남자는 오른쪽, 여자는 왼쪽에 자리하고 경건한 마음으로 기도와 말씀과 성경 강해를 청종하게 되었다. 드디어 역사상 최초로 개혁주의적 성찬식이 거행되었다. 더 이상 가톨릭적인 화체설이 아닌, 영적인 교제로서의 성만찬이 시행되었고, 오랫동안 평신도에게 허락되지 않았던 포도주가 떡과 함께 분배되었다.

4. 츠빙글리 신학 사상 연구

그의 주요 저서들은 다음과 같다. "마지막 연설"Schlussreden, 1523. "참종교와 거짓 종교에 관한 주석"Commentary on True and False Religion,1524. "세례에 관하여"of Baptism, 1525. "재세례와 유아 세례에 관하여"Of Rebaptism and Infant Baptism, 1525. "세례에 관한 후브마이어의 소책자에 답하여"Answer to Hubmaier's Booklet on Baptism, 1525.

1) 성경관

그는 성경은 하나님 말씀으로 그 안에 통일성과 일관성이 존재하며 어떤 부조화도 존재치 않음을 천명하였는데, 그 원인은 통일의 영이신 성령에게서 비롯되었기 때문에 서로 조화를 이룬다고 주장하였다.[411] 그는 하나님의 말씀과 인간의 말을 구별할 필요가 있는데, 인간의 말은 교황의 말일지라도, 타락한 존재이기에 하나님의 말씀과 동등할 수 없음을 주장하였다. 그는 신·구약 성경의 일치성을 강조하였다. 그는 초기 작품을 통해 신약만을 강조해왔지만, 재세례파가 오직 신약을 근거로 논증하려고 하자, 성경을 "언약 신학"이라는 큰 맥락 아래 신구약의 통일된 약속으로 규정하였다. 따라서 구약 성도들은 앞으로 도래할 그리스도를 믿었고, 신약 성도들은 이미 오신 그리스도를 믿게 되었다고 주장하였다. 그는 하나님을 아는 지식을 객관적 지식과 인격적 지식으로 구분하고, 인격적 지식은 노력

---

411 W.P. 스티븐스, 『츠빙글리의 생애와 사상』, 박경수 역 (대한기독교서회, 2007), 66.

의 산물이 아닌 오직 하나님으로부터 오는 지식이라는 점을 주장하였다롬 1:19. 그는 일반 계시를 통해서는 하나님의 존재하심에 대하여 알 수 있으나, 하나님의 속성에 대하여는 인지할 수 없음을 강조하였다.

2) 하나님 이해

츠빙글리는 삼위일체론에 대하여 그의 작품 "외국 군주들의 장악에 대한 경고"A Warning against the Control of Foreign Lords를 통하여 창 1:27을 주해하면서 "우리"라는 용어 설명에서 하나님이 성부와 성자와 성령의 세 위격으로 존재하며 한 분 하나님이라는 점을 분명하게 묘사하였다.[412] 또한 "참된 종교와 거짓 종교에 대한 주해"Commentaries on the True and False Religion, 1525를 통해 그는 불신자들의 삼위일체에 대한 지식의 부재를 비판한다: "말하자면, 그들은 성부, 성자, 성령에 대해서 아는 바가 없든지 아니면 당신이 한 인격의 존재, 본질, 신성과 권능과 관련해서 말하는 바가 세 인격과 관련된다는 것을 모르고 있다."라고 지적하면서 성부, 성자, 성령의 세 위격으로 존재하는 삼위일체를 제시하였다.[413]

또한 그는 신적 속성을 "근본적으로 순수하고 인간의 욕심을 포함한 어떤 더러움이 전혀 섞이지 아니한 순수한 정의Righteousness"로 묘사하며, 그의 작품 "하나님의 섭리"에서 '최고선'summun bonum으로 규

---

412 강경림외 10인 공저, 『한 권으로 읽는 츠빙글리의 신학』. (세움북스, 2019), 228.
413 강경림외 10인 공저, 『한 권으로 읽는 츠빙글리의 신학』. 230.

정하였다. 그는 "신앙 해석"Account of Faith, Rechenchaft des Glaubens, 1530 작품 신론 1항에서, 하나님의 유일무이성과 그의 선하고 참되고 전능한 성질을 제시하였으며, 하나님은 절대자이며 순수하고 거룩하시며 완전한 권세를 가지시고 모든 것을 아시며 완전히 선한 분으로 묘사하였다.

그는 "완전한 것, 곧 절대적인 것, 결핍이 없고, 최고선에 속하는 것은 다 가진 것, 그것만이 하나님이시다."라고 하나님의 속성을 언급하였으며, "하나님의 섭리"라는 작품 속에서 하나님의 전능성 Ommipottence과 지혜Wisdom의 속성을 가진 하나님으로 규정하였다.[414]

3) 선택설 및 주권설, 구원론

그는 하나님의 주권적 선택이 구원의 가장 중요한 원천으로 이해하였고, 1529년 마르크부르크 논쟁을 통해 더욱 하나님의 섭리에 대해 구체적으로 언급하였다. 그는 칼빈보다 앞선 세대인으로서 롬 9장을 근거로 하나님의 절대 주권과 예지와 예정을 인정하였고, 아담의 타락과 결과까지 하나님의 영원한 의지 즉, 하나님 주권에 기인한다는 점을 수용하였다. 특히 그는 흑사병으로 인해 죽음의 문턱을 경험한 자로서, 하나님의 섭리에 대한 확신은 성경과 개인적 경험에 의해 비롯되었으며 그리스도 안에서 계시된 하나님의 선하심에 근거하고 있다. 그는 만사가 하나님의 섭리에서 벗어날 수 없음을 피력하였다:

---

414 강경림외 10인 공저, 『한 권으로 읽는 츠빙글리의 신학』, 216-225.

그러므로 하나님은 지혜요, 지식이요, 예지이기에 아무 것도 그에게서 숨길 수 없고, 그에게 알려지지 않은 것이 아무것도 없고, 그의 손길이 닿지 않는 것도 아무것도 없으며, 그 어느 것도 그에게 불순종할 수 없다는 사실은 명백하다. 하나님의 지혜와 지식과 예지가 없다면 한낱 모기도 날카로운 침이나 윙윙거리는 소리를 지닐 수 없다. 하나님의 지혜는 만물이 존재하기 이전일지라도 그것들을 아시며, 그의 지식은 만물을 완전히 꿰뚫고 있으며, 그의 예지는 만물을 규정하신다. 왜냐하면 지고의 지혜인 동시에 지고의 예지가 아니라면 하나님은 지고의 선이 될 수 없기 때문이다.[415]

그의 인간 타락론에 대해서는 초기와 후기로 구분할 필요가 있다. 그는 초기에 하나님이 타락을 가능케 하셨다고 주장함으로, Infralapsarianism 타락 후 선택설- 하나님의 예정하심이 인간의 타락 이후에 이루어졌다는 주장을 피력하였으나, "신앙 해설" 2항에서는 하나님이 아담의 타락을 가능케 하셨을 뿐만 아니라 또한 그것을 의도적으로 초래하셨다고 주장함으로써, Supralapsarianism 타락 전 선택설을 동시에 주장하였다. 그러나 인간의 죄성에 대한 이해는 루터와 다른 견해를 보였다. 그는 아담의 죄악을 일종의 재난, 질병 defectus naturalis, conditio misera, 자연적인 결함으로 간주하였으며, 노예로 태어난 불행에 비유하였

---

415 Ulrich Zwingli, *Huldreich Zwlingis Samtliche Werke* (Berlin, Leipzig, Zurich, 1905), III, 647.7-16; C. N. Heller, *The Latin Works of Huldreich Zwlingli*, iii (Philadelphia, 1929), recited in W. P. 스티븐스, 『츠빙글리의 생애와 사상』, 89.

다.[416] 그러나 그는 "하나님의 섭리"라는 작품 속에서 하나님의 작정과 예정 및 섭리의 역사를 성경적 논증을 시도하기보다는 "지고선의 필연적 결과"로 이해하는 철학적 사유를 통한 논증을 시도함으로써 중세 스콜라주의적 철학적 방법론과 에라스무스적인 논점으로 일관하였다.

그는 예정론을 하나님의 섭리론과 결부시켜 섭리를 "예정의 어머니"로 묘사하였으며, 구원은 선택받은 사람들에게 주어지며 이는 태어나기 전에 선택된다고 하였다.[417] 특히 그는 자신의 작품인 "논박"Refutation, 1527을 통해 야곱의 경우를 들어 이미 태어나기 전에 선택되었다고 주장하였으며, 이들은 그리스도를 통해 구원받도록 예정되었다고 하였다.[418]

4) 기독론

그는 그리스도가 하나님의 은혜에 대한 확실한 증거이며 그에 대한 하나님의 서약이라고 주장하였다. 그는 "화해론"을 통해 중세 스콜라 신학자였던 캔터베리의 안셀름Anselm of Canterbury "고전적인 만족설"을 주장하였다. 즉, 그리스도의 십자가 죽음을 율법의 요구를

---

416   필립 샤프에 의하면, 그는 자신의 작품인 "De peccato originali as Urbanum Theogium", 1526, 627-645에서 이렇게 묘사하고 있으며, 카를 5세에게 보낸 신앙고백문에서 이처럼 주장하였다. 필립 샤프, 『교회사 전집 - 스위스 종교개혁』 8권, 107. 샤프는 츠빙글리가 아우구스티누스와 가톨릭의 체계를 떠났으며, 아르미니우스와 소키누스주의의 길을 열었다고 주장하였다.

417   Ulrich Zwingli, *Huldreich Zwlingis Samtliche Werke*, III, 842. 9-11. ; 378. 2-5, recited in W. P. 스티븐스, 『츠빙글리의 생애와 사상』, 90-91.

418   Ulrich Zwingli, *Huldreich Zwlingis Samtliche Werke*, VI, I, 181. 19-22, recited in W. P. 스티븐스, 『츠빙글리의 생애와 사상』, 91.

만족시키는 행위로 이해하였다. 그리스도의 죽으심은 죄인을 위한 희생 제물로 보았으며, 하나님의 의가 하나님 보시기에 만족하게 성취되었다고 하였다.[419] 그리스도의 탄생은 무흠한 죄 없는 탄생이며, 마리아는 가톨릭 전통이 아닌, 성경에 근거한 영원한 동정녀로 이해하였다.

츠빙글리는 그리스도의 양성 중 인성과 신성을 명확히 구분하려고 노력하였다. 그가 이처럼 본성의 구별을 강조한 이유를 다음과 같이 묘사하였다: "우리는 그리스도 안에 있는 본성들을 분리시키고자 하는 것이 아니다. 왜냐하면 한 분인 그리스도는 하나님이자 인간이기 때문이다. 우리가 원하는 것은 각 본성의 사역들과 특성들을 혼동하지 않고 올바로 구별하려는 것이다."[420] 그는 요한복음 3:13; 6:62; 10:30; 12:25과 같은 구절들이 그리스도의 인성이나 신성 둘 중 하나에 적용될 때에만 비로소 이해될 수 있다고 주장하면서 "아브라함 이전에 내가 있었느니라"라는 말씀이 그리스도의 인성을 말할 수 있는가?라고 루터에게 반문하면서 인성보다는 신성을 강조하고자 노력하였다.

그는 그리스도는 하늘로 승천하심으로써 부활체로서 하나님 보좌

---

419 그는 1523년 1월 29일 제 1차 논쟁을 통해 제시한 "67개 신조" (The 67 Articles) 중 제 2항에서 하나님의 아들로서의 그리스도의 위격과 하나님 공의 만족을 구체적으로 언급하였다. II: "The sum and substance of the Gospel is that our Lord Jesus Christ, the true Son of God, has made known to us the will of his heavenly Father, and has with his innocence released us from death and reconciled God." Huldreich Zwlingis, *Samtliche Werke* (Berlin, Leipzig, Zurich, 1905), II, 36. 25-39. recited in W. P. 스티븐스, 『츠빙글리의 생애와 사상』, 101.

420 M. Schuler and J. Shchuthess, *Huldreich Zwingli's Werke*, VI, (Zurich, 1828), 311,8-9. recited in W. P. 스티븐스, 『츠빙글리의 생애와 사상』, 103.

우편에 계시며, 그리스도의 인성과 신성은 구별해야 하며, 양성은 서로 뒤섞일 수 없다고 강조하였다. 이는 초대 교회 인성과 신성의 직접적인 교류설communication idomatum을 주장한 알렉산드리아의 시릴 Cyril of Alexandria의 Cyril 의 입장에 반대하여, 당시 양성 교류 불가능설을 주장하여 이단에 빠졌던 네스토리우스Nestorius의 입장을 지지한 것으로 해석될 가능성의 문을 열어 놓았다. 그러나 431년 에베소 공의회는 "한 인격 안에 두 본성의 연합two natures in one person"으로 규정하였다.

그는 그리스도의 신자의 연합에 대한 확신을 가지고 있었다: "하나님께서는 그 선하심으로 자신이 원하는 사람들을 택하신다. 그리고 그 공의로우심으로 하나님은 우리를 위하여 그 공의를 만족시키기 위한 속죄물로 삼으신 아들을 통해 택자들을 양자로 삼고 자신과 연합시킨다."[421]

5) 세례관

그는 속죄는 의식이 아니라 그리스도의 피로 가능하며, 구약의 성례할례와 유월절 등들은 신약의 성례세례와 성찬과 상응한다고 주장하였다. 또한 세례는 물세례와 성령 세례, 가르침의 세례로 구분되며, 물세례는 물에 잠기는 것으로서, 세례 요한이 애논 강에서 실시하면서 보편화 된 것이고, 성령 세례는 우리가 하나님을 알고 하나님을 신뢰할 때의 내적인 조명과 부르심을 받는 것을 의미하는 것으로서, 사도

---

421   Huldreich Zwlingis Samtliche, Werke, ii, 796. 25-30. recited in W. P. 스티븐스, 『츠빙글리의 생애와 사상』, 101.

행전 1장의 성령 세례는 인간이 아닌 오직 하나님만이 주신다고 하였다. 또한 가르침의 세례는 물세례를 수반하는 구원에 대한 외적 가르침을 칭하는 것이다. 즉, 요한은 세례를 베풀기 전에 말씀으로 가르쳤다고 하였다.

물세례, 성령 세례, 가르침의 세례는 동시에 주어지는 것이 아니라 개별적으로 주어질 수 있는 것이며, 가르침 세례와 성령 세례 없는 물세례가 가능하고, 물세례와 가르침 세례가 없는 성령 세례도 가능하다고 하였다. 가령, 회개한 강도 경우를 들면서 이 강도는 성령 세례만 받았지만 물세례와 가르침의 세례를 받지 못하였다고 하였다. 또한 에베소 사람들은 요한의 세례를 받았지만 행 19장, 성령의 세례를 받지 못하였다고 하였다. 이처럼 세례는 다양하며 받는 순서 또한 다양하다. 물세례와 가르침 세례는 구원이 수반되지 않지만, 성령 세례는 내적 가르침과 부르심을 동반하기 때문에 성령 세례가 가장 중요하다고 역설하였다.

결론적으로, 물세례는 신앙의 입문을 의미하며, 물세례 전후로 가르침의 세례를 동반한다. 세례 요한이나 사도들이 가르침의 세례와 물세례를 줄 수 있기 때문에 그들의 세례도 동일한 세례이다. 이들의 세례는 내적인 성령 세례의 증거가 되지 못하고, 성령 세례는 오직 하나님께로부터 온다. 하나님은 물과 가르침 세례 이전에 내적인 세례를 줄 수 있는 분이시며, 세례는 반드시 세 가지가 동시에 일어나는 것은 아니다.

그는 가톨릭의 세례관의 문제점을 지적하면서, 세례 베풀 때 사용하는 물이 성수이므로 죄를 씻어 주는 능력이 있다고 가르치는 가톨릭을 비판하였다. 또한 세례는 성찬과 마찬가지로 거룩함의 표지 Zeichen이며, 이미 받은 은총의 표지로 이해해야 하며, 결코 거룩함과 동일시하거나 은총의 수단으로 여겨서는 안 된다고 하였다. 즉, 성례는 하나님의 언약 곧 사람과 맺은 그 언약의 표지인 것이다.

그는 유아들이 내적인 성령 세례를 받을 수 있다는 것을 배제할 수 없다고 하였다. 그 근거는 유아 세례가 유아에게 주었던 구약적 할례의 대체이기 때문이며골 2:11, 마태복음 19:13-14를 인용하면서 그리스도께서도 유아에게 세례를 금하는 것은 그리스도에게 나아오는 것을 금하는 것과 같다고 주장하였다. 또한 성경에 어디에도 유아에게 세례주는 것이 금지된 구절이 없다는 이유로 유아 세례의 합당성을 주장하였다.[422] 따라서 유아들에게 물 세례를 줄 수 있고, 적정한 나이에 도달하였을 때 가르침의 세례가 합당한 과정으로 수반될 수 있다. 유아 세례는 언약의 표이며, 언약은 한 개인이 아닌 전 가족을 바라보는 것이다.

6) 성찬론

그는 종교개혁자들의 두 가지 성례 즉, 세례와 성찬만을 인정하였다. 그는 1525 "참종교와 거짓 종교에 대한 주석", 1526. 3. "주의 만찬에 관하여", 1531 "신앙 해설"을 통하여 자신의 성찬론이 루터와 칼

---

422 츠빙글리는 1523년 "세례, 재세례, 유아 세례"(Baptism, Rebaptism, and Infant Baptism), "후프마이어에게 주는 답변(A Repay to Hubmaier), 1527년 "논박서"(Reputation), 1530년 "세례 성례에 관한 질문서들"(Questions Concerning the Sacrament of Baptism) 등에서 세례에 대한 자신의 입장을 상세히 다루었다.

빈과 다름을 천명하였다: "세례는 우리의 할례이며, 성만찬은 우리의 유월절, 곧 구원에 대한 큰 기념제이다. 그러므로 이 상징적인 빵을 다룸이 바로 죄를 소멸시킨다고 가르치는 것은 거짓 종교이다. 왜냐하면 그리스도 한 분만이 죽으시면서 죄를 소멸시키기 때문이다."[423] 그는 성만찬의 형태를 화체설이나 공재설이 아닌 상징설로 받아드려야 할 성경 구절로서 요한복음 6:63 "살리는 것은 영이니 육은 무익하니라 내가 너희에게 이른 말은 영이요 생명이라."를 제시하였고 그에게 있어서 이 구절은 "깨뜨려지지 않는 다이아몬드"였던 것이다.[424]

그는 1531년 "그리스도교 신앙 선언"Fidei expositio에서 자신의 성례관을 기존 상징설에서 한 걸음 나아가 칼빈의 영적 임재설에 가까운 주장도 펼쳤다:

> 우리는 그리스도가 실제로 임재함을 믿습니다. 그렇습니다. 우리는 그리스도가 현존하지 않는 성찬식이 존재한다는 것을 한 번도 생각한 적이 없습니다. … 믿는 사람들은 성례적이며 영적으로 그리스도의 몸을 먹습니다.[425] … 영적으로 그리스도의 몸을 먹는다는 말은 성령 안에서 그리스도를 통한 하나님의 사랑과 선함을 깊이 느끼고 의지하면서 다시 말하면, 하나님은 우리와 같은 사람이 되고 우리를 위해서 희생 제

---

423 츠빙글리, "참된 종교와 거짓 종교에 대한 주해," 『츠빙글리 저작 선집3』, 공성철 역 (서울: 연세대 출판문화원, 2017), 280.
424 츠빙글리, "참된 종교와 거짓 종교에 대한 주해," 『츠빙글리 저작 선집3』, 296.
425 츠빙글리, "참된 종교와 거짓 종교에 대한 주해," 『츠빙글리 저작 선집3』, 316.

물이 된 자신의 아들을 통해서 또한 하나님의 정의를 우리를 위해서 보여 준 그 아들을 통해서 우리의 죄를 용서해 주고 영원한 구원의 축복을 주신다는 믿음을 가지고 먹는 것입니다.... 성례전적으로 그리스도의 몸을 먹는다라는 말에 대해서 정확하게 말한다면, 성례전과 관련하여 성령 안에서 그리스도의 몸을 생각하며 먹는다라는 뜻입니다.[426]

또한 그는 로마 가톨릭 화체설과 루터의 공재설을 비판하고 상징설을 주장하였다. "이것은 내 몸이다"라는 말씀을 문자적으로 해석해서는 안 되고 상징적으로 해석되어야 한다고 주장하면서, 만일 이를 문자적으로 이해한다면 성만찬 참여자는 실제로 예수님의 살을 먹고 피를 마셔야 하는데 결코 그렇게 될 수 없다는 것이다.

특히 요 6:35 "나는 생명의 떡이다"라는 구절은 문자적인 그리스도의 육체를 우리에게 양식으로 주신다는 의미가 아니라, 믿음으로 그리스도가 생명의 떡으로 받아들여진다는 것을 의미한다고 주장하였다. 그는 고전 10:1-4. "우리 조상들이 다 구름 아래 있고 바다 가운데로 지나며 모세에게 속하여 다 구름과 바다에서 세례를 받고 다 같은 신령한 식물을 먹으며 다 같은 신령한 음료를 마셨으니"라는 구절을, 그들을 위해 살과 피를 죽음에 내어주실 분을 믿었다는 것을 의미하며, 우리가 먹는 것은 이미 그의 살과 피를 주신 자를 믿는 것이라고 이해하였다. 그는 요 6:63 "살리는 것은 영이니 육은 무익하니라"라는 구절에 근거하여 성만찬의 떡과 잔에 그리스도의 삶과 피

---

426 츠빙글리, "참된 종교와 거짓 종교에 대한 주해," 『츠빙글리 저작 선집3』, 318.

가 실제로 임재하지 않는다고 보았다. 그 이유는 눈에 보이는 물질 세계는 구원을 베푸시는 영적 세계를 실어 나를 수 없기 때문이다. 따라서 성만찬의 떡과 잔은 예수의 떡과 피의 표지badge 로 이해해야 한다고 하였다. 그는 공의회 신조들을 살펴볼 때, 그리스도가 하나님 우편에 좌정하고 계신다고 고백하고 있기 때문에 승천하신 그리스도가 성례에 임재할 수 없고 우리가 먹고 마실 수 있는 분이 아니며, 우리와 항상 함께 하시겠다는 의미는 그의 몸은 이미 떠나셨기에 영적으로 임재할 것을 의미한다고 강조하였다.

7) 교회와 국가

그는 "통치자에 대하여"라는 작품 속에 재세례파의 국가 정부론에 반박하되, 기독교인들이 세속 정치 영역에 참여해서는 안 되며 정부에 대한 의무도 없다고 주장하는 것에 대하여 비판하였다. 그는 하나님께서 국가와 정부 그리고 통치자를 세우셨으므로 모든 그리스도인은 예외 없이 권위에 복종해야 하며 정치에 성도가 관여하는 것은 당연한 일이며, 성도들은 정치에 참여할 뿐만 아니라, 정부에 대한 의무를 감당해야 함을 강조하였다. 그는 교회와 국가의 관계성에 대하여 국가 교회 체제를 주장하였다.[427] 그는 인간이 육신과 영으로 구성되었으며 육신이 영에 비해 열등하고 낮지만, 육신 없이 영이 존재할 수 없는 것처럼, 정부가 성령의 사역이 아닌 세속적 일들을 감

---

427 그는 "신앙에 대한 해설"라는 작품을 통해 국가와 교회의 관계를 육와 영의 관계로 유비시키고 통치자들은 교회의 목자이며 이들 없이는 교회가 존재할 수 없음을 천명하였다.

독하고 통제하지만, 정부 즉 관료가 없이는 교회가 유지 및 존속될 수 없음을 강조하였다.[428] 교회와 국가 정부는 긴밀한 협조 관계를 유지해야 하되, 서로 합치되어선 안 되고 각각의 영역에서 함께 공동으로 하나님 나라를 이루어 가야 한다고 주장했다.[429]

그는 취리히의 종교개혁을 통해 가톨릭식의 통치 형태가 사라지게 되자, 사회 정의 실현을 위한 도덕법을 세울 필요를 인식하였고, 루터와는 달리, 도덕법을 시민법의 기초로 삼아서 사회질서를 유지토록 하였다. 이러한 입장에서 츠빙글리는 사회 윤리를 강조하였고, 국가와 사회가 모두 하나님의 다스림 아래 존재하기 때문에, 하나님의 의는 개인과 사회, 국가 모두에게 적용되어야 한다고 하였다.

그는 도덕법을 강화하여 우상 숭배를 금하도록 하고 안식일을 범하면 누구라도 감옥에 처하도록 하며, 율법의 가르침에 따라 투전 행위와 춤추는 행위를 금지하며 도덕률에 근거하여 사회 개혁을 시도하였고, 소외된 자에 관한 관심의 일환으로 고아원을 운영하였다. 그는 교회의 머리는 교황이 아니라, 그리스도이시며 교황은 적그리스도라고 주장할 뿐 아니라 성직자는 목자, 예언자, 파수꾼의 노릇을 감당하되, 교회뿐만 아니라 사회와 국가 전체에서도 이 역할을 감당해야 한다고 주장하였다.

---

428 M. Schuler and J. Shchuthess, *Huldreich Zwingli's Werke*, IV, 60. 4-9.
429 이러한 의미에서 목회자가 검을 휘두르는 것은 목회자의 역할이 아니라고 함과 동시에, 검이 선한 사람들을 보호하기 위해서 뿐만 아니라 복음을 보호하기 위해서도 사용할 수 있는 정당한 도구라고 주장하였다. 이러한 자신의 소신에 따라 복음을 전할 권리를 수호하기 위해 전투에 나가서 당당하게 싸우다가 전사하였다.

5. 존 칼빈 John Calvin, 1509-1564 – 개혁주의 신학의 건축가

루터와 츠빙글리가 1세대 개혁자라면, 칼빈은 그들보다 25살 어린 제 2세대 개혁자였다. 루터가 비텐베르크에서 강의하고 있을 때, 칼빈은 어린아이였다. 루터의 95개조 반박문이 비텐베르크에 내걸렸을 때, 칼빈은 겨우 8살이었던 것이다. 그러나 루터와 칼빈은 좋은 교분을 가졌다. 1539년에 칼빈이 출간한 "교훈과 신앙고백"Instruction and Confession of Faith 이라는 책을 읽은 루터는 이르길, "그는 학문과 경건을 소유한 인물임에 틀림없다. 만약 외콜람파디우스와 츠빙글리가 처음부터 이와 같이 명료했더라면, 그들과 불쾌한 논쟁을 벌이지 않았을 것이다"라고 칭찬할 정도였다. 츠빙글리의 후계자인 블링거가 루터를 비난하자, 칼빈은 이르길, "루터가 얼마나 위대한 인물인가 부디 기억하시길 바란다. 그는 재능이 뛰어나고 용기가 있으며 건전하고 유능하고 학구적이며 효과적으로 구원의 교리를 전파했다. 그가 적그리스도를 물리치기 위하여 얼마나 열성을 기울였는지를 살피라. 내가 이미 여러 번 언급한 것처럼, 설령 그가 나를 악마라고 한다 해도, 나는 그를 여전히 존경하고 훌륭한 하나님의 종이라고 부를 것이다."라고 응수하였다.[430]

칼빈은 "복음이 비텐베르크에서 나왔다…. 루

John Calvin, Anonymous portrait, c. 1550
출처: https://en.wikipedia.org/wiki/John_Calvin

---

430 헤르만 셀더하위스 편저, 『칼빈 핸드북』, 124-125.

터는 교황주의를 넘어뜨린 인물이다…. 주 안에서 매우 박식한 선배이다."라고 주장할 정도였다.[431]

1) 출생

존 칼빈Jean Chauvin, Calvinus은 1509. 7. 10. 프랑스 피카르디Picardy 지방 노용Noyon에서 아버지 제라르Gerard와 어머니 잔느 르프랑Jeaness Le Franc의 4명의 형제샤를, 앙투안, 존, 프랑스아와 2명의 누이 가운데 넷째 아들로 태어났다. 이곳은 종교개혁의 지도자들과 혁명가들을 다수 배출한 유서 깊은 곳이었다. 아버지 제라르는 매우 엄격했으며 노용의 주교 비서, 참사회 수석으로 활동하며 성직록을 받았다. 어머니는 칼빈이 3살 되던 해에 세상을 떠났고 형 세 명도 일찍 사망하였다. 루터는 광부의 아들로 태어났지만, 칼빈은 귀족적 가정 배경에 태어나서 교육을 잘 받았다프랑스의 12귀족 중 한 가문. 칼빈의 형 샤를은 1518년 대성당 신부로 활동하였으나 이단 혐의로 파문을 당했고, 동생 앙투안은 투르네롤의 신부였으나, 칼빈의 영향 속에 1536년 제네바에 와서 의회 의원으로 활동하였다. 아버지는 칼빈을 성직자로 양성하고자 1521년 노용 대성당 신부직의 수입 일부를 확보해 줄 정도였다.

2) 교육 과정

칼빈은 1521년 파리 라 마르쉐La Marche 콜레주프랑스 중등교육의 문학

---

431 헤르만 셀더하위스 편저, 『칼빈 핸드북』, 125.

사 예비 과정 Grammer School에서 마튀랭 꼬르디에 Mathurin Cordier[432]를 통해 라틴어 읽기와 쓰기, 구문, 논리학 등을 배웠다. 그는 1년 후쯤 되어서 그는 파리 대학교 소속 몽떼규 콜레주 College de Montaigu로 전학하였다. 그는 이곳에서 엄숙함과 금욕주의 교육을 받았고, 소량의 식사와 잠자는 시간을 엄격하게 규제하며 공부에 전념하였고, 철학, 수사학, 교부들의 저서들을 배웠다. 이 대학은 인문주의 최고 대가인 로테르담의 데시데리우스 에라스무스 Desiderius Erasmus of Rotterdam 1466/1469-1536, 예수회를 창설한 이그나티우스 로욜라 Ignatius Loyola 1491~1556, 프랑스 작가 라블레를 배출한 학교였으며, 이 곳에서 1527년경 문학 석사를 취득하였다. 그가 이곳에서 공부할 당시 소위 "루터파 이단" Lutheran Heresy이라는 종교개혁의 물결이 들어오기 시작하였다. 그는 당시 이단으로 프랑스에서 최초로 처형당한 "Pavanne"의 화형을 목격했을 것으로 보인다.[433]

1527년 아버지는 노용 참사회와 관계가 틀어지게 되자, 누아용 대성당으로부터 제공받던 장학금이 끊기게 되었다. 아버지는 아들 칼빈을 목사보다는 변호사로 키우기로 마음을 바꾸었다. 아버지는 당시 로마 가톨릭이 프로테스탄트의 흥기로 인하여 더 이상 발전될 가

---

[432] J. M. V. Audin, *History of the Life, Works, and Doctrines of John Calvin* trans. John McGill (Louisville; Baltimore, Joh Murphy, 1899), 22. 그는 『고대 로마사』 저자로서 매우 유명한 학자였으며, 좋은 성품을 지녔고, Paris, Nevers, Bordeaux, Geneva, Neuchatel, Lausanne 등 지역에서 강의하였고, 나중에 프로테스탄트로 개종하여 칼빈과 함께 제네바 대학 학장을 수행하다가 칼빈과 같은 해에 사망하였다(1564).

[433] Philip Vollmer, *John Calvin, Theologian, Preacher, Educator, Statesman* (Philadelphia; The Helderberg Press, 1909), 8.

능성이 없다고 여겼으며,[434] 아들이 법률가가 되면 부와 명예를 얻을 수 있다고 생각해 갑자기 진로를 바꾸게 되었다. 따라서 아버지는 그를 오를레앙Orleans 대학에 입학시켜 법률 공부 시민법를 시켰다.[435] 그는 당시 유명하였던 삐에르 드 레뚜왈르 Pierre de l'Etoile 지도하에 법학을 공부하였는데, 그에게 지대한 영향을 주었던 볼마르Melchior Wolmar, 루터파 신학자[436] 교수가 브르쥬 대학College de Buourges으로 옮기는 바람에 1519년에 이곳으로 전학하여 그의 수하에서 희랍어와 헬라 문학을 배웠다. 그는 데모스테네스Demosthenes 책과 신약 성경을 통해 희랍어 실력을 배양하였고, 밀란Milan의 법학자 알치아티Andreas Alciati에게서 법학을 배웠으며, 다시 오르레앙으로 복귀하여 세네카를 연구하고 1531년에 학사 학위를 취득하였다.[437] 그는 1531년 5월 26일에 아버지가 돌아가시게 되자, 고향에 가서 장례를 치르고 돌아와서 동생 앙투안과 함께 파리로 갔다. 1532년 1월 14일, 그는 워낙 탁월한 그의 실력을 인정받아 명예의 표시로 학비를 내지 않고 오를레앙 대학교로부터 법학 박사를 취득하였다.[438] 그는 이 해 4월에

---

434   J. M. V. Audin, *History of the Life, Works, and Doctrines of John Calvin,* 33.

435   나중에 칼빈은 다음과 같이 술회하였다: "When I was yet a very little boy my father had destined me for the study of theology. But afterwards, when he considered that the legal profession commonly raised theose who followed it to wealth, this prospect induced him suddenly to change his purpose. Thus it came to pass that I was withdrawn from the study of philosophy, and was put to study of law." Philip Vollmer, *John Calvin, Theologian, Preacher, Educator, Statesman,* 8.

436   볼마르는 르페브르의 제자로서 오를레앙과 부르주 대학에서 가르쳤으며, 훗날에 튀빙겐에서 강의하다가 1561년 사망하였다. 나중에 칼빈은 "고린도후서 주석"을 출간하여 볼마르에게 헌정하였다(1546. 8. 1.).

437   이종성, 『칼빈』, (서울: 대한기독교출판사, 1978), 17.

438   Richard Taylor Stevenson, *John Calvin- The Statesman* (Cincinnati; Jennings and Graham;

"세네카의 관용론에 대한 주석"을 출판하였다.

3) 다양한 활동 및 목회 과정

(1) 세네카 관용론

칼빈은 23세가 되던해 1532년 4월 4일 세네카 『관용론 주석』De Clementia, A Commentary on Lucius Anneas Seneca's Two Books on Clemency을 출간하였다. 이 책은 세네카가 네로 황제의 통치에 인간적 요소를 도입 하기 위한 일환으로 저술되었다.[439]

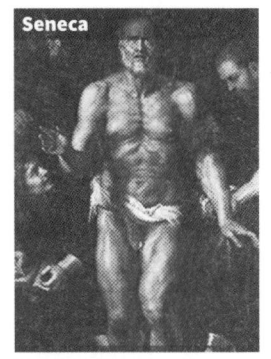

Seneca - Roman philosopher and statesman [4 BCE – 65 CE]

출처: https://www.amazon.co.jp/Clemency-English-Seneca-ebook/dp/B093Y2K63Z

칼빈은 세네카가 네로 황제에게 바친 『관용론』의 본문을 주의 깊게 재구성한 뒤 칼빈의 박학한 지식에 근거하여 프랑스와 1세로 하여금 프로테스탄트 교도들에게 융통성과 관대한 정책을 고려하도록 하기 위해 작성했다는 주장이 가장 우세하다.

칼빈의 이 책 저술 배경은 당시 로마 가톨릭의 극한 핍박에 앞잡이 노릇하던 프랑스와 1세에게 유일의 선善인 덕德을 목적으로 프로테스탄트에게 자비와 협력을 도모할 목적으로 스토아주의를 소개한 것이다. 따라서 프랑스와 1세가 백성의 뜻을 거스려 불온한 방법으로 다스리는 전제 군주처럼 행동하지 않도록 독려하려는 목적이 담

New York: Eaton and Mains, 1907), 17.

439　Seneca: BC 4?~ AD 65 고대 로마의 스토아(Stoa) 학파 철학자, 극작가. 스페인의 코르도바 출생. 로마에서 수사학, 철학을 배웠으며, 로마에서 변론가로 성공하였고, 네로 황제의 가정교사이자 집정관 등이 되었으나, 네로의 폭정이 심해지자 은퇴하여 저술에 전념하였다. 그러나 65년 네로에게 역모를 의심받자 자살하였다.

겨 있다. 칼빈은 마키아벨리1469.5.3.-1527.6.21. 의 "군주론"을 읽고 이를 반대하는 입장을 주장했을 가능성도 제기된다. 일부 비판자들은 칼빈이 '중세인문주의'에 빠진 자라고 평가하기도 한다. 그 원인은 칼빈이 공부한 과정을 보면 모든 인문주의 학자들의 영향을 받았으며, 세네카의 관용론을 비롯한 스토아 철학의 인문주의 성향도 보이기 때문이다. 그러나 칼빈이 인문주의 특히 스콜라주의 철학을 기독교 원리를 보다 명확하게 밝히는데 도구로 활용하였다는 사실은 그의 1536년, 『기독교강요』, I, 8, 1.을 보면 더욱 명확해진다. 칼빈은 주장하길, 데모스테네스나 키케로, 플라톤, 아리스토텔레스와 같은 부류

PSYCHOPANNYCHIA: "The Sleep of the Soul"
출처: https://regenerationandrepentance.wordpress.com/2014/10/24/psychopannychia-the-sleep-of-the-soul/

의 인물들의 작품을 읽을 때, 그들이 놀랍게 우리를 끌어 당기고 기쁘게 하고 감동시키고 심지어는 우리의 지성을 황홀케 한다고 고백한다. 그러나 만약 그들로부터 우리가 성경으로 돌이킨다면 우리가 의도하던 안하든 간에 성경은 우리의 심령을 깊이 관통하여 우리 안에 머물러 있을 것이다. 모든 철인들과 수사학자들의 힘은 성경과

비교하면 한갓 연기처럼 보인다고 고백하고 있다.

노이에하우스 J. Neuerhaus 는 칼빈의 인문주의 성향을 평가하기를, 칼빈이 인문주의의 모든 지적 요소를 흡수하는 동안 그것들을 자신의 신앙을 위해 사용하려고 애썼으며, 그 지식들로부터 발생할지도 모르는 위험을 묘하게 피하였다. 헬라 정신은 조금씩 기독교 정신 앞에서 사라져갔다. 그럼에도 불구하고 칼빈은 끝까지 뛰어난 인문주의자라는 명성을 유지했다는 것에 동의할 수 있다고 지적하였다.[440]

(2) 1534년 「영혼수면설(가면설)에 관하여」(De Psychopannychia)

칼빈은 1534년 오를레앙에서 신학에 관한 첫 작품인 "영혼수면설에 관하여"를 출간하였다. 이전에 그의 작품은 스콜라주의적인 인문주의 작품이었다면, 이번 작품은 철저한 개혁주의적인 신학 작품이었다. 그는 이 작품을 통하여 재침례교파 Anabaptists 의 영혼수면설을 반박하였다. 이들의 주장은 사람이 죽을 때 영혼은 잠을 자기 시작해서 죽은 자의 마지막 부활 때 잠을 깬다는 교리이다. 즉 육체의 죽음과 부활 사이에 무자각, 무감각의 상태로 가면을 취한다는 입장이다. 이는 신약에서 그리스도께서 죽음을 잠으로 표현한 내용을 근거로 주장하였다. 즉, 마태복음 9장 24절에 예수가 죽은 아이에게 가서 사람들에게 "물러가라 이 소녀가 죽은 것이 아니라 잔다 하시니 저희가 비웃더라"고 말한 근거로 이를 주장하였다.

---

440   J. Neuenhaus, 'Calvin als Humanist,' *Calvinstudien*, Leipzig, 1909, 2. in Francois Wendel, Calvin: *The Origin and development of his Religious thought* (Collins, London, 1963), 34.

(3) 그의 회심

영국의 청교도인 존 오웬과 존 번연 그리고 영국의 감리교 창설자인 존 웨슬리 등은 자신의 회심의 순간에 대하여 아주 명확하게 묘사하였다. 그러나 칼빈의 회심에 대한 자료는 극히 제한적이다. 그의 작품 "시편 주석"1557년 서문에 의하면, 1532-1534년 사이에 회심을 경험한 것으로 보인다: "하나님께서는 갑작스러운 회심subita conversione; a Sudden Conversion 으로 나를 굴복시키시고, 마음 속에 진리의 빛을 비추셨다."[441] 칼빈의 회심 사건에 관한 정확한 장소와 시간 및 여건에 대해서는 잘 알려진 바가 없다. 칼빈은 작품 속에서 "가르칠 수 있는 상태로의 회심"conversio ad docilitatem과 신앙으로의 회심conversio fidem 으로 나누었는데, 전자는 '참된 경건의 맛보기'이며, 후자는 '진정한 회심'을 의미하였다.

Nicolás Copérnico
출처: https://es.wikipedia.org/wiki/Nicol%C3%A1s_Cop%C3%A9rnico

(4) 니콜라스 콥(Nicolas Cop) 사건(당시 왕의 주치의였던 바젤의 윌리엄 콥의 아들)

칼빈은 그와 절친한 친구이자 동역자인 니콜라스 콥의 사건으로 새로운 전기를 맞이하였다. 니콜라스 콥은 1533년 11월 1일에 파리

---

441 "God by a sudden conversion subdued and brought my mind to a teachable frame. Having thus received some taste and knowledge of true godliness I was immediately inflamed with so intense a desire to make progress therein, that although I did not altogether leave off [legal] studies, I yet pursued them with less ardor." John Calvin, *Commentary on Psalms* Volume 1, Author's Preface. *Christian Classics Ethereal Library*, retrieved Nov. 19, 2007.

의 소본느Sorbonne 대학교의 학장 취임식 때에 만성절All Saints Day 연설을 통해 교회가 보다 영적인 교회가 되어야 할 것과 종교개혁을 촉구하고 로마 가톨릭교회의 문제점들을 공격하였다. 콥이 낭독한 이 연설문은 마 5장의 팔복 중 "심령이 가난한 자는 복이 있나니 천국이 저희 것임이요"라는 본문을 중심으로 강해한 내용으로서, 에라스무스Erasmus 의 『파라클레시스위로』1516라는 글과 루터의 "교리 설교집" 중 팔 복에 대한 주해 가운데 율법과 은혜를 대조시키고 값없이 주시는 하나님의 은혜를 강조하는 내용을 중심으로 강연하였다. 특히 "의에 주리고 목마른 자는 복이 있도다"라는 말씀은 멜란히톤의 『로마서 주석』1532년에서 인용되었다. 그는 검이 아닌, 말씀에 기초한 교회의 평화, 모든 학문의 유용성, 성경적이고 복음적인 개혁을 주장하였다. 그러나 실상 이 연설문의 주인공은 콥이 아닌 칼빈의 작품으로 드러났다:[442]

> 세상과 악한 자들은 신자들의 마음에 복음으로 순수하고 진지하게 침투하려는 자들을 향하여 이단자, 미혹케 하는 자, 악한 말을 하는 자, 사기꾼이라 불려왔습니다. 그러나 환난 속에서도 하나님께 감사드리며 모든 것을 견디는 자들은 복이 있는 자들입니다. 그분은 "기뻐하라 하늘에서 너희 상이 큼이니라"라고 말씀하십니다.

---

442 베자는 이 연설문을 칼빈이 작성했다고 자신의 작품 속에서 제시하였다. 헤르만 셀더하위스 편저, 『칼빈 핸드북』, 63.

칼빈은 연설문을 통해 당시 스콜라주의자들과 로마 교황청을 향해 개혁을 요청하였다:

> 그들은 신앙에 대하여, 하나님의 사랑에 대하여, 죄의 용서에 대하여, 은혜에 대하여, 칭의에 대하여 아무 것도 가르치지 않는다. 혹 그들이 이것들에 대해 가르치는 것이 있다 하더라도, 자신들의 법과 궤변들로써 이 모든 것들을 변질시키고 평가 절하시키고 만다. 나는 여기 계신 여러분께 더 이상 이런 이단과 부정을 참지 말라고 당부하는 바이다.[443]

그러자 Sorbonne 대학교와 의회는 이 연설문을 당대 교황청에 대한 선전 포고로 여겨서 가톨릭 교회과 왕실은 대단히 분노하였고 이를 불태웠으며, 칼빈과 콥은 당국의 소환 명령을 받게 되었다. 콥은 즉각 바젤의 친척집으로 피신하였고, 이 글의 장본인인 칼빈은 바젤로 망명하게 되었는데, 칼빈은 파리의 콜레즈 포르떼 College Fortet에서 창문을 통해 즉석에서 침대 커튼을 꼬아 만든 밧줄을 타고 탈출하였으며, 걷는데 탁월했던 그는 포도원에서 포도를 손질하는 농부 옷차림을 하고 탈출에 성공하였다. 그를 체포하려고 갑자기 경찰들이 집에 들이닥쳤을 땐 이미 그는 사라지고 없고 오직 책들과 서류들만 놓여 있었다. 그는 그의 친구인 루이스 뒤 티에와 꾸르 cure of Claix와 함께 그의 절친인 앙굴렘 Angouleme 집으로 피신하였다.

---

443 Opera, X, pars II, 30-36, recited in 필립 샤프, 『교회사 전집 - 스위스 종교개혁』 8권, 276.

4) 루이스 뒤 티에(띨레)(Louis du Tillet) 집에 은거하며 기독교강요 작성

파리에서 탈출한 그는 대성당 참사회 의원이자 부자인 루이스 뒤 티에의 집에 은거하였다. 그는 교양있는 젊은 성직자이자 칼빈의 절친한 친구였다. 티예는 부친으로부터 많은 신학 서적을 상속받았다 약 4000여 권.

아마 이곳에서 칼빈은 불후의 명저인『기독교강요』책을 작성한 것으로 보인다. 결국 1536년 3월, 기독교 강요Christianae Religionis Institutio라는 불후의 명저 초판이 바젤에 있는 Thomas Platter 출판사에서 출판되었다. 이 초판은 6장으로 구성되었으며, 십계명과 사도신경, 주기도문, 세례와 성찬, 다른 성례들, 그리스도인의 자유, 교회 정치, 치리에 대한 설명 등으로 구성되었다. 그는 신변 안전을 위해 가명인 마르티누스 루카니우스Martinus Lucanius라는 필명을 사용하였다. 프랑스와 1세Francis I에게 헌사한 이 책의 목적은 "종교적 열정을 가진 사람들이 참된 경건에 이르게 하도록 확실한 원리를 전달하는 것"으로서 간단하고도 초보적인 교리 형태를 갖추었다. 부제Sub-Title로는, 기독교강요는 "구원론을 이해하는데 필수적인 제반 사항과 경건의 개요를 거의 망라하였다. 경건에 열심있는 사람들은 모두 일독할 가치가 충분한 저서이다"라고 하였다. 기독교강요의 영문 번역자인 배틀즈 F.L. Battles는 서론에서 이르길, 칼빈에게 있어서 종교와 경건은 하나였다. 이 책은 신학대전Summa Theologia, 1265-1273이라기보다는 오히려 경건의 대

William Farel
출처: https://romans1015.com/tag/nicolas-cop/

전Summa Pietatis이다. 기독교강요는 경건의 산물이라고 술회하였다.

당시 개혁가들은 칼빈의 "기독교강요"를 읽고 "사도 시대 이후 가장 선명하고, 가장 강력하고, 가장 논리적이며, 가장 설득력 있는 기독교 교리 변호서"라고 극찬하였으며, 그의 동료 마틴 부쳐는 칼빈에게 "주님이 자신의 교회를 가장 풍성하게 축복하시기 위해 당신을 자신의 도구로 택하신 것이 분명하다"라고 말할 정도였다.[444]

5) 칼빈의 제네바와 파렐과의 만남

(1) 파렐과의 만남

칼빈은 목회자가 되려는 생각은 없었고 학자가 되려는 마음을 가지고 있었다. 그는 고백하길, "그러나 하나님은 나를 조용히 살게 버려두지 않으셨다"라고 술회하였다. 1536년 7월 파리에서 스트라스부르그로 가려다가 프랑스의 프랑스와 1세와 독일의 칼 5세와의 갑작스런 전쟁으로 인하여 우회도로인 제네바로 향해 가다가 한 여관에 숙소를 정하게 되었다. 당시 칼빈의 친구 뒤 티에는 제네바에 1년 동안 머물고 있었으며, 칼빈과 계속 서신을 주고받는 상황이었다. 그리고 칼빈이 잠시 제네바에 온 사실을 알게 되었고 그는 칼빈의 "기독교강요"를 읽었던 당시 제네바의 개혁가인 기욤 파렐칼빈보다 20살 위, William Farel, 또는 Guillaume Farel, 1489-1565에게 이 사실을 알리게 되었다. 파렐은 칼빈이 묵고 있는 숙소에 대한 소식을 전해 듣고 달려와서 칼빈에게 제네바의 개혁 활동에 동참해 달라고 간곡히 부탁하였으나,

---

444 필립 샤프, 『교회사 전집 - 스위스 종교개혁』 8권, 285.

칼빈은 일언지하에 거절하였다. 그는 자신의 성격이 매우 소심한 자라서 개혁 운동에는 적합한 인물이 못되며 아직 나이가 부족하고 경험도 부족해서 이 일을 수행할 수 없다고 주장하였다. 그러자 파렐은 만일 이러한 일을 거부할 시 하나님은 칼빈의 은거 생활과 연구 생활에 저주를 내릴 것을 선언하였다. 이때 칼빈은 매우 당황하게 되었다. 그는 당시 상황을 다음과 같이 고백하였다:

> 나는 예전과 같이 혼자 계속해서 은거하려고 마음 먹었으나 결국 윌리암 파렐이, 조언과 권고에 의해서가 아니라, 무서운 저주를 통해 날 제네바에 붙잡아 두었다. 그 저주를 들었을 때 하늘에 계신 하나님께서 나를 체포하기 위해 억센 손을 내 위에 내려놓는 느낌이 들었다. 내가 그때 쉬려고 했던 스트라스부르크로 가는 가장 빠른 지름길이 전쟁에 의해 폐쇄되었기 때문에 제네바에서 하룻밤 이상 머무르지 않고 빨리 그 도시를 통과하려고 마음 먹었는데 그때 비열하게 신앙을 버리고 변절해서 가톨릭 교도로 되돌아간 한 사람(까롤리를 의미함)이 나를 발견하고 다른 사람에게 알렸다. 이 소식을 듣자마자 복음을 퍼뜨리는데 남다른 정열로 불탔던 파렐은 즉시 나를 붙잡아 두기 위해 모든 신경을 썼다. 그리고 내가 개인적인 연구(그것을 위해 나는 다른 일로부터 자유로워지기를 원했다)에 몰두하기로 결심했다는 것을 알고, 정중한 요청에 의해서는 아무것도 얻을 수 없다는 것을 발견한 후에 그는 저주를 퍼붓기까지 하였다. 만약 내가 가장 필요로 할 때 물러서서 도와주기를 거절한다면 하나님께서는 휴식과 내가 추구한 평온한 연구 생활을 저주하실 것

이라는.[445]

그는 겁에 질려 여행을 포기하고 1536년 5월 21일 제네바 교회에 부임하게 되었다.

(2) 제네바 사역(1536-1538)

제네바는 스위스 연방의 국경 지대에 위치하였으며, 프랑스와 이탈리아와의 교역 중심지로서 한때 사보이 Savoy- 신성 로마 제국에 포함되었다. 1860년에 가서는 프랑스에 편입의 지배를 받다가 16세기 프리브르그 Pribroug와 베른 Berne주의 도움을 받아 독립하였다. 당시 제네바 시의회는 로마 가톨릭을 추구하는 사보이에 대한 정치적인 반란을 시도했지만, 시민들은 성경에 대해 무지했으며 교황 제도에 찌들어있었다. 1537년 당시 제네바는 인구가 1,2000여 명으로 구성되어 있었으며, 파렐은 이러한 제네바를 종교개혁을 일으켜 정치적인 개혁을 어느 만큼 성공적으로 이끌었기에 기독교강요의 저자인 칼빈에게 이를 맡기고자 그를 붙잡은 것이다.

1536년 9월 5일에 제네바 시의회는 칼빈을 성경 교사로 임명하였고, 그는 생 피에르 St. Pierre 교회에서 바울서신을 강해하면서 제네바 개혁 운동에 착수하였으며, 이곳에서 설교, 주석, 교회 조직에 관한 업무 및 기독교강요 불어판 번역하였다. 그는 파렐과 개혁 운동

---

445 디모디 토우, 『존 칼빈의 생애와 업적』, 임성호 역 (하나출판사, 1998), 50.

에 동참하였던 쿠롤Courault과 함께 개혁 활동을 전개하였다.[446] 또한 학장으로 활동하였던 소니에Saunier와 칼빈의 스승이었던 코르디에 Cordier가 함께 동참하여 개혁의 기운을 불어 넣어 주었다.

칼빈은 제네바 도시의 매우 향락적인 분위기를 직감하였다. 도박, 술, 간음, 가면무도회, 신성 모독, 매춘 등 도덕적으로 매우 문란한 도시였다. 그는 천년 동안 로마 가톨릭의 예전 중심의 예배가 도덕적, 윤리적으로 이처럼 타락한 도시를 변화시키기에는 불가능했다는 사실을 인식하고, 곧 바로 말씀 중심의 예배 공동체로서의 교회의 회복운동을 시도하였다. 따라서 칼빈은 예배모범서와 교리 문답 등을 제정하여 개혁을 단행하였다.

1537년 1월 200명의 제네바시의 고위 성직자회는 칼빈이 파렐과 함께 작성한 교회 초석이 될 교회법인 "제네바 예배와 교회 행정에 관한 조례"Articles concerning the organization of the Church and of Worship at Geneva를 통과시켰다. 이 조례집은 교회의 헌법을 위한 초석으로 만들어졌으며, 주 저자는 칼빈이었고 파렐의 이름으로 제시되었다.[447]

이 조례의 핵심적인 조항은 다음과 같다:

---

446 쿠롤은 아우구스티누스 수도원 출신으로서 1534년 칼빈과 함께 바젤로 도피하였던 인물이며 비레(Viret)의 후임으로 제네바의 초빙을 받았고 노년으로서 최선을 다해 칼빈을 도왔던 인물이다. 필립 샤프, 『교회사 전집 - 스위스 종교개혁』 8권, 295.

447 이 조례집의 서문은 다음과 같다: "Most honoured lords, it is certain that a Church cannot be called well-ordered and regulated unless in it the Holy Supper of our Lord is often celebrated and attended—and this with such good discipline that none dare to present himself at it save holily and with singular reverence. And for this reason the discipline of excommunication, by which those who are unwilling to govern themselves lovingly, and in obedience to the Holy Word of God, may be corrected, is necessary to maintain the Church in its integrity."

[1] 바울의 가르침대로 찬송할 때 시편을 사용할 것.

[2] 매 주일 성찬을 시행할 것.

[3] 어린이를 위한 교육을 실시할 것.

[4] 결혼법을 개혁할 것, 교황의 결혼법을 폐지할 것.

칼빈은 교회의 순수성과 질서를 위해 출교를 강조하였고, 모든 부모는 자녀를 의무적으로 주일학교에 출석시켜 요리 문답을 암송하고 목사의 시험을 받도록 법적으로 규정하였다.

또한 "신앙고백과 훈령집"Instruction and Confession of Faith을 작성하였다21개 조항. 이 작품의 주된 내용은 다음과 같다:

"오직 성경만을 믿음과 신앙의 유일한 법칙"으로 인정하며, "말씀에서 벗어난 인간의 어떠한 견해도 성경에 혼합하지 않고, 우리 주님의 명령에 따라 더함도 뺌도 없이 전하여 준 것 외에는 어떠한 교리도 받아들여서는 안 된다. 하나님을 예배할 때 하나님의 거룩함을 나타내기 위한 형상이나 숭배를 위한 우상을 만드는 것을 가증하게 여긴다.

그는 이 작품 속에서 인간의 전적 타락, 예수 안에서의 구원과 칭의, 사죄, 선행에 대하여 다루었으며, 로마 가톨릭의 7성례를 비판하였고, 성자 숭배 사상을 비판하였다. 그는 일반 신자들을 대상으로 "요리문답서"Catechism를 직접 작성하여 시의회 승인을 받았다.

제네바 개혁가들은 제네바 시의회에 하나의 제안서를 제출하였는데, 그 내용은 성찬을 자주 시행하고 시편을 찬양하며 젊은이들을 대상으로 성경 공부를 정규적으로 시행하고 결혼 법령을 수정하며 정상적인 성례 집례를 허용하도록 요구하는 내용이었다. 특히 출교를 강조하여 시의회에서 경건한 자들을 선출하여 각 구역을 감독하도록 하며 이를 불복 시 강력한 행정 조치를 시행하도록 하는 것이었다.

이러한 정황 속에서 제네바 도시는 완전히 다른 세계로 바뀌게 되었다. 그동안 무질서하고 문란했던 도덕성이 새롭게 재생되었고 로마 가톨릭적인 형태는 완전히 사라졌으며 가톨릭을 옹호하거나 성물을 숭배하거나 묵주를 소지하는 자는 처벌을 받게 되었다. 특히 1537년 7월 29일에 시의회는 모든 제네바 시민들이 개혁자들의 신앙고백문에 서명 날인하도록 강요받았다. 만약 이를 거부할 경우 추방을 당하게 되었다.

그러나 칼빈을 위시한 제네바 개혁가들의 개혁 활동은 당시 시민들에게 큰 부담감을 안겨주었다. 왜냐하면 약 천년 동안 이러한 문화에 익숙했던 사람들을 대상으로 진행된 개혁 운동은 너무 큰 무리가 뒤따르게 되었다. 새해 첫날 시민 중 한 사람이 파렐을 '나쁜 사람'으로 지칭하는 민원을 시의회에 접수하면서 문제점이 드러나기 시작하였다. 결국, 1538년 2월 시의회 의원 선거에서 제네바 개혁자들의 반대파에 속한 자들 클로드 리샤르데, 장 필립, 아미 샤포르주, 장 룰랭은 시의회의 다수의 의석을 차지하게 되었다. 이들은 제네바 의회의 중요직을 차지하고 개혁자들로 하여금 '시의회 운영에 대한 간섭' 금지 경고문을 보냈다 1538년 3월. 4월 19일 쿠롤은 설교 금지를 당하게 되었고, 이를 거부하고 설교에서 의회를 비난하던 쿠롤은 감옥에 수감되었다. 칼빈과 파렐은 강단에서 의회를 사탄으로 규정하였지만, 의회원들과 이미 마음이 떠난 시민들의 여론을 수습할 수가 없었다. 비록 제네바 개혁가들은 4월 21일 부활절 아침에 강단에 올라 폭력이 난무하는 이러한 여건 속에서 성례를 베풀 수 없다고 선언하고, 시의회의 지시를 무시하자, 이 기회를 놓치지 않은 RCC_{Roman Catholic church}는 칼빈과 파렐에게 반격을 가하고 4월 22-23일 200인이 모인 대의회는 이 두 사람을 재판도 치르지 않고 3일 이내의 제네바 추방 명령을 결정하였다.[448]

6) Strassburg 목회 생활(1538.9.-1541.9.)

제네바에서 큰 상처를 안고 스위스 바젤_{Basel}로 갔던 칼빈은 향후 대학에서 연구 생활에 몰두하려는 계획을 세우고 연구에 박차를 가했다. 그는 다음과 같이 고백하였다: "마침내 나는 자유를 얻었고 내 직무의 속박에서 벗어나게 되었다. 나는 공적인 책무의 부담과 염려에서 벗어나 개인적인 생활을 즐길 예정이었다." 그러나 마틴 부처 _{Martin Bucer}와 카피토가 칼빈에게 찾아와 스트라스부르크의 프랑스인 이민 목회를 권유하였다. 처음에 칼빈은 이미 제네바의 아픔 속에서 더 이상 상처 받기를 원치 않아 거절하였다. 그러나 부처는 요나의 경우를 언급하면서 요나가 니느웨 성에 가지 않고 다시스로 가다가 풍랑이 일어나 고깃배 신세가 된 것을 일례로 들면서 목회할 것을 협박조로 권고하여 칼빈은 이를 승낙하였다.

이곳은 독일의 자유 도시로서 독일, 프랑스, 스위스의 허브 역할을

---

[448] 이 일을 주도한 인물은 피에르 카롤리(Pierre Caroli)로서, 칼빈의 사상에 반대하여 죽은 자를 위한 기도의 유효성을 주장하던 자였으며, 다른 인물은 쟝 필립(Jean Philippe)으로서, 칼빈에 대항하는 단체를 조성하여 개혁 운동을 반대하고 교회 권징과 강제로 신앙을 고백케 하는 것을 반대하였던 사람이었다.

하였으며 많은 프로테스탄트의 안식처가 되었다. 이곳에서 부쳐와 카피토, 헤디오Hedio, 니게르Niger, 마티아스 첼Mattias Zell, 슈트룸Sturm 등 개혁가들이 활동하고 있었다. 취리히 사람들은 이곳을 "종교개혁의 안식처"라고 불렀으며, 카피토는 "추방당한 형제들의 안식처"라고 지칭하였고, 로마 가톨릭 역사학자인 플로리몽 드 라이몽Florimond de Raemond은 이곳을 루터파와 츠빙글리파의 은둔지이자 회합의 장소였으며 프랑스에서 내쫓긴 자들의 피난처라고 주장하였다.[449]

이미 칼빈이 이곳에 오기 전 마테우스 젤이 1521년 개혁주의적 설교를 시도하였고, 1524년 마틴 부쳐가 활동하면서 1519년에 미사를 폐지하고 종교개혁을 단행하였다. 1533년 교회 회의에서 스트라스부르크 교회를 새롭게 조직 편성하였고 1536년에 비텐베르크 협약에 따라 성찬식 논쟁에서 루터와 화해하였다.[450] 이러한 정황 속에서 칼빈은 1538년 9월에 스트라스부르크에 도착하여, 시의회로부터 신학 교수로 임명되었으며 부쳐와 교제하면서 많은 영향을 주고받았다. 그는 매우 어려운 경제적 여건 속에서 목회 사역과 신학교 교수 사역을 감당하였다. 이 교회는 이미 장로와 집사들로 구성된 권징 책임을 담당하는 콘시스토리움을 시행하고 있었다.

당시 교회 형편은 약 400-500명 정도로 구성되었다. 1538년 10월 처음으로 성찬식이 거행되었고, 매월 1회 성찬을 거행하되, 제네바와는 달리 1주 전 신청을 받아서 원하는 자만 참여케 하였으며, 설교

---

449 필립 샤프, 『교회사 전집 - 스위스 종교개혁』, 8권, 307.
450 헤르만 셀더하위스 편저, 『칼빈 핸드북』, 85-86.

와 성경 공부를 병행하였다. 특히 칼빈은 제네바에서 실패한 "교회 권징"을 더욱 강화하였으며, 임명된 장로들은 목사를 지원할 뿐만 아니라 목사의 설교와 교리 및 삶을 감찰할 책임도 부여하였다.[451] 그는 그곳에 유행하던 재세례파를 겨냥해서 유아 세례를 강화시켰고 두 번째 제네바 교회문답서1542를 출간하였다.[452]

그는 이 교회를 노래하는 공동체singing community라고 불리울 정도로 많은 시편 찬송을 부르게 하였다. 1538년 그는 『음악에 맞춘 시편과 노래』라는 선곡집을 발간했는데, 18편의 시편과 3편의 찬송가가 담겼다. 여기에는 스트라스부르크의 작곡자인 마티아스 그라이터와 볼프강 다흐슈타인의 도움이 있었다.[453]

칼빈의 스트라스부르크 교회에서의 예배 순서는 다음과 같다.

> 예배는 기원으로 시작되어 죄의 고백과 간략한 사죄로 이어진다. 그 다음에 성경 봉독, 찬양, 자유 기도가 이어진다. 남녀를 불문하고 모든 회중은 시편을 함께 영창함으로써 공적인 예배에서 적극적인 부분을 담당한다. 이전에 그들은 수동적인 청취자이거나 관중들에 불과하였다. 이는 만인제사장설이라는 프로테스탄트 교리와도 잘 조화를 이룬 것이다. 그 다음에 설교가 뒤따르고, 이어서 일반 기도와 주기도문이 이어진다. 예배는 찬양과 축도로 끝을 맺는다.[454]

---

451 헤르만 셀더하위스 편저, 『칼빈 핸드북』, 88.
452 헤르만 셀더하위스 편저, 『칼빈 핸드북』, 89.
453 헤르만 셀더하위스 편저, 『칼빈 핸드북』, 89.
454 필립 샤프, 『교회사 전집 - 스위스 종교개혁』 8권, 313.

칼빈은 Protestant Gymnasium1538년 설립에서 로마서, 요한복음을 강의하였으며, 요한복음과 로마서 주석을 집필하였고, 기독교강요 수정판을 간행하였다. 그는 이곳에서 3년 동안 머물면서『기독교강요』제 2판을 증보하고 필명을 알쿠이누스Alcuinus로 명기하였다.

7) 결혼 생활

칼빈은 엡 5:28-33절 주석을 통해 결혼의 중요성을 역설하였다: "어떤 사람이 자기 아내를 사랑하지 않는다면 그것은 본성을 거스리는 일이다. 왜냐하면 하나님께서는 둘이 한 몸이 되도록 하기 위해 결혼 제도를 만드셨기 때문이다… 이것은 위대한 신비이며 말로써 표현할 수 없는 존엄한 일이다."[455]

칼빈은 두 번 여자와 만남을 가졌는데 모두 맘에 들지 않았다. 이 두 명의 여자를 만나고 와서 1539년 5월 19일 스트라스부르크에서 파렐에게 보낸 편지에서 자신의 결혼에 대한 입장을 다음과 같이 언급하였다:

> 저는 일단 여성의 아름다운 외모에 홀딱 반해서 그녀의 결점들까지도 포용하는 그런 미친 연인은 아닙니다. 저에게 매력적인 아름다움은 이런 것들입니다. 정숙하고, 순종적이고, 까다롭지 않고, 실용적이고, 인내심이 많고, 제 건강을 염려해 주는 사람이면 좋겠습니다. 따라서 만약 제 생각이 좋다고 생각되시면, 즉시 이 일을 추진해주시기 바랍니

---

455 필립 샤프,『교회사 전집 - 스위스 종교개혁』8권, 346.

다. 만약 그렇지 않으면, 다른 사람(부처?)이 선수를 칠지도 모릅니다. 하지만 만약 당신 생각이 다르다면 그냥 이 문제를 무시해 버리시길 바랍니다.[456]

1538년 칼빈이 30살이 되던 해에 네덜란드에서 박해를 피해 온 재세례파 장 스또르데라는 목사를 칼빈이 개종시켰는데, 이 목사는 두 명의 자식을 두고 사망하였다. 그 젊은 미망인을 심방하러 갔다가 그녀의 정숙하고 상냥한 성격에 이끌려 그녀를 향한 불타오르는 사랑을 경험하였다. 그녀의 이름은 이델렛 드 부르 Idelette de Bure였다. 그는 자신의 아내를 평가하길, "내 삶의 탁월한 동료이고 내 목회를 늘 충실하게 돕는 조력자이며, 보기 드문 여자를 발견하였다"라고 하였다. 베자는 칼빈의 아내에 대하여 "엄숙하고 존경할 만한 여자"였다고 평가하였다.

그러나 그녀는 매우 허약하였다. 그녀는 결혼 생활 9년 동안 한 아이 이름 Jacques를 출산 1542.7.28하였으나 2주밖에 살지 못하고 사망하였다 1542년. 로마 가톨릭 사람들은 칼빈에게 자녀가 없음을 비방하자, 칼빈은 이르길, "주님께서는 우리에게 어린 아들을 빼앗아 감으로써 우리에게 심한 타격을 주셨지만, 아이들을 위해 무엇이 최상인지를 알고 있는 사람은 다름 아닌 우리 아버지이시다. 하나님께서는 나에게 어린 자식을 주시고 데려가셨지만 나는 전 세계 기독교인 가운데 수많은 자녀를 가지게 되었다"라고 응수하였다. 결국, 아내는 결핵

---

456 필립 샤프, 『교회사 전집 - 스위스 종교개혁』 8권, 347.

병으로 1549년 4월 초에 제네바에서 세상을 떠났다. 칼빈은 감당하기 어려운 슬픈 마음을 담아 동료인 비레에게 다음과 같이 편지를 썼다:

> 나는 내 생애의 최상의 동료를 잃어버렸습니다. 만약 내가 원한다면 그녀는 가난뿐만 아니라 심지어 죽음까지도 기꺼이 나누려고 했을 것입니다. 살아 있는 동안 그녀는 목회를 충실하게 돕는 조력자였습니다. 나는 그녀로부터 어떤 방해도 경험하지 못했습니다. 그녀는 아픈 동안에도 내게 전혀 피곤한 존재가 아니었습니다. 그녀는 자신보다는 아이들을 걱정하였습니다. 나는 사사로운 이러한 근심거리가 전혀 헛되이 그녀를 괴롭힐까봐 두려워 그녀가 죽기 사흘 전 아이들에 대한 내 의무를 꼭 다하겠다고, 기회를 틈타 이야기했습니다. 그러자 그녀는 저는 벌써 그 아이들을 하나님께 맡겼어요!라고 했습니다.

칼빈은 다시 결혼하지 않고 남은 15년을 독신으로 살다가 여생을 마치게 되었다.

8) Geneva로 다시 돌아온 Calvin

칼빈의 공백 기간 동안 사돌레토를 통해 시도된 행동에 대한 베자의 기록은 다음과 같다:

> 보다 위험한 종류의 또 다른 해악이 1539년에 발생했지만 칼빈의 노력을 통해 즉시 소멸되었다. 당시 카르팡트라(Carpentàs)의 주교였던 사

돌레토는 뛰어난 웅변술의 소유자였지만, 그는 그 재능을 주로 진리의 빛을 억압하는 일에 악용하였다. 그는 다름이 아니라 그의 도덕적인 지위를 통해 거짓 종교에 일종의 광택을 내라고 추기경에 임명되었다. 그는 당시 상황에서 기회를 포착하고 자신이 그 뛰어난 목회자들을 빼앗긴 양 떼들을 쉽게 유혹할 수 있을 것이라고 생각하고는, 이웃이라는 구실을 들어(카르팡트라 시는 사보이와 접하고 있는 도피네에 소재하였기 때문이다) 소위 '가장 친애하는 제네바의 원로원, 시의회, 시민들'에게 편지를 보냈다. 이 편지에서 그는 그들을 로마 창녀(Romish Harlot)의 무릎 사이로 데려가기 위한 모든 수단을 강구하였다. 당시 제네바에는 답신을 써보낼 만한 사람이 아무도 없었다. 그리고 만일 그 편지가 외국어(라틴어)로 씌어지지 않았더라면 당시 상황에 비추어 볼 때 제네바 시에 커다란 해악을 끼쳤을 것이다. 칼빈은 그 편지를 스트라스부르크에서 읽고 자신의 모든 상처들을 잊어버리고 진리로 가득 찬 유창한 말로 답장을 보내었고, 사돌레토는 즉각 자신의 모든 시도를 절망적인 것으로 여기고 포기하였다.[457]

칼빈이 제네바를 떠나자 도시는 무법천지가 되어 큰 혼란이 야기되었다. 왜냐하면 칼빈이 없는 동안 추기경 야고보 사돌레토Jacopo Sadoleto가 강경하게 로마 가톨릭 제도를 복구코자 시도하였기 때문이

---

[457] 필립 샤프, 『교회사 전집 - 스위스 종교개혁』 8권, 337-339. 사돌레토는 제네바 시민들을 선동하여 다음과 같이 질문하였다; "가톨릭 교회가 1,500년 넘게 전체적인 동의하에 인정해 온 것들을 믿고 따르는 것이 구원을 위해 더 유리합니까, 아니면 최근 25년 동안에 교활한 사람들에 의해 새롭게 도입된 것들을 믿고 따르는 것이 구원에 더 유리합니까?."

었다. 결국 시의회는 칼빈에게 사돌레토의 주장에 대한 답변서를 부탁하였고 그는 장문의 답변서를 작성하여 시의회에 보냈으며 사돌레토의 문제점들을 자세히 언급하였다:

> 우리는 당신이 관장하고 있는 사람들이 그리스도의 교회라는 것을 부정하지 않습니다. 하지만 우리는 로마 교황이 자신의 모든 거짓 주교들과 더불어 목회자의 직위를 움켜쥐고 있는 굶주린 늑대들이고, 지금껏 그들이 연구한 것은 오로지 그리스도의 왕국을 뿔뿔이 흩고 유린해서 파괴와 폐허로 채우는 것이었다고 주장합니다… 죄악이 이제 극에 달했고, 부정한 고위 성직자들은 이제 자신들의 결함을 지탱할 수도 없고 그것들에 대한 치유도 감당할 수 없습니다… 사돌레토여 주님이 당신과 당신의 당파로 하여금 교회 일치의 유일한 참된 끈은 그리스도 주

Engraving of John Calvin refusing the Lord's Supper to the Libertines in St Peter's Cathedral, Geneva

출처: https://www.alamy.com/engraving-of-john-calvin-refusing-the-lords-supper-to-the-libertines-in-st-peters-cathedral-geneva-image394741441.html

님이시라는 것을 마침내 깨닫게 해주시기를 바랍니다.[458]

　제네바 시민들과 그의 친구들, 그리고 시의회원들은 무정부 상태에 빠진 제네바를 구할 수 있는 인물은 오직 칼빈뿐임을 인식하고 다방면으로 칼빈의 재청빙을 위한 노력을 기울였다. 먼저, 칼빈의 절친인 미셸 뒤 부아Michel du Bois를 파송하였고, 다른 청원서와 사절단을 도시에 보냈으며, 페랭Ami Perrin과 루이 뒤포어Louis Dufour를 의전관과 함께 스트라스부르크의 대표로 파견하였으며, 파렐에게 부탁하여 칼빈을 모셔올 것을 간청하였다. 또한 제네바는 스트라스부르크의 의회에 청원하여 칼빈을 보내줄 것을 공식 공문으로 부탁하였다. 거의 전쟁터를 방불케 하는 청빙 과정이었다.

　그러나 칼빈은 스트라스부르크 생활에 만족하였기에 그는 다시 돌아가려고 하지 않았다. 그러나 부처와 파렐의 간곡한 요청으로 칼빈의 마음의 변화가 생겼고 다시 제네바로 돌아가게 되었다. 그는 먼저 부처와 의논 후 비레Viret를 6개월간 먼저 보내고 1541년 9월 13일 제네바에 입성하였다. 그는 이곳에 도착하기 직전 파렐에게 편지를 쓰길, 이 문제에 대해서는 내가 나 자신의 주인이 아니라는 생각에 나의 심장을 제물로 주님께 바칩니다. 주님의 일에 즉시로, 그리고 충심으로prompte et sincere in opera domini 라고 하였다.

458　필립 샤프, 『교회사 전집 - 스위스 종교개혁』 8권, 343-345.

9) 제네바의 제 2 종교개혁(1541-1564)

1541년 제네바로 귀환한 칼빈은 1564년 5월 27일 마지막 숨을 거두는 그 순간까지 23년간 제네바를 위해 열심히 사역하였다. 그는 전에 이곳에서 사역할 당시 시민들에게 너무 무거운 짐을 지어준 사실을 상기하면서 완화 정책을 구사하였다. 이전에는 매 주일마다 시행하였던 성찬식을 일년에 4회로 수정하고 성 베드로 교회에서 설교 사역을 감당하였으며, 동료인 비레는 성 제르베 교회에서 설교를 감당하였다. 그러나 그가 부임한지 1년되던 해에 전국에 퍼진 흑사병으로 인해 많은 고통을 겪게 되었다. 그는 자신도 돌보지 않고 동료인 피에르 블랑세와 함께 환자들을 돌보다가 블랑세도 감염되어 고통을 겪었다. 그는 당대 펠라기안주의자들과 반삼위일체론자들, 리베르틴파들Libertines[459]과 수많은 논쟁을 하면서 개혁주의 신학을 이곳에 정착시키기 위한 최선의 노력을 다했다.

그는 교회 정치 형태를 Pastors 목사, Doctors 박사, Elders 장로, Deacons 집사로 구분하여 장로교 제도의 기원을 이루게 되었다. 장로는 매년 선출하였고, 제네바는 국가 교회Church-State가 되었다. 모든 시민은 국가의 법뿐만 아니라 교회법의 지배를 받도록 하였다. 그러나 그에게 아픔도 있었다. 1542년 제네바 대학College 학장에 세바스챤 카스텔로1515-63를 임명하였으나, 그는 사도신경 중 "그리스도가 음부에 내려가셨다"라는 부분을 문자적으로 해석하여 칼빈과 다른 견해를 보였으며, 성경 아가서를 음탕하고 방탕한 내용을 담고

---

459   이에 대해서는 필립 샤프, 『교회사 전집 - 스위스 종교개혁』 8권, 425-443을 참조할 것.

있다고 주장하는 이단적 요소를 주장하였다. 사실 아가서는 그리스도와 교회와의 상관관계 즉, 친밀함과 밀접함을 말하고 있는데, 그는 이 내용 모든 것을 문자적으로만 해석하였다. 세바스챤은 마침내 많은 상처를 남기고 제네바를 떠났다.

칼빈은 1559년 6월 5일 제네바 아카데미를 창설하고 초대 학장으로 테오도르 베자를 임명하였다. 베자는 칼빈의 동료이자 수제자로서, 신학을 중심으로 문법, 논리, 수학, 물리, 음악, 고대 언어를 가르쳤다. 당시, 영국의 튜더 왕조의 블러디 메리의 잔혹한 핍박의 역사로 인하여, 영국의 청교도들을 위시하여 유럽의 900명의 뛰어난 학자들이 대거 몰려와서 개혁주의 신학을 함께 나누었는데, 여기에는 스코틀랜드 장로교 창시자가 될 존 녹스도 포함되었다. 존 녹스는 1556년 제네바 대학을 방문하고 난 후에 주장하길, "사도 시대 이후에 이 지상에 있었던 일찍이 찾아 볼 수 없었던 가장 완전한 그리스도의 학교이었다"라고 평가하였다.[460] 루터파 학자인 발렌틴 안드레아Valentine Andrea는 칼빈 서거 후 50년이 지난 1610년 이 도시를 보고 감탄하여 이르길, "내가 사는 날 동안 기억하고 염원할 위대한 것을 보았노라. 이러한 도덕적 정수는 기독교의 자랑스런 훈장과도 같다"고 주장하였다. 칼빈은 제네바 시를 건강하고 번영한 도시로 만들었으며, 오물처리, 불결한 음식 매매 금지, 가두 걸식 금지, 병원, 빈민 숙박소를 설립하고, 실업자들에게 직업을 주고, 직물 공업을 발전시

---

460 John T. McNeill, *The History and Character of Calvinism* (New York: Oxford University Press, 1954), 178.

키는 등 제네바 근대화의 기틀을 마련하였다.

10) 그의 말년 및 사망

말년에 이른 칼빈은 건강이 악화되어, 1558년 열병에 시달리다가 더 이상 기력을 회복치 못하게 되었다. 그는 고질병인 관절염, 궤양, 결석병, 악성 폐렴, 늑막염까지 더욱 악화되었다. 그럼에도 불구하고 그는 끝없이 가르치고, 설교하고, 글을 쓰고, 목사의 직분을 다하고 다스리는 일에 매진하였다. 교회에 대한 열심은 사라지지 않고 마지막 순간까지 최선을 다하다가 1564년 2월 6일 피를 토하면서 최후의 설교를 마치고, 4월 25일 유언서를 작성하였다. 5월 24일 토요일 오후, "현재 당하는 고난은 다가올 영광에 족히 비교할 수 없도다"라는 마지막 말과 함께 조용히 아브라함의 품 안에 안기게 되었다. 그는 제네바 시 플레인 펠레이즈 묘지라는 평범한 무덤에 안치되었고, 묘비명에 J. C.라고 기록하도록 하였다. 어떤 학자는 이르길 JC는 Jesus Christ를 연상시킨다고 언급하기도 했다. 그의 좌우명은 "나는 하나님에게 나의 모든 것을 드린다. 나는 내 자신을 위한 것은 아무것도 간직하지 않는다"라는 것이었다. 그는 죽어가면서 제네바에서의 자신의 엄격함과 불관용을 회고하며 이르길, "나의 죄들이 항상 나를 불쾌하게 했다. 그리고 하나님에 대한 두려움이 나의 마음에 항상 있었다"라고 술회하였다. 그의 임종을 지켜본 수제자였던 베자는 다음과 같이 기록하였다:

그는 한마디 말도 없이 전혀 신음도 하지 않고 심지어 몸을 전혀 움직이지도 않고 떠났다. 그는 마치 잠든 것 같았다. 해가 지는 그 날, 지상에서 하나님의 교회를 인도하던 가장 큰 별이 하늘로 돌아가고 말았다. 하나님께서 이 한 사람을 통해서 오늘날 우리에게 훌륭하게 살고 죽는 법을 시범을 통해서 가르쳐 주시기를 기뻐하셨다고 우리는 말할 수 있다. 그날 밤과 그 다음 날 시 전체는 슬픈 분위기에 휩싸였다. 백성은 하나님의 선지자를 애도했고, 불쌍한 양 떼들은 신실한 목자의 떠남을 슬퍼했다. 학교는 그의 참된 교사와 스승의 여윔을 애도했다. 모든 사람들은 참된 아버지이며 하나님의 위로자를 애도하였다.[461]

베자는 "그날 해 질 무렵에 하나님의 교회를 지도하기 위해 세상에 있었던 가장 밝은 빛이 하늘로 되돌아갔다"라고 하였다. 제네바 시민들과 나그네들은 그를 위해 애곡하였다.

11) 평가
(1) 긍정적인 시각

칼빈의 모토는 "Prompte et sincere in opera Domini"항상 주님의 일 안에서 기꺼이 신실하게! 이었다. 칼빈의 유언에 따라 그의 묘비는 현재 존재하지 않는다. 루터의 동역자이자 제자였던 베자가 칼빈의 전기를 작성하면서 이르길, "16년 동안 칼빈의 생활을 면밀히 살펴본 나로서는 이 사람에게서 진실한 그리스도인의 삶과 죽음의 가장 아름다운 실례를 지켜 보아왔다고 진실하게 증언한다. 사람들은 그분의 모

---

[461] 데오도르 베자, 『존 칼빈의 생애와 신앙』, 김동현 역 (서울: 목회자료사, 1999), 182.

습을 비방하기는 쉬우나 그의 가르침대로 순종하기 어려울 것이다" 라고 평하였다.

장 카디어Jean Cadier 는 칼빈을 평하길, "하나님께 사로잡힌 사람"이라고 하였다. 그렉 싱어Greg Singer 는 이르길, "칼빈주의가 인류 역사와 사상에 끼친 영향은 교회가 낳은 다른 어떠한 신학들보다도 위대하다… 칼빈주의는 개혁주의 신학이 인간 삶의 모든 영역에 적용될 수 있는 세계관 내지 인생관을 마련해 주었다"고 하였다. 이어서 싱어는 이르길, "갈릭 신앙고백1559, 스코틀랜드 신앙고백1560, 벨직 신앙고백1561, 영국의 39개 신조1563, 하이델베르그 요리문답1563, 제 2 스위스 신앙고백1566, 웨스트민스터 표준문서대소요리문답, 신앙고백, 1643-1648 등은 칼빈의 교리에 근거하고 있다고 주장하였다. 특히 싱어의 웨스트민스터 표준문서에 대한 분석에 의하면, "칼빈의 신학은 그 전통적인 신조적웨스트민스터를 말함 표현 속에 들어있다. 그리고 계속해서 성경적 진리에 충실하려는 교회의 역사에 흘러 넘쳐서 사상의 심오성과 표현의 명쾌함으로 남아 있다. 심지어는 삼백 년이 지난 후까지도 영어권 세계에 개혁주의 신앙 지식의 지계석a Basement 역할을 하고 있다"고 평가하였다.

찰스 스펄전Charles Spurgeon, 19세기 위대한 개혁주의 침례교 설교가 는 이르길, "칼빈 이전에도 그와 같은 인물이 없었고, 그 이후에도 그와 같은 인물이 나타나지 않았다"고 하였다.

프란시스 뚜레틴Francis Turretin, 18세기 개혁주의 신학자 는 이르길, "존 칼빈은 이어지는 모든 세대에 복되게 기억되는 인물이었다. 칼빈은 제네바 교회뿐만 아니라 모든 개혁주의의 세계를 가르치고 밝혀주었다"고 강조하였다.

프랑스 역사학자 에른스트 르낭Ernst Renan은 이르길, "칼빈은 당대의 가장 뛰어난 그리스도인이었다"라고 평가하였다.

찰스 스펄전Charles Hadden Spurgeon, 19세기 황금의 입을 가졌다는 최고의 설교가은 이르길, "내가 매일 매 순간 살아갈수록 존 칼빈의 신학 체계가 가장 완벽에 가까웠다는 사실을 더욱 분명하게 느낀다"고 하였다.

몽테스키외Montesquieu, 18세기 프랑스 정치철학자는 "제네바 사람들은 칼빈의 탄생을 축복해야 할 것이다"라고 칼빈을 평가하였다.

레오폴트 폰 랑케Leopold von Ranke, 역사가 19세기 독일의 실증주의는 "칼빈은 사실상 미국의 기초를 놓은 사람이다"라고 평가하였다.

도너Dorner 교수는 칼빈을 평가하길, "칼빈은 지식과 성품에 있어서 매우 위대한 분이었다. 사회 생활은 매우 사랑스러웠으며 친구들에게 동정과 신망이 두터웠으며 개인적인 실수에 대해서 용서와 관용을 베풀었지만, 하나님의 영광이 치명적으로 타격을 입는 경우에는 가차없이 용서하지 않았다"라고 하였다.[462]

(2) 부정적인 시각

윌 듀란트Will Durant, 미국의 역사가는 이르길, "칼빈은 무의미함으로 빛나는 긴 역사 속에서, 가장 어리석고 신성 모독적인 신 관념으로 사람의 마음을 어둡게 만든 사람이다"라고 혹평하였다. 이러한 그의 평가는 칼빈을 비롯한 개혁주의 신학자들이 이중예정론을 주장함으

---

462 R.C. Reed, *The Gospel as Taught by Calvin*, 20.

로써, 마치 인간의 주장에 의해 하나님의 구속 사역을 함부로 재단하였다는 비평으로 보인다. 지미 슈와가트Jimmy Swaggart, 20세기 미국의 TV전도자 는 "칼빈은 언급되지 않는 수백만의 영혼들을 저주받게 했다"고 평가하였다. 이러한 그의 평가도 마찬가지로 제한 속죄와 예정론을 비판한 것이다.

20세기 출판된 『Oxford Dictionary of the Christian Church』는 "칼빈은 반항이 불가능했던 제네바의 독재자였다"라고 평가하였다. 이는 칼빈을 비롯한 제네바 개혁가들이 시의회의 법을 통해 개혁주의 신학을 정착시키고자 노력하였던 모습에 대한 비판으로 보인다.

칼빈은 자신에 대하여 자평하기를, "루터처럼 본래 성내기를 잘하는 다혈질적인 사람"라고 하였다.[463] 마틴 부쳐가 이에 대하여 불평하면, 칼빈은 그에게 이르길, "인내하지 못하는 것과 같은 나의 매우 크고도 많은 다른 악한 것들에게 비하면 분노는 아무것도 아닙니다. 아무리 노력을 해도 소용이 없습니다. 아직도 사나운 짐승을 다스릴 수가 없습니다"라고 대답하였다. 칼빈은 디모데전서 설교 3:1-4에서 그는 자신을 가리켜 "사나운 들짐승"으로 묘사하기도 했다.

6. 칼빈의 신학 사상

1) 계시와 지식에 관한 이해

칼빈은 신적 계시를 다룸에 있어서 사람에게 신적 계시가 필요한

---

463 그레이 크램톤, 『칼빈의 신학』, 박일민 역, (서울: 그리심, 2003), 22.

원인은 하나님과 사람의 지식을 얻기 위함이라고 전제하고 있다. 그는 기독교강요의 첫 번째 주제를 "지식론"으로 설정하였다. 인간이 소유한 참되고 건전한 지혜는 하나님에 관한 지식과 우리 자신에 관한 지식으로 구성되어 있다. 그러나 중요한 점은 우리 자신을 이해하고 정체성을 제대로 인식하기 위해서는 무엇보다도 "하나님에 관한 지식"이 선행되어야 한다.

그는 인간의 지식을 지혜 및 지식을 두 가지로 제시하였다: "우리가 가진 지혜, 즉 참되고 건전한 지혜는 대부분 두 가지로 구성되어 있다. 즉, 하나님을 아는 지식과 우리 자신에 대한 지식이다."[464] 하나님을 아는 지식은 하나님이 모든 만물의 창조주이시며 섭리주이자 구속주라는 사실을 제대로 인식하는 것이며, 인간의 창조와 타락과 구속 과정을 깨닫게 되는 것을 의미한다. 따라서 하나님을 아는 지식이 선행될 때, 비로소 사람의 본질과 정체성 및 인간의 현주소를 제대로 깨닫게 되는 것이다:

> 신앙이나 경건이 없는 경우에는 하나님에 대한 지식이 있다고 말할 수가 없다… 중보자로서의 그리스도께서 개입하여서 하나님과 우리를 화목케 하시는 사역 없이는 하나님을 구원의 주로 체험하지 못한다… 우주를 창조하심과 성경의 일반적 교훈 속에서 주님은 먼저 자신을 창조주로 그리고 그리스도의 얼굴로서 구속주로 보여 주신다. 그 결과 하나

---

[464] John Calvin, *Institutes*, 1.1.1.

님에 관하여 이중적인 지식(duplex congition Dei)이 생기게 되었다.[465]

칼빈은 사람이 이중적인 지식을 소유할 방법은 자연 만물에 대한 진리를 담고 있는 일반 계시자연 계시와 창조주와 섭리 및 하나님의 경륜적 구속의 역사를 드러내어 그의 백성들에게 전달해주는 특별 계시성경를 통해서 가능하다고 하였다. 자연적 계시는 인간과 모든 만물 및 창조의 세계에 대한 불완전한 또는 제한적인 지식의 드러남을 의미한다. 하나님께서 자연 계시를 통해 인간의 무지함과 불완전함, 우상 숭배의 죄악성, 종교의 씨앗 등에 대한 진리를 드러내셨다.[466] 칼빈은 성령이 자연 계시를 통해 모든 사람에게 하나님에 관한 지식을 본성적으로 심어 주셨기에, 그 지식은 선험적인 것이며 도저히 지워지지 않는 것이며, 사람의 마음속에 새겨주신 것이라고 하였다.[467] 그러나 일반 계시로서는 그리스도의 속죄 능력을 경험하지 못한다:

> 따라서 피조계는 창조주의 영광을 밝히기 위해 그처럼 많은 빛을 밝히지만, 우리에게는 이러한 것들이 허사이다. 비록 그 빛들은 우리에게 밝은 빛으로 온통 비추고 있지만 이것들 자체로는 결코 우러를 옳은 길로 인도하지 못한다. 때때로 섬광이 비치지만, 더 완전한 빛이 발하기 전에 꺼지고 만다. 그렇기 때문에 사도는 "믿음으로 모든 세계가 하나

465　John Calvin, *Institutes*, 1.2.1.
466　John Calvin, *Institutes*, 1.4.1.
467　John Calvin, *Institutes*, 1.3.1; 4.20.16.

님의 말씀으로 지어진 줄을 우리가 아나니"(히 11:3)라고 하였다. 이 말씀은 비가시적인 신적 진리가 이러한 객체물로 표현되어 있지만, 하나님의 내적 계시의 조명을 받지 못하면 우리가 이 진리를 볼 수 있는 눈을 가지지 못한다는 의미이다.[468]

칼빈의 자연 계시 일반 계시는 칼 바르트를 위시한 신학자들이 주장하는 자연 신학, 즉, 하나님이 자연 만물을 통해 모든 계시를 드러내셨으므로 일반 계시를 통해 구원에 도달할 가능성이 있다는 주장과는 완전히 다른 내용이다. 이들은 하나님에 대한 분명한 인식을 성경에 근거한 예수 그리스도에 의존적인 부분을 포기하고 인간의 이성의 능력으로 가능함을 주장하는 토마스 아퀴나스의 주장과 유사하다. 칼빈은 『기독교강요』를 통해 도덕적 논증 1.3.1.; 1.5.8-10과 우주론적 논증 1.5.6; 1.16.8-9과 인체 해부학적 논증 1.5.2-3의 설득력을 인정했지만, 이 논증은 성경의 지지를 받지 못하면 무의미함을 역설하였다 1.5.14.

2) 특별 계시로서의 성경
(1) 성경의 영감

칼빈은 성경은 우리들을 위하여 하나님의 입으로부터 나온 하나님의 말씀이며 하나님을 제대로 인식할 수 있는 확실한 수단이라고 하였다:

---

468   John Calvin, *Institutes*, 1.5.14.

사람이 우주의 창조주 하나님의 이끄심을 올바로 받기 위해선 그보다 더 나은 도움이 필요한 것이다. 따라서 하나님은 자신의 말씀의 빛을 함께 주셔서 사람에게 자신을 알리시고 구원으로 이끄시며, 이를 통하여 하나님께 더욱 가까이 친근하게 나오는 자에게 특권을 베푸시는 것이 옳은 일이다…. 하나님에 관한 다양한 지식을 우리 마음에 제대로 가져다주며, 우리의 어리석음을 내쫓고 진리이신 하나님을 제대로 보여주는 것이 바로 성경이다.[469]

그는 성경의 영감적 권위는 당시 로마 가톨릭 교황청에 의해 결정되는 것이 아니라 성경 자체의 내증과 성령의 내적 증거를 통한 확신에서 비롯된다는 점을 강조하였다:

> 근자에 매우 해악한 하나의 오류가 널리 퍼져있다. 이는 성경이 권위를 가지려면 오직 교회의 동의가 있어야 한다는 것으로서, 어떻게 하나님의 영원한 그리고 접근할 수 없는 진리를 사람들의 결정에 의거하여 좌우될 수 있다는 것인가?… 그들(로마 가톨릭-역자주)은 성경을 어떻게 높이 받들어야 하며 어느 책을 정경으로 인정할 것인가는 오직 교회의 결정에 따라야 한다고 주장한다. 이처럼 이 참람한 자들은 교회를 근거로 자신들이 마음대로 횡포를 자행하려고 무식한 백성들에게 '모든 권세는 교회에 있다'는 이 사상만을 강요하기 위해선 자기들이나 타인들이 어떤 어리석은 논리에 빠지든지 전혀 개의치 않는다… 논쟁을 통

---

469 John Calvin, *Institutes*, 1.7.1-5.

해 성경에 대한 분명한 믿음을 구축하려는 사람들이 있다면, 이들은 매우 황당한 일을 행하는 것이다… 따라서 이 시점에서 한 가지 분명한 사실을 지적할 것이다. 즉, 성령께서 내적으로 교훈을 주신 자들은 진심으로 성경을 신뢰한다는 점이다. 또한 성경은 자증을 통해 확증하므로 성경을 증거와 이론에 예속시켜서는 안 되며, 우리가 당연히 가져야 할 확신은 성령의 증언을 통해 얻어진다는 사실이다.[470]

칼빈은 성경은 창조와 섭리와 구속의 하나님에 대한 지식의 완전한 계시이며 이를 후대에 전달하기 위해 기록되었다고 하였다:

> 하나님은 말씀과 환상 가운데 족장들에게 자신을 알리셨든지, 아니면 사람들의 활동을 통해 알리셨든지 간에, 하나님은 족장들이 그 자손들에게 전수할 것들을 마음속에 새겨주셨다. 하나님은 자신의 말씀을 통하여 그들의 믿음을 확실하게 하였으며…, 그리스도를 중보자로 안내하는 확실한 믿음과 회개의 교리 이외에도, 성경은 참되고 유일한 하나님 즉, 우주의 창조자이며 통치자이신 하나님을 다른 거짓 신들과 혼동하지 않도록 그분에 관한 확실한 증표들과 표지들로 가득 차 있다.[471]

이처럼 칼빈은 신구약 66권 전체 원본이 하나님의 영감을 받았다

470　John Calvin, *Institutes*, 1.7.1-5; 1.8.1. 필립 샤프, 『교회사 전집 - 스위스 종교개혁』 8권, 459-460.
471　John Calvin, *Institutes*, 1.6.2.

는 사실을 성령께서 내적 증거를 통해 알려주신다고 하였다.[472] 칼빈은 "유기적 축자 완전영감설"을 제창한 것이다. 성경은 우리에게 의도된 진리를 전달하고 가르치고 있다. 성경은 우리에게 한 사건 자체만을 알려주는 것이 아니라, 이 사건을 통해 하나님께서 우리에게 의도하시는 바를 깨닫게 하신다.

(2) 신정통주의자들의 성경론(Neo-Orthodox)

[1] 칼 바르트와 에밀 브루너를 중심으로 형성된 신정통주의자들은 성경이 부분적으로 하나님의 말씀이 될 뿐이라고 주장하였다. 이들은 성경이 독자적으로 그리스도를 계시하고 있을 때에라야 성경이 하나님의 말씀이 된다고 가르치고 있다. 따라서 하나님은 우리에게 성경에 있는 사건들의 의미가 아닌 사건 그 자체만을 계시하셨으므로, 사건의 의미와 이해는 하나님이 아닌 우리의 주관적인 영역에 속한다고 주장하였다. 그러므로 이들은 성경이 우리에게 의도된 계시로 주어진 것이 아니라고 주장하며, 단지 사건만을 전달해 줄 뿐이라고 강조하고 있다.

(3) 성경의 권위성

칼빈은 성경 66권은 예수 그리스도 교회뿐만 아니라 모든 단체에서도 최고의 권위를 가진다고 주장하였다.[473] 이 권위를 확증하는 것

472　John Calvin, *Institutes*, 1.7.5; 1.8.10.
473　John Calvin, *Institutes*, 1.7.1-2; 2.7.6-17; 사 30:1 주석.

은 성령의 내적 증거이며, 성령은 그리스도인들에게 점차적으로 성경에 대한 큰 깨달음을 더해갈 수 있도록 역사하시며, 그리스도인들의 마음이 성경적으로 생각하고 행동하도록 변화시켜 주시는 분이다.[474] 성경의 정경성은 사도 시대로 끝났기 때문에 하나님은 이미 기록된 말씀만을 통해서 권위를 가지고 말씀하시며, 신약 성경이 계시의 한계이다.[475]

(4) 말씀 전파

성령은 하나님께서 기름 부으신 종들 안에서 말씀을 통해 계속해서 말씀하고 계신다.[476] 하나님의 종은 하나님의 사역자로 고용되었으며, 이런 의미에서 하나님의 말씀은 선지자의 말과 구별되지 않는다. 따라서 주의 종을 통해 말씀이 성경적으로 선포되는 때는 하나님께서 임재해 계시고, 그리스도의 다스림을 받는 도구로 이용되고 있다는 증거이다. 하나님의 말씀이 전파될 때 두 가지 결과를 가져오는데, 마음을 부드럽게 하거나 굳어지게 하는 결과가 나타난다. "말씀은 믿는 자의 구원을 위해 효과적인 것처럼, 악인의 저주를 위해서도 매우 효과적이다."[477]

---

474   John Calvin, *Institutes*, 1.7.1-5; 롬 12:1-2; 벧후 1:19-21; 히 5:12-14에 대한 칼빈의 주석 참조.
475   John Calvin, 벧전 1:25 주석 참조.
476   John Calvin, 사 50:2; 55:11 주석; 학 1:2 주석 참조.
477   John Calvin, 고후 2:14-17 주석, 사 55:11 주석 참조.

(5) 은혜의 방편

칼빈은 성경이 은혜의 방편적 수단으로서, 하나님의 영이 성도들에게 역사하여서 믿음을 가지게 하신다고 하였다. 그는 하나님께서 신자에게 베푸시는 은혜의 수단은 말씀과 성례로서, 이는 그리스도인들의 성화와 불가분리의 관계라고 하였다. 성령은 말씀과 더불어 역사하시는 효과적인 일꾼이며, 말씀을 객관적인 도구로 삼아 죄로 어두워진 마음에 빛을 비추어 주신다.[478]

이처럼 성경은 영혼의 영적 양식이기에, 은혜의 수단이 되며, 하나님은 말씀을 통해 성도를 만나주시며, 말씀은 하나님의 약속된 축복이 임하게 되는 통로가 된다.[479]

(6) 하나님의 율법

칼빈은 복음이 없는 율법은 단지 죽은 글자에 불과하며, 그리스도 안에 있는 하나님의 은혜의 필요성을 계시해주고 있는 율법이 없는 복음은 존재하지 않는다고 하였다. 그는 기본적으로 율법을 십계명으로 이해했으며, 이는 하나님 사랑과 이웃 사랑을 포함하고 있으며, 양심과 자연을 포함하는 자연법도 도덕적인 십계명과 사랑의 차원에서 본질적으로 같다고 보았다.[480]

478　John Calvin, *Institutes*, 2. 2. 20.
479　John Calvin, *Institutes*, 4. 1. 5.; 시 18:31; 81:14; 119:65 주석 참조.
480　최윤배, 『칼뱅 신학 입문』 (서울: 장로회신학대학부 출판부, 2012), 819.

그는 율법을 도덕법 2.8.1-59과 시민법 2.7.10-11; 4.20.14-15과 의식법 2.7.1,2,16-17 주석으로 나누고, 도덕법을 십계명으로 지칭하였다. 이러한 칼빈의 주장은 Westminster Confession XIX. 4, 5.에 제시된 내용과 맥락을 같이하고 있다:

하나의 정치 단체였던 이스라엘 백성들에게 하나님은 여러 가지 국법들을 주셨다. 이 법은 그 백성의 국가와 함께 소멸되었고, 다만 그 법이 요구하는 일반적인 당위성 이외에는 아무것도 강요하지 않는다. 도덕법은 의롭다 함을 받은 사람과 다른 모든 사람들에게 영구적인 순종을 요구한다. 그리스도께서는 복음서에서 이 법을 조금도 폐하지 않으시고 오히려 강화하셨다.

칼빈은 시민 관리들에게 십계명의 모든 내용을 지키게 해야 할 책임이 있다고 강조하면서, "공개적인 우상 숭배, 맹세나 저주하는 일, 부당한 형태의 춤추는 행위, 안식을 범하는 짓"을 금하고 "적절한 결혼 관계 유지, 거룩한 삶"을 촉진시켜 가야함을 역설하였다.

그는 율법의 의식법 the Ceremonial law 적 기능을 설명하였다: "그리스도께서는 자신의 오심을 통해 의식법을 종식시켰다. 그러나 그 법들의 신성함을 조금도 훼손한 deprived 것이 아니라, 오히려 그것을 인정하였고 approved 높이 받아들였다 honored." [481]

481　John Calvin, *Institutes*, 2.7.16.

(7) 율법의 세 가지 용도

첫째, 교육적 교훈적 목적으로서, 율법은 하나님께서 받으실만한 의로움을 드러내심으로 각 사람의 불의에 대하여 경계하도록 하며 죄를 깨닫게 하고 정죄하여서 하나님의 사죄하심으로 나아가게 하려는 것이다.[482] 즉, 무능하고 뻔뻔한 인간의 행동들을 율법이라는 저울에 올려놓고 달아봄으로써 얼마나 무가치하고 더럽고 죄악스러운 존재인가를 스스로 깨닫게 하기 위함이다.

둘째, 정치적 목적으로서, 율법은 무엇이 옳은지 그른지에 대하여 전혀 문외한인 특정한 사람들에게 율법의 책임과 의무가 얼마나 크고 중차대한지를 깨달아 알게 함으로써 죄와 죄인들과 범죄 행위들을 억제케 하기 위함이며, 이를 통해 사회가 불의한 사람들을 막아내게 하는 데 사용되기 위한 목적이다.[483] 따라서 율법은 비록 구원의 길로 안내하지 못하지만, 구원의 배경이 되는 인간의 전적 무능력과 타락한 모습의 실체를 깨닫게 하는 초등교사몽학선생, 갈 3:24의 구실을 하는 것이다.[484]

셋째, 규범적 목적으로서, 신약 시대를 살아가는 신자들에게도 여전히 율법의 규범성을 배우고 이를 삶 속에 실천할 수 있는 하나님의 자녀가 될 수 있도록 역할을 하는 목적이 있다. 따라서 신자는 율법의 규범적 기능을 통해서 하나님의 뜻의 본질을 날마다 더 철저히 배

---

482 John Calvin, *Institutes*, 2.7.6-9.
483 John Calvin, *Institutes*, 2.7.10-11.
484 John Calvin, *Institutes*, 2.7.10-11.

우게 해주며, 주님이 원하시는 바를 더욱 찾기 위해 노력하는 데 매우 유용한 도구이다. 이를 통해 그리스도인들이 하나님을 찾아서 그에게 순종하도록 해준다.[485]

이러한 율법의 제 3 용도는 칼빈의 신학 원리에 사용되었다. 율법은 하나님의 성품을 계시할 뿐 아니라2.8.51, 하나님의 원하심을 보여준다2.8.59. 그리고 하나님의 율법은 "하나님께서 우리에게 요구하시는 것, 즉 우리가 알아야 할 모든 것들이 나타나 있다"사 8:20 주석. 따라서 "율법은 삶에 필요한 영원하고도 불변하는 규범이다"2.7.13. 또한 칼빈은 율법의 제의법과 의식법, 도덕법, 십계명 모두가 그리스도를 지향하며 그를 밝혀주고 있다고 이해하였다.[486]

3) 신론- 삼위일체 하나님

그렉 싱어는 이르길, 칼빈의 사상에 있어서 가장 핵심은 신관에 있는데, 그 이유는 단지 성경의 핵심이 하나님을 계시하는 것이기 때문이다. 루터의 사상이 인간의 구원 문제에 핵심을 두고 있다고 한다면, 칼빈의 사상은 그와 달리 하나님의 영광에 최우선적인 초점을 맞추고 있다. 즉, 인간의 최대 목적은 하나님께 영광을 돌리고 영원토록 하나님을 기쁘시게 하는 것이라고 보았다.[487]

---

485 John Calvin, *Institutes*, 2. 7. 12-13.
486 John Calvin, *Institutes*, 2. 7. 1. "율법이 주어진 것은 그의 택하신 백성이 그리스도로부터 멀어지게 하려는 것이 아니라 그리스도께서 오시기까지 그들이 마음으로 준비하고 간절한 열심을 일으키며 소망을 강하게 하여 그리스도의 강림 지체로 인해 낙망하지 않게 하기 위한 것이다."
487 C. Gregg Singer, *John Calvin, His Roots and Fruits*, 11.

(1) 하나님의 존재

그의 작품 속에는 하나님의 존재성에 대한 설명은 그리 많지 않다. 그 이유는 하나님 존재의 당위성 때문이다. 그는 하나님의 완전성과 능력과 탁월성을 많이 다루었다1.1-12. 그는 하나님의 선, 의분, 인내, 긍휼, 공의, 진실을 언급하면서 이러한 하나님의 속성은 하나님을 향한 우리의 두려움, 신뢰, 경배, 복종에 이르도록 한다고 주장하였다.[488]

(2) 삼위일체

그는 하나님의 위격에 대한 정의를, "신적 존재 속에 있는 실체이며, 한 실체는 다른 두 실체와 서로 관련되어 있으나 공유할 수 없는 특성으로 인해 서로 구별된다"라고 규정하며, 하나님은 유일신이자 삼위일체로 계시되, 인격은 셋이시고 각 인격은 100퍼센트 완전하신 하나님이시라고 하였다.[489] 하나님 안에 세 인격이 존재한다. 성부 성자 성령은 한 하나님이시다. 그러나 성자는 성부가 아니시고 성령은 성자가 아니시다. 각 위는 고유한 특성을 가지며, 성부에게 구별되게 돌려지는 특성은 성자와 일치를 한다거나 성자에게로 옮겨질 수 없으므로 삼위가 서로 독립적이다.[490]

칼빈은 삼위일체의 실체적 국면을 주장할 뿐만 아니라, 사역에 있

---

[488] John Calvin, *Institutes*, 1.10.1-2.
[489] John Calvin, *Institutes*, 1.13.1-20.
[490] John Calvin, *Institutes*, 1.13.2-6.

어서 관계적 국면도 매우 중요하게 다루었다. 즉, 세 위격은 서로 관련되어 있으며 삼위 간의 내재적으로 사역하신다. 그는 "내가 아버지 안에 거하고 아버지는 내 안에 계시는 것을 네가 믿지 아니하느냐"요 14:10라는 구절을 인용하면서 성부는 전체가 성자 안에 거하고, 성자는 전체가 성부 안에 거하시는 관계론적 삼위일체를 주장하였다.[491] 그는 위격의 특성 proprietates을 경륜적 삼위일체와 내재적 삼위일체로 나누어서 설명하였다. 경륜적 삼위일체로서, 성부 하나님은 신격의 원천이 되시며, 삼라만상을 돌보시며 축복의 근원이 되시고, 성자는 성부와 함께 계시는 지혜이시고, 성령은 성부와 성자와 함께 능력이 되신다. 또한 내재적 삼위일체로서, 성부는 창조 사역을 성자와 성령과 함께 수행하시며 구원의 계획을 세워 총괄하시고, 성자는 구원적 성취이자 완성자로서 자신의 몸을 내어주시는 희생이 되시며, 성령은 구원의 성취를 그의 백성들에게 적용하시고 견인케 하시는 능력이 되신다.

칼빈은 "제네바 요리문답"에서 삼위에 대하여 다음과 같이 제시하였다:

> 교사 - 하나님께서는 한 분뿐이신데 왜 당신은 여기서 성부, 성자, 성령 삼위를 말합니까?
> 학생 - 하나님의 본체 안에서 우리가 만물의 시작과 기원과 최초의 원인이신 성부와 또 그의 영원한 지혜이신 성자와 끝으로 그의 능력으로

---

491 John Calvin, *Institutes*, 1. 13. 19.

모든 만물 위에 퍼져 있으면서도 여전히 그 스스로 남아 계시는 성령을 보는 것은 매우 당연하기 때문입니다.

교사 - 그러면 이 세 인격이 조금도 불합리한 것이 없이 한 하나님으로 계시고, 따라서 셋으로 나누어지는 분이 아니라는 뜻입니까?

학생 - 바로 그렇습니다.[492]

칼빈은 삼위일체의 일체성과 단일성을 거부한 아리우스Arius의 종속설, 즉 한 하나님이신 성부가 있으시고 성자와 성령은 다른 신들처럼 성부보다 열등하다는 주장을 배격하였다. 그는 삼위일체의 일체성unum Deum을 강조하기 위해 하나님의 한 본질성essentia을 주장하며 성부, 성자, 성령의 위격이 모두 신성과 자존성aseitas을 지님을 강조하였으며, 삼위는 한 하나님이자 한 신앙과 한 세례를 베푸시는 단일하고 유일하신 본질로unicem et simplicem essentiam 묘사함으로써 아리우스의 주장을 반박하였다.[493] 또한 칼빈은 삼위일체의 삼위성을 거부하였던 사벨리우스Sabelius를 중심으로 주장한 양태론, 즉 하나님은 본체에 있어서 하나이시고 인격에서도 하나이기에 한 인격이 단지 세 가지 양태로 언급될 뿐이며 세 인격은 존재하지 않는다는 주장을 배격하였다.[494] 그는 삼위의 독특한 위격을 지니신 분으로서 타 위격에서 양도할 수 없는 고유성proprietas을 지닌 차별적 존재임을 논증함

492　John Calvin, *The Catechism of The Church of Geneva*, Q19-Q20.
493　John Calvin, *Institutes*, 1.8.16; 1.13.17.
494　John Calvin, *Institutes*, 1.13.21-29. 칼빈은 당시 논쟁의 대상이었던 세르베투스를 염두에 두고 하나님의 '성부 고난설'과 '양태론'에 대하여 매우 비판적으로 주장하였다.

으로써 양태론의 주장을 논박하였다.[495]

그는 니케아 신조, 콘스탄티노플 신조, 아타나시우스 신조를 존중하였다. 즉, 그는 "The Nicene Creed"에 제시된 내용 즉, "one Lord Jesus Christ, the only- begotten son of God, begotten of the Father before all worlds." "세상이 있기 전에 아버지로부터 나오신 하나님의 아들로서 하나님으로부터 나오신 한 주 예수 그리스도"라는 표현은 성자 예수님의 본체론적 관계에서 보기보다는 성부와 성자와의 섭리적 또는 내재적 관계성을 말하고 있다고 보았다. 그는 성부는 발생하지 않으시며 ingenitus, 성자는 성부로부터 발생되며 genitus a Patre, 성령은 성부와 성자로부터 발출되신다 procedit a Patre Filioque. 성부는 원천 fons이 되시며, 성자는 지혜 sapientia이시고, 성령은 권능 virtus이 되신다.[496]

(3) 섭리적 사역

칼빈의 섭리관에 대한 다양한 주장들이 제기되었다. 에른스트 트뢸치는 칼빈의 섭리관을 "하나님 절대 주권적 의지에 기인한 하나님의 위엄"[497]으로 이해하였던 반면, 빌헬름 니젤은 하나님 중심에서 "그리스도와 교회 중심으로" 즉, 그리스도의 구속 사역을 통한 하나

---

495 John Calvin, *Institutes*, 1. 13. 7.
496 John Calvin, *Institutes*, 1. 13. 7-24.
497 Ernst Troeltsch, *The Social Teaching of the Christian Churches* (Westminster: John Knox Press), Vol. II: 582.

님의 섭리의 역사로 이해하였다.[498] 또한 파커는 칼빈의 섭리론을 오직 성경 중심 사상에서 비롯되었음을 지적하였다.

하나님의 섭리는 전 우주 공간을 창조하시고 여기에서 일어나고 있는 "모든 만사를 한가롭게 구경하시는 분"이 아니라, 적극적으로 "친히 열쇠를 쥐고 모든 사건을 지배하신다"는 의미이다.[499] 칼빈은 『기독교강요』 1권 16-18장을 통해 하나님의 섭리를 매우 자세히 다루었다. 트뢸취는 칼빈 신학의 핵심을 "하나님의 주권적 의지"를 통하여 세상을 통치하시는 섭리의 역사로 이해하였다.

그는 하나님의 독특한 섭리인 특별 섭리뿐만 아니라 우주적이고도 자연적인 일반 섭리 또는 보편적 섭리를 운행하시는 분으로 묘사하였다. 일반 섭리 providentia generalis, 보편적 섭리는 모든 인류에게 보편적으로 임하는 은혜에 의해서 이루어지지만, 특별 섭리 providentia specialis는 오직 택함을 입은 자들에게만 해당된다. 하나님은 일반 섭리를 통해 창조주로서 우주 만물을 지키시며 만물을 지배하시되, 스스로 자신의 "전능성으로 개별적이고도 구체적으로 끊임없이" 사역하시며 시 115:3, 참새 한 마리조차도 친히 돌보시고 양육하시며 보호하신다.

칼빈은 하나님의 섭리론에서 이 세상의 우연적 사건의 가능성을

---

498 Wilhelm Niesel, *The Theology of Calvin* (Great Britain: The Westminster Press, 1955), 70-71. 니젤은 칼빈이 하나님의 섭리 개념을 창 22:8 "하나님이 친히 준비하시리라"(Deus providebit)라는 의미에서 찾았으며, 그의 기독교강요에서 이를 "provident care"라는 용어로 설명하였다고 주장하였다. 또한 신약에서는 예수 그리스도 안에서 구원의 역사를 준비하시는 하나님의 섭리 개념으로 이해하였다(The Redemptive Work of God in Jesus Christ). John Calvin, Institutes, 1.16.4.

499 John Calvin, *Institutes*, 1.16.4.

배제하고 행운이나 우연은 존재치 않는다고 하였다.[500] 즉, 이미 일어난 일이나 장차 일어날 일은 다 하나님의 주권적 의지에 따른 결과인 것이다.[501] 따라서 행운, 우연과 같은 표현은 '이교도적'이라고 비판하였던 고대 교부 바실Basil과 어거스틴의 말을 적극적으로 인용하였다.[502] 그는 '선택과 유기'를 언급하면서, 예정 교리는 "두려움을 가져야 할 교리로서 특별한 신중함과 주의심을 가지고 접해야 할 교리이다"고 하였다.[503]

그는 신 29:29 주석을 통해 "하나님의 적극적인 계획과 교훈적 계획을 구분하였다. 하나님의 적극적인 계획은 하나님의 작정으로서 반드시 일어날 일들을 의미하며 하나님 자신에 의해서만 결정되며 하나님이 계시하지 않는 한 사람이 알 수 없다. 또한 교훈적인 계획은 하나님의 명령으로서, 사람들이 마땅히 순종해야 할 규범들이다." 칼빈은 이처럼 하나님의 계획을 설명함으로써 하나님의 의도는 이미 성경에 계시되어 있으며 그의 백성들이 하나님의 의도와 계획에 따라 살아가야 할 책임이 있음을 반증하고자 하였다. 이처럼 예정은 하나님의 적극적인 계획을 의미하며, 교훈적인 계획은 우리 자유 의지를 통해 정직하고도 성실하게 살아가야 할 우리의 숙제인 성화의 삶을 의미하는 것이다. 하나님의 섭리적 역사와 인간의 책임 문제는 매우 중요한 논제이다. 그 원인은 사람들이 신적 섭리를 하

---

500 John Calvin, *Institutes*, 1.16.2-4; 요엘 2:11에 관한 주석.
501 John Calvin, *Institutes*, 창 25:29; 단 4:34에 관한 주석.
502 John Calvin, *Institutes*, 1.16.8-9.
503 John Calvin, *Institutes*, 3.21.1.

나의 운명이나 숙명fatalism으로 착각하기 때문이다. 칼빈은 하나님의 모든 만물의 제 1원리로 이해했지만, 인간의 행위에 대한 책임론도 동시에 주장였다.[504] 그에게 있어서 이 둘 사이의 모순점은 없다. 따라서 하나님을 죄의 원인으로 여겨선 안 되는 것이다.[505]

4) 인간론

칼빈의 인간 이해는 그의 『기독교강요』 1559년 판에서 잘 다루고 있다.

(1) 하나님의 형상-지성, 감성, 의지 및 원죄

빌헬름 니젤Wilhelm Niesel은 "칼빈은 모든 우주가 하나님의 영광을 드러내고 있는 반면에, 사람은 특별히 그의 모든 것육체와 영혼으로 창조주를 보여주는 거울의 역할을 하는 것으로 이해하였다"고 주장하였다.[506] 칼빈은 삼위 하나님께서 인간을 어떤 오점도 없으며 어떤 분열이나 분리도 없는 완전체로 창조하셨기 때문에 인간은 하나님을 정확히 인식하고 선을 행할 수 있는 존재였음을 주장하였다. 그는 "하나님의 형상" Imago Dei의 고유한 자리는 "영혼"이며 이는 불멸하며 이를 통해 사람은 사유하며 창조주와 더불어 영적으로 교통을 이룬

504　John Calvin, *Institutes*, 1.17.3; 3.23.7.
505　John Calvin, *Institutes*, 1.17.5; 18:4; 2.4.3; 3.23.8.
506　Wilhelm Niesel, trans. Harold Knight, *The Theology of Calvin* (Grand Rapids, Michigan: Baker Book House), 61-70.

다고 하였다.[507] 로마 가톨릭은 창 1:26의 형상과 모양을 구분하였으나, 칼빈은 동의어로 히브리어 병행법의 한 일례로 이해하였다.[508] 하나님 형상은 형이상학적으로는 영적, 도덕적, 이성적, 불멸적 존재이며, 윤리적으로는 참지식, 거룩, 의를 소유함을 의미하며,[509] 인류의 타락은 오직 그리스도의 은혜로만 회복할 수 있음을 주장하였다.[510]

그는 하나님의 형상 중 형이상학적 요소는 타락으로 인하여 크게 손상을 입었으나 완전히 없어진 것은 아니므로, 불신자들도 법학, 의학, 철학 등에서 상당한 탁월성을 보여 준다고 하였다.[511] 그러나 하나님 형상 중에 윤리적 요소는 완전히 상실되고, 전적으로 부패하게 됨으로써, 윤리적 형상은 오직 예수 그리스도의 구속 사역을 통해서만 새롭게 된다고 하였다.[512]

칼빈은 인간의 자유 의지^{자유로운 도덕적 의지}는 타락 이전부터 인간이 소유하였으며,[513] 이를 통해 선과 의를 선택할 가능성을 지녔으나, 타락 후 자유 의지를 통한 선과 의를 선택할 가능성이 상실되었다고 주장하였다. 따라서 자유 의지를 통한 선택의 능력 부재로 인하여 진

507　John Calvin, *Institutes*, 1. 15. 2-6.
508　John Calvin, 창세기 1:26 주석 참조. 오시안더는 하나님의 신적 형상이 인간의 영혼과 육체에 동일하게 존재한다고 주장하였으나, 칼빈은 육체에서 발견되는 형상은 본질이 아니라 자취들로 이해하였다.
509　John Calvin, 엡 4;24; 골 3:10 주석 참조.
510　John Calvin, *Institutes*, 1. 15. 6.
511　John Calvin, *Institutes*, 2. 2. 4, 15.
512　John Calvin, *Institutes*, 1. 15. 4.
513　칼빈은 아담이 자신의 자유 의지를 통해 영생에 도달할 능력이 충분히 있었다는 점을 강조하였다. John Calvin, *Institutes*, 1. 15. 8.

정한 도덕을 수행하지 못하게 되었다. 이처럼 아담의 타락은 "하나님의 두려운 결정"decretum horribile 에 근거를 두고 있다.[514] 따라서 오직 예수 그리스도의 회복의 사건을 통해서만 도덕적 선을 추구할 수 있게 되는 것이다.

칼빈은 영혼을 지성오성과 의지로 구분하고 지성은 선과 악을 구별하고, 의지는 선을 선택하고 악을 거부하는 기능을 한다고 하였다.[515] 그러나 항상 지성은 선만을 선택하는 것이 아니었다. 아담은 선 대신에 악을 택한 것이다.[516] 지성은 이성raison 과 지각sens 과 감정들afections 과 관련되어 있으며, 이성은 하나님을 인식하는 기능이며, 지각과 감정은 이성에 의존하거나 예속된 개념으로 보았다.[517]

(2) 사람의 구성 요소

칼빈은 인간은 영혼과 육체로 구성되며 영혼이 더 고상하다고 주장하였다. 여기에는 다양한 주장들이 있다. 먼저, 선재설로서, 영혼은 세상이 창조되기 전부터 우선적인 생태로 존재하고 있었다는 이

---

514 John Calvin, *Institutes*, 3.27.7.
515 "우리는 인간의 영혼이 이성과 의지라는 두 가지 기능으로 구성된다는 점을 확실히 하자…. 지성이 하는 일은 인정할 수 있는 것과 불가능한 것들로 구별하는 데 있고, 의지가 하는 일은 지성이 선한 것을 인정한 것을 택하고 이를 추구하며 이성이 인정치 않은 것을 거부하고 이를 피하는 데 있다고 확신하자." John Calvin, *Institutes*, 1.15.7-8. "따라서 하나님은 사람의 영혼에 지성을 주셔서 선과 악, 옳음과 그름을 분별케 하셨고, 이성의 빛을 안내자로 주셔서 우리가 피할 것과 따를 것을 구별케 하셨다…. 또한 하나님은 여기에 의지를 결합하여 선택할 수 있도록 하셨다. 최초의 상태에서는 사람에게서 이 탁월한 기능들이 제대로 능력을 발동하였다. 따라서 인간의 이성, 지성, 분별력, 판단력 등이 이 땅의 삶의 방향을 설정함에 충족했을 뿐만 아니라, 이를 통해 하나님과 영원한 천국에까지 올라갈 수 있었다."
516 John Calvin, *Institutes*, 1.15.8.
517 John Calvin, 요 1:4,5,9 주석 참조.

론이다. 이 선재하던 영혼은 사람이 잉태될 때 또는 태어날 때에 어린 아이 속으로 들어간다고 주장하며, 이는 Platon적인 주장이고 성경적이지 못하다. 또한 유전설로서, 영혼은 육체와 더불어서 부모로부터 어린아이에게로 유전된다는 이론이다. 이 이론의 한계는 이러한 주장이 마치 부모가 영혼의 창조자로 인식될 우려가 있다는 점이다. 마지막으로 창조설로서, 사람의 육체가 부모로부터 유전되지만, 영혼은 하나님께서 순간적으로 창조하신다는 주장으로서 이는 칼빈이 수용하는 견해이다: "각 사람의 영혼은 우주가 처음 창조되었을 때부터 무로부터 ex nihilo 창조된다."[518]

(3) 죄의 전가

칼빈은 아담의 죄는 후손들과 서로 연결되어 있다고 주장하였는데, 그럼 어떻게 전가되는가?

먼저, 실재론으로서, 어거스틴의 견해이다. 즉, 모든 인류가 에덴동산의 아담 안에서 종자(씨앗)로 존재하고 있었으며, 성경은 아담을 인류의 자연적인 머리로 여기므로, 모든 사람들은 본체론적으로 아담과 연합되어 있다는 것이다. 이 주장의 특징은 개체로서의 인간은 구별된 실체가 아닌 한 실체(아담)의 다양한 표현에 불과하게 되며, 수적으로 하나가 되는 것이다. 따라서 아담이 죄를 범할 때 온 인류는 아담 아래 있기에 아담의 죄가 온 인류에게 전가되었다는 주장이다.

둘째로는, 직접 전가론으로서, 대부분 개혁파 신학자들의 견해이

---

518 John Calvin, *Institutes*, 1, 15, 5.

다. 아담은 온 인류의 자연적이면서도 언약적인 머리이며, 언약^{계약}적으로 온 인류의 대표이다. 따라서 아담이 죄를 범할 때 즉각적으로 그가 대표하고 있는 언약에 근거하여 모든 사람에게 전가된다는 주장이다. 직접 전가론은 모든 사람을 법적인 책임^{죄책}의 상태에 남겨둔다^{롬 5:12-19}.

셋째로는, 간접 전가론으로서, 아담의 죄가 온 인류에게 직접적으로 전가된 것이 아니라, 자연적 출생 과정을 통해 아담으로부터 자신들의 내적인 부패를 물려받았으며 아담과 함께 공유하는 생득적인 부패성 때문에 그들도 역시 배역의 죄에 대한 책임을 짊어지게 되었다는 주장이다. 칼빈은 간접 전가설을 받아들였다: "모든 인류는 아담 인격 안에서 멸망을 당하였다. 우리의 마음은 앞을 보지 못한 나머지 우둔함과 배은망덕함을 따르고 참된 것을 깨닫지 못한다." 인간은 타락 후 창 3:15을 통해 처음으로 아담에게 구세주가 계시되었으며, 이는 은혜 언약의 출발점이 되었다: "구원에 관한 최초의 약속은 아담에게 주어졌다. 그것은 희미한 불빛과 같았다. 그런데 이 빛이 점점 충만하여져 더욱 넓게 퍼져 나갔다. 마침내 의의 빛이 되시는 그리스도의 빛이 온 땅에 충만하게 비치게 되었다."[519]

칼빈은 아담의 타락은 후손들에게 원죄를 물려주었는데, 이 원죄는 "우리 속에 일으키는 우리 본성의 유전적 타락성과 부패성"을 의미하며 이는 "우리 본성의 각 부분이 다 타락하고 부패하였고", "모든 사람들이 원죄 속에 둘러싸여 있고 그 얼룩들로 더러워져 있다는 것

---

519   John Calvin, *Institutes*, 2. 10. 20.

이다."[520]

5) 양심론
Title: John Calvin의 그리스도인의 양심 이해에 관한 고찰[521]

I. 서론

기독교 전통에 있어서 구원론 중 성화론은 대부분 개혁주의 신학자들의 주요한 관심의 대상으로 인식되어 왔다. 특히 성화론을 다룸에 있어서 거룩한 삶을 영위하고자 하는 인간의 생각과 판단과 행동의 근원적 배경이 되는 "양심"conscience의 위치와 중요성은 실로 막중한 것이다. 유감스럽게도 대다수의 개혁주의 신학자들이 성화론에 관심을 많이 가져왔음에도 불구하고, 정작 양심론에 대한 탐구는 매우 미진한 상태에 놓여 있다. 특히 양심론은 개혁주의 신학자들 특히 존 칼빈John Calvin을 위시한 후대의 청교도 신학자들의 주요 관심사였던 '그리스도인의 결의론'Christian Casuistry을 이해하는데 중요한 열쇠를 제공하고 있다. 또한 양심Conscience과 자연법Natural Law에 근거한 자연 신학Natural Theology 그리고 도덕 철학Moral Philosophy과 도덕 신학Moral Theology과의 상호 관련성[522]에 대한 개혁주의 신학자들의 이해

---

520 John Calvin, *Institutes*, 2.1.8.
521 윤종훈, "John Calvin의 그리스도인의 양심 이해에 관한 고찰," 「역사신학논총」, 제 11집, 2006, p. 58-85까지 전체를 인용함.
522 양심론에 대한 기독교 윤리학적 접근법을 시도하고 있는 "양심과 도덕 신학의 상관성"에 대해서는 William C. Spohn의 *Conscience and Moral Development*, Theological Studies 61.1. Mar (2000)를 참조하라. 또한 그의 책 *Go and Do Likewise: Jesus and Ethics* (Continuum, 1999)과 그와 공저한 William O'Neill, Rights of Passage: The Ethics of Immigration and Refugee Policy

는 개혁주의 성화론을 이해하는데 매우 중요한 원리를 제공하고 있다.[523] 양심론에 대한 현대 신학자들과 철학자들의 다양한 주장은 심리학과 정신분석적 전통 Psycho-analytical tradition의 홍기로 인하여 인간 속에 내재하고 있는 양심에 대한 정확한 이해에 큰 어둠의 그림자를 드리우고 있는 실정이다. 이러한 양상은 파시즘 Fascism과 막시즘 Marxism의 정치 사상과 정치 활동에서 더욱 두드러지게 나타나고 있으며 급기야는 '사회적 양심론' Societal Conscience이라는 특별한 형태의 양심론으로 부각되고 있는 현실이다.

본 논고는 개혁주의 신학의 초석인 존 칼빈이 이해하고 해석하는 양심론의 정체성에 대한 연구사적 고찰을 통하여 칼빈의 양심 이해를 구체적으로 파악함에 이 연구의 목적이 있다. 이는 개혁주의 성화론의 근원적 배경을 이루고 있는 성화의 주체이자 조성자로서의 성령의 사역과 성화의 수단 즉 복음적 수단 및 은혜의 수단 the Means of Gospel, the Means of Grace의 활동지가 될 수 있는 양심의 좌소인 마음 Heart과 정신 Mind에 대한 분석 작업이 될 것이다. 그러므로 본 연구는 그리스도인이 성화 사역을 수행해감에 있어 보다 효율적이고도 구체적인 방법론적인 해결책을 모색하는 중요한 결과를 산출해가는데 유익할 것으로 사료된다.

(1998)를 살펴보라. 이들은 일차적으로 신학적 접근법보다는 윤리학적 그리고 정신심리학적 (Psychological)으로 분석하고 있음을 예의 주시할 필요가 있다.

523   Ian Ramsey, (ed) *Christian Ethics and Contemporary Philosophy* (New York: Macmillan, 1966), 20.

II. 칼빈의 양심에 대한 연구사적 고찰

도웨이Dowey는 양심이라는 용어는 칼빈이 창조와 구속의 역사를 서술해감에 있어서 중심적이고도 주변적인 논제 가운데 매우 중요한 개념이었으며 칼빈의 글에 매우 흔하게 등장하는 단어 중 하나였다고 피력하였다.[524] 대부분 종교개혁자들의 양심론에 대한 연구는 성 어거스틴St. Augustinus의 죄인식론과 인간의 철저한 전적타락론의 배경 아래 형성되었다. 양심에 대한 어거스틴의 이해는 토마스 아퀴나스Thomas Aquinas에 의해 "synderesis"와 "conscientia"로 구분 발전하게 되었으며,[525] 종교개혁가들은 일반적으로 하나님을 향한 즐거움과 선한 행위로 가득 찬 삶은 오직 고요하고 평온한 '양심'에서 비롯된 것이라는 소위 '법정적 개념으로서의 양심의 긍정적 기능'을 부각하기 시작하였다. 종교개혁의 선구자였던 마르틴 루터M. Luther는 자신의 이신칭의론Justification by Faith에 근거한 '초도덕 양심론'transmoral conscience을 전개함에 반하여, 존 칼빈은 신적 인식Divine Recognition에 기초한 '양심론'을 주장하였다.[526]

존 칼빈의 양심론을 연구해온 현대 연구가들은 두 가지로 대별할

---

[524] Edward A. Dowey, *The Knowledge of God in Calvin's Theology* (New York: Columbia University Press, 1952), 56. Cf. Charles A.M. Hall, *With the Spirit Sword. The Drama of Spiritual Warfare in the Theology of John Calvin*, Basel Studies of Theology, No. 3 (Richmond, Virginia: John Knox Press, 1968), 44.

[525] Aquinas는 양지양능(良知良能, synderesis)이라는 기능적 형태로서의 양심(Gewissen) 즉, 악으로부터 자신을 저지하고 선한 것을 추구하도록 이끄는 도덕적 의식으로서의 생득적 원리(innate principle)을 의미하는 'synderesis'와 이러한 양심의 기능적 원리가 실천으로 이어지는 양심 작용을 지칭한 'consciencia'로 분류하였다.

[526] 이에 대한 연구는 Foxgrover의 학위 논문에서 매우 구체적으로 언급되었으며, 본고에 도움을 입게 되었고, 더욱 세밀한 분석에 대해서는 그의 논문을 참조할 것. David L. Foxgrover, *John Calvin's Understanding of Conscience* (Claremont, 1978, Ph.D. Dissertation).

수 있다. 우선은 양심의 일반적 기능에 대하여 적극적이고도 매우 긍정적으로 이해하는 부류와 양심 기능의 퇴락과 한계점에 강조점을 두는 부류로 구분된다. 현대 연구가들 가운데 글로드Günter Gloede는 칼빈의 양심 이해를 '도덕적 양심'Moral Conscience, 자연 양심과 '악한 양심'Bad Conscience 그리고 '선한 양심'Good Conscience 등 세 가지 양심으로 구분하였다. 그에 의하면, 칼빈은 타락 이전의 모든 인간은 선과 악을 구분할 능력을 소유하고 있었으며자연 양심 즉 도덕적 양심, 이러한 능력은 하나님의 판단과 깊은 관련이 있었으나, 아담 타락 이후로 판단 능력이 크게 약화되었다. 아담의 타락으로 인하여 도덕적 양심의 기능은 '악한 양심'으로 전락되었다. 일면에서 볼 때 양심이 하나님의 지식과 심판을 대변하고 있으므로 양심은 인간의 죄의식에 대한 지식 그 자체인 것이다. 그러나 예수 그리스도를 통한 하나님의 구원 사역은 '악한 양심'의 굴레에서 벗어나서 '선한 양심'으로 변화를 가져오게 되었다.[527]

글로드는 인간의 '도덕적 양심'이 제한적이기보다는 오히려 상당히 적극적인 기능positive function을 지니고 있다고 주장하였다.[528] 이러한 글로드의 입장은 도웨이Edward A. Dowey와 왈레이스Ronald S. Wallace의 지지 가운데 인간의 도덕적 양심의 건재함을 강조하였다. 글로드는 칼빈에게 있어서 창조주와 창조물의 신성한 관계는 "자연 신

---

[527] 그는 인간의 악한 양심이 선한 양심으로 변화를 가져옴에 대한 결정적인 성경 구절을 요한복음3장에 등장하는 바리새인 출신 니고데모의 회심 사건(Born Again)에서 찾았다. Günter Gloede, *Theologia naturalis bei Calvin* (Stuttgart : W. Kohlhammer, 1935), 343.

[528] Ibid., 102-134; 340-350, quoted in D. L. Foxgrover, *John Calvin's Understanding of Conscience*, 28.

학"Natural Theology 의 기초를 이루고 있다고 보았으며, 아담의 타락 이후 용서받지 못할 유죄 판결the verdict of Inexcusability 을 받은 인간은 짐승과 같은 상태가 되었음에도 불구하고 여전히 하나님과 인간 사이의 관계성도덕적 양심 은 여전히 건재함을 주장하였다. 그는 비록 자연은총Natural Gifts, Natural knowledge and Order 으로 주어진 도덕적 양심은 인간의 구원을 성취함에 있어 큰 영향력을 행사할 수 없을지라도, 하나님의 법에 따라 행동할 수 있는 선악을 구분할 능력과 기능이 존재하고 있음을 강조하였다.

글로드의 입장에 편승하여 도웨이는 모든 인간이 피할 수 없는 유죄 판결 아래 놓여 있음으로 양심의 실제적인 기능에 많은 손상을 입게 되었지만 도덕적 양심의 기능 상태는 아직 유효한 것으로 칼빈이 이해하였다고 피력하였다.[529] 따라서 그는 모든 인간에게 주어진 도덕적 양심은 의와 불의를 구분할 능력과 어느 정도의 도덕적 원리에 대한 지식을 여전히 가지고 있는 것으로 주장하였다. 그는 이러한 "도덕적 양심"을 "신적 판단Divine Judgment"과 동일시하였으며, 이는 모든 인간에게 주어진 "자연적 소유물"Natural Possession 이며, 이를 통하여 인간관계나 사회 관계 속에서 선하고 올바른 행동을 스스로 수행할 수 있도록 도와주는 것으로 이해하였다.[530]

그러나 도웨이는 왈레스와 마찬가지로 도덕적 양심 자체가 인간을 하나님과의 깊은 교제로 이끌어 낼 수 없는 제한적인 기능을 가

---

529   그는 기독교강요 III. xix. 15-16. 을 기초로 하여 양심 기능의 유효함을 논증하고 있다.
530   Edward A. Dowey, *The Knowledge of God in Calvin's Theology*, 59.

지고 있음에는 이론의 여지가 없었다. 왈레이스는 자연 규범Natural Order의 긍정적 역할과 자기 점검Self-examination 그리고 양심의 자유Liberty of Conscience 등과 같은 용어들을 통하여 칼빈이 이해한 도덕적 양심의 기능에 대한 적극적 가능성긍정적인 면을 펼쳤다.[531] 그는 "자연법 또는 자연 규범과 하나님의 법 사이의 일치"를 주장하되, 이러한 자연 규범은 적절한 것과 부적절한 것에 대한 구별력 그리고 사회를 유지하고 약자를 돌보고 포악한 행위를 싫어하며 죽음 앞에서 두려워하고 마음의 정결을 요구하며 자녀들로 하여금 부모를 공경해야 한다는 자연적 본능을 내포하고 있음을 강조하였다.[532] 그는 칼빈의 자연 규범은 인간의 마음에 새겨진 자연법을 의미할 뿐만 아니라 하나님이 물질 세계를 통치하는 질서를 포함하고 있음으로 이해하였다.[533]

상기한 제 학자들 즉 글로드, 왈레이스, 도웨이 등은 양심 기능의 긍정성을 강하게 주장함에 반하여, 콜프하우스Wilhelm Kolfhaus와 토런스Thomas F. Torrance가 이해한 존 칼빈의 자연 은총으로서의 도덕적 양심의 기능은 이미 왜곡되었으며Perverted 실재적인 기능은 이미 상실된 상태임을 주장하였다. 콜프하우스는 칼빈이 이해한 양심이란 '빈 껍질에 불과하며 인간의 구원을 이루어감에 있어 전연 효과를 가져오지 못하는 것'으로 해석하였다. 또한 양심은 성경으로부터 벗어나

---

531 Ronald S. Wallace, *Calvin's Doctrine of the Christian Life* (Edinburgh: Oliver and Boyd, 1959), 141.
532 Ibid., 142-143.
533 Ibid., 145.

독립적으로 위치를 점유할 수 없으며, 양심과 성경이 독립적으로 하나님과 인간의 관계성을 규정해주는 두 개의 기관이 될 수 없음을 천명하였다.[534] 왜냐하면 성경에서 벗어난 양심은 조준점에서 벗어난 축구 볼과 같기 때문이다. 바로 이 점이 칼빈의 양심론을 이해함에 있어서 앞서 언급한 세 명의 학자들 글로데, 왈레이스, 도웨이에 대한 콜프하우스의 차이점인 것이다. 즉, 전자의 입장은 양심이란 하나님의 심판으로서 심판 자체에 대한 내용물을 소유하고 있다고 봄에 반하여, 후자의 입장은 양심이 어느 내용물도 가지지 못하였고 단지 하나님의 심판을 청종하는 것으로 이해하였다. 콜프하우스는 칼빈이 제시하고 있는 양심은 오직 하나님의 말씀이 정론화된 상태에서야 비로소 판단의 기능을 실행할 수 있음을 주장하였다. 따라서 그는 타락 이후 인간의 양심은 항상 실수를 동반할 가능성을 배제할 수 없으므로, 인간이 자신의 양심을 의존하는 행위는 항상 위험을 배제할 수 없다고 주장하였다. 이러한 콜프하우스의 입장은 칼빈이 이해한 인간의 양심에 대한 극단적인 주장에 이르게 되었으며, 그 결과 양심의 존재성이나 내용성을 약화시킴으로 인하여,[535] 칼빈의 양심

---

534 즉 그는 성경에서 벗어난 양심 이해는 전혀 불가능하며, 항상 양심 이해는 성경에 철저한 기초에 근거함을 강조하였다. 또한 그는 아브라함 카이퍼(Abraham Kuyper)의 글을 통하여 칼빈의 양심론은 선과 악을 구분하기보다는 인간의 행위에 대한 판단을 듣는 것으로 이해하였다. 카이퍼는 이르길, "우리의 양심은 특수한 지혜에 따라 선과 악을 구별할 수 있는 특별한 능력이 아니라, 오히려 우리의 활동들과 생각들 그리고 우리의 인격체에 대한 심판을 듣는 기능적 기관이다"라고 하였다. 따라서 콜프하우스는 카이퍼의 칼빈 이해를 기초로 하여 하나님의 명령은 양심을 통해 오는 것이라기보다는 양심에게 오는 것으로 보았다. Wilhelm Kolfhaus, *Die Seelsorge Johannes Calvins* (Neukirchen, 1941), 51, quoted in D. L. Foxgrover, *John Calvin's Understanding of Conscience*, 39.

535 Wilhelm Kolfhaus, *Die Seelsorge Johannes Calvins*, 59, quoted in D. L. Foxgrover, *John Calvin's Understanding of Conscience*, 41.

론의 실제성과 내용성을 상당히 희석화시켜 해석하는 결과를 산출하게 되었다.

칼빈의 양심 이해에 대하여 토런스는 기본적으로 콜프하우스와 입장을 같이하되, 인간에게 주어진 자연 은총Natural Gifts 의 잔존물 Remnant 은 인간의 타락으로 말미암아 거부되었으며, 이에 근거한 자연 신학은 매우 왜곡되었고 하나님으로부터 소원케 되었음을 강조하였다.[536] 그에 의하면 칼빈이 이해한 자연 신학은 결코 인간을 하나님께 인도할 수 없을 뿐만 아니라, 타락한 악한 양심을 믿음의 선한 양심으로 은혜롭게 변형시킬 수 없는 것이다. 이처럼 토런스가 이해한 칼빈은 기독교강요를 통하여 자연 신학과 자연 은총의 잔존물은 매우 왜곡되었으며 이러한 것들은 그리스도와 성경에 제시된 하나님의 계시에서 벗어난 세계관을 구성하고 있는 것으로 주장하고 있다.[537]

이러한 칼빈의 양심 이해에 대한 양 극단적 해석은 다름 아닌 칼빈의 신학의 포커스를 어디에다 두는가에 대한 입장적 차이에 기초하고 있음을 발견하게 된다. 즉, 칼빈의 양심 이해에 대한 매우 긍정적인 입장을 표명하였던 글로드, 왈레이스, 도웨이 등은 칼빈의 양심론을 규명함에 있어서 칼빈의 창조론에 초점을 맞추어 해석하였음에 반하여, 상당히 부정적으로 이해한 콜프하우스와 토런스는 칼빈

---

536 Thomas F. Torrance, *Calvin's Doctrine of Man* (London: Lutterworth Press, 1952), 14, 20, 22.
537 토런스는 칼빈의 『기독교강요』II. ii. 20을 인용하면서 자연 신학의 한계를 지적하고 있다. 특히 고전 1:20에 대한 존 칼빈의 주석을 통하여 칼빈은 "human wisdom"이 예수 그리스도의 "wisdom of the cross"과는 비교할 수 없을 정도로 왜곡되고 베일에 싸이고 감추어진 것(veil and hindrance)으로 이해하였음을 지적하였다.

의 은총론을 해석의 열쇠로 사용하였다.[538]

III. 칼빈의 양심 이해에 대한 해석학적 열쇠[A Key]

칼빈의 양심론은 개혁주의 세계관인 창조, 타락, 구속이라는 큰 틀과 맥을 같이하고 있다. 하나님의 창조의 역사를 볼 때 모든 동식물들은 종류대로 창조하시되 인간은 하나님의 형상과 모양[the Imago Dei]에 따라 창조하시고[539] 모든 만물을 관리하고 다스리고 충만하도록 "문화 명령"[Culture Mandate]을 주셨다[창 1:28].[540] 하나님의 형상과 모양을 따라 창조함을 입은 인간들은 하나님의 속성 중 진리[veracity]와 공의[Righteousness], 진노[Wrath] 등 선한 판단을 가능케 하는 '양심'[conscientia]을 소유하게 되었다. 하나님의 형상과 모양을 따라 창조된 인간은 '하나님의 주관적 계시의 요소'인 '양심'을 소유하게 되었으며 이를 통해

---

538 David L. Foxgrover, *John Calvin's Understanding of Conscience*, 47.
539 John Calvin, Com. Gen. 2:9(CO. XXIII. 39).
540 비록 칼빈은 자신의 글 속에서 "문화 명령"이라는 용어는 사용하지 않지만, 그는 주해를 통해 하나님의 형상과 모양으로 창조된 사람들이 창조의 순서에 따라 여러 동물들과 식물들을 관리하고 다스리도록 하나님으로부터 명령을 받았으며(Commanding) "땅을 정복하라"라는 만물에 대한 통치 사명이 부여되어 있음을 암시적으로 피력하고 있다. "Although the tense here used is the future, all must acknowledge that this is the language of one apparently dliverating. Hitherto God has been introduced simply as **commanding**; now, when he approaches the most excellent of all his works, he enters into consultation. God certainly **might here command** by his bare word what he wished to be done: but he chose to give this tribute to the excellency of man, that he would, in a manner, enter into consultation concerning his creation… Subdue it. He confirms what he had before said **respecting dominion**. Man had already been created with this condition, that he should subject the earth to himself; but now, at length, he is **put in possession of his right**, when he hears what has been given to him by the Lord: and this Moses expresses still more fully in the next verse, when he introduces God as granting to him the herbs and the fruits. John Calvin, *The Commentaries of John Calvin*, Various translators, Vols. 46 (Edinburgh: The Calvin Translation Society, 1843-1855), Gen. I:27-28; Jn. I:5 (CO. XLVII. 6d), I:9.

'선virtues과 악vices을 분별할 수 있는 판단력'을 가지게 되었다.[541]

이러한 창조 시 부여 받은 하나님의 주관적 계시subjective revelation는 'conscientia'로서, 이는 '신적 판단력'sensus[542] 또는 '하나님의 의지에 대한 지식'cognoissance을 의미하고 있다.[543] 칼빈은 타락 이전의 인간이 부여받은 양심은 올바르고 공정한 것을 분별할 수 있는 지식 그 자체를 의미하며, 공의Justice와 정직rectitude 즉, 정당성과 부정함, 고귀함과 비천함을 분별하는 판단 능력을 의미한다고 주장한다. 이는 이미 창세 시 인간의 마음heart[544] 또는 이성reason[545] 또는 영혼soul[546]에 본질적으로 이식되고implanted[547], 새겨지고engraved[548], 인각된inscribed[549] 'conscientia'을 지칭하고 있다. 옳음과 그릇됨에 대하여 분별할 수 있는 자연법적인 지식으로 묘사되는 '양심'은 하나님과 인간 사이의 연합됨Unity에 대한 분명한 방식을 제공해주고 있다. '양심'에 대한 이러한 인식적 요소는 오직 인간이 하나님의 형상the imago Dei[550]에 따라

541　Ibid., CO. XXIII. 39.
542　John Calvin, *Institutes of Christian Religion*, James Clarke edition, 1559, IV. x. 3.
543　John Calvin, *The Commentaries of John Calvin*, XXXV. 74.
544　John Calvin, *Institutes of Christian Religion*, II. ii. 24.
545　Ibid., II. ii. 12. 'ratio'; II. i. 24.
546　Ibid., I. xv. 8. 'animam'.
547　Ibid., II. viii. 1. "inscriptam".
548　John Calvin, *The Commentaries of John Calvin*, Pent. 'insculpta est'. cf. Gen. 26:10; *Institutes of Christian Religion*, II. ii. 22.
549　Ibid., II. vii. 1. 'inscriptam'.
550　칼빈은 하나님의 형상(체렘)과 모양(데무트)에 대한 오시안더(Osiander)를 비롯한 다양한 해석자들의 문제점을 비판하면서, 이 두 용어는 본질상 다른 의미를 지니지 않았으며 단지 하나님의 형상을 더욱 분명하게 설명하기 위해 "그의 모양대로"라는 표현을 반복한 것에 불과함을 강조하였다. 이는 당대의 히브리인들의 문학 특성상 한 가지 사실을 두 번씩 반복하여 표현하는 예가 매

지음 받은 사실에 근거하고 있다.[551]

그러나 아담의 타락으로 인하여 모든 인간은 하나님의 음성인 '선한 양심'을 상실하게 되었다. 죄악이 인간의 양심을 무디어지게 작동함으로써 인간의 양심은 선한 기능을 감당할 수 없는 상태로 퇴락하였다. 따라서 하나님의 형상의 요소로서의 양심은 부패하게 되었고, 인간은 하나님과의 깊은 교제로부터 소외 alienation 당하게 되었다.[552] 하나님과의 연합됨에서 벗어나 소원하게 된 인간의 양심은 무기력하게 되었고 무능력하게 되었다. 그럼에도 불구하고 양심은 부패된 인간의 본성을 비추어 주고 있는 빛의 일부분 a part of the light 으로서 작용하고 있으며[553] 선악을 분별함으로 자연법에 대한 이해를 증진시키는 역할을 수행하고 있는 것이다.[554]

그러나 동시에 자기 자신의 불멸에 대한 지각이 사람에게 완전히 사라져 버릴 정도로 빛이 완전히 꺼져 있는 것이 아니다. 선과 악을 분간하여 하나님의 심판에 응답하는 양심이야말로 불멸하는 영혼에

우 혼하였음을 주장하였다. Ibid., I. xv. 3-4.

551   시편 8:5; 창 3:8; 26:10; 38:14겔 16:1등에 대한 존 칼빈의 주석을 참조할 것.

552   Ibdi., II. i. 1-22.

553   칼빈은 그의 『기독교강요』에서 초자연적 은사와 자연적 은사를 서술하면서 타락 이후 자연적 은사가 너무 "허약하고 깊은 어둠 속에서 빠져" 있음을 지적함과 동시에 "사람의 타락하고 부패한 본성에서도 어느 정도 희미한 불빛이 보인다"고 피력하면서 세속 저술가들 속에 존재하는 진리의 환한 빛을 보면서 사람의 지성이 하나님의 탁월한 은사들로 아름답게 장식되어 있음을 배워야 할 것이라고 강조하였다. John Calvin, *Institutes of Christian Religion*, II. ii. 12-17.

554   Edward A. Dowey, *The Knowledge of God in Calvin's Theology*, 142. Dowey와 Brunner에 의하면, 인간의 타락 이전에 소유한 양심은 '존재 개념'(concept of being)의 위상을 지녔지만, 타락 이후 '규범의 개념'(concept of norm)으로 전환되었음을 강조하였다. 즉, 인간의 죄악으로 인하여 인간의 본질적인 부분으로서 존재하던 양심은 자신의 죄악상을 낱낱이 심판하는 규범으로서 정체성을 지니게 되었다고 강조하였다.

대한 의심할 수 없는 증거가 된다.[555]

따라서 사도 바울의 롬 2:12 "무릇 율법 없이 범죄한 자는 또한 율법 없이 망하고 무릇 율법이 있고 범죄한 자는 율법으로 말미암아 심판을 받느니라"에 대한 칼빈의 이해는 자연법의 유효성 즉, 인간이 이를 통해서 행위의 바른 표준을 충분히 배우게 되며, 선과 악을 충분히 분간할 수 있고 인간으로 하여금 무지를 핑계치 못하도록 하는 기능이 존재하는 것으로 보았다.[556] 그에 있어서 자연법의 목적은 인간으로 하여금 하나님의 심판대 앞에서 자신이 행한 행동들에 대하여 핑계하거나 변명치 못하게 하려 함에 있다.[557]

하나님께서는 자신의 신실하신 성품과 은혜를 통하여 그의 백성들에게 율법을 수여해 주셨다. 왜냐하면 인간이 단순한 자연법을 통해서는 자신의 철저한 죄악성을 인식할 수 없을 뿐만 아니라 피조물인 인간이 하나님께 합당한 예배를 드려야 하는 방법을 제대로 인식하지 못하며 정확히 분별할 수 없기 때문이었다. 게다가 인간은 오만함과 야심으로 가득 차 있고 자기 사랑 self-love 으로 눈이 멀어서 더 이상 하나님과 사람 앞에서 겸손함과 절제와 비하됨을 이루어 갈 수 없어서 하나님은 인간에게 성문화된 율법 a written law 을 주셨다. 이는 성문화된 율법을 통해 자연법의 모호성과 불분명한 증거들을 더

555　John Calvin., I. xv. 3.
556　Ibid., II. ii. 23.
557　Ibid. II. ii. 23.

욱 명확히 하여 인간의 마음과 기억을 강하게 자극해 주기 위함이었다.[558]

칼빈은 이 율법의 의로움을 통해 인간 생활과 비교함으로써 인간이 하나님의 뜻에 순종함에 얼마나 분리된 상태로 살아가고 있는지를 인식하게 하며, 이러한 율법적 요구를 완전히 순종하여 성취하기에는 인간의 타락의 정도와 연약성이 얼마나 심각한지에 대한 마음의 근심과 걱정이 동반하도록 작용한다고 강조하였다. 이처럼 율법을 통한 인간의 내적 불안과 동요는 양심의 법을 통해 불의에 대한 중압감을 느껴 하나님의 심판대 앞에 나아가도록 하며 하나님의 심판을 바라보면서 죽음에 대한 처절한 두려움이 발생하게 된다.

이처럼 양심의 기관은 인간 자신의 능력에 대한 깊은 절망감에 빠져들게 하여 결국 겸손과 자기 비하를 인지하도록 독촉하는 것이다.[559] 그러나 이 율법은 사람들의 선한 행동을 유발시킬 능력은 없으며 단지 양심의 법에 고소함으로써 율법에 제기된 정의를 의식하고 이에 근거한 죄의식을 가지게 한다.[560] 그리고 이러한 율법 즉 의식법과 도덕법은 모두 "택한 백성을 그리스도께로부터 멀어지게 하려고 하기 위함이 아니라, 오히려 그리스도께서 오시기까지 그들의 마음이 준비를 갖추도록 하고 그에 대한 간절한 열심을 불러 일으키며 그들의 소망을 강건하게 하여 그의 강림이 오래 지체되는 동안 낙망하

558　Ibid., II. viii. 1.
559　Ibid., II. viii. 3.
560　Ibid., II. vii. 7.

지 않게 하기 위한 것"이다.[561] 게다가 칼빈은 육체를 지닌 인간이 율법적 요구를 결코 완전히 지킬 수 없음을 강조하였다. 이처럼 칼빈은 자연법과 율법의 기능적 특징들과 그 한계점을 분명히 하였다.[562]

타락한 인간은 오직 예수 그리스도의 십자가 사역을 통하여 죄악에 얽매여 있던 양심의 회복을 선언하게 되었다. 그리스도의 의에 근거하여 주어진 양심의 자유는 하나님과의 화평을 선언하게 되었고 하나님의 방식에 따라 살아갈 터전을 마련하게 되었다. 즉 양심의 회복은 인간의 하나님과의 관계 개선을 의미하고 있다.

그러므로 행위가 사람들 간의 관계에 해당하는 것처럼 양심은 하나님과의 관계에 관한 것이다. 이는 선한 양심이 내적인 마음의 진실함에서 비롯되기 때문이다 …… 그러나 이미 말한 바와 같이 양심은 오직 하나님과의 관계에 관한 것이다. 그러므로 어떤 법이 다른 사람들과의 관계는 전혀 생각하지 않고 그저 그 사람 개인을 속박할 경우 이를 지칭하여 법이 양심을 속박한다고 말하는 것이다.[563]

신자는 그리스도의 십자가를 통하여 그와의 연합을 이루게 되었고 믿음fides으로 인하여 그리스도와의 교제가 가능하게 되었다.[564] 비록 이 믿음은 지극히 작은 상태로 출발하지만 이를 통해 양심은 하나님의 평화와 고요함과 은혜로움을 경험하게 된다.[565] 비록 그리스

---

561   Ibid., II. vii. 1.
562   Ibid., II. vii. 2-3.
563   Ibid., III. xix. 16.
564   Ibid., III. i. 1.
565   Ibid., III. ii. 19.

도인이 그리스도의 대속의 역사를 통하여 사탄의 정죄로부터 해방되었지만, 회복된 신자는 여전히 타락한 인간의 본성적인 불신앙적 요소들로 인하여 온갖 시험들을 통해 끊임없는 공격 아래 놓여 있다. 따라서 신자는 엄청난 죄의 짐에 눌려 신음하며 탄식하게 되지만 신자 속에 있는 회복된 양심의 법은 자책을 통하여 이를 극복하고 그리스도의 장성한 분량에 충만한 데까지 이르도록 조언을 하고 있다. 이처럼 구속함을 받아 회복된 인간의 양심은 구약적 율법이나 율법적 요구와 무관하게 삼위일체 하나님의 경륜을 구현해가는 원동력이 될 것이다. 그러므로 칼빈은 이르길, "이런 율법의 가혹한 요구나 율법의 준엄함에서 해방되어 하나님께서 아버지처럼 따뜻하게 부르시는 부름을 듣게 되면 그 부름에 기쁨으로 온 마음을 다하여 순종하게 되고, 하나님의 인도를 받게 될 것이다"라고 하였다.[566] 상기한 바처럼, 칼빈의 양심론은 창조, 타락, 구속의 기독교 세계관에 근거하여 창조 시 부여 받은 양심의 회복과 양심의 적극적 기능을 설명해 주고 있다.

IV. 칼빈의 양심의 이중적 인식론

칼빈은 자신의 신학을 구축해 감에 있어서 무엇보다도 하나님에 관한 지식과 본질 즉 신적 인식론에서 출발한다. 하나님은 창조 시 인간에게 신의식sensus divinitatis과 양심conscientia이라는 직접적인 인식 능력을 계시하였다.

---

566 Ibid., III. xix. 5.

우리가 소유하고 있는 지혜 다시 말해서 참되고 건전한 지혜는 대부분이 하나님의 지식과 우리 자신의 지식으로 구분되어 있다…… 누구든지 자기 자신을 바라보는 순간 하나님을 묵상하는 생각으로 전환되지 않을 수 없다…… 사람 속에 비참의 세계가 존재하며, 또한 신적인 의복이 벗겨진 이후로 우리의 부끄러운 벌거벗은 상태로 인하여 온갖 수치스러운 것들이 떼를 지어 노출되기 때문에, 사람은 각자 자신의 불행을 인식하고 찔림을 받아 최소한의 지식에라도 이르게 되어 있다…… 인간이 먼저 하나님의 얼굴을 바라보지 않고서는 자기자신에 대한 분명한 지식을 성취할 수 없다.[567]

신적 인식을 통하여 인간은 자신의 정체성을 발견할 수 있으며, 초자연적이며 도덕적인 하나님께 경배하며 순종하게 된다. 이처럼 칼빈의 양심론은 일차적으로 신지식에서 비롯된다. 또한 신자의 양심은 그리스도를 닮아가는 삶을 살아가기 위한 성화의 필요성과 유용성에 대한 인식과 수단으로 작용하게 된다. 다시 말해서 구원받은 신자의 양심은 신지식에 근거한 인간의 본질에 대한 철저한 인식과 아울러 신자가 이 땅 위에서 살아가는 과정에서 발생하는 성화의 높은 단계에 이르는 수단으로 활동하게 되는 것이다.

1. 신적 인식론으로서의 양심론(심판 및 법정, iudicium et tribunal)

폭스그로버Foxgrover는 칼빈의 양심에 대한 이해를 세 가지로 구분

567　Ibid., I, i. 1-2.

하였다. 먼저 "신적 심판에 대한 인식"sensus과 "하나님 법의 자연적 이해a Natural Understanding 또는 자연법에 대한 이해", 그리고 "선악 간의 구별 능력"discrimen이다.[568] 이러한 양심의 특징들은 상호성을 동반하되 특히 심판에 대한 인식과 선악에 대한 구별력은 칼빈의 신지식으로서의 양심을 잘 대변해주고 있다. 칼빈에게 있어서 양심의 정의 definition 및 그 기능function은 그의 불후의 명저인『기독교강요』에 자세히 나타나 있다.

> 양심의 의미를 이해함은 매우 가치 있는 일이다. 이를 위해서 우리는 오직 단어의 어원을 통해서만 정의를 산출할 수 있다. 사람이 마음과 이해력(mente intelligentiaque)을 통하여 '한 사물에 대한 지식'(notitiam)을 파악할 때 이를 '아는 것'(scire)으로 지칭하게 된다. 이러한 것들은 '지식'(scientia)이라는 단어의 유래가 된다. 이처럼 사람이 신적 심판 의식을 가지되 이것이 인간 속에 내재하는 증인이 되어 하나님 법정(sensum divini iudicii) 앞에서 고소를 당할 죄를 감추지 못하게 끌어내게 되는데, 이를 지칭하여 '양심'(conscience)이라고 부른다. 양심은 사람이 마음속에 아는 지식을 억눌러 버리도록 허용하지 않고 오히려 그것을 추궁하여 정죄에 이르도록 하므로, 이는 하나님과 사람을 연결하는 하나의 수단이 된다. 바울 또한 양심을 이와 같이 이해하여 가르치길, "이런 이들은 그 양심이 그 증거가 되어 그 생각들이 서로 혹은 송사하며 혹은 변

---

568 David L. Foxgrover, *John Calvin's Understanding of Conscience*, 87. Cf. *Institutes of Christian Religion*, III. xix. 15-16; Commentary, Romans 2: 14 -16; Exposition of John 1:4.

명하여"(롬 2:15-16)라고 하였다. 다시 말해서 단순한 지식이 사람 속에 내재하는 것이다. 그러므로 하나님의 법정 앞에 사람을 끌어내는 이러한 지각은 일종의 보초병처럼 사람에게 있어서 은밀한 모든 비밀들을 관찰하고 찾아내어 어둠 속에 묻혀 있는 것이 아무것도 없도록 만든다. 따라서 고대 금언에 의하면, "양심은 천만의 증인이다"라고 하였다.[569]

상기한 바처럼, 칼빈의 양심론은 하나님의 심판 즉 사람의 죄악은 숨길 수 없고 오직 하나님의 심판대 앞에 그것들을 내어 놓고 이에 대한 책임을 묻는 '증인으로서의 지각 능력'을 의미하며, 이를 지칭하여 "conscientia"라고 하였다.[570] 이러한 그의 신적 인식론에 입각한 양심론은 고린도후서 주석을 통해 "하나님의 심판"을 더욱 부각시키고 있다.[571]

칼빈이 신인식론적인 차원에 있어서 양심의 일차적 기능에 사용

---

[569] John Calvin, *Institutes of Christian Religion*, III. xix. 15. 칼빈은 계속하여 이르길, "이와 같은 이유로 인하여 베드로는 "선한 양심이 하나님을 찾아가는 것"(벧전 3:21)을 그리스도의 은혜의 확신에 근거한 마음의 평화와 동등하게 표현하고 있다. 즉, 그리스도의 은혜를 깨달을 때에 우리 자신을 담대하게 하나님 앞에 내어놓는다. 히브리서 기자는 "다시 죄를 깨닫는 일이 없으리니"(히 10:2)라고 말씀하는데, 이는 우리가 자유함을 받았거나 무죄 선언이 되어 죄가 더 이상 우리를 고소하지 못함을 의미하고 있다". III. xix. 15.

[570] 칼빈은 그의 기독교강요 III. xix. 15.에서 규정한 양심에 대한 해석을 더욱 발전시켜 IV. x. 3.에서 양심의 본질을 구체적으로 제시하고 있는데, 이는 III권에 대한 반복이며 강화로 볼 수 있다.

[571] 칼빈은 고후 5:10-11절을 주해하되, 마지막 날에 모든 사람들이 하나님의 거룩하신 심판대 앞에 드러나 각각 선악간에 그 몸으로 행한 모든 것에 대한 심판이 있을 것임을 강조하면서 오직 두려움으로 주님의 심판대를 기억하며 "정결한 양심"(pure conscience)으로 살아갈 것을 주지시키고 있다. Comm. II. Cor. 5, 11. 다음 구절들에 대한 칼빈의 주해를 참조할 것. Cor. 5,17; 5,18; 5,19; 6,7; 7,1; 7,11; 8,13.

한 용어는 'sensus'로서[572] 이는 'cognitive dispositions'인식적인 성향을 말하며,[573] '신적 판단력'a power of the divine judgment을 의미한다.[574] 그는 디도서 주석을 통하여 더럽혀진 마음과 양심에 대하여 기술하면서 양심과 인간의 마음 heart의 상태와의 직접적인 연관성을 분명히 하였다. 칼빈은 정신 mind이 이해 understanding 또는 분별력 Discretion을 의미함에 비하여, 양심 conscience은 마음 heart의 성향을 의미함을 사도 바울이 디도서를 통해 증언하고 있다고 강조하였다.[575] 칼빈은 또한 사도행전을 주석하면서 "양심"은 "하나의 어떤 내적인 정신적 인식"으로서, 개인 속에 깊이 내재하고 있는 하나의 감각 sense을 불러 일으킬 수 있는 것으로 이해하였다.[576]

칼빈은 sensus라는 용어를 'intelligentia' Intelligence 또는 'agnitio' Recognition와 다르게 사용함으로써, 이는 인간의 직관적이고

572　David L. Foxgrover에 의하면, 'sensus'라는 용어를 'conscience'에 적용한 사람은 오직 칼빈밖에 없으며, 이 용어는 'awareness'를 의미하며 'inner sense'에 가까운 표현이다. David L. Foxgrover, *John Calvin's Understanding of Conscience*, 99-100.

573　John Donnelly & Leonard Lyons, edit., *Conscience* (U.Y:Alba House, 1973), 17. 이에 대한 상세한 논의는 David Bosco, "Conscience as Court and Worm: Calvin and the Three Elements of Conscience" in *Journal of Religious Ethics* 14.2.,(Fall, 1986)을 참조할 것.

574　Ibid., IV. x. 3.

575　John Calvin, *Calvin's Commentaries: The Epistle of Paul the Apostle to Titus*. David W. Torrance and Thomas F. Torrance. eds. trans. T.A. Smail (Grand Rapids, MI: William B. Eerdmans Publishing Company), 1964, 367.

576　John Calvin, *Calvin's Commentaries: The Acts of the Apostles*. David W. Torrance and Thomas F. Torrance. eds. trans. John W. Fraser (Grand Rapids, MI: William B. Eerdmans Publishing Company, 1966), 252. 칼빈은 데살로니가전서 3:13을 주석하면서 양심은 인간 인격체에 내재하는 가장 깊숙한 구석구석을 침투해 들어가며 마음이란 양심을 의미하되, 영혼의 가장 깊은 부분(the innermost part of the soul)임을 강조하였다. John Calvin, *Calvin's Commentaries: The First Epistle of Paul the Apostle to the Thessalonians*. David W. Torrance and Thomas F. Torrance. eds. trans. Ross McKenzie (Grand Rapids, MI: William B. Eerdmans Publishing Company, 1960), 356.

도 내적인 인식innate awareness을 의미함을 분명히 하고 있다.[577] 이러한 차원에서 바라볼 때 칼빈에게 있어서 양심과 심판은 불가불리 관계 속에 놓여 있다. 이러한 그의 입장은 그의 『기독교강요』를 비롯한 모든 그의 『주석류』Commentaries에 잘 묘사되어 있다. 이는 무지와 정 반대되는 '선과 악, 정의와 불의를 구별할 수 있는 능력'을 의미하며,[578] 자연법에 대한 지식을 포함하고 있다.[579]

그는 양심의 인식론적인 기능을 '내적인 법'the internal law[580] 또는 '자연법'a law of nature[581], 또는 '자연 지식'knowledge of the law[582], '선악을 분별하는 보편적인 판단'universal judgment distinguishing between good and evil[583]으로 표현하였다. 그러나 이러한 양심의 심판적 기능은 후대의 철학자들의 이해처럼 "한 재판관, 심판자"라는 의미보다는 "하나님의 심판대 앞에서 선포하는 전달자의 역할"delivery service for judgment로 인식하였다.[584]

577　David L. Foxgrover, *John Calvin's Understanding of Conscience*, 100.
578　John Calvin, *Institutes of Christian Religion*, I, xv. 2.; Com. Rm. 2:14(CO. XLIX. 37); 여기에서 사용된 라틴어는 'iudicium'으로서 'judgment, decision, opinion, trial'을 의미하고 있다. 또한 선악간의 구별의 능력을 의미하는 단어는 'conscientiae agnitio'로 사용되었다.
579　그는 롬 2:14-16을 통하여 자연법과 양심에 관하여 구체적으로 설명하고 있다.
580　John Calvin, *Institutes of Christian Religion*, II. viii. i. 'lex illa interior'.
581　Ibid., II. viii. 'per legem illam naturalem' 그리고 'quod in lege naturali nimis obscuram erat'으로 표기하였다.
582　Ibid., II. ii. 22. 'Legis notitia'.
583　Ibid., II. ii. 24. 'iudicium universale'.
584　David Bosco, "Conscience as Court and Worm: Calvin and the Three Elements of Conscience", 336. Bosco는 칼빈이 이해한 양심의 권위는 각 사람에 대한 심판자가 아니라 재판 법정의 위원장(being the convener of the court of the Judge for each person)에 근거하고 있으며, 이는 양심이 심판 자체보다는 심판 결과에 대한 전달자로서의 역할을 의미하는 것으로 이해하였다.

칼빈은 양심을 '세상적인 법정적 개념인 재판과 심판을 담당하는 기관'으로 정의하기보다는 '인도자의 개념'으로 인식하였다. 그는 철저하게 세상의 법정the earthly forum과 양심의 법정the forum of conscience을 구분함으로써 통치자의 법이 양심의 법을 지배한다는 논리를 배격하였다.[585] 즉, 그는 'forum'을 'forum of conscience' 와 'outer forum'으로 나누어 설명하고 있다. 즉, 양심의 법정은 세상적인 법정과는 다른 성격을 지니고 있다. 두 왕국the two kingdoms 속에 살아가고 있는 하나님의 백성들은 영적 통치권과 세속적 통치권 아래 살아가고 있다. 전자는 마음속에 있으며 후자는 정치적인 나라로서 고결하고 절제 있는 사회 생활을 하는데 필요한 법률을 제정하는 것에 관한 통치를 이루고 있다. 그러나 영적인 나라에 적용되는 것처럼 보이는 세속적인 제도 속에는 어떤 망상이 도사리고 있을 수 있으므로 항상 긴장 가운데 있다. 바울 사도는 사람들이 하나님의 세우신 통치자들이 제정한 세상의 법적 권위를 존중하는 바가 마땅함을 가르치고 있지만롬 13:1, 세상의 법들이 인간 영혼을 내적으로 다스리는데 적용된다고 가르치지 않는다. 칼빈에 의하면 그리스도인의 양심은 항상 사람

---

[585] 이러한 두 개의 기관의 차이점에 대하여 칼빈은 다음과 같이 묘사하였다. "인간의 양심은 사람들에 관한 것이라기보다는 단지 하나님과의 관계 속에 존재하는 것이다. 형벌 때문만이 아니라 양심을 위해서도 통치자들에게 복종해야 한다면(롬 13:5), 통치자들의 법이 또한 양심을 지배한다는 논리가 성립되는 것 같아 보이기 때문이다. 그리고 그것이 사실이라면, 교회법 역시 똑같이 양심이 지배하는 것이 될 것이다. 그러나 나는 다음과 같이 응수하고자 한다. 무엇보다도 우리는 종(speices)과 속(genus)을 구분해야 한다. 개별적인 법들이 양심에 적용되지 않을지라도, 인간은 상부의 권위에 복종하라는 하나님의 일반 명령에 붙들려 있는 것이다. 바울의 논조는 다음과 같다. 즉 통치자들은 하나님이 세우셨으므로 존경을 받아야만 한다(롬 13:1). 그렇다고 해서 그들이 제정한 법률이 영혼에 대한 내적인 다스림을 형성해 가도록 적용된다는 점을 가르치려고 하는 것은 아니다. 왜냐하면 바울에게 있어서 인간의 정당한 삶을 위한 영적인 통치와 하나님을 경외하는 일들이 어떠한 인간적 법률보다 우선하고 있기 때문이다". John Calvin, *Institutes of Christian Religion*, VI. x. 5.

들에 관한 것이 아니라 오직 하나님과 관계하고 있으며 세상 법 자체가 인간의 양심의 법을 얽어 매는 것이 아니다. 따라서 세상 법을 준수해야 할 모든 의무는 그 법이 명하는 개개의 내용에 있는 것이 아니라 그 전체의 목적에 있는 것이다.[586]

세상의 법정과 양심의 법정을 구별하는 목적도 바로 이러한 이유 때문이다. 온 세계가 가장 짙은 무지의 어두움 속에 감싸여 있을 때에도 아직 희미한 불빛은 여전히 존재하고 있었다. 바로 이러한 상태의 인간이 소유한 양심은 모든 인간의 심판과 판단보다 우월함을 인식하고 있었다. 비록 이러한 인간들은 자신들이 고백했던 내용들을 한번에 부정하는 결과를 가져왔을지라도, 하나님께서는 인간의 양심을 인간의 압제로부터 구출시키기 위해 그리스도인의 자유의 증거들이 드러나도록 인도하셨다.[587]

이처럼 칼빈은 "하나님 심판의 좌소 앞에 선 증인" witness before the divine judgment seat, "고소" accusation, "유죄 선언" convict, "법정" tribunal, "재판소" forum 등과 같은 서술적인 은유 표현들을 통하여 양심의 신적 인식론적인 성향을 더욱 공고히 하였다.

---

586 John Calvin, *Institutes of Christian Religion*, III. xix. 15; IV. x. 3-5.
587 Ibid., VI. x. 5.

2. 인적 인식론으로서의 양심론성화 및 성별 sanctificatio et sacralizzazione

일차적으로 칼빈이 이해한 도덕법자연법의 기능은 사도 바울이 롬 1:20 "창세로부터 그의 보이지 아니하는 것들 곧 그의 영원하신 능력과 신성이 그 만드신 만물에 분명히 보여 알게 되나니 그러므로 저희가 핑계치 못할 찌니라"에서 제시한 바처럼 하나님의 존재성과 통치성 그리고 인간 본질의 정체성을 모든 사람들에게 계시하는 역할을 감당한다.

> 보통 도덕법은 세 부분으로 구성되어 있다. 그 첫 부분은 하나님의 의를 드러냄으로써 각 사람들에게 자신의 불의함을 타인에게 알리고 경계하여 깨우치고 정죄하는 것이다…… 두 번째 기능은 옳고 바른 것에 대한 관심을 가지지 않는 자들에게 율법이 수여하는 무서운 위협을 받게 함으로써 형벌에 대한 두려움을 갖게 하여 죄악을 억제케 하는 것이다…… 세 번째 기능-이는 율법의 가장 주된 기능이요 또한 율법의 고유한 목적에 더 가깝다-은 그들이 사모하는 주의 뜻의 본질을 날마다 더 철저하게 배우게 하고 그 의미를 깨닫고 확증하는 역할을 감당케 하는 것이다. 이성은 선악을 분간하며, 이해하고 판단하는 역할을 하는 자연적인 은사이므로, 그것은 완전히 제거될 수 없었고, 다만 일부는 약화되고 일부는 부패하여 형체 없이 황폐한 상태로 남아 있다…… 사람의 타락하고 부패한 본성에서도 어느 정도 희미한 불빛이 보인다 …… 이러한 증거는 이성과 지성에 속한 보편적인 이해력이 본성적으로 사람들 속에서 심겨져 있음을 분명히 입증해 주는 것이다. 한편 이

러한 선한 능력이 모든 사람에게 보편적으로 있으므로 각 사람은 마땅히 거기서 특별하신 하나님의 은혜를 깨달아야 할 것이다…… 그런 능력이 경건한 자들에게나 불경건한 자들에게나 차별 없이 베풀어져 있으니, 이 역시 자연적인 은사에 포함되는 것으로 보는 것이 옳을 것이다…… 본성의 법이란 정의와 부정의를 충분히 구별해 주기 때문에 무지를 핑계로 삼지 못하도록 하며 아울러 각 사람들이 자신의 유죄함을 깨닫게 해주는 양심의 판단을 의미한다…… 따라서 인간들이 단지 자신의 무지로 인하여 득죄한다는 주장은 잘못된 내용인 것이다.[588]

이처럼 자연법을 통해 계시된 내용이 인간의 탐욕과 욕망으로 인하여 삶에 적용되는 과정에서 왜곡되었을 때 하나님께서 주신 인간의 양심의 기관은 철저하고도 통렬하게 이를 인식하여 죄성을 드러나게 한다. 비록 중생을 체험하지 못한 사람일지라도 기본적으로 주어진 양심은 양심의 가책 Worm of Conscience을 통해 자신의 악행을 증거하며 압박하게 된다. 칼빈은 창 1:26에 근거하여[589] 사람이 하나님의 형상 imago Dei을 따라 창조됨으로써 전인적인 완전한 자로서의 양심

---

[588] Ibid., II. vii. 12; II. ii. 12-22. 칼빈은 이를 더욱 구체적으로 설명한다. "인간의 마음 속에 본능적으로 신에 대한 지각이 존재한다는 것을 우리는 논란의 여지가 없는 사실로 받아들인다. 무지를 핑계거리로 삼지 못하도록 하기 위해, 하나님은 자신의 신적 위엄을 모든 사람들이 인식할 수 있도록 하기 위해 그들의 사고 속에 심어 놓으셨다…… 이렇듯 사람들은 누구나 하나님으로 칭하는 분이 존재하며 그분이 사람들을 지으신 분이라는 것을 인식하고 있기에 그분께 존귀를 드리지 못하고 그분의 의지에 따라 삶을 영위하지 못한 경우는 자기 자신의 양심이 이를 정죄하게 되는 것이다". Ibid., I. iii. 1.

[589] Calvin, *Commentaries on the First Book of Moses*, vol.. 1. translated by John King (Edinburgh: Printed for the Calvin Translation Society, 1845; reprinted ed.. Eerdmans: Grand Rapid, 1948, 94-94. *Institutes of Christian Religion*, II. vi. 1.

의 소유자이었음을 지적한 후, 존재적 개념concept of being으로서의 양심은 아담의 타락으로 인하여 "규범적 개념"the concept of norm으로 전환되었으며, 양심의 타락은 "심령의 내적 정직성"inward integrity of heart의 상실을 초래케 됨으로써 원래적인 정직성의 파괴가 일어나게 되었고 그 안에 위선hypocrisy과 근심anxiety으로 가득차게 되었음을 지적하였다.[590]

그러나 칼빈은 아담의 타락으로 인하여 손상되고 파괴되었던 하나님의 형상으로서의 양심의 기능이 그리스도의 구원 사역을 통해 회복되어 신자가 "선한 양심"good conscience을 소유하게 되었음을 말함으로써, 성령의 능력에 입각한 신자의 선한 양심을 통한 신자의 성화의 역동성을 제시하고 있다. 칼빈은 일차적으로 사람과 하나님과의 양심의 상호 관계성을 말함과 동시에 양심이 사람들 간에 적용됨을 주장함으로써 인간의 수평 관계 속에서 형성되어야 할 성화의 과정을 기술하고 있다.

"하나님과 사람을 대하여 항상 양심에 거리낌이 없기를 힘쓰노라"(행 24:16)는 사도 바울의 말씀에서도 이 점을 잘 드러내고 있다. 그 이유는 선한 양심의 열매가 사람들에게까지 도달되기 때문이다⋯⋯ 하나님께서는 우리에게 마음을 청결케 하고 정욕을 제하라고 명령하시는 동시에 겉으로 드러나는 모든 음란과 더러운 말까지도 금하시는데, 혹시 이 땅에 나 이외에 다른 사람이 없다 할지라도, 나는 양심으로 이 법을 준

---

590 David L. Foxgrover, *John Calvin's Understanding of Conscience*, 214.

수해야 함은 당연하다.[591]

이처럼 칼빈은 딤후 4:8을 주해함에 있어서 인간에 관한 선한 양심의 기능에 대하여 피력하고 있다. 이 양심은 하나님을 향함과 동시에 사람을 향하고 있다. 특히 그는 행 14-28장에 대한 주해를 통하여 선한 양심은 인간 "심령의 내적 고결성"을 의미함과 동시에 "하나님을 생동력 있게 섬겨가며 거룩하고도 경건하는 삶을 살고자 최선을 다하는 노력"임을 논증하였다.[592] 따라서 칼빈은 바울이 이해한 바처럼, "선한 양심과 거짓 없는 신실한 믿음에서 비롯된 사랑은 율법의 완성이다"라고 하였다.[593]

칼빈에 의하면, 선한 양심은 신자로 하여금 이 땅 위에서 그리스도의 장성한 분량이 충만한 데까지 이르도록 엡 4:13 그리스도를 닮아가는 삶을 성취하는 수단이 된다. 특히 앞서 고찰한 바처럼 하나님은 그리스도의 치유 사역으로 회복된 인간의 선한 양심을 '하나님의 심판대'이며 '자아비판 의식' sense of self-judgment이자 '자아 성찰' self-examination의 기능을 수행토록 하심으로써 믿음을 통한 회개 repentance을 일으키도록 하신다. 칼빈은 『기독교강요』 III권 전반부에서 하나

591　John Calvin, *Institutes of Christian Religion*, III. xix. 16.
592　David L. Foxgrover, *John Calvin's Understanding of Conscience*, 216. Foxgrover는 칼빈이 사용한 '선한 양심'이라는 용어는 딤전 1:5과 1:19, 렘 33:1, 시 37:23, 사 7:13, 고전 7:25, 시 119:30, 행 10:1등에 해당하는 칼빈의 주석에 대한 비교 분석작업을 통하여 'good consicence'는 'conscientiousness 또는 the quality of steadfastness or fidelity'에 해당하는 용어로 이해하였으며, 이는 'pura et integra conscientia 또는 bona or pura or recta conscientia'에 상응하는 용어임을 논증하였음을 주장하였다.
593　John Calvin, *Institutes of Christian Religion*, III. xix. 16.

님의 심판과 인간의 죄성의 상호 관계성을 회개와 믿음 그리고 성화의 방식들을 통하여 설명하고 있다. 이러한 선한 양심이 작동하여 수행되는 자아비판과 자아 성찰의 과정은 필연적으로 회개가 전제된다. 왜냐하면 하나님 앞에서의 철저한 회개가 없는 상태에서는 우리의 양심이 하나님의 심판대 앞에 불려 갈 수 없기 때문이다.

> 우리가 우리 자신을 올바로 살필 수 있으려면 우리의 양심이 반드시 하나님의 심판대 앞에 불려가야 한다. 거기에서는 완전히 벌거벗은 상태로 은밀하게 숨어 있는 우리의 부패한 곳을 백일하에 드러내놓을 수밖에 없기 때문이다. 그렇게 하지 않으면 그런 것들은 너무나 깊이 숨어 있어서 드러나지 않는다.[594]

칼빈은 회개가 없는 영혼은 자기 기만과 고집과 악한 생각으로 가득 차 있기 때문에 성령의 인도하심을 받지 못하게 되어 회개의 요소들인 자아 성찰과 자아비판, 그리고 더 나아가서 죄죽임Mortification과 살리심vivification을 성실히 감당해 갈 수 없음을 강조하였다.

회개는 두 부분으로 곧 죄죽임(mortificatio)과 살리심(vivificatio)으로 되어 있다. 그들은(회개의 본질을 잘아는 어떤 사람들- 필자주) '죄죽임'은 죄를 인식하고 하나님의 심판을 깨닫게 됨으로 품게 되는 영혼의 슬픔과 두려움이라고 설명한다. 누구든지 죄에 대하여 참된 지식을 소유하면 죄를

---

594 Ibid., III. xii. 5.

참으로 미워하고 혐오하게 된다…… 게다가 하나님의 심판에 대한 인식을 접촉케 되면(죄는 곧 바로 심판으로 연결되기 때문이다) 충격에 휩싸이게 되어 곧 바로 무너지게 되며 비천해져서 두려움에 떨게 된다. 그리고 실망감에 빠져서 절망에 처하게 된다. 바로 이것이 회개의 첫 번째 부분으로서 보통 '통회'(contrition)라 칭한다. 또한 살리심은 믿음을 통하여 출원한 위안을 가리킨다…… 말하자면 죽음에서 생명으로 되돌아오게 되는 것을 지칭하는 용어이다. 이 두 단어들은 올바로 해석하기만 하면 회개에 담긴 의미를 충분히 잘 표현해준다…… '살리심'이란 거룩하고 헌신된 삶의 방식을 추구하는 것이며 이는 거듭남의 체험을 통해 일어나는 열망이다. 이는 마치 사람이 자기 자신을 죽이고 하나님께 대하여 사는 삶의 시작을 의미하는 것이다.[595]

이처럼 선한 양심을 통한 하나님 앞에서의 자기 비판과 자아 성찰 그리고 죄죽임과 살리심은 인간의 행위에 대한 자랑과 교만거리를 제거해주고 오직 하나님의 긍휼하심을 받아들이도록 우리를 인도한다.[596] 왜냐하면 하나님의 심판대 앞에서 인간의 모든 허세와 자랑은 철저하게 무너지게 되며, 오직 선한 양심이 일깨움을 받아 하나님만이 자신의 유일한 피난처임을 깨닫게 하기 때문이다.[597]

---

595 Ibid., III. iii. 3. 칼빈은 '회개야말로 기독교 전체를 요약할 수 있는 용어이며, 회개에 대한 가르침은 신적인 삶의 원칙을 함축하고 있으며, 이를 통해 종교(기독교) 전체의 목적인 순결하게 주님을 섬기고 우리 자신을 거룩함과 의로움에 헌신하는 삶을 실현해 갈 수 있다고 주장하였다. Calvin, *Commentaries. The Acts of the Apostles 14-28*. ed. by David W. Torrance and Thomas F. Torrance. Trans. by John W. Fraser (Eerdmans: Grand Rapid), 1966, 176.

596 Ibid., III. xii. 4.

597 Ibid. 4.

또한 칼빈은 요일 3:2과 시 22:1 그리고 롬 8:5과 특히 롬 7장에 대한 주석을 통하여 하나님의 자녀가 예수 그리스도의 구속의 은총을 힘입어 죄의 통치 세력the reign of sin에서 벗어났지만 아직 육신을 입고 있는 삶을 살기 때문에 천사와 같은 정결함angelic purity을 소유하지 못하였고 매일매일의 삶 속에서 양심의 내적 투쟁과 육욕의 흔적들을 지니고 있음을 피력하고 있다. 따라서 칼빈은 그리스도인들 자신은 자신의 것이 아니고 오직 하나님께 속한 자임을 철저하게 인식해야 함을 주장하였다. 그는 믿음과 근심의 상호 관계성에 관하여 『기독교강요』 III. ii. 에서 장황하게 분석하였다.[598]

칼빈은 이러한 인식의 기관으로서 그리스도인의 양심론을 펼치면서 그리스도인의 삶의 요체를 세 가지로 제시하고 있다. 첫째는 자기 자신을 부정하는 삶self-denial이다.[599] 육체의 소욕과 완전히 작별을 고하고 정욕을 죽이고 재갈 먹이며 우리 자신을 온전히 하나님과 주의 형제들에게 드리고 이 부패한 세상 속에서 천사와 같은 삶을 살아가기 위해선 항상 자기 자신을 부인하고 낮추는 삶을 살아가야 할 것을 주장하였다.[600] 그는 이러한 자기 부인의 삶은 하나님의 주인 되심을 날마다 선포하고 하나님께 자신을 온전히 드리며 자신을 낮추고 오직 주위 이웃의 유익을 추구하며 이웃에게 그리스도의 사랑을 증

---

598 Ibid., III. ii. 17-22를 참조하라.

599 Comm. on 1 Pet. 3:1; C.O. 55:271.

600 John Calvin, *Institutes of Christian Religion*, III. vii. 3. 또한 III. vii. 1; III. vii. 2; viii. 1; vii. 3-4.; Corus Reformatorum(Calvin's Works, ed. Baum, Cunitz, and Reuss, vols. 1-59; Brunswick, 1863-1900), 45:481를 참조하라.

거하며 오직 주님이 주시는 복을 의지하고 경건한 신자가 겪는 역경을 이겨가는 삶을 살아감이 곧 자기 부인의 삶임을 논증하였다.[601]

그는 또한 자기 부인의 일부로서 십자가를 지는 삶Bearing the Cross을 제시하였다.[602] 이 십자가는 하나님 앞에 자신을 낮추어 하나님의 은혜를 의지케 하며[603] 신자로 하여금 십자가를 통하여 우리 자신의 덕성에 빠진 그릇된 생각을 완전히 전복시키고 위선적인 껍데기를 벗겨내고 육체에 대한 신뢰감을 제거시키며 자신을 낮춤으로써 오직 하나님만을 의지하는 법을 깨닫게 하는 것이다.[604] 이 십자가는 영적 질병을 치료하는 도구가 된다. 사람마다 걸리는 질병도 다르고 그 병의 고통도 다양한 것을 볼 때, 십자가의 시련의 방식과 정도도 다양함을 인식할 수 있다. 하늘의 의사이신 하나님은 어떤 이에게는 부드럽게 치료하시고 어떤 이에게는 좀 더 고통스런 치료법을 사용하시지만 십자가의 목적은 오직 모든 사람을 치료하는데 있다.[605] 이처럼 그리스도의 십자가는 그리스도인의 의를 위한 고난을 내포하고 있으며마 5:10; 행 5:41; 딤전 4:10;고후 6:8, 그리스도의 인내를 배우도록

---

601   Ibid., III. vii. 1-10. Ronal S. Wallace에 의하면, 그리스도인의 자기 부인의 삶은 그리스도의 죽음에 대한 이중적 닮아가기(duplex mortis Christi similitudo)에 해당하는 과정으로서, 이러한 이중적 죄죽임(duplex mortificatio)의 일면은 우리 주변에 있는 환경적인 요소들과 관련이 되며, 다른 일면에는 인간의 내적인 것으로서 자신의 지식과 이해력 그리고 의지를 죽이는 것으로 이해하였다. Ronal S. Wallace, *Calvin's Doctrine of the Christian Life* (Michigan: Grand Rapids: Eerdmans Publishing Company, 1959), 51-52. 그리고 Comm. On Col. 3:5; C.O. 52:119를 참조하라.
602   John Calvin, *Institutes of Christian Religion*, III. viii. 1. 그리고 III. viii. 5. 8. 10.과 CR 12:169; 37:335; 45:482; 45:482; 50:55; 45:554; 12:169; 13:145; 31:447; 13:296; 45:482를 참조하라.
603   Ibid., III. viii. 2.
604   Ibid., III. viii. 3.
605   Ibid., III. viii. 4-6.

역사한다.[606]

　마지막으로 그는 영생에 대한 묵상 meditation on the Future Life을 제시하였다.[607] 인간은 환란을 당함에도 불구하고 하나님의 눈을 회복하기보다는 인간적 술수와 방법을 동원해서 회피코자 하는 악한 성향을 지니고 있다.[608] 따라서 칼빈은 먼저 하나님께서 환란을 통해 이 세상의 삶에 대한 과도한 애착을 버리게 하셨음을 피력하였다.[609] 신자는 하나님께서 이 땅에 날마다 베풀어 주시는 축복들을 기억하며 이 땅의 삶이 하늘나라의 영광을 준비하는 과정이라는 사실을 깨닫고 하나님께 감사하는 삶을 살아가야 할 것이다.[610] 게다가 신자는 이 땅의 삶에 애착을 버리고 오히려 머지않은 장래에 도래될 영생을 사모해야 하며 영생을 얻는 과정에서 일어나는 죽음에 대한 두려움과 공포를 극복해야 할 것이다. 이러한 영생에 대한 묵상은 신자의 거룩함과 의로움을 유지하는데 매우 유익한 도구가 될 것이다.

V. 결론

　칼빈의 신학 사상은 종교개혁가들로 하여금 개혁주의 신학을 형성케 하는 매우 중요한 결과를 가져왔다. 이러한 칼빈의 신학에 근

606　Ibid., III. viii. 7-11.
607　Wilhelm Niesel은 우리가 다가올 미래에 펼쳐질 영생의 삶을 바라본다면, 십자가를 지는 일은 쉬워질 것이며 이렇게 될 때 우리는 이 세상의 모든 것들을 가장 큰 것까지라도 기꺼이 희생 제물로 바치려고 할 것이라고 피력하였다. Wilhelm Niesel, *The Theology of Calvin*, trans. Harold Knight (Michigan, Grand Rapids, Baker Book House, 1980), 150.
608　Ibid., III. ix. 2.
609　Ibid., III. ix. 1.
610　Ibid., III. ix. 3.

저에는 믿음과 칭의, 성화 그리고 예배, 성례와 같은 중요한 이슈들이 자리잡고 있지만, 그의 신학 사상에는 하나님의 심판과 법정으로 규정된 '인간의 양심'과 불가분리의 관계를 유지하고 있다. 비록 그는 『기독교강요』에서 양심 conscientia을 하나의 논문 주제로 다루지는 않았지만 그가 이해한 양심의 본질과 그 기능에 대한 중요성과 내용은 그의 『기독교강요』를 비롯하여 여러 그의 『성경 주해서』에서 그의 신학적 윤리 사상을 기술함에 있어 전반적으로 폭넓게 논급하고 있음을 주목해야 할 것이다.

기존에 칼빈의 양심론을 연구해왔던 Gloede, Wallace, Dowey 등은 창조론에 근거하여 해석함으로써 도덕적 자연적 양심이 아담의 타락으로 인하여 심하게 왜곡되고 훼손되었음을 간과하게 되었음에 반하여, Kolfhaus와 Torrance 등은 근본주의적 은총론에 기울어짐으로써 양심의 본질과 정체성에 혼란을 가중시키게 되었다. 그러나 칼빈주의적 세계관에 입각한 창조, 타락, 구속의 구도로서의 양심론은 새로운 양심의 정체성을 분명하게 제시해주고 있다. 요약하자면, 하나님의 형상과 모양에 따라 지음 받은 인간에게 주어진 'conscientia'는 엄밀한 신적 판단력과 하나님의 의지에 대한 지식을 감지할 수 있는 능력을 소유케 되었다. 그러나 아담의 타락으로 인하여 하나님의 형상적 요소로서의 양심의 기능은 손상을 입게 되었고 하나님과의 교제가 소원케 되었다. 그러나 인간은 그리스도의 십자가의 피 뿌림의 역사를 통해 선한 양심으로 회복되었다. 비록 이러한 선한 양심은 인간에게 구원을 수여하거나 구원 사역의 요소가 될 수 없지만, 신자 속에 거하는 회복된 선한 양심은 성령의 인도하심에 의하여 어떠한 율법이나 제도 그리고 요구 조건에 전혀 영향을 받지 않고 하나님의 선한 의지를 실현시켜 나가는 원동력이 될 것이다.

칼빈은 양심의 기능을 규명함에 있어서 신 인식과 인간 인식 즉, 하나님의 지식과 인간의 지식 간의 불가불리성을 확증해주고 있다. 칼빈은 양심을 신적 심판 의식으로 이해하였고 이는 인간 속에 내재하는 증인이 되어서 하나님 법정 앞에서 고소를 당할 죄를 감추지 못하게 이끌어 내는 역할을 하는 것으로서, 이는 하나님과 사람을 연결하는 하나의 수단이 되는 것으로 이해하였다. 그러나 칼빈은 양심 자체에 하나님을 아는 지식 또는 의식을 소유하는 심판적 기능을 가진 것으로 인식하기보다는 오히려 하나님의 심판대 앞에서 선포하는 전달자의 역할 delivery service을 하는 즉, 법정적 개념보다는 인도자 개념으로 이해하였다.

그는 이러한 양심의 신적 인식으로서의 기능과 아울러 인간의 본질과 정체성을 철저하게 깨닫게 하는 인적 인식의 기능의 연관성을 강조하였다. 칼빈은 신자가 이러한 선한 양심을 통하여 인간의 무가치성과 죄악성을 철저하게 깨닫게 되며, 양심은 '회개'repentance를 동반한 자기 성찰, 자아비판, 자기 부정, 죄죽임 죄억제, 살리심, 십자가를 지는 삶, 영생에 대한 묵상 등 신자의 성화의 요소들과 긴밀한 연관관계를 형성하고 있음을 그의 성화론 신학에서 고찰해 볼 수 있다.

칼빈의 양심론은 후대의 영국 청교도 신학에 큰 영향을 미치게 되었는데, 이는 칼빈의 양심론이 하나님에 대한 인식과 아울러 인간의 본질 및 그리스도인의 삶의 정체성을 분명하게 확립시켜주는 역할을 감당케 되었기 때문이다. 신자의 성화론과 긴밀한 연관성을 지니고 있는 칼빈의 양심론의 특징은 후대 청교도들의 양심론이 로마 가톨릭의 도덕론적 결의론으로 흐르지 않고 개혁주의 신학의 구원론적 입장에서 성화의 수단과 방법 그리고 과정을 세밀하게 분석하는 결과를 제공해주었다는 점에서 역사적인 중요한 의미를 지니고 있다.

오늘날 한국 교회는 구원론 중 중생과 칭의에 대한 강조에 치중한 나머지 그리스도인의 양심과 이에 근거한 성화를 간과하거나 무관심한 대상으로 치부해왔다. 그 결과, 한국 교회 성도를 위시하여 수많은 신학대학교와 각 교단의 목회자들 가운데 진정한 그리스도인의 양심이 율법화되거나 값싼 은총론Cheap Grace에 기대어 퇴색되어 왔다. 그러므로 인간과 인간 사이의 수평적 관계가 왜곡되고 뒤틀어져서 불신자의 세계 못지 않은 갈등과 긴장과 혼선이 가중되고 있는 게 현실이다. 게다가 기독교 대학 및 교단이 세속적이자 비윤리적이고도 근시안적인 방법론을 도입하여 기독교 대학 시스템을 형성, 유지하고 있음에도 불구하고 그리스도인의 양심은 전혀 작동하지 못하고 오히려 무디어진 상태로 일관되고 있다. 세상의 빛과 소금의 역할을 감당해야 할 우리의 정체성이 삶의 잣대를 상실한 채로 표류되고 있는 것이다. 이러한 시대적 오류는 칼빈의 양심 이해에 전면적으로 모순Contrariety된 상황을 연출하고 있는 현실이다. 칼빈이 주장하는 진정한 그리스도인은 그리스도의 십자가의 은총을 통하여 회복된 "하나님의 법정적 이행자로서의 선한 양심"을 하나님께서 주신 말씀을 삶에 실제적이고도 적극적으로 적용하는 삶을 향유하는 하나님의 사람들을 의미한다. 따라서 오늘날 기독교는 나 자신을 위시하여 가족과 교회, 지역 사회 및 국가와 세계가 모두 함께 동반자적 자세를 공유할 수 있는 삶의 신학과 신앙의 체계Doing theology & Doing Christian가 절실히 요구되고 있다.

6) 예정론

Title: John Calvin의 "De aeterna Praedestinatione"에 관한 소고[611]

I. 문제 제기

오늘날 교회와 지역 사회는 성경의 무오성과 전통적인 교리에 대한 불신이 팽배해가는 시대를 맞이하고 있다. W.C.C.운동을 위시하여 Postmodernism의 흥기 그리고 교황 Francesco의 방한 활동은 성경적인 한국 교회의 미래 자화상과 전통적인 신학과 신앙을 보존하며 발전시켜 가는 데 많은 갈등과 도전을 주고 있는 실정이다. 특히 개혁주의 신학의 전통 중심에 자리 잡고 있는 '하나님의 영원하신 예정교리'는 거대한 폭풍우를 만난 조각배처럼 위태롭게 바다 한가운데 표류하고 있는 정황에 처해 있다.

칼빈은 그가 남긴 작품 속에서 "예정에 관한 논의가 제아무리 위험스런 바다에 비유될지라도 스스로 위험 가운데 몸을 던지지 않는 한 이 여행은 고요한 가운데 안전한 항해가 될 것이라는 사실을 발견하게 될 것이다"라고 지적한 바가 있다. 비록 수 세기에 걸쳐 하나님

---

611 윤종훈, "John Calvin의 'De aeterna Praedestinatione'에 관한 소고," 「역사신학논총」, 제 27집, 2014, p.8-27까지 전체를 인용함.

의 영원하신 예정에 대한 의구심과 궁금증 그리고 심한 비판이 제기되어 왔지만 칼빈은 영원한 예정론은 가장 성경적이며 구원론의 신학적 구조를 구축하는 뼈대가 된다는 사실을 논증하고자 노력하였다. Martiin Luther와 Philip Melanchthon도 그의 로마서 주해를 통해 칼빈과 동일하게 하나님의 영원하신 예정을 열렬하게 지지하고 있다는 사실을 어렵지 않게 발견할 수 있다.[612]

Fred H. Klooster의 지적처럼, 아마도 'De aeterna Praedestinatione' 영원한 예정 즉 이중예정론이 사람들로부터 좋은 호감을 얻기 힘들다는 점을 칼빈 자신보다 더 잘 알았던 인물도 찾기 힘들 것이다. 따라서 칼빈의 친구들을 위시하여 당대 동료 개혁자들도 이중예정 가운데 특히 유기에 대한 칼빈의 완고한 입장을 좀 완화시켜주도록 부탁하였다. 그러나 칼빈은 많은 사람들이 하나님의 책망에서 벗어나려는 차원에서 일부 사람들이 유기된다는 사실을 부인하는 입장에서 영원한 예정론을 받아들이고자 한다고 엄준하게 비판하였다.

그는 영원한 예정론은 결코 고대 교부들의 글이나 중세 스콜라주의 철학적 방법론에 근거하기보다는 오직 성경이 이것을 증명하고 있다는 확고한 신념 위에 논리를 펼쳤다. 그리고 성경에서 교리의

---

612 Luther는 "모든 사물은 무엇이든지 하나님의 의도에서 발생하고 또 그것에 의존한다. 이런 관계로 생명의 말씀을 받을 자와 그것을 받지 않을 자, 그들의 죄에서 해방될 자와 그 죄 가운데서 강퍅해질 자, 또한 칭의 받을 자와 정죄받을 자가 다 예정되어있다."라고 주장하며 예정론을 주장하였으며, Melanchthon도 "모든 일이 우리가 외면적으로 행하는 일뿐 아니라 내면적으로 사고하는 사상까지도 하나님의 예정에 의해서 이루어진다. 기회나 운명 같은 것은 없다. 하나님의 예정을 철저히 깨닫는 길만이 하나님을 경외하고 그를 전적으로 신뢰할 수 있는 유일한 첩경이다."라고 강조하면서 예정론을 강하게 부각시켰다. Loraine Boettner, *The Reformed Doctrine of Predestination* (New Jersey, Phillipsburg: Presbyterian and Reformed Publishing Company, 1932), 15.

핵심을 찾기 위하여 부단히 노력하였다.

본 논문의 목적은 존 칼빈이 출판한 서적 가운데 '영원한 예정론'을 중점적으로 다루었던 작품들을 통하여 혹자들이 지적하고 있는 바처럼 칼빈의 예정론은 고대 스토아주의 학파의 영향권 속에서 발전되었는지 그리고 중세 스콜라주의 철학의 방법론을 도입하여 활용하고 있는지에 대하여 살펴보고자 한다. 만일 칼빈의 방법론이 고대나 중세의 철학적 기반을 구축하지 않았다면, 과연 개혁주의 제창자로서 성경에 근거한 성경적 논리에 충실히 논증하고 있는지를 구체적으로 추적하고자 한다.

II. 존 칼빈의 Eternal Predestination에 관한 작품들

Hippo의 Augustinus는 고대 교회 공동체 가운데 '영원한 예정론'을 주장하였는데, 그의 신학적 전통은 종교개혁 당시 M. Luther와 J. Calvin으로 이어지게 되었다. 중세 당시에도 로마 가톨릭의 인문주의 신학과 인간의 공로와 공적을 강조하는 비성경적 가르침에 반기를 들었던 당대 개혁가이자 영국 Oxford의 새벽별이었던 John Wycliffe와 Czech의 Prague대학교 총장이었던 Jan Hus가 철저하게 Augustinus의 예정 교리를 강조하였다.

John McNeill이 잘 지적한 바처럼, 개혁주의 예정론은 많은 사람들의 관심과 염려의 대상이 되었다. 즉, "만일 하나님께서 오래 전에 내가 구원을 받을 것인지 혹은 저주를 받을 것인지 결정해 놓으셨다면 지금 내가 할 수 있는 일은 무엇인가? 내가 만일 선택을 받은 사람들 중에 하나라면 그 사실을 어떻게 확신할 수 있는가?"라는 불안과 근심의 문제를 제기하였으며, 일부에서는 하나님께서 아담에게 선택권을 부여하셨는데 칼빈의 예정론은 인간의 자유와 책임에 대한 권리를 회석화시킨다고 지적하였다.[613] 이처럼 일부 신학자들은 칼빈이 인간의 도덕적 책임보다는 하나님의 주권과 섭리를 강조한다는 이유를 들어 그를 매우 냉랭하고 계산적인 논리적 신학자로 평가하고 있다.[614]

칼빈은 1536년 자신의 작품인 "Christianae Religionis Institutio"에서 "the Apostle's Creed"와 교회의 명제를 다루면서 예정론에 대하여 간단히 다루었다.[615] 그러나 칼빈은 자신의 작품을 1539년에 책명을 바꾸어 "Institutio Christianae Religionis"라고 명기하고 17장으로 증보 출판하였는데, 이 작품을 통하여 그의 예정론을 폭넓게 서술하였다.[616] 1541년 프랑스 판에서는 제 8장 "Of God's Predestination

---

613 John T. McNeill, *The History and Character of Calvinism* (New York: Oxford University Press, 1954), 202. 이에 대한 구체적인 논쟁은 다음을 참조하라. T. H. L. Parker, "A Bibliography and survey of the British Study of Calvin, 1900-1940." *Evangelical Quarterly* 18 (1946), 123-131; John T. McNeill, "Thirty Years of Calvin Study." *Church History* 17 (1948), 207-240; Joseph N. Tylenda, "Calvin Bibliography 1960-1970." *Calvin Theological Journal* 6 (1971), 156-193; Edward A. Dowey, Jr., "Continental Reformation: Works of Genenral Interest: Studies in Calvin and Calvinism Since 1948." *Church History* 24 (1955), 360-367; Edward A. Dowey, Jr., *The Knowledge of God in Calvin's Theology* (New York: Columbia University, 1952)를 참조하라.

614 P. H. Reardon, "Calvin on Providence: The Development of an Insight," *Scottish Journal of Theology* 28 (January 1975), 517.

615 Wing-hung Lam에 의하면, 칼빈이 1539년 판에서 예정론의 신비에 대하여 너무 자세히 탐구하려는 자세에 대하여 경고한 이유는 Zwingli의 작품인 "The Providence of God"에 대한 답변적 차원에서 제시한 것이다. 그러나 Melanchthon 이 예정론에 대한 연구는 신자들의 믿음 생활에 해를 가져온다고 주장한 것에 대해서는 매우 탐탁지 않게 여겼다. Wing-hung Lam, "Tensions in Calvin's Idea of Predestination" *Themelios* 6:1:15.

616 칼빈은 1539년 판에서 예정론을 다음과 같이 묘사하였다: "God's eternal decree, by which he compacted with himself what he willed to become of each man. For all are not created in equal condition: rather, eternal life is fore-ordained for some, eternal damnation for others.

and Providence"라는 주제로 약 44페이지를 할애하여 다루고 있다. 사실 칼빈은 예정론의 창시자도 아니었으며 예정론이 그의 중심주제 또는 사상도 아니었다. 비록 예정 교리가 칼빈 신학의 핵심 사상은 아닐지라도 그의 전반적인 신학의 중심 주제인 구원론의 배경을 이루고 있는 예정론은 매우 중요한 의미를 지닌다. 칼빈이 이중예정론을 주장하게 된 배경은 Strasbourg로 망명하였을 당시 어거스틴주의와 Martin Bucer의 "Commentary on the Epistle to the Romans"의 사상적 영향을 많이 받았기 때문이며, 당대 자신의 논쟁자들이었던 Bolsec, Pighius, Castellio 등과 함께 신학적 논쟁을 벌이면서 성경적 예정론의 정체성을 변호해야 할 필요성을 인식하게 되었기 때문인 것으로 보인다.[617]

칼빈은 1559년판을 통하여 보다 상세하게 예정론을 다루었다. 그는 하나님의 섭리론을 제 1권에서 다루고 2권에서는 인간의 타락과 구속을 위한 그리스도의 중재자로서의 사역을 다룬 이후 제 3권에 가서 믿음과 회개, 자기 부인, 칭의를 다루면서 예정론에 대한 다양한 성경적 주장을 제시하였다.[618] Charles Partee가 지적한 바처럼, 칼빈은 제 1-2권을 통하여 하나님이 인간을 위해 행하신 사역을 제시

Therefore, as any man has been created to one or the other of these ends, we speak of him as predestined to life or to death.", J. Calvin, *Institutes of the Christian Religion of John Calvin, 1539: Text and Concordance*, ed. R. F. Wevers (Grand Rapids: H. H. Meeter Center, 1988).

617　Wing-hung Lam, "Tensions in Calvin's Idea of Predestination" *Themelios* 6:14-17.

618　John Calvin, *Institutes of the Christian Religion- Translated from th Original Latin, and Collated with the Author's Las Edition in French*, Fifth American Edition, Revised and Corrected in Two Volumes, Vol. I, (Philadelphia: Presbyterian Board of Publication, Paul T. Jones, Publishing Agent, 1844), 11-15.

해주고 제 3-4권을 통하여 성령의 사역을 통한 하나님에 대한 인간의 반응을 다룬 이후 하나님의 예정론을 논증하고 있는 것이다.[619]

III. 영원한 예정론의 기본 사상

칼빈은 Seneca의 "De Clementia"에 대한 주석을 출판하였는데 이 작품을 통해 스토아주의 철학과 밀접한 관계를 가지게 되었다. 그는 1532년 이전에는 플라톤의 "Laws"를 자주 인용하기도 하였고 'mistress reason'에 대한 언급을 통하여 이성의 필요성을 제기하기도 하였다. 그러나 그의 후대 작품들 특히 1552년에 작성한 "사도행전 주석"에서는 스토아 철학의 섭리론과 감정론을 논박하되 매우 외고집적이며 타락하고 부패한 논리로 규정하였다. 칼빈은 "scientia"지식이 아니라 "sapientia"지혜 의 차원에서 예정 교리를 다루고 있다.[620]

칼빈은 1559년판 서문을 통하여 "Predestination"의 개념이 중세 스콜라주의 철학의 개념과 다름을 주장하였다. 칼빈은 "Institutio Christianae religionis" 초판에서 스토아 철학은 하나님의 섭리론과 예정론을 동일한 개념으로 이해함으로써 하나님이 인간의 죄악과 타락을 조성한 자로 묘사하고 말았음을 지적하였다. 이처럼 칼빈은 스토아 학파가 예정론과 숙명론Fatalism을 구별하지 못하는 실수를 저질렀음을 논증하였던 것이다.

---

619 Charles Partee, "Calvin and Determinism," *Christian Schoolar's Review* 5: 123-128.

620 John Calvin, *Opera selecta* edited by Guiliemus Baum, Edeardus Cunitz, and Eduardus Reuss. 59 vols. Corpus Reformatorum, vol. 29-87(Brunsvigae: Shcwetschke, 1863-1900), III:XXXI. John Calvin, *Calvin's Commentaries* 22 vols (Grand Rapids: Baker Book House, 1984), 17:327.

1539년 증보판을 통해 "The Predestination and Providence of God"에서 섭리론과 예정론의 차이점을 설명하면서 섭리론은 창조사역에서 하나님의 사역과 의지를 다루고 있는 반면에 예정론은 구속사적 차원에서의 하나님의 사역과 의지를 반영하고 있음을 강조하였다. Partee는 지적하길, 칼빈에게 있어서 인간은 하나님의 섭리의 대상이며, 예정의 주체가 되는 것이라고 하였다.

칼빈은 일차적으로 여러 작품을 통해 제시한 이중예정론은 성경적 근거에 기인하고 있음을 강조하였으며, 이 성경은 성령의 영감에 의해 기록된 무오한 하나님의 말씀임을 주장하였다.[621] 칼빈은 하나님의 예정론은 사람들로 하여금 구원이 사람의 공로나 의무적 노력의 산물이 아닌 오직 하나님의 은혜와 자비의 결과임을 인식케 한다고 다음과 같이 강조하였다:

> 모두에게 동등하게 생명의 언약이 선포되는 것은 아니며, 말씀 선포를 받은 자들 중에서도 항상 동일한 초대를 받는 것도 아니다. 이러한 다양성은 하나님의 심판의 놀라운 깊이를 보여준다. 이러한 다양성은 하나님의 영원한 선택적인 결정에 예속되며 따른다는 사실은 결코 의심할 여지가 없다……. 우리가 하나님의 영원한 선택을 인식할 때까지 우리의 구원은 하나님께서 무조건적으로 베푸시는 자비의 샘에서 흘

---

621 John Calvin, *Opera selecta* edited by Guiliemus Baum, Edeardus Cunitz, and Eduardus Reuss. I: VI, IX; Edward A. Dowey, *The Knowledge of God in Calvin's Theology*, 90.; Kenneth S. Kantzer, "Calvin and the Holy Scriptures" In Inspiration and Interpretation, edited by John F. Walvoord Grand Rapid: Eerdmans, 1957), 115-155. ; John Murray, *Calvin on Scripture and Divine Sovereignty* (Grand Rapid: Baker, 1960), 11-51.

러나온다는 사실을 확신하지 못할 것이다. 이 영원한 선택은 구원의 희망을 잡다하게 모든 사람들을 수용하는 것이 아니라 어떤 사람에게 거절한 것을 어떤 사람에게 허락하심을 대조적으로 보여주심으로써 하나님 은혜를 밝히 드러내는 것이다.[622]

이처럼 사람이 하나님의 예정설을 깊이 숙고하게 됨으로써 진정한 겸손이 무엇인지를 깨닫게 해주며 하나님의 은혜의 깊이와 넓이를 인식할 수 있도록 한다. 따라서 예정론에 대한 무지와 편견은 하나님의 영광을 손상시키며 참 겸손을 제거하는 결과를 가져오게 되는 것이다.[623] 또한 칼빈은 예정론을 통해 성도들이 위로를 받고 구원을 받게 될 것을 주장하였다. 칼빈은 디모데전후서와 디도서 설교를 통해서 주장하길, "우리가 낙심하게 되거나 쓰러지게 될 때마다 하나님의 선택에 호소해야 한다. 만일 우리가 사람이 타락하는 것을 보거나 전체 교회가 실패하는 것처럼 보일 때, 우리는 하나님께서 교회의 근본 토대를 갖고 계시다는 사실을 기억해야 한다. 그 이유는 사람은 자신을 창조하지 않았고 자신을 개혁할 수도 없기 때문이다. 이것은 다만 하나님의 순전하신 선과 자비로부터 나오는 것이다"라

---

622 John Calvin, *Opera selecta* edited by Guiliemus Baum, Edeardus Cunitz, and Eduardus Reuss. III: XXI, I. "Ignorance of this principle evidently detracts from the Divine glory, and diminishes real humility. but according to Paul, what is so necessary to be known, never can be known, unless God, without any regard to works, chooses those whom he has decreed. At this present time also, there is a remnant according to the election of grace. And if by grace, then it is no more of works." III: XXI, I.

623 John Calvin, *Opera selecta* edited by Guiliemus Baum, Edeardus Cunitz, and Eduardus Reuss. III: XXI, I.

고 하였다.[624] 그는 "우리는 예정을 하나님께서 그의 기뻐하시는 뜻대로 각 사람의 운명을 결정하신 하나님의 영원한 작정이라고 부른다"라고 하면서 예정론을 강조하였다.[625]

칼빈은 이중예정론Double Predestination의 정의를 다음과 같이 규정하였다:

> 하나님은 예정을 통하여 일부인들에게 생명에 대한 희망을 주시고 다른 사람들은 영원한 사망이라는 판결을 내리신다……. 우리는 하나님의 영원한 작정(aeternum Dei decretum)을 예정이라고 부르는데, 하나님은 이를 통하여 모든 인류 개개인이 어떻게 될 것을 스스로 결정하셨다. 모든 사람들은 비슷한 운명을 가진 자로 창조되지 않았다. 그러나 일부 사람들에게는 영원한 생명이, 다른 사람들에게는 영원한 저주가 작정되었다(fore-ordained). 그러므로 모든 사람은 각각 이런 종말과 저런 종말에 이르도록 창조된 존재들이다. 우리는 이르길, 그는 생명에 또는 사망에 예정되었다고 말하는 것이다[626]……. 하나님은 일찍이 그의 영원불변하신 계획(immutabile consilio)에 따라 구원에 이르게 할 자들과 멸망에 이르게 할 자들을 결정하셨다.[627] 우리는 선택된 자들에 관

624　John Calvin, *Sermon on the Epistles of S. Paul to Timothie and Titus*, Translated by L. Tomson (London: Bishop and Woodcoke, 1579), 823.

625　John Calvin, *Opera selecta* edited by Guiliemus Baum, Edeardus Cunitz, and Eduardus Reuss. III: XXI, V.

626　John Calvin, *Opera selecta* edited by Guiliemus Baum, Edeardus Cunitz, and Eduardus Reuss. III: XXI, V.

627　John Calvin, *Opera selecta* edited by Guiliemus Baum, Edeardus Cunitz, and Eduardus Reuss. III: XXI, VII.

한 한 이 계획이 무상으로 주어진 하나님의 자비에 근거를 두고 있으며 인간의 가치와는 전혀 무관하다고 할 수 있다.[628]

칼빈은 하나님의 영원한 예정은 영원적 계획과 작정을 의미하며 이는 인간의 선택 가령, 야곱과 에서의 경우에서 에서보다 야곱을 사랑하고 선택하신 일보다 훨씬 선행하며 아담의 타락보다도 선행하며, 천지 창조보다 선행함을 주장하면서 모든 것이 동일한 조건과 상태로 창조되지 않았음을 강조하였다. 이처럼 어떤 사람에게는 영생이 예정되었으나 어떤 사람에게는 영원한 멸망즉 유기가 예정되었음을 주장하였다.[629]

칼빈은 선택과 유기에 대한 결정의 시작과 끝은 삼위일체 하나님의 주권적인 사역으로 인식하였다.[630] 특히 칼빈은 영원한 예정의 작정은 삼위 중 성부와 성자의 사역으로 이해하였다. 그는 성부 하나님을 영원한 예정의 기획자Author로 이해하였으며, 성자 그리스도는 선택의 경륜의 기획자로 여겼다.

칼빈은 자신의 "Commentaries on the Psalms"과 "Eternal Predestination", "Instruction in Faith" 등의 작품 속에서 하나님께

---

628 John Calvin, *Opera selecta* edited by Guiliemus Baum, Edeardus Cunitz, and Eduardus Reuss. I: XIII.; I: XVI-XVIII.

629 Fred H. Klooster는 이러한 증거를 근거로 칼빈을 타락 전 선택설자 즉, Supralapsarian으로 이해하는 것은 좀 위험하다고 지적하였다. 그 이유는 칼빈은 하나님의 작정 및 예정하심의 논리적 순서에 대하여 깊이 생각하지 않았으며 이에 대하여 자세히 다루지 않았기 때문인 것으로 보았다. Fred H. Klooster, *Calvin's Doctrine of Predestination*, Second Edition (Grand Papids, Michigan: Baker Book House, 1977), 33.

630 John Calvin, *Opera selecta* edited by Guiliemus Baum, Edeardus Cunitz, and Eduardus Reuss. III: XXI, VII.

서 영원한 예정을 통하여 선택과 유기를 결정하셨음을 논증하였다. 또한 하나님은 아담 타락 이전에 영원한 예정에 따라 전 인류와 개인들에게 일어날 일들을 작정하셨는데 그의 영원한 예정은 확실한 것이며 불변하는 것이라고 강조하였다.[631] 칼빈은 "Eternal Predestination"을 통하여 선택자들은 하나님의 자비의 수납자들이며 유기자들은 하나님의 진노의 수납자들이라는 사실을 인정해야 한다고 주장하였다.[632]

IV. 영원한 예정의 특징

칼빈은 "Institutio Christianae Religionis" 1539년 판에서는 예정론에 대한 해석을 다룬 다음 하나님의 섭리론을 다루었는데, 1559년 판에서는 예정론에 대한 해석을 제시하기 앞서 먼저 하나님의 섭리론을 다루었다.[633] 이러한 변화는 칼빈이 예정론을 구원론적 차원에서 다루길 원했던 신학적 의도에 기인하고 있다.[634] 칼빈은 신자

---

631 John Calvin, *Commentaries*, Edited and translated by Joseph Haroutunian, Library of Christian Classics vol. 23 (Philadelphia: Westminster, 1958), 51-57; *Instruction in Faith*, Translated by Ford Lewis Battles (Atlanta: John Knox, 1975), 36.

632 John Calvin, *Concerning the Eternal Predestination of God* Translated by J. K. S. Reid (London: Clarke, 1961), 121.

633 칼빈은 1537년 "First Genevan Catechism(Instruction in Faith)"에서는 이중예정론을 기독론 뒤에 위치시켰으나, 1542년 "The Revised Genevan Catechism(Instruction in Faith)"에서는 1536년 "Institutio Christianae religionis"의 순서에 맞추어서 구성하였다. 1559년에 출간된 "The French Confession"에는 인죄론을 다루고 난 후 이중예정론을 제시하였고 이어서 기독론과 구원론을 다루었다. 이처럼 칼빈은 제 1장에서 하나님의 섭리론을 다룬 후 제 3장에 가서 그리스도의 은혜로 초대하는 환영에 관한 예정론을 기술하였다. 이처럼 칼빈은 1-2권을 통해 하나님께서 인간들을 위해 행하신 사역에 대하여 다루고, 3-4장을 통하여 사람들의 성령의 사역을 통한 하나님께 대한 반응을 다루고 있는 것이다.

634 영원한 예정론은 칼빈 교리의 중심 주제라기보다는 오히려 그의 구원론의 모티브를 제공해주는 중심 용어로 활용되었다. A. M. Hunter, *The Teaching of Calvin* (London, 1950), 96-99; J. B.

의 예정은 오직 그리스도 안에서 구원을 이루어간다는 진리를 논증하고자 노력하였다. 칼빈은 이중예정론을 선택설에 근거한 신앙론과 연관시켰다. 즉, 선택받지 못한 유기된 자들은 자신의 유기된 사실을 인식하지 못하며, 유기된 자는 오직 구원을 경험한 중생한 자에 의해 이해될 수 있다고 주장하였다. 그러나 유기된 자도 심판의 날이 이르기까지 선택자들과 함께 거주하게 될 것임을 강조하였다.[635]

칼빈은 특별히 현재 시제나 미래 시제를 통하여 유기된 자들에 대하여 언급하지 않았다. 심지어 자신의 신학적 그리고 정치적 정적이었던 Servetus를 지목할 때에도 그를 유기된 자로 언급하지 않았다. 또한 사람의 유기는 결코 사람 행위의 결과에 기인하기보다는 오히려 하나님의 의지의 결과임을 강조하였다:

> 사도가 같은 곳에서 소개하는 유기에 관하여는 다음과 같다: 야곱은 선행을 통하여 획득한 공적과 무관하게 오직 [하나님의] 은혜의 대상이 되었으며, 에서는 어느 특별한 죄악을 저지른 타락에 빠지지 않았지만 [하나님의] 증오의 대상이 되었다. 만일 우리가 행위에 관심을 돌린다면 우리는 마치 사도[바울]가 우리들의 눈에도 분명한 사실을 간과하였던 자로 여기고 그를 모욕하게 될 것이다.[636]

Mozley, *A Treatise on the Augustinian Doctrine of Predestination*, 2nd edition (N.Y., 1878), 267;393-409.

635　Wing-hung Lam, "Tensions in Calvin's Idea of Predestination" *Themelios* 6:1:15.

636　John Calvin, *Opera selecta* edited by Guiliemus Baum, Edeardus Cunitz, and Eduardus Reuss. III: XXII, II. "You see how he attributes both to the mere will of God. If, therefore, we can assign no reason why he grants mercy to his people but because such is his pleasure, neither shall we find any other cause but his will for the reprobation of other. For when God is said

칼빈은 1552년 "On the Eternal Predestination of God"라는 논문을 통하여 당시 로마 가톨릭 대변자이자 Utrecht Archdeacon이었던 Albert Pighius의 주장을 비판하였다. 피기우스는 칼빈의 신앙론은 매우 혼란스럽고 거짓된 보장이라고 주장하였다. 피기우스에 의하면 인간의 의무와 책임 그리고 하나님의 주권은 상호 간에 독점적이며 배타적이라고 하였다.[637] 이에 대하여 칼빈은 선택과 유기는 불가분리의 관계 속에 있으며 믿음의 주권과 근원은 사람이 아닌 하나님께 속해 있으며 믿는 자는 성부에 의해 그리스도에게 주어진 자들이기 때문에 믿는 것이라고 하였다. 그리고 저주에 대한 책임은 오직 하나님이 아닌 죄인 자신에게 달려 있음을 주장하였다. 왜냐하면 모든 죄인은 자신이 행하는 죄악을 인식하든지 못하든지, 원죄와 죄성 그리고 자신의 의지에 따른 부가적인 범죄 행위 등으로 인하여 변명할 수 없는 자가 되었기 때문이다.[638]

칼빈은 "On the Eternal Predestination of God"라는 작품을 통해서 하나님의 이중예정의 궁극적인 원인을 밝히고 있다. 먼저 그는 아담의 타락에서 하나님의 원천적인 비밀스런 계획 및 경륜을 찾았으며, 인간 개개인의 죄성에서 개인의 타락의 근원적인 원인을 발견하였

---

to harden or shew mercy to whom he pleases, men are taught by this declaration to seek no cause beside his will."

637　Wing-hung Lam, "Tensions in Calvin's Idea of Predestination" *Themelios* 6:1:17.

638　John Calvin, *Calvin's Calvinism, Treatises on the Eternal Predestination of God & the Secret Providence of God*, translated by Henry Cole (Grand Rapids, Reformed Free Publishing Association, 1950), 71.

다.[639] 칼빈은 "God's Counsel"와 "God's Decree"를 동일한 맥락에서 구원론적 관점에서 상호 교호적으로 활용하고 있다.

또한 칼빈은 예정과 섭리Providence의 연속성을 인식하되, 섭리는 항상 예정의 전제 아래 진행되어간다는 점을 지적하고 있다. 즉, 사람들의 의도나 계획을 관리함에 있어서 하나님의 섭리는 영원성의 최정점에서 비롯된 것이다:

> 우리는 극한적인 영원에서부터 자신의 지혜를 가지시고 하시고자 하는 일을 결정하시고 오직 자신의 능력으로 결정하신 일들을 수행하시는 하나님을 모든 만물의 통치자이자 관리자로 이해한다. 하늘과 땅 그리고 무생물들뿐만 아니라 인간의 의지와 심사숙고함까지 모두가 하나님의 섭리에 의해 통치되며 정해진 목적을 향하여 방향이 진행되어질 것을 주장한다.[640]

피기우스는 후대 알미니안주의자들이 강조하는 예지예정적인 주장을 펼쳤다. 즉, 구약의 에서와 야곱의 경우에서 하나님은 미리 에

---

639 "If, then, nothing can prevent a man from acknowledging that the first origin of his ruin was from Adam, and if each man finds the proximate cause of his ruin in himself, what can prevent our faith from acknowledging afar off, with all sobriety, and adoring, with all humility, that remote secret counsel of God by which the Fall of man was thus pre-ordained? And what should prevent the same faith from beholding, at the same time, the proximate cause within; that the whole human race is individually bound by the guilt and desert of eternal death, as derived from the person of Adam; and that all are in themselves, therefore, subject to death, and to death eternal?" John Calvin, *Calvin's Calvinism, Treatises on the Eternal Predestination of God & the Secret Providence of God*, 91.

640 John Calvin, *Opera selecta* edited by Guiliemus Baum, Edeardus Cunitz, and Eduardus Reuss. I: XVI, VIII.

서가 은혜에 무가치한 모습을 가지고 있었던 것을 미리 보시고 그를 유기하셨다는 것이다.[641]

그러나 칼빈은 하나님의 예지는 이전적 시간prior in time을 의미하지 않고 시간을 초월하는 것임을 지적하면서, 이는 양적이 아닌 질적인 영원성 영역에서 근거하고 있으며 최소한 하나님은 과거 어느 순간에 결정하시고 이후에 간격을 두었다가 행동으로 옮기시는 분이 아니라고 강조하였다. 이러한 방식은 오직 사람에게 해당되며, 마치 예정이 사람들의 성향 및 동향에 대한 하나님의 미리보심foresight에 근거하는 것으로 이해한다면, 하나님의 신적 능력을 무시하고 간접적으로 사람의 요소를 도입하는 결과를 가져오게 되는 것이다. 따라서 피기우스의 주장은 하나님의 주권적 의지의 절대성을 파괴하는 부작용을 초래하게 될 것임을 강하게 논박하였다.

칼빈은 인간의 자유 의지와 하나님의 예정과의 상관성을 논하면서 인간의 자유 의지는 하나님의 주권적 의지와 양립하며 보충적으로 작용할 수 있음을 주장하였다. 즉, 사람은 외부적인 것들의 작동을 통하여 하나님께서 그로 하여금 의지를 발현하도록 하신다는 것이다:

> 하나님은 자신의 섭리를 위한 길을 준비하실 때마다 심지어 외부적인 것들을 통하여 사람의 의지들을 굽게 하시고 돌리게 하신다. 하나님의 의지가 사람의 자유를 지배하지 않는 것을 사람이 선택할 자유는 없는

641　Wing-hung Lam, "Tensions in Calvin's Idea of Predestination" *Themelios* 6:1:16.

것이다. 사람이 뭘 원하든지 간에, 사람의 마음이 어느 것을 선택하도록 자유가 주어진 것이 아니라 하나님의 유도하심에 묶여 있다는 사실을 사람들은 매일 체험을 통해서 깨닫게 된다.[642]

이러한 칼빈의 자유 의지 개념이 숙명론Fatalism적인 한계점을 지니고 있다고 지적하는 자들을 향하여, 칼빈은 하나님의 의지와 사람의 의지 사이의 독특한 관련성을 제시하며 이를 일축시켰다. 그는 사람의 의지가 하나님의 의지에 상반되게 작동할 수 있음을 인정하였으나 단지 하나님의 허락하심 없이는 불가능하다고 주장하였다. 이러한 칼빈의 의지론은 스토아 학파의 숙명론과는 성격이 다른 것이다. 하나님의 인과 관계는 필요성과 관련된 것이 아니고 그분의 자유 의지는 원인들의 원인으로서 무제한적이다. 따라서 Partee가 요약한 것을 보면, "스토아 학파는 기계론적 우주론을 산출한 반면에 칼빈은 섭리론적 신학을 해설하였다고 할 수 있다."[643]

칼빈은 삼위일체 하나님의 영원하신 섭리와 의지에 근거한 주권적 선택과 주권적 유기의 양면을 보여주고 있다. 칼빈에게 있어서 선택은 하나님이 값없이 베푸시는 '무상의 자비'gratuitae bonitatis와 선

---

642 John Calvin, *Institutes of the Christian Religion*, 15.

643 Charles Partee, "Calvin and Determinism," *Christian Schoolar's Review* 5: 128. 이에 대하여 Lam은 다음과 같이 차이점을 분석하였다: "God's will is simple, never at war with itself, although it appears manifold to us because of our mental incapacity to understand how in divine manner it can will and does not will the same thing. Both wills converge on the same event. Man's will stands to be judged and God's will, to judge. With this dynamic relationship of wills, Calvin dismissed the charge of fatalism and determinism." Wing-hung Lam, "Tensions in Calvin's Idea of Predestination" *Themelios* 6:1:17.

하심을 증거하는 '하나님의 무한한 자비'immensa Dei bonitas의 '하나님의 사랑의 증거'testimonium armoris Dei이다.[644] 이때 그리스도는 우리의 선택을 숙고할 수 있는 "선택의 거울"the Mirror of Election이다. 또한 유기는 하나님의 의로우신 심판 곧 공의를 의미하는 것이다. 그는 에베소서 1:3-6에 대한 주해를 통하여 하나님의 "기뻐하시는 뜻"God's Pleasure and Will에 따라 사람을 영원 전부터 예정하셨음을 논증하면서 특히 1:4 "창세전에 택함을 받은 자들"을 강조하면서 하나님의 영원적 예정에는 인간의 노력이나 선택적 조건으로서의 인간의 가치나 능력이 전혀 개입될 수 없는 전적인 하나님의 자비의 결과임을 주장하였다. 이처럼 칼빈은 영원한 예정의 유효적 원인은 하나님의 기쁘신 뜻에 있으며, 실제적인 원인은 그리스도 자신이시며 궁극적인 원인은 하나님 은혜에 대한 택함받은 자들의 영원한 찬양이며, 형식적인 원인은 복음 전파이며 이를 통해 하나님의 선하심과 자비하심이 우리에게 흘러나온다고 주장하였다.[645]

칼빈은 교회론적 차원에서 영원한 예정을 다루고 있다. 즉, 그는 이스라엘의 민족적 선택을 구원과 관련된 개인적인 선택과는 구별하여 다루어야 할 것을 지적하였다. 왜냐하면 이스라엘 민족적 선택이 곧 개인의 구원을 의미하지 않기 때문이다. 가령, 에서는 이스라엘 선민으로 태어났으나 언약 백성이 되는데 실패함으로써 창세전

---

644 John Calvin, *Opera selecta* edited by Guiliemus Baum, Edeardus Cunitz, and Eduardus Reuss. III: XXIV, II. Herman Kuiper, *Calvin on Common Grace* (Grand Rapids: Smitter, 1928)를 참조할 것.

645 John Calvin, *The Epistle of Paul the Apostle to the Galatians, Ephesians, Philippians and Colossians*, Translated by T. H. L. Parker (Grand Rapids: Eerdermans, 1965) 중에서 에베소서 1:5-8에 대한 주해를 참조.

부터 선택받은 자가 아니었으며, 가룟 유다는 이스라엘 선민이었으나 구원에 선택된 자가 아니었음을 논증하였다. 이처럼 칼빈은 이스라엘 민족 전체가 아니라 오직 구원에 선택된 개인들만이 그들의 머리 되신 예수 그리스도께 연합되며 이들은 결코 구원에서 제외되는 일이 없을 것이라고 주장하였다. 이러한 칼빈의 주장은 교회론의 중요한 기초를 구축하는 데 매우 필요한 요소가 된다. "하늘에 계신 아버지께서는 그의 택하신 자들을 모으시고 또한 풀 수 없는 결속에 의해 그들을 자신과 연합시키신 것이다."[646]

칼빈은 영원한 예정의 원인은 결코 사람의 선행이나 그에 대한 예지에 있다는 주장에 대하여 강력하게 반박하였다. 그에 있어서 예정의 원인은 오직 하나님 자신이며 그분의 주권적 의지와 기뻐하시는 경륜과 뜻에 있기 때문이었다. 그는 디모데후서 1:9 "오직 자기 뜻과 영원한 때부터"라는 구절을 통하여 선택의 원인이 행위에 있지 않음을 논증하였다.[647] 칼빈은 소르본Sorbonne의 한 궤변가의 주장을 지적하면서 선택의 원인이 사람의 행위에 대한 예지에 근거할 수 없는 이유는 모든 사람에게는 멸망할 요소밖에 아무것도 없기 때문이라고 하였다. 즉, 사람은 모두 아담 안에서 상실된 자들이기 때문에 하나님이 멸망에서 건지지 않으신다면 우리에게 선행을 예지할 만한 것

---

646 Fred H. Klooster, *Calvin's Doctrine of Predestination*, Second Edition, 35. John Calvin, *Opera selecta*, IIII: XX, I.; IV: I: XII.

647 John Calvin, *Opera selecta* edited by Guiliemus Baum, Edeardus Cunitz, and Eduardus Reuss. IIII: XXII, IV.

이 아무것도 없다는 것이다.[648]

칼빈은 예지예정을 주장하는 이들이 Ambrose, Origen, Jerome, Thomas 등의 논증 자료들을 잘못 인용하여 자신들의 주장을 펼치는 것에 대하여 강하게 비난하면서 이르길, "하나님께서 그 택하신 자들에게 은혜를 나타내시는 것은 하나님 자신이 그렇게 원하시기 때문이며, 또한 그들에게 자비를 베푸시는 원인도 그가 그렇게 하시길 원하시기 때문이다"라고 논증함으로써, 오직 영원한 예정은 오직 하나님 자신의 경륜에 의존하고 있음을 부각시키고 있다.[649]

Pighius의 주장에 대한 반박으로서, 칼빈은 요한복음 6:37 "내게 주시는 자는 다 내게로 올 것이요"를 근거로, 그리스도께 나아오는 자는 모두 성부 하나님이 예정하신 자들이며 그리스도의 소유가 되기 위해 성부 하나님의 손에서 성자 그리스도에게로 옮겨진 자들이며 이들을 끝까지 멸망에 빠지지 않도록 지키실 것이라고 확신하였다.[650]

칼빈은 하나님께서 죄인들을 향하여 영원한 예정을 계획하시고 이끄시는 직접적인 목적은 택함받은 신자들의 성화Sanctification에 있으며, 이는 에베소서 1:4 "그 앞에 거룩하고 흠이 없게 하시려고"라는

---

648 John Calvin, *Opera selecta* edited by Guiliemus Baum, Edeardus Cunitz, and Eduardus Reuss. IIII: XXII, IV,; IV: III: XXII. VIII-IX.

649 칼빈은 예지예정의 문제점을 지적함과 동시에 고대 교부 어거스틴의 말을 인용하여 더욱 자신의 논리를 강화시킨다: "하나님의 은혜는 선택받기에 합당한 자를 찾는 것이 아니라, 그러한 자를 만들어 내는 것이다." ohn Calvin, *Opera selecta* edited by Guiliemus Baum, Edeardus Cunitz, and Eduardus Reuss. III: XXII, VII- IX, III, VI.

650 John Calvin, *Calvin's Calvinism, Treatises on the Eternal Predestination of God & the Secret Providence of God*, translated by Henry Cole, 72.

성경 구절이 이를 지지해주고 있으며, 이 성화를 통하여 성도들로 하여금 하나님의 주권과 자비에 영광을 돌리게 하기 위함이라고 단정지었다. 이러한 성도의 성화와 하나님께 대한 영광을 성취하기 위하여 하나님은 로마서 8:29-30에 제시된 바처럼 여러 수단들을 동원하셨는데, 그 수단은 소명과 중생 및 칭의, 성화, 영화인것이다.[651] 따라서 칼빈은 소명과 칭의를 영원한 예정의 결정적인 증거 자료로 제시하였다. 이처럼 구속 사역에 있어서 하나님의 예정에 근거한 선택설은 칼빈의 신앙론과 신지식론, 그리고 구원론과 교회론 및 종말론을 결정짓는 매우 중요한 신학적 의미를 지니고 있는 것이다.[652]

칼빈은 영원한 예정을 성취하는 수단으로서 복음 전파를 제시하였다. 하나님의 작정과 주권 가운데 복음 전파를 통해 예정된 자들이 구원의 세계로 들어오도록 하였다고 주장하였다:

> 하나님은 자기에게 속한 자들을 택하실 때에 이미 그들을 자기의 자녀로 삼으셨을지라도, 우리는 그들이 부르심을 받지 않고서는 아무도 그의 소유가 될 수 없음을 보게 된다. 다시 말해서, 그들이 소명을 받을 때 이들은 이미 자신들의 선택의 일부를 누리게 되는 것이다.[653]

---

651 John Calvin, *Opera selecta* edited by Guiliemus Baum, Edeardus Cunitz, and Eduardus Reuss. III: XXI, VII.

652 T. F. Torrance, *Calvin's Doctrine of Man* (Grand Rapids: Eerdmans, 1957), 105-107.

653 John Calvin, *Opera selecta* edited by Guiliemus Baum, Edeardus Cunitz, and Eduardus Reuss. III: XXIV, I. 칼빈은 유기된 대상을 향해 복음을 전파하는 것은 "하나님의 크신 은혜" 또는 보통은혜의 증표라고 하였으며, 그리스도께서 오시기 전에 복음을 전수받지 못한 자들보다 복음을 듣고 거부한 자들에게는 더욱 큰 심판이 예고되어 있다고 지적하였다. III: XXIV, XII-XIII.

그는 영원한 예정 가운데 유기의 요소를 간과하지 않았다. 그는 유기는 하나님의 작정 사역과 관련되어 있음을 주장하였다.[654] 칼빈은 그리스도께서 마태복음 15:13 "내 하늘 아버지께서 심으시지 않은 것은 뽑힐 것이니"를 통하여 영원한 예정 중 유기 교리를 선포하셨다고 주장하였다.[655] 그는 로마서 9:21-23 "멸하기로 준비된 진노의 그릇을", 로마서 9:18 "하고자 하시는 자를 완악하게 하시느니라" 등의 구절에 대한 성경적 주해를 통하여 유기된 자들에 대한 성경적 지지 근거를 강조하였다. 이러한 유기는 후대의 알미니안주의자들이 제안한 바처럼 어떤 계층의 사람들을 지칭하는 것이 아니라 매우 개인적이며 특정적임을 주장하였다.[656]

이러한 유기의 근본 원인은 선택과 마찬가지로 하나님의 영원불변하신 주권적 작정에 달려 있는 것이다.[657] 칼빈은 유기의 원인은 죄악도 아니고 죄에 대한 하나님의 예지도 아닌 것으로 이해하였다. 왜냐하면 모든 사람이 아담으로부터 죄악을 가지고 태어나기 때문

---

654 John Calvin, *Opera selecta* edited by Guiliemus Baum, Edeardus Cunitz, and Eduardus Reuss. III: XXI, V~VII. "성경이 밝혀주는 바처럼 우리는 하나님께서 자신의 영원불변하신 계획에 근거하여 일부인들을 멸망으로 결정하셨다고 말할 수 있는 것이다……. 따라서 야곱은 에서보다 나은 점이 없었을지라도 하나님의 예정에 의해 택함을 받아 버림받은 에서와는 다르게 구별된 것이다."

655 John Calvin, *Opera selecta* edited by Guiliemus Baum, Edeardus Cunitz, and Eduardus Reuss. III: XXIII. I.

656 John Calvin, *Opera selecta* edited by Guiliemus Baum, Edeardus Cunitz, and Eduardus Reuss. III: XXIV, XVII; III: XXIII, 2-3.

657 Fred H. Klooster에 의하면, 하나님의 유기 작정의 원인에 대하여 칼빈은 오직 일관성 있게 하나님의 주권적인 선하시고 기뻐하시는 뜻임을 강조하였다. 이러한 주권성만을 강조하는 칼빈은 다른 신적 유기 작정 원인을 발견할 수 없음을 천명하였다고 클로스터는 지적하였다. Fred H. Klooster, *Calvin's Doctrine of Predestination.*; John Calvin, *Calvin's Doctrine of Predestination*, Second Edition, 35; John Calvin, *Opera selecta* edited by Guiliemus Baum, Edeardus Cunitz, and Eduardus Reuss. IIII: XX, I. ; IV: I: XII.

이며, 하나님의 영원하신 예정의 근거가 인간의 행위에 달려 있지 않기 때문이었다.[658] 칼빈은 선택과 유기에 대하여서는 "동등한 궁극성"Equal Ultimacy을 지니고 있음을 주장하였다. 즉, 인간의 죄와 죄책은 선택과 유기를 구성하는 배경을 이루고 있으며, 유기 자체의 직접적인 원인이 아니라 영원한 정죄의 법정적 요소의 직접적인 원인을 구성하는 것으로 보았다. 즉, 하나님이 영원한 예정 가운데 선택과 유기를 작정하게 된 것은 "정죄의 명백한 원인"Evident Cause of Condemnation에 기인하고 있는 것이다.[659]

V. 결론

칼빈의 영원적 예정론은 칼빈 신학을 위시하여 그의 신학적 방법론을 추구하는 개혁주의 신학 가운데 특히 구원론과 기독론의 핵심 요소로 자리 잡고 있다. 이 교리는 성경에 계시된 가장 심원한 진리를 취급하는 내용이다.

칼빈의 신학을 체계적으로 이해하기 위해선 무엇보다도 그의 영원적 예정론과 함께 삼위일체론, 기독론, 성령론, 성경론, 속죄론 및 내세론을 균형있게 다룰 때 가능한 것이다. 중세 로마 가톨릭의 인문주의 신학이 기승을 부리던 당시 성경적 신학을 추구하였던 Wycliffe와 Huss가 Augustine의 예정론의 전승을 계승 발전시

---

[658] John Calvin, *Opera selecta* edited by Guiliemus Baum, Edeardus Cunitz, and Eduardus Reuss. III: XXII, II. "…… ut probet divinae praedestinatione fundamentum in operibus non esse."

[659] John Calvin, *Opera selecta* edited by Guiliemus Baum, Edeardus Cunitz, and Eduardus Reuss. III: XXIII, VIII.

키고자 노력하였는데, 칼빈은 이러한 전통에 입각하여 '하나님의 영원하신 예정론'을 체계화하고 조직화함으로써 예정론의 새로운 전기를 마련하였다. 칼빈은 "Institutio Christianae religionis", "On the Eternal Predestination of God", "The Secret Providence of God" 등의 작품을 통하여 하나님의 영원적 예정과 섭리를 자세히 다루었으며, 당대의 논쟁자들이었던 Bolsec, Pighius, Castellio 등과 함께 신학적 논쟁을 벌이면서 성경적 예정론의 정체성을 심도 있게 논증하면서 변호하였다. 특히 칼빈의 비판자들은 칼빈이 Seneca의 "De Clementia"에 대한 주석을 통해 스토아 학파의 철학 체계를 상당히 인정하였다고 주장하였지만, 칼빈은 "Institutio Christianae religionis" 1559년판 서문을 통해 스토아 학파의 하나님 섭리론이 고대 근동 아시아에 유행하였던 숙명론Fatalism과 매우 유사할 정도로 많은 문제점을 안고 있음을 강하게 비판하였다.

피기우스를 비롯한 많은 정적들이 칼빈의 영원적 예정론의 문제점을 비난하되, 특히 하나님의 주권과 인간의 신앙은 상호 간에 배타적이며 독점적이어야 한다고 주장하였으나, 칼빈은 선택과 유기는 결코 불가분리 관계 속에 있음을 강조하였다. 또한 인간의 신앙은 성부에 의해 그리스도에게 주어진 자들에게 주어진다고 주장하였다. 즉, 인간의 신앙심은 하나님의 주권과 무관한 인간적 차원에서 생성된 것이 아니라, 오직 하나님의 주권 속에 그리스도의 보혈의 능력에 근거하여 주어지는 것으로 보았던 것이다.

또한 칼빈은 선택과 유기에 대한 예정의 궁극적이고도 원천적인 원인은 아담의 타락이며, 보다 가까운 원인은 개인의 타락에서 발견하였다. 피기우스를 비롯한 그의 논객들은 에서와 야곱의 경우를 통해 예지예정을 주장하였지만, 칼빈은 예지 즉, 미리보심에 근거한 예정은 하나님의 능력을 무시하고 간접적으로 사람의 능력 유무의 요소를 도입하는 결과를 가져온다는 이유를 들어 이를 거부하였다. 그는 에베소서 1:4을 근거로 하나님의 영원하신 예정은 주권적 선택과 유기로 구성되었으며, 그 유효한 원인은 사람이 아니라 그리스도 자신이며, 선택의 범위는 범국가적 차원이 아닌 개인적 차원이며, 궁극적인 목적은 신자의 성화와 하나님의 영광에 달려 있음을 논증하였다. 이러한 칼빈의 예정론은 "그의 택하신 자들"이라는 칼빈의 교회론의 뼈대를 구축하는 데 매우 중요한 요소가 되었다.

칼빈은 하나님의 유기는 하나님의 두려운 결정으로서 함부로 판단해서는 안 된다고 강력하게 주장하였다. 유기의 직접적인 원인은 인간의 죄악이나 하나님의 인간에 대한 예지에 근거하기보다는 오히려 하나님의 영원불변하신 주권적 작정으로 이해하였다. 그 이유는 예정의 원인을 인간의 행위가 아닌 하나님의 은총의 산물이라는 점을 부각시키고자 노력하였기 때문이었다. Muller가 잘 지적한 바처럼, 구원에 있어서 하나님의 자유, 주권적 은혜, 그리고 그리스도의 중재와 하나님의 주권적 은혜를 필요로하는 인간의 죄성과 무능함 문제는 칼빈의 영원적 예정론의 개념을 이해하는 가장 중요한 두 개의 기초를 이루고 있다.[660]

---

660 Richard A. Muller, *Christ and the Decree, Christology and Predestination in Reformed Theology from Calvin and Perkins* (Grand Rapids, Michigan: Baker Academic, 2008), 22.

7) 언약론

Peter A. Lillback은 비록 칼빈 이전부터 언약 사상이 있었지만, 칼빈은 개혁주의 언약 신학의 창시자라고 주장하였다. 그러나 Perry Miller는 그는 칼빈이 언약 신학자의 범주에 들어가지 않으며, 언약 신학은 청교도들에게서 발견된다고 하였다. 또한 John Gerstner존 거스트너는 언약 신학의 창시자로 칼빈을 주목했으며, 그 후예들인 청교도들은 이러한 칼빈의 언약적 조건에 서 있는 자들로 이해하였다. 즉, 하나님은 절대 주권을 가지고 계시기에 사람은 오직 하나님께 의존적인 존재로 보았다.

언약 신학 이론은 칼빈을 위시한 16세기 학자들을 중심으로 전개되다가 청교도 신학자들에 의해 완성을 가져오게 되었다. 칼빈은 성경에서 묘사하는 언약은 조건적이며 두 측면을 가지고 있다. 언약에 순종자는 복을 얻지만, 언약 파기자는 언약의 백성에서 끊기게 된다는 것이다. 그러나 하나님은 오직 택자에게 언약을 이행할 능력을 공급해주시기에 택자들만이 언약을 지킬 수 있는 것이다.[661]

칼빈은 언약이 성경의 통일성과 하나님의 구원 사역과 교회의 개혁, 성례 등을 올바로 이해하는데 있어서 기본이 된다고 보았으며, 이 언약은 구약과 신약 시대의 하나님의 백성들을 하나로 만들어 준다고 하였다.[662] 칼빈은 아담이 언약적 머리임을 인정하였다.롬 5:12; 고전 15:45 주석 그러나 아담의 언약을 "행위 언약"이라기보다는 오히려

661　John Calvin, 신 7:11-15; 27:11-15 설교 참조.
662　John Calvin, *Institutes*, 2,10,11.

"은혜 언약"창 3:15의 시작으로 이해하였다:

> 여호와는 자신의 긍휼의 언약을 준행하시는 중에 다음과 같은 계획을 질서 있게 이루셨다. 곧 시간이 경과하여 충만한 계시의 때가 가까워 질수록 날마다 더 밝히 계시를 드러내셨다. 따라서 맨 처음 구원의 첫 약속이 아담에게 주어질 때에는(창 3:15) 그 계시가 매우 약한 불빛처럼 희미하였다. 그 이후에 그 불빛이 더해져서 점점 강해지고 그 광체를 더욱 넓게 비추셨다. 그리고 드디어 모든 구름이 다 걷힐 때에 의로운 태양이신 그리스도가 온 땅에 자신의 빛을 충만하게 비추셨다(말 4장).[663]

칼빈은 은혜 언약을 다음과 같이 묘사하였다. 언약의 약속들은 언약의 증표들과 함께 아담과 노아에게 모두 주어졌으나14.6.18, 실제적으로는 아브라함과 그의 후손들에게 이어졌다3.21.7; 창 12:3; 17:1 주석. 아브라함에게 주어졌던 이 은혜 언약은 구속의 과정을 계속 이어서 내려와서 그리스도의 모형인 다윗에게서 구약의 절정에 도달하였다시 89:3 주석. 그 후 그리스도께서 친히 이 땅위에 오심으로 최고의 수준에 도달함으로써, 이 은혜 언약은 이스라엘 백성들에게 주어졌던 것과 마찬가지로 우리에게 미치고 있다: "주님께서 아브라함과 맺으셨던 언약은 오늘날의 그리스도인들에게도 과거 유대 백성들에게 맺으셨던 것과 조금도 부족함이 없이 효력을 가지고 있음이 분명하

---

663 John Calvin, *Institutes*, 2.10.20.

다"4.16.6.

이처럼, 칼빈의 언약론은 옛 언약과 새 언약의 개념이 없다. 이 두 언약은 하나이자 동일한 언약이다2.10.2. 이 은혜 언약은 구약 시대와 신약 시대의 하나님의 백성들을 하나로 묶는다. 왜냐하면 신구약 모두 은혜로 구원을 받기 때문이다. 결국, 이렇게 볼 때, 구약 성도들도 새 언약에 속하여 약속된 메시야이신 그리스도를 붙잡고 있었다고 볼 수 있다2.2.10. 따라서 하나님이 언약 백성들구약/신약에게 주시는 언약적 약속은 모두 동일하다. 하나님은 그들 모두의 하나님이시며 그들 모두 하나님의 백성들이다. 이 언약은 하나님의 말씀과 성례를 하나가 되게 해준다. 세례와 성찬은 모두 은혜 언약에 대한 표와 인침으로 간주된다4.14.1-6. 이는 Westminster Confession of Faith, XXVII:1, "구약의 성례가 표하고 나타내는 영적인 의미는 본질적으로 신약의 성례와 동일하다"라는 입장과 맥을 같이한다. 칼빈은 옛 성례들 속에는 그리스도가 약속되어 있었다고 주장하였다4.14.20; 고전 10:1-13 주석. 그는 구약과 신약을 나누지 않았으며 율법과 복음을 나누지 않았다. 즉, 신구약을 하나의 언약의 책으로 이해하였다. 동일한 한 성령님께서 동일하게 영원불변의 하나님의 말씀인 구약과 신약의 저자이시다시 119:89; 사 40:8 주석. 칼빈은 사실상 하나님의 불멸하는 율법이 은혜 언약에 포함된다고 이해한 것이다2.7.2. Wilhelm Niesel은 이르길, "칼빈은 율법을 은혜로우시고 신실하신 하나님의 언약적인 율법이요 또 하나님에 의해 그의 교회에 부여해주신 율법이라고

여겼기 때문에 율법의 영광을 찬양했다"고 하였다.[664]

8) 기독론

칼빈은 그리스도는 삼위일체 하나님의 제 2위 하나님으로서, 영원한 말씀으로 창조 사역을 행하셨으며, 도성인신하심으로 구속 사역을 감당하셨고, 제 2위 위격으로서 활동하시며 사역하시는 분으로 섭리의 역사를 주관하신다. 따라서 칼빈에게 그리스도는 섭리주이자 구속주이며 창조주이시고 언약주가 되시고 통치주만왕의 왕, 만주의 주가 되신다.[665]

(1) 그리스도의 신성과 인성

칼빈은 그리스도는 영원하고도 본질적인 하나님의 말씀이시며, 성부 하나님과 한 본체이시다라고 하였다.[666] 성육신 사건을 통해 그리스도는 자기 백성들에게 자신을 "충분히", "완전하게", "전체적으로" 나타내셨다.[667] 따라서 현대 신학자들의 주장인 그리스도의 "Kenosis" 즉 그리스도께서 자기 자신을 완전히 비움으로 해서 "신성을 포기"하게 되었다는 사상을 전면적으로 부인하였다.

또한 칼빈은 칼케톤 신조451년를 받아들여 예수 그리스도는 완전

---

664 Wilhelm Niesel, *The Theology of Calvin*, 94.
665 "그리스도께서 하나님의 영원한 말씀이시기 때문에, 그는 '모든 피조물보다 먼저 나신 이'(골 1:15)이다… 만물이 그에게서 창조된 것은 그가 천사들을 다스리기 위함이며, 그가 사람이 되신 것은 우리의 구속주가 되시기 위함이다." John Calvin, *Institutes*, 2.12.7.
666 John Calvin, *Institutes*, 1.13.7. 빌 2:6 주석 참조.
667 John Calvin, 골 2:9 주석 참조.

하신 하나님이자 완전하신 사람이심을 강조하였다.[668] 그리스도께서는 인성을 취하심으로 "육체와 영혼으로 이루어진 참사람이 되셨으며,[669] 지상 사역 중에 여자에게 나시고 굶주림, 목마름, 추위 등 인간 본성의 연약함을 지니셨으며,[670] 육체적으로 성장하였고 생각이 발전하게 되었다.[671] 그리스도는 인간의 모든 허물과 부패로부터 해방되어 있었기에, 죄가 없으시며 이 점이 우리와 다르다.[672] 그리스도가 완전한 사람이자 완전한 하나님이 아니었다면 구원은 불가능했을 것이다.[673]

칼빈은 그리스도께서 하나님과 우리의 중보자적 사명을 감당하기 위해서는 완전한 하나님 참하나님이자 완전한 사람 참사람이 되셔야 했다.[674]

(2) 인격의 통일성

그리스도는 인간적인 인격이 되시거나 인간적인 인격을 취하신 것이 아니라, 인간의 속성 인성을 취하셨다. 그리스도는 구분된 두 속성 즉, 인성과 신성을 가지고 계셨으면서도 하나의 인격체로 존재하

---

668 John Calvin, *Institutes*, 2.13.1-4; 2.13.1,2; 2.13.3; 2.13.2(인자라는 표현도 인성을 잘 묘사해준다). 마 1:1, 롬 1:3, 9:5, 갈 4:4, 히 2:14, 16; 4:15, 빌 2:5-8; 벧전 3:18.
669 John Calvin, *Institutes*, 2.13.2.
670 John Calvin, *Institutes*, 2.13.1.
671 John Calvin, 눅 2:40 주석 참조.
672 John Calvin, *Institutes*, 2.13.4.
673 John Calvin, 마 22:42; 히 5:1 주석 참조.
674 John Calvin, *Institutes*, 1.13.7-13; 롬 9:5; 딛 2:13; 히 1:8; 요일 5:20 주석.

셨다. 이러한 두 속성의 연합은 인간적인 유추로 설명하기 어려우며, 사람을 구성하고 있는 육체와 영혼의 신비로운 연합과 같은 것이다.[675] 이 두 속성은 결코 뒤섞이거나 형식의 혼합 분리되지 않고, 반드시 구별되어야 한다.[676]

위격적 연합의 결과들 중 하나는 속성들 간의 상호 교통이다. 이것은 그리스도의 신성 또는 인성에 속한 속성이 한 인격 안에서 각기 다른 속성에 전달됨을 의미하다. 가령, 막 4:38에 의하면, 그리스도를 배의 고물에서 주무시고 계신 분으로 묘사한 반면에, 시 121:4에 의하면, 하나님은 주무시지 않는 분으로 묘사하고 있다. 또한 행 20:28에 의하면, 하나님의 피가 십자가에서 흘려졌다고 말하고 있으나, 요 4:24에 의하면, 하나님은 순전한 영이시기에 피를 가지지 않았다 눅 24:39고 묘사하고 있다.

초대 교회 당시에 기독론과 관련된 다양한 이단들이 등장하였다. 에비온파는 예수의 신성의 참됨을 부인하였고, 아리우스주의자는 예수를 피조물 중의 장자, 천사장, 시간적 개념을 가진 분 등으로 예수 신성의 완전함을 부인하였고, 도케데파[677]는 예수의 인성의 참됨을 부인하였으며, 아폴리나리안파는 예수 인성의 완전성을 부인하였고, Nestorius파는 양성론 즉, 그리스도의 인성과 신성의 상호 교

---

675 John Calvin, *Institutes*, 2.14.1-8; 2.14.1.
676 John Calvin, *Institutes*, 2.14.2.
677 이들은 헬라어 "도케오"에서 유래했으며, 그리스도가 마치 사람인 것처럼 행동했다는 "It seems like that ~인 것처럼 보였다"라고 주장함으로써, 그리스도는 사람이 아니고 하나님이셨는데, 마치 사람인 것처럼 보였을 뿐이라고 주장하였다. 이러한 이들의 주장은 그리스도의 완전한 사람 즉, 참사람의 국면을 제거하는 결과를 초래하였다.

류 불가능을 주장하였으며, Eutychianism파는 단성론 즉, 그리스도의 신성과 인성이 연합된 이후에는 한 인격, 한 성만 존재하며, 인적 속성은 신적 속성에 성에 의해 제한되었다고 주장하였다. Sergius콘스탄티노플 주교는 일의론단의론, Monothelitism을 주장하여, 그리스도의 신성과 인성은 각각 신적 의지와 인적 의지가 있는데 연합 후 한 신적 의지만 가지게 되었다고 주장하였다.

(3) 그리스도의 삼중직(triplex munus Christi)

칼빈은 그리스도께서 은혜 언약의 성취를 위해 세 가지 직분으로 사역하였음을 주장하였다:[678]

> 믿음이 그리스도 안에 있는 구원을 위한 명확한 기초를 찾고, 그리스도 안에서 안식하기 위해서는 다음에 제시되는 원리를 분명하게 세워야 한다. 즉, 아버지께서 그리스도에게 명령하신 직분이 세 가지로 구성되어 있다는 사실이다. 그리스도에게 선지자와 왕과 제사장의 직분이 주어졌다.[679]

먼저, 그리스도는 삼중직 가운데 선지자로서의 사명을 감당하였다. 그리스도의 선지자직은 우리를 구원하기 위해 자신의 말씀과 영

---

678 칼빈이 그리스도의 삼중직을 제창한 첫 번째 신학자가 되었다. J.F. Jansen, *Calvin's Doctrine's of the Works of Christ* (James Clarke Lutherworth; First Edition, 1987), 16; Robert Mackintosh, *Historic Theories of Atonement* (London: Hodder and Stoughton, 1920), 269.

679 John Calvin, *Institutes*, 2.15.1.

으로 우리에게 하나님의 뜻을 계시하시는 직분인 것이다.[680] 그는 그리스도께서 구약 시대부터 성령으로 말미암아 기름 부음 받은 선지자로서의 메시아로 소개되었으며, 아버지의 은혜를 선포하는 전령과 증인이 되신다고 주장하였다:

> "주 여호와의 영이 내게 내리셨으니 이는 여호와께서 내게 기름을 부으사 가난한 자에게 아름다운 소식을 전하게 하려 하심이라 나를 보내사 마음이 상한 자를 고치며 포로된 자에게 자유를, 갇힌 자에게 놓임을 선포하며."[681]

칼빈은 요한복음과 미가서 주해를 통해 진정한 가르침의 사역은 하나님께서 속하며, 하나님은 주요하고도 유일한 교사이라고 전제하고, 성부는 오직 성자에게 최고의 가르침의 직위를 주셨으며, 그리스도야말로 "교회의 최고의 교사"라고 주장하였다.[682] 이처럼 그리스도는 교사의 직분을 감당하실 수 있도록 성령에 의해 기름 부음을 받으셨지만, 그의 복음 사역 전체 속에서도 성령께서 그리스도를 떠나지 않고 계속 임재하시면서 선지자로서, 교사로서의 사명을 수행토록 하였으며, 그리스도의 선자자로서의 선포는 모든 예언들을 종결

680　John Calvin, *Institutes*, 2.15.1-5; *Westminster Shorter Catechism*, Q. 24.
681　John Calvin, 이사야 61:1-2. 주석 참조.
682　John Calvin, 요 15:20; 미가 4:3 주석 참조. Charles Partee, *The Theology of John Calvin* (Louisville, London: Westminster John Knox Press, 2008), 163.

시키는 그리고 완성시키는 결과를 가져온 것이다.[683]

또한 그리스도의 제사장직과 제물로서의 사명을 감당하셨다. 그리스도는 하나님의 공의를 만족시키기 위해 단번에 자신을 희생 제물로 드리심으로 우리를 하나님과 화목케 하시고, 우리를 위해 계속하여 중보를 하시는 직분을 감당하신다.[684] 칼빈은 그리스도의 성육신 목적은 택하신 자들의 구속임을 분명하게 강조하였으며, 타락 전 선택설의 경향을 두드러지게 보였다.[685] 그리스도의 제사장직은 십자가에서 끝나지 않고 승천 후 하나님 우편에서 계속 중보하신다.[686] 칼빈은 히 9:22 주해를 통해 주장하길, 그리스도께서 자기 몸을 우리를 위한 희생 제물이자 화해의 제물로 내어주심으로 우리의 죗값을 온전히 치르셨는데, 이 제사장이자 제물의 직책은 오직 그리스도에게만 속해있다고 하면서, 예수 그리스도 안에서 새로운 질서가 보장되었다고 주장하였다. 즉, 기존 구약적 전통에서는 제사장과 제물이 분리되어 있었지만, 그리스도의 제사장직은 제사장이자 제물의 직책을 함께 수행하신 것이다.[687] 이러한 그리스도의 제사장 및 제물의 직분의 독특성에 대하여 코르넬리스 판 더 코이Cornelis van der Kooi는 "칼빈이 그리스도의 응보적 화해를 가르친다"라고 평가하였다.[688]

683　John Calvin, *Institutes*, 2.15.2.
684　John Calvin, *Institutes*, 2.15.6.
685　John Calvin, *Institutes*, 2.12.4,5.
686　John Calvin, *Institutes*, 2.15.6; 히 7:25 주석 참조.
687　John Calvin, *Institutes*, 2.15.6.
688　헤르만 셀더하위스 편저, 『칼빈 핸드북』, 515.

또한 칼빈은 그리스도의 왕직을 언급한다. 그리스도는 우리를 하나님께 굴복시키고, 우리를 다스리며 보호하시고, 자신과 우리의 모든 원수들을 억제하고 정복하시는 직분을 감당하신다.[689] 칼빈이 주장한 그리스도의 왕권은 만왕의 왕이며 만주의 주되심의 선포적 의미를 지니고 있지만, 오히려 "영적인 성격"을 강조하고 있다:

> 이제는 왕직을 다룰 순서이다. 먼저 독자 제위께 왕직이 영적인 성격을 지닌다는 사실을 미리 알려주지 않으면, 이 논의는 무의미하게 될 것이다. 그리스도의 왕직의 능력과 영원성뿐만 아니라 이것이 우리에게 파급되는 효과와 유익이 이 영적인 성격에서 나오기 때문이다. 다니엘서에서 천사가 이 영원성을 그리스도께 돌리고 있으며(단 2:44), 누가복음은 천사가 그 영원성을 그의 백성의 구원에 적용하고 있다.[690]

이러한 그리스도의 왕의 직분은 자신 뿐만 아니라 구원적 은혜의 대상인 그의 백성들에게 부여되며, 이는 그의 백성들의 공동체인 "교회의 몸 전체에"에 해당되며, "그리스도인 개인들"에게도 해당되는 것이다. 칼빈은 단 2:44과 시 89:35-37을 주해하면서, "하나님께서 그의 아들의 손을 통하여 그의 교회의 영원한 보호자이자 수호자가 되실 것을 약속"하고 있으며, 이 예언적 약속이 "그리스도를 통해" 실현되었음을 강조하였다.

---

689   John Calvin, *Institutes*, 2. 15. 3-5.
690   John Calvin, *Institutes*, 2. 15. 3.

그 결과, 그의 언약 백성인 신자들은 그리스도의 왕권의 영원성에 감동되어 "복된 영생에 대한 소망과 격려"를 받아 살아갈 수 있음을 천명하였다.[691] 이처럼, 그리스도의 왕권은 가시적인 현상학적 상황이 아니라, 비가시적인 세계 즉, 영원한 세계의 왕중왕으로서의 사역을 의미하고 있다. 물론, 지상적 사역으로서의 왕직도 포함하지만, 궁극적으로는 영적인 영원성의 개념 속에서의 왕직을 의미하는 것이다. 이는 이를 믿는 그의 백성들의 구원적 선포이며 구원의 완성의 세계를 의미하기도 한다.[692]

9) 그리스도의 속죄론

칼빈은 그리스도의 속죄는 모든 사람을 다 구원하시기에 충분하지만, 택자들에게서만 유효하며, 그 능력의 제한은 없지만, 범위에는 제한을 두었으며, 보편 속죄론은 논박할 가치도 없다고 일축하였다.[693] 또한 그리스도의 속죄는 유화적인 제사였으며,[694] 속죄는 택자의 죄를 사해주고 하나님의 진노를 달램으로써, 하나님의 공의를 만족케 한다. 또한 그리스도 속죄는 형벌적인 제사이며,[695] 대리적인 제사였고,[696] 대속적인 사역으로서, 단회적인 제사였다.[697]

---

691 John Calvin, *Institutes*, 2. 15. 3.

692 John Calvin, *Institutes*, 2. 15. 4. -5.

693 John Calvin, 요일 2:2 주석 참조.

694 John Calvin, 마 26:3; 요일 2:1,2 주석 참조.

695 John Calvin, 눅 22:37; 고후 5:21. 주석 참조.

696 John Calvin, 사 53:10 주석 참조.

697 John Calvin, *Institutes*, 2. 17. 1-5; 히 9:26 주석 참조.

또한 그리스도의 속죄는 대속물이었으며, 그는 죄인들을 대신하여 성부께 대속물을 지불하여 그들을 구속하시고 화목케 하셨다.[698] 그리스도의 속죄는 하나님이 택자들과 맺어주신 언약에 그 기초를 두고 있고,[699] 속죄의 출발점은 그리스도 안에 있는 바, 값없이 베풀어 주시는 하나님의 사랑이었다.[700] 또한 그의 속죄는 기독교 신앙의 원수들, 즉, 사탄과 죽음과 죄와 세상을 정복하시는 속죄였고, 하나님의 백성의 원수를 파하시고 승리를 거두셨다.

9) 구원론

(1) 구원 사역

칼빈은 구원은 삼위 하나님의 공동 사역이지만, 성부는 구원을 작정하시고, 성자는 자기 백성들을 자신에게 연합토록 하시며, 성령은 이 은혜를 택자들에게 적용시키신다고 하였다.[701]

(2) 구원의 서정(Order of Salvation)

[1] 외적 소명(보편적 소명)과 유효적 소명(특별한 부르심, 중생)

칼빈은 소명을 "일반적 부르심과 특별한 부르심"으로 나누었다. 먼저 하나님께서 모든 사람들을 말씀의 외적인 전파를 통해서 똑같

---

698 John Calvin, *Institutes*, 3.2.2. 골 1:21 주석 참조.
699 John Calvin, 히 9:15-18 주석 참조.
700 John Calvin, 요 3;16; 히 2:9 주석 참조.
701 John Calvin, *Institutes*, 3.1.1; 2.17.2; 3.24.5.

이 자신에게로 부르시는 일반적인 부르심이 있다.[702] 그는 "심지어 말씀 선포가 사망에 이르는 냄새가 될 자들"에게도 고후 2:16 일반적 외적 소명의 기회가 주어지며 이를 통해 "더욱 극심한 정죄 가운데 처하게 된다"라고 하였다.

그는 두 번째 유효적 소명을 제시하였다. 이는 오직 성령께서 선택한 자들에게 효력을 발휘하게 하시는 "유효적 소명 즉, 특별한 부르심으로서,[703] 외적으로 선포된 말씀을 성령의 내적인 조명을 통해 듣는 이들의 마음속에 이르도록 부르시는 은혜로서, 대부분 신자에게 베푸시는 부르심"이라고 하였다. 그는 때로는 유효적 소명처럼 보이지만 결국 외적 소명으로 마무리 되는 경우도 있는데, 이는 잠시 동안만 신적 조명을 받아 은혜 속에 참여하게 되지만 때가 이르면 감사하지 않는 이들을 하나님의 공의로 버리시고 더욱 심한 소경의 상태 속에 빠지게 하시는 때도 있음을 지적하였다.[704]

[2] 회심(conversion)과 신앙(Faith)

회심은 하나님이 중생한 자들로 하여금 유효적 소명에 응답하도록 하시는 하나님의 은혜로운 사역의 결과이며, 이는 회개와 신앙으로 구성된다. 양자는 상호 공존하며 서로 분리할 수 없다 막 1:14-15. 회개 metanoia 의 의미는 "마음의 변화"를 의미하며 이는 "죄에서 돌아서

---

702   John Calvin, *Institutes*, 3.24.8. 칼빈이 말하는 "일반적 부르심"은 Ariminianism이 주장하는 "보편구원적 부르심"을 의미하지 않는다.
703   John Calvin, 롬 8:30 주석, 2.3.13.
704   John Calvin, *Institutes*, 3.24.8.

는 것"을 의미한다.[705] 칼빈에 의하면 신앙은 인간의 소산물이 아니라 성령을 통해 선물로 받는 하나님의 초자연적 은혜이다요 1:12-13. 따라서 신앙과 성령은 불가분리의 관계이다:[706] "만일 우리가 하나님의 성령과 무관하게 우리 스스로 하나님의 종으로 인정받기 원한다면, 이것이 그리스도의 약속에 대한 의문을 제기하는 것이 아니겠는가? 만일 우리가 성령의 특별한 역사인 믿음을 성령의 역사와 분리시킨다면, 이러한 행위는 성령을 훼방하는 것이 아니겠는가?"[707]

이처럼 신앙은 성령께 이끌리어 그리스도에게 향하는 것이다: "신앙은 우리를 향하신 하나님의 자비하심에 대한 확고하고도 분명한 지식인 바, 그리스도 안에서 값없이 주시는 약속에 대한 사실에 그 기초를 두고 성령을 통해서 우리의 생각에 계시를 하시고 우리의 마음에 인을 쳐주시는 것이다."[708]

칼빈은 신앙의 두 요소로서, 하나님에 대한 지식notitia 과 성령을 통한 마음의 확신fiducia 으로 규정하였다. 신앙적 지식은 "경건한 무식"도 아니고, "교회에 대한 맹목적인 존경심"도 아니다. 또한 하나님에 대한 지적인 지식과 동의나 신념도 아니다: "대부분 사람들은 믿음이라는 단어를 들을 때 복음 역사에 대하여 일반적 동의 차원을 넘어설 정도로 이해하지 못한다."[709] 이처럼 하나님에 대한 지식은 성령을

---

705 John Calvin, *Institutes*, 3.3.5; 3.7.4; 3.3.6-7.
706 (John Calvin, *Institutes*, 3.2.39.
707 John Calvin, *Institutes*, 3.2.39.
708 John Calvin, *Institutes*, 3.2.7.
709 John Calvin, *Institutes*, 3.2.1.

통해 주어지는 내적인 확신을 의미한다. "따라서 우리는 믿음의 지식은 이해가 아니라 확신에 있다고 결론지을 수 있다."[710]

[3] 칭의

마르틴 루터는 이 칭의를 "교회가 서느냐 넘어지느냐를 결정짓는 조항"이라고 주장하였다. 칼빈은 이를 "종교개혁의 골격이자 기독교회의 원리 조항이자 구원론 전체의 원리이자 모든 종교[기독교]의 기초이다"라고 주장하였다. 그는 "칭의란 오직 하나님의 긍휼하심과 그리스도의 공로와 신앙에만 그 기초를 두고 있다… 우리가 믿음이 의롭게 한다고 말하는 것은 믿음 그 자체에 가치를 지니고 있어서 우리를 의롭게 하는 공로가 되기 때문이 아니라, 우리가 믿음을 도구로 삼아 그리스도께서 값없이 주시는 의를 얻기 때문이다"라고 하였다.[711]

칭의는 법정적인 것 즉 법적인 행위이다. 칭의는 로마 가톨릭에서 말하는 바처럼 주입[infusa]이 아니라, 전가[transfor]이다.[712] 칭의는 오직 믿음으로 말미암는 것이지만, 구원에 이르게 하는 참 믿음은 선한 행위를 수반한다. 의롭게 하는 믿음은 믿음에다 행위를 더하는 것[로마 가톨릭 주장]이 아니라, 행위를 포함하는 것이다. 그러므로 행함은 공로가 아니라 믿음의 필수적인 사항이다.[713]

710　John Calvin, *Institutes*, 3.2.14.
711　John Calvin, *Institutes*, 3.18.8.
712　John Calvin, 고후 5:21 주석 참조.
713　John Calvin, *Institutes*, 3.11.13-23; 3.14.18.

그는 율법 아래 저주를 받은 인간이 구원받을 유일한 수단은 신앙이며, 이 신앙을 통해 이중적인 은혜duplex gratia, 즉 칭의의 은혜와 중생의 은혜를 받게 된다고 하였다:[714] "믿음으로 그를 소유하게 되면 이중적 은혜duplex gratia를 받게 된다. 첫째는, 하나님이 그리스도의 의를 통하여 하나님과 화목됨으로 재판관이 아닌 자비하신 아버지가 되신다. 둘째는, 그리스도의 영을 통해 거룩한 자가 되어 흠없는 순결한 자가 된다."[715]

최윤배는 칼빈의 칭의적 특성을 일곱 가지로 요약하였다.[716]

첫째, 칭의란 죄인에 대한 하나님의 은혜로우신 용납이며, 죄의 용서이다롬 3:24.[717] 즉, 칭의는 하나님과의 죄인의 화해이며, 죄 용서를 의미한다.

둘째, 의의 전가로서 칭의를 법정적, 또는 사법적forensic 차원에서 이해한다. 즉, 칭의를 받는 순간 우리의 실제적 상태는 무죄하거나 자신의 의로움으로 의인이 되었다는 것이 아니라 여전히 우리는 죄인의 상태에 있지만, 하나님께서는 그리스도의 전가된 의를 근거로 삼아 죄인인 우리를 사법적으로 의롭다고 여기시며 선포하신다.

셋째, 칭의에서 신앙의 기능을 '그릇'으로 비유하여, 신앙을 수단으로 간주하면서도 신앙의 공로적 성격을 배제하기 위해 '전가된 의'

---

714 최윤배, 『깔뱅 신학 입문』, 280.
715 John Calvin, *Institutes*, 3.11.1.
716 최윤배, 『깔뱅 신학 입문』, 282-290.
717 John Calvin, *Institutes*, 3.9.3; 3.11.4; 3.11.21.

자체이신 그리스도가 칭의의 근거와 원천과 분배자가 되신다.[718]

넷째, 칭의는 중보자 예수 그리스도께서 행하시는 사역이다. 그리스도의 전가된 의는 그리스도께서 중보자이자 제사장으로서 우리를 대신하여 우리의 죄를 지시고, 하나님께 순종하여 속죄물이 되심으로 성취하시고 획득하신 의이다.

다섯째, 신앙에 의한 칭의는 행위에 의한 칭의와 전적으로 다르다. 칼빈은 은혜로 주어진 칭의는 신앙에 따라서 주시는 것이므로 결코 행위의 공로에서 생기는 것이 아니라고 강조하였다: "우리는 빈손으로 의를 받는 것이다".[719]

여섯째, 중생한 사람의 행위도 칭의를 얻지 못한다. 칼빈은 비록 중생한 자의 행위가 은혜에서 비롯되었을지라도, 그의 행위는 결코 칭의의 근거가 될 수 없다고 주장하였다: "그리스도의 은혜로 주어지는 성화와 칭의는 서로 다르다. 따라서 의롭다 하는 신앙을 신앙에 돌릴 때는 영적인 행위까지 중요시되지 않는다."[720]

일곱째, 칭의와 성화는 상호 분리되지 않고 구별되지만 매우 밀접하게 결합되어 있다: "왜 우리가 믿음으로 의롭다 하심을 얻게 되는 것일까? 이는 오직 그리스도의 의를 통해 하나님과 화목케 되는데, 우리가 그리스도의 의를 믿음으로 붙잡기 때문이다. 그러나 그리스도의 의를 믿음으로 붙잡음과 동시에 거룩함도 함께 반드시 붙잡게

---

718   John Calvin, *Institutes*, 3.11.7.
719   John Calvin, *Institutes*, 3.11.17; 3.11.14.
720   John Calvin, *Institutes*, 3.11.14.

되는 것이다."[721]

[4] 양자됨

칼빈은 신자의 양자됨입양은 하나님이 의롭다 함을 받은 죄인을 자신의 아들로 맞아들이시는 하나님의 법정적인 사역으로 이해하였다. 따라서 양자된 자는 하나님의 택자가 누리는 모든 상속권을 가지며,[722] 이 특권에는 그리스도 교회의 지체가 됨과 은혜의 수단들 즉 기도와 하나님 말씀과 성례에 참여할 수 있는 것을 포함한다.[723]

[5] 성화

칼빈은 성화는 "하나님의 형상을 좇아 우리의 모든 것을 새롭게 해주시되, 죄에 대해선 점점 죽어가고 의에 대하여는 살아나게 하시는 하나님의 값없이 행하시는 사역"으로 묘사하였다. 따라서 칭의와 함께 원죄의 죄책은 즉시 제거되지만, 죄의 오염은 성화의 과정을 통해 점진적으로 제거된다고 보았다. 성화는 칭의의 결과로 이루어진다: "그리스도께서 의롭게 하심과 동시에 성화케 하신 자들은 하나도 없다."[724] 신자는 자기 자신을 부정하기 위해 self-denial, 그리고 그리스도를 위해 날마다 십자가를 지기 위해 bearing the cross, 그리고 이 땅 위에 사는 동안 영원한 것을 바라보며 살기 위해 Meditation on the future

---

721 John Calvin, *Institutes*, 3.16.1.
722 John Calvin, 히 2:5 주석 참조.
723 John Calvin, *Institutes*, 3.20; 4.14-19.
724 John Calvin, *Institutes*, 3.16.1.

life 부르심을 받았다.[725] 그리스도인들은 회심 시 적극적으로 성화구별되지만, 계속해서 성화의 과정은 점진적이고도 진보적으로 진행된다.[726]

성화는 죄에서 멀어짐 Mortification과 동시에 하나님께로 나아감 Vivification을 말한다 살전 4:3; 요 10:36 주석; 3.2.26. 유효적 소명, 중생, 칭의, 양자됨의 과정은 전적으로 수동적이지만, 성화는 능동적이다. 성화는 자기 속에서 성령의 인격을 통해 하나님의 뜻을 이루고 계시는 하나님의 사역임이 분명하다 3.3.1-21; 빌 2:12-13 주석. 성화는 그리스도인 안에서 윤리적인 하나님의 형상을 회복하는 것이며 전 인격적이다 엡 4:222-4;골 3:9-10; 살전 5:23주석; 1.15.4.

[6] 견인과 확신 및 영화

칼빈은 성도의 온전한 견인론과 구원확신론을 믿었으며, 하나님께서 예정하신 택하신 백성들은 성화의 과정을 통해 결국 영화의 세계로 들어가게 된다고 하였다: "믿음의 확실성이 어느 시점에만 제한된다는 식으로 주장하는 일은 매우 어리석은 짓이다. 믿음은 이생을 마친 이후에 미래가 있는 불멸의 상태를 바라보는 것이다."[727]

이처럼 그는 참으로 하나님께서 택하신 백성의 무리에 든 사람은 멸망시키거나 잃어버리는 법이 없다고 주장하였다 고전 1:9 주석. 성도

725　John Calvin, *Institutes*, 3.7; 3.8; 3.9-10; 16.1.
726　John Calvin, 고전 1:2-3 주석 참조.
727　John Calvin, *Institutes*, 3.2.40.

의 견인은 '확신'과 같은 용어이다.3.2.7,17-20 '영화'는 '구원의 최종상태'를 말한다. 택자가 죽어서 하나님의 임재 앞에서 영원한 행복을 누리는 상태를 말한다. 이는 마지막 날에 부활 시에 이루어지며 그 절정에 도달할 것이다. 빌 1:21-23주석, 3.25.1-12라고 하였다.

11) 교회론

칼빈은 교회론을 집중적으로 다루기 위해 기독교강요 4권 1장을 할애하였다. 그는 "교회"를 "그리스도의 신부, 하나님의 눈동자"로 묘사하였다. 그는 갈 5:12 주석을 통해 이르길, "교회를 향한 나의 사랑과 교회의 유익을 향한 나의 열망이 나로 하여금 일종의 환각 상태에 이르게 하고 있어서 나는 도저히 다른 것을 생각할 여지가 없다"라고 하였다.[728]

교회의 필요성에 대하여 칼빈은 신자의 "신앙을 성숙시키며 복음 전파 사역을 더욱 확실하게 하기 위함이고, 성례 제정을 통해 이에 참여함으로써 믿음을 북돋고 강건케 하는데 매우 큰 도움을 주기 위함"이라고 하였다.[729]

(1) 가시적/비가시적 교회

그는 교회를 중세 개혁자들과 동일하게, 가시적 교회와 비가시적 교회로 나누었다. 가시적 교회 visible church는 예수 그리스도에 대한

---

728 John Calvin, *Institutes*, 4.1.3-4.
729 John Calvin, *Institutes*, 4.1.1.

진정한 신앙을 고백하는 모든 사람과 그들의 자녀들로 이루어진 교회이며, 비가시적 교회Invisible church는 모든 시대에 걸친 진정한 택자성도들로 이루어진 교회이며, 아직 태어나지 않은 자들까지 포함한다. 따라서 같은 신앙을 고백하며 교회에 참여하는 자들 가운데 비가시적 교회에 참여하지 못한 자도 있으며, 가시적 교회는 불신자들과 신자들이 '뒤섞인 몸'으로 구성된다고 하였다.[730] 그는 교회는 세상, 육체, 마귀와 더불어 싸우는 거룩한 싸움이 존재하기에 그리스도의 신부인 교회는 전투적 교회이며, 이 전투는 주님 재림 시에 끝나게 될 것이고, 이때 비로소 승리 교회가 된다고 하였다.

(2) 교회의 속성

어거스틴을 비롯한 초대 교회 교부들은 교회를 "하나이자 거룩하고 보편적이고 사도적 공동체"로 이해하였다. 칼빈은 교회의 유일성과 통일성을 강조하며, "그리스도의 유일한 신부"로서, 은사의 다양성과 함께 통일성이 존재한다고 하였다.[731] 그는 교회는 하나님의 성도구별된 자들로 구성되어 있는 거룩한 공동체로서, 성도들은 개인적인 거룩을 추구해야 한다고 하였다.[732]

또한 교회는 "보편성"Catholics, universal을 지니고 있으며, 이는 교회의 세계적인 속성을 의미한다. 이처럼 예수 그리스도의 죽음, 장사,

---

730 John Calvin, *Institutes*, 4.1.13.
731 John Calvin, 엡 4:1-16; 고전 12장 주석.
732 John Calvin, 엡 1:1-2; 4:4-6; 5:22-23 주석.

부활 이후 교회는 세계적인 보편적인 교회가 되었다.[733] 또한 교회의 속성 중 하나는 "사도성"으로서, 교회가 성경의 기초 위에 세워졌다는 의미이다. 칼빈은 "사도 바울은 교회는 사도들과 선지자들의 기초 위에 세워진다고 증거하였다"고 말하였다.[734] 그러나 칼빈은 가톨릭 주장처럼 사도직이 단절 없이 베드로부터 교황들 또는 감독들로 승계된다는 것을 철저하게 배격하였다. 즉, 사도적 교훈은 이어지지만, 사도직이 계승되는 것은 아니라고 주장하였다.

(3) 교회와 예배

칼빈은 공적 예배는 성경적인 교회의 가장 중요한 부분이라고 지적하면서, 성도들은 함께 모여 매 주일마다 시편과 다른 찬송을 하고 기도하고 하나님의 말씀을 공부하고 성례에 참여하고 십일조와 헌금을 드리고 권징을 실시하고 사도신경을 암송해야 한다고 하였다.[735]

칼빈은 이 원칙이 행 2:42에 나오는 사도 시대의 교회 형태로 보았으며,[736] 공적 예배는 주일 즉 일요일로 이해하였다. 그는 그리스도의 죽으심, 장사, 부활을 통해 유대적인 안식일을 성취하셨을 뿐만 아니라, 유대적 안식일이 신약 시대에도 주일인 일요일을 통해 반복되고

733　John Calvin, 마 28:18-20; 사 54:1 주석.
734　John Calvin, *Institutes*, 1.7.2.
735　John Calvin, *Institutes*, 4.17.43.
736　John Calvin, *Institutes*, 4.17.44.

있다는 사실도 가르쳤다.[737]

(4) 교회와 국가의 관계

칼빈은 교회와 국가와의 관계를 규명하기 위해 그의 『기독교강요』 4권을 할애하고 있다. 그는 이 세상은 이중 통치duplex in homine regimen 의 구조를 가지고 있으며, 하나는 영적인 통치 기관이며, 다른 하나는 세속적인 통치 기관이라고 하였다. 이 두 기관은 인간의 자율권을 침해하는 것이 아니라 오히려 하나님께서 인간들에게 삶의 유익을 위해 세우신 기관들이라고 하였다:

> 사람에 대한 통치는 이중적 통치라는 점을 깨달아야 한다. 그 중 하나는 영적인 통치인데, 이를 통하여 양심이 경건과 하나님을 경외하는 훈련을 하게 되며, 다른 하나는 정치적(국가적) 통치로서, 이를 통해 개인 또는 국가 시민으로서 수행해야 할 의무에 대한 교훈을 받게 된다. 이 둘을 지칭하여 영적 통치권(spiritual Jurisdiction)과 세속적 통치권(temporal jurisdiction)이라고 부르는데, 이러한 명칭은 온당하다. 첫 번째 통치권은 영적 생활에 관한 것이고, 두 번째 통치권은 육신적 삶과 관련된 것으로서 의식(의식주를 의미함-역자주)과 거룩, 순결, 질서 유지에 필요한 규범 제정에 관한 통치이다. 영적 통치는 영혼에 관련되고, 세속적 통치는 외적인 행동과 관련된다. 이 두 가지 통치는 각기 분리시켜서 생각

---

737 John Calvin, *Institutes*, 2, 8, 28-34.

해야 한다.[738]

이처럼 칼빈은 영적 통치와 세속 통치는 하나님께서 세우신 두 기관으로서, 이 두 기관은 거룩한 통치 기관으로서, 상호 구분되지만 분리해서 이원화시켜서는 안 된다고 보았다.[739] 즉, 신자는 영적 기관에 속하면서도 동시에 세속적 기관에서 활동하는 존재로서, 양자의 기관의 특성에 따라 이를 존중하고 적극적으로 동참해야 할 것을 주장한 것이다.

칼빈은 당대 교회와 국가와의 관계에 대한 중대한 오류들이 존재한다고 하였다. 이들 중 먼저 교황주의를 지목하였다. 교황주의는 교회(교황)이 교회와 국가를 모두 다스려야 한다는 주장으로서, 성경적 원리에서 벗어났다고 비평하였다. 또한 에라스티안주의 즉, 교회와 국가가 모두 시민 관리라는 체제 아래 있다는 주장 역시 비성경적인 사상임을 지적하였다. 또한 그는 당대 재세례파들이 세속적 통치 기관을 부정하고 거부하는 무정부주의적인 입장에 대하여 비판하면서 성경에 입각한 건전한 교회와 국가관을 수립하였다. 칼빈은 교황주의와 에라스티안주의, 그리고 재세례파들의 주장들 모두 거부하였다. 칼빈은 성경적인 기독교 교회는 교회와 국가를 하나님께서 각각 구별되게 세워 놓으신 조직으로 제시함과 동시에 모두가 하나님의 법 아래 있는 것으로 가르친다고 주장하였다. 즉, 기능 면에서는 분

---

738 John Calvin, *Institutes*, 3.19.15. 칼빈의 이중 통치 개념은 1536년판 기독교강요에서 언급되었지만, 1559년 판을 통해 더욱 세밀하고 구체적으로 다루었다.

739 John Calvin, *Institutes*, 4.20.1-2; 4.19.15.

리되나 권위에 있어서는 분리가 되지 않는다. 그는 롬 13:1-7을 근거로, 국가의 지배자가 하나님의 일꾼이라고 가르치고 있으며, 시민법 즉 성경에 나오는 십계명과 모세 율법의 일반적인 형평성의 원리를 따라야 한다고 하였다. 그는 교회가 성경적인 교회법에 지배를 받아야 하며, 국가는 천국의 열쇠를 쥐는 권세는 없는 반면에, 교회는 충고나 협의 방식 이외에는 세속 정치 문제에 개입을 해서는 안 된다고 주장하였다.[740]

칼빈은 교회와 국가 조직에 대한 성경적인 분리 원칙을 강력하게 주장함으로써, 목회자가 정치적 직분을 가지는 것은 합당하지 않다고 주장하였다.[741] 그에게 있어서 교회와 국가는 상호 분리 원칙을 고수하되 상호 협력체임을 명심해야 하며, 교회는 시민 관리를 위해 기도하고 격려해주며, 성경적인 기능을 가르쳐주고, 성경이 허락하는 한도 내에서 영광을 돌려야 한다. 국가는 자국민 전체를 위시하여 참된 교회의 복지도 증진시키고 대적들로부터 교회를 보호해주어야 한다. 이처럼 교회와 국가의 관계는 대립이 아닌 상호 협력체임을 논증하였다.[742]

(5) 교회의 거룩한 표지

칼빈은 자신의 작품 기독교강요 4권 1장에서 "교회의 표지"를 제

---

740 John Calvin, *Institutes*, 4.11.3,20.1-13; 롬 12:1-7 주석 참조.
741 John Calvin, *Institutes*, 4.8.11.
742 John Calvin, *Institutes*, 4.20.2,8.

목으로 언급하였다:

> 이를 통해 교회의 정체성이 우리의 눈에 보이게 되었다. 하나님이 말씀이 어디든지 전해지고, 이 말씀을 들으며 그리스도께서 제정하신 성례를 집행하는 그곳에 하나님의 교회가 존재한다는 사실이 확실하게 된다(엡 2:20). 그 이유는 주께서 이와 같이 약속하신 말씀이 헛될 수 없기 때문이다: "두세 사람이 내 이름으로 모인 곳에는 나도 그들 중에 있느니라."(마 18:20).[743]

칼빈은 이처럼 거룩한 교회의 상징적 표지를 선포되는 하나님 말씀과 성례의 정당한 거행으로 규정하였다.[744] 그는 이 두 가지 표지 중에 어느 한 가지라도 교회에서 소홀히 여겨진다면 이는 참교회가 아닌 거짓 교회에 속한다고 경고하면서, 당시 말씀에서 벗어난 교회 전통과 유전을 제정한 로마 가톨릭의 문제점과 기존 교회로부터의 분리 및 거부 운동을 펼쳤던 재세례파 등의 문제점들에 대하여 심도 있게 논의하였다.[745]

그는 교회 표지의 중요성을 "거룩성"에 두었다. 즉, 하나님의 자녀

---

743 John Calvin, *Institutes*, 4.1.9. 칼빈이 교회의 순수성과 거룩성을 유지하기 위하여 교회의 표지로서 두 가지를 제시하였는데, 이는 루터파의 "아우구스부르그 신앙고백", 1530년)의 내용과 일치한다. "우리는 다음과 같은 진리를 가르친다. 하나의 거룩한 기독교회는 시대마다 항상 존재하며 존재해야만 하는데, 이는 신자들의 모임 자체이며, 교회는 순전한 복음이 선포되고 이에 일치하는 성례전이 집행되는 것이다."

744 John Calvin, *Institutes*, 4.1.9-12. 교회의 표지에 대한 칼빈의 입장에 관하여 개혁주의 신학자들 가운데 다양한 이견들이 존재한다. 즉, 말씀과 성례 등 두 가지 표지로 주장하는 부류와 말씀과 성례와 교회의 권징 등 세 가지 표지로 규정하는 주장들도 존재한다.

745 John Calvin, *Institutes*, 4.1.11-13.

들의 모인 공동체는 말씀과 성례와 권징을 통해서 "거룩성"이 유지되어야 한다는 점을 강조한 것이다. 이러한 의미에서 거룩성을 훼손한 로마 가톨릭의 교회 공동체는 교회로서의 의미가 상실되는 것이다.[746] 따라서 칼빈은 거룩성을 유지하기 위해서 우선으로 필요한 것은 참교회와 거짓 교회를 구별해야 할 필요성을 제기하였다. 왜냐하면 거짓 교회는 진정한 교회가 아니며 삼위일체 하나님과 무관하기 때문에, "거룩성"을 전제할 수 없기 때문이었다. 그는 "신앙의 보루에 거짓이 들어오고 필수적인 교리 요해가 상실되고 바른 성례 시행이 무너진다면, 그 교회 공동체는 파괴되고 만다"고 경고하였다.

그는 이러한 죽은 공동체를 사람의 모습으로 유비해서 설명하길, 사람이 목이 찔리고 심장에 심각한 상처를 입으면 생명이 소멸되는 것처럼, 교회는 그리스도와 사도의 가르침에 근거해야 한다고 주장하였다. 로마 가톨릭은 그리스도의 가르침과 사도들의 권한을 넘어서서 말씀을 청종하지 않고 인간적인 계승만을 주장하였다고 비판하였다. 그는 특히 『기독교강요』 4권 2장 9-12를 통하여 로마 교회의 부패성을 매우 상세하고도 집중적으로 조명하였다. 결국 로마 가톨릭은 교회가 아니고 하나님과 무관한 공동체임을 논증하였다.[747]

칼빈은 교회의 표지 중 첫 번째인 "하나님 말씀 전파"를 다루면서, 교회가 하나님의 말씀 기초 위에 세워졌기 때문에, 말씀 전파는 교회

---

746 John Calvin, *Institutes*, 4.1.17.
747 John Calvin, *Institutes*, 4.1.17; 4.2.1-12.

의 기본이고 기초임을 주장하였다.[748] 그는 로마 가톨릭 입장에 반대하여 말씀 전파가 성례보다 우위에 있음을 강조하였으며, 말씀 전파 자체만도 완전한 은혜의 수단이 된다고 확신하였다.[749] 즉, 말씀전파는 그리스도께서 교회를 다스리시는 수단이며, 하나님의 임재의 표이다.

칼빈은 두 번째 표지로서, "정당한 성례 거행"을 다루었다. 성찬은 주께서 떡과 잔으로 우리가 그의 몸과 피 안에서 가지는 참된 영적 교제를 나타내고자 하신 것에 대한 표상이다. 그러나 교황의 미사는 성찬의 신비를 파괴하는 왜곡되고 사악한 제도이며, 이는 하나님께 정죄받은 우상 숭배 행위이며, 신성 모독과 미신 숭배가 내포되어 있다고 혹독하게 비판하였다. 그에 의하면, "성례는 보이지 아니한 은혜에 대한 보이는 형식"인 것이다.[750]

웨스트민스터 신앙고백에 의하면, 성례는 "은혜 언약에 대한 거룩한 표와 인침"이다. 칼빈은 로마 가톨릭이 주장하는 바와 같이 성례를 수행한 자체로 은혜를 가져다주는 것은 결코 아니며,[751] 구원에 절대적으로 필요한 것도 아님을 천명하였다.[752]

그는 주장하길, 성찬은 될 수 있으면 주일마다 행해야 하며,[753] 이

748　John Calvin, *Institutes*, 3.2.2-7,33; 3:1-3.
749　John Calvin, *Institutes*, 4.14.1-6.
750　John Calvin, *Institutes*, 4.14.1.
751　John Calvin, *Institutes*, 4.14.14-17; 17.3,12,26.
752　John Calvin, *Institutes*, 4.14.14-17.
753　John Calvin, *Institutes*, 4.17.43.

성례에서의 외적인 표인 떡과 포도주는 주 예수의 몸과 피를 상징하고,[754] 신자의 자녀들은 언약에 속한 지체들이기 때문에, 유아 세례를 받아야 한다고 유아 세례의 당위성을 논증하였다.[755]

그는 교회의 거룩성을 유지하기 위한 "교회의 권징"을 강조하였다. 즉, 교회는 모든 지체들을 감독하도록 부르심을 받았으며, 지도자는 신실하게 말씀을 전파하고, 성례를 거행하며 교회의 권징을 적극적으로 실시해야 한다고 하였다. 그는 권징을 세 단계 과정으로 소개하였다. 즉, 첫째, 혼자 범죄인을 찾아가는 단계이다. 이 단계에서 회개하지 않으면, 둘째 단계로서, 증인들과 함께 찾아가서 권유하고, 셋째, 그래도 회개하지 않으면 마지막으로 그 문제를 회중들 앞에서 취급하도록 하였다.[756] 그는 대상자가 언제든지 회개하면 교회에서 용서해주고 교회 안에서 교제를 회복하지만, 회개를 거부할 시에는 출교를 명하도록 하였다. 칼빈은 권징의 세 가지 목적으로서, 하나님 영광, 교회 순결, 죄인 회복을 제시하였다.[757] 비록 그는 교회 권징을 좋아하지 않았지만, 이는 성경적 명령이기에 수행할 필요성을 역설하였다.

(6) 교회의 정치

칼빈은 기독교강요를 통해 교회의 정체성 즉, 교회의 진정한 정

---

754 John Calvin, *Institutes*, 4.17.7.
755 John Calvin, 고전 7:14 주석 참조.
756 John Calvin, 마 18:15-20 주석 참조.
757 John Calvin, *Institutes*, 4.12.1-7.

의와 특징 그리고 참교회와 거짓 교회에 대한 분명한 논증을 제시한 이후, 교회의 구성원에 대하여 논의하였다. 그는 교회는 하나의 조직체로서, 조직체를 운영할 정치 구조가 필요한 이유에 대하여 고전 14:40의 바울의 주장을 통하여 "교회 정치의 필요성"을 언급하였다.[758] 또한 그는 교회의 모든 직분은 하나님의 도구적인 개념으로 이해하였으며, 상하 개념이나 고위 및 하위 개념에서 벗어나도록 직분상의 차이점으로 규정하였다.

역사적으로 교회는 "세 가지 기본 정치 형태" 즉, 감독 정치와 장로회 정치 및 회중 정치독립교회 정치에 의해 운영되었다. 먼저, 감독 정치는 로마 가톨릭, 감독교회, 영국 교회, 감리교회. 감독직제로서, 교회는 감독episkopos에 의해 다스려져야 한다는 주장이다. 또한 독립교회 정치는 조합교회로서, 개 교회가 다른 어떠한 교회들로부터 간섭을 받지 않고 완전히 독자적으로 존재하며 운용해야 한다는 기본 원리를 주장한다. 이들은 개 교회마다 민주적 방식으로 운영하며, 교회는 회중 다수의 선출을 받은 사람에 의해 운영해야 한다고 강조한다.

마지막으로, 장로교회 정치로서, 칼빈은 위 2개 방식을 모두 거부하고, 장로 정치의 성경적인 면을 강조했다.[759] 그는 엡 4:11을 근거로 사도와 선지자, 복음 전하는 자 등 세 직분은 "주의 나라를 시작할 당시 세웠던 직분들이며, 시대적 요청에 의해 활용했던 직분"이라고 하였고, 나머지 목사와 교사 직분은 교회에 "항상 있는 일상적인 항

---

758 John Calvin, *Institutes*, 4.3.10.
759 John Calvin, *Institutes*, 4.4.13.

존적 직분"임을 명시하였다.[760] 그는 장로 정치 원리를 구약에서 인용하였고,[761] 이는 사도들에 의해 신약 시대에 시행되었으며, 사도 이후에도 참된 교회에서 활용해온 성경적인 정치 제도라고 주장하였다.[762] 그는 개 교회의 당회와 장로회노회, 그리고 대회 등의 교회 제도를 주장하였다.[763] 이러한 초대 교회 공동체의 보편적 장로교회 체제를 왜곡시키고 무너뜨린 것은 로마 가톨릭의 교황주의였다고 비판하였다.[764]

칼빈은 목사, 교사, 장로, 집사라는 교회의 4중직을 주장하였다. 목사는 성경에 감독자, 장로, 사역자, 목회자, 목사로 불리웠으며, 초대 교회 당시에는 같은 의미로 사용되었다고 하였다.[765] 그러나 이들 가운데 한 사람을 감독으로 칭하고, 전체 장로회를 운영하고 집행하는 대표로서 활동하였으며, 직책상 다른 장로의 직분보다는 상위 개념이었으나, 장로회에 속해 있는 직분으로 이해하였다. 이처럼 감독을 상위에 둔 이유는 각종 분쟁과 신앙적 문제점 등을 해결하기 위한 회의를 총괄하여 질서를 유지하고 평화를 구축하기 위함이었다.[766] 목사의 사역은 복음 증거하는 설교 사역과 성례 시행 및 교회 권징권

---

760   John Calvin, *Institutes*, 4.3.4.
761   John Calvin, 출 18:3; 민 11:16 주석 참조.
762   John Calvin, *Institutes*, 4.3.1-16.
763   John Calvin, *Institutes*, 4.4.4; 행 15:6 주석 참조.
764   John Calvin, *Institutes*, 4.5.7.
765   John Calvin, *Institutes*, 4.3.8.
766   John Calvin, *Institutes*, 4.1.2. 감독은 장로회의 회무를 보고 의견을 청취하며 권면하고 자문하며 훈계하는 일에서 타인을 통제하고 결의 사항을 공표하여 수행하는 역할을 감당하였다.

면과 책망 그리고 치리 장로들과 함께 교회 무리들을 돌보는 일이라고 하였다.[767]

교사는 가르치는 직분으로서, 목사와 함께 교회의 성경 해석에 대한 책임을 가지며, 회중들에게 말씀을 가르치고, 신자들이 교리를 온전하게 지키도록 할 책임을 지는 자들이었으나, 목사와의 다른 점은 권징이나 성례 집행, 경고나 권면적인 책임은 없다는 점이다.[768] 그러나 사도적 사명이라는 점에서는 목사와 교사의 기능은 거의 유사하며 목적도 정확히 일치하였다.[769]

장로presbuteroi는 목사와 더불어 교회를 치리하는 역할을 수행한다. 이들은 개 교회의 성도들을 돌아보는 직분이며, 목사와 장로는 심방을 통해 교인들을 관리하는 역할을 수행한다.[770] 이처럼, 장로는 "다스리는 자들"로 지칭되는 자로서, 회중들에 의해 선출되며, "감독들과 더불어 도덕적인 과실에 대한 권징을 시행하는 책임"을 맡고 있으며, 머리되신 그리스도 아래서 교회를 다스린다.[771] 집사는 긍휼을 베푸는 사역과 관련된다. 그는 집사의 두 가지 기능을 제시하였는데, "가난한 자들의 쓸 것을 나누어 주고 보살피는 기능"과 "병든 자들을 찾아서 돌보고 가난한 자들에게 줄 것을 관리하는 기능"이

---

767 John Calvin, *Institutes*, 4. 4. 2-3.
768 John Calvin, *Institutes*, 4. 3. 4. 롬 12:6-8; 엡 4:11 주석 참조.
769 John Calvin, *Institutes*, 4. 3. 5.
770 John Calvin, 행 20:20 주석 참조.
771 John Calvin, *Institutes*, 4. 3. 1-16; 벧전 5:1-4; 행 14:23 주석 참조.

다.[772]

12) 종말론

퀴스토르프Heinrich Quistorp는 이르길, 루터를 신앙의 신학자The Theologian of Faith라고 지칭한다면, 칼빈은 소망의 신학자The Theologian of Hope라고 부를 수 있다고 지적하였다.[773] 즉, 칼빈의 신학 중 종말 특히 내세에 대한 소망은 매우 중요한 요소를 점유하고 있기 때문이었다. 그가 제네바에서 종교개혁 운동을 펼친 시대는 매우 혹독한 고난의 시기였다. 조국인 프랑스는 수많은 위그노들이 로마 가톨릭교도들에 의해 처참하게 살육을 당하던 역사적 배경 속에서 활동하였다. 따라서 종교개혁 시대의 개혁주의자들은 내세에 대한 뜨거운 기대와 소망을 안고 사역하였다. 칼빈은 종말에 대한 소망을 그리스도 자신 즉, 말씀에 두었으며, 이 소망을 믿음 즉, 머지않은 장래에 펼쳐질 영원한 하나님 나라의 실현에 대한 확신으로 가득 차 있었다.[774] 특히 그리스도는 소망의 본질이 되신다. 왜냐하면 그리스도께서 부활하신 후 우리도 그 부활의 영광에 동참하게 될 것이기 때문이

---

772 John Calvin, *Institutes*, 4. 3. 9.

773 H. 퀴스토르프, 『칼빈의 종말론』, 이희숙 역 (성광문화사, 1986), 17. 토런스(Thomas F. Torrance)는 칼빈의 종말론을 "소망의 종말론"이라고 칭하였다. 왜냐하면 그의 종말론은 부활의 소망이 되는 그리스도론적 종말론에 근거하고 있기 때문이다. Thomas F. Torrance, "The Eschatology of the Reformation," in "Eschatology: Four Papers read to the Society for the Study of Theology", *Scottish Journal of Theology Occasional Papers*, no. 2, ed. Thomas F. Torrance and J. K. S. Reid (Edinburgh: Oliver & Boyd, 1953), 89.

774 John Calvin, 히 3:6; 10:23 주석 참조. "독자들은 계속 인내하도록 권고가 필요하기 때문에 소망은 곧 신앙이다. 소망은 신앙의 열매이며 능력이고 지탱하는 힘이다."

다.[775]

그는 신자의 종말 즉, 부활 신앙의 유익점을 다음과 같이 묘사하였다:

> 우리 주위의 참혹한 현실이 우릴 압도하며 불경한 자들이 조롱하며 우릴 공격하고 있다. 우리가 이 세상의 좋을 것들을 무의미한 그림자처럼 여기고 물리치며 은닉된 은혜를 추구하며 나아갈 때 이들은 조롱거리를 통해 우릴 괴롭힌다. 또한 우리 앞뒤 좌우에서 존재하는 수많은 유혹이 우리를 향하기 때문에, 우리 마음을 세상에서 자유롭게 하며 저 요원한 하늘의 생명에 붙들려 있지 못하면 도저히 승리할 수 없는 것이다. 따라서 이 은혜로운 부활을 끊임없이 묵상하는 습관이 형성된 사람만이 복음 안에서 충만하게 유익을 얻게 될 것이다.[776]

칼빈은 종말론을 다루면서 개인적 종말과 최후의 부활로 나누어서 설명하였다.

(1) 개인적 종말론

비록 아담은 의롭게 지음 받은 존재로서, 영원한 존재가 될 수 있었지만, 죄로 인해 영원성을 상실하였으며, 그는 육체적인 죽음과 영

---

[775] John Calvin, 벧전 1:21 주석 참조. 칼빈은 이 구절을 해석하면서, 그리스도께서 이 영원한 처소에 먼저 들어가셨고 승귀하신(Exalted) 그리스도께서 우리를 이끄실 것이기 때문에 "소망은 지성소로 들어가는 영혼의 닻"이라고 주장하였다.

[776] John Calvin, *Institutes*, 3.25.1.

적인 죽음을 당하게 되었다.[777] 칼빈은 인간의 종말은 육체와 영혼의 싸움이 끝나는 순간이며, 육적 욕망과의 사투의 종식인 것이다.[778] 그는 신자는 그리스도와의 연합 속에서 죽음을 맞이하기 때문에, 재림주가 강림하실 때 육신의 부활과 함께 그리스도와 영원한 안식 즉, "아브라함의 품"눅 16:22에 안기게 된다고 하면서 신자의 죽음을 은혜라고 강조하였다.[779]

그는 눅 16:19-31에 대한 주석을 통해 "부자와 나사로의 사건"을 근거로 사람의 육체는 종말과 함께 흙으로 돌아가지만, 영혼은 중간기 상태 즉 잠정적 축복인 영혼의 안식에 들어가서 의식을 유지한다고 하였다. 이 기간 동안 영혼은 양심의 평화 속에서 안식하며 이 평화를 소유하게 된다. "죽음은 이 평화를 증가시키고 보다 좋은 평화로 인도한다. 그러므로 죽음은 해방된 자들, 즉, 이 세상의 싸움으로부터 놓임을 받은 사람들을 평화의 중심으로 인도한다."[780] 그는 이러한 의미에서 자신의 작품집 "영혼수면설에 관하여"를 통해 중간기 상태에 대한 왜곡된 이해를 도모하는 재세례파들을 비판하였다. 그는 중간기를 거쳐서 모든 인간들은 재림주의 최후의 심판과 부활로 나타나게 될 것임을 설명하였다.[781]

---

[777] John Calvin, 창 2;6-17; 롬 5:12 주석 참조.

[778] John Calvin, 빌 1:6; 롬 8:10; 7:24 주석 참조. 그는 육체와 죄악적 행위는 같이 동행하고 있다고 보았다. 이러한 그의 주장 근거의 육체의 소욕이 성령의 소욕과 반대되고 있다는 점을 강조하였다.

[779] John Calvin, 마 26:36-39; 히 2:15; 고후 5:1-2 주석 참조. John Calvin, *Institutes*, 3.25.6.

[780] John Calvin, *Psychopannychia*, 45; 191, recited in H. 퀴스토르프, 『칼빈의 종말론』, 118.

[781] John Calvin, *Institutes*, 3.25.1-12.

(2) 최후의 부활론

초림을 통해 신자의 마음과 삶 속에 그리스도의 왕국이 실현되었지만, 아직 완성된 상태는 아니다. 그리스도의 왕국의 완전한 실현은 그리스도의 파루시아그리스도의 현존으로 이행될 것이다. 지상적 교회는 마 28:18-20의 그리스도의 지상 명령의 실현의 장소로서, 영원한 처소를 향하는 신자들의 모임 공동체이다.[782] 그에 의하면, 그리스도의 부활은 우리의 부활을 위한 사건이었으며, "장차 생명 가운데서 우리를 동지로 삼으시기 위함"인 것이다.[783] 또한 그리스도의 부활의 증거는 "하나님의 무한하신 권능"에 근거하고 있다. 즉, 세계 모든 만물이 무로부터 하나님의 창조에 기인함과 같이 죽은 자의 부활도 역시 하나님의 권능에 기초한다. "그는 만물을 자기에게 복종하게 하실 수 있는 자의 역사로 우리의 낮은 몸을 자기 영광의 몸의 형체와 같이 변하게 하시리라."빌 3:21 [784]

그는 부활과 천년 왕국에 대한 상관성을 다음과 같이 묘사하였다:

> 그러나 잠시 후 천년왕국론자들이 나타나서 그리스도의 통치 기간을 천년으로 제한시켜 버렸다. 이들의 주장은 터무니없어서 논증이 필요치 않다. 이들이 제시한 오류의 근거는 계시록을 통한 것이 분명하지만, 그 계시록은 이들의 논증을 거부하고 있다. 천이라는 숫자(계 20:4)

---

782   John Calvin, 눅 17:20 주석 참조.
783   John Calvin, *Institutes*, 3.25.3.
784   John Calvin, *Institutes*, 3.25.4.

는 교회의 영원한 지복에 적용되는 것이다. 모든 성경은 선택받은 백성들의 축복과 악인의 형벌이 영원할 것이라고 선포하고 있다(마25: 41, 46).[785]

칼빈은 재림주께서 그리스도의 날에 모든 사람을 부활체로 바꾸시고 심판대에 앉으셔서 의인과 악인을 구별하실 것이며, 이 날은 의인에게는 "복된 날"이지만, 악인들에게는 "영원한 저주와 사망의 날"이 될 것이라고 하였다.[786]

---

785   John Calvin, *Institutes*, 3.25.5.
786   John Calvin, *Institutes*, 3.25.1.12.

근대 시대- 개혁주의 완성기

성경에 근거한 기독교 신학의 초석을 놓았던 초대 교회 신학의 대부 어거스틴의 신학 사상은 종교개혁기를 거쳐 존 칼빈을 중심으로 "개혁주의"라는 신학적 정체성으로 수립되었으며, 이는 스위스와 독일 및 네덜란드에서는 개혁교회 Reformed Church로 정착되어 각국의 시대적 및 정치적 정황 속에서 발전하게 되었다. 또한 개혁주의는 영국에서 "Puritanism"청교도주의- 후대의 John Owen시대에 와서 청교도 신학이 완성됨이라는 모습으로 등장하게 되었고, 스코틀랜드에서는 장로교주의 Presbyterianism-John Knox를 중심으로로 열매를 맺게 되었고, 프랑스에선 위그노휴그노, Huguenote로 정착되었다. 이처럼 개혁주의의 신학은 칼빈 이후 근현대에 더욱 수정, 보완, 첨가되고 강화되었다. 따라서 "Calvinism"이라는 용어보다는 "Calvinistic"이라는 표현이 더 적절해 보인다. 왜냐하면 개혁주의는 항상 개혁되는 현재형의 의미를 지니고 있기 때문이다.

1. 스위스 개혁주의

칼빈은 스위스 제네바 시를 로마 가톨릭에서 개혁주의에 입각한 장로교회의 초석으로 바꾸어놓았다. 그의 기독교강요와 주석들과 설교집들이 스위스에서 활동하면서 계속 출판되었고 스위스 제네바 시를 압도하게 되었으며, 기독교 신앙의 표본으로 만들었다.[787] 그러나 나폴레옹[788]이 스위스를 점령하자, 스위스 개혁교회는 Enlightenment계몽주의 시대사조와 이성주의가 주도권을 잡게 되었고 급기야는 삼위일체론이 흔들리게 되었고 Predestination예정론

---

787 정성구, 『칼빈주의 사상대계』, 83.
788 나폴레옹(Napoleon Bonaparte, 1769-1821)은 1789년 프랑스 혁명으로 공훈을 세운 후 쿠데타를 통해 제 1통령을 거쳐 황제로 즉위하였다. 유럽 강대국을 점령하여 프랑스를 유럽의 패권 국가로 성장시킨 인물이다.

Luther and Zwingle discussing at Marburg
출처: https://pixels.com/featured/luther-and-zwingle-discussing-at-marburg-english-school.html?product=canvas-print

이 이성적인 세계에서 받아들일 수 없는 교리로 인식되었다. 칼빈 이후 개혁주의의 전통을 담은 제 2 헬베틱 신앙고백 the Second Helvetic Confession, 1566년이 스위스에서 간행됨으로써 개혁주의는 신학적 기틀을 마련케 되었다. 언약 신학의 시조 중의 하나인 불링거 Bullinger- 츠빙글리 제자가 초안한 이 신앙고백은 스위스 교회가 이를 받아들이고, 스코틀랜드, 헝가리, 그리고 1571년 프랑스 개혁교회의 로셀대회 La Rochelle에서 받아들여 교회에서 사용되었다. 1549년 "취리히 합의서" Zurich Consensus가 불링거와 칼빈이 동의하여 츠빙글리주의와 칼빈주의를 한데 묶는데 성공한 합의서라고 한다면, 헬베틱 신앙고백은 츠빙글리주의자였던 불링거에 의하여 작성된 것이기에 츠빙글리의 개혁 사상이 강하게 반영되어 있다.

이 신조는 개혁 정통주의가 너무 극단적인 흐름에 빠지지 않도록 많은 주의를 기울인 것을 역력히 보여주고 있다. 이 신앙고백의 예정론과 성경영감설은 칼빈과 칼빈 이후 개혁파 정통주의를 연결시켜 준다는 점에서 교회사적으로 중요한 의의를 지닌다. 이 헬베틱 신앙고백은 칼빈이 아닌 츠빙글리의 제자 불링거에 의한 것이였기에 결국, 칼빈주의에 입각한 신앙고백인 웨스트민스터 신앙고백이 나오기까지는 시간이 소요되었지만, 훗날에 웨스트민스터 신앙고백의 선구자적 역할을 하게 되었다. 칼빈이 종교개혁 운동을 일으킨 발상지인 스위스는 자체 내분과 성직자와 정치가의 결탁 정교일치 문제점으로 타락하게 되었고, 신정 정치를 꿈꾸었던 제네바를 위시하여 스트라스부르크, 바젤, 취리히 등 개혁신학의 전진기지였던 이곳이 종교개혁가들의 개혁주의 정신을 상실하고 말았다.

2. 프랑스 개혁주의

멜빈 데이비스는 프랑스보다 더 찬란하고도 아름다운 종교개혁의 여명을 증거한 나라가 없었다고 주장할 정도로 수많은 고초와 핍박 그리고 무자비한 학살의 현장 속에서 개혁주의 교회는 시작되었다.[789] 프랑스에서 로마 가톨릭교였다가 최초 개신교도가 된 플로리몽 드 레몽Florimond de Remond의 신앙의 순수성 회복은 그의 고백에서 볼 수 있다: "기독교는 마치 모든 점에서 그 초창기의 순진함으로 돌아간 것 같다."[790]

루터와 존 엑크John Eck와 논쟁으로 인하여 프랑스 스르본느 대학 교수들은 루터를 이단으로 규정하였고 르페브르Lefevre[791]의 "사도 바울의 서신 주석"을 정죄하는 핍박이 계속되었지만, 르페브로, 파렐, 제라드 루셀 등은 개혁주의 신학을 펼치고 있었다.[792] 그 후 프랑스에서 개혁주의의 출발은 칼빈이『기독교강요』를 출판하던 해인 1536년부터 종교개혁의 여파가 스며들기 시작하였다. 그는 이 책을 당시 프랑스 왕인 프랑소아Francis I세, 1515-1547, 재위에게 헌정하였으며, 곧 바로 불어로 번역하여 개혁주의를 프랑스에 소개하였다.

---

789 멜빈 데이비스,『칼빈주의 사상과 자유 사상』, 110.
790 멜빈 데이비스,『칼빈주의 사상과 자유 사상』, 110.
791 르페브르는 모 교회의 중심 인물이며 '근원으로부터 그리스도를 설교한다'라고 규정하고 개혁 운동을 펼쳤으며 1512년 불가타에 대한 개정 라틴어 편집본을 전통적인 편집본과 함께 수록하였다. K. H. Graf, "Jacobus Faber Stapulensis," in the Zeitschrift fur die historische theologie for 1852, 1-86, recited in 토마스 M. 린제이,『종교개혁사』 II, 이형기, 차종순 역 (대한예수교장로회 총회출판국, 1991), 167.
792 존 T. 맥 닐,『칼빈주의 역사와 성격』, 274.

헨리 르모니에Henri Lemonnier 는 칼빈의 헌정문Dedication 에 흐르는 칼빈의 사상을 다음과 같이 묘사하였다:

이 서문은 왕에게 종교개혁을 감싸 달라고 애원하는 청원이라기보다는, 종교개혁 운동을 왕 앞에 바르게 제시해서 왕이 바르게 보게 하려는 목적이다. 이 서문은 전반에 걸쳐서 칼빈이 프랑소아 1세에게 직접적으로 말할 때는 확신 있고 위엄 있게, 조용하고 분명하게 연설했으며, 신학자들에게 말할 때는 보다 냉혹하고 신랄하였다. 문장의 형식과 사고는 성경과 같이 감동적이었으며 연설의 소박함과 완전한 솔직성은 같은 나이 또래의 동등한 위치에 있는 사람에게 말하는 것 같은 인상을 준다: 전체적으로 혁명적인 기질은 전혀 없는 기독교 민주주의자다운 면모를 보여 준다.[793]

1535년 프랑소아 1세는 쿠시 칙령Edict of Coucy 을 반포하여 개신교 교도들을 박해하였으며, 1545년 당시 왈도파 교도들 3,000-4,000명을 살해하고[794] 1546년 모Meaux 교회를 폐쇄하고 지도자 14명을 잔악하게 고문과 화형을 시행할 정도로 매우 극악무도한 핍박을 자행하

---

[793] Henri Lemonnier, *Histoire de France*, etc (Paris, 1903), V. i. 383. Recited in 토마스 M. 린제이, 『종교개혁사』 II, 181.

[794] 왈도파에 대한 박해는 엑스(Aix) 대주교와 국회가 주도하였으며 왈도파 마을 주민들 중 17명을 이단 혐의로 소환장을 발부하면서 시작되었고, 결국 프랑소아 왕은 뚜르농의 추기경(Cardinal de Tournon)을 통해 왈도파를 전멸시키도록 1545년 1월 1일에 명령하였고 7주간의 살상 기간을 통해 22개 마을을 완전히 파괴하였고 3,000-4,000명의 남녀를 살해했으며, 700명의 신도들을 단두대에 보낼 정도로 잔인무도한 살인 행각을 벌였다. 토마스 M. 린제이, 『종교개혁사』 II, 175.

였다.[795] 프랑소와 1세의 뒤를 이은 아들 앙리 2세Henry II, 1547-1559 는 "불붙는 방"The Burning Chamber 이라는 종교재판소를 설치하고 1551년 샤또브리앙Chateaubriand 칙령을 공포하여 각종 성경과 제네바 서적에 대하여 금서로 규정하고,[796] 개신교도들을 무참하게 화형시키되 혀를 잘라 불 속에 넣고 화형식을 거행할 정도였지만, 개혁주의 교회들은 엄청난 박해 속에서 더욱 증가하기 시작하였다.[797]

칼빈은 스위스 제네바에서 아카데믹 하우스를 운영하면서 1555-1566년까지 프랑스로 161명의 개혁주의 목사들을 파송하였다. 1555년 파리를 중심으로 모Meaux, 뿌와티에Poictiers, 부르제Bourget, 뚜르

St. bartholomew's day massacre
출처: https://alchetron.com/St.-Bartholomew%27s-Day-massacre

795　존 T. 맥 닐, 『칼빈주의 역사와 성격』, 279.
796　토마스 M. 린제이, 『종교개혁사』 II, 188. 린제이는 샤또브리앙 칙령의 핵심은 당시 개혁주의 신학과 신앙을 뿌리뽑고 왕국 내의 세력들을 규합함에 목적이 있었다고 지적하였다.
797　존 T. 맥 닐, 『칼빈주의 역사와 성격』, 279.

Tours 등에 교회들이 속속히 세워졌다. 1555년-1557년 사이 파리교회의 유형을 따라 13개 교회가 세워졌으며,[798] 1559년 5월 파리에 50개 개신교 대표들이 모여서 제네바 개혁주의에 입각하여 목사, 장로를 세웠으며 노회Colloquy와 대회National Synod가 구성되었다.[799]

당시 개혁주의를 표방하는 교인들의 숫자는 2,150명으로 증가하였으며 많은 사람들이 로마 가톨릭을 버리고 개혁주의 신앙을 고백하기 시작하였다. 1559년 칼빈의 신앙고백서에 근거하여 "프랑스 신앙고백서"가 40개 조항으로 작성되었고, "프랑스 개혁교회 치리서"를 통해 장로교회의 조직과 훈육을 담당하였다.[800]

Gregory XIII's medal
출처: https://www.tudorsociety.com/11-september-1572-a-celebration-for-the-defeat-of-the-ottoman-troops-and-the-massacre-of-the-huguenots/

이 당시 상황에 대하여 베니스 대사의 보고서는 이러한 개혁주의 확산 요인으로 칼빈을 지목하여 다음과 같이 묘사하였다:

> 그것이 전능자 하나님을 기쁘게 하지 못한다면 종교적 문제들은 오염되지 않은 지역이 한 군데도 없는 프랑스에서 악의 원인으로 나타날 것입니다. 이 전염병은 매우 깊이 침투되어 모든 인간 집단에 영향을 미칠 것이고, 심지어는 교회 기구 자체에도 파급될 것입니다. 전하께서

---

[798] 모우, 쁘와디에르, 알제르, 레 일 드 쌩뚱즈, 아젠, 부르쥬, 리용, 오를레앙, 루앙 등에 세워졌다. 토마스 M. 린제이,『종교개혁사』II, 193.
[799] 존 T. 맥 닐,『칼빈주의 역사와 성격』, 281-282.
[800] 토마스 M. 린제이,『종교개혁사』II, 195.

는 칼빈이라고 부르는 이 피카디 태생의 프랑스인인 제네바의 성직자가 이 왕국에 끼치고 있는 영향력과 거대한 힘을 믿지 못하실 것입니다. 그는 비범한 권위를 가진 사람이며, 그의 생활 양식과 교리, 그리고 그의 저술은 모든 다른 사람들보다 그를 우월하게 만드는 요인들입니다.[801]

프랑스의 개혁주의 운동은 위그노들Huguenote을 통해 계승되었다.[802] 이들은 복음을 위해 생명을 걸고 군주의 전제주의와 가톨릭의 비성경적인 사상에 대항하여 싸운 자들이었으며 철저한 칼빈주의자들이었다. 개혁교회는 1559년에는 15개 교회가 세워졌고 약 2,150명의 성도들로 구성될 정도로 세력이 확장되었다.[803]

프랑스의 개혁주의 교회에 대한 대학살 사건은 장차 펼쳐질 성바돌로매 대학살 사건의 전신으로 1562년 3월 1일 바씨Vassy에서 발생하였다. 기즈의 공작은 여행 중 잠시 바씨에 체류하게 되었는데 성벽 주위에서 개신교도들이 상당히 많이 모여서 예배를 드리는 모습을 보고 이들의 예배를 방해하며 대학살을 감행하였다. 이 사건으로 인하여 600-700명의 예배 참석자들 가운데 63명이 사살당하였

---

801 멜빈 데이비스, 『칼빈주의 사상과 자유 사상』 111.
802 "위그노"(휴그노)의 정체성은 제네바에 거주하던 프랑스인 개신교도들과 프랑스 본토의 개신교도들 가운데 개혁주의 신학을 추구하는 자들을 의미한다. 당시 이들은 프랑스의 경제의 중추 세력들이었으며, 지적인 삶의 중심체였다. 당대 프랑스 산업의 반절이 위그노 교도들의 기업이었지만, 신앙의 자유를 찾아 프랑스를 떠나 독일, 네덜란드, 영국, 미국에 이민하였다. 약 50만 명(당시로선 엄청난 인원임)의 인원이 이민하게 되므로 프랑스는 경제가 휘청거릴 정도였으며, 치명적인 경제적 타격을 받았으며 재앙적 수준으로 어려움을 겪게 되었다.
803 멜빈 데이비스, 『칼빈주의 사상과 자유 사상』 111.

고 100명 이상이 중상을 입게 되는 엄청난 대학살 사건이 발생하였다.[804] 로마 가톨릭 교도들은 파리를 비롯한 툴루즈에서 3,000명을 대학살하는 믿기 어려운 살인 행각을 감행하였다.[805] 또한 로마 가톨릭은 이 사건을 역사에 자료로 남기기 위해서 100년마다 기념행사를 개최하여 당시 로마 가톨릭의 승리를 자축하고 기뻐하는 천인공로할 짓을 자행하였다.

이러한 일련의 학살 사건들은 프랑스 개혁주의 교회 역사상 가장 참혹한 대학살 사건으로 이어지게 되었다. 1572년 로마 가톨릭 교도들은 1572년 "성바돌로매 대학살"St. Bartholomew's Day Massacre 이라고 불리는 엄청난 사건의 주인공으로 역사에 남게 되었다. 이 사건이 성바돌로매 학살로 불리우게 된 것은 사건이 발생하던 날이 St. Bartholomew의 축제일이었기에 때문이다. 당시 프랑스 위그노이던 쟌 달브레의 아들 나바르의 앙리Henry of Navarre 와 가톨릭 신자 샤를르 9세의 누이인 마가레뜨 공주Marguerite of Valois 와의 결혼식이 성대히 거행하게 되었다. 이는 당시 로마 가톨릭과 개신교와의 갈등을 해소코자 시도된 일종의 양측의 화해 무드였다. 이 결혼식에 대하여 위그노들은 매우 환대하였다. 그 이유는 이 결혼식을 기점으로 신구교의 갈등이 해소되고 신앙의 자유의 바람이 일어날 수 있다는 일말의 기대가 있었기 때문이었다. 그러나 반대로 가톨릭측에서는 극렬히 반대하였다. 드디어 1572년 8월 16일 이 결혼 예식은 성대하게 거행되

804　토마스 M. 린제이, 『종교개혁사』 II, 195.
805　토마스 M. 린제이, 『종교개혁사』 II, 218-219.

었다. 그 후 일주일이 지나자 이에 분개한 가톨릭 교도들이 프랑스 내 위그노 지도자들을 무참히 학살하기 시작하였고, 23일 토요일에 시작된 이 학살은 26일 화요일까지 4일 동안 계속되었다.

그 결과, 1572년 10월까지 약 7만 명의 위그노들이 살해되었다.[806] 앙리 3세가 죽은 후 아들 앙리 4세가 칼빈주의를 정략상 포기하고 가톨릭에 귀의하여 왕위에 오른 후 1598년 4월 13일 낭뜨 칙령Edict of Nantes을 발표하고, 5월에는 베르덩 조약The Treat of Verdun을 체결해 1562년 이래 계속되어 왔던 위그노와의 갈등을 종식시키는 계기를 마련하였다. 그 결과, 이 칙령이 폐지되는 1685년까지 프랑스 내에 두 종교가 공존할 수 있게 되었다.

당시 로마 가톨릭 교황이었던 Gregorius XIII는 이 대학살의 기쁜 소식을 전 유럽이 함께 기뻐하기 위해 "Te Deum laudamus"하나님 당신을 우리가 찬양하나이다라는 성가를 부르도록 칙서를 내렸다. 이 찬양은 초대 교회 교부인 암브로시우스Ambrosius가 만든 찬송가 "Te Deum"을 활용한 노래였다. 당시 개신교도들의 피에 굶주린 교황은 더 나아가 이 피뿌림의 잔치를 자축하고자 기념주화까지 발행하였다.[807]

1572년 성바돌로매 대학살 사건으로 프랑스 개혁주의는 큰 타격을 입었지만, 1598년 국왕이자 휴그노인 Henry앙리 IV가 "낭트 칙령"을 발표하여 자유를 누리게 되었다가, 1675년 이 칙령이 폐지되는

---

806 토마스 M. 린제이, 『종교개혁사』 II, 228. 파리의 한 지역에서만 수천 명이 살해되었다.
807 두 개의 기념 주화 가운데 하나의 뒷면에는 찰스 9세를 그려 넣었는데 한 손에는 횃불을 들고 다른 한 손으로는 일곱 머리 달린 히드라를 죽이는 헤라클레스의 모습으로 나타내었다…. 찰스 9세는 1574년 성령강림제 날에 발로아 가문과 메디치 가문의 오염된 피가 옮기는 역병으로 처참하게 죽었다. 토마스 M. 린제이, 『종교개혁사』 II, 228-232.

어려움을 겪었다. 당시 프랑스에서 위그노들의 수는 150만 또는 프랑스 인구의 1/9에 해당할 정도로 엄청난 위치를 점유하고 있었으며 가장 존경받고 근면하며 적극적이고 용기있고 개화되고 독립심이 매우 강한 사람들로 구성되어 있었다.[808]

1789년 프랑스 혁명은 프랑스 교회에 엄청난 변화를 가져왔다. 자유를 추구한 이 혁명은 구교와 신교의 피비린내 나는 전투에 대한 혐오와 거부 및 기독교 공동체에 대한 회의감을 자아내었으며 무관심을 빚어내었다. 그 결과, 종교적 신앙은 계몽주의 시대사조에 의해 서서히 사라지게 되었고, 위그노를 향한 무자비한 핍박과 살육행위를 자행한 로마 가톨릭의 지도자들에 대한 적개심과 분노를 가져오게 되었다. 볼테르의 문학 작품들은 반기독교 사상을 부추겼으며 토인비의 지적처럼 기독교에 대한 냉소와 환멸로 가득차게 되었다: "그것은 기독교의 사랑의 표현이 아니라, 기독교에 대한 경멸의 표시였다. 그리고 그것은 종교적인 열정의 분투적인 업적이 아니라, 그 열정이 식었기 때문에 쉽게 얻을 수 있었던 부산물이었다."[809]

프랑스의 계몽 운동은 인간의 의식의 개화라는 긍정적인 효과도 있었지만, 이성 중심의 사고방식은 결국 신중심의 사고방식을 버리게 되었고 신의 영역에도 인간의 이성의 잣대를 들이대는 엄청난 결

---

808 멜빈 데이비스, 『칼빈주의 사상과 자유 사상』, 153. 당시 대표적인 인물로서는 콜리니(Coligny), 듀 플레시스 모나이(Duplessis Mornay), 랑게트(Languet), 라무스(Ramus), 하트만(Hotman), 베일(Bayle), 쥬리우(Jurieu), 베노이스트(Benoist), 클라우드(Claude), 아베드(Abbadie) 등을 들 수 있다. 멜빈 데이비스는 유럽의 개신교도들 가운데 프랑스만큼 엄청난 박해와 지적인 학자들, 그리스도를 닮은 목회자들, 용감한 평신도들을 보유하지 않았을 것이라고 주장할 정도로 프랑스의 위그노들은 종교개혁의 결실을 가져올 위대한 선각자였음을 지적하였다.

809 멜빈 데이비스, 『칼빈주의 사상과 자유 사상』, 154.

과를 가져왔으며 그 결과 개인적 판단과 생각이 가치와 진리의 척도가 되었고 사회의 윤리 부재 현상과 국가의 사상적 파괴를 가져오게 되었다. 볼테르로부터 시작된 계몽주의 사조의 역사는 루소와 니체, 마르크스와 엥겔스, 그리고 제 2차 세계 대전의 전범인 나치 독일과 스탈린주의의 러시아로 이어지게 되었다.[810]

1815년 프랑스는 스위스의 개혁교회의 부흥 기간을 통해 한 때 부흥을 어느 정도 회복했다가 독일의 자유주의 신학 영향을 받아 개혁주의는 약화되었다. 그 이후 프랑스는 독일의 신정통주의자 Neo-Orthodox Karl Barth의 영향과 스위스의 변증법적 신학자인 Emil Brunner의 세속적 실용주의 Secular Pragmatism의 영향하에 자유주의 신학으로 변질되는 결과를 가져왔다.

3. 독일 개혁주의

근세 초기 당시 독일의 개혁주의에 대한 우호적인 모습은 라인강 서북쪽과 웨스트팔리아 지방에서 시작되었으며, 라인 강변의 독일 자치 도시인 Strassburg는 독일에서 칼빈주의 영향받은 첫 도시가 되었다.[811] 그 이유는 한동안 칼빈이 이곳에서 머물면서 활동하였기 때문이었다. 당시 야곱 스튀름 Javob Sturm과 독일의 개혁교회 신앙고백서

---

810 멜빈 데이비스, 『칼빈주의 사상과 자유 사상』, 157.
811 정성구, 『칼빈주의 사상대계』, 85.

를 작성한 Martin Bucer마틴 부쳐, 1491-1551[812]가 이곳에서 사역하였다.

칼빈주의는 독일의 선제후 Fredrick III프리드리히 3세가 통치하는 Palatinate 지방에서 왕성케 되었다. 그러나 그의 후계자 Louis VI는 1576-1583년 사이 다시 루터주의를 복구하였다. 그 후에 그 뒤를 이어 Ferdick IV가 통치하던 시대에 다시 칼빈주의가 회복되었다.[813] 이 당시 Heidelberg 대학이 칼빈주의 중심이 되었고 Heidelberg Catechismus교리 문답이 작성되었다1563년. 이 문답서는 1648년에 영국에서 작성된 Westminster Catechism과 함께 칼빈주의 신앙고백의 매우 중요한 문답서가 되었다.[814] 하이델베르그 교리문답서는 1618-9에 열렸던 화란의 돌트 총회The Synod of Dordt에서 정식으로 채택되었으며, 내용은 129개의 질문과 답변 형식으로 작성되었으며, 칼빈의 제자인 Olivianus와 멜랑흐톤의 제자인 Ursinus가 주축이 되어 작성하였고, 이는 독일 개혁교회 신조로 활용되었다.[815]

1648년 독일 30년 전쟁 1618-1648[816]이 종식된 이후 독일 개혁교회는

---

[812] 마틴 부쳐(Martin Bucer)는 하이델베그그 대학 출신으로서, 1506년 도미니크 수도회 가입하였고, Erasmus와 Luther의 저서들 통달하였으며 상당히 인문주의적 성향을 지닌 인물이다. 그는 가톨릭과 개신교를 통합시키고자 노력하였으며 몇 차례 가톨릭 성직자들과 비밀 협상 시도하기도 했다. 성만찬에 대한 입장은 칼빈주의 노선을 지지하였다.

[813] 정성구, 『칼빈주의 사상대계』, 85.

[814] 정성구, 『칼빈주의 사상대계』, 86.

[815] 정성구, 『칼빈주의 사상대계』, 86.

[816] 독일 30년 전쟁이 발생한 원인은 다음과 같다. 독일의 1555년의 아우구스부르크 종교 화약은 독일에서 일시적이나마 평화를 가져왔으나 완전한 해결책은 아니었다. 사실 이 화약은 개신교 교파 중 루터파에게만 종교의 자유를 준 것이기 때문이다. 게다가 프랑스의 위그노들은 위그노 전쟁을 통하여, 화란은 칼빈주의자들이 독립 전쟁(1568-1609)을 통해 신앙의 자유를 위해 싸우고 있는 동안 독일의 칼빈주의자들은 종교의 자유를 얻지 못한 상황이었다. 결국 개혁주의 노선을

점점 쇠퇴하고 예배는 형식화되었고, 교회는 단지 State-Church국가
교회 형식으로 흘러가게 되었다. 당시 모든 국민들은 30년 전쟁의 여
파로 인해 경제적 궁핍과 종교에 대한 회의감에 젖어있었다. 왜냐하
면 30년 전쟁은 구교와 신교와의 정면충돌한 사건이며 로마 가톨릭
은 조금도 개신교를 허용하지 않을 목적으로 이 전쟁을 이끌어갔기
때문에, 국민들로서는 '진정 기독교 공동체란 무엇인가?'에 대한 허
탈감과 자괴감에 빠지게 되었다. 더욱 가슴 아픈 현실은 가톨릭 교
도들이 전쟁이라는 미명 아래 전 유럽의 개신교도들을 30년 동안 엄
청난 학살을 자행하였고 그 결과 모든 토지가 불모지가 되어 황폐한
사막 같은 모습을 보여주었
다. 비록 베스트팔리아 평
화 조약으로 종교적 자유가
허용되었으나, 종교에 식상
한 국민들에게 달콤하게 다
가온 사조는 다름 아닌 17
세기 합리주의의 여파로 등
장한 계몽주의 Enlightenment
였다. 계몽주의 사조는 진
리로 여겼던 이성 Reason을

Heidelberg Catechismus
출처: https://play.google.com/store/apps/details?id=com.puritansoft.catechism_heidelberg&hl=en_GB&gl=US

통하여 성경을 무오한 정경으로 받아들이길 거부하게 만들었으며,

추구하던 칼빈주의자들은 개혁주의에 입각한 교회 공동체를 유지하길 원했고 로마 가톨릭은 핍
박을 통해 이를 수용할 수 없는 상황 속에서 발생하였다.

그 결과 독일에 자유주의 신학이 판을 치게 되었고 오늘날에 이르기까지 계속되고 있다.

4. 네덜란드 개혁주의

네덜란드는 개혁주의 신학에 중요한 거점 도시가 되었다. 그러나 이곳은 종교개혁가들의 영향권 속에서 개혁 운동이 발생한 것이 아니라, 14세기 후르트Gerard Groot를 중심으로 형성된 '공동생활 형제단'the Brethen of the Common Lot이 로마 가톨릭의 성경적 문제점들을 제시하면서 성경을 보급해왔으며 고대 교부 어거스틴의 신학을 소개하기도 하였다.[817] 특히 1398년 제르볼트Gerard Zerbolt의 "평범한 언어로 된 성경을 읽을 필요성"이라는 작품과 토마스 아 켐피스의 "그리스도를 본받아", 칼 울만Karl Ullmann의 작품들과 고호의 존John of Goch의 "기독교의 은혜와 신앙과 자유"라는 작품들은 칼빈 이전에 이곳에 통용되었던 고전적인 개혁주의 성향의 글들로 구성되었다.[818]

1520년에 루터의 초기 작품들이 루뱅Louvain, 겐트Ghent 그리고 안트워프Antwerp에서 읽혀지고 있었으나, 이를 소장 또는 숙독한 자들을 화형시키는 일들도 발생하였다.[819] 칼빈이 이곳을 다녀간 적은 없

---

817 존 T. 맥 닐, 『칼빈주의 역사와 성격』, 291. 후르트는 평신도들에게 기독교 신앙을 올바로 전수해주기 위해 이 운동을 펼쳤다.
818 존 T. 맥 닐, 『칼빈주의 역사와 성격』, 292 이미 이곳에서는 "종교개혁 이전의 개혁자"라고 불리웠던 요한 푸페르(John Pupper of Goch)와 요한 베셀(JOhn Wessel) 등이 활동하고 있었다.
819 존 T. 맥 닐, 『칼빈주의 역사와 성격』, 293.

지만 네덜란드 남부 지역인 Flemish, Wallon 지역에서 개혁주의가 싹트기 시작하였다.[820] 이곳의 지도자는 귀도 드 브레Guido de Bres로서, 1566년 이단자로 몰려 순교를 당하였다. 그는 제네바에서 칼빈의 영향권 속에서 성장하였으며, 그의 목숨을 건 헌신적 노력으로 영국 런던, 독일 프랑크푸르트 등에 화란 개혁주의 교회가 세워지게 되었다. 화란의 개혁교회는 처음부터 심한 박해 가운데 성장했기에 "십자가 아래 있는 교회"라는 명칭을 가지게 되었으며, 이처럼 엄청난 박해와 살해 행각으로 인하여 루터파와 재침례교Anabaptist는 이곳에 정착하지 못하고 실패하였다.[821] 그러나 칼빈주의자들이 목숨을 걸고 로마 가톨릭에 항거하는 폭동을 일으키자, 가톨릭 국가인 스페인의 장군인 알바 공작the Duck of Alba에 의해 1567-1572년에 무자비한 탄압을 받게 되었다. 당대 연대 기자는 새벽에 잠자리에서 일어나지 않은 개혁 교인들 1,500명을 체포하고 다시 800명을 체포해서 잔혹하게 살해하였던 현장을 다음과 같이 묘사하였다:

> 단두대, 회전 바퀴 형틀, 화형대, 도로변에 서 있는 나무 등에는 교수형으로 죽고, 목베임을 당하고, 혹은 불에 구워져서 죽은 사람들의 시체나 신체의 일부분 등이 즐비하게 깔려 있었다. 이렇게 해서 생명 있는 자들의 호흡을 위해서 하나님께서 만들어 주신 공기가 이제는 죽은 자들의 무덤과 거처가 되어 버렸구나. 매일같이 새롭게 애통하며 눈물

---

820 정성구, 『칼빈주의 사상대계』, 90.
821 정성구, 『칼빈주의 사상대계』, 92.

흘려야 할 대상들이 늘어가며, 이들 순교자의 조카나 형제나 친구들이 애도하는 피맺힌 장례의 종소리가 끊임없이 산 자들의 마음속에 무겁게 들렸다.[822]

이런 상황 속에서 오렌지 공 윌리암William of Orange, 1533-1584의 영도 아래 7개 주가 스페인으로부터 독립을 성취하였다. 모틀리 교수는 화란의 독립운동에 미친 칼빈주의 영향력에 대하여 다음과 같이 묘사하였다:

진취적이고 전혀 겁이 없는 칼빈주의 정신이 위대한 혁명에다가 생기를 주는 영혼이며 계기적 힘이 된다는 사실을 부인하는 것은 어리석은 짓일 것이다. 칼빈주의 없이 단지 시의 열정만을 위해서 스페인과 로마에 맞서려는 지방 사람들은 칼을 버리고 칼집만을 들고 싸우는 꼴과 같을 것이리라.[823]

당시 로마 가톨릭이 재세례파와 루터파 그리고 개혁교회를 잔악하게 학살하고 제거하는 과정 속에서도 끝까지 살아남은 개신교를 향해 엔노 봔 겔더A. H. Enno Van Gelder는 "화란의 종교개혁은 혁명적 종교개혁이다"Revolutionary Reformation라고 주장하였다.[824]

---

822 Brandt, *History of the Reformation*, etc. I. 261, 266, recited in 토마스 M. 린제이, 『종교개혁사』 II, 288.
823 멜빈 데이비스, 『칼빈주의 사상과 자유 사상』, 120.
824 정성구, 『칼빈주의 사상대계』, 93.

오렌지 공 윌리암은 Leyden 대학을 설립1575년해서 칼빈주의 본산지를 만들었으며, 프라너커Franeker, 흐로닝건Groningen, 우트레흐트Utrecht, 하더베이크Harderwijk 등의 학교들이 개혁주의 노선에서 세워지게 되었다.[825]

네덜란드는 18세기 계몽주의 영향 아래 쇠퇴하였다가 19세기 위대한 칼빈주의자인 흐룬 봔 프린스터Groen Van Prinster, 1807-1876에 의해 칼빈주의가 다시 홍기하게 되었다.[826] 이러한 새로운 시대를 맞이하여 프린스터의 사상을 전수받은 아브라함 카이퍼Abraham Kuyper는 당대 화란 수상 출신이자 화란 자유대학을 창설한 인물로서, 신칼빈주의 운동의 주창자가 되었다.[827] 그가 제창한 "영역 주권설"은 하나님의 통치는 삶의 모든 영역에 걸쳐 수행되고 있으므로, 모든 그리스도인들은 예수 그리스도의 십자가로 구원받은 성도답게 하나님의 영광과 나라를 세워가며 말씀의 권위에 순종하는 삶을 살아가야 한다는 하나님의 주권설을 강조한 내용이었다. 특히 그는 하나님 앞에서의 삶의 신앙Coram Deo를 강조하였다. 그의 신칼빈주의 운동은 오늘날 화란에서 두각을 보이지 못하고 유럽의 계몽주의와 자유주의 신학의 영향으로 쇠퇴하게 되었다.

---

825 정성구, 『칼빈주의 사상대계』, 94.
826 정성구, 『칼빈주의 사상대계』, 96. 그는 내각의 고문과 수상을 역임하였으며 훗날 아브라함 카이퍼를 지목하여 자기의 사상을 전수하도록 하였다.
827 그의 작품인 『불신앙과 혁명』을 통해 하나님의 영역 주권설을 제창하게 되었고 성경의 무오성과 소명 의식을 고취시켰다.

5. 잉글랜드와 웨일즈의 개혁주의

Abraham Kuyper
출처: https://en.wikipedia.org/wiki/Abraham_Kuyper

영국의 개혁주의는 청교도 운동Puritan Movement 을 통하여 개혁주의 신학과 사상의 완성을 이루게 되었다. 칼빈과 베자가 활동하던 당시 스위스 제네바를 중심으로 스트라스부르크, 바젤 등에서 타오르게 된 종교개혁의 불꽃은 잉글랜드 튜더 왕조의 헨리 8세 당시 사제로 활동하였던 인물들 가운데 '진정한 신앙과 신학! 그리고 삶의 신앙!'을 추구하며 초대 교회로의 회귀를 부르짖었던 초대 교회의 후예들에게 전수되었다.[828] 이처럼 제네바에서 점화된 불꽃은 잉글랜드 땅에 도달하였고, 진정 살아있는 예배와 성령의 기름 부음을 경험하고자 열망하던 청교도를 잉태하게 만들었으며, 곧 바로 참된 개혁주의적 교회를 향한 열망을 불태우게 되었다. 이 거룩한 불꽃은 청교도 운동의 효시였던 윌리암 틴데일을 위시하여 튜더 후기 왕조에 거룩한 분노의 불덩이로 확산되었다.[829] 이러한 청교도 운동의 출발자들은 중세 천년 동안 전 유럽 기독교 공동체를 물들였던 로마 가톨릭의 비신학적이고도 비성경적인 사상과 각종 우상 및 미신 숭배를 비롯하여 수많은 죄악의 온상지였던 로마 교황청을 향하여 진리의

---

828 윤종훈, 『영국 청교도 사상사-튜더 왕조』, (서울: 성광문화사, 2014), 6.
829 윤종훈, 『영국 청교도 사상사-튜더 왕조』, 6.

깃발을 높이 쳐들고 극심한 핍박과 억압 그리고 순교에 이르는 처절한 몸부림 속에서 새로운 초대 교회 공동체의 회복의 열매를 맺고자 몸부림치며 화형대에서 최후를 맞이하였다.[830]

Puritanism

출처: https://www.gettyimages.com/detail/news-photo/farewell-meeting-is-held-by-a-group-of-english-puritans-news-photo/101582740?adppopup=true

영국은 청교도들의 사역과 활동을 통해 "청교도주의Puritanism"로 개혁주의의 꽃을 피웠다. 이 운동은 헨리 8세부터 시작되어, 그의 아들 에드워드 6세, Bloody Marty, Elizabeth I, James I, Charles I, Charles II, James II로 이어졌다. 특히 에드워드 6세 당시는 칼빈주의 신학자들이 대거 입국해서 칼빈주의 신학을 형성하였으며, 칼빈은 에드워드 6세에게 이사야 주석을 헌정할 정도였다. 당대 칼빈주의자인 cranmer는 Nicolas Ridley, John Knox와 함께 1533년

---

830 윤종훈, 『영국 청교도 사상사-튜더 왕조』, 6.

Edward VI의 공인을 받아 '42개 신조'를 작성하였다. 이는 엘리자베스 여왕 당시 '39개 신조'로 개정되었으나, 모두 칼빈주의 신학자들로 작성한 문서이다. 그럼 청교도 운동은 무엇일까? 청교도는 중세 가톨릭주의의 잘못된 신학 사상과 신앙 그리고 예배 의식에 반기를 든 자들이다. 중세 신학은 하나님의 성령을 떠난 인간의 노력과 공로 및 우상 숭배로 일관된 내용이었고, 게다가 당대 교황청은 신자가 성경을 읽지 못하도록 자국어 성경 번역을 철저하게 법으로 금지한 시대였다. 따라서 오직 교회 전통만 강조하고 전통이 곧 하나님의 뜻이고, 하나님을 해석하는 열쇠였다. 그 결과 성경과 무관한 성상을 숭배, 성인들의 이름으로 기도하고 절하고 경배하였으며 예전과 예식만을 강조하는 예배로 일관하였다. 청교도의 최고의 신학자였던 존 오웬의 말을 빌리자면, 완전히 성령이 배제된 예배, 성령이 떠난 예배, 성령이 없는 공동체의 기독교였다. 이러한 정황 속에서 일어난 청교도 운동은 예배 갱신 운동이었다. 앞서 언급한 바처럼, 청교도는 로마 가톨릭 교회의 예전, 제의 그리고 직제Order -교황 제도, 주교 제도, 성령의 사역을 상실한 형식적이고도 드라이한 신학과 신앙, 성직자 성복 문제 그리고 형식에 얽매인 예배 의식을 철저히 거부하였다. 이들은 살아있는 예배, 성령께서 함께하는 예배, 성령과 교감이 이루어지는 예배를 추구하였다.

　1616년 최고의 청교도였던 존 오웬이 탄생하던 해 즉, 제임스 1세는 당시 윌리암 라우드William Laud를 캔터베리 대주교로 임명하고 그를 통하여 가톨릭과 영국 성공회를 접목시킨 "오락의 책"The Book of Sports이라는 소책자를 발간하였다. 이 책의 발간 목적은 주일을 흥겹

John Owen
출처: https://johnowenquotes.files.
wordpress.com/2011/01/john-owen1.png

게 보내기 위함이었다. 따라서 주일에 흥청망청거리며 놀 수 있는 것들 즉, 뜀뛰기, 댄싱, 궁도, 5월의 게임, 성신 강림 축하 맥주 축제, 사슴 사냥 놀이 등을 주일날 교회 행사 프로그램으로 활용하였다. 따라서 청교도들은 이러한 비성경적이고도 비상식적인 예배에 대하여 반기를 들었다. 이들은 신앙고백과 삶의 일치를 외치며 예배의 회복을 주장하였다. 청교도들은 하나님과 동행하는 인생을 살기 위한 목표를 정해놓고 몽상가처럼, 수동적으로 그날이 오기만을 학수고대하며 살아간 것이 아니라, 날마다 무릎을 꿇고 길고도 간절한 기도를 드리면서 일거수 일투족이 모두 하나님의 영광에 초점을 맞추어 살아갔던 자들이었다. 그들은 당대의 최고 학문을 이룬 자들이었으며, 최고의 정치가요, 경제가요 사회인임과 동시에 철저하게 양심적이며 사려 깊게 행동하는 그리스도인들이었다. 이를 위해 이들은 끊임없는 기도 생활, 말씀 묵상을 통해 아침 저녁으로 자신을 점검하였다. 결국 청교도들은 개혁주의 신학의 최고 권위서로 불리우는 신앙고백서인 "Westminster Standard Documents"를 1548년에 발간하였다. 이 문서는 전통적인 개혁주의 신앙고백서인 Heidelberg Catechism, Belgic Confession, Dordt Canon 등에 대한 완성작으로서, 이를 통하여 철저한 개혁주의적이고도 성경주의적인 신앙관을 수립하게 되었다.

전 세계의 개혁주의 불꽃을 일으킨 청교도 운동은 전 유럽의 경건주의Pietism와 영국 감리교 운동Methodists을 비롯하여 영국 케직 운동Keswick Movement과 뉴잉글랜드의 제 1차 대각성 운동The First Great Awaken Movement과 제 2차 대각성 운동 및 영미 부흥 운동의 발화점을 마련하였다.

그럼, 이러한 부흥 운동의 주역이었던 청교도 운동의 배경과 특징은 무엇일까? 필자의 논문을 통해 살펴보기로 한다.

Title: English Puritanism 정의와 그 근원적 배경에 관한 연구사적 고찰 (The Historical Research on the Definition of English Puritanism and its Foundational Background).[831]

I. 서론

19세기에서 20세기 초의 유럽을 비롯한 전 미국의 신학적 분위기는 자유주의와 보수주의 그리고 근본주의라는 신학적 논쟁들이 계속 진행됨과 동시에, 한편에서는 복음주의 진영을 중심으로 프로테스탄트의 유산을 찾고 이를 계승하고자 하는 열망이 일어나게 되었다. 따라서 오랫동안 현대 신학자들의 관심에서 멀어져 왔던 고전적 작품들, 특히 퓨리탄이 신앙의 순수성과 복음적 신학을 사수하고자 목숨을 걸고 지켜왔던 퓨리탄 저술가들의 작품works에 대한 관심이 증폭되었지만, 초기에는 문학적인 명성literary honours에 열정적인 자

---

831 윤종훈, "English Puritanism 정의와 그 근원적 배경에 관한 연구사적 고찰", 「신학지남」, Vol. 70. No. 4. 252-275를 재인용하였다.

들에 의해 연구되었다.

    보다 최근에는 그 대상의 폭이 넓어져서 퓨리탄들의 작품과 그들의 영성에 관한 관심이 신학자들을 위시하여 목회자들 그리고 열정적인 그리스도인studious Christians에게까지 퍼져나가게 되었다. 특히 지난 반세기 동안에는 영국사를 전공하는 학자들을 중심으로 영국의 튜더 왕조Tuder, 1485-1603와 초기 스튜어트Early Stuart, 1603-1649 왕조에 대한 적극적인 연구가 활발하게 진행되었다. 대다수의 퓨리탄 학자들은 사회사학적 또는 경제사학적 그리고 정치사학적인 접근법을 통하여 각자의 입장에 따라 퓨리탄니즘을 해석하고 평가하는 비판적인 연구물들을 학계에 내놓았다.[832] 그럼에도 불구하고 아직까

---

832 이 연구 분야에 있어서 특히 경제사학적 입장에서 퓨리탄니즘을 분석하는 부류는 다음과 같이 세 가지로 나누어 볼 수 있다.
(1) <u>The Weberian form of analysis</u> - Leonard J. Trinterud, the Origins of Puritanism, *Church History*, xx (1951), 37-57, 이하 CH; Jerold C. Brauer, Reflections on the Nature of English Puritanism, *CH*, xxiii (1954), 99-117; D. B. Robertson, *The Religious Foundations of Leveller Democracy* (New York, 1951); Alan Simpson, *Puritanism in Old and New England* (Chicago, 1955); Hugh Barbour, *The Quakers in Puritan England* (New Haven, Conn., 1964); E. F. Kevan, *The Grace of Law: A Study in Puritan Theology* (Grand Rapids, Michigan, 1965); J. F. H. New, *Anglican and Puritan: The Basis of Their Opposition, 1558-1640* (Stanford, Calif., 1964); Michael Walzer, *The Revolution of the Saints: A study in the Origins of Radical Politics* (Cambridge, Mass., 1965).
(2) <u>Of those who reject the analysis but accept the conclusions</u>, the most important are: Christopher Hill, *Society and Puritanism in Pre-Revolutionary England* (New York, 1964); Patrick Collinson, A Comment: Concerning the Name Puritan, *Journal of Ecclesiastical History*, xxxi, no. 4, October (1980), 이하 JEH; Raymond P. Stearns, *The Strenuous Puritan: Hugh Peter, 1598-1660* (Urbana, Illinois, 1954); Wilson H. Coates, An Analysis of Major Conflicts in Seventeenth Century England, *Conflict in Stuart England*, ed. W. A. Aiken and B. Henning (London, 1960); Joseph Frank, *The Levellers* (Cambridge, Mass., 1955).
(3) <u>Of those scholars who reject Weberian analysis and conclusions the following represent sturdy and useful 'non-theoretical' studies</u>: J. E. Neale, *Elizabeth I and her Parliaments, 1559-1601*, 2 vols (New York, 1598); J. W. Allen, *English Political Thought, 1603-1644* (London, 1938); Don M. Wolfe, *Milton in the Puritan Revolution* (New York, 1941), and the same author's Introduction to vol. I of *the Complete Prose Works of John Milton* (New Haven, Conn., 1953); W. M. Southgate, The Marian Exiles and the Influence of John Calvin, *History,*

지 퓨리탄니즘이라는 이념에 대한 정확한 정의Definition와 그 정체성 Identity에 관해서는 매우 혼란스러울 정도로 정리되어 있지 않은 현실이다.

필자는 이 글을 통하여 퓨리탄니즘의 정체성 문제와 그 용어의 정확한 개념을 연구사적 입장에서 살피면서 여러 학자들의 입장들에 대한 문제점들을 비판적인 시각으로 분석하면서 퓨리탄니즘의 명확한 정의를 제시하고 퓨리탄니즘의 역사적 배경에 대한 고찰을 통하여 퓨리탄니즘에 대한 이해를 새롭게 조망하고자 한다.

II. 퓨리탄니즘 정의에 대한 논쟁점

비록 상당히 오랜 기간 동안 이 분야에 대하여 많은 연구들이 진행되어왔지만, 아직까지는 퓨리탄니즘이란 무엇인가? 퓨리탄니즘을 어떻게 정의할 수 있는가?라는 해묵은 질문에 대한 명확한 정의가 내려지지 않고 있는 실정이다. 따라서 현재까지 퓨리탄주의에 대한 여러 학자들의 견해들에 대하여 연구사적 입장에서 진행 상황을

---

xxvii (1943), 148-52, 이하 HT; George Yule, *The Independents in the English Civil War* (Cambridge, 1958); Leo F. Solt, Puritanism, Capitalism, Democracy, and the New Science, *American Historical Review*, lxxiii (1967), 18-29, 이하 AHR; Ronald A. Marchant, *The Puritans and the Church Courts in the Diocese of York, 1560-1642* (London, 1960); Irvonwy Morgan, *The Godly Preachers of the Elizabethan Church* (London, 1965); Joel Hurstfield, Church and State, 1558-1612: The Task of the Cecils, *SCH*, II (1965), 119-40. Perhaps even more effective in breaking up Weberian concepts have been social, regional, and biographical studies like these: David Mathew, *The Social Structure in Caroline England* (Oxford, 1948); A.L. Rowse, *Tudor Cornwall* (London, 1941); T. G. Barnes, *Somerset, 1625-1640* (Cambridge, Mass., 1961); C.W. Chalklin, *Seventeenth- Century Kent* (London, 1965); Valerie Pearl, *London and the Outbreak of the Puritan Revolution* (London, 1961); Claire Cross, *The Puritan Earl, The Life of Henry Hastings* (London, 1966); Anthony F. Upton, *Sir Arthur Ingram, c. 1565-1642* (London, 1961). Quoted in C. H. George, Puritanism As History And Historiography, *Past And Present*, No. 41, (1968), 98-99, 이하 P&P.

살펴보는 것은 참으로 의미있는 일이라 할 수 있겠다. 존 몰간John Morgan 교수에 의하면, 퓨리탄주의에 대한 정의가 너무 다양하기 때문에 이 주제에 대한 현대의 견해들을 응집력 있게 요약하여 정리한다는 것은 너무 어려운 난제 중의 하나이다.[833]

현대 청교도 역사가인 바실 홀Basil Hall은 퓨리탄니즘을 정의하는데 있어서 어려운 고충을 설명하기 위해서 세 명의 학자들의 각각 다른 입장들을 제시하였다.[834] 첫째, 우드하우스 A.S.P. Woodhouse로서, 그는 자신의 저서 Puritanism and Liberty를 통하여 주장하길, "퓨리탄니즘은 프로테스탄트 종교개혁에 의해 발생하였을 뿐만 아니라, 17세기 초기에 교회와 국가에 대하여 반감의식을 가진 실재entity이다"라고 하였다.[835] 또 다른 입장은 트레벨이안 G.M. Trevelyan으로서, 자신의 저서 English Social History에서 이르길, "퓨리탄은 국교반대자들dissenters이라기보다는 장로교 총회와 같이 위험스러운 회의를 집행하는 교구목회자들이었으며, 이들 중 브라운주의자들Brawnists과 같은 비주류들과 더욱 극단적인 퓨리탄들은 처형을 당하게 되었다"고 주장하였다.[836] 마지막 셋째는 크리스토퍼 힐Christopher Hill로서, 그의

---

833 John Morgan, *Godly Learning, Puritan Attitudes towards Reason, Learning, and Education, 1560-1640*, 11.

834 Basil Hall, Puritanism: the Problem of Definition, in *Studies in Church History II*, ed., G.J. Cuming, London: Nelson (1965), 283.

835 A.S.P. Woodhouse, *Puritanism and Liberty* (London, 1938), 35-37; 우드하우스는 자신의 저술을 통하여 이르길, 퓨리탄들은 매우 보수주의적인 자들, 매우 엄격한 칼빈주의자들, 장로교주의자들이란 용어와 거의 유사어를 가리킨다고 지적하였다. Cf. Basil Hall, Puritanism: the Problem of Definition, 283.

836 Basil Hall, Puritanism: the Problem of Definition, 284.

저서 Society and Puritanism in Pre-Revolutionary England에서 주장하길, "퓨리탄니즘이라는 용어는 종교적 관점이 아니라, 정치적, 경제적, 사회적 차원에서 관찰해야 하며 이러한 관찰은 시민전쟁Civil War의 원인과 그 결과를 잘 이해할 수 있게 된다"고 주장하였다.[837] 즉, 여러 퓨리탄 학자들은 퓨리탄니즘에 대한 정의를 교회와 국가와의 관계, 또는 급진주의적인 목회자, 또는 종교적이 아닌 정치-사회적인 관점에서 찾아내고자 하는 다양한 입장들을 제시하고 있음을 볼 수 있다.

레오나르드 트린테루드Leonard Trinterud 교수는 퓨리탄니즘의 기원에 관한 여러 가지 다양한 학설들을[838] 4가지로 요약하였다. 먼저 가

---

[837] 무엇보다도 이 점에 있어서 바실 홀 교수는 크리스토퍼 힐의 입장에 대하여 매우 비판적인 시각으로 이를 소개하고 있다. 즉, 바실 홀은 이르길, 크리스토퍼 힐의 퓨리탄의 정의로 시작되는 제1장은 매우 강한 이목을 이끄는 부분으로 위치하고 있지만, 그가 인용하고 있는 인용문들은 매우 모호하고 불필요한 것들로서 이루어져 있는데, 그 이유는 이러한 인용문들이 저자의 의도를 정확하게 지지해주지 못할 뿐만 아니라 때로는 잘못된 본문의 인용으로 인하여 혼란을 야기시키고 있다고 비판하고 있다.

[838] 풀러(Fuller) 교수의 견해로는 '퓨리탄'이라는 용어는 1620년대에 그 의미의 변화를 가져오게 되었다고 주장하였다. 그는 이르길, 그 이전에는 전통적인 교회 정치 형태와 교회 규범적인 구조에 반기를 들고 나온 자들을 의미하였다고 하였다. 다른 한편, 펠탐(Feltham) 교수는 이르길, 비록 퓨리탄을 정의하기란 매우 어려운 난제 중의 하나이다. 일반적으로 그 당시 퓨리탄들은 당시 교회 반항 세력자들(Church-rebel) 또는 교회 법규를 용납하지 않는 자들을 지칭하였다고 하였다. 이에 대하여 로버트 할리(Robert Harley)는 나는 의회가 퓨리탄을 정의할 수 없음을 천명한다라고 주장함으로써, 퓨리탄들은 단순한 정치인들이 아니었음을 주장하였다. 또한 프란시스 오스본(Francis Osborn)은 자신의 저서 A People Styled Puritans에서 하나의 에피소우드를 언급하면서 이르길, 퓨리탄이라는 용어의 정의를 거의 가장 정확하게 접근한 자들을 만나보지 못했으며 국정회의 설교들(Court sermons)은 이러한 사람들에 대하여 매우 심한 독설에 가득 차 있으며 가장 지혜로운 자는 감히 이를 정의하려고 시도하지 않을 것이다라고 함으로써, 이 용어를 규정하기가 얼마나 어려운 가를 여실히 보여주었다. in Fuller, *CH*, (1842), III, 307. Contrast P. Heylyn, *Cyprianus Anglicus* (1671), 119; Owen Feltham, *Resolves, Divine, Morall and Politicall* (London: For H. Seile,1628), 9; *Portland MSS. (Historical Manuscripts Commission, H.M.C.)*, III, 13; F. Osborn, *Traditionall Memoyres on the Raigne of King James the First*, in *Secret History of the Court of James I*, ed. Sir W. Scott (1811), I, 188-9; C. Hill, *Society and Puritanism in Pre-Revolutionary England*, 19.

장 지배적인 학설은, 메리 여왕 당시 망명Marian Exiles 하였다가 칼빈주의자들의 활동지였던 제네바로부터 복귀한 당시 지도자들이 잉글랜드로 퓨리탄의 사상들을 가져왔다는 입장이다. 둘째로는 퓨리타니즘은 튜더와 스튜아트 왕조Tudor-Stuart era 기간 동안에 일어났던 민주적인 정치, 사회 그리고 경제 사상의 발생과 동일시하고자 하는 입장을 들 수 있다. 셋째로는 둘째 입장과는 정반대의 주장으로서, 신학과 정치에 있어서 극우파들의 권력중심주의Authoritarianism 와 바리새파적인 자본주의의 온상seedbed 을 퓨리타니즘에서 찾으려고 하는 입장이다. 마지막으로, 일부에서는 개인의 삶의 전 영역에서 완전한 사상의 자유를 낳기까지 해산의 수고를 겪었던 운동이 퓨리타니즘이라고 주장하고 있다.[839] 앞서 고찰한 바와 같이, 이처럼 대부분의 현대의 퓨리탄 학자들은 자기의 학문적 배경과 선입관적 입장을 배제하지 못하고 퓨리탄의 정의를 시도하고 있음을 볼 수 있다.

이처럼 퓨리타니즘 연구에 대하여 여러 학자들이 명쾌한 해답을 제시해주지 못하고 계속적으로 논쟁의 대상이 되어온 가장 근본적인 원인은 몇 가지로 요약할 수 있다. 먼저, 여러 학자들이 퓨리타니즘의 정의를 시도함에 있어서 다양한 접근 방법에 문제가 있음을 발견하게 된다. 즉, 그동안 퓨리탄이라는 용어는 이를 연구하는 학자들 가운데 상당히 다양한 접근법ways을 통하여 이를 규명하고자 노력해왔으며, 매우 서로 다른 관점들different aspects 에서 연구되어 왔기

---

839 Leonard J. Trinterud, The Origins of Puritanism, *Church History* 20 (1951), 37.

때문이다.[840]

이 용어적 정의가 난해한 또 다른 원인 중 하나는, 영국 튜더 왕조와 스튜아트 왕조 당시에 활동했던 퓨리탄들이 교파적으로 너무나 다양하게 형성되어 있었고, 각 교파들은 각기 다른 입장에 서서 활동해왔기 때문에 퓨리탄에 대한 정의가 매우 다양할 수밖에 없는 구조 속에 있었던 것이다.[841] 각 교파들을 크게 세분한다면 분리주의자들 Separatists, Robert Browne 과 독립파들Independents, Thomas Goodwin, John Cotton

---

840 퓨리탄니즘의 정의에 대한 보다 더 상세한 연구를 위해서는 다음과 같은 학자들의 글들을 참고할 것. Jerald G. Brauer, Types of Puritans Piety, *CH*, lvi (1987); R. Buick Knox, Puritanism and Presbyterianism, *Scotish Journal of Theology*, xxi (1968), 이하 *SJT*, and his article, Puritanism: Past and Present, SJT, xix (1966); Peter Lake, Puritan Identities, *JEH*, xxxv, No.1, January (1984); John Coffey, Puritanism and Liberty Revisited: The Case for Toleration in the English Revolution, *The Historical Journal*, xli, no.4 (1998); Darett B. Rutman, *American Puritanism, - Faith and Practice* (Philadelphia, New York, Toronto, 1970); Winthrop S. Hudson, Mystical Religion in the Puritan Commonwealth, *JR*, xxviii, no.1, January (1949); John Morgan, *Godly Learning, Puritan Attitudes towards Reason, Learning, and Education, 1560-1640* (Cambridge: Cambridge University Press, 1988); William M. Lamont, Puritanism as History and Historiography: Some Further Thoughts, *P&P*, no. 44 (1969); Basil Hall, Puritanism : the Problem of Definition, *SCH*, II, ed. G.J. Cuming (1965); Leonard J. Trinterud, The Origin of Puritanism, *CH*, xx (1951); Christopher Hill, *Society and Puritanism in Pre-Revolutionary England* (London: Secker & Warburg,1964); Paul Christianson, Reformers and the Church of England under Elizabeth I and the Early Stuarts, *JEH*, xxxi, no.4, October (1980); Patrick Collinson, A Comment: Concerning the Name Puritan, *JEH*, xxxi, No.4, October (1980); Nicholas Tyacke, *The Fortunes of English Puritanism, 1603-1640* (Dr. Williams's Library, 1989); C.G. Bolam; Jeremy Goring; H.L. Short; Roger Thomas, *The English Presbyterians* (London: George Allen & Uniwin LTD, 1968); Ronald J. Vander Molen, Anglican Against Puritan: Ideological Origins during the Marian Exile, *CH*, xlii (1973); Jerald C. Brauer, The Nature of English Puritanism: Three Interpretations, *CH*, xxiii, June (1954); David Zaret, *The Heavenly Contract, - Ideology and Organization in Pre-Revolutionary Puritanism* (Chicago, London: The University of Chicago Press, 1985); John Marlowe, *The Puritan Tradition in English Life* (London, The Cresset Press, 1956).

841 이 점에 대하여 Dr. Kitson Clark는 다음과 같이 주장하고 있다. Though Puritanism plays a very important part as a development of the English heritage it is extremely difficult to give a precise meaning to the word itself. It is applied by historians to a very large number of different people and it is difficult to find a common denominator, G. Kitson Clark, *The English Inheritance* (London: SCM Press, 1950), 103.

그리고 장로교주의자들Presbyterians, Stephen Charnock, John Howe, Thomas Watson, Richard Sibbes로 나눌 수 있다.[842]

이러한 조직적 구조적인 문제를 인식하였던 바실 홀Basil Hall은 이르길, 비록 가치 있는 당대의 여러 가지 퓨리탄 문서들을 분석한다고 하더라도 오늘날 연구자들은 퓨리탄 또는 퓨리탄니즘이라는 용어의 정확한 의미를 규정하기에는 많은 어려움이 따른다고 하였다.[843]

그러나 이 문제의 근원 즉, 퓨리탄니즘의 명제에 대한 정확한 해답을 제시할 수 없는 본질적인 원인은 다름 아닌 여러 퓨리탄 학자들이 그 용어와 그 용어의 근원적 배경을 단순히 경제적인 시각과 또는 사회-정치적인 시각을 통하여[844] 풀어보고자 했던 그들의 전제

---

842 보다 더 상세한 내용은 글리슨 교수의 책을 참고할 수 있다. Randall C. Gleason, *John Calvin and John Owen on Mortification* (New York: Peter Lang, 1995).

843 Basil Hall, Puritanism: the Problem of Definition, *SCH, II* (1965), 293. Robert McAfee Brown 박사는 다음과 같은 퓨리탄 운동의 다양한 양상의 일례들을 소개해주고 있다. 일부 역사학자들은 퓨리탄 운동의 전체 기간은 국가적인 이익과 경제적인 관심사가 지배적이었다고 주장하고 있다. 즉, 독일의 왕자들은 루터를 지원하였는데 그 이유는 그들은 이탈리아 교황을 지원하는데 돈을 지불하길 원치 않았기 때문이며 독일 교회를 이탈리아 통치에서 벗어나게 하려는 의도였다. 그리고 프랑스 볼테르는 영국 종교개혁을 해석하길, 잉글랜드는 헨리 8세 왕이 사랑에 빠진고로 교황으로부터 분리되었다는 점을 표명하였다. 귀조(Guizot)에 있어서 잉글랜드의 종교개혁은 인간의 이성의 해방을 위한 가장 큰 노력으로 해석하였다. 한편, 하인(Heine)은 주장하길, 루터가 교황을 거부하는 일과 임마누엘 칸트(Immanuel Kant)가 하나님을 거부하는 것과 같은 일련의 모습들은 각기 다른 이름 아래 같은 군주에 대항하여 반란을 일으키는 차원에서는 매 한가지라고 하였다. T.S. Eliot, *Notes Toward the Definition of Culture* (London: Faber and Faber, 1962), 75, quoted in Robert McAfee Brown, *The Spirit of Protestantism* (Oxford: New York: Oxford University Press, 1965), 13-14.

844 Darrett B. Rutman는 이러한 첨예한 논쟁에 대하여 주장하길, 퓨리탄니즘을 사회적, 경제적 또는 정치적인 면에 있어서 특유하고도 유일한 단체로 규정하는 것은 불가능하다고 강조하였다. 참조할 것. *American Puritanism, Faith and Practice*, 6. 게다가 Leland Ryken은 퓨리탄주의를 종교적인 성향을 도외시한 정치적, 사회적 그리고 경제적 관점에 입각하여 정의하려고 하는 현대 세속적 역사가들의 해석 방법론에 문제점을 강하게 제기하였다. Leland Ryken, *Worldly Saints The Puritans as They Really Were* (Grand Rapids: Zondervan Publishing House, 1990), 11. Cf. A.G. Dickens, *The Intellectual Origins of the English Reformation, in Background to the English Renaissance*, ed. J.B. Trapp (London: Gray-Mills, 1974), 47.

Prerequisite 적 방법론의 무리한 접근법으로 인해 당연한 귀결로 해석 된다고 할 수 있겠다. 이러한 시도들은, 최근의 연구자들이 퓨리탄 니즘의 기원과 정의에 관하여 헌신적으로 연구하고 있음에도 불구 하고, 여전히 이 분야가 계속적으로 폭풍의 진앙지Storm centre 로 머무 르고 있는 원인을 제공해주고 있는 것이다. 이제는 이러한 연구 경 향에 반하여 퓨리탄니즘 연구에 대한 새로운 차원에서의 접근적 시 도가 요구된다. 즉, 퓨리탄니즘은 경제사가나 정치사가 또는 문화사 가 그리고 문학가들의 관점Perspective 에서의 연구가 아닌, 교회사학적 그리고 신학적 관점에서 이를 고찰하고 해답을 추구해야 한다.[845]

왜냐하면 퓨리탄들은 정치가나 사회학자나 문학가이기 이전에 종 교개혁의 선구자들 가운데 특히 존 칼빈의 신학과 신앙고백을 중심 으로 영국의 성공회The Church of England 의 온건한 개혁주의 정신과 로 마 가톨릭의 비성경적이며 비신학적인 그리고 초대 교회의 전통적 구도에서 벗어난 신학의 흐름에 반기를 들고 신학과 교회의 개혁과 예전, 예식의 형식화를 거부하면서 시작된 운동이기 때문이다.[846] 따 라서 퓨리탄의 구성원이 누구였는가를 관찰하기 전에 무엇보다도 우선해야 할 작업은 각 퓨리탄들의 신학과 신앙고백 그리고 그들의

---

[845] David Zaret 교수는 퓨리탄에 대하여 좀 더 다른 차원에서 이해하였다. 즉, 퓨리탄이란 영국 국 교회에서 사용되는 예배 형태보다 더욱 복음적이며 프로테스탄트적인 스타일을 추구하였으며, 시민전쟁(Civil War) 직전에 국교회로부터 완전한 분리(outright separation)를 거부하였던 부 류의 사람들을 지칭하는 것으로 이해하였다. 그러나 그는 메리 여왕 정권 당시 망명하였던 퓨리 탄들을 간과한 것처럼 보인다. 참조할 것. David Zaret, *The Heavenly Contract, - Ideology and Organization in Pre-Revolutionary Puritanism* (Chicago, London: The University of Chicago Press, 1985).

[846] Leland Ryken, *Worldly Saints The Puritans as They Really Were*, Foreword ix-21.

삶의 발자취와 설교들을 찾아서 그들의 성격을 규명하는 귀납법적인 방법론Inductive Methodology을 통한 역사신학적 접근법으로 해결해야 한다. 이는 매우 의미있는 방법이라 할 수 있을 것이다.[847]

비록 튜더-스튜아트 왕조 당시에 정치적인 성향을 지닌 퓨리탄들도 있었지만, 트린테루드 교수가 지적한 바와 같이, 퓨리탄 운동을 이끌어갔던 퓨리탄의 주요 인물들 대다수는 메리 여왕의 폭정으로 인하여 망명하였다가 잉글랜드로 다시 돌아온 자들로서, 이들 대다수는 칼빈주의적 신학적 기반에 뿌리를 둔 퓨리탄들이었음을 확인할 수 있다.[848]

사실, 퓨리탄들은 영국 성공회Church of England의 구성원들로서, 로마 가톨릭의 모든 체제와 영국 성공회의 가톨릭주의의 잔재들을 일소하고 정화시키고자 부단하게 노력한 인물들이었다. 특히 인간의 신조나 대대로 물려받은 교회 전통들보다는 성경적 진리를 추구하고자 노력하였던 자들이었다. 특히 윌리암 틴데일 William Tyndale, 토마스 카트라이트 Thomas Cartwright 그리고 존 후퍼 John Hooper와 같은 퓨리탄들의 저술을 통해 살펴볼 때, 퓨리탄들은 정치적인 경향을 지녔다기보다는 교회와 국가와의 긴장 관계 속에서 진정한 교회의 위상을 정립하되, 특히 중세 가톨릭적인 예배 의식Liturgy과 공중기도서Prayer Book의 비성경적인 요소들에 대한 개혁과 혁신을 외쳤던 인물

---

847 최근까지 일부 역사가들은 이와 같이 퓨리탄주의에 대한 근본적이고도 실질적인 접근 없이 '퓨리탄의 진정성' 문제를 논의하고 있는 실정이다. 참조할 것. Cross, *Church and People 1450-1660*; J. Simon, *Education and Society in Tudor England* (Cambridge University Press, 1966); Patrick Collinson, *Elizabethan Puritan Movement* (Berkeley, University of California Press, 1967).

848 Leland Ryken, *Worldly Saints The Puritans as They Really Were*, 14.

들이었다. 한편으로 퓨리탄들은 튜더 왕조 말기와 스튜어트 왕조 시대에 국가-교회의 구도를 구약 이스라엘의 유비적 관계로 형성시키고자 하였다. 즉, 이들은 구약에 등장하는 이스라엘을 잉글랜드에 그대로 적용시키고자 하였다.

이에 대하여 몰간 Morgan 교수는 퓨리탄들의 정체성에 대하여 분명하게 제시해주고 있다. 즉, 퓨리탄을 이해하는데 있어서 가장 본질적인 것은 그들이 어떤 부류의 인물이기 이전에 이미 교회에서 복음의 순수성을 외치던 설교가들 preachers이되, 그들의 말씀을 듣는 이들이 다른 부류의 설교가들과는 판이하게 다르다는 사실을 알 수 있을 정도로 특별한 강조점 Particular emphasis을 지닌 설교가들이었던 것이다. 그들이 다른 부류의 사람들과 다르게 교회를 통한 세상의 개혁을 부르짖을 수 있었고, 이를 위해 수많은 박해 속에서도 목숨을 걸고 끊임없이 투쟁할 수 있었던 근본적인 원인은 다름 아닌 하나님의 복음을 선포할 자들로 부르심을 입었다는 그들만의 목회적 소명 의식의 결과에 기인하는 것이다.[849]

특히 진정한 퓨리탄주의를 명확히 이해하기 위해선 우리는 무엇보다도 그들의 종교성 Religiosity이 당대에 살고 있던 모든 사람들의 삶 속에 만연해 있었다는 점을 간과해서는 안 될 것이다. 당시 잉글랜드에 발생한 시민전쟁 Civil War에 참전하였던 모든 사람들은 다름 아닌 하나님의 이름과 아멘 in the name of God, Amen이라는 미명하에 이를

---

849 Irvonwy Morgan, *The Godly Preachers of the Elizabethan Church*, 11.

논의하였고 전투에 임하게 되었다.[850] 게다가 전투에 임하기 위해 항구를 출발하는 모든 잉글랜드 군사들 가운데에는 항상 군종 목사들 Chaplains이 동반하였고, 항해 중의 무사함과 전투의 승리를 위하여 말씀과 기도를 통하여 십자가의 정예의 군병적 자세로 완전히 무장한 상태로 전투에 임하게 되었다. 잉글랜드의 해양권의 확장은 하나님의 정의와 명령에 기인하고 있음을 확실히 믿고 있었다.[851]

III. 퓨리탄주의의 사상적 근원

퓨리탄니즘의 기원을 추적해볼 때, 당대에 있어서 '퓨리탄 또는 퓨리탄주의'라는 용어는 '모욕' 또는 '비꼬는 듯한 의미' Insult or tongue-in-cheek[852]가 내포되어 있었으며, 사실상 비난조의 별명 reproachful nickname으로 불리워졌다.[853] 이러한 경향은 1580년경 당시 잉글랜드의 국교회의 추밀원 Privy Council에 제출된 한 청원서에서 발견할 수 있다. 이 대적자들은 매우 교활하여서 퓨리탄니즘이라는 혐오스러운 이름 아래 우리들에게 새로운 세례를 베풀고 있다. 우리는 이러한 그들의 이름과 이 이단을 매우 싫어한다.[854]

---

850 Darrett B. Rutman, *American Puritanism- faith and practice*. 4. 이에 대한 구체적인 내용은 다음을 참조할 것. Perry Miller, *Errand into the Wilderness* (Mass.: Cambridge, 1958), 119.

851 Darrett B. Rutman, *American Puritanism- faith and practice*, 4.

852 Darrett B. Rutman, *American Puritanism- faith and practice*, 5.

853 Hastings *MSS, British Museum, Additional Manuscripts* (Historical Manuscripts Commission), IV, 330, quoted in C. Hill, *Society and Puritanism in Pre-Revolutionary England*, 14.

854 [Anon.], *A parte of a Register* (Middelburg, 1593), 129; 1574년 퓨리탄니즘을 공박한 한 목회자는, 노팅함의 대성당 참사보(Archdeacon of Nottingham)가 자신의 늙은 말보다 더 퓨리탄에 대한 지식을 가지고 있지 않다고 할 정도로 당대 퓨리탄이라는 이름은 매우 혐오스런 자들로 인식될 정도였으며, 무시를 당하던 위치에 있었던 자들로 보인다. R. Marchant, *The Puritans and the*

그러나 16세기와 17세기의 잉글랜드에서 사용된 퓨리탄 또는 퓨리탄주의라는 용어의 이와 같은 경멸적이자 모욕적인 표현은[855] 다름 아닌 로마 가톨릭의 교리들과 신조들 그리고 교회 전통을 사수하고자 하던 교황주의자들Papists과 잉글랜드 사회의 변혁을 달가워 하지 않던 무신론자들atheists에 의해 고안된 결과라는 사실에 대하여 모든 퓨리탄 역사가들은 공감하고 있다. 이와 같이 교황주의자들이 퓨리탄이라는 용어를 비방하는 의미로 사용하게 된 근본적인 원인은 1588년에 출간한 존 유달John Udall의 고백에서 찾아볼 수 있다. 나는 복음의 사역자들인 우리를 교황주의자들이 퓨리탄 곧 다시 말하자면 사탄Puritan but Satan이라고 칭하는 이 사실을 알고 있다.[856]

이와 같은 퓨리탄니즘은 갑자기 순간적으로 잉글랜드에 발생한 운동은 결코 아니다. 그러므로 퓨리탄의 사상이 태동하기까지 영향을 미친 사상적 근원에 대한 역사적 고찰은 이 운동의 성격을 파악하는데 매우 의미 있는 일이라 할 수 있겠다. 창조주 하나님은 모든 천지 만물을 창조하시던 당시 모든 날들 중 제 7일을 다른 날과 구별하여 '거룩'하게 하셨으며창 2:7, 지으신 동물들 중에서도 정결한 짐승과 부정한 짐승을 구분하셨다창 7:2. 하나님은 출애굽한 이스라엘 백

Church Courts in the Diocese of York, 1560-1642 (1960), 135, quoted in C. Hill, Society and Puritanism in Pre-Revolutionary England, 14.

855 마틴 마프렛이트(M. Marprelate)는 이르길, 교황주의자들은 흔히 말하길, 수많은 퓨리탄들이 살아가는 이 세상, 게다가 지금처럼 계속 행해지는 그들의 설교가 존재하는 이 세상은 결코 즐거운 세상이 될 수 없다고 하였다. M. Marprelate, *A Dialogue wherein is plainly layd open the Tyrannicall Dealing of the Lord Bishops over Gods Church* (London, 1640), Sig. Chap. 4. This reprint includes the poem, The Interpreter, quoted in C. Hill, *Society and Puritanism in Pre-Revolutionary England*, 15.

856 J. Udall, *Diotrephes* (ed. E. Arber, London: [s.n.], 1879), 9, quoted in C. Hill. Ibid., 14.

성들에게 '정결의 법'을 제정하셔서서 거룩하신 하나님 앞에 항상 성결을 유지하도록 명령하셨으며, 성결을 상실한 이스라엘 백성들은 항상 이웃 대적의 손에 붙이시므로 다시금 성결의 중요성을 상기시키셨다. 신약 성경 시대 당시 바울 사도는 여러 서신을 통하여 당시 교회의 분열의 위기와 비도덕적 행위 그리고 이에 대한 정결Purity의 필요성을 강조하였다.[857] 앞서 살핀 바와 같이, 퓨리탄들이 제시한 그리스도인의 중요한 요소 중 하나는 가장 의롭고도 신실하고도 청결한 삶을 살아가는 것이었다.

퓨리탄들이 고대 어거스틴의 신학적 구도 아래 머물러 있었다는 사실은 의심할 여지가 없다. 페리 밀러Perry Miller는 퓨리탄니즘을 경건에 대한 어거스틴 성향의 현현으로 이해하였으며, 퓨리탄 운동은 어거스틴의 신학과 정치 이론의 뼈대에 근거하고 있음을 천명하였다.[858] 어거스틴의 신학은 무엇보다도 철저한 인간의 죄악상과 하나님의 절대적인 은총의 수단을 통한 구원의 경험이라는 입장을 고수하고 있었다.[859] 이와 같은 신학적 성향은 퓨리탄의 영성과 신학의 골격을 형성하는데 매우 영향력을 발휘하게 되었다.[860] 어거스틴이 당

857　사도 바울이 '청결'(Purity)과 '정화'(Cleansing)에 대해 강조한 점은 그의 서신들에 잘 나타나 있다: 딛 3: 5; 고후7: 1; 딤후2: 21; 골2:11; 엡5: 25, 26; 고전 6:18; 살전4: 3. John Owen, *The Works of John Owen*, Ed. William H. Goold, 23 vols (Edinburgh: The Banner of the Truth Trust, 1981), III: 422-436.

858　Perry Miller, *The New England Mind: The Seventeenth Century* (Boston, Mass.: Beacon Press, 1961), 4.

859　성 어거스틴(Augustine)은 고대 이단 중 하나였던 펠라기우스(Pelagius)의 신학적 논쟁에 많은 시간을 할애하였다. 그럼에도 특히 인간의 전적 타락과 하나님의 은총과 인간의 전적 무능력함 그리고 성령의 능력을 통한 중생의 필요성에 대하여 강하게 주장하였다. Cf. J.C. 니브, O.W. 헤이크, 서남동 옮김. 『기독교 교리사』(서울: 대한기독교서회, 1992). 282-301.

860　Perry Miller, *The New England Mind*, 4-5.

시 펠라기우스의 성경에 대한 잘못된 해석과 그에 기인한 그릇된 교리에 대하여 심각하게 논쟁하며 싸워왔듯이, 당시 퓨리탄들은 로마 가톨릭과 영국 성공회의 비본질적이고도 비성경적인 예배 의식들과 요소들에 대하여 목숨을 내걸고 투쟁해왔던 것이다.

퓨리탄들의 성향은 이미 12세기에 활동해왔던 왈도파들의 모습에서 찾아볼 수 있다.[861] 왈도파Waldenses 의 창설자인 상인 출신 피터 발데스Peter Valdes 는 그가 소유하고 있던 모든 재산들을 팔아서 가난한 자들에게 나누어주었고 성경의 가르침에 따라 순수하고도 정결한 인생을 살아가고자 헌신적인 노력을 기울였다. 특히 이들은 마태복음 10장에 제시된 말씀에 의거하여 완전한 청빈의 삶A life of complete poverty 인 청결한 삶purified life 을 살고자 노력하였다. 이들은 로마 가톨릭의 연옥설과 성인Saints 의 기적과 성인에게 간구하는 기도invocation, 금식, 체휼, 금욕, 맹세하는 행위, 십자가 사용, 상징들과 성인 초상화 등에 대하여 강하게 거부권을 행사하였다.[862] 비록, 왈도파의 신학 사상이 퓨리탄들과 정확히 일치하지는 않았지만, 그들이 로마 가톨릭의 전통과 예전 등과 같은 입장들과 왜곡된 성경 해석에 대하여 강하게 반대하면서 교회의 순수성과 거룩성을 추구하였던 자세는 퓨리탄들과 거의 같은 입장에 서 있었던 것이다.

---

861   12세기에 있어서 왈덴시안파(Waldensians)들은 로마 가톨릭에 의해 이단으로 간주되었다. 당시 가톨릭 교회의 문서에 의하면 12세기의 교회는 다양한 이단들에 의하여 혼란을 겪고 있었으며, 이들 중 가장 위험한 이단들은 다름 아닌 알비젠파(Albigensians)들과 왈덴시안파(Waldensians) 였다고 주장되었다. See Henry Bettenson, *Documents of the Christian Church* (London: Oxford University Press, 1963), 185.

862   Justo L. Golzalez, *A History of Christianity Thought*, Vol. II (Nashville and New York: Abingdon Press, 1971), 184-192.

이러한 그들의 태도는 탁발 수도회의 태동의 근원이 되었으며, 당시 가장 대표적인 수도회로서 도미닉파와 프란시스파로 구성되어 진다.[863] 이들 가운데 프란시스파는 성 어거스틴의 규칙적인 규범들 cannons 으로 알려진 성 어거스틴의 규칙Rule of Saint Augustine 을 자기의 기본적인 규약으로 받아들였으며, 그 규칙들을 성취하기 위한 노력을 강조하였다.[864] 게다가 프란시스칸들이 도미닉칸들과 독특하게 다른 점은 전자는 청빈의 방식에 따라 타인들을 권유하여 복음을 함께 나누는 삶을 살도록 노력하며 살아갔다는 점이다. 프란시스칸의 주요 사상은 그리스도에 대한 명상과 자기 비하 그리고 청빈의 삶을 통한 가장 단순한 삶을 살아가는 것이었다.[865]

한편, 인문주의 운동Renaissance Movement 은 신율적 사고방식에 대한 인율적 사고 체계로의 전환을 시도한 부정적인 측면도 간과할 수 없지만, 대체적으로 이 운동은 중세의 교황 중심의 교조주의적dogmatic 이고도 예전중심주의적인 기독교 형태에 대한 문제점을 인식하고 구체제의 모순과 배타적인 가톨릭 사제 중심의 소명 의식과 교회의 세속화에 대한 문제의식을 고취시키기에 충분한 운동 중 하나였다. 데니스 헤이Denys Hay 박사는 지적하길, A.D. 1400년 이후 기념할 만한 운동의 표지들 중의 하나는 활동성에 대한 새로운 자극제New Zest for Activity 이며, 1450년대를 기점으로 하여 가족원들과 하급 판사들,

---

863 See further Hubert Cunliffe-Jones, *A History of Christian Doctrine* (Edinburgh: T. & T. Clark LTD, 1978), 263-265.
864 Paul Johnson, *A History of Christianity* (London: Weidenfeld and Nicolson, 1976), 234-235.
865 Ibid., 234-235.

군인들은 자신들의 머리를 들 수 있게 되었으며, 오직 수도승들만이 독점해왔던 선행과 공적은 더 이상 이들의 독점물이 될 수 없게 되었으며, 지금까지 공식적으로 초월적 종교를 포기한 점에 대하여 강한 거부 반응을 불러일으키기 되었다고 하였다. 즉, 세속적 성공, 세속적 지혜, 세속적 미덕은 신자의 죄를 억제하여 죽이는 방법들the way of mortification에 대한 대적으로 출원하게 되었다.[866]

14세기에 역사 선상에 등장했던 두 인물, 존 위클리프John Wycliff, 1324-1384 그리고 존 후스John Huss, 1369-1415는 교회가 신약 시대와 초대 교회 교부 당시의 전형적인 모습으로 돌아가야 할 것을 주장하였다. 특히 위클리프는 교회와 그 전통들은 성경 해석에 있어서 진정한 안내자의 역할을 수행할 수 없음을 강하게 천명하였다.[867] 성경의 권위는 다른 교회의 전통 또는 교직 제도 위에 위치해야만 한다고 주장하였다. 왜냐하면 성경은 부패한 성직자가 아닌 오직 신실한 하나님께서 자신의 백성들에게 부여해 주신 것이기 때문인 것이다. 따라서 위클리프는 당시 성경이 라틴어로 기록되어 일반 백성들은 읽고 깨달을 수 없음을 직감하고 영어로 번역된 성경의 필요성을 절감하였고, 그 결과 그의 추종자들을 통하여 이를 현실화시키게 되었다.[868]

---

866 Denys Hay, *The Italian Renaissance in its historical background* (Cambridge: Cambridge University Press, 1977), 126, 131.

867 위클리프의 교회와 전통에 대한 구체적이고도 상세한 입장에 대해서는 다음의 그의 논문을 참조할 것. On Divine Lordship; On Civil Lordship. 이 논문들을 통하여 위클리프는 오직 하나님만이 모든 주권을 소유하며 다스릴 수 있음을 강조하고 있다.

868 Justo L. Gonzalez, *A History of Christian Thought*, II. (Abingdon Press, 1971), 324-327: Kurt Aland, *A History of Christianity*, tr., James L. Schaaf (Philadelphia: Fortress Press, 1980), I, 359-372; Williston Walker, *A History of the Christian Church* (Edinburgh: T.&T. Clark LTD, 1970), 267-274.

이처럼 14세기 당시에도 퓨리탄들의 성향을 지닌 자들이 프로테스탄트 개혁 정신을 향유하고 있었으며, 그들의 주요 목적은 교회 전통이나 예식이 아닌 오직 성경에 입각한 교회의 개혁과 초대 교회로의 회귀적 갱신에 있었다. 이러한 이들의 청교도적 태도는 교회의 역동성에 있어서의 시금석Milestone이 되었다.

퓨리탄니즘에 있어서 가장 주요한 원동력은 다름 아닌 종교개혁의 결과였다. 이 종교개혁은 중세 가톨릭 교회의 성직자 중심의 구조와 교리 체제에 대한 반발에서 비롯되었다.[869] 마르틴 루터와 츠빙글리 그리고 존 칼빈이 종교개혁자로 활동하기 이전부터 이미 존 위클리프와 존 후스라는 선구자들의 노력을 통하여 개혁과 갱신에 대한 새로운 운동이 이미 무르익고 있었다. 루터와 칼빈은 성경의 권위와 초대 교부들 그리고 어거스틴 신학이라는 기본적으로 같은 토대 위에 개혁 운동을 전개하였다.

이들 중 특히 칼빈의 신학은 교황주의자들과 국교회의 미온적 태도에 반기를 들었던 잉글랜드 퓨리탄 신학의 토대를 마련하였다. 퓨리탄들은 칼빈의 기독교강요에 제시된 교회 체제와 그의 제자인 테오도르 베자Theodore Beza가 성경에 입각하여 참신하고도 새롭게 만든 제네바 교회의 예배 의식을 받아들여 영국 교회 안에 정착시키고자 하였다.[870]

---

869 R. Buick Knox, Puritanism Past & Present, 293-294.
870 Paul Christianson, Reformers and the Church of England under Elizabeth I and the Early Stuarts, 472-3.

IV. 퓨리탄니즘의 출발점과 그 성격

잉글랜드 퓨리탄의 진정한 효시에 대해선 아직 다양한 학설들이 제시되고 있다. 일부 역사가들은 잉글랜드 퓨리탄의 출발점을 헨리 8세와 에드워드 6세 또는 메리 여왕 당시 망명자들을 중심으로 찾고 있는데 반하여, 폴 크리스챤슨Paul Christianson 교수는 엘리자베스 1세가 통치하던 당시에서 그 근원을 찾고자 하였다.[871] 비록 레오나르드 트린테루드Leonard J. Trinterud 는 크리스찬슨의 견해를 부분적으로 인정함과 동시에 그는 튜더 왕조 시대의 윌리암 틴데일, 존 푸릿John Frith, 존 베일John Bale, 존 후퍼John Hooper, 존 브레드포드John Bradford 와 같은 당대의 퓨리탄으로서 국가와 교회에 큰 영향력을 행사하였던 인물들에 대한 고찰을 통하여 퓨리탄의 근원을 찾고자 노력하였다. 트린테루드 교수는 잉글랜드 퓨리탄들이 최초로 출발한 싯점을 1559년 초기부터 시작하여 1567년까지 진행되었던 성직자 의복 논쟁Vestiarian Controversy 사건에서 찾았다. 그 당시 퓨리탄들은 이러한 가톨릭의 전통에 입각한 형식만을 강조하는 예배 의식에 반기를 들고 이러한 비성경적인 전통을 제거하고자 하였다.[872]

이러한 사실들을 고찰해볼 때, 알렌Allen 의 주장, 즉, 퓨리탄니즘이란 후기 사상과 연구를 통해서나 발견되는 것이며, 퓨리탄이라 불리울 수 있는 자들은 장기 의회Long Parliament 에 가서는 거의 발견할 수

---

[871] Ibid., 472. W.H. Frere, *The English Church in the Reigns of Elizabeth and James I, 1558-1625* (London: 1911); G. R. Cragg, *Freedom and Authority: a study of English Thought in the Early Seventeenth Century* (Philadelphia: Westminster Press, 1975); W.M. Lamont, *Godly Rule: Politics and Religion 1603-60* (London, 1969).

[872] Leonard J. Trinterud, The Origins of Puritanism, 37.

없었다라는 평가는 너무 지나친 독단이 아닐 수 없다.[873] 게다가 조오지 교수C.H. and K. George는 분리주의적인 퓨리탄의 경향의 실체뿐만 아니라, 교회 목회자로서 사역하던 자들까지도 퓨리탄적 부류에서 제외시키면서까지, 오직 정치적인 입장에 서 있던 자들만을 인정하고자 하였던 주장은 너무 경솔한 판단에서 나온 결론이 아닐 수 없다.[874] 제랄드 브라우어Jerald C. Brauer 교수는 퓨리탄들은 영국 종교개혁의 열정과 그 범위에 대하여 매우 불만을 가지고 있던 자들로서 16세기 잉글랜드에 처음으로 등장하게 되었으며, 이들은 주로 성직자와 평신도로 구성되어 있었다고 주장하였다.[875]

비록 잉글랜드 퓨리탄 운동은 의복 논쟁이 활발하게 전개되었던 1560년대에 표면으로 부상하였지만, 진정한 퓨리탄 운동의 효시는 헨리 8세가 통치하던 당시에 큰 영향력을 행사하였던 윌리암 틴데일로 보는 것이 가장 무리가 없는 해석으로 보인다.

청교도 운동에 대한 학자 중의 한 사람인 마틴 로이드 존스 박사D.M. Lloyd-Jones는 퓨리탄니즘의 뚜렷한 특징을 1524년에 잉글랜드에서 독일로 망명하였던 윌리암 틴데일에서 찾았다.[876] 로이드 존스

---

873 J.W. Allen, *English Political Thought, 1603-1644*, 255-62, 302.

874 C.H. and K. George, *the Protestant Mind of the English Reformation, 1570-1640* (New Jersey: Princeton University Press, 1961), 6-8, 399-407, C. Hill, The Definition of a Puritan, 13에서 인용함.

875 Jerald C. Brauer, Types of Puritan Piety, 42-43.

876 M.M. Knappen 박사는 주장하길, 잉글랜드 퓨리탄니즘의 이야기는 1524년에 최초로 시작되었다. 그 해 봄 글로스터주 출신의 윌리암 틴데일(William Tyndale)이라고 불리우는 한 젊은이는 런던을 떠나 독일로 망명하여 성경의 영역을 준비하고자 하였다라고 하였다. M.M. Knappen, *Tudor Puritanism, a chapter in the History of Idealism* (Chicago & London, Phoenix Books, 1965), 3.

는 크게 두 가지 점을 지적하였다. 첫째, 틴데일은 일반 모든 백성들이 모국어로 성경을 읽고 이해할 수 있는 기회를 부여하고자 매우 열정적으로 이를 진행하였기 때문이다. 둘째, 틴데일은 자국의 국왕의 동의없이 성경을 영어로 번역하기 위한 목적으로 망명하게 되었기 때문이다.

그는 대륙에 머무는 동안에 츠빙글리Zwingli와 그의 제자였던 불링거Bullinger 그리고 존 칼빈John Calvin과 함께 사역하면서 상당한 영향을 받게 되었다. 특히 그는 성직자의 성의Surplice 문제와 성경 위에 교리와 전통을 부여하는 로마 가톨릭의 예전Ceremonies 중심의 신학적 구도에 대하여 매우 심각하게 문제시하였다. 잉글랜드에 돌아온 틴데일은 퓨리탄적 입장에 서서 당대의 교회와 국가의 비성경적인 부분에 대한 자신의 굳은 의지를 굽히지 않고 1536년 화형대에 서는 최후의 순간까지 퓨리탄적 영향력을 행사하였다.[877]

틴데일을 위시하여 에드워드 왕 당시에 활약하였던 존 후퍼John Hooper, d.1555, 토마스 크랜머Thomas Cranmer, 1489-1556 그리고 니콜라스 리들리Nicholas Ridley, c. 1500-1555는 퓨리탄들 가운데 매우 중심적인 인물들이었다. 존 후퍼는 아마도 처음으로 성직자 의복 문제에 관한 논쟁을 불러 일으킨 인물이었으며, 리들리는 교회의 예배 의식과 관련하여 성직자 의복 착용에 대하여 매우 비판적인 자세를 취하였던

---

877   D. M. Lloyd-Jones, *Puritanism and its Origins*, *Westminster Conference Papers* (1971),73-75. 마틴 로이드 존스는 청교도의 효시에 대한 내폰의 견해에 동조하였다. 윌리암 틴데일은 1536년 화형식을 당하던 장작더미 위에서 내던진 그의 외마디의 비명은 참으로 기념할 만하다. 오! 주여! 잉글랜드의 왕의 눈을 여소서!. John Adair, *Founding Fathers- the Puritans in England and America* (London: J.M. Dent & Sons Ltd., 1982), 64.

사람이었다.[878] 이러한 퓨리탄 운동이 매우 활발하게 전개되어진 시기는 1558년에 등극한 엘리자베스 1세의 통치 기간 중이었다.

바실 홀 교수는 진정한 퓨리탄들은 영국 국교회를 떠나지 않고 퓨리탄의 사상과 원리를 고수하였던 부류의 사람들이라고 주장함으로써, 그는 비국교도-장로교파인들과 분리주의자들 Separatists을 제외시켜 버리는 극단적인 입장에 서게 되었다.[879] 따라서 그는 개혁가들로서 교회 밖에서 살면서 사역하던 부류의 사람들에 대하여 퓨리탄이라는 신분적 호칭을 사용하길 꺼려하였다. 또한 그는 '퓨리탄'이라는 용어가 최초로 역사 가운데 사용되기 시작한 시점을 1563년으로 이해하였다. 그러나 17세기에 활동하던 다양한 퓨리탄들은 제네바 형태를 다양한 방식으로 잉글랜드에 실현시키고자 하였다. 이에 대하여 헥스터 Hexter는 말하기를, '장로교주의' Presbyterian와 독립파 Independent들의 입장들은 수많은 혼란을 초래시켰다고 주장하였다.[880]

대부분 퓨리탄들의 신학적 사상적 배경은 주로 칼빈주의라는 큰 울타리 안에 놓여있었다.[881] 앞서 고찰한 바와 같이 메리 여왕 당시 국외로 망명하였던 자들은 라인 지방 Rhineland의 종교개혁자들뿐만

---

878 D. M. Lloyd-Jones, *Puritanism And Its Origins*, 1971, 77.
879 Ibid., 73. 바실 홀은 주장하길, 1570-1640년 동안 퓨리탄의 위치는 분명하였다. 즉, 퓨리탄이라는 용어는 교회 내에 장로교주의 정치를 추구하는 부류의 사람들과 감당하기 힘든 노골적인 자들에 대하여 상당히 고분고분히 다루는 태도를 갖춘 영국 국교회에 속한 성직자들과 평신도들을 지칭하는 말이다라고 하였다. Basil Hall, *Puritanism: the Problem of Definition*, 293-294.
880 J. H. Hexter, *Reappraisals in History* (London: Longmans, 1961), 163-84.
881 Basil Hall, "Calvin against the Calvinists," *Proceedings of the Huguenot Society of London*, xx, no. 3 (1962), 284-301.

아니라, 제네바의 존 칼빈의 영향을 상당히 받게 되었다. 비록 당시의 잉글랜드 퓨리탄들의 신학 사조는 제네바의 영향을 비교적 늦게 받게 되었지만, 칼빈주의는 퓨리탄 신학과 사상의 근원적 배경에 주요한 요소가 되었다. 이 점에 대하여, 토마스 풀러는 비국교도들로서의 퓨리탄들의 출발점과 종착점을 다음과 같이 요약하고 있다.

에드워드 6세 왕 당대에는 비국교도들이 잉글랜드의 태중에 임신하게 되었고, 그 후에 가서 메리 여왕 당시에는 프랑크푸르트Fankfurt를 넘어서 이들은 탄생하게 되었고, 엘리자베스 여왕의 집권 기간에는 이들이 유모의 손에 의하여 이유식을 행하게 되었고 제임스 왕의 통치하에 이들은 씩씩한 젊은이 또는 키가 훤칠한 청년으로 성장하게 되었다. 찰스 왕의 집권 말기에는 성직 계급과 그들의 적수들에 대한 타협과 정복 활동을 민활하게 펼칠 수 있을 정도로 충분한 세력과 완전한 성숙성을 지닌 사람으로서 나타나게 되었다.[882]

비록, 이러한 퓨리탄 신학과 그 개혁 의지에 기인한 사상들은 계속적으로 유럽과 뉴잉글랜드를 통하여 계속적으로 성장 발전하게 되어 수많은 부흥 운동과 경건주의 운동의 불씨를 불러 일으키기에 충분하였다.

그러나 이러한 역사적 퓨리탄니즘은 찰스 2세 시대 말기를 기점으로 해서 퓨리탄들 가운데 교파중심주의적인 분열의 양상으로 인하여 결국 1662년 8월 24일 프랑스에서 위그노들에게 처절한 학살을

882　Thomas Fuller, *The Church History of Britain From The Birth of Jesus Christ Until The Year MDCXLVIII* (London, 1837), II, 329.

자행하였던 성 바돌로매 대학살 사건을 추모하는 날을 깃점으로 해서 역사적 종말을 고하게 되었다. 유럽과 뉴잉글랜드의 16-17세기를 뜨겁게 달구었던 퓨리탄니즘이 역사의 뒤안길로 사라지게 된 가장 큰 원인은 다름 아닌 교회 정치 형태와 교파적 차이점에 대한 합일점을 찾지 못한데 기인한다. 이 점은 참으로 슬프고도 안타까운 역사의 아이러니한 모습이 아닐 수 없다. 즉, 가톨릭의 비성경적인 예전, 전통, 의식 중심적인 모습과 앙글리칸적인 덜 정화된 모습에 반기를 들고 진정한 하나님 나라를 이루어 가겠다는 이들의 외침은 교파적 갈등과 이해관계의 차이로 인하여 퓨리탄 운동은 종말을 고하게 되었다.

V. 결론

지금까지 고찰한 바와 같이, 비록 많은 퓨리탄 연구가들이 퓨리탄니즘의 명제를 정확하게 규명하고자 각각 정치적 경제적 또는 사회 문화적, 문학적 접근법을 통하여 시도하여 왔으나, 실패한 근본적인 원인은 퓨리탄들의 정체성에 대한 인식의 실패에 기인하고 있다고 할 수 있다. 16-17세기 잉글랜드에 새로운 삶의 개혁 운동이자 국가 교회의 대혁신을 불러일으켰던 퓨리탄니즘은 다음과 같은 특징들을 지니고 있다.

무엇보다도 잉글랜드 퓨리탄니즘은 사도적 교회로의 복귀를 선언함으로써 순수한 영성의 회복을 시도하였던 진정한 영성 회복 운동 Restoration Movement이었다. 퓨리탄들은 어거스틴과 칼빈의 신학적 영향하에 확고부동한 신학적 구도를 형성하고 있었다. 특히 이러한 어거스틴의 신학적 성향성은 틴데일과 프릿츠Tyndale, Frith에서 발견된다. 퓨리탄들은 구원은 오직 하나님의 은혜의 결과라는 구원에 대한 신적 주권설을 철저하게 강조하였다. 또한 그리스도인의 마음은 오직 그리스도에 고정시켜야만 하며, 그리스도는 다름 아닌 천국의 모든 영광의 출원지[883]이기 때문에 존 오웬John Owen, 1616-1683은 뛰어난 퓨리탄의 영성의 특징을 천국적 마음을 소유한 사람으로 이해하였다.[884]

퓨리탄들은 개인적 신앙 체험과 신자의 내주하는 죄Indwelling sins의 잔존성Remnants과 지속성continuity이라는 요소를 매우 강조하였다.[885] 퓨리탄들은 로마 가톨릭 교회의 예전, 신앙에 대한 잘못된 이해, 성직자 성복 문제 그리고 예배 의식과 프로테스탄트 종교개혁의 앙글리칸적인 표현들에 대하여 매우 강하게 거부하였다. 퓨리탄들은 성경과 언약-계약 신학Covenant-Contract Theology에 따라 삶을 추구하였던 인물들이었다. 즉, 이들은 언약 신학 즉 연합 신학Federal Theology or Covenant Theology에 입각하여 교회를 중심으로 국가 그리고 사회를

---

883 John Owen, *Works*, VII: 344.
884 John Owen, *Works*, VII, *especially, Grace and Duty of Being Spirituality Minded*, 267-497.
885 퓨리탄들은 이 점에 대하여 매우 세밀하고도 구체적으로 이를 다루었다. 특히 설교의 황제였던 스펄전과 J.I. 패커 박사를 통하여 청교도 중의 청교도이자 퓨리탄의 왕자라고 불리워진 존 오웬(John Owen, 1616-1683)은 Oxford, Christ Church 대학에서 학장으로 활동하면서 학생들에게 행한 강론집인 *On the Mortifcation of Sin in Believers*라는 그의 엄청난 저작을 통하여 신자일지라도 이 세상을 마치는 그 순간까지 죄의 통치와 죄죽임의 긴장적 구도는 계속될 것이기에, 어떻게 이를 극복해 나갈 수 있을 것인가를 구체적인 대안을 통하여 제시하였다. 또한 장로교 목사인 토마스 만톤은 이를 통렬하게 관찰하되, 비록 신자들이 칭의를 이룬다 할지라도, 내주하는 죄 비참하고도 슬픈 동반자(this woful and sad companion)는 계속 살아남아서 역사할 것이므로 육신의 썩어질 장막을 벗는 그 순간까지 이 저주스런 가족(this cursed inmate)을 제거할 수 없을 것이다라고 주장하였다. Thomas Manton, *Works*, XII: 62-3.

개혁함으로써 성경에 제시된 진정한 초대 교회의 모습으로 복원시키고자 하되, 특히 잉글랜드 퓨리탄들의 초기 인물들은 구약 성경에 의거하여 이스라엘의 유비론적 국가-교회State-Church 도식에 의한 하나님 왕국을 잉글랜드에 건설코자 노력하였다.[886] 이들의 언약 사상 Covenant Idea 은 퓨리탄 운동의 강한 정신적 대들보 역할을 감당하였다. 따라서 이들은 오직 성경의 권위에 의존하였으며, 매일 그리스도인의 삶에 있어서 성령의 주권적인 역사하심에 절대 의존하는 인생을 삶의 목표로 삼았던 자들이었다.[887]

요약하자면, 진정 퓨리탄들이란 헨리 8세의 치세하에 살았던 윌리암 틴데일을 출발점으로 하여 정치, 경제 사회 문화의 여러 영역에 대한 국가적인 개혁과 갱신을 먼저 추구하기보다는, 무엇보다도 교회의 예전Liturgy, 전통Traditions, 의식Ritual 을 기독교의 가장 근본적 교리이자 교회적 사명으로 이해하였던 당시의 로마 가톨릭의 비성경적이고 비신학적인 교회의 모습에 대한 반기를 들고 영국 교회와 국가에 성경에 입각한 진정한 위상을 정립하고자 노력한 인물들을 지칭하는 용어인 것이다. 특히 퓨리탄들은 로마 가톨릭의 고행을 통한 성화 거친 의복rough garments, 맹세Vows, 규칙서Orders, 금식Fastings, 고행Penances, 은둔 생활Monastical Life 등[888] 은 그리스도와 성령의 사역이

---

886 M. Lloyd-Jones는 이르길, 당대의 잉글랜드 퓨리탄들이 구약 성경과 이스라엘의 유비적 관계를 통하여 잉글랜드에 적용코자 한 시도는 너무 무리한 시도가 되지 않았는가? 내가 보기에는, 이러한 그들의 태도에 상당한 문제의 요지가 있었던 것이다. D.M. Lloyd-Jones, "Puritan Perplexities: Some Lessons from 1640-1662," *Westminster Conference Papers* (1962), 73.

887 Owen, *Works*, VIII: 502, 504.

888 Jeremy Taylor, *The Works of the Right Jeremy Taylor* (London: Longman, 1855), VI: 252.

배제된 단순한 인간의 헛된 율법적 의무 조항에 불과한 것으로서 이러한 성화의 수단과 방식은 하나님의 목적하신 바에 결코 도달할 수 없음을 천명하였다.[889] 또한 종교개혁의 유산을 물려받은 영국 국교회가 로마 가톨릭적인 교회 정치와 체제에 대하여 미온적이고도 답습적인 자세로 일관하고 있음에 염증을 느낀 자들을 중심으로 기존 교회의 성향에 대하여 반기를 들고 성경과 교회 신조Creeds에서 제시하는 진정한 그리스도인의 삶 즉, 정결한 순례자의 인생Purified Pilgrim Life을 추구함에 그 근원적 기반을 둔 프로테스탄트 크리스천들을 지칭하는 인물들을 말하는 것이다. 게다가 이들의 사상적 근원은 칼빈주의를 위시한 츠빙글리주의와 위클리프와 후스의 정결한 삶을 추구하였던 옛 전통과 고대의 어거스틴 그리고 신구약 성경에 배경을 두고 있으며,[890] 이들의 청교도 유산은 곧 바로 경건주의와 복음주의적 부흥 운동의 발판을 마련하였으며, 18-20세기에 이르기까지 유럽과 뉴잉글랜드를 위시한 전 세계에 널리 확산되어 교회와 국가와 사회에 신앙과 국가적 활동의 근본 지침을 마련해주었다는데 큰 역사적 의의를 지니고 있다.

889　Owen, *Works*, VI: 17.
890　David Zaret, *The Heavenly Contract, - Ideology and Organization in Pre-Revolutionary Puritanism*, 19.

6. 스코틀랜드의 개혁주의

스코틀랜드에 교회의 역사가 시작된 것은 니니안St. Ninian이 최남단의 휘돈Whithorn 지역에 정착하면서 시작되었고 본격적으로는 선교사 콜룸바Columba가 서해안 이오나Iona 섬에 수도원과 교회를 세우면서 출발하였다. 초기에는 로마 가톨릭이 전수되었을 뿐만 아니라, 잉글랜드 튜더 왕조 헨리 7세의 공주 마가렛 튜더가 스코틀랜드 제임스 4세와 결혼하면서 양국의 갈등은 고조되었고, 스튜워트 왕조 당대 제임스 1세를 통해 병합되면서 종교적 갈등이 심화되었다.

스코틀랜드에 개혁주의 영향이 미치게 된 것은 위클리프파의 제임스 레스비Resby가 1407년 퍼스Perth에서 화형을 당하는 사건과 함께 후스파인 선교사 폴 크라바르Crawar가 1433년 성 앤드류에서 엄청난 고난을 당하면서 시작되었다.[891] 또한 1494년 키일의 롤라드로 알려진 30여 명의 사람들이 위클리프 이단자라고 고소되기도 하였다.[892]

그 후 귀족 출신이자 왕의 후손인 패트릭 하밀톤Hamilton이 대주교 제임스 비톤Beaton의 출두 명령을 받고 유럽으로 망명하는 사건이 벌어졌다. 그는 프랑스와 독일에서 개혁주의 신학 사상을 전수받고, 1527년 고국으로 귀환하여 개혁주의 신학을 공공연하게 외치다가 1528년 2월에 제임스 비톤에게 소환되어 심문과 더불어 이단으로

---

891 Crawar는 프라하의 후스파의 서신들을 휴대하고 있었으며 스코틀랜드 사람들에게 후스파 운동을 소개하고 관심을 고조시켰다. 토마스 M. 린제이, 『종교개혁사』 II, 310.

892 G.D. 헨더슨, 『스코틀랜드 교회사』, 홍치모 역 (한국로고스연구원, 1991), 64.

John Knox preaching from a pulpit, museum at St Andrew
출처: https://www.christianheritageedinburgh.org.uk/2021/05/10/john-knox-trumpet-call-for-scotland-part-1/

정죄되어 성 살베이토 대학St. Salvator College 앞에서 화형을 당하였다.[893] 제임스 비튼이 죽자, 그의 조카인 데이비드 비튼이 대주교직을 맡았는데 그는 당시 스코틀랜드의 최초의 학교인 몬트로즈의 헬라어 교사였던 조지 위샤트George Wishart 에 집중하였다. 위샤트는 스위스와 독일 그리고 영국에서 개혁주의 신학을 전수받고 귀국하여 몬트로즈, 던디, 아이서 지역에서 설교하다가 데이비드 비튼의 지시로 체포되어 1546년 3월 1일 화형을 당하였다. 당시 위샤트를 호위하기 위해 양날이 서 있는 검을 차고 밀착 엄호하였던 자는 훗날 스코틀랜드 장로교 제도의 창시자가 된 존 녹스John Knox1505-1572 였다. 이 화형식이 거행된 지 3개월 후 노만 레스리Norman Lesley 와 그랜지의 키르켈디Kirkcaldy of Grange 를 중심으로 형성된 무리들은 데이비드 비튼 집에 무단침입하여 하나님의 전권대사로서 비튼을 살해하여 창문 밖에 걸어두었다.[894]

---

893 존 녹스는 해밀톤이 순교를 각오하고 복음을 전하는 모습을 보고 다음과 같이 서술하였다: "하나님의 은혜에 의하여 그의 마음속에 심어진 참된 빛의 밝은 광휘가 사적으로 뿐만 아니라 공적으로 매우 풍부하게 빛나기 시작했다." G. D. 헨더슨, 『스코틀랜드 교회사』, 65. 또한 녹스는 해밀톤의 순교에 대하여 그의 작품 "역사서"(History)에 기록하길, "패트릭의 죽음 후에 하나님에 대한 지식이 이 국토 내에 경이롭게 증가했는데 부분적으로는 독서에 의한 것이었고 부분적으로는 형제들의 모임에 의한 것이었으나… 주로 상인들과 광부들을 통한 것이었다"라고 술회하였다. 존 T. 맥 닐, 『칼빈주의 역사와 성격』, 335.
894 당시 개혁주의 신학을 추종하다가 순교를 당한 인물들 가운데에는 1538년에 순교한 토마스 포렛(Thomas Forret)이 있었다. 그는 돌라에서 매우 학식을 갖춘 사제로서 복음의 순수성을 외쳤던

녹스는 이미 개혁 운동가였던 존 메이저 John Major로부터 교육을 받으며 위샤트의 엄호사역을 통해 이미 개혁가로 서게 되었다. 그는 세인트 안드류 성에 머물면서 왜곡된 전통을 강조하는 로마 가톨릭의 신학적 문제 제기를 하면서 복음을 외치다가, 프랑스 군대가 성 안드류 성에 침공했을 당시 포로가 되어 험악한 질곡의 인생을 보내게 되었다.[895] 녹스는 다음과 같이 당시 정황을 묘사하였다:

> 내가 얼마나 오랫동안 죄수 생활을 했으며, 내가 노예선에서 어떠한 고통을 받았으며, 내 마음의 근심으로 얼마나 심한 마음의 전쟁을 겪었는지를 이제 다시 언급하고 싶지 않다. 그러나 이것만은 꼭 감추고 싶지 않은데 - 수많은 사람이 내가 하는 말을 들었다 - 그것은 비록 내 몸이 스코틀랜드로부터 멀리 떨어져 있다고 하더라도 내가 이 생명을 버리기 전에 많은 청중을 모신 성전에서 말씀을 전하고 싶은 욕심이었다.[896]

프랑스와 영국의 국제 관계가 완화되자 1년반 만에 해방되어 곧바로 잉글랜드 런던으로 가서 에드워드 6세 치하에서 활동 중이던 토마스 크랜머 Thomas Cranmer와 함께 개혁 활동을 주도하였으며 영국 왕실의 궁정 목사로 임명되었다.

인물이었다. 또한 1558년에 순교를 당한 월터 밀네(Walter Milne)는 연로한 인물로서 개혁주의 신학을 설교하다가 사형을 당했다. G.D. 헨더슨, 『스코틀랜드 교회사』, 67.
895   그는 19개월 동안 쇠사슬에 묶인채 노젓는 죄수의 삶을 살았는데 노젓는 자리가 밤낮으로 동일하였고 이곳에서 사슬에 묶인채 잠을 잤고 감독자들의 호된 채찍을 맞으며 살았다.
896   John Knox, *Works of John Knox*, etc. I. 349. recited in 토마스 M. 린제이, 『종교개혁사』 II, 321-322.

그러나 에드워드 6세가 짧은 인생으로 서거하자 캐더린의 외동녀 피의Bloody 메리가 왕위를 찬탈하고 어머니였던 캐더린의 한을 풀기 위해 로마 가톨릭의 회복을 선언하고 당대 수많은 청교도들을 무참히 화형을 시키며 영국을 가톨릭 국가로 전환시켰다. 녹스는 런던을 떠나 프랑스에 체류하였다가 스위스 제네바에 가서 칼빈을 비롯한 개혁주의 신학자들과 깊은 교분을 나누면서 개혁주의 신학을 체계화하였다.[897] 잠시 그는 1554년 독일 프랑크푸르트로 피난 온 영국인들을 위해 목회를 감당하였다가 다시 제네바로 돌아와 칼빈과 개혁주의 신학자들과 함께 심원한 신학적 작업을 수행하였다.[898]

멜빈 데이비스는 녹스의 활동과 신학적 특징을 존 칼빈과 비교하여 다음과 같이 묘사하였다:

1557 – Signing Of The Covenant
출처: https://www.scotclans.com/pages/1557-signing-of-the-covenant

---

897 맥 닐은 존 녹스가 위샤트의 호위관으로 활동할 당시에는 츠빙글리의 신학 사상과 혁명 사상에 철저하였고 막상 제네바에 도착하여 칼빈과 개혁주의 신학자들과의 대화 속에서도 츠빙글리 신학이 주류였으나, 그곳에 머물면서 서서히 개혁주의 신학자로 변모하였다고 주장하였다. 존 T. 맥 닐, 『칼빈주의 역사와 성격』, 336. 녹스는 제네바에서 개혁 활동을 수행하던 칼빈을 지칭하여 '하나님의 유일하신 도구'라고 칭할 정도로 그를 매우 존경하였고 사랑하였다. G.D. 헨더슨, 『스코틀랜드 교회사』, 73.

898 녹스가 프랑크푸르트 목회 사역을 감당할 수 없었던 원인은 당시 독일 황제를 고대 로마 박해자였던 네로라고 불렀다는 말이 독일 당국에 알려지게 되어서 불가피하게 그곳을 떠나야만 하였다.

녹스는 예수 그리스도의 복음 사역자를 닮았다기보다는 구약 성경으로부터 나오는 한 인물의 성격을 닮았다. 그의 격렬한 정신이 말과 행위로 옮겨지는 과정에서, 그의 행동은 모든 사악함을 파괴하기 위하여 높은 곳에서 울러 퍼지게 불어대는 하나님의 나팔수였다. 그는 여호수아가 그랬듯이 우상 숭배자들에 대해 공의의 칼을 휘둘렀다. 그는 백성들에게 반란을 하도록 선동하는 일에 대해 칼빈의 경우처럼 전혀 망설이지 않았다. 녹스는 종교개혁을 수행하기 위해 제네바를 떠나 조국 스코틀랜드로 향하였다. 그러나 실제로 그가 가져온 것은 혁명이었고 그의 운동은 대중적 반란에 승리를 걸고 있었다. 이 두 사람의 차이는, 녹스가 그리스도의 완전한 학교인 제네바에서 배우면서 너무 깊이 빨려 들어가서 거의 모든 면에서 한 사람의 칼빈주의자가 되었던 때에도 생생하게 나타났다.[899]

1557년 12월 3일 녹스는 "제 1차 스코틀랜드 언약서"The First Scottish Covenent를 작성하여 반포하였다. 이 언약서는 스코틀랜드 온 회중들이 하나님의 말씀 앞에서 자신의 재산과 목숨까지도 다 드릴 수 있다는 서약이었고 훗날에 스코틀랜드의 "언약 신학"의 배경이 되었다. 엘리자베스가 정권을 잡을 당시 녹스는 1588년 "여인들의 괴물스런 통치에 반대하는 첫 번째 나팔소리"The First Blast of the Trumpet against the Monstrous Regiment of Women을 출간하여 블러디 메리Bloody Mary 여왕의 참혹한 핍박을 비난하고 여자의 정부는 자연적 섭리를 거스르며 하

---

899 멜빈 데이비스, 『칼빈주의 사상과 자유 사상』, 114-115.

나님 앞에 무례한 행위임을 강조하였다.[900]

그는 스코틀랜드에서 개혁 운동을 벌이며 각종 수도원과 교회를 파괴하는데 협조하였으며 종교적 문제를 이 분야에 문외한인 국가 통수권자가 개입하는 행위는 하나님의 경륜을 무시하는 처사이며 범법 행위임을 강조하였다. 또한 국민은 자국어로 예배를 드려야 하며 자유스럽게 성도들이 성경을 소지하고 주야로 묵상해야 할 필요성을 제기하였다. 지금까지 로마 가톨릭은 교황청 이외에는 성경을 절대 소유하거나 자국어로 번역하거나 이를 배포할 경우 화형에 처했다.

그의 신학은 제네바의 신학 즉 기독론, 은혜 언약, 구원론, 효과적인 소명, 직업적 소명 의식 등 칼빈의 신학을 그대로 전승하였다. 그는 은혜의 복음을 가장 힘 있게 설교하는 개혁주의 신학자였다. 그는 1559년 고국으로 귀국하면서 다음과 같이 주장하였다 "오! 하나님! 나에게 스코틀랜드를 주시든지 아니면 죽음을 주십시오. 한 번의 미사는 백만의 군대보다 무섭다." 녹스는 미사가 성경의 가르침을 파괴하는 것임을 천명하고 가톨릭 잔재를 철저하게 거부하였다. 그에게 타협은 곧 저주였다. 강력한 세력으로부터 야만적인 공격이 있었지만 이에 굴하지 않고 위대한 역사를 진척시켜 나갔다. 놀라운 성령의 역사를 동반한 녹스의 설교는 스코틀랜드 종교개혁의 원동력이 되었다. 스코틀랜드 전역을 휩쓴 개혁과 부흥의 불길이 이곳에

900　린제이는 녹스가 이 논문을 발표할 당시 유럽의 운명은 고양이처럼 가장 음흉스러운 4명의 여성들 즉, 엘리자베스, 까트린드 드 메디치, 메리 스튜어트, 스페인의 필립의 손 안에 들어갔다고 지적하였다. 토마스 M. 린제이, 『종교개혁사』 II, 310.

서부터 강하게 타오르기 시작했다. 엘리자베스 여왕의 사신이었던 토마스 랜돌프는 여왕에게 보고하길, "500개의 나팔보다 더 효과적으로 영혼 속에 생명을 불어넣을 수 있는 사람이다"라고 녹스를 평가하였다. 녹스를 통해 스코틀랜드 장로교주의 Presbyterianism가 새롭게 생겨났다. 스코틀랜드는 1560년에 6명의 John이 모여서 "첫 번째 교회훈육서" Book of Discipline를 작성하였다. 이는 제네바의 장로교주의를 기반으로 구성되었다.[901] 드디어 스코틀랜드 장로교는 당회 Kirk-Sessions, 대회 Synod 총회 General Assembly 제도로 구성되었고, 목사, 교사 교수, 장로, 집사, 관리자, 낭독자 Readers-목사를 대신하여 예배의 일부를 주관하는 평신도 등의 직분을 임명하였다.[902]

1572년 11월 24일 녹스가 사망하자, 당시 섭정공이었던 몰톤 Morton 백작은 "여기 어떤 인간도 전혀 두려워하거나 아첨하지 않았던 사람이 누워 있노라"라고 애도하였다.[903] 녹스의 개혁주의 사상과 신학을 계승한 안드류 멜빌이 제임스 1세에게 "하나님의 어리석은 신하"로서 왕을 문안하며 다음과 같이 주장하였:

---

901 6명의 John은 John Knox를 주축으로 하여 John Winram, John Spottiswood, John Willock, John Douglas, John Row 등 여섯 인물로 구성되었다.

902 낭독자, Readers는 두 계층으로 구분되며, 하나는 고위직으로서 이들은 강연을 담당할 자격을 갖춘 자들로서 권면자(Exhorter)라고 불렸으며, 다른 하나는 하위직으로서 공동기도서와 성경을 낭독하는 국한된 의무를 가졌다. 권면자들은 신학 공부를 통해 목회자로 승급되는 경우도 있었다. 토마스 M. 린제이, 『종교개혁사』 II, 344.

903 녹스의 위대함에 대하여 그의 제자인 앤드류 멜빌은 다음과 같이 고백하였다: "그분은 우리 민족의 가장 고귀한 예언자이자 사도이다... 그가 책을 열었을 때 반시간 동안 온건했으나, 그가 적용에 들어갔을 때, 그는 내가 펜을 잡고 글을 쓸 수 없을 정도로 나를 떨게 만들었다." G.D. 헨더슨, 『스코틀랜드 교회사』, 84.

스코틀랜드는 두 왕과 두 왕국이 존재한다고 저는 전하께 말씀드립니다. 하나는 그리스도 예수께서 왕이시며 그의 왕국인 교회입니다. 그의 신하인 제임스 6세는 그 나라의 왕이 아니며, 군주도, 머리도 아닌 단지 한 일원일 뿐입니다. 그리고 그리스도께서 자신의 교회를 지키고 이 영적인 왕국을 다스리게 하기 위하여 부르신 사람들은 함께 혹은 개인적으로 이 일을 감당할 수 있는 충분한 권력과 권위를 가지고 있습니다.[904]

이처럼 녹스의 개혁 사상은 멜빌에게 전수되었고 그는 스코틀랜드의 개혁 사상을 이끌었다. 그는 성 앤드류 대학에서 공부하였고 파리에서 학문을 접했으며 칼빈 사후 베자가 활동하던 제네바에 정착하여 제네바 대학에서 강의하면서 개혁주의 사상을 충분히 접하게 되었다.[905]

1574년 조국으로 귀국하여 글라스고우 대학과 성 메리 칼리지의 책임자로 활동하였으며 당시 섭정공이 그를 화형시키겠다고 위협하자, 멜빌은 "쳇! 당신의 신하들이나 그런 방식으로 위협하시오. 나는 공중에서 썩든지, 땅 속에서 썩든지 똑같습니다. 땅은 주님의 것입

---

[904] 멜빈 데이비스, 『칼빈주의 사상과 자유 사상』, 114-115.
[905] 멜빌은 성 앤드류 대학을 졸업할 당시 "가장 우수한 철학자, 시인, 헬라어 학자"라는 호칭을 얻게 되었으며 베자와 함께 제네바에서 종교개혁 사역을 감당하였는데, 베자가 스코틀랜드 총회에 보낸 서신을 보면, "제네가 교회가 스코틀랜드에 보일 수 있는 가장 큰 사랑의 표적은 앤드류 멜빌을 당신들께 보내는 고통을 감당하는 것이다"라고 기록할 정도로 극찬을 아끼지 않았다. Thomas M'Crie, *The Life of Andrew Melville* (Edinburgh, 1819), vol. 32. 54.

니다. 복지가 있는 곳은 어디든지 나의 조국입니다. 하나님의 진리를 추방하거나 목매다는 것은 당신의 권한 속에 있지 않습니까!"라고 응수할 정도로 그의 스승인 녹스의 정치 사상을 잘 반영하였다.[906]

멜빌은 일평생 동안 스코틀랜드에 장로교주의의 신학과 교회가 바로 세워지도록 힘써 노력한 인물이다. 그의 집요한 노력을 통해 1581년 "제 2치리서"가 이곳에 수용되었으며 장로교 제도가 정착되었다. 그 후 1618년 제임스 1세가 스코틀랜드 교회를 향하여 퍼스의 5개 조항을 수용토록 강요하였다. 이 조항에는 로마 가톨릭의 잔재가 남아있었다. 이에 대하여 강력하게 맞선 인물은 알렉산더 헨더슨 Alexander Henderson 이었다. 그는 훗날 언약도 The Covenanters 의 지도자로 활동하였다. 1625년 찰스 1세는 제임스 1세의 뒤를 계승하여 언약도들을 핍박하였다. 그는 1637년 공동기도서 The Prayer Book 를 스코틀랜드 교회가 수용하도록 강요하였는데 1637년 7월 23일 주일날 제니 게데스 Jenny Geddes 사건을 통해 1638년 에딘버러에 교회 지도자들과 귀족들이 한데 모여 국민 언약 National Covenant 를 체결하여 공표함으로써 개혁주의 사상이 더욱 강화되었다.

이 언약서는 알렉산더 헨더슨과 아키발드 존스톤 Archibald Johnston 에 의해 작성되었으며, 장로교 제도를 수호할 것을 엄숙하게 언약하였다. 드디어 영국은 찰스를 중심으로 왕당파와 청교도들을 중심으로 모인 의회파로 나누어져 전쟁을 벌이는 "청교도 혁명, 영국 혁명" 즉, 시민전쟁이 발발하였다. 의회파들은 1643년 스코틀랜드의 장로

---

906 G. D. 헨더슨, 『스코틀랜드 교회사』, 89.

교파들과 엄숙 동맹 The Solemn League and Covenant을 체결하고 찰스와의 전쟁을 선포하였다. 엄숙 동맹은 스코틀랜드의 장로교를 보호하고 교리와 예배 및 교회 직제, 행정 전반에 대하여 청교도적인 개혁주의 신학을 고수하려는 목적이 있었다. 또한 이 엄숙 동맹에 위협을 가하는 세력에 대해서는 철저하게 대응한다는 취지였다. 결국, 찰스를 중심으로 형성된 왕당파는 스코틀랜드와 의회파의 협동으로 인하여 대패하였고 1649년 찰스는 단두대에 처형되었다.

영국 의회를 점유한 청교도들은 장로교파와 회중교파로 나누어져 있었다. 이들 중 장로교파들은 회중교파를 밀어내고 의회를 석권하려고 하였으며 일부는 스코틀랜드에 체류 중인 찰스 1세 아들인 찰스 2세를 왕위로 등극시켜 장로교 제도를 정착시키고자 하였다. 결국, 찰스 2세는 장로교파의 도움으로 런던에 복귀하였으나, 그가 선택한 교회 형태는 앙글리칸 즉, 영국 국교회였다. 그 결과, 튜더 왕조부터 시작된 청교도의 아름다운 유산은 1662년 청교도 대추방령을 기점으로 청교도 운동의 종언을 고하게 되었다. 이러한 여파로 인하여 스코틀랜드의 장로교주의자들은 시련을 겪게 되었다. 드디어 장로교주의가 무너지게 되었고 많은 장로교 목사들이 목회지에서 쫓겨나게 되었다. 이곳에 마일법 Mile Act이 적용되어 장로교 목사들이 해당 지역을 떠나지 못하게 법을 규정하였으며 이를 어길 시에는 체포 및 구금을 당하였다.

1680년 6월 리차드 카레론 Richard Cameron은 찰스 2세를 거부하고 엄숙 동맹과 언약에 근거하여 이를 방해하는 세력에 대하여 전쟁을 선포하고 싸우다가 살해당하게 되었다. 이 사건을 기점으로 철저한 언약교도들을 지칭하여 카메론주의자Cameronian 라는 명칭이 생겨났다.[907] 1681년에는 심사법Test Act 이 공포되어 언약교도들을 압박하였으며 찰스 2세를 계승한 제임스 2세 당대에는 더욱 혹독한 핍박이 가해졌다. 많은 언약교도들이 총살을 당하고 처절하게 죽어갔다. 당시 언약교도의 증언은 다음과 같다:

> 기독교인들의 몸에 대한 그의 잔인함은 들판에서 추적하다 살해하였고, 많은 사람들을 판결도 내리지 않고 죽였으며, 유혈의 학살, 목매다는 것, 머리베는 것, 능지처참하는 것, 교수대에 네갈래로 찢어서 죽이는 것, 수감하는 것, 철롱 속에 가두는 것, 발로 차는 고문, 엄지 손가락 가죽 벗기는 것, 불로 지지는 것, 다른 사람의 귀를 자르는 것, 노인과 젊은이와 여자들의 많은 숫자를 추방하고 노예로 파는 것, 그들의 저택에서 많은 다른 사람들을 억압하는 것, 몰수하는 것, 약탈하는 것, 강탈하는 것, 그들의 재물을 강탈하는 것, 그들의 거주지에서 쫓아내는 등의 처벌을 하였고, 다른 사람들에게 위반하면 똑같은 처벌을 받는다는 처벌 규정하에서 어떤 사람도 그들을 원상회복하는 것을 금지했다.[908]

결국 제임스 2세에 학정에 반대한 의회는 제임스 2세를 몰아내고 그의 딸 메리 2세를 옹립하였고 그녀의 남편 오렌지공 윌리엄[909]이

---

907 G.D. 헨더슨, 『스코틀랜드 교회사』, 119.
908 G.D. 헨더슨, 『스코틀랜드 교회사』, 120-121.
909 윌리엄은 네덜란드 공화국의 통치자 오라네공 빌럼의 왕자로서 그는 화란의 장로교주의와 유사한 교단에서 교육을 받았으며 그의 가까운 조언자였던 윌리엄 카스타레스(William Carstares)는

왕위에 즉위하는 "명예혁명"1690을 통하여 스코틀랜드 장로교주의는 회복의 시기를 얻게 되었다. 그 결과, 감독 제도는 폐지되고 장로교주의가 복원되었으며 1690년에는 장로교 총회가 회집되었다. 그러나 18세기에는 로마 가톨릭과 감독주의자들을 지지하는 일부 세력과 극단적 카메론주의자들을 제외한 모든 국민들의 세력으로 나누어졌다. 글래스고 대학의 존 심슨을 중심으로 형성된 타협주의파 Moderate는 알미니우스의 신학을 옹호하였고 합리주의 세계관의 자유 사상을 지지하였으나, 이러한 미온적 신학에 반기를 든 복음주의자Evangelical들은 이들의 사상을 거부함으로써 둘로 나누어졌다. 또한 1761년 제 2차 분열을 경험한 스코틀랜드 교회는 존 녹스의 개혁주의적 신학 사상을 거의 찾아 볼 수 없게 되었고, 현대 교회는 각 시대에 흐르는 시대사조와 계몽주의적 영향 및 유럽의 자유주의 신학의 성향까지 보이고 있는 실정이다.

독실한 장로교도였다. G. D. 헨더슨, 『스코틀랜드 교회사』, 135.

제3부
개혁주의 핵심 사상
-칼빈주의 5대 강령

제 1 장

5대 강령 이전에 형성된 역사적 배경

TULIP Acronym 5 Points of Reformed Theology
출처: https://www.courageouschristianfather.com/tulip-acronym-5-points-reformed-theology/#axzz7wpmNH4f0

1. 펠라기우스와 어거스틴 논쟁 Pelagius Versus Augustine Debates

1) 펠라기우스/ 어거스틴 논쟁

칼빈주의와 알미니안주의 논쟁의 역사적 배경에는 이미 초대 교회 당시 활동하였던 펠라기우스Pelagius 와 어거스틴Augustine 의 논쟁에서 출

발하였다. 이에 대하여 커닝함은 다음과 같이 배경을 묘사하였다:

> 칼빈의 칼빈주의에 본질적으로 새로운 것이 하나도 없는 것처럼 알미니우스의 알미니안주의 역시 새것은 전혀 없다. 그러나 사실은 비성경적인 오류의 영향력 있는 한 사람으로서 알미니우스의 단점은 성경적 진리의 가장 강력한 조성자인 칼빈의 장점을 거의 손상할 수는 없었다. 알미니우스의 교리는 저 멀리 클레멘트 알렉산드리아누스까지 거슬러 올라가며 3, 4 세기경의 많은 교부들이 붙들고 있던 가르침으로 보인다. 그 사상은 타락한 이교도 철학 사상의 영향을 통해서 교회 안에 스며들었다. 5세기에 펠라기우스와 그의 추종자들은 알미니우스가 그러했던 것처럼 칼빈주의를 열렬히 반대하였다. 물론 그들은 알미니우스가 한 것보다 건전한 교리로부터 훨씬 더 멀리 나간 자들이었다.[910]

펠라기우스는 브리튼 섬 또는 아일랜드 섬에서 태어나[911] 5세기에 철학자이자 평신도 신학자로서 활동하였으며, 그리스도인의 원칙과 금욕 및 인간의 책임과 의무를 강조하였다. 그가 활동하던 당시는 로마가 게르만 민족에게 패하는 시기였으며, 당시 로마는 방종과 나태함 그리고 도덕적 타락으로 일관하였다. 그는 전통적으로 자연신을 숭배하던 로마에 기독교가 전파되어 국교로 인정받을 정도로

---

910 윌리엄 커닝함, 『역사신학』 IV, 서창원 역 (서울: 진리의 깃발, 1995), 174.
911 펠라기우스의 출생에 대해서는 분명한 자료가 존재하지 않는다. 맨슈랙은 그가 로마에 385년에 입성할 사실을 통해서 유추해볼 때 아마도 그의 출생은 350년 정도 되었을 것으로 추측하였다. C.L. 맨슈랙, 『세계교회사』, 최은수 역 (서울: 총신대 출판부, 1991), 139.

성장하였지만, 당대 최고 신학자였던 힙포의 어거스틴이 인간의 죄성과 하나님의 은혜만을 강조하는 "은총의 신학"The Theology of Divine Grace이 로마의 타락과 방종을 불러 일으켰다고 주장하였다. 그는 어거스틴의 신학이 당시 마니교의 도덕적 결정론에 영향을 받은 숙명론에 따른 주장이라고 생각하였다. 그는 헬라 신학을 연구하되 특히 안디옥 학파를 중심으로 형성된 동방 교부 신학에 큰 관심을 가지게 되었다. 이들은 인간의 자유 의지를 강조하고 인간의 자유와 책임과 의무를 매우 중시하였는데 펠라기우스는 이러한 사상적 영향을 받게 된 것이다.[912]

게르만의 알라릭 대장이 410년 로마에 침입하자, 펠라기우스는 Carthago로 피신하게 되었는데, 그곳에서 그는 어거스틴과 논쟁을 벌이길 원했으나 마침 어거스틴은 카르타고 종교 회의 참석차 자리를 비운 상태였기에 만남은 성사되지 못하였다. 405년 그는 어거스틴의 "고백록" 중 "주께서 명하시는 것을 나에게 주시고, 주께서 원하시는 것을 명령하소서."라는 내용을 강하게 비판하였다. 왜냐하면 이러한 어거스틴의 주장은 인간의 노력이나 책임 및 참여를 배제시키는 마니교적인 발상으로 보였기 때문이었다.[913]

411년 펄라기우스는 어거스틴과 히에로니무스와 함께 "은총론"에 대한 격렬한 논쟁을 시작으로 신학적 논쟁의 대열에 본격적으로 참

---

912 I.C. 헤넬, 『폴 틸리히의 그리스도교 사상사』, 송기득 역 (서울: 한국신학연구소, 1987), 169.
913 J. L. 곤잘레스, 『기독교 사상사』 II, 이형기, 차종순 공역 (서울: 대한예수교장로회 총회출판국, 1989), 43. 어거스틴의 "고백록"을 비판한 펠라기우스의 주장은 그의 작품 "견인의 은사"에서 발견할 수 있다. A. 어거스틴, 『어거스틴의 은혜론』, 김종흡 역 (서울: 생명의 말씀사, 1990), 321.

여하게 되었다. 그는 414년 "본성에 관하여"Liber de natura라는 논문을 통해 히에로니무스의 은총론에 대하여 비판적 입장을 고수하였고 이에 대항하여 어거스틴은 415년에 "본성과 은혜에 대하여"De natura et gratia라는 작품을 출간하여 펠라기우스의 주장을 정면으로 반박하게 되었다. 418년 서로마 황제 호노리우스는 펠라기우스에 대하여 로마 추방령을 내렸고, 417년 "카르타고 종교 회의"에서 그를 이단으로 규정하고 파문하였다. 또한 431년 에베소 공의회에서 펠라기우스주의는 이단으로 규정되었다.[914]

그럼, 펠라기우스의 신학적 입장은 무엇일까?

2) 펠라기우스 주장

그는 로마에서 회심을 경험한 이후 로마의 부정 부패와 도덕적 타락과 방종으로부터 기독교 공동체를 회복해야 한다는 사명감을 가지고 도덕 개혁 운동을 추진하였다. 그가 주장한 자유론은 다음과 같다:

British monk and theologian Pelagius (c.360 - c.420), an opponent of the teachings of St Augustine of Hippo, circa 410 CE.
출처: https://en.wikipedia.org/wiki/Pelagius

1. 율법의 지식을 가지고 있는 자를 제외하고는 죄 없이 살 수 있는 자는 없다.
2. 모든 사람은 자기의 자유 의지의 지배를 받는다.

---

914 Philip Schaff, *History of Christian Church* (Grand Rapids: W. M. B. Eerdermans Publishing Company, 1953), 800.

3. 심판날에 죄인들과 그릇 행한 자들을 위한 자비는 없을 것이며, 단지 그들은 영원한 불에 들어갈 것이다.
4. 악은 사람의 생각(the Thought) 속으로 들어오지 못한다.
5. 하늘나라는 구약에서도 역시 약속되어 있다.
6. 사람이 만일 죄가 없기를 원한다면 그렇게 할 수 있다.
7. 교회는 흠이나 주름이 없이 여기 존재한다.[915]

그는 이 세상에 태어나는 모든 유아는 타락 이전의 아담의 완전한 상태 즉 아담과 똑같은 상태로 세상에 온다고 주장하였다.[916] 즉, 인간의 본성이 죄에 의해 부패되었다는 사실을 부인하였다.[917] 따라서 인간은 태어날 때부터 죄를 지으려는 성향이나 본성은 결코 존재하지 않으며 죄는 그릇된 감정이나 욕망으로 형성되지 않고 의지의 개별적 행동에 기인하므로 결코 죄는 상속되지 않는 일종의 신념이자 의지적 행동이며 환경적 영향 아래 의지적 선택에 기인한다고 주장하였다.[918]

따라서 인간은 자신의 결단에 의해 선을 완전무결하게 행할 수 있으며 인간의 약함을 핑계로 도덕적 책임을 포기하는 행위는 큰 죄악이라고 강조하였다.

그는 인간 본성의 무죄 상태와 거룩성을 주장함과 동시에 인간의

---

915 J. Ferguson, *Pelagius* (Cambridge: W. Heffer & Sons Ltd., 1956), 87.
916 Philip Schaff, *History of Christian Church*, 805.
917 B. 로제,『기독교 교리사』, 구영철 역 (서울: 컨콜디아사, 1988), 116.
918 L. Berkhof,『기독교 교리사』, 김진홍· 김정덕 공역 (서울: 세종문화사, 1992), 142.

자유 의지는 절대적으로 외부로부터 영향을 결코 받지 않는다고 주장하였다.[919] 즉, 인간은 완전한 자유 의지를 소유하고 있으며 이러한 의지적 행위는 결코 죄와 무관하다고 강조하였다. 하나님은 인간의 자유 의지에 결코 간섭하거나 개입할 수 없는데 그 이유는 인간의 순수성을 지키기 위함이라고 하였다. 따라서 인간은 스스로 결단하여 선한 자유 의지를 발동하여 하나님의 계명을 완전하게 지키고 복음을 믿을 수 있다고 주장하였다.

펠라기우스는 하나님께서 인간에게 두 가지 은총을 주셨는데, 그 중 하나는 자연적 은총으로서, 이는 하나님께서 모든 사람에게 베푸시는 인간의 이성과 의지의 능력을 통하여 하나님께 순종하는 도덕적 능력을 의미한다. 다른 하나는 초자연적 은혜로서, 이는 계시를 통해 인간의 오성을 밝히고 인간들이 선한 것을 의도하고 행하도록 협력하는 은혜이다. 그에게 있어서 초자연 은혜는 인간에게 구원적 은혜의 세계로 이끄시는 하나님의 선물로 이해하기보다는, 아담 이후 온 인류가 아담을 추종하여 죄를 지어왔던 관습에서 벗어나 그리스도를 본받아 의를 행하는 사람이 될 수 있는 도덕성의 회복을 위한 은혜로 이해하였다. 즉, 펠라기우스에게 하나님의 은혜는 구원적 개념보다는 도덕적 회복의 개념에 필요한 요소이다.[920]

919　J.N.D. 켈리, 『고대 기독교 사상사』, 김광식 역 (서울: 맥밀란, 1988), 406.
920　필립 샤프, 『교회사 전집 3- 니케아 시대와 이후의 기독교』, 701.

3) 어거스틴의 주장

어거스틴은 펠라기우스가 성경을 오해하고 왜곡하여 인간의 전적 타락에 대한 이단적 주장을 펼치고 있다고 강하게 비판하였다. 어거스틴의 "자유 의지론"은 다음과 같이 묘사하고 있다:

> 하나님께서 그 나무를 만지지 말라고 금하신 것은, 이성적인 영혼들은 자기 자신의 힘으로 살 것이 아니라, 하나님께 복종을 해야 한다는 사실과 하나님의 말씀에 순종함으로써 구원의 질서를 지켜야 한다는 사실, 그리고 만일 순종치 않으면 부패케 되리라는 사실을 보여주기 위함이었다. 이 때문에 만지지 못하게 하신 나무의 이름을 선악을 알게 하는 나무라고 부르셨던 것이다. 왜냐하면 금령을 어기고 그것을 만지는 자마다 죄에 대한 형벌을 받게 될 것이요, 따라서 순종으로 말미암는 선과 불순종으로 말미암는 악을 분별케 될 것이기 때문이다.[921]

어거스틴은 인간이 순종하였으면 영원히 거룩함을 입었을 것이지만 이제는 필연코 죽을 수밖에 없는 상태로 전락되었다고 주장하였다. 그는 인간의 죽음을 죄에 대한 결과로 보았다.[922] 그는 아담의 타락은 아담 본인뿐만 아니라 아담 이후 출생하는 전 인류에게도 동일하게 적용되며 구원은 전적으로 하나님의 절대적인 사역의 결과로

---

[921] A. 아우구스티누스, 『아우구스티누스의 자유 의지론』, 박일민 역 (서울: 풍만출판사, 1985), 214.
[922] 루이스 뻘큠, 『기독교 교리사』, 신복윤 역 (서울: 성광문화사, 1987), 154. J.L. 니이브, 『기독교 교리사』, 서남동 역 (서울: 대한기독교서회, 1988), 227.

이루어진다고 주장하였다.[923]

어거스틴은 인간의 본성은 아담의 타락으로 인해 완전히 부패Total Depravity 되었기 때문에 어떤 사람도 그 자신 속에 율법이나 복음에 복종할 수 있는 능력을 가지지 못했다고 주장하였다. 즉, 죄인인 인간이 하나님을 나의 주인으로 믿고 구원을 얻는 것은 전적인 하나님의 거룩한 은혜의 산물이며, 이 은혜는 창조 이전 하나님께서 영원한 생명을 주시기로 예정하신 사람들에게만 베풀어지는 구원적 은총의 산물이라고 주장하였다. 또한 믿음의 행위는 죄인의 자유 의지의 결과가 아닌 선택자에게 주어진 하나님의 은총의 산물임을 강조하였다. 그러나 하나님의 은총은 인간의 본성을 회복시키시며 하나님의 자유로운 선물인 믿음을 부여하시고 하나님을 사랑하는 자로 변화시키신다고 주장하였다.

2. 반펠라기안주의Semi-Pelagianism: 알미니안주의Arminianism의 선두주자[924]

스미톤Smmeaton은 반펠리기안주의가 어떻게 알미니안주의의 선구자적인 역할을 감당했는지에 대하여 다음과 같이 묘사하였다:

---

923 루이스 뻘콥,『기독교 교리사』, 154.
924 세미펠라기안주의는 프랑스 갈리아 남부에서 활동하였으며 이들의 활동 무대는 마르세유(마실리아)였기 때문에 "마실리아파"(Massilians)로 알려지게 되었다. 어거스틴이 이들에 대한 신학적 입장은 그의 친구였던 Prosper 와 Hilary를 통해 전해 듣게 되었다.

어거스틴의 완벽한 논쟁은 매우 충분히 펠라기안주의를 불신하게 만들 정도로 추락시켰기 때문에 그리스도인들은 마음속에 이 이론을 더 이상 신뢰하지 않게 되었다. 이 이념은 붕괴되었다. 그러나 인간이 자신의 자연적 능력을 통해 회심을 향하여 첫걸음을 내딛을 수 있고, 이는 성령의 도우심을 얻거나 얻을 가치가 있다고 가르치는 새로운 사상이 등장하였다…. 그는 펠라기안주의와 어거스틴주의의 중간적 입장에 서서 양자의 요소들을 취하는 반펠라기안주의(Semi-Pelagianism)로 불리운 중도적 입장의 창설자이다. 그는 아담의 죄가 그의 후손들에게까지 미치게 되었고, 인간의 본성은 원죄에 의해 부패되었다는 점을 인정하였다. 그러나 다른 한편, 그는 모든 개인이 마찬가지로 자유 의지를 활용함으로써 구원이 최종결정된다는 보편적 은혜의 체계를 수용하였다.[925]

어거스틴에게 편지를 보낸 Prosper와 Hilary의 서신 내용을 통해, 세미-펠라기안주의를 추종하는 세력들이 펠라기우스의 주장과 어거스틴의 주장을 새롭게 수정하여 제 3의 신학을 형성하고 있음을 관찰할 수 있다:

그들은 믿음의 동의 가운데 의지의 첫 번째 행동은 인간의 마음의 자연적 능력으로 인한 것이 분명하다고 주장하였다. 이는 그들의 중대한

925　George Smeaton, *The Doctrine of the Holy Spirit* (Edinburgh: The Banner of Truth of Trust, 1974), 338. 결국, 세미-펠라기안주의는 529년 오렌지 공의회에서 이단으로 규정되었고 훗날에 1618년 화란 도르트 회의에서 결정한 TULIP을 통해 다시 이단으로 지목되었다.

실수였다. 이들의 원리는 "자발적으로 믿는 것은 나의 몫이고, 이를 돕는 것은 하나님의 은혜 영역이다"라는 것이었다. 그들은 만민을 위한 그리스도의 은혜의 충분성을 주장하였으며, 모든 사람은 자신이 소유한 의지에 근거하여 (하나님의) 초대에 순종하거나 거부하는 한편, 하나님은 만민이 동일하게 구원을 받을 수 있길 원하고 동일하게 이들을 돕는다고 주장하였다… 카시안은 선을 향한 인간의 도덕적 능력은 단지 약화되고 위축되었을 뿐이지 죽은 상태가 아니며, 인간은 자신의 병에 대하여 의식하고 있으므로 이 병을 치료하고자 할 수 있다고 하였다. 이처럼 형성된 이들의 전반적인 사상은 진리와 오류적 요소들을 함유하고 있는 불완전한 것이며, 종교개혁가들에 의해 형성된 은혜론이 부활된 이후 각기 다른 교회들을 통해 똑같은 방법으로 퍼지게 된 알미니안주의와 전혀 다를 바가 없다.[926]

펠라기우스 논쟁 이후 존 카시안Johannes Cassianus의 반펠라기우스 논쟁이 일어났다. 이 논쟁의 명칭은 스콜라주의 시대에 소개되었지만, 구체적인 활동은 어거스틴 말년과 사후에 5세기 초에 프랑스 남부 지역에서 대두되었다. 이는 신인협력설Synergism과 수도원적 계율주의의 영향권 속에서 출발하였다.[927] 카시안은 360년경 도브루드스카오늘날 불가리아의 한 경건하고 부유한 집안 출신으로서, 399년 이집

---

926 George Smeaton, *The Doctrine of the Holy Spirit*, 339.
927 필립 샤프, 『교회사 전집 3- 니케아 시대와 이후의 기독교』, 737.

트의 금욕주의자들과 동거하며 은둔 수사로서 인생을 살았다.[928] 그는 인간의 죄성과 인간의 도덕적 책임의 양면성을 주장하였다. 즉, 하나님의 은혜와 인간의 책임과 자유 의지는 상호 작용을 한다고 하였다. 그는 많은 금욕주의자들이 악덕과 미덕의 관점에서 수련과 노력을 통해 무죄 상태에 도달하였다고 주장하였다.[929] 그의 주장은 인간이 도덕적으로 무죄 상태에 있다는 펠라기우스의 주장을 거부함과 동시에 인간의 자연인으로서의 부패성과 죄

John Cassian
출처: https://en.wikipedia.org/wiki/John_Cassian

의 지속성을 거부한다는 점에서 어거스틴의 신학을 거부하고, 도덕성과 이성적 사유의 약화 및 결함 정도로 주장하였다. 특히 그는 어거스틴의 하나님의 주권적 은혜론과 불가항력적 은혜 및 제한 속죄를 모두 거부하고, 그리스도의 보편적 속죄 사역과 예지예정에 근거한 예정론을 받아들였다. 이러한 그의 예지예정론은 알미니우스의 예정론에 큰 영향을 미치게 되었다. 그는 인간의 자유 의지가 결코 자유롭지 못하다고 주장하였던 어거스틴의 자유 의지론을 반박하기 위해 이러한 주장을 펼쳤다. 카시안은 하나님의 의를 실천하기 위해서는 하나님의 은혜가 필수적이지만, 하나님께서 선물로 주시는 은

928　이은재, "카시안-수도원적 공동체의 이상주의자", 「신학과 세계」, 2002, Vol. no. 44, 134.
929　이은재, "카시안-수도원적 공동체의 이상주의자", 146-147.

총은 인간의 자유 의지적 결단에 의해 제약을 받거나 거부될 수 있다고 주장하였다. 왜냐하면 하나님의 은총은 인간의 의지적 결단이 협동해야 하기 때문이라는 것이다. 그는 인간의 구원은 신인 협력을 통해 실현됨을 주장하였는데, 결국 그는 529년 오렌지 회의Synod von Orange를 통해서 이단으로 판정되어 어거스틴 신학의 정통성을 유지하였다.[930] 이러한 그의 사상은 후대의 감리교 창설자인 John Wesley와 제 2차 대각성 운동의 주역이었던 Charles Finney의 신학에 많은 영향을 미치게 되었다.

3. 알미니안주의의 출현 과정 및 양자의 비교 대조

1) 출현 과정

종교개혁 이후 기독교 역사에 등장하였던 각 교파의 신학들은 계몽주의 영향하에 형성된 자유주의 신학을 제외하고 거대한 신학적 양대 산맥 아래 형성되었다. 그 중 하나는 존 칼빈을 중심으로 형성된 개혁주의 신학이며, 다른 하나는 화란의 알미니우스를 중심으로 형성된 알미니안주의 신학이다. 그 이외의 신학 사상들은 험준하고 거대한 산맥의 산기슭이나 산등성이에 해당되며 이 두 개의 신학적 흐름 아래 놓여있다. 이 양대 신학의 차이점은 무엇보다도 구원론에 집중되었다. 물론, 구원론을 심도있게 다루기 위해선 신론과 인죄론 및 기독론에 대한 전제가 선행되어야 한다. 결국, 이 두 신학의 방

---

930 Kenneth Latourette, *History of Christianity* (New York: Harper & Brothers, 1953), 182.

향은 인간이 구원을 얻는 과정 속에서 발생하는 신학적 차이에 기인하고 있다. 개혁주의 신학은 구원론의 핵심 요소인 하나님의 주권과 인간의 책임 중 인간의 전적 타락으로 인한 하나님의 주권을 강조하는 반면에, 알미니안주의는 하나님의 주권을 거부하기보다는 인정하지만, 인간의 자유 의지와 노력 및 책임을 더욱 강조하였다. 그럼, 알미니안주의를 창시하였던 알미니우스는 어떤 인물이었을까?

(1) 네델란드의 Jacob Arminius (1560-1609)

알미니우스는 1559 혹은 1560년 화란 유트레히트의 Oudewater에서 태어나서 일찍이 아버지를 여의고 교구 신부를 통해 라틴어와 헬라어를 습득하였으며, 1576-1582년 동안 Leiden 대학에 입학하여 수학한 후, 암스테르담 시의 도움으로 1582년에 제네바로 유학하여 베자의 지도를 받았다. 1588년 암스테르담으로 복귀한 그는 이곳에서 목회 사역에 전념하였다.

Jacobus Arminius (1620) by David Bailly

출처: https://commons.wikimedia.org/wiki/File:James_Arminius_2.jpg

1589년 인문주의 신학자 Dirck Volckerts Coornhert는 '타락 전 예정론'Supralapsarianism 를 반박하는 작품을 출간하였다.[931] 그는 이미 1578년 Delft의 칼빈주의자들과 '칼빈의 예정론'에 대하여 심각하게 토론

---

931 윌리스턴 워커, 『세계 기독 교회사』, 강근권 편역 (서울: 대한기독교서회, 1990), 336.

하며 예정론을 비판하였고 이 논쟁의 결론을 1589년 책자로 출간한 것이다. Delft 칼빈주의자들은 팜플렛을 제작하여 코른헤르트의 비판 내용에 반박하는 글을 출간하였고 마침내 당대 Franeker 대학 교수인 Martin Lydius에 의해 번역되었고, 암스테르담 시당국과 Lydius는 알미니우스에게 코른헤르트의 작품의 문제점에 대한 답변서를 요청하였다. 비록 알미니우스는 제네바에서 칼빈과 베자의 제자로서 개혁주의 신학의 영향을 받았지만 예정론에 대한 코른헤르트의 비판 내용을 수용하게 되었고, 1590년에는 자신의 공식적인 입장으로 선회하였다. 1603년부터 라이덴 대학 교수로 활동하던 알미니우스는 동 학과의 개혁주의 신학을 고수해오던 Franciscus Gomarus와 예정론으로 인한 심각한 논쟁을 벌이게 되었다. 비록 이 문제를 해결하기 위해 공회의가 소집되었으나 1609년 알미니우스의 사망으로 더 이상 논의되지 못하였다. 알미니우스 사후에 그의 대변자는 시몬 비숍 Simon Bisschop, 1583-1643이 차지하게 되었고, 41명 또는 46명의 알미니우스의 입장에 서 있는 목회자들은 개혁주의 신학에 대항하는 '5개의 항의서' Remonstrance를 1610년에 화란 의회에 제출하였다. 그 결과 1618년 11월 13일 화란 의회는 이 문제를 해결코자 세계 각국의 지도자들이 Dort에 모여 'Dort 총회'를 개최하였다. 84명의 참석자 가운데에는 독일, 신성 로마 제국, 스위스, 영국에서 온 대표 27명도 포함되었다. 약 7개월 동안 154번 회기가 개최되었고 1619년 5월 9일 종료하였다. 그 결과, 알미니안주의자들에 의해 제출된 5가지 강령에 대한 답변서로서 칼빈주의 5대 강령이 출현케 된 것이다. TULIP.

알미니안주의와 칼빈주의 대조 비교

단순히 칼빈주의이기 때문에 신뢰를 두기보다는 과연 알미니안주의는 왜 오류를 범하게 되었으며, 칼빈주의는 정확한가를 진단하기 위해선 무엇보다도 "진리의 보고이며 원천"인 성경적 근거들에 대하여 추적할 필요가 있다.[932]

1. 예정론: 조건적 선택 Conditional Election 혹은 무조건적 선택 Unconditional Election

---

[932] 필자는 양자 간의 대조를 위해 일차적으로 알미니안주의자들이 1610년에 돌트 의회에 제출한 "The Five Articles of the Remonstrance"(1610)과 돌트 총회에서 1618년에 완성한 "The Canons of Dort"를 상호 비교를 원칙으로 하되, David N Steele과 Curtis C Thomas가 제공하는 자료를 근거로 비교 대조하는 작업을 하였다. Romans and Interpretive Outline by David N Steele and Curtis C Thomas ISBN 978-0-87552-443-6 Appendix D Pages 144-147 used with permission from P&R Publishing Co. P.O. Box 817, Phillipsburg, N. J. 08865. 2023년 1월 28일 접속, https://www.fivesolas.com/cal_arm.htm.

1) 알미니안주의: 예지 예정

먼저, 알미니안주의자들의 "The Five Articles of the Remonstrance" 중에 1항의 원문을 살펴보자.

Articles 1.

하나님의 아들 예수 그리스도 안에서 하나님의 영원하시고 불변하신 신의(神意)에 의해서 그 하나님(that God)은 그리스도를 통해, 그리스도를 위하여, 그리스도 안에서 죄악에 빠져있는 죄된 인류를 타락에서 벗어나게 하기 위해 성령의 은혜를 통해 그의 아들되신 예수를 믿을 만한, 그리고 끝까지 이 은혜를 통해 믿음에 순종하고 이 믿음을 유지할 만한 자들을 세상이 창조되기 전 결정하셨다. 그리고 한편 하나님은 죄악에 빠져 진노 아래 놓인 완강하고도 불신적인 자들을 그대로 두시기로 작정하셨으며, 요 3:36 "아들을 믿는 자는 자는 영생이 있고 아들을 순종치 아니하는 자는 영생을 보지 못하고 도리어 하나님의 진노가 그 위에 머물러 있느니라"라는 말씀과 이에 해당하는 다른 말씀에 의거하여 그리스도로부터 유리된 자들을 정죄하기로 결정하셨다.

David N Steele and Curtis C Thomas의 알미니안주의 5대 교리 1항.

하나님께서 세상을 창조하시기 전에 구원에 이르는 어떤 사람들을 선택하신 근거는 그들이 하나님의 부르심에 응답할 것이라는 하나님의 예지이다. 하나님께서는 스스로 자유롭게 복음을 선택하여 믿음을 가질 자들을 미리 아시고 그들만을 선택하셨다. 그러므로 선택은 인간이 무엇을 하느냐에 따라 결정되고 또 제약을 받는다. 하나님께서 미리 아시고 선택의 근거로 삼으시는 믿음이란 이런 의미에서, 하나님께서 죄인에게 주시는 선물이 아니라 인간 의지의 결과일 따름이다. 어떤 사람이 믿음을 가질 수 있는가 없는가의 여부는 전적으로 인간에게 달려 있는 것이며, 따라서 구원을 받게 되는 선택 역시 그러하다. 하나님은 스스로 자유 의지를 가지고 그리스도를 선택할 자들을 미리 아시고 그들을 택하셨다. 결국 구원의 궁극적인 원인은 하나님이 죄인을 선택하는 것이 아니라 죄인이 그리스도를 선택하는 것이다.[933]

알미니안주의자들이 제기한 위 문장을 살펴보면 언뜻 보기에는 개혁주의 예정론을 존중하고 이를 수용하는 것처럼 보인다. 왜냐하면 이들은 예정론을 설명하되 성부, 성자, 성령 삼위일체 하나님의 사역을 동원하여 구원을 이루어 가시는 모습을 묘사하고 있기 때문이다. 또한 개혁주의 이중예정론 중 유기Reprobation에 대한 설명도 매우 구체적이고 성경적인 것처럼 묘사하고 있다. 그러나 본문의 내용은 알미니안주의자들이 전통적인 개혁주의 신학의 이중예정론을 거부하고 예지예정론을 주장하고 있다는 사실을 밝혀주고 있다.

개혁주의 신학의 완성자이자 청교도 신학의 대들보이며 청교도의 왕자 The Prince of Puritans로 일컬어지는 존 오웬 John Owen[934]은 자신의 작

---

933 D. 스틸, 『칼빈주의와 알미니안주의』, 이상화 역 (서울: 엠마오, 1996), 23.
934 스펄존은 존 오웬을 '청교도의 왕자"(The Prince of Purtians)로 극찬하였고, Roger Nicole은 영어권에서 가장 위대한 신학자로서 Jonathan Edwards보다 더 위대한 학자라로 칭찬하였다. 또한 Allen C. Guelzo는 오웬은 잉글랜드의 칼빈이자 청교도주의의 족장이요 대들보(The Atlas and Patriach of Puritanism)이라고 칭하였고, Geoffrey Nutall은 오웬을 제외하고 17세기 잉글랜드

품집 "A Display of Arminianism"에서 알미니안주의자들의 예정론은 성경에서 완전히 벗어났으며 타락한 주장이라고 비판하였다. 그는 마 20:16; 벧후 1:10; 히 6:17; 롬 11:29; 딤후 2:19을 근거로 이들의 주장은 성경적인 지지를 전혀 받지 못하고 펠라기안주의와 로마 가톨릭주의와 유사하다고 논증하였다.[935]

윌리암 커닝함은 알미니안주의자들이 하나님의 작정에 근거한 예정론을 조건적이고도 변화가능한 것으로 규정한다면 하나님의 신적 작정하심의 존재함을 실질적으로 부정하는 교리로 전락될 것이라고 지적하였다. 왜냐하면 하나님의 작정하심이 인간의 조건에 의해 결정되고 변경될 수 있다면 그것은 무한한 능력과 지식과 지혜를 가지신 하나님의 작정이나 목적에 부합하지 못하기 때문이다.[936] 또한 그는 알미니안주의자들이 인간이 타락한 상태에서도 자신의 자유 의지로 영적으로 선한 것을 행할 능력을 소유하고 있으며, 중생을 경험하는 과정에서도 자신의 자유 의지를 통해 하나님의 은혜와 함께

역사를 연구한다는 것은 언어도단이라고 주장하였으며, J.I. Packer는 오웬이야말로 거성들의 시대에 살았던 거성들 중 최고의 인물이라고 극찬하였다. Allen C. Guelzo, *John Owen, Puritan Pacesetter, Christianity Today*, 878, Recited in 윤종훈, "존 오웬의 죄죽임론(죄억제론)에 나타난 성화론의 은혜와 의무의 상관관계에 대한 개혁주의적 이해," 「역사신학논총」, 제7집, 78.

935　John Owen, *The Works of John Owen*, Ed. William H. Goold (Edinburgh: The Banner of the Truth Trust, 1981), Vol:X, 52-54. 오웬은 영국 튜더 왕조 헨리 8세 당시 활용된 "The 17th Article of the Thirty-nine Articles"를 인용하면서 그들의 예정론은 성경과 전통적인 개혁주의 신학과 무관함을 역설하였다: "Predestination to life is the everlasting purpose of God, whereby, before the foundations of the world were laid, he hath constantly decreed by his counsel, secret to us, to deliver from curse and damnation those whom he hath chosen in Christ out of mankind, and to bring them by Christ unto everlasting salvation, as vessels made unto honour; wherefore, those who are endued with so excellent a benefit of God be called according to God's purpose,"(etc). John Owen, *The Works of John Owen*, Vol:X, 54.

936　윌리엄 커닝함, 「역사신학」 IV, 247.

협동할 수 있다는 '신인협력설'을 주장하는 것은 인간의 자유 의지에 대한 맹신에 불과하다고 지적하였다.[937]

2) 칼빈주의: 무조건적 선택

알미니안주의자들의 '5대 항의 조항'의 1항에 대한 돌트신조The Canons of Dort 의 1항은 "신적 선택과 유기"를 다루고 있다.[938]

> 제 1조, 아담 안에서 온 인류가 죄 아래 놓이게 되어 영원한 죽음과 저주를 받게 되었다(롬 3:19; 6:23).
>
> 제 2조, 하나님은 그의 아들을 세상에 보내셔서 그를 믿는 자들에게 영벌이 아닌 영생을 얻도록 사랑을 베풀어주셨다(요일 4:9; 요3:16).
>
> 제 3조, 하나님은 사람들이 믿음을 얻도록 하기 위해 그가 원하시는 시간에 자신의 대언자들을 보내주셨으며, 그리스도 안에서 회개와 믿음을 얻도록 하셨다(롬10:14-15).
>
> 제 4조, 선택과 유기를 다루고 있다. 즉, 하나님의 진노는 이 복음을 거부하는 자들에게 임하지만, 구세주 예수를 믿는 자들에게 사죄의 은총과 영원한 영생을 주신다.
>
> 제 5조, 불신앙의 원인은 하나님이 아닌 오직 인간 스스로의 믿음을 거부하는 결과이다. 그러나 그리스도 안에서 믿음을 가진 자는 구원을 선물로 받을 것이다(엡 2:8; 빌 1:29).

---

937 윌리엄 커닝함, 『역사신학』 IV, 228.
938 2023년 1월18일 접속, https://www.crcna.org/welcome/beliefs/confessions/canons-dort.

제 6조, 하나님의 영원한 경륜 가운데 혹자는 하나님으로부터 믿음의 선물을 받지만, 혹자는 받지 못한다(행 15:18; 엡 1:11).

제 7조, 선택은 하나님의 불변의 목적이다. 즉, 세상이 창조되기 전 하나님의 자유로운 선하신 기쁨에 따라 그리스도 안에서 일부인들을 죄와 파멸로부터 구원하시려고 선택하셨다.

제 8조, 이 선택은 오직 하나님 한 분의 의지적 계획과 목적과 기쁨에 근거하고 있다.

제 9-10조, 이 선택은 하나님께서 인간의 선결 조건 즉, 다른 사람보다 더 품격과 성향과 거룩과 믿음의 순종을 갖추고 있음을 미리 보시고 결정하신 것이 결코 아니고 오직 하나님의 기뻐하심에 근거하고 있다.

제 11-13조, 이러한 하나님의 선택은 불변적이며 구원에 확신을 가져오며, 신자의 구원의 확신은 구원을 베푸신 하나님에 대한 열렬한 사랑과 겸손, 거룩의 모습으로 나타나게 된다.

제 14-19조, 따라서 선택설을 가르치는 것은 매우 적절하며, 하나님의 예정은 유기(Reprobation)를 포함하고 있는데 성경은 이에 대하여 잘 묘사해주고 있다. 하나님 말씀에 근거하여 하나님의 의지를 판단해야 하는데, 성경은 유아가 부모들과의 은혜로운 언약 덕분에 거룩하다는 점을 말씀하고 있다.

이처럼 칼빈주의적 관점에서 바라볼 때, 세상이 생기기 이전에 어떤 개인들을 구원하시려는 하나님의 선택은 온전히 그분 자신의 주권적인 의지에 달려 있으며, 죄인들에 대한 특별한 그분의 선택은 예를 들면, 믿음, 회개 등의 인간들 편에서의 응답이나 복종을 미리 보신 것에 그 기초를 둔 것이 아니다. 이와 반대로, 하나님은 택하신 자의 믿음과 회개를 주신다. 따라서 선택은 각 개인이 가지고 있는 하나님을 믿을 만한 기본적인 능력 유무를 하나님께서 미리 보시고 결정하신 것이 아니다. 결론적으로, 그리스도에 대한 죄인의 선택이 아닌, 죄인에 대한 하나님의 선택이 구원의 궁극적인 원인이 된다.

존 칼빈은 자신의 "기독교강요"를 통해 하나님의 예정 교리에 대한 무지가 얼마나 하나님의 영광을 가리우며 참된 겸손을 저해하는가에 대해서는 이미 잘 알려져 있다고 전제하고, 인간의 구원은 온전히 하나님의 자비하심에서 비롯되었기에 이 교리의 중요성은 말로 형언할 수 없을 정도로 매우 중요하다고 강조하였다.[939] 또한 칼빈은 예정 교리에 대한 침묵은 매우 부당하며 예정론의 오류에 빠지지 않기 위해선 무엇보다도 성경에 대한 분명한 이해가 선행되어야 할 것을 강조하였다. 칼빈은 예지예정Foreknowledge 을 주장하는 자들을 향하여 다음과 같이 예정론을 설명하였다:

> 예지를 예정의 원인으로 주장하는 자들은 예정론에 대해서 온갖 사소한 반론들을 제기하고 있다. 사실 우리는 예지와 예정의 두 가지를 모두 하나님께 두고 있다. 그러나 그중 하나를 다른 하나에 종속시킨다는 것은 불합리한 것이다. 하나님께 예지가 있다는 것은, 만물이 언제나 하나님이 보시는 가운데 있었고 영원토록 그런 상태로 있을 것이므로 하나님의 지식으로서는 미래나 과거에 속한 것이 없고 모든 것이 현

---

[939] 존 칼빈, 『기독교강요』, 원광연 역 (서울: 크리스찬다이제스트, 2006), 중, 510-511.

재라는 의미이다. 그리고 모든 것이 하나님께 현재라는 것은, 곧 그가 그것들을 관념을 통하여 생각하신다는 의미일 뿐 아니라 -마치 우리가 무언가를 기억하면 그것이 지금 우리 마음속에 있는 것이듯이- 그가 그것들을 진정으로 자기 앞에 놓여 있는 것들로 바라보시며 분별하신다는 의미이기도 한 것이다. 그리고 이 예지는 우주 전체에까지 미치며 또한 모든 피조물 하나하나에까지 미친다.

하나님은 각 사람이 어떻게 될 것인지에 대해서 그가 원하신 바를 친히 그의 영원한 작정으로 말미암아 결정하셨는데, 우리는 이 하나님의 영원한 작정(God's Eternal Decree)을 가리켜 예정이라고 부르는 것이다. 모든 사람이 다 동등한 조건으로 창조함을 받은 것이 아니다. 오히려 어떤 이들에게는 영원한 생명이 미리 정해져 있고, 또 어떤 이들에게는 영원한 저주가 미리 정해져 있다. 그러므로 누구나 이 두 가지 중 어느 한 방향으로 향하도록 창조함을 받았기 때문에, 우리는 사람이 생명에 이르거나 혹은 사망에 이르도록 예정되었다고 말하는 것이다.[940]

이처럼 칼빈은 하나님의 예정은 인간의 자유 의지나 노력이나 공로와는 무관하며 이미 창세전에 작정된 것이며 예정을 통해 구원받은 성도들의 거룩함은 예정의 사전적 원인이 아니라 예정의 결과라는 사실을 롬 9장을 근거로 제시하였다. 그는 특히 창 25:23과 롬 9:11-13을 통해 야곱과 에서의 예증을 통해서 결코 인간의 능력과 가능성 유무와 무관한 예정을 논증하였으며, 유기도 하나님의 뜻으로

---

940 존 칼빈, 『기독교강요』, 중, 517.

말미암은 하나님의 공의로우신 작정의 결과이므로 하나님의 작정을 인간의 탐구 대상으로 삼는 행위는 하나님의 측량할 수 없는 지혜와 무서운 권능을 도외시 여기는 행위라고 강하게 주장하였다.[941] 또한 칼빈은 알미니우스주의자들이 주장하는 하나님의 예정과 인간의 자유 의지와 믿음과의 상관 가능성을 일축하면서 믿음은 하나님의 선택의 결과이지 결코 원인이거나 조건이 될 수 없다고 주장하였다.[942]

웨스트민스터 신앙고백 3장은 하나님의 영원한 작정하심을 자세히 묘사해주고 있다.

> 하나님의 영광을 드러내도록 하기 위하여 일부 천사들과 사람들은 영생을 얻도록 예정되었고(딤전 5:21; 마 25:31, 41; 행 13:48; 롬 8:29-30; 요 10: 27-29; 마 8:38), 다른 자들은 영벌을 받도록 예정되었다(롬 9:22-23; 엡 1:5-6; 잠 16:4; 마 25: 41; 유 4장). 천사들과 사람들에 대한 예정과 결정은 정확하고 불변적이며 이 천사들과 사람들 각 단체의 수와 정체성은 확실하고 분명하며 변경할 수 없다(딤전 2:19; 요 13: 18; 10:14-16, 27-29, 6:37-39; 행 13:48; 요 17:2; 6:9-12). 창세전에 하나님은 그의 영원하고 불변하신 계획과 감추어진 목적과 기쁘신 뜻에 따라 영생과 영원한 영광을 누리도록 예정된 자들을 그리스도 안에서 택하셨다. 그분은 이 일을 홀로 자신의 자비와 사랑에 따라 철저하게 자신의 아름다운 은혜를 찬양토록 하기 위하여 행하셨다. 이 선택은 완전히 그의 창조물들이 어떤 자가 되고 어떻게

---

941 존 칼빈, 『기독교강요』, 중, 520-554.
942 존 칼빈, 『기독교강요』, 중, 574.

행동해야 하는지를 아시는 자신만의 예견(Foreknowledge)에 의존하고 있다. 그들의 믿음이나 선행이나 견인은 그분의 선택에 어떠한 영향을 미칠 수 없다.[943]

이 신앙고백은 예견된 신앙과 선행은 하나님 앞에서 예정의 근거나 이유가 아니라 예정의 결과이며 신자의 중생을 체험하는 살아있는 증거품이라는 점을 잘 설명해주고 있다. 또한 하나님의 예정이 하나님의 예지에 근거한다는 알미니안주의의 주장은 바울의 고백 "그 앞에 거룩하고 흠이 없게 하심이라"엡 1:4와 "우리의 행위로 말미암지 않으며, 아무 육체라도 자랑치 못하게 하려함이라"딤후 1:9 라는 말씀과 정면으로 부딪치는 결과를 초래하고 있기 때문이다.[944]

조엘 비키는 3대 예정론을 제기하였다. 그중 첫 번째는 '무조건적 선택'으로서, 이는 전통적인 개혁주의 신학에서 제창하는 성경적인 예정론이다. 두 번째는 "공로적 선택"에 근거한 예정론으로서, 이는 고대 펠라기우스의 견해이다. 그는 하나님께서 인간의 공로와 노력의 산물로서 선한 사람들을 선택하신다고 주장하였다. 즉, 하나님이 베푸시는 선택은 그의 백성들을 향한 은혜와 자비로운 선물의 결정체가 아니라 인간의 공로와 의무를 통한 선한 삶을 살아가는 자들에

---

943 *The Westminster Confession of Faith*, Ch. III. III-V.
944 로레인 뵈트너, 『칼빈주의 예정론』, 121.

게 주시는 하나님의 의무로서의 기능으로 이해하였다.[945]

마지막 세 번째 선택은 '조건적 선택'으로서, 알미니안주의자들이 본문을 통해 주장하는 예정론을 의미한다. 이들의 주장은 다음과 같다. 세상이 생기기 이전에 어떤 개인들을 구원하시려는 하나님의 선택은 그들이 그분의 부르심에 응답할 것을 예견하신 그분의 예지에 그 기초를 두고 있다. 하나님은 인간들 중 스스로가 자유롭게 복음을 "믿을 사람들만"을 선택하셨다. 따라서 선택은 인간이 행하는 것에 의하여 결정된 것이며 그것에 의존되어 있는 것이다. 하나님은 이들의 기본 능력들을 미리 보셨고 이에 기초한 인간의 믿음은 하나님이 죄인에게 주신 것이라기보다는 오직 인간의 의지로부터 유래한 결과였다. 그러므로 사람이 믿는 것과 그로 인해 구원을 얻도록 되어지는 과정은 전적으로 인간의 능력과 의지에 달려 있다고 주장한다.

결론적으로, 조건적 선택설의 심각한 문제점은 다음과 같다: 죄인에 대한 하나님의 선택이 아니라 하나님에 대한 죄인의 선택이 구원의 궁극적인 원인이 된다. 비록 인간의 본성이 타락에 의해 심각하게 오염되기는 했지만, 인간은 전적인 영적 무력함의 상태에 내버려지지 않았다는 것이다. 이 선택설에 의하면, 하나님은 은혜스럽게도 모든 죄인들로 하여금 회개하고 믿을 수 있게 역사하시지만, 단지 인간의 자유 의지를 간섭하지 않는다.

각 죄인은 자유 의지를 소유하며 그의 영원한 운명은 그가 어떻게

---

945 조엘 비키, 『하나님의 영광을 위하는 삶 - 칼빈주의』 120-121.

자유 의지를 사용하는냐에 달려 있다. 인간의 자유에는 영적인 문제에서, 악함을 넘어 선함을 선택할 수 있는 그의 능력이 존재하고 있다. 그의 자유 의지는 자신의 죄 많은 본성에 사로잡혀 있지 않다. 하나님을 떠난 죄인은 성령의 도우심을 필요로 하지만, 그러나 그가 믿기 전에 성령에 의해 반드시 중생되어져야 하는 것은 아니다. 왜냐하면 믿음은 인간의 행위이며 중생보다 선행하기 때문이다. 믿음은 하나님께 대한 죄인의 선물이다. 그것은 구원을 위한 인간의 공헌으로 귀결된다. 바로 이 점이 조건적 선택설의 한계점이며 오류인 것이다.

조엘 비키는 알미니안주의자들이 제기한 "하나님의 예지"라는 용어적 배경을 벧전 1:1-2에 제기된 "하나님 아버지의 미리 아심에 따라 성령의 거룩하게 하심으로 순종함과 예수 그리스도의 피 뿌림을 얻기 위하여 택하심을 받은 자들에게 편지하노니, 은혜와 평강이 너희에게 더욱 많을지어다"라는 구절을 삼고 있다는 점을 지적하면서, 이 "미리아심"이라는 용어는 "단순히 지성이나 전지하심을 지칭하거나, 어떤 특정한 사람들이 믿을 것이라는 사실을 인식하는 등의 미래적 사건을 아는 것을 의미하지 않는다"라는 점을 부각시켰다.[946] 그는 튜더 왕조의 초기 청교도 대변자였던 윌리암 퍼킨스 William Perkins의 주장 즉, "우리는 … 우리의 믿음 때문에 또는 믿음에 의해서가 아니라 믿음을 향하여 선택을 받는 것이다. 바꾸어 말하자면, 우리는 믿기 위해서 선택을 받는 것이다"라는 말을 인용하면서 하나님의 예지

---

946 조엘 비키, 『하나님의 영광을 위하는 삶 - 칼빈주의』, 124.

는 숙명론처럼 이미 정해진 것이 아니라, 죄인들로 하여금 그리스도를 따르게 만드는 하나님의 예정을 비롯한 그분의 주권적 계획과 목적으로부터 결코 분리되지 않는 의미로서의 예지를 말한다고 주장하였다. [947] 비키는 하나님의 영원하신 예정은 죄인들로 하여금 성령의 성화를 통해 거룩해지게 하기 위해 주어진 것이며, 그리스도 안에서 순종함과 피 뿌림을 얻기 위해서 예정되었을 뿐만 아니라, 이 예정은 개인적이며 인격적인 예정이며 하나님의 영광의 가족으로 입양되기 위함이며 선택받은 죄인들에게 구원의 확신과 은혜와 평강을 누리게 하기 위함이라고 예정의 유용성을 설명하였다. [948]

3) 관련 성구들

마 22:14 "청함을 받은 자는 많되 택함을 입은 자는 적으니라."

엡 1:4 "곧 창세전에 그리스도 안에서 우리를 택하사 우리로 사랑 안에서 그 앞에 거룩하고 흠이 없게 하시려고."

롬 8:28-30 "우리가 알거니와 하나님을 사랑하는 자 곧 그 뜻대로 부르심을 입은 자들에게는 모든 것이 합력하여 선을 이루느니라 하나님이 미리 아신 자들로 또한 그 아들의 형상을 본받게 하기 위하여 미리 정하셨으니 이는 그로 많은 형제 중에서 맏아들이 되게 하려 하심이니라 또 미리 정하신 그들을 또한 부르시고 부르신 그들을 또한 의롭다 하시고 의롭다 하신 그들을 또한 영화

947　조엘 비키, 『하나님의 영광을 위하는 삶 - 칼빈주의』, 124-125.

948　조엘 비키, 『하나님의 영광을 위하는 삶 - 칼빈주의』, 124-141.

롭게 하셨느니라."

롬 9:11-13 "그 자식들이 아직 나지도 아니하고 무슨 선이나 악을 행하지 아니한 때에 택하심을 따라 되는 하나님의 뜻이 행위로 말미암지 않고 오직 부르시는 이에게로 말미암아 서게 하려 하사 리브가에게 이르시되 큰 자가 어린 자를 섬기리라 하셨나니 기록된 바 내가 야곱은 사랑하고 에서는 미워하였다 하심과 같으니라."

딤후 1:9 "하나님이 우리를 구원하사 거룩하신 부르심으로 부르심은 우리의 행위대로 하심이 아니요 오직 자기 뜻과 영원한 때 전부터 그리스도 예수 안에서 우리에게 주신 은혜대로 하심이라."

골 3:12 "그러므로 너희는 하나님의 택하신 거룩하고 사랑하신 자처럼 긍휼과 자비와 겸손과 온유와 오래 참음을 옷 입고."

딛 1:1 "하나님의 종이요 예수 그리스도의 사도인 바울 곧 나의 사도된 것은 하나님의 택하신 자들의 믿음과 경건함에 속한 진리의 지식과…."

벧전 2:9 "오직 너희는 택하신 족속이요 왕 같은 제사장들이요 거룩한 나라요 그의 소유된 백성이니 이는 너희를 어두운 데서 불러내어 그의 기이한 빛에 들어가게 하신 자의 아름다운 덕을 선전하게 하려 하심이라."

고전 1:27-28 "이는 아무 육체라도 하나님 앞에서 자랑하지 못하게 하려 하심이라."

2. 속죄론: 보편 속죄 Universal Atonement 와 제한 속죄 Limited Atonement

1) 알미니안주의: 보편 속죄

알미니안주의자들의 "The Five Articles of the Remonstrance" 중에 2항의 원문을 살펴보자.

> **Article 2.**
> 따라서 동의되는 바와 같이, 세상의 구원자, 예수 그리스도는 모든 사람을 위해 죽으셨다. 그러므로 예수는 자신의 십자가에 죽으심으로 인해 모든 사람의 죄악과 구원을 얻게 하셨다. 그러나 오직 요 3:16 말씀에 의지하여 믿는 자들을 제외하고는 누구도 실제적으로 죄 용서를 누릴 수 없다. 요일 2:2 "그는 우리 죄를 위한 화목제물이니 우리만 위함뿐 아니요 온 세상의 죄를 위하심이라.
>
> **David N Steele and Curtis C Thomas**의 알미니안주의 5대 교리 2항.

그리스도의 구속 사역은 모든 사람들로 하여금 구원받는 일을 가능하게 한 것은 사실이지만 모든 사람의 구원을 실제적으로 보장하는 것은 아니다. 비록 그리스도께서 모든 사람과 각 사람들을 위해서 죽은 것은 사실이지만 오직 그를 믿는 자들만 구원을 얻을 수 있다. 그리스도의 죽으심이 죄인들을 용서하는 일에 능력이 있는 것은 사실이지만, 그를 믿는다는 구원의 조건이 있으므로 실제적으로 모든 사람의 죄를 물리친 것은 아니다. 그리스도의 구속은 인간이 그것을 받아들인다는 선

택을 하는 조건에서만 효과적이다.[949]

알미니안주의자들은 그리스도의 속죄가 택자만을 위한 것이 아니라 "모든 사람 하나하나를 위한 것"이라고 주장하였다. 그리스도는 선택자만을 위함이 아니라, 모든 만민을 위해 죽으셨으며, 그 은덕은 오직 신자들에게만 받을 수 있다는 것이다. 따라서 그리스도께서는 모든 사람 하나하나를 위해서 죽으셨기 때문에 십자가에서 죽으심으로 모든 사람의 죄를 용서하시고 구속하셨다고 해석하였다. 이러한 견해는 고대 교부들 가운데 알렉산드리아의 클레멘트Clement와 그의 제자 오리게누스Origenus가 주장한 이론으로서 심지어 마귀들도 궁극적으로는 구원에 참여하게 될 것이라고 가르쳤다.[950]

알미니안주의자들이 주장하는 보편 속죄는 하나님의 구원의 계획은 포괄적이고 우주적으로 모든 만민이 그리스도의 속죄의 능력을 통하여 구원받는 것을 목적으로 삼으셨지만, 실제적으로 구원에 이르는 자는 일부에 해당된다는 주장이다. 즉, 그리스도의 십자가의 능력은 전 우주를 뒤덮을 정도이지만, 죄인이 그리스도를 믿을 때에만 그 십자가의 능력이 구원적 효과를 가져오기 때문에 일부만이 구원에 이르게 된다는 것이다.[951] 존 오웬은 당대 알미니안주의 지도자

---

949 D. 스틸, 『칼빈주의와 알미니안주의』, 24.
950 조엘 비키, 『하나님의 영광을 위하는 삶 - 칼빈주의』, 149.
951 조엘 비키, 『하나님의 영광을 위하는 삶 - 칼빈주의』, 150. 오웬은 이러한 알미니안주의자들이 하나님의 구원적 계획과 의지를 제한시키고 있다는 점을 다음과 같이 묘사하였다: The Arminian described the possibility of the God's will being resisted as follows: "That God may fail in his purpose, come short of what he earnestly intendeth, or be frustrated of his aim and end(sic)." John Owen, *The Works of John Owen*, Vol:X, 49.

였던 Corvinus와 Vorstius, 그리고 Apiscopius의 주장들 즉, 하나님의 신적 의지(숨겨지거나 계시된)는 인간의 행동과 결정에 따라서 실패에 도달하거나 좌절될 수 있다고 강조하는 것을 강하게 비판하였다.[952] 알미니안주의의 보편속죄론에 대하여 레이몬드 블랙키터Raymond Blacketer는 다음과 같이 묘사하였다.

> 알미니우스의 관점에서 그리스도의 십자가 사역은 그 어떤 사람들이나 단체들에게도 아무런 구원(화목과 만족, 또는 구속으로 이해된)의 영향을 끼치지 못한다. 대신 그것은 오직 구원을 가능하게 만들어 줄 뿐이다. 십자가는 결과적으로 인류와 새로운 관계로 진입하는 권리를 가지고 계신 하나님과 관련하여 인간에게 새로운 법적 상황을 가져올 뿐이다. 그리고 그것은 하나님이 제공해주신 보편적 은혜를 사용하여 그 믿음의 단계를 취하는 각 죄인들에게 달려 있다. 구원의 결정적인 요인은 그 도우시는 은혜에도 불구하고 인간의 자유로운 선택에 있는 것이다.[953]

윌리암 커닝함은 알미니안주의자들이 주장한 보편적 은혜와 보편적 구속 교리는 하나님의 주권에 대한 오류와 결함투성의 교리이

---

952 이들은 다음과 같이 하나님의 구원 계획의 실패 가능성을 언급하였다: "That not only many things are [not] done which God would have done, but also that many things are done which he would not have done ... Indeed, for God converts sinners by his grace, but we can resist God when he would convert us by his grace." John Owen, *The Works of John Owen*, Vol:X, 49-50.

953 Raymond A. Blacketer, "Definite Atonement in Historical Perspective," in *The Glory of the Atonement: Biblical, Historical, and Practical Perspectives*, ed. Charles E. Hill and Frank A. James III (Downers Grove, Ill.: InterVasity, 2004), 319. Recited in 조엘 비키, 『하나님의 영광을 위하는 삶 - 칼빈주의』, 151.

며 이는 성경과 무관한 주장이며, 이 교리는 "그리스도께서 자신들을 위해 무엇을 하셨는지를 전혀 아는 바가 없는 자들, 복음 설교의 방편에 대해서도 조금도 들어본 적이 없는 자들도 그리스도의 구속에 근거하여 그리스도로 말미암아 구원을 받을 것이며 구원을 받았을 것이라고 주장"이며, "구원의 길에 대한 선포함을 들은 적이 없어도 자연과 섭리의 역사하심의 수단으로 구원받게 될 것이라는 주장"을 하게 되었다고 비판하였다.[954]

2) 칼빈주의: 제한 속죄

알미니안주의자들의 '5대 항의 조항'의 2항에 대한 돌트신조 The Canons of Dort 의 2항은 "그리스도의 죽으심으로 인한 인간의 구속"을 다루고 있다.

> 제 1조. 하나님은 최고로 자비로우신 분이심과 동시에 최고의 공의를 실현하시는 분이시다.
>
> 제 2-5조. 인간은 하나님 앞에서 지은 죄악으로 인하여 영육 간에 영원한 형벌을 받게 되었다. 인간은 오직 하나님의 대속적 만족함이 없이는 하나님의 공의로부터 도피할 수 없다. 하나님은 유일하신 독생자를 내어주시는 무한한 자비를 베풀어 주심으로 하나님 공의의 만족을 실현하셨다. 따라서 그리스도의 돌아가심은 온 세상의 죄악을 보상하고도 남을 만큼 충분하고도 무한한 가치를 지닌다. 복음은 십자가에 못

---

[954] 윌리엄 커닝함, 『역사신학』 IV, 209-210.

박힌 그리스도를 믿으면 영생을 얻게 된다는 점을 약속하고 있으며, 이 복된 소식을 온 세상 만민들에게 전파해야 할 사명이 있다.

제 6-9조. 그러나 이 복된 소식을 전해 들은 많은 사람이 그리스도를 믿거나 회개하지 않고 불신앙의 파멸에 빠지는 이유는 그리스도의 속죄 능력이 부족하거나 불충분한 것이 아니고 그들 스스로가 죄에 빠졌기 때문이다. 그러나 진심으로 그리스도를 믿고 구원받은 사람들은 영원부터 그리스도 안에서 하나님께서 수여하시는 선물인 믿음을 받았기 때문이다. 그리스도의 돌아가심은 구원에 이르는 효과를 가져오며, 하나님은 창세로부터 지금까지 선택받은 백성들을 향한 영원한 사랑은 강력하게 수행되어 왔으며 미래에도 동일하게 역사하실 것이다.

이처럼, 그리스도의 구속 사역은 오직 선택받은 자만을 구하려고 의도되었으며 실제적으로 그들을 위한 구원을 보장하였다. 그의 죽으심은 어떤 특정한 죄인들의 자리에서 죄의 형벌을 대속적으로 인내하신 것이다. 믿음의 선물은 성령을 통해 그리스도께서 죽으심으로 구원을 얻게 된 모든 사람에게 빠짐없이 적용되며, 그들의 구원을 보증하신다.[955]

칼빈주의의 제한 속죄 교리는 그리스도의 속죄 범위가 온 우주를

---

955 존 오웬은 알미니안주의자들이 주장하는 그리스도의 죽으심의 속죄의 범위와 효과의 불충분성을 다음과 같이 묘사하였다: "They affirmed that the immediate and proper effect or end of the death and passion of Christ is, not an actual ablation of sin from men, nor an actual remission of iniquities, justification and redemption of any soul." 또한 알미니안주의자인 Corvinus의 그리스도 속죄론의 한계를 다음과 같이 지적하였다.: "On the basis of this logic, Corvinus asserted that Christ's death corresponds to a potential or conditional reconciliation in the salvation of believers, not actual or absolute." John Owen, *The Works of John Owen*, Vol:X, 94.

덮을 만큼 위대하고 충분하지만, 속죄의 의도와 성취의 범위는 오직 구원받을 사람들에게 제한되어 있다는 점을 강조하고 있다. 제한 속죄론은 신구약 성경과 어거스틴과 요하네스 외콜람파디우스, 마틴 부처, 카스파 올리비아누스 등 많은 종교개혁자들이 강조하였던 교리였다.[956]

조엘 비키는 알미니안주의의 보편 속죄론의 신학적 문제점을 8가지로 요약하였다.[957]

보편 속죄는 하나님의 속성을 훼손한다고 보았다. 즉, 알미니안주의자들은 하나님은 특정인이 아닌 모든 만민을 선정하고 그들에게 구원의 길을 열어 놓으셨으며 이 구원의 길로 스스로 들어오는 자들만 구원을 받게 된다는 논리를 전개하였는데, 이러한 논리는 하나님의 전지성을 훼손한다고 보았다. 즉, 하나님은 왜 모든 사람을 구원하실 계획을 세우시고 이를 실행에 옮기기보다는 스스로 결단하도록 하셨단 말인가? 하나님은 충분히 구원을 제공할 수 있었지만, 일부인들이 이를 거부한다는 사실을 인식하지 못했단 말인가?에 대하여 알미니안주의자들은 해답을 제공할 방법이 없다는 것이다.[958] 또한 비키는 이들의 주장이 그리스도의 신성을 무력화시킨다고 이해하였다. 그리스도께서 온 우주를 덮을 만큼 속죄의 능력의 피를 흘리셨는데 왜 그리스도는 모든 사람이 구원에 이를 수 있도록 이끄시

---

956 조엘 비키, 『하나님의 영광을 위하는 삶 - 칼빈주의』, 155.
957 조엘 비키, 『하나님의 영광을 위하는 삶 - 칼빈주의』, 160-168. 비키는 많은 내용을 할애하여 알미니안주의의 보편속죄론이 성경에서 멀어진 논리에 불과함을 논증하였다.
958 조엘 비키, 『하나님의 영광을 위하는 삶 - 칼빈주의』, 161.

지 않으셨는가? 그의 신성의 제한 때문인가?라는 의문점에 대한 해답을 제시할 수 없다는 것이다. 셋째로, 그들의 주장은 삼위일체 하나님의 연합을 훼손한다고 이해하였다. 알미니안주의자들의 견해를 존중한다면, 결국 성부 하나님의 주권적인 선택에 반하여, 그리스도는 하나님이 구원하기로 작정하신 대상보다 더 많은 사람들을 위해 또는 전 인류를 위해 피를 흘리셨다는 당황스런 논리가 성립되기 때문이다. 그 결과, 성자와 성부의 구원 사역은 엇박자로 귀결될 가능성을 제공하게 된다는 것이다.

크로포드 T.J.Crawford는 그리스도의 속죄를 다음과 같이 묘사하였다:

> 속죄는 하나님의 사랑에서 시작되었다. 속죄는 죄인들을 구원하시려는 하나님의 뜻의 결과이지, 원인이 아니다. 구세주는 이것을 신중하게 진술하신다. 아버지 하나님의 속성은 엄격하고 가혹한 반면 자신의 속성은 부드럽고 긍휼이 풍성하다고 주장하는 것이 아니라, 주님은 자신의 사명의 목적이 사랑의 메시지를 선포하는 것이며 하늘에 계신 아버지의 사랑의 뜻을 실행하는 것임을 확증하기 위해 특별한 고난과 고통을 감수하셨다.[959]

또한 이들의 주장은 하나님의 영광을 가로채는 결과를 가져온다.

---

959 T. J. Crawford, *The Doctrine of Holy Scripture Respecting the Atonement* (Grand Rapids: Baker, 1954), 192. recited in 조엘 비키, 『하나님의 영광을 위하는 삶 - 칼빈주의』, 164.

비록 하나님께서 일부 사람을 선택하셨을지라도, 그 대상자가 자신의 자유 의지로 이를 거부하면 구원에 이르지 못하게 되며, 구원이 하나님과 인간의 공동 합작품이 되는 결론에 도달하게 된다. 즉, 하나님의 영광을 인간이 빼앗아 가는 결과를 가져오게 된다. 결국, 알미니안주의자들의 주장은 하나님을 향한 감사와 확신을 훼손하고 제한하는 결과를 가져오게 되며, 복음 전도를 왜곡시키는 현상을 초래하게 된다. 또한 이들의 주장은 그리스도의 속죄의 본질적인 유효성을 훼손하는 결과를 가져온다고 비키는 지적하였다.

존 오웬John Owen은 자신의 작품집 "A Display of Arminianism"에서 알미니안주의의 속죄론을 다음과 같이 비판하였다:

> 하나님께서는 마땅한 진노를 발하셨고 그리스도께서는 모든 사람의 모든 죄를 위해서, 또는 어떤 사람들의 모든 죄를 위해서, 또는 모든 사람의 어느 정도의 죄를 위해서 지옥의 고통을 겪으셨다. 만일 제일 마지막 경우처럼 모든 사람의 어느 정도의 죄를 위한 것이라면, 모든 사람들은 어느 정도 해결해야 할 죄를 그대로 지닌 것이 되기 때문에 결코 아무도 구원받지 못하게 될 것이다. 만일 우리가 지지하고 확증하는 두 번째 경우라면, 그것은 그리스도께서 어떤 사람들의 모든 죄를 위해 그들을 대신하여 고난을 겪고 돌아가신 것이 된다. 만일 첫 번째 경우라면, 도대체 왜 모든 사람들이 그들의 모든 죄의 형벌로부터 자유롭지 못한 것인가? 아마도 당신은 '그들의 불신앙 때문이다. 그들이 믿지 않기 때문이다'라고 말할 수도 있을 것이다. 그렇다면 이 불신앙은 죄인가, 아닌가? 만일 죄가 아니라면 그들은 왜 그 불신앙 때문에 형벌

을 당하는 것인가? 만일 그것이 죄라면, 그리스도께서 그 모든 형벌을 위해 돌아가신 것이 아니란 말인가? 만일 그렇다면 왜 유독 이 불신앙의 죄가 그리스도의 죽음의 열매가 그들에게 적용되는 것을 방해하는 것인가? 만일 그리스도께서 불신앙에 따른 마땅한 형벌을 위해 고난을 받고 돌아가신 것이 아니라면, 그들의 모든 죄를 위해 돌아가신 것이 역시 아니다.[960]

3) 관련 성구들

마 1:21 "아들을 낳으리니 이름을 예수라 하라 이는 그가 자기 백성을 저희 죄에서 구원할 자 이심이라 하니라."

눅 19:10 "인자의 온 것은 잃어버린 자를 찾아 구원하려 함이니라."

요 6: 35-40 "아버지께서 내게 주시는 자는 다 내게로 올 것이요 내게 오는 자는 내가 결코 내어쫓지 아니하리라. 내가 하늘로서 내려 온 것은 내 뜻을 행하려 함이 아니요 나를 보내신 이의 뜻을 행하려 함이라. 나를 보내신 이의 뜻은 내게 주신 자 중에 내가 하나도 잃어버리지 아니하고 마지막 날에 다시 살리는 이것이니라."

요 10:11, 14-18 "나는 선한 목자라 내가 내 양을 알고 양도 나를 아는 것이 아버지께서 나를 아시고 내가 아버지를 아는 것 같으니 나는 양을 위하여 목숨을 버리노라."

---

960 John Owen, *The Works of John Owen*, Vol:X, 174. recited in 조엘 비키, 『하나님의 영광을 위하는 삶 - 칼빈주의』, 167-168.

요 10: 24-29 "너희가 내 양이 아니므로 믿지 아니하는도다. 내 양은 내 음성을 들으며 나는 저희를 알며 저희는 나를 따르느니라. 내가 저희에게 영생을 주노니 영원히 멸망치 아니할 터이요 또 저희를 내 손에서 빼앗을 자가 없느니라. 저희를 주신 내 아버지는 만유보다 크시매 아무도 아버지 손에서 빼앗을 수 없느니라."

요 17: 1-11, 20, 24-26 "아버지께서 아들에게 주신 모든 자에게 영생을 주게 하시려고 만민을 다스리는 권세를 아들에게 주셨음이로소이다…. 세상 중에서 내게 주신 사람들에게 내가 아버지의 이름을 나타내었나이다… 내가 비옵는 것은 세상을 위함이 아니요 내게 주신 자들을 위함이니이다 저희는 아버지의 것이로소이다 내 것은 다 아버지의 것이요 아버지의 것은 내 것이온데 내가 저희로 말미암아 영광을 받았나이다."

롬 5:12, 17-19 "한 사람의 순종치 아니함으로 많은 사람이 죄인된 것 같이 한 사람의 순종하심으로 많은 사람이 의인이 되리라."

행 13:48 "이방인들이 듣고 기뻐하여 하나님의 말씀을 찬송하며 영생을 주시기로 작정된 자는 다 믿더라."

3. 인죄론: 부분적 타락Partial Deparvity과 전적 타락Total Depravity

1) 알미니안주의: 부분적 타락.

알미니안주의자들의 "The Five Articles of the Remonstrance" 중에 3항의 원문을 살펴보자.

Articles 3.

사람이 배도와 죄악의 상태에 있다는 점을 고려해볼 때, 자기 스스로나 자유 의지의 힘으로 구원적 은혜를 소유하지 못한다. 따라서 사람은 자신에 의해서 이건 스스로 이건 간에 (구원적 신앙과 같은...) 진정한 선 어느 것도 생각하거나 의도하거나 행할 수 없다. 그러나 사람이 성령을 통하여 그리스도 안에서 하나님께 거듭남을 통해 이해력과 성향 또는 의지와 모든 능력이 새로워져서, 요 15:5 "너희가 나를 떠나서는 아무 것도 할 수 없느니라"라는 그리스도의 말씀에 의지하여 이제는 올바르게 이해하고 생각하고 뜻하고 무슨 선한 일을 효과적으로 행하게 되는 것이다.

David N Steele and Curtis C Thomas의 알미니안주의 5대 교리 3항.

비록 인간의 본성은 타락으로 말미암아 심각한 영향을 받았지만, 인간의 영적 상태가 전적으로 무력한 상태에 처한 것은 아니다. 하나님은 은혜롭게도 모든 죄인으로 하여금 회개하게도 하시고 믿게도 하시지만 인간의 자유를 침해하지 않는 방식으로 하신다. 죄인은 각각 자유 의지를 소유하고 있으며 그의 영원한 운명은 그가 그것을 어떻게 사용하는가에 달려 있다. 인간의 자유는 영적인 문제들에 있어서 선과 악을 선택할 수 있는 그의 능력으로 구성되어 있다. 인간의 의지는 그의 죄된 본성에 종속되어 있는 것이 아니다. 죄인은 각각 하나님의 성령과 협력하여 중생을 얻거나, 혹은 하나님의 은혜를 거부하여 멸망에도 이를 수 있는 능력을 가지고 있다. 유기된 죄인은 성령의 도우심을 필요로 하는 것이 사실이지만, 그 자신이 믿기 전에 성령에 의하여 중생되지는 않는다. 그 이유는 믿음은 인간의 행위이고 새 생명으로 탄생하는 일에 선행하는 것이기 때문이다. 즉 인간은 구원 얻는 일에 공헌할 수 있다.[961]

상기한 바처럼, 알미니안주의자들은 비록 하나님의 경륜과 그리스도 안에서의 성령의 사역 없이는 새롭게 될 수 없다는 점은 인정하고 수용하였지만, 인간의 자유 의지의 효용성에 대해서는 매우 긍정적으로 이해하였고, 이 자유 의지는 하나님께서 자신의 백성들에게 수여하신 구원적 은혜의 수단으로 받아들이고 이를 통해 복음을 거부하거나 받아들일 수 있는 매개체가 되었다고 주장하였다. 비록 이들은 개혁주의 신학에서 제시하는 선택과 유기를 수용하되, 자유 의지 영역을 통해 성취 여부가 결정되는 것으로 이해하였다. 이처럼 알미니안주의자들의 인간론은 개혁주의 전통보다 매우 낙관론적이고 이성적이며 합리적인 주장이다. 그러나 중요한 점은 알미니안주의자들이 인간의 자유 의지가 아담의 타락 이후 전 인류에게 미친 영육간의 저주와 파멸로 인하여 더 이상 낙관론적이며 이성적이며 합리적이지 못한 상태에 이르게 되었다는 사실을 간과하고 있다는 심각한 오류의 문제이다.

이러한 알미니안주의의 '부분 타락설'과 '자유 의지의 건재설'은 성경에 제시된 인간의 완전 타락 또는 전적 무능력에 대하여 제대로

---

961 D. 스틸, 『칼빈주의와 알미니안주의』, 21-22.

설명할 수 없는 결과를 가져왔다는 사실에 대하여 뵈트너는 다음과 같이 암시적으로 묘사하였다:

> 우리가 다양한 알미니안주의 저자들의 작품을 읽은 바처럼, 그들의 첫 번째 그리고 아마도 가장 심각한 오류는 온 인류가 아담의 타락으로 인하여 하나님으로부터의 영적 분리와 사악한 반동자가 되었다는 점을 매우 중요하게 다루지 않는다는 것에 있는 것으로 보인다. 일부 사람들은 이에 대하여 소홀히 여기기도 하고, 다른 사람들은 현재 사람들의 삶 속에서 거의 영향을 미치지 않는 사건으로 도외시하는 경향이 있다. 그러나 우리가 하나님으로부터의 영적인 분리와 이로 인하여 온 인류가 철저하리만큼 처참한 효과를 가져왔다는 점을 주장하지 않고서는 우리의 현재 상태 또는 우리에게 절대적으로 구원주가 필요하다는 점을 제대로 인식하지 못하게 될 것이다.[962]

2) 칼빈주의: 완전 타락 또는 전적 무능력(Total Depravity or Total Inability)

알미니안주의자들의 '5대 항의 조항'의 3항에 대한 돌트신조The Canons of Dort의 3항은 "인간의 타락 상태와 정도와 범위"을 다루고 있다.

> 제 1조-7조. 인간은 본질적으로 하나님의 형상을 따라 창조되었기에, 그 마음은 하나님의 진리와 건전한 지식과 영적인 것들을 소유하였고

---

962 L. Boettner, 'Man's Totally Helpless Condition,' in *The Reformed Faith*, in Arminian Theology-Countering the Rise of Calvinism, 2023년 1월 28일, 접속, https://arminiantheologyblog.wordpress.com/2012/10/09/do-arminians-believe-in-total-depravity/

마음과 의지에 하나님의 의로움이 있으며 정결한 감정을 지닌 거룩한 자였다. 그러나 사탄의 선동으로 인하여 인간의 자유 의지를 통해 하나님을 대적함으로써 그들이 소유한 뛰어난 은사들이 타락하게 되었다. 대신에 인간 영혼 속에는 무지와 참혹한 암흑, 왜곡된 판단, 무익함으로 가득차게 되었고, 그들의 마음과 의지는 사악과 반항, 굳은 마음으로 채워졌고 마침내 그들의 모든 감정은 불순한 것으로 가득차게 되었다. 이러한 아담의 죄악은 그의 자녀들에게-그리스도만을 제외하고-그대로 적용되었으며, 더 이상 선을 행할 수 없는 진노의 자녀로서 완전 무능력한 상태(Total Inability)가 되었다. 비록 인간의 타락 이후 자연적 빛이 남아 있어서 하나님을 인식할 수 있는 여력이 존재하였지만, 이 자연의 빛은 하나님을 통해 구원에 이를 수 있는 정도의 빛은 아니었다. 오직 자연의 빛과 율법이 아닌 성령의 능력과 하나님의 말씀 또는 화해 사역을 통해서 구원은 성취되는 것이다.

제 8-9조. 하나님은 복음을 통해 자신의 백성을 소명하시며, 이들에게 영원한 영생을 약속하신다. 많은 사람이 복음 사역을 통해 부르심에 초청되지만, 회심에까지 도달하지 못한다. 자기 확신에 처한 일부 사람들은 생명의 말씀을 누리지 못하며, 일부는 누리기는 하지만 심령으로 취하지 못한다. (마 13장, 씨뿌리는 비유).

웨스트민스터 신앙고백서에 의하면 "인간은 자신의 불순종에 의해 죄의 상태에 빠졌으므로 구원을 포함하여 그 어떤 영적인 선을 행할 능력도 완전히 상실하였다. 따라서 타락한 인간은 본질상 영적인 선에 대항하며 죄로 죽었으며 자력으로는 스스로 회심하거나 회심하려고 노력하지도 않는다"라고 지적하면서, 인간의 전적 타락을 묘사하였다.[963] 전 인류의 전적 타락에 대한 주장은 사도 바울을 위시하여 고대 교부 어거스틴과 개혁신학의 건축가인 칼빈도 롬 2:1을 근거로 강조하였다.[964] 원죄로 인한 결과, 인간은 스스로의 힘으로는 예외적으로 복음을 믿을 수 없게 되었다. 죄인은 하나님에 관한 일에 대해서는 죽었고 눈이 멀었으며 귀가 멀었다. 그의 마음은 기만적인 것이며 절망적으로 부패했다. 그의 의지는 자유롭지 않고 그의 악한 본성에 억눌려 있다. 그러므로 그는 영적인 영역에서 악함을 넘어 선함을 선택하지 못하게 된 것이다.[965]

존 오웬은 아담의 원죄와 인류의 타락의 상관성을 4가지 방법으로 설명하였다. 즉, 선천적인 죄와 자연의 오염은 후손들에게 하나님의 진노에 대한 책임을 가져왔으며, 로마서 5장은 아담의 죄로 인한 후손의 연대성을 잘 설명해주고 있으며, 아담의 타락은 전 인류가 악을 추구하고 선을 행할 능력을 상실케 하는 결과를 가져왔고, 그 결과 전 인류는 본질상 진노의 자녀가 되었음을 논증하였다.[966]

조엘 비키는 인간의 전적 타락에 대한 교훈을 5가지 핵심으로 설

---

963 *The Westminster Confession of Faith*, Ch. IX, III.
964 로레인 뵈트너, 『칼빈주의 예정론』, 79.
965 로레인 뵈트너, 『칼빈주의 예정론』, 80-82.
966 First, "It is an inherent sin and pollution of nature, having a proper guilt of its own, making us responsible to the wrath of God." Secondly, Rom 5 testifies the doctrine of the solitary imputation of Adam's sin to mankind. Thirdly, Adam's corruption results in the whole human nature becoming fond of pursuing evil and losing the ability to do good. Fourthly, the whole man by nature is flesh and by nature we are the child of wrath (Eph 2:1; John 3:6;Rom 12:2). John Owen, *The Works of John Owen*, Vol:X, 70.

명하였다. 즉, 인간의 전적 타락은 죄로 인한 결과이며 죄는 우리의 전적 타락으로 인해 발생하는 피할 수 없는 결과라고 주장하였다.[967] 또한 전적 타락은 근본적으로 내적이며 영적인 타락으로서 아담의 비극적인 타락으로 인한 우리의 영적 타락이며 이는 롬 5:18; 시 51:5; 렘 17:9이 이를 반증해주고 있다고 하였다. 또한 이는 죄가 인간의 온 영역에 모두 미치는 비극적인 전체적 타락이며 지성과 감성, 양심, 야망, 의지, 영혼의 요새들이 모두 다 본성적으로 죄의 노예가 되었다는 의미이다. 그러나 전적 타락은 절대적 타락과 구분되어 설명되어야 한다. 왜냐하면 절대적 타락은 인간이 개나 돼지처럼 그리고 마귀처럼 된 것이 아니기 때문이다.[968] 또한 이는 노예적인 무능력을 의미한다. 이는 죄에 중독된 상태를 말하여 죄의 종의 개념으로 이해할 수 있다. 존 칼빈은 "우리는 성령께서 우리 안에 새로운 의지를 심어 주시기 전까지는 죄를 지을 수밖에 없는" 존재임을 피력하였다.[969] 이러한 인간의 전적 타락은 죽음에 이르는 치명적인 타락 즉, 영적 사망을 의미한다.

이처럼 칼빈주의는 인간이 부패하되 본성이 완전히 부패했고 비뚤어졌으며 죄로 가득차게 되었음을 선포하고 있다. 결국, 죄인을 그리스도께로 데려오는 일은 성령의 도우심을 통해서 가능하다. 그

967　조엘 비키, 『하나님의 영광을 위하는 삶 - 칼빈주의』, 106.
968　조엘 비키, 『하나님의 영광을 위하는 삶 - 칼빈주의』, 110-111.
969　John Calvin, *Hebrews and the Epistles of Peter*, trans. William B. Johnston, ed. David W. and Thomas F. Torrance (Grand Rapids: Eerdmans, 1963), 223-224. recited in 조엘 비키, 『하나님의 영광을 위하는 삶 - 칼빈주의』, 113.

이유는 성령께서 죄인을 살게끔 만드시고 그에게 새 성품을 주시는 중생을 취하도록 하시기 때문이다.[970] 믿음은 인간이 구원에 공헌하는 어떤 것이 아니라 그것 자체가 구원에 대한 하나님의 선물의 한 부분이다. 그것은 죄인이 하나님께 드리는 선물이 아니라 죄인에게 주시는 하나님의 선물이다.

3) 성경적 근거들

- 창 2:16-17: "여호와 하나님이 그 사람에게 명하여 가라사대 동산 각종 나무의 실과는 네가 임의로 먹되 선악을 알게 하는 나무의 실과는 먹지 말라 네가 먹는 날에는 정녕 죽으리라 하시니라."
- 롬 5:12 "이러므로 한 사람아담으로 말미암아 죄가 세상에 들어오고 죄로 말미암아 사망이 왔나니 이와 같이 모든 사람이 죄를 지었으므로 사망이 모든 사람에게 이르렀느니라."
- 엡 2:1 "너희의 허물과 죄로 죽었던 너희를 살리셨도다."
- 전 9:3 "곧 인생의 마음에 악이 가득하여 평생에 미친 마음을 품다가 후에는 죽은 자에게로 돌아가는 것이라."
- 요 8:44 "너희는 너희 아비 마귀에게서 났으니 너희 아비의 욕심을 너희도 행하고자 하느니라."
- 시 51:5 "내가 죄악 중에 출생하였음이여 모친이 죄 중에 나를 잉태하였나이다."
- 롬 3:9-12 "그러면 어떠하뇨 우리는 나으뇨 결코 아니라 유대인

---

970 로레인 뵈트너, 『칼빈주의 예정론』, 86.

이나 헬라인이나 다 죄 아래 있다고 우리가 이미 선언하였느니라. 기록한바 의인은 없나니 하나도 없으며 깨닫는 자도 없고 하나님을 찾는 자도 없고 다 치우쳐 한가지로 무익하게 되고 선을 행하는 자는 없나니 하나도 없도다."

4. 구원론: 항력적 은혜 Resistible Grace 와 불가항력적 은혜 Irresistible Grace

1) 알미니안주의: 항력적 은혜

알미니안주의자들의 "The Five Articles of the Remonstrance" 중에 4항의 원문을 살펴보자.

> Article 4.
>
> 하나님의 은혜는 모든 선의 시작, 진행이며 성취가 되신다. 중생자 자신이 (선행적, 조력적이며 계화적이고 협력적 은총 없이는) 스스로 선을 행할 생각이나 의지가 전무가 될 정도이다. 따라서 모든 선행이나 활동들은 그리스도 안에서 하나님의 은혜에 속하며 이에 귀속된다. 그러나 이러한 은총의 작동의 방식에 관해서는 사도행전 7장과 다른 여러 구절에서 말하는 바처럼 "그들이 성령을 거슬렀도다"라고 많이 기록된 바처럼 이 은혜는 불가항력적이지 않다.

David N Steele and Curtis C Thomas의 알미니안주의 5대 교리 2항.

성령은 복음의 초청에 의해 외적으로 부름을 입은 자들을 내적으로 부르신다. 성령은 죄인들이 구원 얻기에 필요한 모든 일들을 하신다. 그러나 인간은 그가 자유한 만큼 성공적으로 성령의 부르심을 거부할 수 있다. 성령은 죄인이 믿지 않는 한 중생시킬 수 없다. 즉, 믿음(인간이 공헌하는 부분)이 선행해야만 중생이 가능하게 되는 것이다. 결국 인간의 자유 의지는 그리스도의 구속 사역을 적용함에 있어서 성령을 제한한다. 성령은 그와 함께 걸어가고자 하는 자들만을 그리스도에게로 인도할 수 있다. 죄인이 응답하기 전에는 성령께서 생명을 주실 수 없다. 그러므로 하나님의 은총은 거부되어 질 수 있다. 하나님의 은혜는 인간에 의하여 거부될 수 있고 방해받을 수도 있으며, 또한 종종 그렇게 되는 것이 사실이다.[971]

알미니안주의자들은 성령의 불가항력적인 은혜에 반대하여 하나님의 은혜를 거절할 수 있다고 주장함으로써 하나님의 은혜의 주권적인 역사를 평가절하시켰다. 윌리암 커닝함은 보편적이며 유효한 부르심에 대하여 언급하면서 알미니안주의자들은 그리스도께서 값 주고 산 그 복락들에 대한 참된 성경적 중요성을 제거하도록 강요하였으며, 그리스도께서 성취하신 사람과 하나님과의 화해를 화해 가능성으로 격하시키고, 그리스도의 보혈을 통한 죄 사함을 죄 사함의 가능성으로, 구원을 구원의 가능성으로 축소시켰다고 지적하였다.[972] 또한 그는 이들이 인간 개개인의 구원 문제에 동일하게 필수

---

971 D. 스틸, 『칼빈주의와 알미니안주의』, 25.
972 윌리엄 커닝함, 『역사신학』 IV, 202-203.

적인 요소들인 믿음, 중생과 같은 복락들도 그리스도께서 값주고 사
신 열매들로 간주되는 것임을 전적으로 부정하였는데 이는 알미니
안주의자들에게 흔히 나타나는 기독교 교리의 타락이라고 비판하였
다.[973]

2) 칼빈주의: 불가항력적 은혜, 효과적 은혜 Irresistible Grace, Efficious Grace

알미니안주의자들의 '5대 항의 조항'의 4항에 대한 돌트신조 The Canons of Dort의 4항은 "성령의 유효한 은혜 즉 불가항력적 은혜의 수여"에 대하여 다루고 있다.

> 제 10조-17조. 하나님께서는 영원 전부터 택하신 자들을 효과적으로 부르시고 믿음과 회개를 허락하시며 어둠 속에서 이들을 건져주시고 자신의 아들의 왕국으로 이끄신다. 하나님께서 선택자들을 향하여 선하신 기쁜 사역을 수행하시고 또는 이들을 진정한 회심으로 역사하실 때, 하나님은 복음이 이들에게 외적으로 선포케 하시고 성령을 통해 강력하게 그들의 마음이 개화되게 하심으로, 그들이 올바르게 하나님의 영의 사역을 이해하고 분별케 하신다. 또한 하나님께서는 동일한 중생케하시는 성령의 유효한 작동을 통해 이들의 속 마음에 침투하여 닫힌 마음이 열리고 굳은 마음을 부드럽게 하시고 마음의 할례를 행하신다. 그 결과, 이들의 죽은 의지가 회복되어 악한 모습을 선하게 하시며 좋은 나무처럼 되어 좋은 행위의 열매를 맺도록 역사하신다.

---

973 윌리엄 커닝함, 『역사신학』 IV, 203.

이것이 바로 중생 즉 새로운 피조물이 되도록 죽음에서 일으키는 사역인데 이는 우리의 도움 없이 하나님께서 단독으로 우리 가운데에서 행하시는 사역이다. 이는 외적인 가르침과 도덕적 설득에 의해 일어나지 않고 오직 하나님의 초자연적인 사역으로 발생하며 가장 강력하고도 가장 기뻐하심과 놀랍고도 숨겨진 말로 표현할 수 없는 사역의 결과이다. 따라서 이러한 놀라운 방식으로 발생하는 이 사역은 확실하며 실패하지 않으며 효과적으로 새로 태어나게 하며 실제로 믿음을 주신다. 이는 오직 하나님의 선택받은 자들에게만 베푸시는 하나님의 선물이다. 이처럼 중생은 성 삼위일체 하나님의 초자연적인 역사를 통해 성취된다. 비록 신자라 할지라도 중생의 신비를 알 수 없다.

"웨스트민스터 신앙고백서" 10장은 성령의 불가항력적인 유효한 은혜에 대하여 자세히 묘사하고 있다:

하나님은 자신의 때에 맞추어서 영생이 예정된 자들을 유효하게 부르시되, 죄와 죽음의 자연적 상태에서 벗어나 예수 그리스도로 말미암는 은혜와 구원에 이르게 말씀과 성령으로 부르신다(롬 8:28, 30, 11:7; 엡 1:5, 10-11; 살후 2:13-14; 고후 3:3,6; 롬 8:2, 딤후 1:9-10; 요 15:16; 행 13:48; 살전 5:9; 고전 2:12; 엡 2:1-10). 또한 저희의 마음을 밝히사 영적으로 하나님의 도를 인식하여(행 26:18; 고전 2:10; 엡 1:17-18; 고후 2:1-10) 저희의 완악한 마음을 버리고 유순한 마음을 얻게 하시며(겔 36:26) 자신의 무한하신 능력으로 그들의 의지를 새롭게 하시고 선한 일로 이끄심으로(겔 11:19; 빌 2:13; 빌 4:13; 요 3:5; 갈 6:15; 벧전 1:23) 예수 그리스도에게 유효하게 나아가게 하신다(엡 1:19; 요 6:44-45). 그들은 하나님의 은혜를 통해 기꺼이 자발적으로 예수께 나아온다(시 110:3; 요 6:37; 롬 6:16-18; 마 11:28; 계 22:17).[974]

성령께서는 중생을 경험한 신자에게 유효적이고 불가항력적인 은혜를 베푸셔서 인간 의지 자체를 변화시켜 그 속에 거룩한 성품을 이루어 놓으시며, 하나님의 사역은 불가항력적 은혜로서 선택받은 자들은 이 절대적 능력으로 인하여 죄의 멍에를 벗고 회심을 체험하며 최후의 상급을 받을 수 있는 자격을 갖추는 데까지 이르지 않을 수 없다.[975] 성령의 중생케 하시는 역사는 그리스도의 순종과 죽으심의 효력이 예정된 그의 백성들에게 중생으로 적용되는 사역이다.[976] 즉, 창세전에 삼위일체 하나님의 구속 언약에 근거하여 성부는 구원 얻을 자를 선택하시고 성자는 이 언약을 성취하기 위해서 세상에 오셔서 첫 아담의 죄와 허물을 그리스도의 십자가로 도말하시고 구원을 보장하셨으며, 잃어버린 죄인들을 회복시키시는 성령의 중생 사역이 결단코 실패하지 않고 반드시 적용되어 구원에 이르게 하신다.[977]

이처럼 성령께서는 성부께서 선택하신 예정된 백성들을 구원으로 이끌어 내기 위해 외적 부르심뿐만 아니라 특별한 내적 부르심[978] 즉,

---

974 *The Westminster Confession of Faith*, Ch. X, I-II.
975 로레인 뵈트너, 『칼빈주의 예정론』, 198.
976 존 머레이는 유효한 은혜에 대하여 다음과 같이 묘사하였다: "하나님께서 부르시는 것은 효력이 있어서 소명을 받은 자가 소명에 응답하여 예수 그리스도가 복음 가운데 값없이 제공될 때 그분을 받아드리도록 하는 효력있는 은혜를 수반한다." John Murray, *Redemption Accomplished and Applied* (Grand Rapids, Michgan: Eerdmans, 1970), 96.
977 D. 스틸, 『칼빈주의와 알미니안주의』, 82.
978 제임스 몽고메리 보이스, 필립 그레이엄 라이큰, 이용중 역, 『개혁주의 핵심-칼빈주의 5대 교리』

특별 소명을 통하여 죄인 안에 은혜의 역사를 행하시고 마침내 그리스도를 믿게 하시되 영원한 영생을 누릴 수 있도록 인도하시는 사역을 감당하신다.[979] 이처럼 하나님의 택자를 향한 은혜는 불가항력적이며, 이를 받은 택자는 구원을 완성하는데 결코 실패하지 않는다.

3) 성경적 근거들

롬 8:14 "무릇 하나님의 영으로 인도함을 받은 그들은 곧 하나님의 아들이라."하나님의 영 즉 성령에 의한 소명

고전 12:3 "성령으로 아니하고는 누구든지 예수를 주시라 할 수 없느니라."

행 13:48 "이방인들이 듣고 기뻐하여 하나님의 말씀을 찬송하며 영생을 주시기로 작정된 자는 다 믿더라."

롬 1:6-7 "너희도 그들 중에 있어 예수 그리스도의 것으로 부르심을 입은 자니라 로마에 있어 하나님의 사랑하심을 입고 성도로 부르심을 입은 모든 자에게…."

갈 1:15-16 "내 어머니의 태로부터 나를 택정하시고 은혜로 나를 부르신 이가…."

고전 2:14 "육에 속한 사람은 하나님의 성령의 일을 받지 아니하나니

(서울: 부흥과개혁사, 2010), 202.

979 D. 스틸, 『칼빈주의와 알미니안주의』, 83. W. J. 시애톤은 하나님의 부르심에는 두 가지가 있는데 그중 하나는 외적 부르심이요 다른 하나는 내적 부르심으로서, 성령께서 남자나 여자나 젊은이를 그의 은혜로 부르실 때 그 부르심은 불가항력이며 이는 결코 꺾일 수 없는데 이는 하나님의 불가항력적 은혜의 표시라고 주장하였다. 라보도 편저, "칼빈주의 5대 교리", in 『칼빈주의 신학과 신앙』, (대한예수교장로회 신학교 미국 웨스트민스터 한국지부, 1981), 227-228.

저에게는 미련하게 보임이요 또 깨닫지도 못하나니 이런 일은 영적으로라야 분별함이니라."

5. 구원론: 성도의 영원한 타락 Eternal Falling from Grace과 성도의 견인 Perseverance of the Saints

1) 알미니안주의: 성도의 영원한 타락

알미니안주의자들의 "The Five Articles of the Remonstrance" 중에 5항의 원문을 살펴보자.

Article 5.

진정한 믿음을 통해 그리스도에게 연합됨으로 성령의 생명에 참여한 자들은 사탄, 죄, 세상, 자신의 육욕에 대항할 충만한 능력을 승리할 때까지 얻게 된다. 이는 성령의 도우시는 은혜를 통해 이루어지며 그리스도는 자신의 영을 통해 모든 유혹으로부터 이들을 지키시며 이들에게 자신의 손을 펼치시는 것으로 여겨진다. 만일 그들이 이 싸움을 준비하고 그의 도우심을 희구하며 적극적으로 나아간다면, 이러한 도우심은 그들이 실패하는 것으로부터 지켜줄 것이다. 따라서 이들은 요 10:28 "또 그들을 내 손에서 빼앗을 자가 없느니라."라는 그리스도의 말씀에 따라 어떠한 사탄의 능력과 교활함에 빠지지 않으며 그리스도의 손에서 빼앗기지 않을 것이다.

그러나 우리 자신들이 이러한 말씀으로 우리 마음을 충분히 설득하기 전에는 우리 자신들의 게으름을 통해 그리스도 안에 처음 시작한 자신의 삶이 다시 버려질 수도 있으며 다시 악의 세계로 돌아갈 수도 있으며, 우리를 구원한 거룩한 교리로부터 돌아설 수도 있으며, 선한 양심과 은혜를 상실할 가능성(capable)이 있는 것이다.

David N Steele and Curtis C Thomas의 알미니안주의 5대 교리 2항.

믿고 진실로 구원을 얻은 자들도 믿음과 그 이외의 것을 지키는데 실패하면 그들의 구원을 상실할 수 있다.[980]

위에 제시된 바처럼, 알미니우스주의자들은 그리스도와의 연합, 성령에 참여, 진정한 믿음 등의 용어들을 통해 죄와의 싸움에서 승리할 수 있다는 사실을 인정하였으며, 성령의 도우심과 그리스도의 인도하심도 수용하고 있다. 그러나 이들의 주장 5항의 후반에 가서는 성도의 영원한 은혜로부터의 타락의 가능성을 제시한다. 비록 신자가 구원을 경험하고 하나님 자녀가 되었을지라도 죄와의 싸움에 소극적으로 대처한다면 첫 믿음을 상실하고 사탄의 세계에 빠져서 하나님의 구원을 상실하게 될 것이라고 주장하고 있다.

이들의 이러한 주장은 칭의와 성화를 구별하지 못한 신학적 문제점을 안고 있다. 창세전에 삼위일체 하나님의 구속 언약과 은혜 언약에 따라 하나님의 때에 맞추어 소명을 받고 회개와 회심을 통한 믿음을 소유한 자는 중생을 경험하게 되고 성부로부터 그리스도의 피 공로를 통한 칭의를 이루어 하나님 자녀가 되는 놀라운 은혜에 세계

980　D. 스틸, 『칼빈주의와 알미니안주의』, 26.

에 들어가는 것이다. 이 과정 속에는 타락한 인간의 도덕적 능력과 이성적 판단과 선을 행할 의지 등 인간적 요소는 결코 포함될 수 없고, 오직 신적 작정에 근거한 하나님의 은혜의 결과로 이루어지는 것이다.

중생과 칭의를 이룬 신자는 이 세상을 살아가는 동안 '성화'의 과정에 들어서게 되는데, 이 성화의 과정은 항상 위 상향적인 경향보다는 세상이 주는 수많은 고통과 삶의 험난한 질곡의 역사 속에서 갈등과 아픔을 경험하면서 다양한 모습을 형성하게 된다. 때로는 성령 충만하여 세상이 온데간데 없을 정도로 하나님과 깊은 교제의 순간을 경험하기도 하지만, 이 세상 방식을 거부하는 이유로 인하여 닥치는 세상과의 갈등 및 죄와의 사투를 경험하기도 하고, 성령께서 수여하신 은혜의 수단들을 활용하지 못하고 나태해지고 태만해져서 세상에 야합하기도 하고 넘어지기도 하고 무너지기도 하는 과정을 겪게 된다. 중요한 점은 하나님의 예정 속에서 중생과 칭의와 양자의 영을 받은 신자가 세상에 넘어졌을지라도 아주 넘어지지 않는 것은 성령께서 그의 영혼을 영원한 세계로 이끄실 때까지 함께 하시기 때문인 것이다.

2) 칼빈주의: 성도의 견인 The Perseverance of the Saint

알미니안주의자들의 '5대 항의 조항'의 5항에 대한 돌트신조 The Canons of Dort의 5항은 "성령의 유효한 은혜 즉 불가항력적 은혜의 수여"에 대하여 다루고 있다.

제 1조. 하나님께서 성령의 중생을 통하여 주 예수 그리스도와 친교를 이루기 위하여 부르신 자들은 죄의 통치와 노예적 삶에서 해방되지만, 이 세상을 살아가는 동안은 육체가 죄로부터 완전히 자유롭게 되는 것이 아니다.

제 2조. 따라서 최고의 신자일지라도 날마다 연약하게 만드는 죄는 분출하고 있으며, 이러한 현상은 죽음의 몸에서 벗어나 하늘에 계신 하나님의 어린 양과 함께 누리게 될 때까지이며, 이는 하나님 앞에서 그들을 겸손케 하고 그리스도의 십자가 아래 피하도록 역사하신다.

제 3조. 회심을 경험한 신자일지라도 그들의 유일한 자원(Resources)을 떠난다면, 신자 속에 내주하는 잔존 죄(Remnants of sin)[981]와 이 세상과 사탄의 유혹으로 인하여 이 은혜 가운데 머물 수가 없다. 그러나 하나님은 신실하시고 자비로우셔서 이들에게 은혜를 수여하시고 강력하게 세상 끝날까지 이들을 견인케 하신다.

제 4조. 은혜 가운데 신실한 신자를 견인케 하시고 강화시키는 하나님의 능력은 육체의 소욕보다 더 강하다. 회심한 신자가 항상 하나님에 의해 동기화되고 활성화되지 못하여서 어떤 특별한 잘못을 저질렀을지라도, 하나님의 인도하심에서 떠날 수 없다. 그러므로 신자는 항상 끊임없이 주의하며 기도 생활을 통해 세상 유혹에 빠져서는 안 된다. 이들이 죄악에 빠지게 되면 심각하고도 터무니없을 정도로 정욕과 세속과 사탄으로 인한 죄악을 행하게 된다. 성경에 제시된 이러한 심각

---

[981] 도르트 신조는 존 오웬의 죄억제론의 구체적인 내용을 담고 있다. John Owen, *The Works of John Owen*, VI: 159. 가령, 죄의 본질과 존재와 그 위력과 힘, 내주하는 죄(Indwelling sin)과 잔존 세력(Remainders) 등을 들 수 있다.

한 사례들로서 다윗, 베드로, 다른 성도들의 경우들이 있다.

제 5조. 그러나 이러한 괴물 같은 죄악으로 인하여 신자는 죽음에 해당하는 죄악으로 하나님 앞에 큰 죄악을 저지르게 되며 성령을 근심케 하며 신앙생활이 유보되기도 하며 양심은 심하게 훼손되며 한동안 일시적으로 은혜를 인식하지 못하게 될 수 있다. 그러나 이러한 죄악된 생활은 하나님의 부성적인 얼굴이 그들을 향하여 비추게 됨으로써 그들이 진정한 회개를 통해 옳은 길로 돌아오기까지이다.

제 6조. 왜냐하면 자비가 풍성하신 하나님께서 불변하신 선택의 목적에 따라서 고통 속에 신음하는 그들 가운데 그분의 완전하신 성령을 빼앗지 않으시기 때문이다.

제 7조. 하나님은 자신의 백성들이 일시적으로 타락했을지라도 말씀과 성령으로 새롭게 회개케 하시며 중보자 그리스도를 통해 구원을 이루어 가신다.

제 8조. 인간의 구원은 공로와 노력이 아니라 하나님의 자비의 결과이기 때문에, 일시적 타락으로 인하여 구원이 상실될 수가 없다.

제 9조. 하나님은 자신의 택한 자 즉, 진정한 신자의 믿음을 끝까지 붙드시며 구원의 완성을 이루실 것이다.

제 10조. 신자의 구원의 확신은 하나님 말씀을 통해 일어나며, 하나님의 약속을 믿는 믿음과 양자됨에 대한 성령님의 증거를 통해 확증되며, 신자가 거룩한 양심과 선행을 추구함으로써 확고해진다.

제 11조. 진정한 성도의 의심과 유혹으로 성도의 견인에 대한 불확신하게 될 수 있지만, 궁극적으로 하나님께서 성령의 도우심을 통해 견인토록 하신다.

제 12조. 성도의 견인은 육적인 교만과 신뢰가 아니다. 이는 하나님을 향한 경외심, 경건성, 인내와 기도, 십자가, 진리에 대한 고백을 견고히 수행해가는 것을 의미한다.

제 13조. 성도는 일시적 타락 이후 믿음의 견인에 대한 체험을 통하여 더욱더 하나님 법도를 준수하며 하나님의 부성애적인 자비하심을 경험하며 자신의 영혼이 하나님의 면전에서 벗어나지 않도록 하게 된다.

제 14조. 하나님의 은혜의 역사를 통해 성도를 보존하시되, 말씀을 보고, 듣고, 묵상하고 권면과 책망, 성례를 통해 지켜주신다.

존 오웬은 칭의와 성화를 구별하지 못한 알미니안주의를 매우 비판하면서, 신실한 성도와 죄와의 사투의 과정을 그의 작품 전권 속에서 자세히 설명하였다. 오웬은 비록 예수 그리스도의 십자가를 통한 하나님의 주권적인 은혜의 산물로 하나님의 백성이 되었을지라도, 신자는 날마다 죄와의 격렬한 싸움 속에 살아가고 있음을 강조하였다.[982] 그는 1656년 "신자들의 죄죽임에 관하여"On the Mortification of Sin in Believers라는 주제를 통하여 중생의 체험을 통한 회심과 법정적 칭의를 이룬 신자가 죄와의 싸움에서 죄를 억제하고 죽이는 "죄죽임"Mortification을 이루어 가야 할 의무와 하나님의 은혜의 상관관계를 자세히 그려주고 있다.[983] 또한 그는 하나님의 예정에 따라 그리스도

---

[982] 윤종훈, "존 오웬의 죄죽임론(죄억제론)에 나타난 성화론의 은혜와 의무의 상관관계에 대한 개혁주의적 이해", 80.

[983] John Owen의 저서 *The Works of John Owen*, VI는 "On the Mortification of Sin", "On Temptation", "On Indwelling Sin in Believers", "Exposition of Psalm 130"을 다루고 있다. Recited in 윤종훈, "존 오웬의 죄죽임론(죄억제론)에 나타난 성화론의 은혜와 의무의 상관관계에

의 십자가 능력을 통해 하나님의 자녀가 되었음에도 불구하고, "회심 이후에도 신자의 마음mind과 감정affection과 영혼soul 속에는 악을 끊임없이 추구하고자 하는 내주하는 죄악의 잔존 세력들remainders"이 계속되고 있다는 진리를 제시하였다.[984] 따라서 오웬은 중생한 신자가 성화를 이루는데 필요한 죄죽임의 사역에 대하여 다음과 같이 묘사하였다:

> 인간의 타락성, 나약성, 죄와 유혹의 가공할 만한 위력, 그리고 죄를 억제할 수단을 주시는 성령의 역사에서 죄죽임이 필요하다. 즉, 중생한 신자일지라도, 그는 육체를 입고 있기 때문에 항상 '육체의 소욕'(the Deeds of the Flesh)과 내주하는 죄악을 접촉하면서 살아갈 수밖에 없는 존재이다. 죄와 유혹은 항상 신자가 육체의 소욕에 빠지도록 격동하고 있다. 만일 신자가 자기 삶을 날마다 성령의 은혜를 통하여 성찰하는데 게으르다면, 유혹은 죄를 격동시켜 신자의 의지 동의를 통하여 죄악의 나락에 빠지게 할 것이며, 영혼의 핍절한 상태를 초래할 것이 분명해진다. 신자가 이처럼 죄 억제에 실패하게 될 때, 죄악은 신자의 마음과 감정과 의지를 파괴할 가공할 무기로 다가와 급기야는 영혼의 패망을 초래할 것이다. 또한 신자에게는 성령과 새로운 본성이 주어졌기에 내주하는 죄와 욕망의 사악함에 대항하여 싸워가야 할 죄 억제의 필요성이 제기된다. 또한 지상 위의 모든 신자 가운데 완전한 자가 아무

대한 개혁주의적 이해", 80.
984　John Owen, *The Works of John Owen*, VI: 159.

도 없으므로 하나님 앞에 서는 그 순간까지 죄죽임의 사역은 필수적이다.[985]

웨일즈 출신으로 훌륭한 청교도였던 크리스토퍼 러브Christopher Love는 성도의 영원한 견인론에 근거하여 주장하길, "만일 택자가 멸망을 당한다면, 예수 그리스도께서는 성부 하나님께 대단히 불충한 분이 될 것이다. 왜냐하면 성부 하나님께서 이 사명을 그리스도에게 맡기셨기 때문이다. 그리스도께서는 하나님께서 선택하신 모든 자들을 안전하게 지키시고 천국으로 인도하셔야 하기 때문이다."라고 강조하였다.[986]

이처럼 성도의 영원한 견인은 그리스도의 중보 사역을 통하여눅 22:32; 요 17:15, 성령의 내주하는 사역을 통하여요 14:16; 요일 2;27, 하나님의 택자를 향한 사랑의 불변성과 영원성을 통하여롬 11:29, 하나님 약속된 보증을 통하여요 10:27-30; 딤후 1:12, 고전 10:13 영원한 세계에 이르기까지 보존되고 성취될 것이다.[987]

---

985 John Owen, *The Works of John Owen*, VI: 10. 오웬은 이러한 일례를 아브라함, 다윗, 그리스도의 제자들에게서 찾았다. 동시에 그는 성화의 지상 완전주의를 주장하는 자들과 원죄를 부인하는 자들의 문제점을 지적하였다. 그는 빌 3:12; 고전 13:12; 고후 4:16; 벧후 3:18; 갈 5:17; 6:9; 롬 7:24; 히 12:1; 고후 7:1 등을 인용하면서 이르길, 이러한 자들은 예수 그리스도의 능력을 철저히 무시하는 자들이라고 혹독하게 비평하고 있다. 이에 대하여 당시 퓨리탄이었던 William Bates는 이르길, "거룩에 대한 절대 완전성은 지구상 위에서 성취할 수 없다. 순수하게 정화된 고도의 거룩함으로 정제된 자는 아무도 없다. 오직 자신의 갈망과 목적과 노력을 통하여 완전을 소유하고자 희망하는 자들은 완성의 주체이신 중보자의 은총 가운데 용납될 수 있는 것이다". William Bates, Works, II: 98. Recited in 윤종훈, "존 오웬의 죄죽임론(죄억제론)에 나타난 성화론의 은혜와 의무의 상관관계에 대한 개혁주의적 이해", 87.

986 Blanchard, *The Complete Gathered Gold*, 170, Recited in 조엘 비키, 『하나님의 영광을 위하는 삶 - 칼빈주의』, 217.

987 조엘 비키, 『하나님의 영광을 위하는 삶 - 칼빈주의』, 218.

제임스 보이스는 "성도의 견인"을 다루면서 견인론에 대한 몇 가지 오해를 소개하였다.[988] 즉, 성도의 견인론은 신자가 모든 죄에서 해방되고 면제되었다는 오해에서 벗어나야 한다고 지적함[989]과 동시에 모든 그리스도인이 하나님의 충만하신 자비하심으로 매 순간 죄에 빠지지 않도록 보호 인도함을 받는 것을 오해해서는 안 된다고 강조하였다. 또한 그는 참된 믿음을 소유하지 못하고 그리스도를 주로 고백하는 자들이 마치 구원의 반열에 들어선 것처럼 생각하며 견인론의 수혜자가 될 것으로 착각하는 오류를 조심해야 할 것을 지적하였다.[990]

웨스트민스터 신앙고백 17장은 "성도의 견인"에 대하여 보다 구체적으로 묘사하고 있다.

하나님께서 자기의 사랑을 입으며 효과적으로 부르심을 받고 성령에 의해 성화된 자들은 은혜의 상태로부터 전적으로 또는 종국적으로 타락할 수 없으며 세상 끝날까지 그 상태에 꾸준히 견인하여 머물러 있게 되며 또한 영원히 구원을 이루게 될 것이다."라고 묘사하고 있다. 또한 성도의 견인은 그들 자신의 자유 의지에 의존하지 않

---

[988] 제임스 보이스는 모든 그리스도인들도 죄악된 삶을 살아간다고 지적하면서, 구약의 노아의 술취한 사건과 아브라함이 아내를 누이라 속인 모습과 다윗이 우리아를 간접 살인하고 밧세바를 빼앗는 죄악과 베드로의 주님을 부인한 사건을 예증으로 모든 그리스도인들은 항상 견인론으로 인하여 죄와 무관하게 살아가는 것이 아님을 논증하였다. 제임스 몽고메리 보이스, 필립 그레이엄 라이큰, 『개혁주의 핵심-칼빈주의 5대교리』, 231-232.

[989] 조엘 비키는 성도의 견인론을 다루기 앞서 진정한 신자의 개념이 우선되어야 한다고 주장하였다. 즉, 제임스 보이스가 지적한 바처럼, 구원적 확신이 없는 교인이 교회 활동을 하다가 타락하여 세상에 나락에 영원히 빠지는 현상을 바라보며 '성도의 견인의 불확실성'을 제기할 수 있기 때문이다. 조엘 비키, 『하나님의 영광을 위하는 삶 - 칼빈주의』, 2140215.

[990] 제임스 몽고메리 보이스, 필립 그레이엄 라이큰, 『개혁주의 핵심-칼빈주의 5대 교리』, 233-234.

고 하나님 아버지의 자유롭고 불변하시는 사랑에서 흘러나오는 선택적 작정하심의 불변성에 기초하고 있으며, 예수 그리스도의 공로와 중보의 유효성에 기초하며, 은혜 언약의 본질과 성령의 내주하심에 기초하고 있는데, 이 모든 것에 대한 확실성과 무오류성에 기인하고 있다. 그럼에도 불구하고 신자는 사탄과 세상의 유혹과 그들 속에 남아있는 타락의 풍조, 그리고 견인을 이루는 수단에 대한 소홀함으로 인하여 심각한 죄악에 빠질 수 있는데, 이는 한동안 계속 될 수 있다. 이를 통해 신자는 하나님의 노여움을 초래하고 성령을 근심케 하며, 은혜와 위로하심의 수단들을 빼앗기게 되고 마음이 굳어지고, 양심이 손상되고 타인에게 해를 끼치고 분노를 자아내게 함으로써 그들에게 잠정적인 심판이 임할 수 있는 것이다. [991]

지금까지 상고한 바처럼, 알미니안주의자들은 신자의 구원의 서정 가운데 펼쳐지는 법정적 칭의와 성화의 특징을 잘 구분하지 못하고, 마치 칭의 이후 신앙적 갈등 속에 있는 신자가 성화 과정 속에서 구원을 상실한 것처럼 주장하였던 것이다. 즉, 신자가 자신의 태만과 게으름 및 극심한 시험으로 인하여 성화의 풍요로운 결실을 맺지 못하는 경우는 발생하지만, 이미 법정적으로 하나님의 자녀로 부르심을 입은 신자가 하나님으로부터 칭의의 결실을 상실케 되는 것은 아닌 것이다.

---

991 *The Westminster Confession of Faith*, Ch. XVII, I-III.

3) 성경적 근거들

엡 4:30 "하나님의 성령을 근심케 하지 말라 그 안에서 너희가 구속의 날까지 인치심을 받았느니라."천국에 입성하는 순간까지 성령을 통해 인도하심을 받음

사 43:1-3 "너는 두려워 말라 내가 너를 구속하였고 내가 너를 지명하여 불렀나니 너는 내 것이라. 네가 물 가운데로 지날 때에 내가 함께 할 것이라 강을 건널 때에 물이 너를 침몰치 못할 것이며 네가 불 가운데로 행할 때에 타지도 아니할 것이요 불꽃이 너를 사르지도 못하리니 대저 나는 여호와 네 하나님이요 이스라엘의 거룩한 자요 네 구원자임이라."

요 3:16 "하나님이 세상을 이처럼 사랑하사 독생자를 주셨으니 이는 저를 믿는 자마다 멸망치 않고 영생을 얻게 하려 하심이니라."

요 10: 24-29 "너희가 내 양이 아니므로 믿지 아니하는도다. 내 양은 내 음성을 들으며 나는 저희를 알며 저희는 나를 따르느니라. 내가 저희에게 영생을 주노니 영원히 멸망치 아니할 터이요 또 저희를 내 손에서 빼앗을 자가 없느니라. 저희를 주신 내 아버지는 만유보다 크시매 아무도 아버지 손에서 빼앗을 수 없느니라."

요 17: 12, 15 "내가 저희와 함께 있을 때에 내게 주신 아버지의 이름으로 저희를 보전하와 지키었나이다. 그 중에 하나도 멸망치 않고 오직 멸망의 자식 뿐이오니 이는 성경을 응하게 함이니이다. 내가 비옵는 것은 저희를 세상에서 데려가시기를 위함이 아니요 오직 악에 빠지지 않게 보전하시기를 위함이니이다."

롬 8:1 "그러므로 이제 그리스도 예수 안에 있는 자에게는 결코 정

죄함이 없나니."

롬 8:35-39 "누가 우리를 그리스도의 사랑에서 끊으리요 환란이나 곤고나 핍박이나 기근이나 적신이나 위험이나 칼이랴 기록된 바 우리가 종일 주를 위하여 죽임을 당케 되며 도살할 양같이 여김을 받았나이다 함과 같으니라 그러나 이 모든 일에 우리를 사랑하시는 이로 말미암아 우리가 넉넉히 이기느니라… 아무 피조물이라도 우리를 우리 주 그리스도 예수 안에 있는 하나님의 사랑에서 끊을 수 없으리라."

고전 1:8 "주께서 너희를 우리 주 예수 그리스도의 날에 책망할 것이 없는 자로 끝까지 견고케 하시리라."

6. 칼빈주의와 알미니안주의에 대한 총결론

1) 알미니안주의

구원은 하나님주도권자과 인간구원 초청에 응답하는 자로서, 구원 유무에 결정적 요소가 됨의 협력을 통해서 결정되며 성취된다. 하나님께서는 모든 사람을 위해 구원을 예비하셨다. 그러나 오직 신자 자신의 자유 의지로 하나님과 협동할 것을 선택하고, 하나님 은혜의 제의를 받아들이는 사람들에게만 유효하게 된다. 따라서 결국 인간의 자유 의지는 구원에 있어서 결정적인 역할을 담당한다. 결론적으로, 누가 구원적 선물을 받을 것인가에 대한 결정권자는 하나님이 아닌 인간의 결정에 달려 있다.

2) 칼빈주의

구원은 삼위일체 하나님의 전능하신 능력에 의해서만 결정되고 성취된다. 즉, 성부는 백성을 선택하고, 성자께서는 그들을 위해 돌아가셨고, 성령은 택자에게 믿음과 회개에 이르게 하시고 그들이 자발적으로 복음에 복종케 하심으로 그리스도의 죽음이 유효케 하신다. 선택, 구속, 중생은 전적인 하나님 사역의 결과이자 은혜의 산물이다. 결론적으로, 누가 구원적 선물을 받을 것인가에 대한 결정권자는 인간이 아닌 전적인 하나님이시다.

3) 개혁주의 신학의 칼빈주의 입장

개혁주의는 어거스틴의 주장에 근거하여 하나님의 주권, 인간의 전적 타락, 무조건적 선택인간의 조건을 바라보지 않고 하나님이 일방적으로 선택하심을 강조하였다. 비록 루터는 칼빈주의자는 아니었지만, 그는 의지의 속박the Bondage of the Will을 강조함으로써 구원이 하나님의 은혜의 산물임을 주장하였다.

4) 제임스 패커(J.I. Packer)는 칼빈주의와 알미니안주의의 차이점을 다음과 같이 묘사하였다.

(1) 두 입장의 기본 전제

죄인인 인간이 전적으로 무능한가 아니면 일부가 무능한가? 하나님이 죄인들을 믿음으로 나아오게 하실 때 자유롭고 무조건적이며 필연적인 은혜로 이들을 구하시는 분인가? 아니면 주님 앞에 나아올 은혜만 주시고 나머지는 스스로 결정토록 하시는 분이신가? 기독교의 구원적 종교는 전적인 하나님의 의지적 종교인가? 아니면 자기 의존적/자기 노력적 종교인가? 라는 전제 조건이 다르다고 하였다.

(2) 칼빈주의와 알미니안주의

첫째, 칼빈주의는 구원하시는 하나님을 선언함에 반하여, 알미니안주의는 인간이 그 자신을 구할 수 있도록 하시는 하나님을 설명한다.

둘째, 칼빈주의는 잃어버린 백성들의 회복을 위한 거룩하신 삼위일체의 사역성부의 선택, 성자의 구속, 성령의 부르심과 구속의 적용을 선포하며, 이를 통하여 결국 구원이 틀림없이 보장된다는 점을 강조함에 반하여, 알미니안주의는 구원의 선택 대상은 오직 말씀을 자신 스스로 듣고 응답하는 자들 즉, 구속의 대상은 전 인류이며, 성령의 부르심은 복음을 듣는 자들이라고 주장하였다.

셋째, 칼빈주의는 구원은 하나님의 사역에 절대적으로 의존적 결과라고 주장함에 반하여, 알미니안주의는 구원이 인간의 노력과 의지의 산물로 귀결된다고 하였다.

넷째, 칼빈주의는 믿음은 하나님께서 수여하시는 구원적 선물이라고 주장함에 반하여, 알미니안주의에게 있어서 믿음은 구원을 향한 인간 자신의 공헌의 결과라고 주장하였으며, 이는 로마 가톨릭, 웨슬리 입장과 비슷하다.

최종적인 결론은 칼빈주의는 구원에 대한 영광은 이를 창작하신 하나님께 돌림에 반하여, 알미니안주의는 구원적 영광을 구원의 장치를 건조하신 하나님과 믿음으로 이를 조정한 인간이 나누어 가지는 결과를 초래한다. 즉, 이들에게 구원적 영광과 찬양은 구원 장치를 조성하신 하나님과 이 구원을 얻도록 조정한 인간에게 돌리는 것이다.

참고문헌

참고문헌

외국 문헌

Adair, John. *Founding Fathers- the Puritans in England and America*. London: J.M. Dent & Sons Ltd., 1982.

Aland, Kurt. *A History of Christianity*. tr., James L. Schaaf, Philadelphia: Fortress Press, 1980.

Allen, D.L. *The Extent of the Atonement: A Historical and Critical Review*. Nashville, TN: B&H Academic, 2016.

..............., "The Atonement: Limited or Universal?" In *Whosoever Will: A Biblical-theological Critique of Five-point Calvinism*. edited by David L. Allen and Steve W. Lemke, Nashville: B&H, 2010.

Allen, D.L. & Steve W.L. ed. *Whosoever Will: A Biblical-Theological Critique of Five-Point Calvinism*. Nashville, TN: B&H Academic, 2010.

Allen, J.W. *A History of Political Thought in the Sixteenth Century*. London: Methuen, 1929.

..............., *English Political Thought, 1603-1644*. London, 1938.

Armitage, T. *A History of the Baptist*. New York: Bryon Tayer and Co., 1887.

Armstrong, B. *Calvinism and the Amyraut Heresy*. Madison: University of Wisconsin Press, 1969.

Atkinson, James. *Martin Luther and the Birth of Protestantism*. 1968, Atlanta; John Knox, 1982.

Audin, J. M. V. *History of the Life, Works, and Doctrines of John Calvin*. trans. John McGill, Louisville; Baltimore, Joh Murphy, 1899.

St. Augustine, *St. Augustine, City of God: Concerning the City of God Against the Pagans*, tr. *Herny Bettenson*. London: Penguin Books, 1984.

Benrath, G.A. *Wegbereiter der Reformation*. Bremen: Carl Schünemann Verlag, 1967.

Bainton, R. *Here I Stand – A Life of Martin Luther*. New York, Nashville, Abingdon Press, 1950.

.... *The Reformation of the Sixteenth Century*. Boston: Beacon Press, 1952.

Barbour, H. *The Quakers in Puritan England*. New Haven, Conn., 1964.

Battles, F.L. *The Piety of John Calvin*. Grand Rapids: Baker, 1978.

Beck, F.B. *The Five Points of Calvinism*. Ashland: Calvary Baptist Churh, n.d.

Beardslee, J. *Reformed Dogmatics*. Grand Rapids: Baker, 1977.

Bettenson, Henry. *Documents of the Christian Church*. London: Oxford University Press, 1963.

Benedict, P. *Christ's Churches Purely Reformed: A Social History of Calvinism*. New Haven and London, 2002.

Berkhof, H. *Christ the Meaning of History*. Richmond. Va: John Knox Press, 1966.

................., *Christian Faith: An Introduction to the Study of the Faith*. Grand Rapids: Eerdmans, 1991.

Berkhof, L. *Manual of Christian Doctrine*. Grand Rapids: Eerdmans, 1976.

Berkouwer, G.C. *Studies in Dogmatics: Divine Election*. Grand Rapids: Eerdmans, 1960.

Bierma, L.D. *German Calvinism in Confessional Age: The Covenant Theology of Caspar Olevianus*. Grand Rapids: Baker, 1996.

Boersma, H. *Violence, Hospitality, and the Cross: Reappropriating the Atonement Tradition*. Grand Rapids: Baker, 2004.

Boettner, L. *The Reformed Doctrine of Predestination*. Philadelphia: Presbyterian & Reformed, 1969.

Boice, J.M. & Ryken, P.G. *The Doctrines of Grace: Rediscovering the Evangelical Gospel*. Wheaton: Crossway, 2009.

Bolam, C.G. & Goring, J. & Short, H.L. & Thomas, R. *The English Presbyterians*. London: George Allen & Uniwin LTD, 1968.

Bonar, H. "The Five Points o f Calvinism." In *The Five Points of Calvinism: In a Series of Letters*. edit., Jay Green, Grand Rapids: Sovereign Grace Publishers, 1971.

Bonnechose, Emile De. *The Reformers Before the Reformation – The Fifteenth Century, John Huss and the Council of Constance*. vol. one, New York: Harper and Brothers, 1844.

Bouwsma, W.J. *John Calvin: A Sixteenth-century Portrait*. New York: Oxford University Press, 1988.

Bratt, J.H. *The Heritage of John Calvin*. Grand Rapids: Eerdmans, 1973.

Barrett, M. edit. *Reformation Theology- A Systematic Summary*. Wheaton, Illinois, Crossway, 2017.

Bromiley, G.W. *Historical Theology: An Introduction*. Grand Rapids: Eerdmans, 1978.

Brown, R.M. *The Spirit of Protestantism*. Oxford: New York: Oxford University Press, 1965.

Buchanan, J. *The Doctrine of Justification: An Outline of Its History in the Church and of Its Exposition from Scripture*. London: Banner of Truth Trust, 1961.

Bury, J.B. ed., *The Cambridge Medieval History*. Cambridge: University Press, 1911.

Cadman, S.P. *The Three Religious Leaders of Oxford and Their Movements*.

New York: The Macmillan Company, 1916.

Calvin, J. *Calvin's Calvinism, Treatises on the Eternal Predestination of God & the Secret Providence of God*. translated by Henry Cole, Grand Rapids, Reformed Free Publishing Association, 1950.

................, *Calvin's Commentaries: The Acts of the Apostles*. David W. Torrance and Thomas F. Torrance. eds. trans. John W. Fraser, Grand Rapids, MI: William B. Eerdmans Publishing Company, 1966.

................, *Commentaries*, Edited and translated by Joseph Haroutunian, Library of Christian Classics vol.23, Philadelphia: Westminster, 1958.

................, *Concerning the Eternal Predestination of God*. Translated by J. K. S. Reid, London: Clarke, 1961.

................, *Hebrews and the Epistles of Peter*. trans. William B. Johnston, ed. David W. and Thomas F. Torrance, Grand Rapids: Eerdmans, 1963.

................, *Institutes of the Christian Religion*. tr. Ford L. Battles, Philadelphia: Westminster Press, 1959.

................, *Instruction in Faith*. Translated by Ford Lewis Battles, Atlanta: John Knox, 1975.

................, *Opera selecta*. edited by Guiliemus Baum, Edeardus Cunitz, and Eduardus Reuss. 59 vols. *Corpus Reformatorum*. vol. 29-87, Brunsvigae: Shcwetschke, 1863-1900.

................, *Sermon on the Epistles of S. Paul to Timothie and Titus*. Translated by L. Tomson, London: Bishop and Woodcoke, 1579.

................, *The Epistle of Paul the Apostle to the Galatians, Ephesians, Philippians and Colossians*. Translated by T. H. L. Parker, Grand Rapids: Eerdermans, 1965.

Cairns, E.E. *Christianity Through the Centuries*. Grand Rapids: Zondervan, 1954.

Carlyle, R.W. *A History of Medieval Political Theory in the West*. Vol. 4: 1300-1600. New York: Putnam, 1903.

Chadwick, H, ed. *The Pelican History of the Church*. 6 vols, Baltimore: Penguin Books, 1960.

Clark, G.K. *The English Inheritance*. London: SCM Press, 1950.

Clifford, A.C. *Atonement and Justification: English Evangelical Theology 1640-1790: An Evaluation*. New York: Oxford University Press, 1990.

Cooper, L.J. *Are Five Points Enough? The Ten Points of Calvinism*. Reformation Educational Foundation, 1980.

Coates, Wilson H. *An Analysis of Major Conflicts in Seventeenth Century England, Conflict in Stuart England*. ed. W. A. Aiken and B. Henning, London, 1960.

Cragg, G.R. *Freedom and Authority: a study of English Thought in the Early Seventeenth Century*, Philadelphia: Westminster Press, 1975.

Crawford, T.J. *The Doctrine of Holy Scripture Respecting the Atonement*. Grand Rapids: Baker, 1954.

Cross, F.L. & Livingstone, F. L. Cross & E. A. Livingstone, *The Oxford Dictionary of the Christian Church*. Oxford University Press, 1990.

Cunningham, W. *The Reformers and the Theology of the Reformation*. Edinburgh: Banner of Truth Trust, 1967.

Custance, A.C. *The Sovereignty of Grace*. Grand Rapids: Baker, 1979.

Dabney, R.L. *The Five Points of Calvinism*. Harrisonburg: Sprinkle Publications, 1992.

Dakin, A. *Calvinism*. Philadelphia: Westminster Press, 1946.

Dalton, H. *The Life of John A'Lasco*. St.Petersburg, trans., London, 1886.

Demarest, B. *The Cross and Salvation: The Doctrine of Salvation*. Wheaton: Crossway, 1997.

Dever, M.E. *The Gospel and Personal Evangelism*. Wheaton: Crossway, 2007.

Dickens, A.G. *Reformation and Society in Sixteenth Century Europe*. New York: Thames and Hudson, 1966.

⋯⋯⋯⋯, *The Intellectual Origins of the English Reformation, in Background to the English Renaissance*, ed. J.B. Trapp, London: Gray-Mills, 1974.

Dowey, E.A. *The Knowledge of God in Calvin's Theology*. New York: Columbia University Press, 1952.

Drysdale, A. H. *History of the Presbyterian in England: Their Rise, Decline, and Revival*. London: Publication Committee of the Presbyterian Church of England, 1889.

Duke, A., "The Ambivalent Face of Calvinism in the Netherlands 1561-1618" in M. Prestwick (ed.), *International Calvinism 1541-1715*. Oxford, 1985.

Duncan, M. *The Five Points of Christian Reconstruction From the Lips of Our Lord*. Edmonton: Still Waters Revival Books, 1990.

Dunn, R.S. *The Age of Religious Wars, 1559-1715*, New York: W.W. Norton & Company, 1979.

Eliot, T.S. *Notes Toward the Definition of Culture*. London: Faber and Faber, 1962.

Elton, G.R. ed., *Renaissance and Reformation, 1300-1648*. New York: MacMillan, 1964.

Evans, R. J. W. *The Wechel Presses: Humanism and Calvinism in Central Europe, 1572-1629*. Oxford, 1975.

Farley, B.W. *The Providence of God*. Grand Rapids: Baker, 1988.

Farr, W. *John Wyclif As Legal Reformer*. Leiden: Brill, 1974.

Ferguson, J. *Pelagius*. Cambridge: W. Heffer & Sons Lid., 1956.

Forster, G. *The Joy of Calvinism: Knowing God's Personal, Unconditional,*

Irresistible, Unbreakable Love. Wheaton: Crossway, 2012.

Frank, Joseph. *The Levellers*. Cambridge, Mass., 1955.

Frere, W.H. *The English Church in the Reigns of Elizabeth and James I, 1558-1625*. London: 1911.

Fuller, Thomas. *The Church History of Britain From The Birth of Jesus Christ Until The Year MDCXLVIII*. London, 1837.

Garcia, M.A. *Life in Christ: Union with Christ and Twofold Grace in Calvin's Theology*. Milton Keynes: Paternoster, 2008.

George, C.H. and K. *The Protestant Mind of the English Reformation, 1570-1640*. New Jersey: Princeton University Press, 1961.

Gerrish, B.A. ed., *The Faith of Christendom: a Sourcebook of Creeds and Confessions*. Cleveland: Meridian Books, 1963.

Gleason, R.C. *John Calvin and John Owen on Mortification*. New York: Peter Lang, 1995.

Golzalez, Justo L. *A History of Christianity Thought*. Vol. II, Nashville and New York: Abingdon Press, 1971.

Good, K.H. *Are Baptists Calvinists?* Oberlin, OH: Regular Baptist Heritage Fellowship, 1975.

Good, J.I. *Famous Places of the Reformed Churches*. Philadelphia: Heidelberg Press, 1910.

................, *History of the Swiss Reformed Church since the Reformation*. Andersite Press, 2017.

Govett, R. *Calvinism by Calvin: Being the Substance of Discourses Delivered by Calvin and the Other Ministers of Geneva on the Doctrines of Grace*. Miami Springs, FL: Conley & Schoettle, 1984.

Greengrass, M. *The European Reformation 1500-1618*. London and New York, 1998.

Grudem, W. *Systematic Theology: An Introduction to Biblical Doctrine.* Leicester, UK: IVP, 1994.

Gregory, J. *Puritanism in the Old World and in the New From its Inception in the Reign of Elizabeth to the Establishment of the Puritan Theocracy in New England A Historical Handbook.* New York; Fleming H. Revell Company, 1896.

Hall, Basil. "Puritanism: the Problem of Definition". in *Studies in Church History* II, ed., G.J. Cuming, London: Nelson, 1965.

Hanco, H & Hoeksema, H.C. & Baren, G.J. *The Five Points of Calvinism.* Grand Rapids: Reformed Free Publishing Association, 1976.

Hansen, C. *Young, Restless, Reformed: A Journalist's Journey with the New Calvinists.* Wheaton: Crossway, 2008.

Harley, K.H.D. *The Dutch in the Seventeenth Century.* London: Harcourt Brace Jovanovich, 1972.

Hart, D.G. *Calvinism: A History.* New Haven: Yale University Press, 2013.

Heylyn, P. *The History of the Presbyterian.* Oxford, 1670.

Hartog, P.A. *Word for the World: Calvin on the Extent of the Atonement.* Schaumburg, IL: Regular Baptist, 2009.

Hay, Denys. *The Italian Renaissance in its historical background.* Cambridge: Cambridge University Press, 1977.

Hays, G.P. *Presbyterians -A Popular Narrative of Their Origin, Progress, Doctrines, and Achievements.* New York, 1892.

Heller, C.N. *The Latin Works of Huldreich Zwingli.* iii, Philadelphia, 1929.

Helm, P. *Calvin and Calvinists.* Edinburgh: Banner of Truth, 1982.

Henson, H.H. *Puritanism in England.* Hodder and Stoughton, 1912.

Heron, J. A *Short History of Puritanism.* BiblioBazaar, 2015.

Hexter, J.H. *Reappraisals in History.* London: Longmans, 1961.

Hill, Christopher. *Society and Puritanism in Pre-Revolutionary England*. New York, 1964.

Hitchcock, S.L. *Recanting Calvinism: For a Dynamic Gospel*. Xulon Press, 2011.

Hobhouse, W. *The Church and the World in Idea and History*. London, 1910.

Hoekema, A.A. *Saved by Grace*. Grand Rapids: Eerdmans, 1989.

Hodge, A.A. *Calvinism*. Johnson: University Cyclopedia, New York, 1975.

................, *Outlines of Theology*. Grand Rapids: Zondervan, 1972.

Hodge, C. *Princeton Sermons*. Edinburgh: Banner of Truth Trust, 1958,

Hooker, R. *The Works of that Learned and Judicious Divine, Richard Hooker, With an Account of His Life and Death*. by Issac Walton, ed. by John Keble, 3 Vols, 7th ed. Oxford: Clarendon Press, 1888.

Horton, Michael. *For Calvinism*. Grand Rapids: Zondervan Academic, 2011.

Humphreys, F. and Robertson, P.E. *God So Loved the World: Traditional Baptists and Calvinism*. New Orleans: Insight Press, 2000.

Hunt, G.L. ed.. *Calvinism and the Political Order*. Philadelphia: Westminster Press, 1965.

Hunter, A.M. *The Teaching of Calvin*. London, 1950.

Hurstfield, J. ed., *The Reformation Crisis*. London: Edward Arnold, 1965.

Hurst, J.F. *Short History of The Reformation*. New York: Harper & Brothers, 1884.

Jansen, J.F. *Calvin's Doctrine's of the Works of Christ*. James Clarke Lutherworth; First Edition, 1987.

Johnson, Paul. *A History of Christianity*. London: Weidenfeld and Nicolson, 1976.

Kantzer, Kenneth S. "Calvin and the Holy Scriptures." In *Inspiration and Interpretation*. edited by John F. Walvoord Grand Rapid: Eerdmans, 1957.

Keathley, K.D. "Perseverance and Assurance of the Saints." In *Whosoever Will: A Biblical-theological Critique of Five-point Calvinism*. edited by David L. Allen and Steve W. Lemke, Nashville: B&H, 2010.

Kelly, J.N.D. *Early Christian Doctrine*. London: Adam & Charles Black, 1958.

Kendall, R.T. *Calvin and English Calvinism to 1649*. N.Y: Oxford University Press, 1979.

Kevan, E.F. *The Grace of Law: A Study in Puritan Theology*. Grand Rapids, Michigan, 1965.

Kidd, B.J. *The Continental Reformation*. London: Rivingtons, 1902.

Kingdon, R.M. *Geneva and the Consolidation of the French Protestant Movement 1564-1572*. Madison: University of Wisconsin Press, 1967.

Klooster, F.H. *Calvin's Doctrine of Predestination*. Second Edition, Grand Rapids, Michigan: Baker Book House, 1977.

Kolfhaus, W. *Die Seelsorge Johannes Calvins*. Neukirchen, 1941.

Kraus, N.C. *Dispensationalism in America: Its Rise and Development*. Richimond: John Knox Press, 1958,

Kuyper, A. *Lectures on Calvinism: The Stone Lectures at Princeton University*. Grand Rapids, Mi.: Wm. B. Eerdmans, 1931.

................., *Christianity and the Class Struggle*. Grand Rapids: Piet Hein, 1950.

Latourette, K.S. *A History of Christianity*. New York: Harper and Bros., 1953.

..................., *A History of the Expansion of Christianity*. 7 vols. New York:

Harper and Bros., 1937-45. *Christianity and the Class Struggle*. Grand Rapids: Piet Hein, 1950.

Lechler, G.V. *John Wycliffe and His English Precursor*. Religious Tract Society, 1884.

Leith, J.H. *Creeds of the Churches*. New York: Doubleday and Co., 1963.

.............., *Introduction to the Reformed Tradition: A Way of Being the Christian Community*. Atlanta: John Knox Press, 1977.

Lemonnier, H. *Histoire de France*. etc, Paris, 1903.

Lindberg, C. *The European Reformations*. Oxford, 1996.

Lindsay, T.M. *The Reformation*. Edinburgh: T&T Clark, 38 George Street, 1882.

Lohse, B. *A Short History of Christian Doctrines: From the First Century to the Present*. Philadelphia: Fortress, 1966.

Luther, M. *assertio omnium articulorum M. Lutheri per bullam Leonis X. novissimam damnatorum* (1520). in *Martin Luthers Werke*. Kritische Gesamtausgabe, Weimar, 1883.

.............., *On the Bondage of The Will*. 1525, l.C.C. Ichthus Edition, trans. & ed. Philip Watson, Phil: The Westminster Press, 1979.

MacGrath, A. *Christian Theology*. Blackwell Publishers, 1994.

.............., *Iustitia Dei: A History of the Christian Doctrine of Justification*. Cambridge: Cambridge University Press, 1986.

.............., *The Intellectual Origins of the European Reformation*. Oxford: Basil Blackwell, 1987.

.............., *Reformation Thought: An Introduction*. Oxford: Basil Blackwell, 1988.

Mackintosh, R. *Historic Theories of Atonement*. London: Hodder and Stoughton, 1920.

Manschreck, C.L. *A History of Christianity in the World From Persecution to Uncertainty*. New Jersey: Englewood Cliffs- Prentice Hall, 1974.

Marlowe, John. *The Puritan Tradition in English Life*. London: The Cresset Press, 1956.

Mathew, David. *The Social Structure in Caroline England*. Oxford, 1948.

Ronald A. Marchant, *The Puritans and the Church Courts in the Diocese of York, 1560-1642*. London, 1960.

Markus, R.A. *History and Society in the Theology of St. Augustine*. London: Cambridge University Press, 1970,

Marprelate, M. *A Dialogue wherein is plainly layd open the Tyrannicall Dealing of the Lord Bishops over Gods Church*. London, 1640.

McAdoo, H.R. *The Spirit of Anglicanism: A Survey of Anglican Theological Method in the Seventeenth Century*. A.& C. Black, London, 1965.

McClintoch, J. & Strong, J. *Cyclopedia of Biblical, Theological, and Ecclesiastical Literature*. vol. IV, Michigan:Baker Book House, 1981.

McCracken, G. *Early Medieval Theology, Library of Christian Classics*. vol. IX, Philadelphia: Westminster Press, 1978.

McNeil, J.T. *The History and Character of Calvinism*. New York: Oxford University Press, 1954.

M'Crie, Thomas. *The Life of Andrew Melville*. Edinburgh, 1819.

Meeter, H.H. *The Fundamental Principle of Calvinism*. Grand Rapids 1930..

..................., *Calvinism: An Interpretation of its Basic Ideas. Vol.1. The Theological and The Political Ideas*. Kessinger Publishing LLC, 2007.

Mervyn, D. *Foundation of American Freedom*. Nashville: Abingdon Press, 1956.

Miller, Perry. Errand into the Wilderness. Mass.: Cambridge, 1958.

..................., *The New England Mind: The Seventeenth Century*. Boston,

Mass.: Beacon Press, 1961.

Morgan, Irvonwy. *The Godly Preachers of the Elizabethan Church*. London, 1965.

Morgan, J. *Godly Learning, Puritan Attitudes towards Reason, Learning, and Education, 1560-1640*. Cambridge University Press, 1988.

Mosse, G.L. *Calvinism: Authoritarian or Democratic?*. New York: Rinehart, 1959.

Mosellani, P. "Epistola de Disput. Lips." in *Loscher's Reformatons Acta et Docuementa*. Leipzig, 1720.

Mozley, J.B. *A Treatise on the Augustinian Doctrine of Predestination*. 2nd edition, N.Y., 1878.

Mueller, W. *Church and State in Luther and Calvin-A Comparative Study*. Broadman Press, 1954.

Muller, R.A. *Christ and Decree: Christology and Predesination in Reformed Theology from Calvin to Perkins*. Grand Rapids: Baker, 1986.

..............., *The Unaccommodated Calvin: Studies in the Foundation of a Theological Tradition*. Oxford: Oxford University Press, 2000.

Murray, J. *Calvin on Scripture and Divine Sovereignty*. Philadelphia: Presbyterian and Reformed Publishing Co., 1960.

..............., *The Covenant of Grace*. Phillipsburg: Presbyterian and Reformed Publishing Company, 1953.

Neal, D. *Neal's History of the Puritans or the Rise, Principles, and Sufferings of the Protestant Dissenters, to the Glorious Æra of the Revolution*. London: Longman, 1811.

Neale, J.E. *Elizabeth I and her Parliaments, 1559-1601*. 2 vols, New York, 1598.

New, J.F.H. *Anglican and Puritan: The Basis of Their Opposition, 1558-1640*.

Stanford, Calif., 1964

Newman, A.H. *A Manual of Church History*. Philadelphia: The American Baptist Society, 1960,

Niesel, Wilhelm. *Was Heisst Reformiert?* Munich: C. Kaiser, 1934.

Nobbs, D. *Theocracy and Toleration- A Study in the Disputes in Dutch Calvinism from 1600 to 1650*. Cambridge University Press, 1938.

Oberman, H.A. *Luther: Man between God and the Devil*. New Haven: Yale University Press, 1989.

──────, *Masters of the Reformation: The Emergence of a New Intellectual Climate in Europe*. Cambridge: Cambridge University Press, 1981.

──────, *The Dawn of the Reformation*. Edinburgh: T & T Clark, 1986.

──────, *The Reformation: Roots and Remifications*. Edinburgh: T &T Clark, 1994.

Olson, R. *The Story of Christian Theology: Twenty Centuries of Tradition and Reform*. Downers Grove: InterVasity Press, 1999.

Owen, John. *The Works of John Owen*. Ed. William H. Goold, Edinburgh: The Banner of the Truth Trust, 1981.

Palmer, E.H. *The Five Points of Calvinism*. Grand Rapids: Baker, 1980.

Packer, J.I. *Evangelism and the Sovereignty of God*. Downers Grove: IVP, 1961.

Page, F.S. *Trouble with the TULIP: A Closer Examination of the Five Points of Calvinism*. Canton, GA: Riverstone Group, 2000.

Palmer, E.H. *The Five Points of Calvinism: A Study Manual*. Grand Rapids: Baker, 1972.

Parker, T.H.L. *Calvin's Preaching*. Westminster: John Knox Press, 1992.

──────, *John Calvin-A Biography*. Westminster, John Knox Press, 2007.

Pauck, W. *The Heritage of the Reformation*. Chicago: Free Press, 1950.

Paul, I. *Knowledge of God. Calvin, Einstein, and Polanyi.* Edinburgh: Scottish Academic Press, 1987.

Pearson, A.F.S. *Thomas Cartwright and Elizabethan Puritanism, 1585-1603.* Cambridge University Press, 1925.

Pelican, J. *A History of Development of Doctrine.* Chicago: University of Chicago Press, 1984.

＿＿＿＿, *The Emergence of the Catholic Tradition (100-600).* vol.I, Chicago & Lodon: The University of Chicago Press, 1917.

Pearl, Valerie. *London and the Outbreak of the Puritan Revolution.* London, 1961.

Platt, J. *Reformed Thought and Scholasticis: The Arguments for the Existence of God in Dutch Theology, 1575-1650.* Lieden, 1982.

Plumley, G.S. ed., *The Presbyterian Church Throughout the World: From the Earliest to the Present Times in a Series of Biographical and Historical Sketches.* New York, 1874.

Poulet, D.C. *A History of the Catholic Church.* vol.1, trans. Rev. Sidney A. Raemers, St. Louis and London: B. Herder Book Co., 1934.

Prestwich, M. ed., *International Calvinism 1541-1715.* Oxford: Clarendon Press, 1985.

Price, J.L. *Holland and the Dutch Republic in the Seventeenth Century: The Politics of Particularism.* Oxford, 1994.

Rainbow, P.A. *The Way of Salvation: The Role of Christian Obedience in Justification.* Milton Keynes: Paternoster, 2005.

Ramsey, I. ed., *Christian Ethics and Contemporary Philosophy.* New York: Macmillan, 1966.

Reed, R.C. *The Gospel as Taught by Calvin.* Michigan: Baker Book House, 1979.

Reid, W.S. ed., *John Calvin: His Influence in the Western World*. Grand Rapids: Zondervan, 1982.

Richardson, C.C. *The Church Through the Centuries*. New York: Charles Scribner's Sons, 1950.

Robertson, D.B. *The Religious Foundations of Leveller Democracy*. New York, 1951.

Robinson, W.C. *The Reformation: A Rediscovery of Grace*. Grand Rapids: Eerdmans, 1962.

Robson, J.A. *Wyclif and the Oxford Schools*. Cambridge: Cambridge University Press, 1961,

Rose, B.L. *T.U.L.I.P.: The Five Disputed Points of Calvinism*. Franklin: Providence House Publishers, 1996.

Rowse, A.L. *Tudor Cornwall*. London, 1941.

Rutman, Darett B. *American Puritanism, Faith and Practice*. Philadelphia, New York, Toronto, 1970.

Ryken, Leland. *Worldly Saints The Puritans as They Really Were*. Grand Rapids: Zondervan Publishing House, 1990.

Sanford, E.B. *A History of the Reformation*. Conn: Hartford, The S.S. Scranton Company, 1917.

Schaff, P. *Creeds of Christendom*. Grand Rapids: Baker, 1966.

Scalise, C. *From Scripture to Theology*. Downers Grove: InterVarsity Press, 1966.

Schmaus, M. *Dogma 5 The Church as Sacrament*. Sheed & Ward, 1984.

Schmidt, Albert M. *John Calvin and the Calvinistic Tradition*. Tran., Ronald Wallace. New York: London, 1960.

Schaff, Philip. *History of Christian Church*. Grand Rapids: W.M. B. Eerdermans Publishing Company, 1953.

Schuler M. & Shchuthess, J. *Huldreich Zwingli's Werke*. VI, Zurich, 1828.

Schweizwer, A. *Die Glaubenslehre der evangelish-reformierten Kirche*. Zurich, 1845.

Seaton, W.J. *The Five Points of Calvinism*. Edinburgh: The Banner of Truth Trust, 1970.

Shogimen, T. "Wyclif's Ecclesiology and Political Thought." in *A Companions to John Wyclif- Late Medieval Theologian*. ed., Ian Christopher Levy, Brill: Leidon, Boston, 2006,

Simon, J. *Education and Society in Tudor England*. Cambridge University Press, 1966.

Simpson, A. *Puritanism in Old and New England*. Chicago, 1955.

Smedes, L. *Union with Christ*. Grand Rapids: Eerdmans, 1983.

Spencer, D.E. *TULIP: The Five Points of Calvinism in the Light of Scripture*. Grand Rapids: Baker, 1979.

Spinka, M. *Library of Christian Classics*. Vol.XIV: *Advocates of Reform from Wyclif to Erasmus*. Philadelphia: Westminster, 1958.

Spitz, L.W. *The Protestant Reformation, 1517-1559*. New York: Harper &Low, 1985.

Spohn, W.C. *Go and Do Likewise: Jesus and Ethics*. Continuum, 1999.

Sproul, R.C. *Getting the Gospel Right: The Tie that binds Evangelicals Together*. Baker Books, 1999.

..............., *What Is Reformed Theology? Understanding the Basics*. Grand Rapids: Baker, 2005.

Steels D.N. & Thomas. *The Five Points of Calvinist: Defined, Defended, and Documented*. Phillipsburg: Presbyterian & Reformed, 1963.

Steinmetz, D.C. *Luther and Staupitz: An Essay in the Intellectual Origin of the Protestant Reformation*. Durham, NC, 1980.

Stearns, R.P. *The Strenuous Puritan: Hugh Peter, 1598-1660.* Urbana, Illinois, 1954.

Stevenson, R.T. *John Calvin- The Statesman.* Cincinnati; Jennings and Graham; New York: Eaton and Mains, 1907.

Storms, C.S. *Chosen for Life: The Case for Divine Election.* Wheaton: Crossway, 2007.

Strype, J. *Annals of the Reformation and Establishment of Religion and Other Various Occurrences in the Church of England During Queen Elizabeth'Reign.* Oxford: The Clarendon Press, 1824.

Strong, J.S. *The Essential Calvinism.* Boston: Pilgrim Press, 1909.

Talbot, K.G. and Crampton. W.G. *Calvinism, Hyper-Calvinism, and Arminianism.* Lakeland, FL: Whitefield Publications, 1990.

Taylor, Jeremy. *The Works of the Right Jeremy Taylor.* London: Longman, 1855.

Tierney, B. *The Crisis of Church and State, 1050-1300.* Englewood Cliffs, NJ, 1964.

Tourn, G. *The Waldensians: The First 800 Years* (1174-1974). trans. Camillo P. Merlion, ed. Charles W. Arbuthnot, Torino, Italy: Claudiana Editrice, 1980.

Troeltsch, E. *The Social Teaching of the Christian Churches.* Westminster: John Knox Press, Vol, II. 1992.

Torrance, T.F. *Calvin's Doctrine of Man.* Grand Rapids: Eerdmans, 1957.

Tyacke, Nicholas. *The Fortunes of English Puritanism, 1603-1640.* Dr. Williams's Library, 1989.

Tylenda, J.N. "Calvin Bibliography 1960-1970." *Calvin Theological Journal,* 6, 1971.

Vance, L.M. *The Other Side of Calvinism.* Pensacola, FL: Vance Publications,

1991.

Vollmer, P. *John Calvin, Theologian, Preacher, Educator, Statesman*. Philadelphia: The Heidelberg Press, 1909.

Vos, A. *Aquinas, Calvin, and Contemporary Protestant Thought. A Critique of Protestant Views on the Thought of Thomas Aquinas*. Washington D.C.: Christian University Press, 1985.

Walker, J. *The New Calvinism Considered*. Darlington, UK: EP, 2013.

Walker, W. *A History of the Christian Church*. New York: Scribners, 1959.

Wallace, R.S. *Calvin, Geneva, and the Reformation*. Grand Rapids: Baker, 1988.

_____, *Calvin's Doctrine of the Christian Life*. Grand Rapids: Eerdmans, 1982.

Walzer, Michael. *The Revolution of the Saints: A study in the Origins of Radical Politics*, Cambridge, Mass., 1965.

Warfield, B.B. *Calvin and Calvinism.* Collected Works. Vol.5. New York and London: Oxford University Press, 1931.

_____, *Calvinism, The New Schaff-herzog Encyclopedia of Religious Knowledge*. editor in chief. Jackson, S.M. New York and London: Funk and Wagnalls Company, 1908.

Wendel, F. *Calvin: Origins and Development of His Religious Thought*. Durham, N.C.: Labyrinth Press, 1963.

Whale, J.S. *The Protestant Tradition*. Cambridge: University Press, 1955.

White, E.G. *The Great Controversy between Christ and Satan*. Grand Rapids: Christian Eternal Library, 1911.

William, G.H. *The Radical Reformation*. Kirksville: Sixteenth Century Journal Publishers, 1962.

Wolfe, Don M. *Milton in the Puritan Revolution*. New York, 1941.

Woodhouse, A.S.P. *Puritanism and Liberty*. London, 1938.

Workman, H. B. *John Wyclif: a study of the English Medieval Church*. vol, I. London, 1926,

Wynkoop, M.B. *Foundations of Wesleyan-Arminian Theology*. Kansas City: Beacon Hill Press, 1967.

Yule, George. *The Independents in the English Civil War*. Cambridge, 1958.

Zaret, David. *The Heavenly Contract,- Ideology and Organization in Pre-Revolutionary Puritanism. Chicago*, London: The University of Chicago Press, 1985.

Zwingli, U. *Huldreich Zwlingis Samtliche Werke*. Berlin, Leipzig, Zurich, 1905.

저널 및 학위 논문

Akin, D.L. "Divine Sovereignty and Human Responsibility: How Should Southern Baptists Respond to the Issue of Calvinism?" *SBC Life,* April 2006.

Arendt, H. "Religion and Politics." *Confluence 2*, 1953.

Ascol, T.K. "Calvinism, Evangelism, and Founders Ministries." *Founders Journal*, no. 45, Summer 2001.

Bainton, R.H. "What is Calvinism?" *Christian Century* 42, 1925.

Beeke, J.R. "Calvin's Evangelism." *Mid-America Journal of Theology* 15, 2004.

Bell, M.C. "Calvin and the Extent of the Atonement." *Evangelical Quarterly* 55, April, 1983.

Bergendoff, C. "Church and State in the Reformation Period." *Lutheran Church Quarterly* 3, 19 30.

Billings, J.T. "Calvin's Comeback? The Irresistible Reformer." *Christian*

Century, December 1, 2009.

Black, E. C. "The Tumultuous Petitioners: The Protestant Association in Scotland, 1778-1780." *Review of Politics* 25, 1963.

Brauer, Jerald G. "Types of Puritans Piety." *Church History*, lvi, 1987.

Christianson, Paul. "Reformers and the Church of England under Elizabeth I and the Early Stuarts." *JEH*, xxxi, no.4, October, 1980.

Coffey, John. "Puritanism and Liberty Revisited: The Case for Toleration in the English Revolution." *The Historical Journal*, xli, no.4, 1998.

Cole, R.G. "The Pamphlet and Social Forces in the Reformation." *Lutheran Quarterly* 17, 1965.

................, "Propaganda as a Source of Reformation History." *Lutheran Quarterly* 22, 1970.

Collinson, Patrick. "A Comment: Concerning the Name Puritan." *Journal of Ecclesiastical History*, xxxi, no.4, October, 1980.

Domenach, J.M. "Religion and Politics." *Confluence* 3, 1954.

Ellis, E.E. "God's Sovereign Grace in Salvation and the Nature of Man's Free Will." *Southwestern Journal of Theology* 44:3, Summer 2002.

Froese, V. "New Calvinism: A Selected Bibliography." *Direction* 42:2, Fall 2013.

Fullerton, K. "Calvinism and Capitalism." *Harvard Theological Review* 31, 1928.

Foxgrover, D.L. *John Calvin's Understanding of Conscience*. Claremont, 1978, Ph.D. Dissertation.

Gilbert, F. "Political Thought of the Renaissance and Reformation." *Huntington Library Quarterly*, 4, 1940.

George, C.H. "Puritanism As History And Historiography." *Past And Present*, No. 41, 1968.

Godfrey, W.R. "Reformed Thought on the Extent of the Atonement to 1618." *The Westminster Theological Journal*, 37, 1975.

Dowey, Jr., Edward A. "Continental Reformation: Works of Genenral Interest: Studies in Calvin and Calvinism Since 1948." *Church History*, 24, 1955.

Graham, W.F. ed., "Later Calvinism: International Perspectives." *Sixteenth Century Essay & Studies,* Vol. XXII (Kirksville: Sixteenth Century Journal Publications, 1994).

Grossmann, R.E. "The Calvinistic Ground o f True Evangelism." Mid-America Journal of Theology 3:2, Fall 1987.

Hall, Basil. "Calvin against the Calvinists." *Proceedings of the Huguenot Society of London*, xx, no.3, 1962.

Hall, T.C. "Politics and the Reformation." *Biblical World* 41, 1913.

Hall, Thomas C. "Was Calvin a Reformer or Reactionary?" *Lutheran Church Review 28, 1909.*

Hudson, W.S. "Calvinism and the Spirit of Capitalism." *Church History* 18, 1950.

Hurstfield, Joel. "Church and State, 1558-1612: The Task of the Cecils." *SCH,* II, 1965.

Jellema, D. "Abraham Kuyper's Attack on Liberalism." *Review of Politics* 19, October, 1557.

Knox, R. Buick. "Puritanism and Presbyterianism." *Scottish Journal of Theology*, xxi, 1968.

Kriebel, E.W. "The Political Results of the Reformation." *Reformed Church Review*. No. 21, 1917.

Krofta, K. "Bohemia in the Fourteenth Century." *The Cambridge Medieval History*, vol. VII.

Lake, Peter. "Puritan Identities." *JEH*, xxxv, No.1, January, 1984.

Lam, Wing-hung. "Tensions in Calvin's Idea of Predestination." *Themelios*, 6:1:15.

Lamont, William M. "Puritanism as History and Historiography: Some Further Thoughts." *P&P*, no. 44, 1969.

Lloyd-Jones, D.M. "Puritan Perplexities: Some Lessons from 1640-1662." *Westminster Conference Papers*, 1962.

McNeill, John T. "Thirty Years of Calvin Study." *Church History*, 17, 1948.

Molen, R.J.V. "Anglican Against Puritan: Ideological Origins during the Marian Exile." *Church History*, xlii, 1973.

Muller, R.A. "Fides and Congnito in Relation to the Problem of Intellect and Will in the Theology of John Calvin." *Calvin Theological Journal*, 25, 1990.

Nettles, T.J. "Are Calvinists Hyper?" *Founders Journal*, no. 30, Fall 1997.

Neuenhaus, J. "Calvin als Humanist." *Calvinstudien*, Leipzig. 1909.

Ntoane, L.R.L. *A Cry for Life-An Interpretation of Calvinism and Calvin.* Diss., Kampen, 1983.

Osterhaven, M.E. "The Calvinistic Attitude Toward the World." *Reformed Review* 18, 1965.

Parker, T.H.L. "A Bibliography and survey of the British Study of Calvin, 1900-1940." *Evangelical Quarterly*, 18, 1946.

Partee, Charles. "Calvin and Determinism." *Christian Schoolar's Review*, 5, 1975.

Phelps, F. "The Five Points of Calvinism." *The Berea Baptist Banner,* February, 5, 1990.

Reardon, P.H. "Calvin on Providence: The Development of an Insight." *Scottish Journal of Theology*, 28, January 1975.

Reid, W.S. "Calvin's Geneva: A Missionary Centre." *Reformed Theological Review* 42:3, September-December 1983.

Reisinger, E.C. "What Should We Think of Evangelism and Calvinism?" *Founders Journal*, no. 19/20, Winter/Spring 1995.

Richards, G.W. "Calvinism in the Reformed Churches of Germany." *Reformed Church Review* 13, 1909.

Schnucker, R.V. ed., "Calviniana: Ideas and Influence of Jean Calvin." *Sixteenth Century Essay & Studies,* Vol. X, Kirksville: Sixteenth Century Journal Publications, 1988.

Solt, Leo F. "Puritanism, Capitalism, Democracy, and the New Science." *American Historical Review*, lxxiii, 1967.

Southgate, W.M. "The Marian Exiles and the Influence of John Calvin." *History*, xxvii, 1943.

Spohn, W.C. "Conscience and Moral Development." *Theological Studies* 61.1. Mar, 2000.

Stahr, J.S. "The Ethics of Calvinism." *Reformed Church Review* 13, 1909.

Torrance, T.F. "The Eschatology of the Reformation." in "Eschatology: Four Papers read to the Society for the Study of Theology." *Scottish Journal of Theology Occasional Papers*, no. 2, ed. Thomas F. Torrance and J. K. S. Reid, Edinburgh: Oliver & Boyd, 1953.

Trevor-Roper, H. "Religion: The Reformation and Social Change." *Historical Studies* 4. 1965.

Trinterud, L.J. "The Origins of Puritanism." *Church History* 20, 1951.

Troeltsch, E. "Calvin and Calvinism." *Hibbert Journal* 8, October 1909- July 1910.

Tylenda, N.J. "Calvin Bibliography 1960-1970." *Calvin Theological Journal*, 6, 1971.

Uprichard, R.E.H. "The Eldership in Martin Bucer and John Calvin." *Irish Biblical Studies*, 18 June, 1996,

Van N.R. "John Calvin on Evangelism and Missions." *Founders Journal*, no. 33, Summer 1998.

Walls, J.L. "Is Molinism as Bad as Calvinism? in Faith and Philosophy." *The Journal of the Society of Christian Philosophers*, 7/1, 1990.

Warfield, B.B. "Calvin's Doctrine of God." *The Princeton Theological Review*, 1909.

White, J.R. & B.G. "The Divine Sovereignty-Human Responsibility Debate." *Christian Research Journal* 23:4, 2001.

Yarnell, M.B. "The TULIP of Calvinism: In Light o f History and the Baptist Faith and Message." *SBC Life*, April 2006.

국내 문헌 & 논문 및 번역서

강경림 외 10인 공저, 『한 권으로 읽는 츠빙글리의 신학』, 서울: 세움북스, 2019.

곤잘레스, 후스토 L. 『중세교회사』, 엄성옥 역, 서울: 은성출판사, 2012,

공성철, "어거스틴의 은총론과 예정론의 관계 연구." 「조직신학논총」 제 3집.

김광채, 『중세교회사』, 도서출판: 신성, 2022.

김승환, 「후스파 운동(the Hussite Movement)에 관한 연구」, 한신대학 대학원, 석사학위논문, 1991.

김영종, "발도파와 16세기 종교개혁." 「대학과선교」, 제 39집, 2019,

니이브, J. V. 『기독교 교리사』, 서남동 역, 서울: 대한기독교서회,

1987.

던바, 도널드. 신자들의 교회: 급진적 프로테스탄티즘의 역사와 특징. 최정인 역, 대전: 대장간, 2015.

데이비스, 멜빈,『칼빈주의 사상과 자유 사상』. 한국칼빈주의 연구원 편. 서울: 기독교문화협회, 1986.

라은성, "발도파 고대성: 발도와 발도파의 관계."「역사신학논총」, 6권, 한국복음주의역사신학회, 2003.

로제, B.『기독교 교리사』. 구영철 역, 서울: 컨콜디아사, 1988.

리이드, R.C.『칼빈주의 뿌리와 열매』. 홍병창역, 서울: 교회교육연구원, 1985.

린제이, 토마스.『종교개혁사』. 이형기 역, 서울: 대한예수교장로회 총회출판국, 1990.

린치, 조셉.『중세교회사』. 심창섭, 채천석 역, 서울: 솔로몬, 2005.

린드버거, 카터.『유럽의 종교개혁』. 조영천 역, CLC, 2010.

맨슈랙, Clyde L.『세계교회사』. 최은수 역, 서울: 총신대학출판부, 1991.

밀렌, 칼- 하인츠 츠어.『종교개혁과 반종교개혁』. 대한기독교서회, 2003.

미터, 헨리. 박윤선, 김진홍 역,『칼빈주의 기본사상』. 서울: 개혁주의 신행협회, 2000,

베인톤, 롤런드.『마르틴 루터』. 서울: 생명의 말씀사, 1982.

베자, 데오도르.『존 칼빈의 생애와 신앙』. 김동현 역, 서울: 목회자료사, 1999.

보이스, 제임스 몽고메리. & 라이큰, 필립 그레이엄. 이용중 역,『개혁주의 핵심-칼빈주의 5대교리』. 서울: 부흥과개혁사, 2010.

뵈트너, 로레인.『칼빈주의 예정론』. 홍의표역, 서울: 보문출판사, 2017.

브루스, F.F.『초대교회 역사』. 서영일 역, 서울: 기독교문서선교회, 1989.

뻘콥, 루이스.『기독교 교리사』. 신복윤 역, 서울: 성광문화사, 1987.

서창원,『장로교회의 역사와 신앙』. 진리의 깃발, 2003.

선한용, "성직 매매에 대하여,"「신학과 세계」. 32, 1996, 봄호.

손병호,『장로교회사』. 서울: 대한예수교 장로회 총회 교육부, 1980.

스티븐스, W.P.『츠빙글리의 생애와 사상』. 박경수 역, 대한기독교서회, 2007.

스틸, D.『칼빈주의와 알미니안주의』. 이상화 역, 서울: 도서출판 엠마오, 1996.

스피츠, 루이스 W.『종교개혁사』. 서영일 역, 서울: 기독교문서선교회, 1997.

심창섭, "장로교 정치 제도의 기원은 무엇인가? (I)."「신학지남」, 1997, 제 64권, 2집.

심창섭, "장로교 정치 제도의 기원은 무엇인가? (II)."「신학지남」, 1997, 제 64권, 3집.

성 어거스틴,『성 어거스틴의 고백록』. 선한용 역, 서울: 대한기독교서회, 1990.

아우구스티누스, A.『아우구스티누스의 자유 의지론』. 박일민 역, 서

울: 풍만출판사, 1985.

윤종훈, 『영국 청교도 사상사-튜더 왕조』. 서울: 성광문화사, 2014.

윤종훈, "잉글랜드 청교도 장로교주의 기원에 관한 고찰." 「영국연구」 제 20호, 2008년, 12.

윤종훈, "English Puritanism 정의와 그 근원적 배경에 관한 연구사적 고찰." 「신학지남」, Vol. 70. No. 4.

워커, 윌리스턴, 『기독교회사』. 송인설 역, 서울: 크리스챤 다이제스트, 1993.

................., 『세계기독교회사』. 강근환 외 4인 공역, 서울:대한기독교서회, 1984.

이은재, "카시안-수도원적 공동체의 이상주의자". 「신학과 세계」, 2002, Vol. no. 44.

이종성, 『칼빈』. 서울: 대한기독교출판사, 1978.

정성구, 『칼빈주의 사상대계』. 총신대학출판부, 1995,

제이, E. G. 『교회론의 역사』. 서울: 대한기독교서회, 1988,

지원용, 『말틴 루터의 종교개혁 3대 논문』. 컨콜디아서, 1993.

최덕성. 『종교개혁 전야: 십자군 전쟁에서 르네상스까지』. 서울: 본문과 현장사이, 2003.

최윤배, 『깔뱅신학 입문』 장로회신학대학부 출판부, 2012. 토우, 디모디. 『존 칼빈의 생애와 업적』 임성호 역, 서울: 하나출판사, 1998.

카이퍼, 아브라함. 김기찬역, 『칼빈주의 강연』. 서울: 크리스챤 다이제스트, 1996,

커닝함, 윌리엄. 『역사신학』 IV. 서창원 역, 서울: 진리의 깃발, 1995,

커어, 휴 T. 『루터신학 개요』. 김영한 편역, 서울: 한국장로교출판사, 1991.

케논, 윌리암. 『중세교회사』. 서영일 역, 서울: 기독교문서선교회, 1995.

켈리, J.N.D. 『고대 기독교 사상사』. 김광식 역, 서울: 맥밀란, 1988.

크램톤, 그레이. 『칼빈의 신학』. 박일민 역, 서울: 그리심, 2003.

팔마, 에드윈. 『칼빈주의 5대 교리』. 박일민 역, 서울: 성광문화사, 1982.

플래처, 윌리암 『신학의 역사』. 서울: 기독교문서선교회, 1996.

한철하, 『고대 기독교 사상』. 서울: 대한기독교서회, 1988.

호톤, 마이클. 『개혁주의 기독교 세계관』. 윤석인 역, 서울: 부흥과개혁사, 1995.